Pielow (Hrsg.)

Bergrecht im Wandel der Zeit

GESTERN HEUTE MORGEN

Bergrecht im Wandel der Zeit

GESTERN HEUTE MORGEN

Festgabe zum 200-jährigen Bestehen des OLG Hamm

herausgegeben von
Univ.-Professor Dr. Johann-Christian Pielow
Geschäftsführender Direktor
Institut für Berg- und Energierecht
der Ruhr-Universität Bochum

Bibliografische Information der Deutschen Nationalbibliothek | Die Deutsche Nationalbibliothek verzeichnet diese Publikation in der Deutschen Nationalbibliografie; detaillierte bibliografische Daten sind im Internet über www.dnb.de abrufbar.

ISBN 978-3-415-06750-9

Satz: Olaf Mangold Text & Typo, 70374 Stuttgart | Druck und Bindung: Beltz Grafische Betriebe GmbH, Am Fliegerhorst 8, 99947 Bad Langensalza

Richard Boorberg Verlag GmbH & Co KG | Scharrstraße 2 | 70563 Stuttgart
Stuttgart | München | Hannover | Berlin | Weimar | Dresden
www.boorberg.de

GESTERN

HEUTE

INHALT

MORGEN

15/150 Bergbaumuseum Bochum W. Kohn 1988

Bergbaumuseum Bochum,
Lithographie 15/150 des Essener Künstlers Willy Kohn (†), in Privatbesitz.

Sehr gerne folgt das Institut für Berg- und Energierecht der Ruhr-Universität Bochum der Anregung des Präsidenten des Oberlandesgerichts Hamm, Johannes Keders, das 200-jährige Bestehen des Gerichts mit der Herausgabe einer akademischen Festgabe zu würdigen. Diesem ehren- wie vertrauensvollen Ansinnen nachzukommen gebietet schon die gute Nachbarschaft zwischen dem OLG und der größten Universität im Ruhrgebiet: Viele Hammer Richterinnen und Richter absolvierten ihr Jurastudium, zuweilen auch ihre Promotion, an der Ruhr-Universität und es besteht eine ungebrochen rege Kooperation mit dem Justizprüfungsamt des OLG rund um die heute so genannte Erste Juristische Prüfung. Vor allem aber prägten das OLG Hamm wie die Bochumer Universität nebeneinander die Geschichte des Ruhrgebiets mit: Die gut 50-jährige „RUB" gewiss ein Stück *Wissenschaftsgeschichte*, noch mehr indes, in satten 200 Jahren und beginnend mit der Industrialisierung der Region, das Oberlandesgericht in Form facettenreicher *Rechtsgeschichte*.

Besonders spiegelt sich die „juristische Geschichte" des Ruhrgebiets im Bereich des Bergrechts wider. An dessen Entwicklung wirkte das OLG Hamm lange vor Verabschiedung des Bundesbergesetzes (BBergG 1980) mit, u. a. mit wegweisenden Entscheidungen zum Kohlebergbau an der Ruhr. Zwar ist auch die Steinkohleförderung in Deutschland seit Ende 2018 Geschichte und zeichnet sich mit Energiewende und Klimaschutzstrategien Ähnliches für den Braunkohlebergbau ab. Das Bergrecht wirkt hier aber gehörig nach, schon aufgrund allerorten notwendiger Rekultivierungen und „Ewigkeitslasten", etwa in punkto Wasserhaltung, ferner mit der fortdauernden Haftung für Bergschäden. Klimaschutzforschung und -politik sorgen gar für eine Neubelebung und auch Ausdehnung des Rechtsgebiets, bspw. mit neuen Anwendungen in Sachen Geothermie oder einer künftigen untertägigen Speicherung von „grünen" Gasen aus erneuerbaren Energien, darunter auch Wasserstoff. Zur Speicherung von Kohlendioxid (CCS) existiert ein eigenes Kohlendioxid-Speicherungsgesetz schon seit 2012 ebenso wie seit 2016 ein (Artikel-)Gesetz zur Risikominimierung bei Verfahren der „Fracking"-Technologie. Beide Regelwerke bilden, infolge erheblicher Akzeptanzprobleme, eigentlich „Verhinderungsgesetze", aber zeigen sie, ebenso wie das mit dem „Atomausstieg" entstandene „Standortauswahlgesetz" für ein Endlager für radioaktive Abfälle von 2017, zweierlei: Zum einen entwickelt sich das Bergrecht über den Kernbereich des BBergG hinaus zu einem *Recht der untertägigen Bodennutzung* im weiteren Sinne. Zum anderen geht es mit fortschreitender Technik und neuen Untertageaktivitäten mehr denn je um die *nachhaltige,* und das heißt: die ressourcen- wie auch im Übrigen („integrativ") umweltschonende Nutzung des Bodenuntergrundes. Daneben gilt es, mit zunehmenden Untertagenutzungen auch *Nutzungskonflikte* zu vermeiden und gegebenenfalls aufzulösen. Bedeutsam bleibt das Bergrecht sodann für die Errichtung und den Betrieb von Unterwasserkabeln (auch zu *offshore*-Windparks) und Transitpipelines auf oder unter dem deutschen Festlandsockel wie natürlich für die Aufsuchung und Gewinnung gerade auch *nicht-energetischer* Bodenschätze wie Salzen, Sanden und Metallen. Wenn hier immer mehr auch *Seltene Erden* von sich reden machen, unterstreicht dies ferner die Nähe des Berg- zum allgemeineren Rohstoff(beschaffungs-)recht. Dazu betont die unlängst erneuerte „Rohstoffstrategie der Bundesregierung" vom 15. Januar 2020, jenseits des nur heimische Vorkommen betreffenden BBergG, die notwendige nachhaltige Versorgung vor allem der Industrie mit nichtenergetischen mineralischen Rohstoffen gerade auch aus dem Ausland.

Diese Festgabe soll zentrale Aspekte des Bergrechts beleuchten. Keineswegs ist die Zusammenstellung abschließend und mögen die einzelnen Beiträge zur weiteren Debatte auch in benachbarten Problemlagen ermuntern. Die etwas holzschnittartige Aufteilung in die Kategorien gestern – heute – morgen folgt der Dynamik der Materie in der Zeit; natürlich bestehen zeitübergreifende Querbezüge zwischen den Themen. Allen Autorinnen und Autoren dieses Bandes sei herzlich für ihre Mitwirkung gedankt. Besonderer Dank gilt Rechtsanwalt *Dr. Harald Knöchel* (RAG AG) und dem Vors. Richter am OLG Hamm *Dr. Martin Saal* für die Unterstützung bei der Konzeption der Festgabe. Zu danken ist ferner Rechtsanwältin *Stefanie Assmann* vom Richard Boorberg Verlag (Stuttgart) sowie *Dipl.-Jur. Katrin Schlegel* und *Ass. iur. Dr. Daniel Benrath* am Bochumer Institut für Berg- und Energierecht für die umsichtige Begleitung von Endredaktion und Drucklegung. Nicht möglich gewesen wäre das Erscheinen dieses Bandes schließlich ohne diverse Druckkostenzuschüsse aus Kanzleien und Unternehmen der Mitautoren; auch dafür sei aufrichtig gedankt.

Vor dem OLG Hamm wird es weiterhin auch um bergrechtliche Fragen gehen. Angesichts zunehmender (u. a. umwelt-)verwaltungsrechtlicher Bezüge dürfte dem Austausch zwischen ordentlicher und speziell der Verwaltungsgerichtsbarkeit mehr Gewicht zukommen. Schließlich bildet das Bergrecht mit den dort geregelten Zulassungs- und Planungsverfahren einerseits sowie Haftungs- und Entschädigungsaspekten andererseits ein Paradebeispiel („Referenzgebiet") für vermehrt zu verzeichnende wechselseitige Beeinflussungen von privatem und öffentlichem Recht. Dies macht die richterliche Arbeit (noch) anspruchsvoller und auch spannender. Dem Oberlandesgericht Hamm ist auch vor diesem Hintergrund und über das Bergrecht hinaus eine in jeder Hinsicht erfolgreiche bis wegweisende Zukunft zu wünschen!

Bochum, im April 2020   *Johann-Christian Pielow*

Johannes Kede.

Mit dem vorliegenden Sonderband aus der traditionsreichen Schriftenreihe der Bochumer Beiträge zum Berg- und Energierecht gratuliert das der Ruhr-Universität Bochum zugehörige Institut für Berg- und Energierecht dem Oberlandesgericht Hamm zu seinem 200-jährigen Bestehen. Für die darin zum Ausdruck kommende Wertschätzung und Verbundenheit möchte ich mich im Namen aller Richterinnen und Richter des Oberlandesgerichtsbezirks bei dem Institut und hier persönlich seinem geschäftsführenden Direktor Prof. Dr. Johann-Christian Pielow herzlich bedanken.

Als im Jahre 1820 das damalige Klever Oberlandesgericht aufgrund einer Kabinettsorder des preußischen Königs Friedrich Wilhelm III. nach Hamm verlegt wurde und das Gericht zum 1. Juli 1820 in bescheidenen Verhältnissen seine Arbeit aufnahm, war der gewaltige industrielle Aufschwung, der mit dazu beitragen sollte, das Oberlandesgericht Hamm zum heute größten der Bundesrepublik Deutschland zu machen, noch nicht vorhersehbar. Für diesen Aufschwung steht in besonderem Maße das Ruhrgebiet mit seiner sich seit der 2. Hälfte des 19. Jahrhunderts rasant entwickelnden Montanindustrie. Die Stadt Bochum – seit 1892 Sitz eines Landgerichts und seit 1962 Heimat der Ruhr-Universität – liegt inmitten der heutigen Metropole Ruhr und hat in der Vergangenheit alle Auf- und Abschwünge in der Geschichte unseres Landes und insbesondere auch des Bergbaus miterlebt.

Berggerichte waren bereits im Jahr 1816 in den Städten Bochum und Essen eingerichtet worden und gehörten ab 1820 als Untergerichte zum Bezirk des Oberlandesgerichts Hamm, das seitdem im Instanzenzug über Ansprüche aus den in den Berggesetzen geregelten Rechten und Rechtsverhältnissen entscheidet und damit in den vergangenen 200 Jahren auch das Bergrecht mitgeprägt hat.

Bereits lange vor der Entscheidung über den Kohleausstieg hat das im Jahre 1987 ins Leben gerufene Institut für Berg- und Energierecht begonnen, auch in die Zukunft der Energiepolitik zu schauen und sich seinen Rang als wichtige Forschungs- und Beratungsstätte für das deutsche, europäische und internationale Berg- und Energierecht zu erarbeiten und stetig auszubauen. Schwerpunkte der Forschungstätigkeit des Instituts sind heute u. a. die Dekarbonisierung des europäischen Energiesystems mit dem Ziel der Herbeiführung nachhaltiger Strukturen. Die in dem vorliegenden Band veröffentlichten Beiträge, für die eine beeindruckende Liste hochkarätiger Autoren gewonnen werden konnte, zeugen von den mannigfaltigen Veränderungen auf dem Gebiet des Energierechts, das immer auch ein überaus wichtiger Bestandteil des Rechts auf Daseinsvorsorge und damit zugleich von herausragender Bedeutung für das Allgemeinwohl ist.

Vor diesem Hintergrund wünsche ich dem Institut sowie seinen Mitarbeiterinnen und Mitarbeitern für die künftige Forschungs- und Lehrtätigkeit weiterhin viel Erfolg, bestes Gelingen und ein herzliches „Glückauf".

Hamm, im März 2020

Johannes Keders
Präsident des Oberlandesgerichts Hamm

Dr. Stefan Altenschmidt, LL. M. (Nottingham), Rechtsanwalt, Luther Rechtsanwaltsgesellschaft mbH, Düsseldorf

Prof. Dr. Martin Beckmann, Rechtsanwalt, Fachanwalt für Verwaltungsrecht, Baumeister Rechtsanwälte Partnerschaft mbB, Münster

Dr. Daniel Benrath, M. A., Wissenschaftlicher Mitarbeiter, Ruhr-Universität Bochum, Institut für Berg- und Energierecht, Bochum

Dr. Nadine Bethge, Rechtsanwältin, Fachanwältin für Handels- und Gesellschaftsrecht, Wolter Hoppenberg Rechtsanwälte Partnerschaft mbB, Münster

Martin Brück von Oertzen, Rechtsanwalt, Fachanwalt für Handels- und Gesellschaftsrecht, Wirtschaftsmediator, Wolter Hoppenberg Rechtsanwälte Partnerschaft mbB, Hamm

Prof. Dr. Bernd Dammert, Rechtsanwalt, Fachanwalt für Verwaltungsrecht, Rechtsanwälte Dr. Dammert & Steinforth, Leipzig

Dr. Till Elgeti, Rechtsanwalt, Fachanwalt für Verwaltungsrecht, Wolter Hoppenberg Rechtsanwälte Partnerschaft mbB, Hamm

Prof. Dr. Walter Frenz, Maître en Droit Public, RWTH Aachen University, Lehr- und Forschungsgebiet Berg-, Umwelt- und Europarecht, Aachen

Martin Herrmann, Leitender Regierungsdirektor, Sächsisches Oberbergamt, Freiberg

Isabelle Jordan, Justitiarin, RAG Aktiengesellschaft, Essen

Dr. Bettina Keienburg, Rechtsanwältin und Notarin, Fachanwältin für Verwaltungsrecht, Kümmerlein Rechtsanwälte & Notare, Essen

Dr. Harald Knöchel, Rechtsanwalt, RAG Aktiengesellschaft, Essen

Prof. em. Dr. Christoph Krampe, Ruhr-Universität Bochum, Bürgerliches Recht, antike Rechtsgeschichte und Römisches Recht, Bochum

Prof. em. Dr. Gunther Kühne, LL. M. (Columbia), Technische Universität Clausthal, Institut für deutsches und internationales Berg- und Energierecht, Honorarprofessor an der Georg-August-Universität Göttingen, Clausthal/Göttingen

Felix Kunst, Wissenschaftlicher Mitarbeiter, Westfälische Wilhelms-Universität, Institut für Unternehmens- und Kapitalmarktrecht, Münster

Heinrich Kunst, Rechtsanwalt, Fachanwalt für Handels- und Gesellschaftsrecht, Fachanwalt für Arbeitsrecht, Himmelmann Pohlmann Kunst PartGmbB, Dortmund

Prof. Dr. Thomas Mann, Georg-August-Universität Göttingen, Institut für Öffentliches Recht, Lehrstuhl für Verwaltungsrecht, Göttingen

Dr. Joyce von Marschall, Rechtsanwältin, Chatham Partners LLP, Hamburg

Janosch Neumann, Rechtsanwalt, spezialisiert auf Umwelt-, Planungs- und Bergrecht, Heinemann & Partner Rechtsanwälte PartG mbB, Essen

Dr. Michael Neupert, Rechtsanwalt, Kümmerlein Rechtsanwälte & Notare, Essen

Prof. Dr. Johann-Christian Pielow, Ruhr-Universität Bochum, Lehrstuhl für Recht der Wirtschaft, Institut für Berg- und Energierecht, Bochum

Dr. Herbert Posser, Rechtsanwalt, Fachanwalt für Verwaltungsrecht, Posser Spieth Wolfers & Partners, Düsseldorf

Marcin Radzewicz, Referatsleiter, Stiftung für Hochschulzulassung, Dortmund, zum Zeitpunkt der Fertigung des Beitrags war er Rechtsanwalt in der Sozietät Heinemann & Partner Rechtsanwälte PartG mbB, Essen

Dr. Martin Tamm, Richter am Oberlandesgericht, Oberlandesgericht Hamm, Hamm

Dr. Antje Wittmann, Rechtsanwältin, Fachanwältin für Verwaltungsrecht, Baumeister Rechtsanwälte Partnerschaft mbB, Münster

GESTERN HEUTE MORGEN

Der Rechtsangleichungsprozess im Bergrecht nach dem Einigungsvertrag

Martin Herrmann

A. Einleitung

Das Bundesberggesetz ist das Ergebnis eines 1980 durch den Gesetzgeber abgeschlossenen mehrjährigen politischen Prozesses, in dem nicht nur eine inhaltliche Modernisierung des Bergrechts, sondern auch eine Rechtsvereinheitlichung als Ersatz der bis dahin geltenden unterschiedlichen Länderberggesetze erreicht werden sollte.[1] Gegenstand der Rechtsvereinheitlichung und der umfangreichen Überleitungsbestimmungen in §§ 149 ff. BBergG waren damit zwangsläufig die tatsächlichen und rechtlichen Verhältnisse der alten Bundesländer.

Das Inkrafttreten des Bundesberggesetzes als Bundesrecht nach Art. 8 des Einigungsvertrages[2] führte am 3.10.1990 zu einer Übernahme des bereits zuvor in den Altbundesländern vereinheitlichten Bergrechts im Beitrittsgebiet. Das BBergG wurde so als Ordnungsrahmen auf die Bergbauindustrie der ehemaligen DDR übertragen, die in tatsächlicher Hinsicht vor allem durch den umfangreichen Braunkohlen- und Erzbergbau und in rechtlicher Hinsicht durch ein zentralstaatliches sozialistisches System geprägt worden war. Wesentlich war hier vor allem die durch die Verfassung und das Berggesetz der DDR begründete Eigentumszuordnung an Bodenschätzen, die mit wenigen Ausnahmen für weniger bedeutende mineralische Rohstoffe als volkseigen eingestuft waren. Der Anwendungsbereich des Bergrechts umfasste schließlich anders als § 2 BBergG alle mineralischen Rohstoffe, womit im Bereich der ehemaligen DDR ein einheitliches Recht der Rohstoffgewinnung existierte, das umfassender als das des BBergG war.[3]

Der politische Einigungsprozess setzte zudem weitere Prämissen, der mit dem Staatsvertrag vom 18.5.1990 über die Schaffung einer Währungs- Wirtschafts- und Sozialunion[4] verbindliche Grundsätze und Leitlinien für die Vertragspartner auch in legislativer Hinsicht vorgab, deren für den Bergbau wichtigste die Regelung in Artikel 1 Abs. 3 des Staatsvertrages darstellte, nämlich die Festschreibung der Sozialen Marktwirtschaft als gemeinsame Wirtschaftsordnung beider Vertragsparteien als Grundlage der Wirtschaftsunion. Dies beinhaltete die Gewährleistung der Privateigen-

---

1 So die amtliche Begründung zum Gesetzentwurf, BT-Drs. 8/1315, S. 67 ff.; zur Entstehungsgeschichte des Bundesberggesetzes vgl. *Kühne*, in: Boldt/Weller/Kühne/von Mäßenhausen (Hrsg.), BBergG, 2. Aufl. 2016, Vor § 1 Rn. 27 ff.

2 Vertrag zwischen der Bundesrepublik Deutschland und der Deutschen Demokratischen Republik über die Herstellung der Einheit Deutschlands – Einigungsvertrag – vom 31.8.1990 (BGBl. II S. 889).

3 Einen Überblick zum Anwendungsbereich des Berggesetzes der DDR gibt *Herrmann*, in: Boldt/Weller/Kühne/von Mäßenhausen, Anhang Einigungsvertrag Rn. 1.

4 Vertrag über die Schaffung einer Währungs-, Wirtschafts- und Sozialunion zwischen der Bundesrepublik Deutschland und der Deutschen Demokratischen Republik vom 18.5.1990 (BGBl. II S. 518).

tums, die wettbewerbliche Umgestaltung der volkseigenen Betriebe und letztlich auch bereits die Abschaffung des Volkseigentums an Bodenschätzen.[5] Im Einigungsvertrag erfolgte schließlich die Ausfüllung der programmatischen Ziele des ersten Staatsvertrags durch die Beitrittslösung, also die Übernahme des Bundesrechts im Gebiet der ehemaligen DDR mit nur wenigen materiellen Abweichungen. Anlage I des Einigungsvertrages enthält dabei Überleitungsmaßgaben zur Anwendung des BBergG und weiterer Bundesbergverordnungen, Anlage II das entsprechend Art. 9 EV mit weiteren Maßgaben als Landesrecht fortgeltende DDR-Recht. In der zentralen Frage der Rechtsverhältnisse bei Bodenschätzen enthielt der EV aber eine konstitutive Regelung, die über eine bloße intertemporale Überleitungsmaßgabe hinausging. An Stelle einer unmittelbaren Rechtsvereinheitlichung durch Geltung des BBergG in den neuen Bundesländern trat vielmehr ein schrittweiser Rechtsangleichungsprozess, der durch den EV zwar begründet, aber in der Umsetzung weder zeitlich noch inhaltlich abschließend determiniert war.

B. Notwendigkeit eines Systemwechsels im Einigungsvertrag bei den Rechtsverhältnissen an Bodenschätzen

I. Rechtslage in der Deutschen Demokratischen Republik

Ähnlich der Situation in den alten Bundesländern vor Erlass des BBergG war auch in der ehemaligen DDR das Bergrecht aus historischen Gründen stark zersplittert und wurde erst 1969 durch ein zentralstaatliches Bergrecht ersetzt.[6] Der Anwendungsbereich des Berggesetzes der Deutschen Demokratischen Republik[7] erfasste nach § 2 Abs. 1 BG DDR sämtliche „mineralische Rohstoffe",

---

5 Diese Schlussfolgerung zieht *Palm*, Errichtung und Betrieb von Anlagen des Bergbaus und der Energiewirtschaft in der DDR nach Inkrafttreten des Staatsvertrages vom 18.5.1990, RdE 1990, 183, 187, aus den Grundsätzen nach Artikel 3 Absatz 1 des Staatsvertrages, weist aber zu Recht darauf hin, dass damit die Frage noch nicht beantwortet ist, welche Berechtigungsform an dessen Stelle tritt.

6 Zum Rechtsvereinheitlichungsziel des BG DDR vgl. *Franke*, Zum Berggesetz der Deutschen Demokratischen Republik, Bergbautechnik 1969, 281, 282; *Dörfelt*, 20 Jahre Entwicklung des Bergrechts der DDR und die Bedeutung des neuen sozialistischen Berggesetzes bei der weiteren Gestaltung des entwickelten gesellschaftlichen Systems des Sozialismus, in: Rektor der Bergakademie Freiberg (Hrsg.), Beiträge zum Bergrecht der DDR 1969, S. 7, 12; zur umfassenden Einbeziehung aller mineralischen Rohstoffe in den Anwendungsbereich des BG DDR sowie die bergaufsichtliche Kontrolle der Obersten Bergbehörde *Kiesewetter*, Die Stellung, die Aufgaben und die Rechte der Obersten Bergbehörde auf der Grundlage der neuen Berggesetzgebung, Bergbautechnik 1970, 174, 175.

7 Berggesetz der Deutschen Demokratischen Republik vom 12.5.1969 (GBl. I S. 29) – im Folgenden als BG DDR bezeichnet.

also feste, flüssige und gasförmige natürliche Bestandteile der Erdkruste, soweit diese gegenwärtig oder in Zukunft volkswirtschaftlich genutzt werden können, womit auch die bisher nicht den bergrechtlichen Bestimmungen unterfallenden Abgrabungen und Steinbrüche einbezogen wurden.[8] Als „Bodenschätze" qualifizierte § 3 BG DDR solche mineralischen Rohstoffe, deren Nutzung von volkswirtschaftlicher Bedeutung ist, was nach der Rechtspraxis der DDR für den überwiegenden Teil der mineralischen Rohstoffe bejaht wurde.[9] Anders als der enumerative Katalog von grundeigenen Bodenschätzen nach § 3 Abs. 4 BBergG und bergfreien Bodenschätzen nach § 3 Abs. 3 BBergG erforderte das BG DDR allerdings eine Abgrenzung zwischen „mineralischen Rohstoffen" und „Bodenschätzen", die anhand des unbestimmten Rechtsbegriffs der volkswirtschaftlichen Bedeutung vorzunehmen war. Dies betraf vorrangig die Steine-Erden-Rohstoffe, da die auf Verordnungsebene durch § 1 der 1. DVO zum BG DDR[10] vorgenommene Katalogisierung von Bodenschätzen nur „insbesondere" und damit nicht abschließend erfolgte.[11]

Bodenschätze nach § 3 BG DDR standen danach im Volkseigentum, was bereits unmittelbar durch Art. 12 Abs. 1 der DDR-Verfassung vorgegeben wurde.[12] Privateigentum an Bodenschätzen war umgekehrt unzulässig, eine private Verfügungsbefugnis konnte sich nur auf sonstige, volkswirtschaftlich weniger bedeutsame mineralische Rohstoffe erstrecken, die durch staatliche Betriebe, genossenschaftliche Einrichtungen oder kleine Privatunternehmen gewonnen wurden.[13] Für die Rechtswirklichkeit hatte dabei der unbestimmte Rechtsbegriff einer volkswirtschaftlichen Bedeutung gerade im Bereich der Baurohstoffe wie Sand und Kies eine erhebliche Relevanz, da im Zeitraum vom Inkrafttreten der DDR-Verfassung 1969/1974 bis zum Einigungsvertrag 1990 eine

---

8 *Franke*, Bergbautechnik 1969, 281, 282 f.; *Kiesewetter*, Bergbautechnik 1970, 174, 175.

9 Vgl. hierzu im Einzelnen *Herrmann*, in: Boldt/Weller/Kühne/von Mäßenhausen, Anhang Einigungsvertrag Rn. 4 mit weiteren Nachweisen; zu dem gegenüber dem BBergG erweiterten Anwendungsbereich des BG DDR für Schmucksteine, Mineral- und Heilwässer sowie medizinisch nutzbare mineralische Rohstoffe vgl. auch *Gloria*, Das Berg- und Energierecht der Deutschen Demokratischen Republik, in: Festschrift für Fritz Fabricius 1989, S. 457, 464.

10 1. DVO zum Berggesetz der Deutschen Demokratischen Republik vom 12.5.1969 (GBl. II S. 257), geändert durch § 1 der 3. DVO zum Berggesetz der Deutschen Demokratischen Republik (GBl. I S. 403).

11 *Weller*, Das Bergrecht in den neuen Bundesländern, ZAP-DDR Fach 7, S. 89.

12 Verfassung der Deutschen Demokratischen Republik vom 6.4.1968 i.d.F. des Gesetzes vom 7.10.1974 (GBl. I S. 432).

13 Die Gewinnungsberechtigung folgte für diese nicht volkseigenen mineralischen Rohstoffe zum Zeitpunkt des Inkrafttretens des BG DDR aus § 905 BGB. Mineralische Rohstoffe wie nicht hochwertige Sandsteine, nicht hochwertige Sande und nicht hochwertige Kalksteine waren damit ebenfalls volkseigen, da die Grundstücke im Volkseigentum war. Zur Eigentumsordnung an mineralischen Rohstoffen vgl. *Kleine*, in: Rektor der Bergakademie Freiberg (Hrsg.), Das Bergrecht der Deutschen Demokratischen Republik, Freiberger Forschungsheft D 86 1973, S. 15 ff., zur Gewinnungsberechtigung nach § 5 BG DDR *derselbe*, a.a.O., S. 30 ff.

GESTERN HEUTE MORGEN

zunehmend erweiterte Auslegung dieses Tatbestandes erfolgte, der von einer „entscheidenden Bedeutung für die Entwicklung der Deutschen Demokratischen Republik"[14] hin zu einer bloßen volkswirtschaftlichen Bedeutung führte, die § 1 Abs. 1 der 1. DVO zum BG DDR für alle „hochwertigen Minerale und Gesteine, die [...] in der Volkswirtschaft genutzt werden" definierte.[15]

II. Ausgangssituation des Einigungsvertrags für den Bergbau

Aufgrund der eigentumsrechtlichen Ausgangssituation im Beitrittsgebiet mit weitgehend im Volkseigentum stehenden Bodenschätzen bedurfte das BBergG Überleitungsmaßgaben, die v. a. negative Auswirkungen auf die Rohstoffversorgung und bestehende Bergbaubetriebe begrenzten. Insbesondere der Rückfall der hochwertigen Steine-Erden-Rohstoffe in das Grundeigentum ließ befürchten, dass die weitere Ausbeutung vorhandener und die Aufschließung neuer Felder ins Stocken geraten oder sich verzögern könnte.[16] Dem lag die – im Nachhinein auch bestätigte – Prognose zugrunde, der Aufbau Ost sei mit einem hohen Bedarf an Rohstoffen durch den Ausbau der Infrastruktur und eine rege Bautätigkeit verbunden.[17] Durch die Umwandlung von volkseigenen Betrieben in Kapitalgesellschaften entstand zudem die Situation, dass die Bergbaubetriebe ohne Gewinnungsrechte ausgestattet waren, da diese nach wie vor dem Staat als Träger der volkseigenen Bodenschätze zugeordnet waren.

Eine Überleitung von Gewinnungsrechten in das System des BBergG konnte insoweit nur als Bestandteil eines wirtschaftspolitischen Konzeptes erfolgen, das Privatisierungsaspekte sowohl in Hinblick auf Bergbaubetriebe, als auch in Hinblick auf bisher volkseigene Bodenschätze berücksichtigte.[18] Eine Übernahme des BBergG setzte damit gleichermaßen Sonderregelungen zumindest für eine Übergangszeit voraus, um den Systemwechsel beim Übergang ehemals volkseigener

---

14 *Kleine*, Wesen und Bedeutung des Gewinnungs- und Untersuchungsrechts, in: Rektor der Bergakademie Freiberg (Hrsg.), Beiträge zum Bergrecht der DDR 1970, S. 21, 24.

15 Dritte Durchführungsverordnung zum Berggesetz der Deutschen Demokratischen Republik vom 12.8.1976 (GBl. I S. 403).

16 *Hoffmann*, Der Einigungsvertrag – rechtliche Grundlage für die Umwandlung ehemals volkseigener hochwertiger Steine-Erden-Rohstoffe in bergfreie Bodenschätze, BB 1994, 1584, 1589; zusammenfassend auch *Vitzthum/Piens*, in: Piens/Schulte/Graf Vitzthum (Hrsg.), BBergG, 2. Aufl. 2013, § 3 Rn. 70 ff.

17 *Gaentzsch*, Rechtliche Fragen des Abbaus von Kies und Sand, NVwZ 1998, 889, 890 verweist hierzu treffend auf die Verdopplung der Produktion an Massenbaustoffen wie Sand und Kies, Hartgestein und Kalkstein im Jahr 1994 gegenüber der Jahresproduktion der ehemaligen DDR.

18 Diese Schlussfolgerung leitet *Hoffmann*, BB 1994, 1584, 1589 aus dem gesetzestechnischen Vorgehen ab, bestehende Bergbauberechtigungen sowohl aus Bestandsschutzgründen als auch zur Sicherung der Rohstoffversorgung aufrechtzuerhalten.

Bodenschätze in Gewinnungsberechtigungen nach bundesdeutschem Recht zu vollziehen und die Voraussetzungen für die Privatisierung der Bergbaubetriebe zu schaffen.[19] Die Überleitungsmaßgaben des Einigungsvertrages waren deshalb von vornherein auf einen Anpassungsprozess ausgerichtet, der einen rechtlichen Systemwechsel und gleichzeitig eine Sicherung der Rohstoffversorgung für eine sich in kürzester Zeit im Umsatz verdoppelnde Steine-Erden-Industrie der neuen Bundesländer gewährleisten musste.

III. Überleitungskonzept des Einigungsvertrags

Das grundsätzliche Überleitungskonzept des Einigungsvertrages trägt diesen Zielen mit zwei Grundelementen Rechnung: Erstens durch eine konstitutive Neuordnung der Eigentumsverhältnisse an Bodenschätzen und zweitens durch ein Verfahren zur Bestätigung von individuellen Gewinnungsberechtigungen. Beide Elemente wurden dabei durch die Verordnung über die Verleihung von Bergwerkseigentum vom 15.8.1990[20] auf Grundlage der Verordnungsermächtigung in § 33 BG DDR noch durch die Regierung der DDR vorbereitet. Nach dieser Verordnung wurde der Treuhandanstalt Bergwerkseigentum an den bisher volkseigenen Bodenschätzen für die wesentlichen Lagerstätten[21] der DDR verliehen, womit gleichzeitig das Gewinnungsrecht des Staates nach § 5 Abs. 1 BG DDR erlosch.[22] Dieses – jeweils räumlich und hinsichtlich des Bodenschatzes auf die konkrete Lagerstätte beschränkte – Bergwerkseigentum war die Treuhandanstalt zu veräußern berechtigt, um ihrem Privatisierungsauftrag auch für Lagerstätten folgen zu können.[23] Der Inhalt des Bergwerkseigentums nach § 1 Abs. 3 der Verordnung war dabei § 8 BBergG nachgebildet, da das Bergwerkseigentum dem Inhaber das ausschließliche Recht gewährte, die in der Verleihungsurkunde bezeichneten Bodenschätze aufzusuchen und zu gewinnen sowie Eigentum an den gewonnen Bodenschätzen zu erwerben. Dennoch blieb aber bis zum Inkrafttreten des Eini-

---

19 *Hoffmann*, Deutsche Einigung – bergrechtliche Konsequenzen für die neuen Bundesländer, BB 1991, 1506.

20 GBl. I S. 1071.

21 Nach *Heuer/Hoffmann*, Gewinnung mineralischer Rohstoffe in den neuen Bundesländern, Wirtschaftsrecht 1991, 21, 23 waren 1990 fast 1300 Lagerstätten der DDR bilanziert, davon 1150 für Steine-Erden-Rohstoffe.

22 § 3 Abs. 3 VO vom 15.8.1990.

23 Zum Privatisierungsauftrag der Treuhandanstalt vgl. *Krause*, Veräußerung von Bergwerkseigentum durch die Treuhandanstalt, ZAP-DDR, Fach 7, S. 47; *Weller*, ZAP-DDR Fach 7, S. 89, 91 f. mit weiterem Hinweis auf das verfassungsändernde Gesetz vom 12.1.1990 (GBl. I S. 15), das Art. 12 Abs. 1 Satz 2 Verfassung DDR, wonach Privateigentum an Bodenschätzen unzulässig war, aufgehoben hatte.

gungsvertrages die allgemeine Regelung zum Volkseigentum an Bodenschätzen nach § 3 BG DDR unverändert.

Die Neuordnung der Eigentumsverhältnisse an Bodenschätzen regelt schließlich erst die zentrale Überleitungsbestimmung in Anlage I Kapitel V Sachgebiet D Abschnitt III Nr. 1 Buchstabe a) des Einigungsvertrags[24]: Bisher volkseigene Bodenschätze als mineralische Rohstoffe im Sinne des § 3 BG DDR wurden in bergfreie Bodenschätze im Sinne des § 3 Abs. 3 BBergG, andere mineralische Rohstoffe im Sinne des § 2 BG DDR in grundeigene Bodenschätze im Sinne des § 3 Abs. 4 BBergG umgewandelt.

Diese materielle Regelung im Geltungsbereich des Einigungsvertrages wich damit erheblich von § 3 BBergG ab, da der Umfang der dem Grundeigentum entzogenen bergfreien Bodenschätze deutlich erweitert wurde und nicht nur die klassischen Bodenschätze wie Erze, Kohle, Salz, Erdöl und Kohlenwasserstoffe erfasste, sondern eben auch alle hochwertigen Steine-Erden-Rohstoffe, die als volkswirtschaftlich bedeutsam den volkseigenen Bodenschätzen nach § 3 BG DDR zugeordnet waren. Dieser Effekt wurde zudem durch die Verordnung zur Verleihung von Bergwerkseigentum vom 15.8.1990 dadurch verstärkt, dass der in deren Anlage enthaltene Katalog von Bodenschätzen nahezu alle wichtigen Baurohstoffe enthielt, was über die zuvor geltenden Abgrenzungsregelungen in § 1 Abs. 1 der 3. DVO zum BG DDR zu § 3 BG DDR hinausging.[25] Durch den enumerativen Katalog entfiel im Übrigen auch die zuvor vorhandene Einzelfallentscheidung des Ministerrates bzw. des zuständigen Fachministers über die Zuordnung zu den volkseigenen Bodenschätzen anhand des unbestimmten Rechtsbegriffes der volkswirtschaftlichen Bedeutung nach § 1 Abs. 2 der 3. DVO zum BG DDR[26], die im BBergG keine Entsprechung hatte. Für die Kategorie der sonstigen mineralischen Rohstoffe nach § 2 BG DDR, die als grundeigene Bodenschätze im Sinne von § 3 Abs. 4 BBergG übergeleitet wurden, verblieben nur vergleichsweise wenige Lagerstätten, die die Anforderungen der Anlage zur Verordnung über die

---

24 Im Weiteren werden die Maßgaben des EV zum BBergG gemäß Anlage I Kapitel V Sachgebiet D Abschnitt III Nr. 1 in der Kurzform „Maßgabe a) EV" zitiert.

25 *Herrmann*, in: Boldt/Weller/Kühne/von Mäßenhausen, Anhang Einigungsvertrag Rn. 4 f.

26 Zur Rechtspraxis der wenigen Einzelfallentscheidungen über die Bodenschatzzuordnung nach § 1 Abs. 2 der 3. DVO zum BG DDR vgl. *Heuer/Hoffmann*, Wirtschaftsrecht 1991, 21, 22; auf den Zusammenhang mit dem Privatisierungsauftrag der Treuhandanstalt, der eine eindeutig bestimmbare Angrenzung der Bodenschatzzuordnung voraussetzte, verweist *Mücke*, Zur „Zweckbindung" einer Bergbauberechtigung (Bergwerkseigentum) an Lagerstätten in den neuen Bundesländern, Die Natursteinindustrie 1994, 28, 31.

Verleihung von Bergwerkseigentum nicht erfüllten, v. a. kleinere Kies- und Sandlagerstätten mit zu geringen geologischen Vorratsmengen.[27]

Das zweite grundlegende Element der Überleitungsmaßgaben zu Bodenschätzen regelt der Einigungsvertrag in den Bestätigungsverfahren zu alten Gewinnungsrechten nach Maßgabe b) bis g) des Einigungsvertrages. Hierzu bestimmt Maßgabe b) Satz 1 EV zunächst, dass Untersuchungs-, Gewinnungs- und Speicherrechte des Staates im Sinne des § 5 Abs. 2 bis 4 BG DDR, die Dritten zur Ausübung übertragen worden sind, aufrechterhalten werden. Die jeweiligen Ausübungsberechtigten waren sodann zur Anmeldung dieser Rechte in einem durch die weiteren Überleitungsbestimmungen nach Maßgabe d) bis g) EV geregelten Bestätigungsverfahren der Bergbehörden berechtigt. Die bestätigten alten Gewinnungsrechte wurden gleichzeitig in die Berechtsamsformen des BBergG überführt, also Erlaubnisse nach § 7 BBergG für Erkundungsrechte, Bewilligungen nach § 8 BBergG für Gewinnungsrechte oder – auch hier als Besonderheit für die Treuhandanstalt als Bergwerkseigentümerin – als unbefristetes und förderabgabefreies Bergwerkseigentum nach § 151 BBergG.[28] Die Bestätigung alter Gewinnungsrechte nach dem Einigungsvertrag orientierte sich damit an den Überleitungsvorschriften in §§ 149 ff. BBergG, die dem Bestandsschutz, genauer gesagt der formalen Überführung bei möglichst vollständiger Wahrung ihres Wesensgehaltes, bestehender Verträge und Berechtigungen nach dem vormaligen Landesrecht dienten.[29]

C. Die Rechtsverhältnisse bei Bodenschätzen nach dem Einigungsvertrag

I. Auswirkungen der Überleitungsmaßgaben des Einigungsvertrags auf den Anwendungsbereich des BBergG

Die zeitlich im Einigungsvertrag nicht begrenzte Abweichung von § 3 BBergG geht ersichtlich über eine bloße Bestandsschutzregelung alter Gewinnungsrechte hinaus, da die materielle Regelung zu bergfreien Bodenschätzen in Maßgabe a) EV nicht auf Altrechte beschränkt war, um deren bisherige Rechtsposition aufrechtzuerhalten, sondern auch bei neuen Anträgen auf Bergbauberechtigungen Geltung beanspruchte. Ebenso kann die Überleitung der nicht als volkseigene Bodenschätze ein-

27 Nr. 9.23 Anlage zu § 1 Abs. 2 der Verordnung über die Verleihung von Bergwerkseigentum forderte für Kiessandlagerstätten einen Kiesanteil größer 2 mm von mehr als 10 % und eine geologische Vorratsmenge größer 1,0 Mio. t.
28 Zum Bestätigungsverfahren im Einzelnen vgl. *Boldt/Weller*, BBergG Ergänzungsband, 1. Aufl. 1992, Anhang Rn. 11 ff.
29 *Vitzthum/Piens*, in: Piens/Schulte/Graf Vitzthum, § 149 Rn. 2 ff.

gestuften mineralischen Rohstoffe als grundeigene Bodenschätze nach § 3 Abs. 4 BBergG nicht nur mit Bestandsschutzzielen bestehender Betriebsgenehmigungen gerechtfertigt werden, da auch hier mit Wirkung für die Zukunft der Anwendungsbereich des BBergG auf alle Bodenschätze erweitert wurde, die nicht in § 3 Abs. 4 BBergG genannt sind und außerhalb des Beitrittsgebiets unterschiedlichen nichtbergrechtlichen Genehmigungsregelungen unterfallen. Die Übernahme des Bundesrechts im Beitrittsgebiet für den Bergbau war damit mit einer wesentlichen Erweiterung des Anwendungsbereichs des BBergG in den neuen Bundesländern verbunden, die sich vorrangig aus dem politischen Gestaltungsauftrag der Wiedervereinigung rechtfertigte.

II. Rechtmäßigkeit der Überleitungsmaßgaben zu den Rechtsverhältnissen bei Bodenschätzen

Die Überleitungsmaßgaben des Einigungsvertrags zu den Rechtsverhältnissen an Bodenschätzen warfen zwangsläufig Fragen in Hinblick auf deren Verfassungskonformität auf. Dies betrifft insbesondere die Frage eines Eingriffs in Eigentumsrechte von Grundeigentümern durch die weitgehende Definition von bergfreien Bodenschätzen sowie die Rechtfertigung einer Ungleichbehandlung der Grundeigentümer im Beitrittsgebiet gegenüber den Grundeigentümern im bisherigen Bundesgebiet, die weitergehender über grundeigene Bodenschätze verfügen können.

1) Vereinbarkeit der Überleitungsmaßgaben mit Art. 14 GG

Gegen die Überleitungsmaßgaben des Einigungsvertrags zur Zuordnung von Bodenschätzen wurden frühzeitig verfassungsrechtliche Einwände erhoben – vor allem durch Grundeigentümer im Bereich der Steine-Erden-Lagerstätten, für die der Treuhandanstalt Bergwerkseigentum verliehen worden war. Als Verstoß gegen die Eigentumsgarantie in Art. 14 GG wurden unmittelbar die Verordnung über die Verleihung von Bergwerkseigentum mit dem erweiterten Katalog volkseigener Bodenschätze, die Bestimmung ehemals volkseigener Bodenschätze als bergfreie Bodenschätze im Sinne des § 3 Abs. 3 BBergG sowie die Bestätigungsmaßgaben für alte Gewinnungsrechte gerügt. Nachdem frühzeitig bereits 1991 erhobene Verfassungsbeschwerden zunächst keine inhaltliche Klärung brachten,[30] wies das BVerwG die verwaltungsgerichtlichen Klagen betroffener Grund-

---

[30] BVerfGE 86, 382; die Verfassungsbeschwerde richtete sich zwar unmittelbar gegen die Maßgabe a) EV, aber auch insoweit stand der Grundsatz der Subsidiarität der Verfassungsbeschwerde entgegen, da eine fachgerichtliche Klärung im vorläufigen Rechtsschutz vom BVerfG als möglich angesehen wurde.

eigentümer mit seiner Leitentscheidung vom 24.6.1993 zurück.[31] Eine Prüfung des rechtsgültigen Zustandekommens der Verordnung über die Verleihung von Bergwerkseigentum vom 15.8.1990, deren Überschreitung der Ermächtigungsgrundlage nach § 33 BG DDR in Hinblick auf die Verleihung von Bergwerkseigentum als einer dem DDR-Recht fremden Eigentumsform zumindest nicht unplausibel war, war allerdings nach Auffassung des BVerwG nicht angezeigt. Vielmehr habe der Einigungsvertrag die Verordnung bewusst in sein Regelwerk zur Überführung des Bergrechts aufgenommen und als Rechtsgrundlage für die Übertragung von Gewinnungsrechten anerkannt.[32]

Die einigungsvertraglichen Überleitungsmaßgaben, die durch förmliches Gesetz Verbindlichkeit gegenüber betroffenen Grundstückseigentümern erlangt haben, müssen sich hingegen selbst in vollem Umfang an Art. 14 Abs. 1 GG messen lassen. Da die Verleihung von Bergwerkseigentum und die Bestätigung alter Gewinnungsrechte nach Maßgabe des Einigungsvertrags das Vorliegen bergfreier Bodenschätze voraussetzen, kommt es letztlich darauf an, ob die Bestimmung bisher volkseigener Bodenschätze im Sinne von § 3 BG DDR als bergfreie Bodenschätze im Sinne von § 3 Abs. 3 BBergG in der zentralen Überleitungsmaßgabe a) des Einigungsvertrages verfassungskonform ist. Durch das BVerwG wird auch dies bejaht. Die Abspaltung bestimmter Bodenschätze vom Grundeigentum und deren Unterwerfung unter ein verselbständigtes System von staatlich zu verleihenden Bergbauberechtigungen durch den einfachen Gesetzgeber wurde bereits durch die frühere Rechtsprechung des BVerwG als zulässige Inhaltsbestimmung nach Art. 14 Abs. 1 Satz 2 GG eingeordnet.[33] Der Umfang der Bergfreiheit von Bodenschätzen ist insoweit dem Maßstab der Verhältnismäßigkeit unterworfen, insbesondere muss es sachliche Gründe geben, warum der Gesetzgeber dem Grundeigentümer die Bodenschätze vorenthält. Eine unbegrenzte Bestimmung aller mineralischen Rohstoffe im Sinne von § 3 Abs. 1 BBergG als bergfreie Bodenschätze nach § 3 Abs. 3 BBergG wäre hingegen unzulässig.[34] Nach diesen allgemeinen Maßstäben kommt das BVerwG zum Ergebnis, dass die Abspaltung des Rechts zur Gewinnung von hochwertigen Kiesen und Sanden im Beitrittsgebiet verhältnismäßig war. Auch wenn im Bereich der alten Bundesländer ganz überwiegend kein Erfordernis gesehen werde, Kiese und Sande der Bergfreiheit zu unterwerfen, da eine sichere Rohstoffversorgung auch durch verfügungsbefugte Grundeigentümer gewährleistet sei,[35] konnten die Vertragspartner des Einigungsvertrags nicht von einer solchen

---

31 BVerwGE 94, 23.
32 BVerwGE 94, 23, 26.
33 BVerwG, ZfB 1960, 89.
34 So ausdrücklich BVerwGE 94, 23, 27.
35 BVerwGE 94, 23, 28 unter Bezug auf *Papier*, in: Maunz/Dürig, Grundgesetz, Art. 14 Rn. 371 d.

Situation ausgehen. Die Bauwirtschaft in den neuen Bundesländern sollte nicht dadurch behindert werden, dass infolge von Streitigkeiten über das Eigentum an Grundstücken und deren Rückgabe die weitere Ausbeutung von Kies- und Sandfeldern nicht fortgesetzt und die Aufschließung neuer Felder nicht in Angriff genommen werden konnte.[36] Entscheidend für die generelle Überführung aller ehemals volkseigenen Bodenschätze in bergfreie Bodenschätze unter Einschluss der Baurohstoffe war insoweit die sich abzeichnende außerordentliche volkswirtschaftliche Bedeutung der Baurohstoffe für den Wiederaufbau in den neuen Bundesländern.[37] Die Verhältnismäßigkeit der durch den Gesetzgeber vorgenommenen Inhaltbestimmung des Eigentums mit Abspaltung der bergfreien Bodenschätze vom Grundeigentum wird zudem dadurch geprägt, dass kein Entzug verfestigter Eigentumsrechte zulasten der Grundeigentümer erforderlich war.[38] Denn aufgrund der bisher als volkseigen eingestuften Bodenschätze nach § 3 BG DDR waren diese bis zum Inkrafttreten des Einigungsvertrags nicht Bestandteil des privaten Eigentums an Grundstücken. Den Eigentümern wurde durch die Überleitungsmaßgaben des Einigungsvertrags keine konkrete Rechtsposition entzogen, vielmehr wurde abstrakt und generell das Grundeigentum inhaltlich verändert.[39] Der 7. Senat des BVerwG greift diese Begründung in seinem Beschluss vom 3.5.1996 auf: Die Veränderung des Eigentumsinhalts durch Begründung der Bergfreiheit für bestimmte

---

36 BVerwGE 94, 23, 28 f.; diesen gesetzgeberischen Willen leitet das BVerwG aus den protokollierten Beiträgen der Aussprache des Deutschen Bundestags in der 150. Sitzung vom 26.3.1993 ab. *Von Bargen*, Bergrechtliches Gewinnungsrecht in den neuen Bundesländern, NJ 1996, 627, 628 betont hingegen unter Bezugnahme auf *Hüffer/Tettinger*, Sand und Kies als Gegenstand des Bergwerkseigentums in den neuen Bundesländern, S. 141 ff., dass die Einordnung der in der Anlage zur VO über die Verleihung von Bergwerkseigentum genannten mineralischen Rohstoffe in die volkswirtschaftlich wichtigen Bodenschätze nach § 3 BG DDR einer ausdrücklichen Forderung der damaligen DDR-Regierung entsprach. Ein Widerspruch zur Begründung des BVerwG entsteht dadurch aber nicht, soweit sich der Deutsche Bundestag im Einigungsvertragsgesetz dieser durchaus plausiblen politischen Wertung der DDR-Regierung angeschlossen hat.

37 Ausführlich hierzu *Kullmann*, Die Vereinheitlichung der Rechtsverhältnisse bei Bodenschätzen, in: Degenhart/Dammert (Hrsg.), Rechtsvereinheitlichung – aktuelle Genehmigungsfragen – Braunkohleplanung – Sanierungsbergbau, 1997, S. 11, 15 ff.

38 So auch BVerwG, ZfB 1996, 132, 136, wonach keine verfassungsrechtlichen Bedenken gegen die Änderung des Inhalts des Eigentums bestehen, wenn jedenfalls bisher nicht ausgenutztes Eigentum an Bodenschätzen in bergfreies Eigentum überführt wird.

39 BVerwG, ZfB 1996, 132, 136; die relativ knappe Begründung des BVerwG geht dabei nicht auf die Besonderheit ein, dass erst im Zusammenwirken der Verordnung über die Verleihung von Bergwerkseigentum vom 15.8.1990 mit der Überleitungsmaßgabe a) EV eine deutliche Erweiterung der meisten Steine-Erden-Rohstoffe als volkseigene Bodenschätze erfolgte. Da sich die rechtlichen Bedenken zur Rechtmäßigkeit dieser Verordnung auf Grundlage von § 33 BG DDR auf die Verleihung von Bergwerkseigentum konzentrierten (*von Bargen*, NJ 1996, 627, 628), nicht aber auf die Konkretisierung der volkswirtschaftlichen Bedeutung von mineralischen Rohstoffen, begegnet die noch durch die DDR-Regierung vorgenommene Erweiterung des Katalogs volkseigener Bodenschätze allerdings keinen Bedenken. Die fehlende Revisibilität der VO vom 15.8.1990 ergibt sich nach BVerwG, ZfB 1996, 132, 133 f. bereits daraus, dass diese vorkonstitutionelles Recht der DDR darstellt, das nach Art. 9 EV außer Kraft getreten ist, da das Berggesetz der DDR nach der Kompetenzordnung des GG als Landesrecht nicht fortgelten konnte.

Bodenschätze (hier: Kiese und Sande) sei mit dem Inkrafttreten der Verordnung über die Verleihung von Bergwerkseigentum vom 15.8.1990 vollzogen gewesen,[40] der Einigungsvertrag habe insoweit die in vorkonstitutioneller Zeit entstandene eigentumsrechtliche Lage unberührt gelassen. Denn die Veränderung des Eigentumsinhalts durch die Verordnung vom 15.8.1990 bedurfte keines weiteren Vollzugsaktes mehr, „Folgen aus einer vorkonstitutionellen „Enteignung", die in den Geltungsbereich des Grundgesetzes hineinwirken, stellen keine Enteignungsmaßnahmen im Sinne des Art. 14 Abs. 3 GG dar".[41] Das BVerfG schloss sich in einem nachfolgenden Nichtannahmebeschluss zu den anhängigen Verfassungsbeschwerden dieser Argumentation auf Grundlage seiner bisherigen Rechtsprechung zu Art. 14 GG an. Es konnte insoweit auch offenlassen, ob die Zuordnung von Sanden und Kiesen zu bergfreien Bodenschätzen bereits auf besatzungsrechtlicher Grundlage in Gestalt der Enteignungsgesetze von 1947 erfolgte; entscheidend sei vielmehr, dass zum Zeitpunkt des Inkrafttretens des Einigungsvertrags keine vermögenswerte Eigentumsposition mehr bestand, in die dessen Maßgaben zum Bergrecht hätten eingreifen können.[42]

2) Vereinbarkeit der Überleitungsmaßgaben mit Art. 3 Abs. 1 GG

Die sich zwangsläufig weiter ergebende Frage einer Vereinbarkeit mit Art. 3 Abs. 1 GG wurde vom BVerwG im Urteil vom 24.6.1993 schon aufgrund des Streitgegenstands einer angefochtenen Bestätigung des der Treuhandanstalt verliehenen Bergwerkseigentums auf die Überleitungsmaßgabe d) EV bezogen, während die materielle Überleitungsmaßgabe a) EV mit der allgemeinen Überführung volkseigener Bodenschätze in bergfreie Bodenschätze nur im Rahmen der Vereinbarkeit mit Art. 14 Abs. 1 GG näher geprüft wurde. Das BVerwG kommt insoweit wiederum aufgrund der besonderen einigungsvertraglichen Situation zur Bejahung eines sachlichen Grundes für die Ungleichbehandlung. Insbesondere wurde aus der Präambel und § 1 Treuhandgesetz abgeleitet, dass der Privatisierungsauftrag der Treuhandanstalt für erkundete Lagerstätten eine Lücke schloss, da die Bodenschätze nicht zum Betriebsvermögen volkseigener Betriebe gehörten und damit eigenständig als Bergwerkseigentum, parallel zur Privatisierung der Betriebe privatisiert werden sollten, um auch bei Gewinnungsbetrieben einen reibungslosen Übergang der Staatswirtschaft in die Marktwirtschaft zu gewährleisten.[43] Im Beschluss vom 3.5.1996 stellt das BVerwG dies in den

---

40 BVerwG, ZfB 1996, 132 Leitsatz 2.
41 BVerwG, ZfB 1996, 132, 135 unter Bezug auf BVerfGE 2, 237, 246.
42 BVerfG, ZfB 1997, 283, 288.
43 BVerwGE 94, 23, 30.

Zusammenhang mit dem allgemeinen Ziel, die Rechtseinheit in Deutschland zu verwirklichen, das dem Gesetzgeber einen weiten Gestaltungsspielraum und seiner politischen Einschätzung überlasse, in welchen Bereichen und welcher Intensität er die Rechtseinheit fördern oder bewirken will.[44]

Das BVerfG greift diese Argumentation zur Vereinbarkeit der Maßgabe a) EV mit dem allgemeinen Gleichheitssatz nach Art. 3 Abs. 1 GG in seinem Beschluss vom 24.9.1997 auf.[45] Die Verschiedenbehandlung von Grundeigentümern in den alten und in den neuen Bundesländern bei grundeigenen Bodenschätzen wie Sand und Kies sei danach durch „hinreichend gewichtige Gründe" gerechtfertigt. Diese bestünden nicht nur allgemein in Gestalt der Herbeiführung und Förderung der Rechtseinheit Deutschlands, sondern auch aufgrund der speziellen Zielsetzung zur Sicherung der Rohstoffversorgung für den Aufbau Ost in den neuen Bundesländern einschließlich des Zieles der Erhaltung von Arbeitsplätzen und eines geordneten Übergangs von der Staats- zur Marktwirtschaft.[46] Im Ergebnis hielt damit die zentrale Überleitungsmaßgabe a) des Einigungsvertrags mit einer von § 3 BBergG erheblich abweichenden Eigentumszuordnung von bergfreien Bodenschätzen im Bereich der Baurohstoffe den verfassungsrechtlichen Anforderungen sowohl in Hinblick auf den Eigentumsschutz als auch in Hinblick auf den Gleichbehandlungsgrundsatz stand.

3) Rechtsangleichungsgebot für den Gesetzgeber zur Herstellung der Rechtseinheit Deutschlands

Die Rechtfertigung der vom Bundesrecht abweichenden Eigentumsordnung an Bodenschätzen zur Bewältigung einigungsbedingter Aufgaben führt jedoch gleichermaßen zu einem immanenten Auftrag an den Gesetzgeber, zukünftig eine einheitliche Rechtslage herbeizuführen. Zwar umfasst der weite Gestaltungsspielraum des Gesetzgebers zur Verwirklichung der Rechtseinheit auch dessen Einschätzung, in welchen Bereichen und in welcher Zeitfolge er die Rechtseinheit herbeiführen und fördern wollte. Zu diesem vom BVerfG betonten politischen Einschätzungsspielraum des Gesetzgebers gehört deshalb auch, dass er eine Rangfolge und Dringlichkeit der anzugehenden Rechtsangleichung aufstellt und sein legislatives Vorgehen danach ausrichtet.[47] Eine Verpflich-

---

44 BVerwG, ZfB 1996, 132, 138.
45 BVerfG, ZfB 1997, 283.
46 BVerfG, ZfB 1997, 283, 289.
47 BVerfG, ZfB 1997, 283, 289 unter Bezug auf BVerfG, DtZ 1993, 309.

tung, die bundesrechtliche Gesetzeslage im Einigungsvertrag ohne Änderungen auf das Beitrittsgebiet zu übertragen, bestand deshalb nicht. Liegt der sachliche Grund für die vom Bundesrecht abweichende Rechtslage allerdings gerade darin, einen Übergang möglichst bruchfrei zu gestalten und einen Systemwechsel ohne Härten für bestehende Rechtsinhaber und ohne volkswirtschaftlich nachteilige Folgen zu erreichen, bedingt das überordnete Harmonisierungsziel der Rechtseinheit Deutschlands von vornherein eine im Zeitverlauf immer schwächer werdende Rechtfertigung der abweichenden Rechtslage und eine wachsende Verpflichtung, das Übergangsrecht zu beenden. Es spricht insoweit viel dafür, dass die verfassungsrechtliche Legitimation einer Ungleichbehandlung nach Art. 3 Abs. 1 GG entfällt, wenn die tragenden Gründe der Verschiedenbehandlung durch die tatsächliche Entwicklung – im vorliegenden Fall in Gestalt der gesicherten Rohstoffversorgung nach Aufbau einer leistungsfähigen Rohstoffwirtschaft in den neuen Bundesländern – ihr Gewicht verlieren.[48] Die im Einigungsvertrag enthaltenen Überleitungsmaßgaben zum Bergrecht waren also von vornherein auf einen weiteren Anpassungsprozess bei den Rechtsverhältnissen bei Bodenschätzen angelegt.

III. Praxisfolgen der Überleitungsmaßgaben im Einigungsvertrag im Bergrecht

Im wichtigsten Anwendungsbereich der Überleitungsmaßgaben des Einigungsvertrags zum BBergG, nämlich der Bestätigung alter Gewinnungsrechte in Form des Bergwerkseigentums der Treuhandanstalt, aber genauso der weiteren Erkundungs- und Gewinnungsrechte privater Dritter nach Maßgabe d) EV erfolgte der Rechtsangleichungsprozess in Gestalt der aus der Bestätigung entstehenden Bergbauberechtigungen schnell, da die Anträge innerhalb einer Frist von 6 Monaten nach Inkrafttreten des Einigungsvertrags zu stellen waren und das Bestätigungsverfahren durch die Bergbehörden weitgehend auf die formale Prüfung der Voraussetzungen nach Maßgabe d) EV konzentriert war.[49] Zu dem Zeitpunkt, in dem das BVerwG mit Urteil vom 24.6.1993 die Verfassungsgemäßheit der Überleitungsmaßgaben des Einigungsvertrags mit dem Gestaltungsauftrag des Gesetzgebers zur Sicherung der Rohstoffversorgung im Aufbau Ost unabhängig von oftmals unkla-

---

48 Dass nach der Argumentation des BVerwG zumindest „irgendwann" eine Rechtsangleichung mit Zuordnung von Kiesen und Sanden zum Grundeigentum stattfinden müsse, vgl. *Kühne/Beddies*, Anmerkung zum Urteil des BVerwG vom 24.6.1993, JZ 1994, 201.

49 BVerwGE 94, 23, 32 f.; für eine materielle Prüfung der zugrundeliegenden Ausübungsrechte nach § 5 BG DDR im Bestätigungsverfahren noch *Hoffmann*, BB 1991, 1506, 1507 f. Zum Bestätigungsverfahren vgl. zusammenfassend *Boldt/Weller*, BBergG Ergänzungsband, 1. Aufl. 1992, Anhang Rn. 14 ff.

ren Eigentumsverhältnissen begründete, waren die damals prognostizierten Effekte in der Rechtswirklichkeit auch bereits eingetreten: Laufende Gewinnungsbetriebe konnten auf Basis von bestätigten Gewinnungsrechten für bergfreie Bodenschätze bruchlos fortgeführt, Investitionen in die schnell privatisierten Betriebe getätigt und der sprunghaft steigende Bedarf an Baurohstoffen gedeckt werden.

Die boomende Baukonjunktur im Aufbau Ost führte nicht nur zu neuen Betrieben und Betriebserweiterungen auf Grundlage der bestätigten alten Gewinnungsrechte, in zunehmendem Maße vielmehr auch zu Neuanträgen für Erlaubnisse zur Erkundung nach § 7 BBergG sowie Bewilligungen zur Gewinnung nach § 8 BBergG. Die anfängliche Förderabgabenfreiheit für bergfreie Steine-Erden-Rohstoffe[50] und der gesetzliche Anspruch auf Erteilung der Bergbauberechtigungen bei Nichtvorliegen der Versagungsgründe aus §§ 11, 12 BBergG[51] setzten weitere Anreize für die Industrie, neue Anträge auf Bergbauberechtigungen zu stellen. Im Zeitraum 1991 bis 1996 wurden demzufolge in erheblichem Umfang neue Bergbauberechtigungen erteilt, begrenzt oftmals nur durch die fehlenden Bearbeitungskapazitäten bei den zuständigen Bergbehörden, die sich einem wachsendem Antragsberg und gleichermaßen zunehmenden politischen Widerständen in den betroffenen Kommunen[52] und Regionen ausgesetzt sahen.

Die Auswirkungen der Überleitungsmaßgaben des Einigungsvertrags zur Eigentumsordnung an Bodenschätzen erhielten hierdurch eine neue Qualität: während anfangs die bruchfreie Fortführung der Rohstoffgewinnung durch die Bestätigungsvorschriften für Gewinnungsrechte nach Maßgabe d) EV im Vordergrund stand und diese Regelungen auch der Gegenstand der Rechtsprechung des BVerwG zur Rechtmäßigkeit der Überleitungsmaßgaben waren,[53] wurde nunmehr die Überleitungsmaßgabe a) EV mit der Erweiterung des Anwendungsbereichs bergfreier Boden-

---

50 Bergwerkseigentum der Treuhandanstalt war nach Maßgabe d) Abs. 4 Nr. 2 EV i. V. m. § 151 BBergG kraft Gesetzes förderabgabenfrei, wobei der Erwerber einen Kaufpreis zu entrichten hatte, der sich an einer abgezinsten fiktiven Förderabgabe orientierte. Als Bewilligungen fortgeltende bestätigte Gewinnungsrechte und neu erteilte Bewilligungen unterlagen bundesrechtlich der Förderabgabenpflicht nach § 31 BBergG, waren aber weitgehend aufgrund von Befreiungsregelungen in den Förderabgabenverordnungen der neuen Bundesländer befreit. Eine für die Festsetzung notwendige Förderabgabenverordnung wurde zum Teil (Sachsen-Anhalt) erst 1996 rückwirkend bis 1992 erlassen. Zur grundsätzlichen Förderabgabenverpflichtung bergfreier Kiese und Sande vgl. BVerwG, ZfB 1999, 123.

51 *Franke*, in: Boldt/Weller/Kühne/von Mäßenhausen, § 6 Rn. 9 sowie § 11 Rn. 2.

52 In diesem Kontext ist auch der Beschluss des BVerwG, ZfB 1998, 328 einzuordnen, der eine Beteiligung der Kommunen in Verfahren zur Erteilung von Bergbauberechtigungen nach § 15 BBergG bejaht, auch wenn die Gemeinde keine Verletzung eigener Rechte im Sinne von § 42 Abs. 2 VwGO durch die bloße Rüge mangelnder Beteiligung geltend machen kann.

53 So zutreffend *Kühne/Beddies*, JZ 1994, 201.

schätze im Sinne von § 3 Abs. 3 BBergG losgelöst von Bestandsschutzzielen alter Gewinnungs-rechte immer stärker wirksam, da das BBergG mit seinen an bergfreie Bodenschätze anknüpfen-den Vorschriften in vollem Umfang für die meisten Steine-Erden-Rohstoffe anwendbar war. Die nach dem Maßstab des Art. 14 Abs. 1 Satz 2 GG und Art. 3 Abs. 1 GG erforderliche Rechtfertigung einer gegenüber § 3 Abs. 3 BBergG abweichenden Inhaltsbestimmung des Eigentums an Boden-schätzen im Geltungsbereich des Einigungsvertrags veränderte sich gleichermaßen: Während die materielle Überleitungsmaßgabe a) EV für den Umfang der nach der Überleitungsmaßgabe d) EV bestätigten alten Gewinnungsrechte unverändert den eigentlichen Inhalt der unter dem Schutz des Art. 14 Abs. 1 GG stehenden Gewinnungsrechte an bergfreien Bodenschätzen[54] sicherte, ver-lor die verfassungslegitime allgemeine Inhaltsbestimmung der Zuordnung von Steine-Erden-Roh-stoffen zu bergfreien Bodenschätzen nach Überleitungsmaßgabe a) EV außerhalb der Bestands-schutzsicherung bestehender Rechte an Stringenz. Die von den Einigungsvertragspartnern und dem Ratifizierungsgesetzgeber angestrebte Förderung künftiger Bautätigkeit im Beitrittsgebiet[55] blieb zwar in Hinblick auf die wirtschaftsfördernden Effekte einer optimalen, von Grundstücks-verhältnissen unabhängigen Ressourcennutzung und einer einheitlichen Aufsicht durch die Berg-behörden[56] wirksam, die besonderen Ziele der gesicherten Rohstoffversorgung zum Aufbau Ost traten jedoch mehr und mehr in den Hintergrund.

IV. Der Weg zur legislativen Rechtsangleichung im Bergrecht

1) Rechtsangleichungsermächtigung im Einigungsvertrag

Den Einigungsvertragspartnern war durchaus bewusst, dass die vom Bundesrecht abweichende Bestimmung zu bergfreien und grundeigenen Bodenschätzen nach der Überleitungsmaßgabe a) EV einer späteren Anpassung bedürfen würde. Die Maßgabe m) Doppelbuchstabe aa) EV ermäch-tigte insoweit den Bundesminister für Wirtschaft, durch Rechtsverordnung mit Zustimmung des Bundesrats Vorschriften über eine andere Zuordnung der in Maßgabe a) EV erfassten minerali-schen Rohstoffe zu erlassen, soweit dies die im Verhältnis zu § 3 Abs. 3 und 4 BBergG geltenden

---

54 BVerfGE 83, 201, 208 f.; allgemein zum Eigentumsschutz von Gewinnungsberechtigungen *Franke*, in: Boldt/Weller/Kühne/von Mäßenhausen, § 8 Rn. 20 mit weiteren Nachweisen.
55 BVerwG, ZfB 1996, 132, 137 f.
56 Diese positiven Effekte der Bergfreiheit von hochwertigen Kiesen und Sanden stellt *Hoffmann*, BB 1994, 1584, 1590 neben den Privatisierungsaspekten für Betriebe und Lagerstätten heraus.

GESTERN HEUTE MORGEN

anderen oder unbestimmten Kriterien erforderten.[57] Die im Tatbestand offen gefasste Verordnungsermächtigung[58] entsprach so auch dem weiten Gestaltungsspielraum des Gesetzgebers, wie er die Rechtsangleichung im Zuge der Wiedervereinigung erreichen will.[59] Eine Ermächtigung zur Neuzuordnung von Bodenschätzen nach Maßgabe m) Doppelbuchstabe aa) EV auch in der Form, dass mineralische Rohstoffe weder bergfrei noch grundeigen eingestuft werden, so dass inzident der Anwendungsbereich des BBergG beschränkt würde und sonstige mineralische Rohstoffe den nichtbergrechtlichen Genehmigungsvorschriften unterfielen, enthält der Einigungsvertrag allerdings nicht.[60] Für diese weitergehende Rechtsanpassung war demnach ein förmliches Gesetz erforderlich.

2) Parlamentarische Initiativen zur Rechtsangleichung

Die unterschiedliche Rechtslage zu den Eigentumsverhältnissen an Bodenschätzen führte bereits 1994 zu Oppositionsanträgen zur „Herstellung der Rechtseinheit bei grundeigenen Bodenschätzen".[61] Die Mehrheit der Koalitionsfraktionen lehnte diese mit dem Argument ab, dass die bestehende Regelung über bergfreie Bodenschätze im Interesse des schnellen Aufbaus der neuen Bundesländer liege und deshalb möglichst für eine lange Zeit beibehalten werden solle.[62] Nachfolgende Anträge der Oppositionsfraktionen erweiterten die Rechtsangleichungsziele auf weitere Änderungen des Bergrechts, insbesondere um eine Beteiligung der Kommunen in Verfahren zur Erteilung von Bergbauberechtigungen sowie eine Verhinderung einer „Salamitaktik" bei betriebsplanpflichtigen Vorhaben unterhalb der UVP-Grenze von 10 ha Flächeninanspruchnahme bei Tagebauen zu erreichen.[63] Ein nachfolgender Koalitionsantrag zur Anpassung des Bergrechts[64] forderte schließ-

---

57 Zu dieser Verordnungsermächtigung vgl. *Kullmann*, in: Degenhart/Dammert (Hrsg.), S. 11, 21 ff.

58 Zum weiten Gestaltungsspielraum im Rahmen dieser „Korrekturklausel" vgl. *Hüffer/Tettinger*, Sand und Kies als Gegenstand des Bergwerkseigentums in den neuen Bundesländern, S. 142.

59 Das BVerwG nimmt in seinem Beschluss vom 3.5.1996, ZfB 1996, 132, 137 f. ausdrücklich Bezug auf den Beschluss des BVerfG vom 30.5.1995, DtZ 1995, 360, wonach keine Bedenken bestehen, jedenfalls für eine Übergangszeit die Harmonisierung zweier Rechtsordnungen im Bereich des Grundstücksnutzungsrechts einer künftigen Regelung zu überlassen.

60 *Weller*, Bergrechtsvereinheitlichung in den alten und neuen Bundesländern, bergbau 1996, 255.

61 Anträge der SPD-Fraktion BT-Drs. 12/3969 und 12/4621.

62 Ausschussempfehlung BT-Drs. 12/5745, S. 4; Gegenstand der Anträge war auch ein Veräußerungsstopp der Treuhandanstalt zu Bergwerkseigentum an Kies und Kiessand.

63 Anträge der SPD-Fraktion BT-Drs. 12/7905 sowie BT-Drs. 13/550; Antrag der Fraktion BÜNDNIS 90/DIE GRÜNEN BT-Drs. 13/787; Antrag der PDS-Fraktion BT-Drs. 13/2497.

64 Antrag der CDU/CSU-Fraktion und der FDP-Fraktion BT-Drs. 13/2359.

lich die Bundesregierung auf, zu prüfen, ob zu diesem Zeitpunkt die Voraussetzungen für eine Neuordnung der Eigentumsverhältnisse bei Bodenschätzen durch Gebrauchmachen der Verordnungsermächtigung nach der Maßgabe m) Doppelbuchstabe aa) EV gegeben seien.

Parallel hierzu forderte der Bundesrat in einem Entschließungsantrag die Bundesregierung auf, die unterschiedliche Zuordnung der mineralischen Rohstoffe als grundeigene bzw. bergfreie Bodenschätze nach dem BBergG in den neuen und alten Bundesländern zu beseitigen. In den neuen Bundesländern sollten dabei die mineralischen Rohstoffe, die in den alten Bundesländern den bergrechtlich nicht erfassten Grundeigentümerbodenschätzen zugeordnet werden, grundeigene Bodenschätze im Sinne des BBergG werden.[65] Im Ergebnis einer Sachverständigenanhörung im Wirtschaftsausschuss des Deutschen Bundestages im Dezember 1995 kam es schließlich zu einem fraktionsübergreifenden Entwurf für ein Gesetz zur Vereinheitlichung der Rechtsverhältnisse bei Bodenschätzen, das durch förmliches Gesetz die Bodenschatzzuordnung nach Maßgabe a) EV für die Zukunft aufhob und weitere Bestandsschutzvorschriften für bestehende Bergbauberechtigungen vorsah.[66]

3) Die Rechtsangleichung durch das Gesetz zur Vereinheitlichung der Rechtsverhältnisse bei Bodenschätzen (GVRB)

Das GVRB beendet mit Wirkung für die Zukunft die Sonderrechtslage zur Bergfreiheit von Bodenschätzen nach Maßgabe des Einigungsvertrags. § 1 GVRB bestimmt, dass die Überleitungsmaßgabe a) EV nicht mehr anzuwenden ist, § 2 GVRB regelt in Absatz 1 den Bestandsschutz bestehender Bergbauberechtigungen und in Absatz 2 die auf bestandsgeschützte Bergbauberechtigungen bezogene Fortgeltung der Bergfreiheit der Bodenschätze. Materielle Änderungen des BBergG werden durch § 2 Abs. 3 GVRB in Hinblick auf den Widerruf von gemäß Absatz 1 bestandsgeschützten Erlaubnissen und Bewilligungen durch Verkürzung der Widerrufsfristen bei Nichtaufnahme der Aufsuchung oder Gewinnung entsprechend § 18 Abs. 2 und 3 BBergG vorgenommen. § 3 GVRB regelt schließlich das Inkrafttreten am Tag nach der Verkündung des Gesetzes.

---

65 Antrag des Freistaates Thüringen BR-Drs. 127/95.

66 Gesetz zur Vereinheitlichung der Rechtsverhältnisse bei Bodenschätzen vom 23.4.1996 (BGBl. I S. 602) – im Folgenden als GVRB abgekürzt; eine Zusammenfassung der parlamentarischen Initiativen und des Gesetzgebungsverfahrens gibt *Kullmann*, in: Degenhart/Dammert (Hrsg.), S. 11, 20 ff.

Aufgrund der Systematik des Einigungsvertrags ist verständlich, dass in der anfänglichen politischen Bewertung sowohl parlamentarische Initiativen[67], die für den Vollzug zuständigen Länder[68] als auch die Bundesregierung in der 12. Legislaturperiode die Rechtsangleichung bei den Eigentumsverhältnissen auf Grundlage der Maßgabe m) Doppelbuchstabe aa) EV und nicht die Rechtsvereinheitlichung im Anwendungsbereich des BBergG zum Ziel hatten, zumal das BVerwG in seinem Urteil vom 24.6.1993 auf diese im Einigungsvertrag angelegte Rechtsanpassung nach Maßgabe m) Doppelbuchstabe aa) EV hingewiesen hatte.[69] In der weiteren politischen Diskussion veränderte sich dieses Ziel der Rechtsanpassung bei den Eigentumsverhältnissen hin zu einer Rechtsvereinheitlichung im Anwendungsbereich des BBergG mit dem zentralen Argument, dass nur dadurch eine dauerhafte Ungleichbehandlung zwischen den alten und neuen Bundesländern verhindert werden könne.[70] Die in den alten Bundesländern erkennbaren Begleiterscheinungen der zersplitterten Rechtslage bei grundeigenen Bodenschätzen außerhalb des Geltungsbereichs des BBergG[71] spielten gegenüber dem nicht weiter differenzierten Argument der vollen Rechtseinheit hingegen keine relevante Rolle im Gesetzgebungsverfahren. Die Erwartung, mit der Rechtsvereinheitlichung an Bodenschätzen weitere materielle Änderungen im Bergrecht verbinden zu können, wurde ebenso nicht erfüllt.[72]

Die Auswirkungen der Rechtsvereinheitlichung nach Maßgabe des GVRB gegenüber einer Bodenschatzzuordnung von Steine-Erden-Rohstoffen zu grundeigenen Bodenschätzen im Sinne von § 3 Abs. 4 BBergG nach Maßgabe m) Doppelbuchstabe aa) EV beschränkten sich letztlich aber darauf, dass für neue Vorhaben in den neuen Bundesländern die nichtbergrechtlichen Genehmigungs- und Aufsichtsbefugnisse angewendet werden mussten, sofern keine grundeigenen Bodenschätze nach § 3 Abs. 4 BBergG betroffen waren. Aufgrund der Bestandsschutzvorschriften für bestehende Bergbauberechtigungen nach § 2 GVRB sowie der Tatsache, dass auf der zuvor gel-

---

67 BT-Drs. 12/5745.

68 Beschluss des Bundesrats vom 12.5.1995 zum Antrag des Freistaates Thüringen BR-Drs. 127/95.

69 BVerwGE 94, 23, 28.

70 Amtliche Begründung zum Entwurf des Gesetzes zur Vereinheitlichung der Rechtsverhältnisse bei Bodenschätzen, BT-Drs. 13/3876, S. 3; *Kullmann*, in: Degenhart/Dammert (Hrsg.), S. 11, 24; *Kremer*, Bemerkungen zur Vereinheitlichung der Rechte an Bodenschätzen, LKV 1996, 368; zusammenfassend *Herrmann*, in: Boldt/Weller/Kühne/von Mäßenhausen, Anhang Einigungsvertrag Rn. 14.

71 So mit einer dezidiert negativen Wertung der Rechtslage nach § 3 Abs. 4 BBergG *Vitzthum/Piens*, in: Piens/Schulte/Graf Vitzthum, § 3 Rn. 81.

72 *Philipp/Kolonko*, Vereinheitlichung des Bergrechts in Deutschland, NJW 1996, 2694, 2696 mit Blick auf umweltrechtliche Standards.

tenden Rechtslage nach dem Einigungsvertrag ein umfangreicher Genehmigungsbestand in den neuen Bundesländern aufgebaut worden war, der unter Berücksichtigung einer sich nach 1995 langsam auf das bundesweite Niveau abschwächenden Bautätigkeit keine Versorgungsengpässe erwarten ließ, kam den Grundeigentümerbodenschätzen außerhalb des Anwendungsbereichs des BBergG zum Zeitpunkt des Inkrafttretens des GVRB keine besondere Bedeutung für die Rohstoffsicherung zu.[73]

V. Der Rechtsangleichungsprozess im Vollzug des GVRB

1) Die Bestandsschutzregelungen des GVRB

Zentrale Bedeutung für den Rechtsanpassungsprozess bei Bodenschätzen haben die Bestandsschutzvorschriften nach § 2 GVRB. Das in §§ 149 ff. BBergG bereits umfassend umgesetzte Prinzip, dass zum Zeitpunkt des Inkrafttretens des BBergG bestehende Bergbauberechtigungen und Verträge sowohl in ihrem formalen Bestand als auch in ihrem materiellen Gehalt aufrechterhalten werden, musste schon aus verfassungsrechtlichen Gründen vom Gesetzgeber berücksichtigt werden, da die Bergbauberechtigungen dem Schutzbereich des Art. 14 Abs. 1 GG unterfallen und deren Inhaber auch den sich aus Art. 20 Abs. 3 GG ergebenden rechtsstaatlichen Vertrauensschutzgrundsatz geltend machen können.[74] § 2 Abs. 1 Satz 1 GVRB trägt dem Bestandsschutz dadurch Rechnung, dass die bei Inkrafttreten des GVRB bestehenden Bergbauberechtigungen auf Bodenschätze, die nicht in § 3 Abs. 3 BBergG aufgeführt sind, unberührt bleiben, d.h., von der Rechtswirkung der Rechtsangleichung nach § 1 GVRB nicht erfasst werden.[75] Dementsprechend sieht das Gesetz keine Anzeige- oder Bestätigungsverfahren für bestehende Bergbauberechtigungen vor.[76]

---

73 Der Anteil der Jahresförderung aus nicht dem BBergG unterliegenden Lagerstätten ist seit 1996 zwar gestiegen, aber immer noch gegenüber der Förderung bergfreier und grundeigener Bodenschätze nach dem BBergG gering. In Sachsen-Anhalt wurden beispielsweise noch 2016 36 Mio. t Steine-Erden-Rohstoffe auf Grundlage des BBergG gewonnen, während außerhalb des BBergG 2 Mio. t vor allem Kiese und Sande von Kleinbetrieben gefördert wurden (Landesamt für Geologie und Bergwesen Sachsen-Anhalt, Rohstoffbericht Sachsen-Anhalt 2018, S. 20).

74 Amtl. Begründung zum Gesetzentwurf des GVRB, BT-Drs. 13/3876, S. 4; *Kullmann*, in: Degenhart/Dammert (Hrsg.), S. 11, 25 ff.; einschränkend zum verfassungsrechtlich gebotenen Bestandsschutz *Philipp/Kolonko*, NJW 1996, 2694, 2696.

75 Zur Bestandsschutzwirkung von § 2 Abs. 1 GVRB vgl. *Hoffmann*, Bergrechtsvereinheitlichung und Bestandsschutz für bestehende Bergbauberechtigungen, BB 1996, 1450; zusammenfassend *Herrmann*, in: Boldt/Weller/Kühne/von Mäßenhausen, Anhang Einigungsvertrag Rn. 19.

76 Ein Anzeigeverfahren war entbehrlich, da bestehende Bergbauberechtigungen eindeutig in Berechtsamsbuch und Berechtsamskarte nach § 75 BBergG erfasst waren.

„Unberührt" bleibt zudem auch ihr materieller Gehalt: Soweit diese Bergbauberechtigungen in Gestalt von Bergwerkseigentum, Bewilligung und Erlaubnis aufrechterhalten werden, bleiben die Bodenschätze, auf die sich die Bergbauberechtigung bezieht, gemäß § 2 Abs. 2 Satz 1 GVRB bis zum Erlöschen oder der Aufhebung bergfreie Bodenschätze. Diese Regelung stellt damit in Anlehnung an das Bestandsschutzmodell des § 150 Abs. 2 BBergG sicher, dass aufrechterhaltene Bergbauberechtigungen nach § 2 Abs. 1 GVRB nicht zu „inhaltsleeren Rechten" werden.[77]

Im Ergebnis wird dadurch ein umfassender Bestandsschutz bestehender Bergbauberechtigungen erreicht, der dem Inhaber alle aus dem BBergG folgenden Rechte gewährt, die an Bergbauberechtigungen für bergfreie Bodenschätze anknüpfen. Hierzu gehören insbesondere die Rechte, Bergbauberechtigungen nach §§ 22, 23 BBergG zu übertragen, die Verlängerung von Bergbauberechtigungen nach Maßgabe von § 16 BBergG zu beantragen und die Rechte aus §§ 7 bis 9 BBergG geltend zu machen.[78] Die zum Zeitpunkt des Inkrafttretens des GVRB bestehenden Bergbauberechtigungen werden durch die Bestandsschutzregelungen in § 2 GVRB demnach nicht eingefroren und auf ihre Befristung und ihren Inhaber beschränkt, sondern bleiben Gegenstand des flexiblen, öffentlich-rechtlichen Konzessionssystems der Bergbauberechtigungen nach dem BBergG, solange die Identität der bestandsgeschützten Bergbauberechtigung nach § 16 Abs. 1 Satz 2 BBergG mit den beiden zentralen Merkmalen des verliehenen Feldes und des jeweiligen Bodenschatzes erhalten bleibt.

Die Bergfreiheit von Bodenschätzen nach Maßgabe von § 2 Abs. 2 Satz 1 GVRB ist umgekehrt aus demselben Grund keine ausreichende Rechtsgrundlage für eine Verleihung von Bergwerkseigentum nach § 9 BBergG auf Antrag des Inhabers einer bestandsgeschützten Bewilligung.[79] Zwar setzt die Verleihung von Bergwerkseigentum nach § 13 Nr. 1 BBergG eine Bewilligung voraus, aber mit Verleihung dieser eigenständigen Bergbauberechtigung erlischt auch die Bewilligung, § 17 Abs. 1 Satz 3 BBergG. Die Verleihung von Bergwerkseigentum nach § 9 BBergG ist damit keine an den

77 *Kullmann*, in: Degenhart/Dammert (Hrsg.), S. 11, 25 ff.; zum Anwendungsbereich von § 150 Abs. 2 BBergG in den alten Bundesländern gehören auch Steine-Erden-Rohstoffe, die nach früheren bergrechtlichen Bestimmungen als Bergbauberechtigung verleihbar waren, z.B. Dachschiefer oder Marmor; vgl. hierzu *Vitzthum/Piens*, in: Piens/Schulte/Graf Vitzthum, § 150 Rn. 3 sowie *Boldt/Weller*, BBergG, 1. Aufl. 1984, § 150 Rn. 4.
78 *Weller*, bergbau 1996, 255, 256 f.; *Hoffmann*, BB 1996, 1450, 1452 jeweils unter Bezug auf die amtliche Begründung BT-Drs. 13/3876, S. 4.
79 So aber *Dammert*, Rechtsvereinheitlichung bei der Bodenschatzgewinnung – Praktische Konsequenzen der Rechtsvereinheitlichung im Spannungsfeld von Bestandsschutz und Neuordnung, in: Degenhart/Dammert (Hrsg.), Rechtsvereinheitlichung – aktuelle Genehmigungsfragen – Braunkohleplanung – Sanierungsbergbau, 1997, S. 33, 37 f.; offen gelassen bei *Hoffmann*, BB 1996, 1450, 1453.

Bestandsschutz einer Bewilligung anknüpfende Nebenentscheidung, sondern eine von § 2 GVRB nicht mehr abgedeckte neue Begründung einer Bergbauberechtigung, die der Gesetzgeber anders als den überwirkenden Bestandsschutz des Erlaubnisinhabers nach § 2 Abs. 2 Satz 2 GVRB nicht in sein Rechtsangleichungskonzept aufgenommen hat.[80] Eine Verfestigung des Bestandsschutzes einer Bewilligung durch Verleihung von Bergwerkseigentum mit den dadurch verbundenen Einschränkungen beim Widerruf nach § 18 Abs. 4 BBergG oder nachträglichen Auflagen nach § 16 Abs. 3 BBergG war im Rahmen des Rechtsangleichungszieles auch nicht geboten, da der Bewilligungsinhaber ohne Einschränkungen seine Rechte aus der Bewilligung nutzen kann, ohne auf die weitere Verleihung von Bergwerkseigentum angewiesen zu sein. Eine Verleihung von Bergwerkseigentum für Bodenschätze, die nicht in § 3 Abs. 3 BBergG genannt sind, wurde insoweit durch das GVRB grundsätzlich ausgeschlossen.

2) Überwirkender Bestandsschutz nach § 2 GVRB

In zwei Fällen sieht das GVRB Bestandsschutzregelungen vor, die über die Aufrechterhaltung bestehender Bergbauberechtigungen nach § 2 Abs. 1 Satz 1 GVRB hinausgehen. § 2 Abs. 2 Satz 2 GVRB nimmt in den Bestandsschutz auch die fristgerecht zur Bestätigung nach Maßgaben d) und f) EV angemeldeten alten Rechte auf, über deren Bestätigung noch nicht unanfechtbar entschieden worden ist. Dies rechtfertigt sich ohne weiteres daraus, dass diese zur Bestätigung angemeldeten Rechte als solche bereits zum Inkrafttreten des EV bestanden und der Einigungsvertrag nur deren Überführung in Bergbauberechtigungen des BBergG regelte.

Wesentlich wichtiger ist hingegen die Fallgruppe der Erlaubnisse zur Erkundung von Bodenschätzen, die dem Inhaber nach § 2 Abs. 2 Satz 2 GVRB das Recht gewähren, unter den Voraussetzungen des § 12 Abs. 2 BBergG auch nach Inkrafttreten des GVRB entgegen des Grundsatzes in § 1 GVRB eine Bewilligung zur Gewinnung für Bodenschätze zu beantragen. Die Bergfreiheit der von Maßgabe a) EV erfassten Bodenschätze, auf die sich eine nach § 2 Abs. 1 GVRB im Bestand geschützte Erlaubnis bezieht, bleibt damit aufrechterhalten, wenn nach erfolgreicher Aufsuchung der Erlaubnisinhaber eine Bewilligung beantragt. Die einigungsvertraglichen Rechtsverhältnisse an Bodenschätzen werden also für diese Fälle nur zeitverzögert angepasst, da auch die nach dem 23.4.1996 auf Grundlage von § 12 Abs. 2 BBergG erteilten Bewilligungen in den Bestandsschutz nach § 2 Abs. 1 GVRB und die materielle Bergfreiheit der jeweiligen Bodenschätze nach § 2 Abs. 2

---

80 OVG Bautzen, ZfB 2002, 58, 61; ebenso *Gaentzsch*, NVwZ 1998, 889, 891.

Satz 1 GVRB aufgenommen werden. Diese Erweiterung des Bestandsschutzes ist allerdings sachlich gerechtfertigt, soweit dadurch ein spezifischer Vertrauensschutz für den Erlaubnisinhaber geschaffen wird, dessen Rechtsposition § 12 Abs. 2 BBergG ausdrücklich schützt, da bei erfolgreicher Aufsuchung der Erlaubnisinhaber einen Vorrang gegenüber anderen Antragstellern auf eine Bewilligung besitzt und nur solche Versagungsgründe der Bewilligung entgegenstehen, die nicht bereits bei der Erlaubniserteilung bestanden.[81] Ohne die Möglichkeit einer Bewilligungserteilung würde hingegen der Aufsuchungsaufwand nutzlos und das Vertrauen auf eine Bewilligungserteilung nach erfolgreicher Aufsuchung enttäuscht.[82] Im Rahmen des Rechtsangleichungsprozesses bei den Eigentumsverhältnissen an Bodenschätzen stellt § 2 Abs. 2 Satz 2 GVRB damit ein Instrument für einen abgefederten Systemwechsel dar, um laufende Erkundungsmaßnahmen aufgrund bereits erteilter Erlaubnisse auch im Interesse einer nachhaltigen Rohstoffsicherung abzuschließen und betriebliche Investitionen in die Aufsuchung nicht zu entwerten, was ohne den überwirkenden Bestandsschutz im Sinne von § 12 Abs. 2 BBergG gefährdet worden wäre. Verfassungsrechtlicher Maßstab ist insoweit nicht der Schutz subjektiver Eigentumsrechte von Erlaubnisinhabern, sondern die Verhältnismäßigkeit einer durch den Gesetzgeber vorgenommenen Änderung in der Inhaltsbestimmung des Eigentums im Rahmen des Auftrags zur Herstellung der Rechtseinheit Deutschlands.[83]

3) Unmittelbare Rechtswirkungen des GVRB für die Rechtsangleichung bei bergfreien Bodenschätzen

Außerhalb der Bestandsschutzvorschriften des § 2 Abs. 2 GVRB greift die in § 1 GVRB geregelte Nichtanwendbarkeit der Maßgabe a) EV unmittelbar mit Inkrafttreten des GVRB. Auswirkungen hatte dies vor allem auf die hohe Anzahl noch nicht beschiedener Anträge auf Erteilung von

---

81 Der Vertrauenstatbestand nach § 12 Abs. 2 BBergG gilt allerdings nur innerhalb des öffentlich-rechtlichen Konzessionssystems des BBergG, nicht bereits aufgrund einer durch Art. 14 Abs. 1 GG geschützten Anwartschaft des Erlaubnisinhabers. Ebenso *Vitzthum/Piens*, in: Piens/Schulte/Graf Vitzthum, § 12 Rn. 11 unter Verweis auf BGH, NJW 2005, 751; offener *Franke*, in: Boldt/Weller/Kühne/von Mäßenhausen, § 12 Rn. 7 sowie § 7 Rn. 16 unter Verweis auf den Schutz der Erlaubnis nach Art. 14 Abs. 1 GG, wonach beim Erlass von Regelungen, durch die bergbauliche Tätigkeiten ausgeschlossen oder beschränkt werden, die durch die fortgeschrittene Aufsuchung erworbene Anwartschaft auf spätere Gewinnungsmöglichkeiten zu berücksichtigen ist, auch wenn diese nicht als eigentumsähnliche Position geschützt ist.

82 *Herrmann*, in: Boldt/Weller/Kühne/von Mäßenhausen, Anhang Einigungsvertrag Rn. 22.

83 Insoweit trifft zu, dass der Gesetzgeber nicht zu einem überwirkenden Bestandsschutz für Bewilligungsanträge von Erlaubnisinhabern gezwungen war, wie dies *Philipp/Kolonko*, NJW 1996, 2694, 2695 vertreten, zumal § 2 Abs. 2 Satz 2 GVRB nicht differenziert, ob der Erlaubnisinhaber bereits tatsächlich Aufwendungen getätigt hat.

Erlaubnissen zur Aufsuchung und von Bewilligungen zur Gewinnung von Bodenschätzen, die nun nicht mehr bergfrei im Sinne § 3 Abs. 3 BBergG waren, so dass bereits aus diesem Grund keine Erteilung mehr erfolgen konnte.[84] Eine alternativ mögliche Stichtagsregelung für entsprechende Anträge, die vor dem 23.4.1996 gestellt wurden, hätte den Umfang der nach bisherigem Recht zu behandelnden Gewinnungsrechte erheblich vergrößert, ohne dass dies im Interesse der Rohstoffsicherung für den „Aufbau Ost" gerechtfertigt gewesen wäre, da im Jahr 1996 keine Anhaltspunkte bestanden, der aktuelle und mittelfristige Bedarf an Baurohstoffen könnte durch bestehende Betriebe sowie neue Lagerstätten aufgrund bestehender Bergbauberechtigungen nicht gedeckt werden. Im Gegenteil schuf gerade die hohe Anzahl der beantragten und noch nicht beschiedenen Erlaubnisse und Bewilligungen das hohe Konfliktpotential im Verhältnis zu anderen Raumnutzungen und kommunalen Planungen, das zu dem letztlich beschleunigten Gesetzgebungsprozess des GVRB führte.[85]

Die weitgehende und sofort wirksame Bereinigung offener Anträge auf Erteilung einer Bergbauberechtigung stellte im Rahmen des Rechtangleichungsprozesses ein Gegengewicht zu den Bestandsschutzvorschriften für bestehende Bergbauberechtigungen dar. Rechtspositionen der Antragsteller standen einer Änderung der Rechtslage nicht entgegen, da der öffentlich-rechtliche Anspruch auf Erteilung einer Bergbauberechtigung anders als die Bergbauberechtigung selbst nicht unter den Schutzbereich des Art. 14 GG fällt.[86] Der Gesetzgeber konnte und wollte damit im Zusammenhang mit der Rechtsanpassung bei Bodenschätzen auch bisherige Genehmigungsansprüche bei Anträgen auf Bergbauberechtigungen beseitigen.[87] Ob die jeweiligen Anträge erlaubnisfähig oder entscheidungsreif waren, aus welchen Gründen die Anträge noch nicht zum Inkrafttreten des GVRB verbeschieden worden waren und ob einem Bewilligungsantrag außerhalb des Geltungsbereichs des § 12 Abs. 2 BBergG eine bereits erloschene Erlaubnis vorangegangen war, spielte nach diesem klaren gesetzgeberischen Konzept keine Rolle.[88]

---

84 Amtliche Begründung zum GVRB, BT-Drs. 13/3876, S. 4.

85 Siehe C. IV. 2).

86 So allgemein BGHZ 161, 305.

87 OVG Bautzen, ZfB 1996, 149; OVG Bautzen, ZfB 1996, 234 sowie OVG Magdeburg, ZfB 2002, 64; nach *Kremer*, LKV 1996, 368, 369 gab es für eine derartige Bestandsschutzregelung auch keinen Anlass.

88 Zur letzteren Fallkonstellation erwägt *Dammert*, in: Degenhart/Dammert (Hrsg.), S. 33, 39 f. einen Folgenbeseitigungsanspruch; zu möglichen Staatshaftungsansprüchen von Antragstellern, über deren Anträge schuldhaft nicht vor Inkrafttreten des GVRB entschieden wurde, *Hoffmann*, BB 1996, 1450, 1453.

4) Unmittelbare Rechtswirkungen des GVRB für grundeigene Bodenschätze

Eine weitere unmittelbare Rechtswirkung von § 1 GVRB betrifft die grundeigenen Bodenschätze im Sinne von § 3 Abs. 4 BBergG, die aufgrund der nicht mehr anwendbaren Maßgabe a) EV sich nur noch auf die in § 3 Abs. 4 BBergG aufgelisteten Bodenschätze beziehen, während zuvor alle mineralischen Rohstoffe, die nicht bergfrei waren, den bergrechtlichen Bestimmungen zu grundeigenen Bodenschätzen unterfielen. Mit Inkrafttreten des GVRB wurde damit in den neuen Bundesländern der gespaltene Anwendungsbereich des Genehmigungsrechts für nicht bergfreie Bodenschätze in einen bergrechtlichen Teil für grundeigene Bodenschätze nach § 3 Abs. 4 BBergG und alle anderen Rohstoffe als „Grundeigentümerbodenschätze"[89] nach außerbergrechtlichen Genehmigungsgrundlagen übertragen.[90] Die historisch gewachsene Differenzierung beider Kategorien von im Grundeigentum stehenden Bodenschätzen in den alten Bundesländern, die entgegen des ersten Entwurfs des BBergG 1975 durch § 3 Abs. 4 BBergG am Ende aufrechterhalten und bundesweit vereinheitlicht worden war,[91] wurde damit in den neuen Bundesländern neu eingeführt. Das GVRB bewirkt insoweit eine volle Rechtsgleichheit bei grundeigenen Bodenschätzen im Bergrecht[92], „allerdings um den Preis der Aufgabe des bisher im Osten geltenden einheitlichen Rohstoffabbaurechts für alle Bodenschätze, das den Vorzug einer mehr Rechtssicherheit bietenden länderübergreifenden Vereinheitlichung der Zulassungsverfahren für gleichartige technische Vorgänge [...] sowie einer Verbesserung der laufenden Betriebsaufsicht im Hinblick auf die immer größere Dimensionen annehmenden Betriebe bot."[93]

Da die Bestandsschutzvorschriften in § 2 GVRB ausschließlich bergfreie Bodenschätze betreffen, führte die Nichtanwendbarkeit der Maßgabe a) EV nach § 1 GVRB für Betriebe zur Gewinnung bisher grundeigener Bodenschätze auch zu einer unmittelbaren Rechtsänderung ohne Übergangs-

---

89 „Grundeigentümerbodenschätze" sind nicht gesetzlich definiert, der Begriff wird zur sprachlichen Abgrenzung gegenüber grundeigenen Bodenschätzen im Sinne von § 3 Abs. 4 BBergG für alle nicht dem BBergG unterliegenden mineralischen Rohstoffe verwendet, auf die sich das Eigentum am Grundstück erstreckt; vgl. hierzu *Vitzthum/Piens*, in: Piens/Schulte/Graf Vitzthum, § 3 Rn. 70; *von Hammerstein*, in: Boldt/Weller/Kühne/von Mäßenhausen, § 3 Rn. 59.

90 *Herrmann*, in: Boldt/Weller/Kühne/von Mäßenhausen, Anhang Einigungsvertrag Rn. 16; *Hoffmann*, BB 1996, 1450, 1454.

91 Zusammenfassend zum Gesetzgebungsverfahren beim Anwendungsbereich des BBergG *von Hammerstein*, in: Boldt/Weller/Kühne/von Mäßenhausen, § 3 Rn. 1.

92 So *Kremer*, LKV 1996, 368, 369 mit dem Hinweis, dass die Länder entsprechende Abgrabungsgesetze erlassen müssten, um die Gewinnung der bergrechtlich nicht erfassten Grundeigentümerbodenschätze „gleichwohl geordnet" vor sich gehen zu lassen; zu abgrabungsrechtlichen Regelungen auch *Philipp/Kolonko*, NJW 1996, 2694, 2697 f.

93 *Kullmann*, in: Degenhart/Dammert (Hrsg.), S. 11, 30; zu den Problemen einer unterschiedlichen Zuordnung von grundeigenen Bodenschätzen *Vitzthum/Piens*, in: Piens/Schulte/Graf Vitzthum, § 3 Rn. 81.

regelungen für bestehende Betriebe und deren bisher bergrechtlichen Betriebsplanzulassungen. Denn soweit die gewonnenen Bodenschätze nicht die Anforderungen an grundeigene Bodenschätze nach § 3 Abs. 4 BBergG erfüllten, sondern nunmehr als Grundeigentümerbodenschätze außerbergrechtlichen Genehmigungsvorschriften unterlagen, war für diese Betriebe nach Wegfall der Maßgabe a) EV unmittelbar auch der Anwendungsbereich des BBergG entfallen. Eine faktische Übergangsregelung für damit rechtswidrig gewordene Betriebsplanzulassungen ergab sich allerdings nach § 43 Abs. 2 VwVfG, da die bestehenden Zulassungsbescheide rechtlich wirksam blieben. Dass der laufende Betrieb durch die unveränderte Wirksamkeit der Betriebsplanzulassung nicht beeinträchtigt werde[94], bedarf allerdings der Einschränkung, dass allein die Rechtsunsicherheit, nach Ablauf der regelmäßig nur kurz befristeten Hauptbetriebspläne eine Anschlussgenehmigung haben zu müssen, eine erhebliche Belastung der betroffenen Betriebe darstellte.

5) Rechtsangleichung durch Vollzug der Widerrufsvorschriften des BBergG für Bergbauberechtigungen

Aufgrund der weitreichenden Bestandsschutzvorschriften nach § 2 Abs. 1 GVRB, die neben laufenden Betrieben auch im hohem Umfang Bergbauberechtigungen für unverritzte Lagerstätten aufrechterhielten, wurde im Gesetzgebungsverfahren zum GVRB eine weitere Maßgabe zu den Widerrufsregelungen nach § 18 Abs. 2 und 3 BBergG für den Fall der Nichtaufnahme der Aufsuchung oder Gewinnung aufgenommen. § 2 Abs. 3 GVRB sieht dafür eine Verkürzung der Fristen zur Aufnahme der Aufsuchung bei Erlaubnissen innerhalb von sechs Monaten und für die Aufnahme der Gewinnung bei Bewilligungen innerhalb von 18 Monaten nach Inkrafttreten des GVRB vor, sofern die allgemeinen Fristen von einem Jahr nach § 18 Abs. 2 BBergG oder drei Jahren nach § 18 Abs. 3 BBergG nach Erteilung der jeweiligen Bergbauberechtigungen nicht bereits vorher ablaufen. Die Verkürzung der Widerrufsfristen bei Erlaubnissen und Bewilligungen stellte damit ein weiteres Element des gesetzgeberischen Zieles dar, die Rechtsangleichung zu beschleunigen. Mit der Fristverkürzung und dem Tatbestand der Einreichung eines Betriebsplanes sollte erreicht werden, dass bestehende Erlaubnisse und Bewilligungen effektiv ausgenutzt werden; einer Hortung derartiger Berechtigungen sollte umgekehrt entgegengewirkt werden.[95] Die Modifikation von

---

94 So die Wertung von *Hoffmann*, BB 1996, 1450, 1454.
95 Amtliche Begründung zum GVRB, BT-Drs. 13/3992, S. 4 f.; *Kullmann*, in: Degenhart/Dammert (Hrsg.), S. 11, 27 ff.

§ 18 Abs. 2 und 3 BBergG, der ja dasselbe Regelungsziel beinhaltet, im Rahmen eines öffentlich-rechtlichen Konzessionssystems Eingriffsmöglichkeiten der Bergbehörde bei erteilten, aber nicht zeitnah ausgenutzten Bergbauberechtigungen zu schaffen,[96] beruht insoweit auf dem spezifischen Ziel, die Rechtsangleichung bei Bodenschätzen über die allgemeinen Eingriffsmöglichkeiten des § 18 BBergG hinaus bewusst zu fördern.

Gleichzeitig wurde das Tatbestandsmerkmal der Aufnahme der Aufsuchung und der Gewinnung in § 18 Abs. 2 und 3 BBergG für den Fall der verkürzten Fristen in § 2 Abs. 3 GVRB durch den Tatbestand des Einreichens eines Betriebsplanes konkretisiert. Dies beinhaltet letztlich eine gesetzliche Fiktion, wonach die Einreichung eines Betriebsplans bereits zur Aufnahme der Aufsuchung oder Gewinnung gehört, da die in § 18 Abs. 2 und 3 BBergG verwendeten Begriffe auf eine tatsächliche Aufnahme der bergbaulichen Tätigkeiten abstellen, diese aber notwendigerweise vorbereitender Maßnahmen, insbesondere der Einreichung und Zulassung von Betriebsplänen nach §§ 51 ff. BBergG bedürfen.[97] § 2 Abs. 3 GVRB führt damit für die jeweiligen Rechtsinhaber von bestandsgeschützten Bergbauberechtigungen gleichermaßen zu einer Verschärfung der Widerrufsfristen bei Nichtaufnahme der Gewinnung sowie als Gegengewicht zu einer verbesserten Rechtsposition, soweit auch das Einreichen eines Betriebsplanes als Aufnahme der Aufsuchung oder Gewinnung gilt.[98] Durch die Verwendung der Formulierung „eines Betriebsplans" in § 2 Abs. 3 GVRB wird im Übrigen die Art des Betriebsplans nicht auf gestattende Hauptbetriebspläne im Sinne von § 52 Abs. 1 BBergG verengt, so dass eingereichte Rahmenbetriebspläne oder Sonderbetriebspläne ebenfalls ausreichen, die Aufnahme der Gewinnung zu belegen.[99] Dass § 2 Abs. 3 GVRB nur die Widerrufsvorschriften für bestandsgeschützte Erlaubnisse und Bewilligungen, nicht

---

96 *Kühne*, in: Boldt/Weller/Kühne/von Mäßenhausen, § 18 Rn. 15 sowie § 6 Rn. 8.

97 Enger OVG Magdeburg, ZfB 2019, 38, 54 f. zu § 18 Abs. 3 BBergG, wonach nur die Durchführung vorbereitender Maßnahmen auf Grundlage zugelassener Betriebspläne der Gewinnung im Sinne von § 4 Abs. 2 Halbsatz 1 BBergG zuzurechnen ist, nicht aber die Betriebsplanverfahren selbst. Ebenso OVG Schleswig, ZfB 2019, 159, 169.

98 OVG Magdeburg, ZfB 2019, 38, 53: „Diese Vorschrift ist nicht anstelle, sondern neben der allgemeinen Regelung des § 18 Abs. 3 BBergG anzuwenden." Andere vorbereitende Maßnahmen stehen dem Widerruf nicht entgegen, da nur die Einreichung eines Betriebsplans zur Wahrung der verkürzten Fristen ausreichend ist (vgl. *Kullmann*, in: Degenhart/Dammert [Hrsg.], S. 11, 29). Fristwahrende Betriebspläne im Sinne von § 2 Abs. 3 GVRB müssen nicht vollständig bzw. zulassungsfähig sein, aber prüffähig (VG Chemnitz, ZfB 2000, 66).

99 A.A. *Hoffmann*, BB 1996, 1450, 1454, die bei Bewilligungen die Einreichung eines Rahmenbetriebsplans und parallel eines Hauptbetriebsplans zur Fristwahrung nach § 2 Abs. 3 GVRB fordert. Dies geht über den gesetzlichen Tatbestand „eines" Betriebsplans hinaus und wäre insoweit auch unpraktikabel, als der Hauptbetriebsplan bei planfeststellungspflichtigen Vorhaben einen zugelassenen Rahmenbetriebsplan nach § 52 Abs. 2a BBergG voraussetzt.

aber für Bergwerkseigentum nach § 18 Abs. 4 BBergG modifiziert, ist im Übrigen folgerichtig, soweit der Gesetzgeber nur die Aufnahme der bergbaulichen Tätigkeiten bei erteilten Bergbauberechtigungen beschleunigen wollte. Nachdem § 18 Abs. 4 BBergG für Bergwerkseigentum nur den Widerrufstatbestand der Unterbrechung der regelmäßigen Gewinnung enthält, nicht aber einen Tatbestand der Nichtaufnahme der Gewinnung entsprechend der Regelungen in § 18 Abs. 2 und 3 BBergG, betrifft die Maßgabe zum Widerruf von Erlaubnissen und Bewilligungen nach § 2 Abs. 3 GVRB nur diese, nicht aber Bergwerkseigentum nach § 9 BBergG.[100]

Die Rechtsangleichung bei Bodenschätzen durch den Widerruf von Bergbauberechtigungen nach § 2 Abs. 1 GVRB wurde jedoch von den verkürzten Fristen und dem modifizierenden Tatbestandsmerkmal der Einreichung eines Betriebsplans zur Aufnahme der Aufsuchung oder Gewinnung nach § 2 Abs. 2 Satz 3 GVRB kaum beeinflusst, da die allgemeinen Widerrufsvoraussetzungen nach § 18 Abs. 2 und 3 BBergG überwiegend nicht erfüllt waren. Dessen Regelungszweck ist die Verhinderung einer Vorratshaltung von Gewinnungsrechten durch den Rechtsinhaber, der zwar aufgrund seines Antrags mit einem Arbeitsprogramm zur Nutzung der verliehenen Lagerstätte in einer angemessenen Zeit (§ 11 Nr. 3 BBergG für die Erlaubnis, § 12 Abs. 1 Nr. 4 BBergG für die Bewilligung) das ausschließliche Recht zur Aufsuchung oder Gewinnung erhalten hat, dieses dann aber entgegen des Antrags nicht umsetzt oder nicht umsetzen kann. Die Umsetzung des Arbeitsprogramms steht aber von vornherein unter dem Vorbehalt der nachfolgenden Zulassungsverfahren der Betriebspläne sowie unter dem Vorbehalt der laufenden Anpassung des Vorhabens an die wirtschaftlichen und technischen Randbedingungen für den Bergbaubetrieb. Der als gebundene Entscheidung ausgestaltete Widerruf der Bergbauberechtigung bei Nichtaufnahme der Aufsuchung oder Gewinnung nach § 18 Abs. 2 und 3 BBergG kann deshalb nicht losgelöst vom Ziel der Ordnung und Förderung der Rohstoffgewinnung nach § 1 BBergG als Auslegungsleitlinie vollzogen werden.[101] Zentrale Bedeutung hat insoweit der Ausschluss eines Widerrufs, wenn der Erlaubnisinhaber die verspätete Aufnahme der Aufsuchung nicht zu vertreten hat (§ 18 Abs. 2 Satz 1 BBergG) oder wenn Gründe einer sinnvollen technischen oder wirtschaftlichen Planung

---

100 Zur Frage, ob § 18 Abs. 4 BBergG für den Fall der Nichtaufnahme der Gewinnung erweitert ausgelegt werden muss, um eine Regelungslücke für den atypischen Fall einer Nichtaufnahme der Gewinnung bei Bergwerkseigentum nach § 9 BBergG zu schließen, vgl. *Herrmann*, in: Boldt/Weller/Kühne/von Mäßenhausen, Anhang Einigungsvertrag Rn. 29; für eine analoge Anwendung von § 18 Abs. 4 BBergG auch *Wörheide*, Aktuelle Rechtsprechung zum bergbaulichen Berechtsamswesen, ZfB 2019, 10, 19 entgegen OVG Bautzen, ZfB 2019, 28 und *Dammert/Brückner*, Aktuelle Fragen des Widerrufs bergrechtlicher Berechtigungen, ZfB 2014, 183.

101 *Kühne*, in: Boldt/Weller/Kühne/von Mäßenhausen, § 18 Rn. 15.

des Bewilligungsinhabers es erfordern, dass die Gewinnung im Bewilligungsfeld erst zu einem späteren Zeitpunkt aufgenommen wird oder wenn sonstige Gründe für eine Unterbrechung vorliegen, die der Bewilligungsinhaber nicht zu vertreten hat (§ 18 Abs. 3 Satz 2 BBergG).[102] Die bloße Nichtaufnahme der Aufsuchung oder Gewinnung ist demnach nicht ausreichend, um die Bergbauberechtigung zu widerrufen, vielmehr kommt es dann im Einzelfall auf die Gründe an, ob diese der Rechtsinhaber zu vertreten hat oder im Fall der Bewilligung die spätere Aufnahme der Gewinnung auf eine nachvollziehbare Planung des Berechtigten zurückzuführen ist.

Die Widerrufsprüfung nach § 18 Abs. 3 BBergG wird als Verwaltungsverfahren von Amts wegen durch die zuständige Bergbehörde eingeleitet, wobei dem eigentlichen Widerrufsverfahren mit Anhörung des Rechtsinhabers nach § 5 BBergG i. V. m. § 28 Abs. 2 VwVfG regelmäßig eine behördeninterne Vorprüfung zur Frage der Aufnahme der Gewinnung bzw. Unterbrechung der regelmäßigen Gewinnung vorausgeht. Ein Anspruch auf Einleitung von Widerrufsverfahren auf Antrag Dritter, insbesondere von Grundeigentümern im Feldesbereich der jeweiligen Bergbauberechtigungen, ist hingegen gesetzlich weder vorgesehen noch materiell gerechtfertigt, da durch die erteilte Bergbauberechtigung keine subjektiven Rechte des Grundeigentümers oder Kommunen verletzt werden können.[103] Vielmehr betreffen die durch die Erteilung von Bergbauberechtigungen geregelten Rechtsbeziehungen nur den Rechtsinhaber im Verhältnis zur staatlichen Verleihungsbehörde, die Rechte der durch die Ausübung der staatlichen Bergbauberechtigungen betroffenen Dritten werden demgegenüber erst auf der konkreten Gestattungsebene der Betriebsplanzulassungen sowie bei Grundabtretungsverfahren in einen Ausgleich gebracht.[104] Die Rechtsfolge nach § 2 Abs. 2 Satz 1 GVRB, nämlich dass mit Erlöschen der Bergbauberechtigung auch die Bergfreiheit der Bodenschätze entfällt und das Gewinnungsrecht dem Grundstück zuwächst, stellt insoweit keine durch das Gesetz konkretisierte Anwartschaft, sondern einen reinen Rechtsreflex

---

[102] Soweit das OVG Magdeburg, ZfB 2019, 38, 55 die vom Bewilligungsinhaber nicht zu vertretenden sonstigen Gründe nach § 18 Abs. 3 Satz 2 BBergG ausschließlich auf die Unterbrechung der Gewinnung, nicht aber auf die Aufnahme der Gewinnung bezieht, verkennt diese Auffassung den Regelungszweck der Norm, einen Rechtsentzug im Wege einer gebundenen Entscheidung auszuschließen, wenn sich die gesetzlich angestrebte Ausnutzung der Bewilligung aus nicht vom Inhaber zu vertretenden Gründen verzögert (ebenso *Wörheide*, ZfB 2019, 10, 17). Gerade bei komplexen Zulassungsverfahren mit zwangsläufig daraus folgenden großen Zeitabständen zwischen Erteilung der Bewilligung und Zulassung des Rahmenbetriebsplans wäre ein Widerruf der von Art. 14 Abs. 1 GG geschützten Bewilligung ein auch vom Gesetzeszweck nicht gerechtfertigter Eingriff (zum Erfordernis „beweglicher Widerrufsfristen nach § 18 Abs. 2, 3 und 4 BBergG" vgl. auch *Kühne*, Fragen des Berechtsamswesens im Bergrecht, ZfB 2018, 92, 101).

[103] *Herrmann*, in: Boldt/Weller/Kühne/von Mäßenhausen, Anhang Einigungsvertrag Rn. 30.

[104] Zur Rechtsschutzkonzeption des BBergG vgl. *Wörheide*, Rechtsschutzmöglichkeiten von Grundeigentümern und Umweltverbänden im Zusammenhang mit der Gewährung von Bergbauberechtigungen, ZfB 2015, 73, 77.

dar, der dem dadurch begünstigten Grundeigentümer kein Verfahrensrecht zur Einleitung eines Widerrufsverfahrens oder zur Hinzuziehung in von Amts wegen eingeleitete Verfahren verschafft.

6) Rechtsangleichung durch Vollzug weiterer für Bergbauberechtigungen geltender Vorschriften

Die Maßgabe in § 2 Abs. 3 GVRB zu den Widerrufsvorschriften in § 18 Abs. 2 und 3 BBergG zeigt, dass der Rechtsangleichungsprozess bei Bodenschätzen auch bewusst durch den Vollzug der für Bergbauberechtigungen geltenden Bestimmungen des BBergG erfolgen soll. Mit Inkrafttreten des GVRB wurde zwar ein wesentlicher legislativer Schlussstein gesetzt, der die zentralen Überleitungsmaßgaben des EV zu den Rechtsverhältnissen bei Bodenschätzen beendet und insoweit eine volle Rechtseinheit in dem Sinne herstellte, als das BBergG ohne inhaltliche Veränderungen in den neuen Bundesländern anwendbar wurde. Gleichzeitig bewirken die Bestandsschutzvorschriften in § 2 Abs. 2 GVRB, dass die tatsächliche Rechtsanpassung in den neuen Bundesländern erst nach Erlöschen der bestandsgeschützten Bergbauberechtigungen für nicht in § 3 Abs. 3 BBergG aufgeführte bergfreie Bodenschätze erreicht wird, da bis zu diesem Zeitpunkt alle für bergfreie Bodenschätze geltenden bergrechtlichen Bestimmungen nach wie vor anwendbar bleiben. Soweit die zum Erlöschen führenden Tatbestände Bewertungsspielräume oder Ermessen der Bergbehörde enthalten, liegt es dabei nahe, im Vollzug der an Bergbauberechtigungen anknüpfenden Verwaltungsverfahren die gesetzlichen Ziele zur Rechtsanpassung einzubeziehen, wie dies allgemein bereits durch den Gesetzeszweck des Ordnens und Förderns der Rohstoffsicherung in § 1 Nr. 1 BBergG gefordert wird.[105]

Für den Widerruf von Erlaubnissen und Bewilligungen im Sinne § 2 Abs. 3 GVRB i. V. m. § 18 Abs. 2 und 3 BBergG kommt der Frage eines ermessensleitenden Gesetzeszwecks keine wesentliche Bedeutung zu, da der Widerruf nach § 18 BBergG als gebundene Entscheidung ausgestaltet ist und auch keine bergbehördlichen Beurteilungsspielräume im Vollzug bestehen.[106] Aus demsel-

---

105 *von Hammerstein*, in: Boldt/Weller/Kühne/von Mäßenhausen, § 1 Rn. 1 mit dem Hinweis auf die Funktion eines Auslegungskriteriums bei Ermessensentscheidungen sowie § 6 Rn. 9 f. unter Bezug auf die Lenkungsmöglichkeiten innerhalb des öffentlichrechtlichen Konzessionssystems bei Bergbauberechtigungen; zur Funktion als Auslegungsregel bei Kollisionen zwischen dem allgemeinen Interesse am Bergbau und anderen privaten oder öffentlichen Interessen vgl. *Vitzthum/Piens*, in: Piens/Schulte/Graf Vitzthum, § 1 Rn. 26.

106 Auch die Prüfung, ob eine „sinnvolle" technische oder wirtschaftliche Planung des Bewilligungsinhabers eine spätere Gewinnungsaufnahme „erfordert", ist gerichtlich voll nachprüfbar und berechtigt die zuständige Bergbehörde nicht zu einer eigenen Beurteilung.

ben Grund ist auch die Übertragung von Bergbauberechtigungen nach §§ 22, 23 BBergG mit einem nur eingeschränkten Prüfprogramm der jeweiligen Zustimmungen und Genehmigungen kein geeigneter Weg zur Berücksichtigung von Rechtsanpassungszielen bei Bodenschätzen.

Bei der Verlängerung von Bergbauberechtigungen nach § 16 Abs. 5 Satz 3 BBergG kommt dagegen eine unmittelbare Berücksichtigung des Rechtsangleichungsziels in Betracht, da die Verlängerung von befristeten Bewilligungen und Bergwerkseigentum als Ermessensentscheidung ausgestaltet ist. Für die Erlaubnis sieht § 16 Abs. 4 Satz 2 BBergG eine durch das BVerwG entwickelte zweistufige Verlängerungsprüfung vor: Konnte das Erlaubnisfeld trotz planmäßiger, mit der zuständigen Behörden abgestimmter Aufsuchung nicht ausreichend erkundet werden, soll die Erlaubnis entsprechend eines angepassten Arbeitsprogramms verlängert werden; in den anderen Fällen einer Abweichung vom Arbeitsprogramm oder einer fehlenden Abstimmung mit der zuständigen Behörde hat diese nach pflichtgemäßem Ermessen zu entscheiden, ob die Erlaubnis verlängert werden kann.[107]

Für die Verlängerung einer Bewilligung nach § 16 Abs. 5 Satz 3 BBergG liegt noch keine höchstrichterliche Rechtsprechung vor. Die Verlängerungsbefugnis nach § 16 Abs. 5 Satz 3 BBergG ist aber nach Wortlaut und Regelungszweck ebenfalls eine Ermessensentscheidung, die auf Grundlage einer Abwägung aller relevanten Interessen, insbesondere der Ziele des BBergG, der wirtschaftlichen Interessen des Rechtsinhabers und der Umsetzung der rohstoffsichernden Ziele des BBergG durch einen Wettbewerber bei Nichtverlängerung zu erfolgen hat.[108] Für den Rechtsangleichungsprozess bei den Rechtsverhältnissen an Bodenschätzen kommt dieser bisher in Literatur und Rechtsprechung wenig problematisierten Verlängerungsbefugnis allerdings eine wachsende Praxisrelevanz zu, da die zwischen 1990 und 1996 erteilten Bewilligungen auf Steine-Erden-Rohstoffe als bergfreie Bodenschätze nach dem Einigungsvertrag in vielen Fällen ihr Befristungsende erreichen[109] und in den wenigsten Fällen die Lagerstätten vollständig, in vielen

---

107 BVerwGE 139, 184, 191; *Kühne*, ZfB 2018, 92, 95.

108 VG Dresden, ZfB 2017, 178, 179; zum Vorliegen einer Ermessensentscheidung *Wörheide*, Die Bergbauberechtigungen nach dem Bundesberggesetz, 2014, S. 327 f.; zur Einbeziehung der Interessen eines Wettbewerbers im Sinne einer Qualität von Bewerbern für eine Neuerteilung bei der Entscheidung zur Verlängerung einer Erlaubnis vgl. *Kühne*, in: Boldt/Weller/Kühne/von Mäßenhausen, § 16 Rn. 48 unter Bezug auf BVerwGE 139, 184, 193 (Rn. 30 ff.).

109 In der Praxis wurden viele Bewilligungen für einen Zeitraum von 20 bis 30 Jahren befristet, da dies der übliche Planungshorizont für die Betriebsplanung war und anfangs der 90er Jahre den Arbeitsprogrammen hohe Jahresförderzahlen entsprechend der damaligen Hochkonjunktur im Baugewerbe zugrunde gelegt wurden.

Fällen sogar nur in geringem Umfang abgebaut wurden.[110] Die Verlängerungsanträge der Bewilligungsinhaber[111] führen daher nicht nur zu einer erneuten Prüfung des Widerrufs wegen Nichtaufnahme der Gewinnung oder Unterbrechung der regelmäßigen Gewinnung,[112] sondern bedürfen einer weiteren Abwägung zur Verlängerung als solcher und zum Verlängerungszeitraum.

Bei der Verlängerungsentscheidung sind zugunsten der Rechtsinhaber die Belange des Investitionsschutzes bei getätigten Investitionen[113] und das gesetzliche Ziel einer vollständigen Lagerstättennutzung[114] im Interesse einer sicheren Rohstoffversorgung zu berücksichtigen. Entscheidendes Kriterium ist nach dem Willen des Gesetzgebers insoweit die planmäßige und ordnungsgemäße Ausbeutung des Vorkommens.[115] Für die besondere Konstellation der aufrechterhaltenen Bewilligungen nach § 2 Abs. 1 GVRB ist darüber hinaus zu berücksichtigen, wie sich die Nichtverlängerung der Bewilligung auf diese Belange der sicheren Rohstoffversorgung und nachhaltigen Ressourcennutzung auswirken würde. Denn anders als bei bergfreien Bodenschätzen nach § 3 Abs. 3 BBergG kommt eine Neuerteilung einer Bewilligung an den bisherigen Rechtsinhaber aufgrund eines anderen Arbeitsprogramms und Feldes[116] oder an einen anderen Antragsteller nicht in Betracht, da mit Erlöschen der bestandsgeschützten Bewilligung die Bergfreiheit der Bodenschätze nach § 2 Abs. 2 Satz 1 GVRB endet und die Bodenschätze dem Grundeigentum zuwachsen. Erfüllt der Bodenschatz allerdings die Anforderungen an einen grundeigenen Bodenschatz nach § 3 Abs. 4 BBergG, bliebe eine bestehende Betriebsplanzulassung und ein laufender Gewin-

---

110 Beispielhaft für den Freistaat Sachsen vgl. die Tabelle mit Zusammenstellung der zum 9.9.2015 bestehenden Bergbauberechtigungen auf Steine-Erden-Rohstoffe, LT-Drs. 6/2434, S. 5.

111 Das Antragserfordernis ergibt sich aus einer Analogie zu § 10 BBergG, wonach Bergbauberechtigungen nur auf Antrag erteilt werden, da die Verlängerung von Angaben des Rechtsinhabers zur planmäßigen Erschöpfung der Lagerstätte abhängig ist; im Ergebnis ebenso *Franke*, in: Boldt/Weller/Kühne/von Mäßenhausen, § 10 Rn. 1 unter Bezug auf die amtl. Begründung zum BBergG, BT-Drs. 8/1315, S. 86; OVG Magdeburg, ZfB 2019, 38, 47.

112 OVG Magdeburg, ZfB 2019, 38, 53.

113 Dies lässt sich bereits § 16 Abs. 3 Satz 2 BBergG entnehmen; *Kühne*, in: Boldt/Weller/Kühne/von Mäßenhausen, § 16 Rn. 52; *Wörheide*, Die Bergbauberechtigungen nach dem BBergG, S. 328.

114 § 1 Nr. 1 BBergG; zum Ressourcenschutz in bergrechtlichen Verfahren zur Erteilung von Bergbauberechtigungen auch *Herrmann*, Ressourcenschutz im bergrechtlichen Verfahren, in: Umweltbundesamt (Hrsg.), Umweltverträgliche Nutzung des Untergrunds und Ressourcenschonung – Anforderungen an die untertägige Raumordnung und das Bergrecht, 2014, S. 83, 86 ff.; einen vollständigen Abbau bereits aufgeschlossener Lagerstätten im Interesse der Ressourcenschonung können zudem Ziele der Raumordnung in Raumordnungsplänen der Länder enthalten.

115 Amtl. Begründung BT-Drs. 8/1315, S. 90.

116 Eine räumlich nur teilweise Verlängerung der Bewilligung sieht § 16 Abs. 5 BBergG nicht vor, ebenso ist ein räumlich begrenzter Teilwiderruf nach § 18 Abs. 3 BBergG nicht möglich. Sofern der Antragsteller nicht selbst eine Teilaufhebung der Bewilligung beantragt, kann damit eine Bewilligung bezogen auf das Bewilligungsfeld nur vollständig verlängert werden.

nungsbetrieb von dem Erlöschen der Bewilligung unberührt, da nunmehr das Grundstück an die Stelle der Bergbauberechtigung tritt, um die Gewinnungsberechtigung im Sinne von § 55 Abs. 1 Nr. 1 BBergG nachzuweisen. Die Fortführung des Gewinnungsbetriebs mit den damit verbundenen Investitionsschutz- und Rohstoffsicherungsbelangen wäre damit bei Nichtverlängerung der Bewilligung gleichermaßen sichergestellt.[117] Weitergehende Interessen des Bewilligungsinhabers bei Aufrechterhaltung der Bergfreiheit von Bodenschätzen nach Verlängerung der Bewilligung in Form einer besseren Verhandlungsposition beim Erwerb von Abbaugrundstücken[118] oder zur langfristigen betrieblichen Rohstoffsicherung[119] bleiben der abschließenden Einzelfallabwägung vorbehalten, stehen aber einer stärkeren Gewichtung der Rechtsanpassung bei Nichtverlängerung der Bewilligung nicht grundsätzlich entgegen.

Das öffentliche Interesse der Rechtsangleichung bei den Eigentumsverhältnissen an Bodenschätzen muss bei Ermessensentscheidungen zur Verlängerung ebenfalls abgewogen werden. Dass das allgemeine Rechtsangleichungsziel bei Bodenschätzen abwägungsrelevant ist, kann der gesetzgeberischen Zielstellung des GVRB entnommen werden, das zwar bestehende Bergbauberechtigungen aufrechterhält, aber in Form der durch § 2 Abs. 3 GVRB modifizierten Widerrufsregelungen in § 18 Abs. 2 und 3 BBergG verdeutlicht, dass eine Rechtsanpassung gerade auch durch den Vollzug bergrechtlicher Vorschriften für das Berechtsamswesen erreicht werden soll. § 2 Abs. 3 GVRB kann auch nicht der Umkehrschluss entnommen werden, dass das Rechtsangleichungsziel ausschließlich durch die verkürzten Fristen beim Widerruf wegen Nichtaufnahme der Gewinnung erreicht werden soll und ansonsten als abwägungsrelevanter Belang in Verlängerungsentscheidungen nach § 16 Abs. 5 BBergG ausgeschlossen würde. Nach den Motiven des Gesetzgebers sollten vielmehr die an den Bestand von Bergbauberechtigungen anknüpfenden Vorschriften des

---

117 So die Sachverhaltskonstellation VG Dresden, ZfB 2017, 178.
118 Der Verkehrswert des Grundstücks ist deutlich geringer, wenn das Gewinnungsrecht an den abzubauenden Rohstoffen nicht grundeigen ist, vgl. BGH, ZfB 2003, 234; für den Bewilligungsinhaber ist es deshalb wirtschaftlich sinnvoll, Abbaugrundstücke bei bestehenden Bergbauberechtigungen zu erwerben und erst zu einem späteren Zeitpunkt die Bewilligung nach § 19 BBergG ganz oder teilweise aufheben zu lassen, um dadurch selbst die Verfügungsbefugnis über einen grundeigenen Bodenschatz zu erhalten und Förderabgaben nach § 31 BBergG zu vermeiden.
119 Solange kein Widerrufstatbestand nach § 18 Abs. 3 BBergG besteht, weil zumindest in einem kleinen Teilfeld eine Gewinnung stattfindet, kann der Bewilligungsinhaber auch für sehr große Bewilligungsfelder über einen langen Zeitraum konkurrierende Vorhaben unabhängig vom Grundeigentum blockieren und sich damit eine Vorzugsposition beim Erwerb erhalten. Gleichzeitig können durch die fortbestehende Bergbauberechtigung Vorratsfelder für perspektivische Ersatzlagerstätten gesichert werden. Zu diesem Effekt bei ausgeschlossenem Widerruf nach § 18 Abs. 4 BBergG vgl. OVG Bautzen, ZfB 2019, 28 mit Anmerkung von *Wörheide*, ZfB 2019, 10 sowie *Dammert/Brückner*, ZfB 2014, 183, 188.

BBergG in vollem Umfang anwendbar sein[120], solange aber diese Ermessensspielräume beinhalten, lässt sich dem Willen des Gesetzgebers nicht entnehmen, dass das Rechtsanpassungsziel bei den Eigentumsverhältnissen unberücksichtigt zu bleiben hat. Gerade in den widerrufsnahen Sachverhaltsgestaltungen bei Verlängerungsanträgen z.B. bei nur geringfügig oder gar nicht in Anspruch genommenen Bewilligungsfeldern oder erheblichen Abweichungen vom Arbeitsprogramm[121] handelt es sich auch nicht um die vom Gesetz vorrangig angesprochenen Regelfälle von weit fortgeschrittenen Gewinnungsvorhaben, die im Interesse einer optimalen Nutzung der Lagerstätte und Amortisation der Investition einer Verlängerung des Gewinnungsrechts bedürfen.[122]

Der letztlich verfassungsrechtlich gebotene Rechtsangleichungsprozess hat insoweit nicht mit Erlass des GVRB seinen Abschluss gefunden, sondern wirkt durch den Vollzug der bergrechtlichen Befugnisse im Rahmen des öffentlich-rechtlichen Systems von Bergbauberechtigungen nach.

D. Zusammenfassung

Bei den Rechtsverhältnissen an Bodenschätzen nach § 3 BBergG stellte die stark abweichende Rechtslage nach dem Bergrecht der DDR eine zentrale Herausforderung der Einigungsvertragspartner dar. Die rechtsvereinheitlichenden Übergangsregelungen in §§ 149 ff. BBergG für vormalige landesrechtliche Aufsuchungs- und Gewinnungsrechte unterschiedlichster Form waren untauglich, die staatlichen Gewinnungsrechte an weitgehend volkseigenen Bodenschätzen in das System der Gewinnungsrechte nach dem BBergG zu überführen. Gleichzeitig musste eine sofort wirksame Regelung gefunden werden, die den zu erwartenden hohen Bedarf an Baurohstoffen in den neuen Bundesländern sicherte. Die Überleitungsmaßgaben des Einigungsvertrags mit der zentralen Regelung in Maßgabe a) EV , dass bisher volkseigene Bodenschätze nach § 3 BG DDR als

---

120 Amtl. Begründung zum GVRB, BT-Drs. 13/3876, S. 4.

121 Zur Frage, ob die „ordnungsgemäße und planmäßige Gewinnung" nach § 16 Abs. 3 Satz 3 BBergG nur für den Verlängerungszeitraum zu berücksichtigen ist (so OVG Magdeburg, ZfB 2019, 38, 52 mit nicht plausiblem Bezug zu *Kühne*, in: Boldt/Weller/Kühne/von Mäßenhausen, § 16 Rn. 52, der das Ermessen durch den Gesichtspunkt des Investitions- und Vertrauensschutzes als stark eingeengt betrachtet, aber keine Aussage dazu trifft, ob das Ermessen nur den Verlängerungszeitraum bis zur Erschöpfung der Lagerstätte betrifft). Das OVG Magdeburg wie auch *Kühne*, a.a.O., und *Wörheide*, Die Bergbauberechtigungen nach dem BBergG, S. 328 gehen dabei von der Prämisse aus, dass § 18 Abs. 3 BBergG bereits die nicht planmäßige Gewinnung ausreichend sanktioniert. Das ist nicht der Fall, soweit der Widerruf nach § 18 Abs. 3 BBergG nur die Nichtaufnahme oder die längere Unterbrechung der Gewinnung tatbestandlich erfasst, nicht aber die Abweichung vom Arbeitsprogramm.

122 So zutreffend *Wörheide*, Die Bergbauberechtigungen nach dem BBergG, S. 328.

bergfreie Bodenschätze nach § 3 Abs. 3 BBergG und sonstige nicht volkseigene mineralische Rohstoffe nach § 2 BG DDR als grundeigene Bodenschätze im Sinne von § 3 Abs. 4 BBergG gelten, haben diese Herausforderung für den Einigungsprozess bewältigt und einen schnellen Systemwechsel hin zu den Berechtsamsformen des BBergG gewährleistet.

Die sachlich gerechtfertigte und für den Einigungsprozess leistungsfähige Sonderrechtslage bei Bodenschätzen nach dem Einigungsvertrag war aber von vornherein schon aufgrund ihrer Legitimation zur Herstellung der deutschen Einheit mit einer Halbwertszeit versehen, nach Zurücktreten der einigungsvertraglichen Ziele in den neuen Bundesländern eine bundesweit einheitliche Rechtslage zu schaffen. Dies ist mit dem Gesetz zur Vereinheitlichung der Rechtsverhältnisse bei Bodenschätzen vom 23.4.1996 geschehen, das die Sonderrechtslage des Einigungsvertrags mit Wirkung für die Zukunft beendete und bestehende Bergbauberechtigungen unter Bestandsschutz stellte.

Gesetzgeberisches Ziel war allerdings weniger eine Neujustierung der Inhaltsbestimmung des Eigentums in Hinblick auf bergfreie und grundeigene Bodenschätze nach § 3 BBergG, wie dies der EV selbst vorsah, sondern eine vollständige Anwendung des BBergG auf die neuen Bundesländer. Im Rahmen des weiten gesetzgeberischen Spielraums ist die gefundene Lösung in Gestalt des GVRB verfassungsrechtlich unbedenklich, sie schöpft aber den legislativen Spielraum zur jeweils aktuellen Neujustierung der Rechtsverhältnisse bei Bodenschätzen nicht aus. Sichtbar wird dies bei den grundeigenen Bodenschätzen nach § 3 Abs. 4 BBergG, die nunmehr auch in den neuen Bundesländern zu einer sachlich wenig stringenten Unterscheidung zwischen dem BBergG unterfallenden grundeigenen Bodenschätzen nach § 3 Abs. 4 BBergG und sonstigen Grundeigentümerbodenschätzen außerhalb des Bergrechts führen. Eine bewusste Überprüfung des Katalogs grundeigener Bodenschätze nach § 3 Abs. 4 BBergG unter Berücksichtigung der aktuellen volkswirtschaftlichen Bedeutung der jeweiligen Bodenschätze und vor allem der tatsächlichen Situation in den neuen Bundesländern mit einer klaren Behördenstruktur für Zulassung und Aufsicht von bergbaulichen Vorhaben ausschließlich nach dem BBergG wurde vielmehr zugunsten des allgemeinen Arguments der vollen Rechtseinheit unterlassen. In die neuen Bundesländer wurden damit Kompromisse des historischen Bundesgesetzgebers mit den Interessen der alten Bundesländer bei bestehenden Zuständigkeiten und Traditionen aus dem früheren Landesrecht übertragen, so dass in den neuen Bundesländern die Rechtsangleichung bei den Eigentumsverhältnissen an Bodenschätzen als Rechtszersplitterung bei den grundeigenen Bodenschätzen ohne zwingende Rechtfertigung wirksam wurde.

Für den Hauptanwendungsbereich der Rechtsvereinheitlichung im Bereich der bergfreien Bodenschätze ist der Rechtsangleichungsprozess hingegen umfassend gerechtfertigt, da in Hinblick auf die Eigentumsordnung eine dauerhaft ungleiche Rechtslage in den neuen Bundesländern jenseits der konkreten Bestandsschutzfragen zu bestehenden Rechten an bergfreien Bodenschätzen nicht zu vertreten wäre. Mit dem Erlass des GVRB wurde dabei der Rechtsangleichungsprozess noch nicht abgeschlossen. Die an den Bestand von Bergbauberechtigungen anknüpfenden Vorschriften des BBergG führen auch zukünftig noch zur Rechtsanpassung im Vollzug. Deutlich sichtbar wird hierbei der Charakter eines öffentlich-rechtlichen Konzessionssystems bei Bergbauberechtigungen, die vor allem beim Widerruf nach § 18 BBergG und bei der Verlängerung von Bergbauberechtigungen nach § 16 Abs. 5 BBergG in den bloßen Bestandsschutz eingreifen können. Beiden Regelungsbereichen kommt gerade durch die hohe Anzahl der bestandsgeschützten Rechte nach § 2 Abs. 2 GVRB eine wichtige Bedeutung bei, die im Rahmen des übergeordneten Ziels einer Ordnung und Förderung der Rohstoffgewinnung auch dem Ziel der Rechtsangleichung bei Bodenschätzen Geltung verschafft.

GESTERN HEUTE MORGEN

Steinkohlenbergbau und richterliche Rechtsfortbildung des Bundesberggesetzes

Harald Knöchel

A. Entstehung des Bundesberggesetzes

Bis zum Erlass des Bundesberggesetzes war das Bergrecht landesrechtlich geregelt. Dies entsprach der Rechtstradition seit 1871. Nach dem Kompetenzsystem des Grundgesetzes unterfällt das Bergrecht als Recht der Wirtschaft der konkurrierenden Gesetzgebung gemäß Art. 74 Abs. 1 Nr. 11 GG. Mit dem Bundesberggesetz macht der Bund somit von dieser Gesetzgebungskompetenz Gebrauch. Dabei stand nicht nur die Rechtsvereinheitlichung im Vordergrund, sondern auch eine Modernisierung des Bergrechts.

Nach langjährigen Beratungen wurde das Bundesberggesetz 1980 verabschiedet, um zum 1.1.1982 in Kraft zu treten. Im Vergleich zu den Vorgängergesetzen wurden die Regelungen deutlich modernisiert und präzisiert. Dies gilt insbesondere für die Bestimmungen über das Berechtsamswesen, des Betriebsplanverfahrens, die Beendigung der Bergaufsicht, die Grundabtretung sowie auch das Bergschadensrecht.

Dennoch ist festzustellen, dass das Bundesberggesetz sich in der Tradition seiner Vorgängergesetze bewegt. Das hat seinen sachlichen Grund dahin, dass die Sachgesetzlichkeiten des Bergbaus naturgemäß prägenden Einfluss auf die gesetzlichen Regelungen haben müssen, wenn diese praktikabel sein sollen. Dies gilt besonders für die Lagerstättengebundenheit jeglicher bergbaulicher Tätigkeit sowie für die dynamische Betriebsweise des Bergbaus. Letzteres bedeutet, dass sich ein Bergbaubetrieb permanent sowohl in der Planungsphase als auch in der Realisierungsphase befindet. Nicht unberücksichtigt bleiben darf auch die Tatsache, dass in der Regel bei Planung eines Bergbaubetriebes nur begrenzte Erkenntnisse über die Lagerstätte vorhanden sind. All dies muss bei gesetzlichen Regelungen zum Bergbau berücksichtigt werden, wenn diese praktikabel sein sollen. Darüber hinaus ist nicht zu übersehen, dass der Gesetzgeber bei Erlass des Bundesberggesetzes vor allem den großen Bergbaubetrieb vor Augen hatte, das große Steinkohlenbergwerk, den großen Braunkohlentagebau oder auch das große Kalibergwerk.

Weniger Augenmerk wurde bei Erlass des Bundesberggesetzes auf die Beachtung neuerer Rechtsentwicklungen gelegt, die ihre Ursache in der modernen Interpretation der Vorgaben des Grundgesetzes haben. Hierbei geht es um die Beachtung der Grundrechte des Einzelnen sowie durch Gesetzgebung und Rechtsprechung entwickelte Institute der Teilhabe und Transparenz bei Verwaltungsverfahren. Insofern ist festzustellen, dass das Bundesberggesetz hier Defizite aufwies, die inzwischen durch die Rechtsprechung korrigiert sind.

Rechtsfortbildung durch Gerichte kann nur dort erfolgen, wo es Sachverhalte gibt, die vor Gericht geklärt werden. Insofern ist richterliche Rechtfortbildung auch mit den Lebenssachverhalten verbunden, die Anlass für die Rechtsfortbildung geben. Der vorliegende Beitrag soll sich mit denjenigen Aspekten der richterlichen Fortbildung des Bundesberggesetzes beschäftigen, die durch Sachverhalte des Steinkohlenbergbaus veranlasst waren.

B. Das ursprüngliche Verhältnis von Bergbau- und Grundeigentum im BBergG

Wie die Vorgängergesetze geht das BBergG davon aus, dass durch bergbauliche Tätigkeiten Schäden bei Dritten hervorgerufen werden können und diese solche Auswirkungen hinzunehmen haben. Zwar steht dies so nicht ausdrücklich im Gesetz. Es ergibt sich aber zweifelsfrei aus dem Gesamtzusammenhang.

Zunächst ist in § 1 Nr. 3 BBergG von der Verbesserung des Ausgleichs unvermeidbarer Schäden die Rede. Dieser Gesetzeszweck geht davon aus, dass mit bergbaulicher Tätigkeit unvermeidbare Schäden verbunden sind. Hiervon gehen auch die §§ 110 ff. BBergG aus, die Regelungen zur Minderung von Bergschäden sowie den Bergschadensersatz selbst beinhalten. Die Konzeption des Gesetzes sieht also vor, das durch Bergbau Schäden verursacht werden können und diese nach den Bestimmungen zum Bergschadensrecht ersetzt werden. Dabei wird die Zweckbestimmung Verbesserung des Ausgleichs unvermeidbarer Schäden lediglich durch die Vorschriften in den §§ 110 bis 113 BBergG (Anpassungs- und Sicherungsmaßnahmen sowie Bauwarnungen) ausgefüllt. Ansonsten gilt der hergebrachte Grundsatz des „Dulde und liquidiere".

Weitere Bestimmungen zum Schutz des Grundeigentums vor Bergschäden gibt es nicht, insbesondere keine Regelung zur Beteiligung von Grundeigentümern am Betriebsplanverfahren. Der dahinterstehende Grundgedanke war wohl, dass der Grundeigentümer von vorneherein nicht das Recht hat, Bergschäden abzuwehren, so dass durch Betriebsplanzulassungen auch nicht in seine Rechte eingegriffen werden kann. Somit fand auch keine Beteiligung von Grundeigentümern, die mit Bergschäden zu rechnen hatten, am Betriebsplanverfahren statt.

C. Die Moers-Kapellen-Entscheidung des Bundesverwaltungsgerichts

Der Entscheidung des Bundesverwaltungsgerichts[1] lag ein Sachverhalt zu Grunde, nach dem ein Abbaubetrieb unter dem Stadtteil Kapellen der Stadt Moers betriebsplanmäßig zugelassen wurde, obwohl erkennbar mit schweren Bergschäden in dem Ortsteil zu rechnen war. Das Gericht hatte festgestellt, dass der oben beschriebene Grundsatz „Dulde und liquidiere" unter Berücksichtigung des grundrechtlichen Schutzes des Eigentums nicht in vollem Umfang Bestand haben kann. Art. 14 GG schütze nicht nur den Wert des Eigentums, sondern auch seinen Bestand. Insofern könnten Regelungen, die einen Eingriff in den Bestand des Eigentums erlauben, ohne den Eigentümer an den entsprechenden Genehmigungsverfahren zu beteiligen und ohne den Schutz des Grundeigentums in Verwaltungsverfahren zu berücksichtigen, verfassungsrechtlich keinen Bestand haben. Das Gericht stellte dann zunächst fest, dass die Zulassungsvoraussetzungen des § 55 Abs. 1 BBergG nicht nachbarschützend seien und diese Eigentumsschutz nicht vermitteln würden. Es griff dann jedoch zum Schutz des Grundeigentums auf Art. 48 Abs. 2 BBergG zurück, wonach ein Bergbaubetrieb untersagt werden kann, wenn überwiegende öffentliche Interessen dem Bergbau entgegengehalten werden können. Dies hatte das Gericht in der Altenberg-Entscheidung[2] im Grundsatz schon so entschieden und festgestellt, dass § 48 Abs. 2 BBergG als zusätzliche Zulassungsvoraussetzung gelesen werden müsse. Aus der grundsätzlichen Verpflichtung von Behörden, in Verwaltungsverfahren den Grundrechtsschutz zu gewährleisten, arbeitete das Gericht dann den Grundsatz heraus, dass auch der Eigentumsschutz ein öffentliches Interesse im Sinne des § 48 Abs. 2 BBergG darstelle. Im Betriebsplanverfahren seien bei verfassungskonformer Auslegung des BBergG allerdings lediglich Schäden von einigem Gewicht zu berücksichtigen. Schäden unterhalb dieser Schwelle würden als Inhalts- und Schrankenbestimmung des Eigentums der traditionellen Behandlung im Sinne eines „Dulde und liquidiere" unterfallen. Soweit Eigentümer voraussichtlich von nicht unerheblichen Schäden betroffen sein werden, sei dies im Rahmen einer Abwägung der entgegenstehenden Interessen am Maßstab des Verhältnismäßigkeitsgrundsatzes zu behandeln. Die von dem Gericht hier erwartete Abwägung bezieht sich auf den Einzelfall. Das heißt, abzuwägen sind die Interessen des einzelnen betroffenen Grundeigentümers gegenüber den Interessen des die Zulassung beantragenden Bergbauunternehmens. Das

---

1 BVerwGE 81, 329 = NVwZ 1989, 1157.
2 BVerwGE 74, 315 = NJW 1987, 1713.

GESTERN HEUTE MORGEN

57

Gericht hat dann jedoch darauf verzichtet, weitere Einzelheiten zum Umfang des Schutzanspruchs und der Art und Weise seiner Erfüllung zu benennen, da es für die Entscheidung der damals vorliegenden Klage hierauf nicht ankam.

D. Rechtliche und tatsächliche Wirkungen

Nach der Entscheidung des Bundesverwaltungsgerichts stand fest, dass die Behörde unter bestimmten Voraussetzungen Oberflächeneigentümer an Betriebsplanverfahren zur Zulassung von Steinkohlenabbaubetrieben zu beteiligen hatte. Das Gericht hatte keine weiteren Präzisierungen vorgenommen, außer derjenigen, dass bei den erwartenden schweren Bergschäden eine Abwägung stattzufinden habe und somit die betroffenen Grundeigentümer am Betriebsplanverfahren zu beteiligen sind. Als Reaktion auf die Entscheidung hat auch der Gesetzgeber das Verfahren nicht weiter präzisiert. Gesetzgeberisch ist lediglich in § 48 Abs. 2 BBergG neu geregelt worden, dass die für die Zulassung von Betriebsplänen zuständige Behörde den Plan auslegen kann, soweit die öffentlichen Interessen sogleich den Schutz von Rechten Dritter umfassen und voraussichtlich mehr als 300 Personen betroffen sind oder der Kreis der Betroffenen nicht abschließend bekannt ist. Verspätet erhobene Einwendungen seien ausgeschlossen. So war es der Verwaltungspraxis überlassen, sowohl die Beteiligung von Grundeigentümern als auch die materiell-rechtliche Bewältigung des Problems zu konkretisieren.

Zunächst konkretisierten die Bergbehörden, was nach ihrer Auffassung unter einem betriebsplanrechtlich relevanten schweren Schaden zu verstehen sei. Hierzu wurde schnell Einigkeit dahingehend erzielt, dass ein schwerer Schaden im Sinne der Rechtsprechung des Bundesverwaltungsgerichts dann anzunehmen sei, wenn der erwartete Schaden ein Ausmaß annehme, dass die Substanz eines Gebäudes irreversibel beschädigt werde und somit ein Totalschaden zu befürchten sei. Es wurden dann drei Kriterien herausgearbeitet, wann mit einer solchen Gefahr zu rechnen sei. Zunächst wurde dies bei Gebäuden angenommen, die sich auf einer Unstetigkeitszone befanden, da hierdurch erfahrungsgemäß die Gefahr schwerster Bergschäden sich am ehesten konkretisiert. Daneben wurden zu erwartende Schieflagen von mehr als 20 mm/m als Kriterium herangezogen sowie sonstige Sachverhalte bei besonderen Objekten. Hinsichtlich der Beteiligung am Betriebsplanverfahren wurde zunächst die Praxis angewandt, dass nur diejenigen Grundeigentümer am Verfahren beteiligt wurden, bei denen eines der drei vorgenannten Kriterien erfüllt war.

Bald wurde jedoch erkannt, dass dies zu kurz gegriffen war. Diese Praxis nahm nämlich das Ergebnis des durchzuführenden Verwaltungsverfahrens vorweg. Dies wurde insbesondere bei dem dritten Kriterium deutlich. Ob durch irgendwelche Besonderheiten einer baulichen Anlage die Gefahr eines schweren Schadens bestand, war möglicherweise nur durch die Beteiligung der Grundeigentümer zu erkennen. So wurde die Verwaltungspraxis bald dahingehend umgestellt, dass sämtliche Grundeigentümer im Einwirkungsbereich eines geplanten Abbaubetriebes am Verfahren zu beteiligen waren. Hierzu wurde dann auch der neu geschaffene § 48 Abs. 2 Satz 2 BBergG zur Anwendung gebracht.

Weiterhin war zu klären, in welchem Betriebsplanverfahren diese Beteiligung stattzufinden habe. Bis dahin gab es zur Zulassung eines einzelnen Abbaubetriebes den Sonderbetriebsplan „Abbau", in dem die technischen Einzelheiten eines Abbaubetriebs dargelegt, von der Bergbehörde geprüft und zugelassen wurden. Es wurde nicht als zielführend angesehen, die potenziell betroffenen Grundeigentümer an diesem Betriebsplanverfahren zu beteiligen, der im wesentlichen Inhalte hatte, die bei den zu bewältigenden Problemen keine Rolle spielten. In Betracht gekommen wäre, diesen Betriebsplan um Angaben zu den Einwirkungen auf die Oberfläche zu ergänzen. Sinnvoll war es jedoch, die technischen Aspekte des Betriebes unter Tage von der Problematik der Einwirkung auf die Oberfläche zu trennen. Somit wurde parallel zu dem Sonderbetriebsplan „Abbau" der Sonderbetriebsplan „Einwirkungen auf die Tagesoberfläche" geschaffen, im Saarland Beteiligungsbetriebsplan genannt. Dieser enthielt Angaben zu den zu erwartenden Einwirkungen auf die Gebäude der Tagesoberfläche, und zwar gebäudescharf.

In der Praxis führte dies dazu, dass bei zu erwartenden schweren Schäden in der Regel prophylaktische Maßnahmen des Bergbauunternehmens in Abstimmung mit dem Grundeigentümer getroffen wurden. Es wurden nachträgliche bauliche Sicherungen angeboten und durchgeführt. Auf diese Weise wurden eine Vielzahl von Gebäuden in Abbaubereichen in Nordrhein-Westfalen und dem Saarland mit einem erheblichen finanziellen Aufwand gegen Bergschäden gesichert. Sofern dennoch ein schwerer Schaden nicht auszuschließen war, war eine Abwägung vorzunehmen. Dies war eine Abwägung der Interessen des einzelnen Grundstückseigentümers mit den Interessen des Bergbauunternehmers. Diese Abwägung ging dann in der Regel zu Gunsten des Bergbauunternehmers aus.

Die Verpflichtung des Bergbauunternehmers, nachträglich Gebäude baulich zu sichern, wurde durch betriebliche Maßnahmen ergänzt, die das Bergschadenspotenzial eines Abbaubetriebes mindern sollten. Diese betrafen im Wesentlichen die Abbaugeschwindigkeit. Letztlich war dies eine Umsetzung des Gesetzeszweckes aus § 1 Nr. 3 BBergG, wonach der Zweck des Gesetzes ist, den Ausgleich unvermeidbarer Schäden zu verbessern. Hieraus ist zu folgern, dass zunächst die Aufgabe besteht, vermeidbare Schäden zu vermeiden. Der Gesetzgeber hatte dies ursprünglich mit den §§ 110 bis 113 BBergG (Anpassungs- und Sicherungspflicht sowie Bauwarnung) konkretisiert. Die Entscheidung des Bundesverwaltungsgerichts zeigte jedoch, dass dies nicht ausreichte, sondern auch im Hinblick auf den einzelnen Abbaubetrieb zu überlegen war, durch welche Maßnahmen Bergschäden vermieden werden konnten.

Im Ergebnis hat die Konkretisierung der Entscheidung des Bundesverwaltungsgerichts erheblich dazu beigetragen, Bergschäden zu vermindern und das Betriebsplanverfahren in einer Form auszugestalten, die modernen Notwendigkeiten im Hinblick auf Partizipation gerecht wurde.

Darüber hinaus war die Entscheidung in Ergänzung zur oben genannten Altenberg-Entscheidung der Beginn einer Reihe von Judikaten des Bundesverwaltungsgerichts, mit denen der Geltungsbereich des § 48 Abs. 2 BBergG ausgeweitet wurde. Mit der folgenden Rechtsprechung wurde dargelegt, dass in Anwendung dieser Vorschrift letztlich das gesamte Umweltrecht in das Betriebsplanverfahren einzubeziehen war. Dies hat dann seinen Höhepunkt in der Entscheidung des Bundesverfassungsgerichts[3] gefunden, nach der in Anwendung des § 48 Abs. 2 BBergG bei zu erwartenden Grundabtretungen auch eine Gesamtabwägung stattzufinden hat zwischen den Vor- und Nachteilen des Bergbauvorhabens, zu dessen Gunsten die Grundabtretung durchzuführen ist. Insofern geht die rechtliche Wirkung der Entscheidung weit über den Steinkohlenbergbau hinaus.

E. Die Einführung der Umweltverträglichkeitsprüfung in das BBergG

Die bisher einzige größere Novellierung bzw. Ergänzung erfuhr das BBergG durch die Einführung der Umweltverträglichkeitsprüfung (UVP). Diese beruhte auf einer EU-Richtlinie (jetzt Richtlinie 2011/92/EU), die die Mitgliedsstaaten verpflichtete, für bestimmte Vorhaben im Rahmen des Genehmigungsverfahrens eine UVP vorzusehen. Für den Bergbau erfolgte die Einführung der UVP nicht über das allgemeine Umweltverträglichkeitsprüfungsgesetz (UVPG), sondern durch eine eigenständige Regelung im BBergG. Der Grund hierfür war, dass der Gesetzgeber davon ausging,

---

3 BVerfG, ZfB 2014, 49 = NVwZ 2014, 211.

dass bergbauliche Vorhaben so viele Besonderheiten gegenüber sonstigen Industrieprojekten vorweisen, dass auch die Umweltverträglichkeitsprüfung sachgerechter in dem Sonderrecht für den Bergbau geregelt werde. Für den Steinkohlenbergbau wurde die UVP-Pflicht gemäß § 1 Nr. 1 lit. a) UVP-V Bergbau von den voraussichtlichen Senkungen abhängig gemacht. Die Neuregelung enthielt eine relativ großzügige Übergangsvorschrift, wonach bereits begonnene Verfahren nach altem Recht ohne Umweltverträglichkeitsprüfung beendet werden konnten.

Innerhalb des Steinkohlenbergbaus war umstritten, ob bergbauliche Vorhaben überhaupt geeignet waren, mit Hilfe einer Umweltverträglichkeitsprüfung betrachtet zu werden. Aufgabe der Umweltverträglichkeitsprüfung ist es, die umweltrelevanten Wirkungen eines Gesamtvorhabens vor Beginn des Vorhabens in den Blick zu nehmen und zu bewerten. Bei Steinkohlenbergwerken ging man von einer zwanzigjährigen Dauer eines Vorhabens aus. Nach allgemeiner Erkenntnis war bei Beginn eines solchen Vorhabens in der Regel aber nicht klar, wie der Verlauf tatsächlich aussehen würde. Durch die unvollständige Kenntnis der Lagerstätte war davon auszugehen, dass im Laufe der Zeit vielfach Umplanungen vorgenommen werden müssen und die einzelnen Abbauvorhaben nicht so durchgeführt würden, wie sie bei Aufstellung der Planung vorgesehen waren. Im Übrigen wurde die Umweltverträglichkeitsprüfung an das Rahmenbetriebsplanverfahren angehängt, das ohnehin nach seiner gesetzlichen Aufgabe nur die Betrachtung einer Grobplanung (allgemeine Angaben in der Nomenklatur des Gesetzes) beinhalten sollte.

Bei dieser Situation wurde innerhalb des Steinkohlenbergbaus teilweise die Auffassung vertreten, eine UVP für Projekte des Steinkohlenbergbaus sei nicht durchführbar. Daher müsse das Gesetz geändert werden und den Bedingungen des Steinkohlenbergbaus angepasst werden. Diese Haltung wurde jedoch innerhalb der Branche sehr schnell als politisch unrealistisch verworfen.

Eine andere Ansicht sprach sich dafür aus, in dem Rahmenbetriebsplanverfahren mit UVP nicht das Bergbauvorhaben als solches (Abbau) zu betrachten, sondern ausschließlich die Fähigkeit der Oberfläche, bergbauliche Einwirkungen zu ertragen. Nach dieser Auffassung sollte in dem Genehmigungsverfahren beispielsweise festgesetzt werden, welches Maß an bergbaulichen Senkungen in bestimmten Bereichen zulässig seien. Der später in einzelnen Betriebsplänen zu genehmigende Abbau habe sich dann an diesen Grenzen zu orientieren, sollte aber im Rahmenbetriebsplanverfahren mit UVP selbst nicht betrachtet werden. Auch dieser Vorschlag wurde als unpraktikabel verworfen, da er nicht berücksichtigte, dass nach dem Gesetz der Gegenstand des Genehmigungsverfahrens das bergbauliche Vorhaben ist. Das bergbauliche Vorhaben besteht aber aus Abbaubetrieben, die daher nicht aus dem Genehmigungsverfahren ausgeklammert werden können.

Seitens des Verfassers wurde damals vorgeschlagen, in dem Rahmenbetriebsplanverfahren verschiedene mögliche Abbauvarianten für ein Bergwerk zu prüfen und ggf. parallel zuzulassen.[4] Dieser Vorschlag wurde in der Praxis nicht umgesetzt, da er als zu aufwendig angesehen wurde. Stattdessen wurde mit den Rahmenbetriebsplänen jeweils die Zulassung einer Vorzugsvariante beantragt. Dies barg das Risiko, dass im Laufe der Durchführung der Rahmenbetriebspläne Änderungen erforderlich würden. Dieses Risiko hat sich jedenfalls bei den Bergwerken Auguste Victoria und Prosper Haniel realisiert. Die entsprechenden Änderungsverfahren sind allerdings ohne erneute Umweltverträglichkeitsprüfung durchgeführt worden, da die Änderungen bezogen auf die genehmigten Senkungen nicht als erheblich im Sinne des UVP-Rechts angesehen wurden.

Im deutschen Steinkohlenbergbau wurden dann flächendeckend in der ersten Hälfte der neunziger Jahre für alle Bergwerke Rahmenbetriebsplanverfahren mit Umweltverträglichkeitsprüfung eröffnet. Die Zulassungen erfolgten in den ersten Jahren nach der Jahrtausendwende. Die Rahmenbetriebsplanverfahren waren teilweise mit heftigen Auseinandersetzungen in Politik und Öffentlichkeit verbunden. Dies gilt insbesondere für die Bergwerke Walsum und West. Der Grund hierfür war der Kohleabbau unter dem Rhein bzw. im Rheinumfeld, was Ängste in der Bevölkerung wegen des erforderlichen Hochwasserschutzes ausgelöst hatte.

F. Die Entscheidung des Bundesverwaltungsgerichtes zu den Bergwerken Walsum und West

Die Zulassungen der Rahmenbetriebspläne erfolgten durch die Bergbehörde unter Ausklammerung der konkreten Einwirkungen auf das Oberflächeneigentum. Der Grund hierfür war, dass bei Zulassung der Rahmenbetriebspläne die Auswirkungen noch nicht konkret genug vorhersehbar waren. Daher wurde die Entscheidung der Zulassung des Kohleabbaus im Hinblick auf die Einwirkung auf die Tagesoberfläche den Sonderbetriebsplänen „Einwirkung auf die Tagesoberfläche" überlassen, die, wie oben dargestellt in Konsequenz des Moers-Kapellen-Urteils des Bundesverwaltungsgerichts eingeführt worden waren.

---

4 *Knöchel*, Die Umweltverträglichkeitsprüfung bei Vorhaben des untertägigen Steinkohlenbergbaus, NWVBl. 1992, 117.

Hinsichtlich notwendiger Folgemaßnahmen, die ihrerseits nach anderen Gesetzen ein Genehmigungsverfahren mit Umweltverträglichkeitsprüfung vorsahen, wurde gemäß § 57b Abs. 3 Satz 3 BBergG keine Entscheidung getroffen. Hier wurde lediglich im bergrechtlichen Rahmenbetriebsplanverfahren geprüft, ob diese Maßnahmen grundsätzlich machbar waren.

Typisch für langfristige untertägige Abbauvorhaben war auch, dass nicht alle Auswirkungen auf Natur und Landschaft und insbesondere den Wasserhaushalt konkret prognostizierbar waren. Hier haben die Zulassungen ein Monitoring vorgesehen, verbunden mit dem Vorbehalt nachträglicher Ergänzungsentscheidungen.

Die Zulassungen der Rahmenbetriebspläne wurden seinerzeit vielfach beklagt. Herausragend waren hierbei die Klageverfahren bezüglich der Bergwerke Walsum und West. Das Risiko für Unternehmen und Bergbehörde bestand darin, dass es für die Durchführung dieser Vorhaben keine Vorstücke und keine Rechtsprechung gab. Von daher bestand bis zu den Entscheidungen des Bundesverwaltungsgerichtes die Ungewissheit, ob die Rechtsprechung die in der Genehmigungspraxis entwickelten Lösungen als rechtmäßig ansehen würde. Dies ist durch die genannten Entscheidungen des Bundesverwaltungsgerichtes in vollem Umfang geschehen.[5]

Somit war mit den Entscheidungen des Bundesverwaltungsgerichts klargestellt, dass die seit Anfang der neunziger Jahre entwickelte Behördenpraxis zur Durchführung der Rahmenbetriebsplanverfahren mit Umweltverträglichkeitsprüfung den rechtlichen Vorgaben entsprach und nicht beanstandet werden konnte. Dies gilt insbesondere für die Ausklammerung des Problems der Einwirkungen auf konkretes Oberflächeneigentum sowie die Frage der Machbarkeit von außerbergrechtlichen Folgemaßnahmen. Ebenso wurde die Praxis bestätigt, dass unter der Berücksichtigung des Ergebnisses des angeordneten Monitorings erst später konkrete Folgemaßnahmen festgesetzt werden sollten. Das Bundesverwaltungsgericht hat allerdings in der Walsum-Entscheidung auch klargestellt, dass konkrete Abbauvorhaben erst dann zugelassen werden können, wenn sichergestellt ist, dass die für erforderlich gehaltenen Folgemaßnahmen insbesondere zum Hochwasserschutz umgesetzt sind. Dieser Gedanke wurde in der Folgezeit vom OVG Münster[6] dahingehend konkretisiert, dass eine bergrechtliche Zulassung zur Ausführung eines Vorhabens erst dann ergehen darf, wenn eine parallel erforderliche wasserrechtliche Genehmigung vorliegt. Diese Aus-

---

5 BVerwGE 127, 259 = NVwZ 2007, 700 = ZfB 2006, 306 – Bergwerk Walsum I; BVerwGE 127, 272 = NVwZ 2007, 704 = ZfB 2006, 315 – Bergwerk Walsum II; BVerwG, ZfB 2010, 129 – Bergwerk West.
6 OVG Münster, ZfB 2016, 33.

gestaltung dürfte allerdings zu weit gehen. Hier dürfte es ausreichen, dass die bergrechtliche Zulassung unter der Bedingung erfolgt, dass vor Ausführung des Betriebsplans die entsprechende wasserrechtliche Genehmigung vorliegt.

G. Machbarkeit bei vorübergehendem Grubenwasseranstieg

Bei der Durchführung der Rahmenbetriebsplanverfahren mit Umweltverträglichkeitsprüfung für die letzten Abbauvorhaben der Steinkohlengewinnung in Deutschland musste wie oben dargestellt Neuland betreten werden, ohne dass es gesicherte Rechtsprechung gab, an der Behörden und Unternehmen ihre Praxis ausrichten konnten. Auch nach der Stilllegung des letzten Steinkohlenbergwerks in Deutschland Ende 2018 besteht wieder die Situation, Neuland betreten zu müssen. Insbesondere im Ruhrrevier und in Ibbenbüren ist beabsichtigt, vorübergehend über mehrere Jahre das Grubenwasser ansteigen zu lassen und danach an anderer Stelle die Grubenwasserhaltung zum Schutz der Oberfläche, insbesondere zum Schutz von Trinkwasserreservoiren, wieder aufzunehmen. Beispielsweise soll in 2020 die Grubenwasserhaltung im Ruhrgebiet weitgehend eingestellt werden und nach den Planungen nach 2030 am Standort Lohberg wieder aufgenommen werden, um das geförderte Grubenwasser von dort in den Rhein einzuleiten. Würde man das oben genannte Warstein-Urteil des OVG Münster hierauf anwenden, könnte die Einstellung der Grubenwasserhaltung erst dann vorgenommen werden, wenn das neue Wasserrecht für den Standort Lohberg erteilt wurde. Dies hätte zur Folge, dass über viele Jahre, die das dafür erforderliche wasserrechtliche Genehmigungsverfahren mit UVP erfordern würde, Grubenwasser unnötig gefördert würde und die Gewässer Emscher und Lippe belasten würde. Hierdurch würde auch der kurz vor der Realisierung stehende Umbau der Emscher in einen renaturierten Zustand ohne Abwasser und ohne Grubenwasser konterkariert. Im Übrigen erscheint es zweifelhaft, ob eine wasserrechtliche Erlaubnis mit einem Vorlauf von 10 Jahren erteilt werden kann. Dies wäre problematisch, weil u. a. der Zustand des aufnehmenden Gewässers in 10 Jahren noch nicht konkret bekannt ist. Die Lösung wird von Unternehmen und Bergbehörde darin gesehen, dass in einer Machbarkeitsstudie nachgewiesen wird, dass die spätere Wiederaufnahme der Grubenwasserhaltung technisch und rechtlich möglich ist. Auch dies ist ein Konstrukt, das bisher noch nicht so angewandt wurde und daher noch keiner gerichtlichen Überprüfung unterlag. Hier ist zu hoffen, dass, wenn es zu einer gerichtlichen Prüfung kommen sollte, die entsprechende Praxis ebenso als rechtmäßig eingeschätzt wird.

Strukturwandel im Ruhrgebiet der Gründerjahre

Landwirt Vierhaus zu Wiemelhausen ./.
Zeche Dannenbaum zu Bochum –
Ein Bergschadenprozeß

Christoph Krampe

A. Ein Urteil des Reichsgerichts von 1898

Ausgangspunkt des Beitrags ist das auf den Seiten 85 ff. faksimilierte Urteil des Reichsgerichts aus dem Jahre 1898 in Sachen Landwirt Heinrich Vierhaus zu Wiemelhausen gegen Aktiengesellschaft Zeche Dannenbaum zu Bochum wegen Bergschadens. Die Entscheidung ist in der von dem Königlich Preußischen Oberbergrat Hermann Brassert begründeten Zeitschrift für Bergrecht veröffentlicht[1]. Wiedergegeben ist indessen eine Urteilsausfertigung, die sich im Nachlaß des Klägers befand und die Zeiten bis heute überdauert hat[2]. Die vorinstanzlichen Urteile des Landgerichts Bochum und des Oberlandesgerichts Hamm von 1896 und 1897[3] sind ebenfalls auf diese Weise erhalten. Der Bergschadenprozeß des Landwirts Vierhaus veranschaulicht im Kontext der Vorgeschichte und des nachträglichen Geschehens an einem Einzelbeispiel die Epoche der Industrialisierung und den bergbaubedingten Strukturwandel im Ruhrgebiet der Gründerjahre[4]. Heute, in einer Zeit erneuten regionalen Strukturwandels[5], gibt der damalige Prozeß Anlaß zu einer rechtsgeschichtlichen Nachbetrachtung.

Der Urteilstatbestand lautet wie folgt:

Auf dem Grundstücke des Klägers Flur 5 Nr. 80/28 befindet sich ein Brunnen, welchem durch den Bergbaubetrieb der Beklagten vor mehreren Jahren das Wasser entzogen ist. In dem Vorprozesse I. O. 233/87 hat Kläger beantragt, die Vorgängerin der Beklagten zu verurtheilen, ihr allen in Folge der Versiegung des Brunnens entstandenen Schaden zu ersetzen, im Verlaufe des Rechtsstreits aber den ihr in den Jahren 1885, 1886, 1887 entstandenen Schaden auf

---

1 RG, ZfB 1898, 487.
2 Herr Jens-Peter Schmitt (Haan), ein Vierhaus-Nachfahre, hat mir die Unterlagen freundlicherweise zur Verfügung gestellt. Weiteres Material findet sich im Stadtarchiv Bochum, im Bergbau-Archiv des Deutschen Bergbau-Museums in Bochum, in den Archiven des Hauses der evangelischen Kirche, der evangelischen Petri-Gemeinde, der katholischen St. Johannes-Gemeinde, im Grundbuchamt des Amtsgerichts Bochum, im Katasteramt und im Vermessungsamt der Stadt Bochum, im Landesoberbergamt Nordrhein-Westfalen in Dortmund sowie bei der Vereinigten Energie und Bergbau AG in Gelsenkirchen (VEBA).
3 LG Bochum, Urt. v. 3.10.1896 – II 0 39/96; OLG Hamm, Urt. v. 16.2.1897 – IV U 293/96.
4 Vgl. *Crew*, Town in the Ruhr. A Social History of Bochum, 1979; deutsche Ausgabe: Bochum, Sozialgeschichte einer Industriestadt 1860–1914, übersetzt von Sieferle, 1980; *Croon*, Studien zur Sozial- und Siedlungsgeschichte der Stadt Bochum, in: Festschrift zum 35. Deutschen Geographentag 1965, S. 85; *Brinkmann*, Bochum, Aus der Geschichte einer Großstadt des Reviers, 2. Aufl. 1968, S. 173 ff., 193 ff.
5 Vgl. *Mikat*, Zum Strukturwandel in Nordrhein-Westfalen – Strukturpolitik und Kohlepolitik, 1990; veröffentlicht auch in: Jahres- und Tagungsbericht der Görres-Gesellschaft, 1990, S. 42 ff.

268,50 M beziffert und Verurtheilung der Beklagten zur Zahlung dieses Betrages verlangt. Der Schadensersatzanspruch wurde damit begründet, daß Kläger für Kühe, die er auf dem Grundstück weide, das Wasser nicht mehr aus dem Brunnen, sondern anderswoher mit einem Kostenaufwande von 89,50 M pro Jahr habe beziehen müssen. Der Schadensersatzanspruch wurde seinem Grunde nach für berechtigt erkannt, aber in seinem Betrage herabgesetzt. Die Beklagte hat dem Kläger später das zum Viehtränken erforderliche Wasser durch Anschluß an eine Wasserleitung zugeführt. Als der Kläger das Leitungswasser später auch zum Betriebe der von ihm angelegten Ringofen-Ziegelei verwendete, hat ihm dies die Beklagte im Jahre 1895 untersagt. Kläger hat deshalb Klage erhoben mit dem Antrage, die Beklagte zu verurtheilen, seiner Parzelle F1.5 Nr. 80/28 das zum Ziegeleibetriebe nöthige Wasser zu beschaffen. Der erste Richter hat diesem Antrage gemäß erkannt; die Berufung der Beklagten ist zurückgewiesen. Beklagte hat, unter Widerspruch des Klägers, Revision eingelegt mit dem Antrage, das Berufungsurtheil aufzuheben und unter Aenderung des ersten Urtheils die Klage abzuweisen.

Der 5. Zivilsenat des Reichsgerichts, besetzt mit den Reichsgerichtsräten Beer, Turnau, Schütt, Daubenspeck, Förster, Jaeckel und Meyn[6], hat zugunsten des Klägers Vierhaus entschieden und die Revision der beklagten Zeche Dannenbaum zurückgewiesen.

B. Der Vierhaus-Hof in Wiemelhausen

Der Fall hat sich in Wiemelhausen zugetragen, das heute zum Bezirk Bochum-Süd der Stadt Bochum gehört. Den Stadtteil durchquert, wer von der Innenstadt über die Universitätsstraße zur Ruhr-Universität fährt. Wiemelhausen ist seit 1904 eingemeindet[7]. Zuvor war die südlich an die Stadt grenzende Ortschaft eine Landgemeinde des Landkreises Bochum[8], der im Jahre 1815 nach

---

6 Einige der Richter sind als Autoren juristischer Standardwerke hervorgetreten. Vgl. *Turnau/Förster*, Das Liegenschaftsrecht nach den deutschen Reichsgesetzen und den preußischen Ausführungsbestimmungen, 3. Aufl. 1906; *Jaekkel*, Die Anfechtung von Rechtshandlungen zahlungsunfähiger Schuldner außerhalb des Konkurses, 2. Aufl. 1899; *ders.*, Reichsgesetz über die Zwangsversteigerung und die Zwangsverwaltung, Kommentar, 2. Aufl. 1904; *H. Daubenspeck*, Referat, Votum und Urteil, 11. Aufl. 1911 (ab 9. Aufl. 1905, hrsg. von F. Daubenspeck). Als Richter am OLG Hamm hat Daubenspeck die in Fn. 46 genannten bergrechtlichen Abhandlungen geschrieben.

7 Gesetz, betreffend die Erweiterung des Stadtkreises Bochum vom 1.6.1904 (PrGS S. 87 [Nr. 10511]).

8 Gemäß Landgemeinde-Ordnung für die Provinz Westphalen vom 19.3.1856 (PrGS S. 265 [Nr. 4401]). Vgl. auch Amt Bochum 1856–1891, Acta, die Einführung der Gemeindeordnung vom 19. März 1856 betr., Stadtarchiv Bochum, A-BS 304.

dem Zusammenbruch der Napoleonischen Herrschaft in der nun wieder preußischen Provinz Westfalen im Regierungsbezirk Arnsberg gebildet worden ist[9]. Der Hof des Landwirts Heinrich Vierhaus hatte seit der Mitte der siebziger Jahre seinen Mittelpunkt in der Gemarkung „Große Einberg" am Kommunalweg nach Steinkuhl[10], der seit der Eingemeindung Querenburgs im Jahre 1929 Querenburger Straße heißt. Mit dem Bau der Universitätsstraße ab 1963 endet der alte Kommunalweg an der Wasserstraße, der Wasserscheide zwischen Ruhr und Emscher. Von 1904, dem Jahr der Eingemeindung Wiemelhausens, bis 1929, trug er den Namen Steinstraße[11]. Das Vierhaus-Wohnhaus hatte zuletzt die Adresse Steinstraße 49[12]. Die Wiemelhauser Vierhaus-Linie war katholisch. Das „Vierhaus'sche Gehöft" wird in der Bischöflichen Verordnung von 1888 erwähnt[13], mit welcher die bis dahin einheitliche, inzwischen aber zu groß gewordene katholische Pfarrgemeinde Bochum in sieben Pfarrbezirke geteilt worden war. Der Hof gehörte noch zur Pfarrgemeinde Wiemelhausen, der Johannes-Pfarrei[14], jetzt zu St. Franziskus in Weitmar gehörend, und bildete die Grenze zur nördlich angrenzenden Marienpfarrei. Hier befand sich, in unmittelbarer Nachbarschaft zum Schulgymnasium, ganz in der Nähe des Geologischen Gartens, das „Haus der evangelischen Kirche". Auf dem ehemaligen Hofgelände ist jetzt ein Wohnviertel entstanden.

Bis weit in die zweite Hälfte des 19. Jahrhunderts war Wiemelhausen noch landwirtschaftlich geprägt. Eine kleine Anzahl traditionsreicher, schon in der Grafschaft Mark des späten Mittelalters nachweisbarer Höfe, darunter die Höfe Honscheidt, Ostermann, Stratmann, Vieting, bildete die Bauerschaft[15]. Namengebend war das Rittergut Wymelhusen. Heute steht dort, an der Königsallee, das „Bomin-Haus", der Sitz der Hauptverwaltung der Bundesknappschaft. Auch der Landwirt Heinrich Vierhaus entstammt einem alteingesessenen westfälischen Bauerngeschlecht. Dessen Hof gehörte allerdings nicht zu Wiemelhausen, sondern zu der weiter nördlich gelegenen Bauer-

---

9 Vgl. *Croon*, Die verwaltungsmäßige Gliederung des mittleren Ruhrgebiets im 19. und 20. Jahrhundert, in: Festschrift zum 35. Deutschen Geographentag 1965, S. 59.

10 Kreis Bochum, Gemarkung Wiemelhausen, Gemarkungskarte in 15 Fluren, Flur 5, 1883; Grundsteuerverwaltung, Ergänzungskarte No. 155 1/4, Etatsjahr 1897/98; beide Karten im Vermessungsamt der Stadt Bochum.

11 Stadt Bochum, Bochumer Straßennamen, Herkunft und Deutung, 1993, S. 367. Ein im Jahre 1926 angefertigtes Luftbild befindet sich beim Kommunalverband Ruhrgebiet in Essen (Luftbildkarte 1926/30, 200/I/L).

12 Adreßbuch der Stadt Bochum, 1904, S. 48.

13 Verordnung des Bischofs von Paderborn vom 6.7.1888, Artikel III.

14 Vgl. *Schrepping*, Geschichte der katholischen St. Johannes- Pfarrgemeinde in Bochum (Wiemelhausen), 1921, S. 27.

15 Vgl. *Darpe*, Geschichte der Stadt Bochum II, A, 1891, S. 231, 340; II, C, 1894, S. 562; III, A, 1899, S. 98; *Hülsebusch*, Die Bauerschaft Wiemelhausen, in: Jahrbuch der Vereinigung für Heimatkunde Bochum Bd. 5, 1951, S. 71; *Timm* (Bearb.), Schatzbuch der Grafschaft Mark 1986, Stadt Unna, Stadtarchiv 1986, S. 36 (Quellen zur Geschichte Unnas und der Grafschaft Mark, Bd. 1).

schaft Grumme[16], einem Dorf, das zusammen mit Wiemelhausen 1904 eingemeindet worden ist.[17] Von Grumme kommend ist Heinrichs Vater Anton Wember-Vierhaus (1797–1878) um die Mitte des 19. Jahrhunderts durch Heirat Besitzer des Wiemelhauser Stratmann-Hofs geworden. Deshalb führte er den Namen „Anton Vierhaus genannt Stratmann"[18]. Der von Anton Vierhaus übernommene Stratmann-Hof lag an der nach Brenschede führenden Bochumer Landstraße, der heutigen Wiemelhauser Straße, in der Gemarkung „Am Hofe", im Wiesental (später: Wiesenstraße) in der Nähe des Marbachs, und zwar etwa dort, wo die Wiemelhauser Straße – parallel zur früheren Bergisch-Märkischen Eisenbahnlinie – heute vom Sheffield-Ring (Autobahn A 40, vormals Bundesstraße B 1) überquert wird.

Mit der Hofübernahme verhielt es sich wohl wie folgt: Anton Wember-Vierhaus hatte im Jahre 1826 eine Elisabeth Rodeschürmann-Honscheidt genannt Stratmann (1801–1888) geheiratet. Deren Vater, Diederich Honscheidt, hatte zu Beginn des 19. Jahrhunderts in zweiter Ehe die „Witwe Stratmann" geheiratet. Elisabeth dürfte deshalb Miterbin des Stratmann-Hofes geworden sein. Die Auseinandersetzung der beteiligten Familien Honscheidt, Stratmann und Vierhaus, die Anton Vierhaus zum Besitzer des Stratmann-Hofes gemacht hat, soll im Jahre 1847 stattgefunden haben. Auch der Honscheidt-Hof ist über Elisabeth Honscheidt an Vierhaus gelangt. Dies belegt ein „Ablösungsreceß" aus dem Jahre 1860[19]. Der Hof war noch aus gutsherrlicher Zeit mit einer Reallast, einer festen Abgabe in Körnern, belastet: „Jährlich auf Martini ein Scheffel Roggen, ein Scheffel Gerste, ein Scheffel Hafer als Hattinger-Maß." Die Reallast ist in dem genannten „Receß" in Vollzug des Gesetzes „betreffend die Ablösung der Reallasten und die Regulierung der gutsherrlichen und bäuerlichen Verhältnisse" von 1850[20], einem Ergänzungsgesetz zum Bauernbefreiungsedikt von 1807, durch Zahlung von 115 Talern, 10 Silbergroschen und 6 Pfennigen an den Berechtigten, einen Rentner Ecker aus Köln, abgelöst worden. Verpflichteter war neben Theodor Rodeschürmann genannt Honscheidt auch Anton Vierhaus genannt Stratmann.

---

16 Vgl. *Darpe*, Geschichte Bochum II, A, S. 215, 339; II, C, S. 562; III, A, S. 100; *Timm*, Schatzbuch, S. 29; *Freund*, Heimatkundliches aus Grumme, in: Jahrbuch der Vereinigung für Heimatkunde Bochum Bd. 5, 1951, S. 134; *Höfken*, Ein Meßkornregister aus dem Jahre 1513, in: Jahrbuch der Vereinigung für Heimatkunde Bochum Bd. 5, 1951, S. 44.

17 Vgl. Fn. 7. An den Grummer Vierhaushof erinnert noch heute die Vierhausstraße. Sie ist nach dem Hofeigentümer Heinrich Vierhaus (1865–1911), dem letzten Grummer Gemeindevorsteher, benannt. Vgl. Stadt Bochum, Bochumer Straßennamen, S. 438.

18 *Hülsebusch*, in: Jahrbuch der Vereinigung für Heimatkunde, S. 71, 72 ff.

19 Ablösungs-Receß vom 16.8.1860, bestätigt und ausgefertigt von der Königlich Preußischen General-Kommission zur Regulierung der gutsherrlich bäuerlichen Verhältnisse und der Gemeinheits-Theilungen in Westfalen, Münster, 21.11.1860 (AZ. S. 2989).

20 PrGS 1850, S. 77 (Nr. 3233).

Anton Vierhaus und seine Schwiegermutter, die Witwe Stratmann, haben im Jahre 1859 ihre benachbarten Grundstücke durch den Bochumer Geometer Gierlich vermessen lassen und Absprachen über die Nutzung im Grenzbereich getroffen:

(Es wurde) beschlossen, daß wo die Mitte des Wasserableitungs-Grabens als Grenze zwischen die von uns auszutauschenden Grundstücke sollte angenommen werden, ebenso auch der Mittelpunkt des wieder neu anzulegenden Wasserableitungs-Grabens die Grenze bilden soll. Ferner wurde beschlossen, wann Vierhaus von seinem an der Wiese der Witwe Stratmann grenzendem Gehölze die Zweige abhauen oder das nahe an derselben stehende hochstämmige Holz fällen sollte, es demselben erlaubt sein soll, dasselbe in der Wiese der Witwe Stratmann aufladen zu dürfen, jedoch nur um die Jahreszeit, wann hierdurch keinen Nachtheil an das Gras in derselben entsteht. Hiergegen soll es die Witwe Stratmann erlaubt sein, die Nesseln an Vierhaus seinem der Wiese vorbeiführenden Ufer von dem vorbenannten Gehölze bis gegenüber dem Hofe der Witwe Stratmann schneiden zu dürfen, ohne dem hierauf stehendem Holze zu beschädigen.

Dabei handelt es sich um eine im Mai 1864 von Anton Vierhaus gnt. Stratmann verfaßte und von der Witwe Stratmann mit drei Kreuzen mitunterzeichnete Bestätigung des 1859 mündlich geschlossenen Vertrages. Die Bestätigungsurkunde mit ihren im Ruhrgebiet typischen Stileigenheiten steht offenbar im Zusammenhang mit der Hofübergabe an den Sohn. Denn kurz zuvor, am 11.1.1864, haben Anton und Elisabeth Vierhaus den Hof an Heinrich, ihren zweitältesten Sohn, übertragen, und zwar gegen die Verpflichtung, eine Abfindungssumme von 3000 Talern zu zahlen. Auch die fünf Geschwister[21], die Brüder Wilhelm, August und Hermann sowie die Schwestern Christina und Elisabeth, wurden in den folgenden Jahren durch Geldzahlungen abgefunden. Heinrich Vierhaus war nun also Eigentümer des Stratmann-Hofes geworden. Der Hof umfaßte zahlreiche Grundstücke in Wiemelhausen. Dazu gehörten auch mehrere Steinbrüche, die zum Ausbau der Zechen, aber etwa auch der Kommunalwege dienten[22]. Ein Steinbruch lag unmittelbar an der Bochumer Landstraße (Wiemelhauser Straße) auf „Stratmanns Heide", ein anderer auf dem

---

21 Die Söhne sind erwähnt im Testament des Bochumer Primissars Heinrich Vierhaus (1803–1879), einem Bruder von Anton Vierhaus. Zu diesem Primissar vgl. *Darpe*, Geschichte Bochum II, C, S. 583. Der älteste Sohn Wilhelm Vierhaus, hat 1856 Anna Maria Christina Josephine Schulte im Vels aus Altenbochum geheiratet und damit den Schulte-Vels-Hof übernommen. Er hieß seitdem „Wilhelm Vierhaus genannt Schulte-Vels". Vgl. Altenbochumer Bürgerverein e.V., Altenbochum heute, S. 148.

22 Protokollbuch der Land-Gemeinde Wiemelhausen (ab 1844), Prot. v. 30.6. und 19.8.1870, 5.4., 16.5. und 16.8.1871, 17.12.1872.

Einberg. Als die evangelische Petri-Gemeinde im Jahre 1900 von dem Landwirt Vieting ihr Areal für die Kirche an der Wiemelhauser Straße erwarb, beschrieb der Pfarrer den Bauplatz als „dem toten Vierhaus'schen Steinbruch gegenüber" liegend[23]. Über weitere in der Nähe gelegene Vierhaus-Steinbrüche ist die heutige Universitätsstraße gebaut worden. Reste sind noch heute auf dem Gelände der ehemaligen Firma Imberg am Sheffield-Ring sichtbar. Um 1880 ist das alte Bauernhaus des von Vierhaus übernommenen Stratmann-Hofes abgebrannt. Das Wirtschaftsgebäude hat noch den Zweiten Weltkrieg überstanden, mußte dann aber in den sechziger Jahren dem Autobahnbau weichen[24]. Auch das neue Hofgelände auf dem Einberg an der späteren Steinstraße (Querenburger Straße) gehörte zu dem von Vierhaus erworbenen Grundbesitz[25]. Hier befand sich der Brunnen, der im Mittelpunkt des Rechtsstreites mit der Zeche Dannenbaum stand. Der Brunnen diente noch zu Beginn der achtziger Jahre als Viehtränke, ehe er infolge des Bergbaubetriebs der benachbarten Zeche Friederika austrocknete. Auf seinem Hofgelände betrieb Vierhaus auch eine Ziegelei. Noch bevor dem Brunnen das Wasser entzogen wurde, hatte er eine kleine Feldziegelei angelegt und den Brunnen erweitern und vertiefen lassen. Später – im Jahre 1895 – errichtete er eine Ringofenziegelei. Um die Jahrhundertwende war die „Ringofen-Ziegelei Heinr. Vierhaus" in Wiemelhausen ein fester Begriff. Sie lag etwa dort, wo heute die Straße „Am Spik" auf die Straße „Im Brauke" stößt[26].

C. Prozesse des Gemeindevorstehers Vierhaus

Heinrich Vierhaus aus Wiemelhausen (1831–1911), nicht zu verwechseln mit dem namensgleichen Grummer Hofeigentümer und Gemeindevorsteher (1865–1911)[27], war mit Christine Pantaleon genannt Peters aus dem benachbarten Altenbochum verheiratet. Aus der Ehe sind vier Kinder hervorgegangen, der Sohn Heinrich sowie die Töchter Paula, Ottilie und Agatha. Das Familienoberhaupt dürfen wir uns als eine markante, auch ein wenig streitbare westfälische Bauernpersönlichkeit vorstellen. Der Landwirt und Steinbruchbesitzer bestimmte an vorderster

---

23 Brief von Pfarrer Althiiser als Präses des Presbyteriums an das Königliche Oberbergamt in Dortmund vom 2. Oktober 1900 (J.-Nr. 48), Archiv der Petri-Gemeinde.

24 *Zehnter*, Der Stratmanns-Hof – ältester der Bauerschaft, in: Ruhr-Nachrichten vom 2.3.1960.

25 Grundbuch von Wiemelhausen, Bd. IV, Blatt 198, Grundbuchamt des Amtsgerichts Bochum; Katasteramt, Artikel Nr. 233.

26 Übersichtskarte der Stadt Bochum, 1905, Vermessungsamt Bochum.

27 Vgl. Fn. 17.

Stelle die Politik seiner Gemeinde mit. Heinrich Vierhaus war langjähriger Gemeindevorsteher von Wiemelhausen (1870–1884) und Mitglied der Amtsversammlung des Kreistages (1875–1887)[28]. Schon sein Vater Anton Vierhaus war Gemeindevorsteher (1849–1854) und Kreistagsabgeordneter (1850–1856)[29]. In die Amtszeit von Heinrich Vierhaus fallen die Verhandlungen über den Erwerb des Gemeindehauses an der Wiemelhauser Straße[30]. Er selbst hatte 1876 der Gemeinde das zu seinem Hof gehörende „Leibzucht-Haus" angeboten. Der Gemeinderat entschied sich für das Angebot. Doch der Erwerb scheiterte am Widerstand des Landratsamts, weil es die Preisvorstellungen des in diesem Fall etwas zu geschäftstüchtigen Gemeindevorstehers für überzogen hielt. Als später, im Jahre 1900, die evangelische Petri-Gemeinde für ihre – heute bergschadenbedingt geschlossene – Kirche einen geeigneten Bauplatz suchte, war auch Vierhaus wieder mit einem Angebot zur Stelle. Doch wegen der weit günstigeren Offerte seines Nachbarn, des Landwirts Vieting, hatte er auch diesmal das Nachsehen.

Nach Gründung der katholischen Johannes-Kirchengemeinde wurde Heinrich Vierhaus im Jahre 1889 zum stellvertretenden Vorsitzenden des Kirchenvorstands gewählt. Damit hatte er als zweiter Mann hinter dem Pfarrer die Vorstandssitzungen zu leiten. In die Amtszeit von Vierhaus[31], die bis 1895 dauerte, fällt der Beginn der langjährigen Rechtsstreitigkeiten, zu denen sich die Gemeinde wegen der an der Kirche entstandenen Bergschäden genötigt sah. Vierhaus oblag es, mit der Zeche Dannenbaum zu verhandeln[32], weil von vornherein als ausgemacht galt, daß sie die Verursacherin der Schäden war. Doch die Kirche lag im Einwirkungsbereich nicht nur der zur Aktiengesellschaft Zeche Dannenbaum gehörenden Zeche Prinzregent, sondern auch der Zeche Berneck. Deshalb mußte in mehreren Prozessen, die sich von 1893 bis ins Jahr 1910 hinzogen, durch aufwendige und zeitraubende Sachverständigengutachten der jeweilige Schadensanteil der beklagten Zechen

---

28 Protokollbuch der Land-Gemeinde Wiemelhausen (ab 1844), Bl. 190 (Protokoll v. 2.4.1870), B1. 359 f. (Protokoll v. 17.5.1884), Stadtarchiv Bochum (A-BS 383); Amt Bochum, Acta, Wahl von Kreis-Tags-Abgeordneten betr., Abt. 1,5, Stadtarchiv (A-BS 313).

29 Protokollbuch der Land-Gemeinde Wiemelhausen (ab 1844), Bl. 12 ff. (Prot. v. 21.6.1849), Bl. 77 (Prot. v. 26.6.1854); Amt Bochum, Acta, Wahl von Kreis-Tags-Abgeordneten betr., Abt. 1,5, Stadtarchiv (A-BS 313). Das 1885 erworbene Gemeindehaus lag nördlich der Wasserstraße an der Wiemelhauser Straße gegenüber dem Friedhof. Es ist im Zweiten Weltkrieg zerstört worden.

30 Wiemelhausen, Gemeindehaus 1876–1909, Stadtarchiv Bochum (A-BS 236); Protokollbuch der Land-Gemeinde Wiemelhausen (ab 1844), B1. 290 (Prot. v. 28.9.1876).

31 Archiv der Johannes-Pfarrei, Protokoll-Buch für den Kirchenvorstand, Prot. v. 14.7.1889 (1. Wahl), Prot. v. 27.5.1892 (Wiederwahl).

32 Archiv der Johannes-Pfarrei, Protokoll-Buch für den Kirchenvorstand.

73

ermittelt werden[33]. Wie im Falle des Landwirts Vierhaus gehörte zu den Schäden auch das Austrocknen des Brunnens auf dem Kirchengelände. Dieser Schaden wurde ebenfalls durch Anschluß der Gemeinde an die Wasserleitung der Zeche Dannenbaum behoben.

Auch bei seinen eigenen Privatrechtsstreitigkeiten scheute der Hofbesitzer Heinrich Vierhaus eine gerichtliche Auseinandersetzung nicht. Ein Prozeß von 1879[34] steht noch im Zusammenhang mit der Hofübernahme von 1864[35]. Seine Eltern hatten einen Teil der Abfindungsforderung ihrem Sohn Hermann abgetreten, der die Forderung wiederum an die Bochumer Handlungsfirma Witter und Bockelkamp weiterzedierte. Diese nahm nun den Schuldner Heinrich Vierhaus auf Zahlung in Anspruch, drang aber mit ihrer Klage nicht durch, weil der Beklagte erfolgreich geltend machte, daß ihm schon im Zeitpunkt der Zession gegen den Zedenten, seinen Bruder, eine Gegenforderung aus der Verpachtung des Steinbruchs auf der Stratmannschen Heide zustand. Deshalb konnte er jetzt auch gegenüber der Klägerin als Zessionarin den Einwand der Aufrechnung erheben[36]. Gut zwanzig Jahre später sehen wir Vierhaus in der Rolle des Klägers in einem Prozeß gegen seinen neuen Nachbarn, den Bergmann Karl Rüther[37], dem er im Jahre 1902 ein Grundstück im Bereich des alten Stratmann-Hofes veräußert hatte. Über dieses Grundstück wollte Vierhaus wie bisher das Wasser von seinem oberhalb gelegenen Grundstück in den zum Marbach führenden Abwasserkanal leiten. Als er eines Tages das von ihm verlegte Rohr verstopft vorfand, verklagte er den Nachbarn unter Berufung auf ein beim Grundstücksverkauf angeblich mündlich vereinbartes Wasserableitungsrecht. Das preußische Allgemeine Landrecht bestimmte für die Vereinbarung einer solchen Grundgerechtigkeit an sich die Schriftform[38]. Doch der Formmangel konnte gemäß dem Eigentumserwerbsgesetz von 1872 durch die Auflassung des Grundstücks als geheilt angesehen werden[39]. Indessen verlor Vierhaus den Prozeß, weil er die behauptete mündliche Abrede

33 Vgl. LG Bochum, Urt. v. 20.4.1895 – 2 O 409/93; LG Bochum, Urt. v. 24.4.1897 und OLG Hamm, Urt. v. 10.7.1903 – 4 U 173/97; LG Bochum, Urt. v. 21.2.1900 – 2 O 390/97 und 470/97 – und OLG Hamm, Urt. v. 10.7.1903 – 4 U 113/00 und 114/00; LG Bochum, Urt. v. 24.3.1905 – 4 O 21/03 – und OLG Hamm, Urt. v. 11.2.1910 – 4 U 204/05.

34 LG Essen, Urt. v. 29.12.1879 – 1988-78 Bochum (IV. Zivilkammer).

35 Siehe B.

36 Vgl. ALR I, 11, § 407: „Der Schuldner einer cedierten Post kann alle Einwendungen und Gegenforderungen, die er gegen den Cedenten rügen konnte, auch dem Cessionario entgegensetzen." Vgl. dazu *Dernburg*, Lehrbuch des Preußischen Privatrechts und der Privatrechtsnormen des Reichs 11, 2. Aufl. 1880, S. 200. Vgl. heute §§ 404, 406 BGB.

37 LG Bochum, Urt. v. 20.12.1902 (bedingtes Endurteil) und vom 10.6.1903 – 2 O 553/02 (Endurteil nach Eidesleistung).

38 Vgl. ALR I, 5, § 135.

39 § 10 des Gesetzes über den Eigenthumserwerb und die dingliche Belastung der Grundstücke, Bergwerke und selbständigen Gerechtigkeiten vom 5.5.1872 (PrGS S. 433 (Nr. 8034)); vgl. auch *Bahlmann*, Das Preußische Grundbuchrecht, 3. Aufl. 1880, S. 15 ff.; zur Auslegung des § 10 vgl. RGZ 2, 293, 294 f. Ähnlich heute § 311b Abs. 1 Satz 2 BGB.

nicht beweisen konnte und der Beklagte den ihm über diese Tatsache zugeschobenen Eid leistete[40]. Als Vierhaus sah, daß er den Prozeß in Beweisnot verlieren würde, schloß er mit dem Landwirt Moritz Schrepping aus Querenburg, der den benachbarten „Dieckamps Kotten" erworben hatte, einen Vertrag, in dem das gemeinsame Wasserableitungsproblem interessengerecht gelöst wurde. Die „für alle Zeit" bindende Vereinbarung von 1903 zeigt, daß man sich unter Landwirten ohne weiteres gütlich zu einigen vermochte. Aber gegen den Bergmann Rüther wurde ebenso prozessiert wie zuvor gegen die Zeche Dannenbaum.

D. Landwirt Vierhaus gegen Zeche Dannenbaum

Mit der Klage gegen die Zeche Dannenbaum verlangte Heinrich Vierhaus Ersatz des Schadens, der durch bergbaubedingte Austrocknung seines oben erwähnten, auf dem Hofgelände gelegenen Brunnens entstanden war. Als Entschädigung forderte er kostenfreie Lieferung des für seine 1895 gegründete Ringofen-Ziegelei benötigten Wassers.

1. Die beklagte Aktiengesellschaft Zeche Dannenbaum[41] wurde im Jahre 1889 durch Umwandlung der seit 1878 bestehenden Gewerkschaft gegründet. Bereits zuvor – seit 1873 – hatte die „Bergwerks-Gesellschaft Dannenbaum" die Rechtsform der Aktiengesellschaft. Diese wiederum war aus der Gewerkschaft Dannenbaum alten Rechts hervorgegangen. Schon im 18. Jahrhundert gab es im Dannenberger Siepen „auf'm Dannenbaum" (Tannenbaum) einen Stollenbetrieb. Und wohl schon im 14. Jahrhundert wurde Kohle im Pingenbau geschürft. Die Aktiengesellschaft Zeche Dannenbaum umfaßte zunächst das Stammfeld Dannenbaum in Laer, d. i. das ehemalige Opel-Gelände, und das benachbarte Feld „Amatus" (Dannenbaum Schacht I und II). Noch im Jahre ihrer Wiederbegründung, im September 1889, erwarb die AG die Gewerkschaft Zeche Frie-

---

40 Vgl. §§ 445 ff. der Zivilprozeßordnung von 1877. Der in die ZPO von 1877 eingegangene Parteieid ist durch Gesetzesnovelle von 1933 abgeschafft und durch Vorschriften über den Beweis durch Parteivernehmung ersetzt worden. Vgl. das Gesetz zur Änderung des Verfahrens in bürgerlichen Rechtsstreitigkeiten vom 27.10.1933 (RGBl. I S. 780) und dazu *Baumbach*, Zivilprozeßordnung in der vom Januar 1934 ab geltenden Fassung, 8. Aufl. 1934, vor §§ 445 ff.

41 Vgl. dazu etwa: Die Steinkohlen-Bergwerke der Vereinigte Stahlwerke AG, Prinz Regent Band 1 1. Teil, 1939, S. 89 ff.; *Gebhardt*, Ruhrbergbau, Geschichte, Aufbau und Verflechtung seiner Gesellschaften und Organisatoren, 1957, S. 232 f.; Jubiläumsschrift der Bochumer Bergbau Aktiengesellschaft und Carolinenglück Bergbau Aktiengesellschaft, 1957; *Huske*, Die Steinkohlenzechen im Ruhrrevier, Daten und Fakten von den Anfängen bis 1986, 1987, S. 200 ff.; *W. Hermann/G. Hermann*, Die alten Zechen an der Ruhr, 4. Aufl. 1994, S. 147.

derika in Wiemelhausen mit ihrem Hauptfeld westlich der Wiemelhauser Straße (heute: Universitätsstraße südlich der Friederikastraße) und der Eisensteingrube an der Wasserstraße (Schacht III und IV). Hinzu kam dann noch die Zeche Prinz-Regent in Weitmar (Schacht V). Für die AG handelte damals ihr erster Generaldirektor und Vorstandsvorsitzender Gustav Frielinghaus (1835–1911), der Besitzer des Ritterguts Haus Laer und langjährige Präsident der Bochumer Industrie- und Handelskammer[42].

Es handelt sich um einen Folgeprozeß gegen die Aktiengesellschaft Zeche Dannenbaum als Rechtsnachfolgerin der Zeche Friederika[43]. Auch sie gehörte wie die Zeche Dannenbaum zu den ältesten Steinkohlenzechen des Ruhrgebiets. Im Feld von Friederika Erbstollen dürfte ebenfalls schon im 14. Jahrhundert Pingenbau betrieben worden sein. Durch den Bergbau der Gewerkschaft Zeche Friederika wurde der Brunnen auf dem in ihrem Einwirkungsbereich gelegenen Vierhaus-Hof[44] um die Mitte der achtziger Jahre ausgetrocknet. Der Vorprozeß gegen die Zeche Friederika wurde im Jahre 1887 vor dem Landgericht Essen ausgetragen, der Folgeprozeß begann im Jahre 1896 vor dem im Jahre 1892 gegründeten, nunmehr also zuständigen Landgericht Bochum[45]. Vierhaus hat beide Prozesse gewonnen, letzteren durch drei Instanzen bis zum Reichsgericht in Leipzig.

2. Der Prozeß wurde nach der Reichs-Zivilprozeßordnung von 1877 geführt. In materieller Hinsicht galt für den von Vierhaus geltend gemachten Schadensersatzanspruch preußisches Recht. Einschlägig war das Allgemeine Berggesetz (ABG) von 1865[46], das in § 148 ähnlich wie die heutige Gefährdungshaftung nach § 114 des Bundesberggesetzes von 1980 eine verschuldensunabhängige Schadensersatzpflicht des Bergwerksbesitzers vorsah.

---

42 V. Frielinghaus/M. Imdahl (Hrsg.), Der Rittersitz Haus Laer und die Ortschaft Laer in Bochum, 2. Aufl. 1970/71, S. 38 ff. (Schriftenreihe des Archivs Haus Laer in Bochum, Nr. 1).

43 Vgl. *Gebhardt*, Ruhrbergbau; Jubiläumsschrift der Bochumer Bergbau Aktiengesellschaft und Carolinenglück Bergbau Aktiengesellschaft ; *Huske*, Die Steinkohlezechen im Ruhrrevier, S. 296 ff; *Hermann/Hermann*, Die alten Zechen an der Ruhr, S. 139.

44 Das Grubenbild der Zeche, in dem der Vierhaus-Hof dargestellt ist, befindet sich heute beim Landesoberbergamt Nordrhein-Westfalen in Dortmund (Nr. 6633, 6634).

45 Vgl. *Köbler*, Gericht und Recht in der Provinz Westfalen (1815–1945), in: Festschrift für Gustaf Klemens Schmelzeisen 1980, S. 166, 189.

46 Allgemeines Berggesetz für die preußischen Staaten vom 24.6.1865 (PrGS S. 705 (Nr. 6125)). Vgl. dazu *Daubenspeck*, Die Haftpflicht des Bergwerksbesitzers aus der Beschädigung des Grundeigenthums nach Preußischem Recht, 1882, S. 12; *ders.*, Beiträge zur Lehre vom Bergschaden, 1885, S. 8 ff.

§ 148 ABG

Der Bergwerksbesitzer ist verpflichtet, für allen Schaden, welcher dem Grundeigenthume oder dessen Zubehörungen durch den unterirdisch oder mittelst Tagebaues geführten Betrieb des Bergwerks zugefügt wird; vollständige Entschädigung zu leisten, ohne Unterschied, ob der Betrieb unter dem beschädigten Grundstück stattgefunden hat oder nicht, ob die Beschädigung von dem Bergwerksbesitzer verschuldet ist, und ob sie vorausgesehen werden konnte oder nicht.

Daß nach dieser Vorschrift die Zeche Dannenbaum dem Landwirt Vierhaus wegen der bergbaubedingten Austrocknung seines Brunnens schadensersatzpflichtig war, unterlag keinem grundsätzlichen Zweifel mehr, nachdem das Gesetz ausdrücklich klargestellt hatte, daß die Entschädigung „ohne Unterschied, ob der Betrieb unter dem beschädigten Grundstück stattgefunden hat oder nicht", zu leisten ist. Aber auch schon vor Inkrafttreten des ABG hatte die höchstrichterliche Rechtsprechung zum Allgemeinen Landrecht von 1794 anerkannt, daß der Bergbauende dem Grundeigentümer wegen Wasserentzugs auch dann hafte, wenn der Bergbaubetrieb nicht gerade unter dem geschädigten Grundstück stattfand, sondern, wie im Falle der Zeche Friederika, aus einer gewissen Entfernung auf das Grundstück schädigend einwirkte. Diese Rechtsprechung beruhte allerdings auf einer durchaus extensiven Auslegung der insoweit nicht eindeutigen Bestimmungen des ALR.

ALR II 16, §§ 109, 112

Der Grundeigenthümer muß an die Bergbauenden den Grund und Boden überlassen, welcher zur Grube selbst, zu den Stollen, zu Halden und Wegen, und zu den Gebäuden über der Erde, nothwendig ist, ingleichen das zum Betriebe der Kunst-, Poch-, Wasch- und Hüttenwerke erforderliche Wasser.

Dagegen muß für alles, was der Grundeigenthümer zum Baue und Betriebe des Werks abgetreten oder verloren hat, demselben vollständige Entschädigung ... geleistet werden.

Danach ist die Entschädigungspflicht des Bergbauenden gegenüber dem Grundeigentümer ähnlich wie im Falle des allgemeinen Aufopferungsanspruchs (ALR Einl., §§ 74, 75) als Ausgleich für dessen Verpflichtung, dem Bergbauenden Grund und Boden zu überlassen, konzipiert. Deshalb lag es an sich nahe, die verschuldensunabhängige Haftung des ALR auf den Fall zu beziehen, daß durch den Bergbau gerade das Grundstück beschädigt wurde, unter dem er betrieben wurde.

Auch die neben dem ALR fortgeltenden Sondervorschriften der Revidierten Cleve-Märkischen Berg-Ordnung von 1766[47] ließen eher an eine solche eingeschränkte Haftpflicht der Gewerken denken. Hier war zunächst ganz allgemein in Caput I „Vom Schürfen" bestimmt:

Cap. I, § 9

Damit aber auch, wenn dergleichen Schürfe in Feldern, Wiesen oder Gärten zu stehen kommen, die Besitzer des Guths keinen Schaden leiden, und ihnen zur Beschwerde gereichen möge; so sollen Gewerken, wo sie an einem Orte schürfen, einschlagen, eine Halde stürzen und beschütten, und da sie den Ort zum Bergwerk behalten würden, denselbigen taxiren lassen, und nach Proportion dessen, was an Nutzung davon einzunehmen gewesen, nach Billigkeit und Erkenntniß der Berg-Officier, dem Eigenthums-Herrn zu bezahlen schuldig seyn.

Zudem enthielt die Berg-Ordnung noch folgende besondere Schadensregelung:

Cap. LXXII

Sollte es sich begeben, daß in Bau- und Weide-Land Schächte oder Licht-Löcher eingeschlagen, Halden gestürzt, Zechen-Häuser und Berg-Schmieden, auch Kunst-Göpel, Rad-Stuben, Hütten- und Poch-Werke gebauet werden müßten; so müssen sich die Gewerken mit dem Grundherrn deshalb gütlich vergleichen; und wenn dieses nicht geschehen kann, das Berg-Amt den Ort besichtigen, taxiren, und dem Eigenthümer den Schaden billigmäßig durch die Gewerken bezahlen lassen, welch Taxatum denn derselbe anzunehmen verbunden.

Im Übrigen aber ließ sich für das preußische Recht in Übereinstimmung mit der Lehre des gemeinen Bergrechts zugunsten des Bergbaus die Auffassung vertreten, angesichts der Konkurrenz von Grundeigentum und Bergwerkseigentum sei der in kunstgerechter Ausübung des verliehenen Bergrechts verursachte Schaden überhaupt nicht zu ersetzen[48]. Doch in zwei grundlegenden Entscheidungen von 1839 und 1843 – auch hier ging es um Schadensersatz wegen bergbaubedingten

---

47 Abgedruckt in: Berg-Ordnungen der Preußischen Lande, hrsg. von Brassert, 1858, S. 817 ff.; vgl. auch *Rabe*, Sammlung Preußischer Gesetze und Verordnungen I 3, 1821, S. 170, 222 f.

48 Vgl. ALR I, 6, § 36; Einl., §§ 88, 94. Zum gemeinen Bergrecht vgl. *Hake*, Commentar über das Bergrecht, 1823, S. 375 f. (§ 542); *Karsten*, Grundriss der deutschen Bergwerksgesetzgebung, 1828, S. 317 ff., 330 f.; *Daubenspeck*, Beiträge, S. 5.

Wasserentzugs – hat das Preußische Obertribunal in Berlin[49] in Übereinstimmung mit den vorinstanzlichen Erkenntnissen des Berggerichts zu Bochum und des Oberlandesgerichts Hamm den Leitsatz entwickelt:

> *Der Bergbauende muß den Grundeigenthürner für alles, was derselbe durch den Bergbau verloren hat, vollständig entschädigen, ohne Unterschied, ob der Bergbau unter dem Grunde des Eigenthümers betrieben wird, oder nicht.*

In diesem Sinne war das Haftungsproblem inzwischen durch § 148 ABG jedenfalls im Prinzip positiv geregelt. Danach hatte die Zeche Dannenbaum „vollständige Entschädigung" zu leisten, eine Formulierung, die sich mit der entsprechenden Vorschrift des ALR (II, 16, § 112) deckt. Insoweit hatte wiederum das Preußische Obertribunal durch ein Urteil von 1859[50] entschieden, daß die „dem Grundeigenthümer von den Bergbaubetreibenden wegen des entzogenen Wassers zu gewährende Entschädigung ... nicht auf den ihm in alleinigem Bezug auf und für sein Grundeigenthum entstandenen Schaden beschränkt" ist, sondern „auch den an Einrichtungen und industriellen Unternehmungen, welche mit dem Grundbesitz in Verbindung stehen, durch die Wasser-Entziehung verursachten Schaden" umfaßt. Daß die Zeche Dannenbaum auch Ersatz für das dem Brunnen entzogene, für einen Ziegelei-Betrieb benötigte Wasser zu leisten hatte, entsprach demnach ebenfalls einer seit langem anerkannten Rechtsprechung. Schließlich war auch die Art und Weise des von Vierhaus verlangten Schadensersatzes nicht umstritten, nämlich kostenfreie Wasserlieferung über die zecheneigene Wasserleitung. Nach Allgemeinem Landrecht schuldete ein Schädiger nach Möglichkeit Naturalrestitution[51]:

ALR I 6, § 79

> *Wenn ein Schade geschehen ist, so muß alles, so viel als möglich, wieder in den Zustand gesetzt werden, welcher vor der Anrichtung des Schadens vorhanden war.*

Danach war nun nicht etwa erforderlich, dem Geschädigten das entzogene Wasser in dem ausgetrockneten Brunnen wiederzubeschaffen. Es genügte vielmehr wie nach heutigem Schadenser-

---

49 Entscheidungen des PrOTr. 4, 1840, S. 354 ff. (Nr. 36); 9, 1844, S. 101 ff. (Nr. 11) mit ausführlicher Wiedergabe des Streitstandes; vgl. dazu *Funke*, Die Grenzen der Entschädigungspflicht des Bergwerkseigenthümers aus § 148 des Preußischen Berggesetzes, ZfB 1896, 297.

50 PrOTr., Striethorst's Archiv 33, S. 59 ff. (Nr. 16).

51 Vgl. heute § 249 Abs. 1 BGB.

satzrecht eine gleichartige Leistung, also Wasserlieferung auf andere Weise[52]. Mithin war von der Haftpflicht der Zeche Dannenbaum auszugehen, nachdem der darüber geführte Streit im Vorprozeß gegen die Zeche Friederika im Jahre 1887 vor dem Landgericht Essen ausgetragen war. Die Zeche war damals zur Zahlung einer Entschädigungssumme verurteilt worden. Seitdem war der Vierhaus-Hof an die Wasserleitung der Zeche angeschlossen und wurde kostenlos mit Wasser beliefert.

Als aber Vierhaus im Jahre 1895 seine Ringofen-Ziegelei gründete und nunmehr den Betrieb über die Wasserleitung der Zeche mit Wasser versorgen wollte, kam es zum erneuten Rechtsstreit. Die Zeche stellte sich auf den Standpunkt, sie schulde Schadensersatz nur entsprechend den Verhältnissen, wie sie seinerzeit bei der Austrocknung des Brunnens gegeben waren, also nur Ersatz des dem Grundstück als Weideland entzogenen Wassers. Wenn aber der in dieser Weise geschädigte Landwirt nachträglich eine Ziegelei gründe, so sei sie nicht gehalten, auch noch das dafür benötigte Wasser kostenfrei zu liefern. Zudem bestritt die Zeche, daß der Brunnen damals soviel Wasser geführt hat, wie jetzt verlangt wurde. Schließlich berief sie sich auf Verjährung.

Mit diesen Einlassungen drang die Zeche jedoch schon in erster Instanz beim Landgericht Bochum nicht durch. Das Gericht stellte durch Sachverständigen-und Zeugenbeweis (vernommen wurden die benachbarten Gebrüder Hülsenbusch) fest, „daß der Brunnen insbesondere nach dem Zeitpunkte, wo eine Hauptquellen-Ader erschlossen war, mehr Wasser lieferte, als ... zu der heutigen Ringofen-Ziegelei des Klägers notwendig ist." Weiter erfahren wir:

Während nämlich der Brunnen schon während der Erweiterungsarbeit so viel Wasser führte, daß er in der Nachtzeit, also binnen 14 Stunden etwa, sich, bei einer Weite von 4 bis 5 Fuß im Durchmesser bis zur Höhe von etwa 10 Fuß über der Brunnensohle gefüllt hatte, und am Tage bei der Arbeit wiederholt ausgeschöpft werden mußte, drang das Wasser nach Erschließung der Hauptquellenader so schnell in den Brunnen, daß die Arbeiter flüchten mußten.

Unter diesen Umständen konnte die Verpflichtung der Zeche, das für den 1895 errichteten Ziegelei-Betrieb des Klägers erforderliche Wasser kostenfrei zu liefern, auch nicht dadurch in Frage gestellt werden, daß sie nach dem Urteil des Vorprozesses nur die für die Viehtränke benötigte Menge zu beschaffen hatte. Denn auch wenn das Austrocknen des Brunnens damals für den Geschädigten nur diese eingeschränkte Vermögensminderung hervorgerufen hatte, ist ihm doch

---

52 Vgl. PrOTr., Striethorst's Archiv 52, S. 38 (Nr. 10).

nach Gründung der Ziegelei weiterer Schaden entstanden. Der Schaden lag ja nicht darin, daß der zur Zeit des Vorprozesses benötigte Wasserbedarf nicht gedeckt werden konnte, sondern – so das Reichsgericht in einem Urteil von 1895 – „darin, daß der Brunnen kein Wasser mehr gab"[53]. So wurde in zweiter und dritter Instanz nur noch über die Frage gestritten, ob der Anspruch verjährt ist. Das Allgemeine Berggesetz sah in § 151 vor, daß ein solcher Anspruch verjährt, wenn er vom Beschädigten nicht innerhalb von drei Jahren gerichtlich geltend gemacht wird, „nachdem das Dasein und der Urheber des Schadens zu seiner Wissenschaft gelangt sind"[54]. Die Zeche verfocht bis zuletzt die Auffassung, die Dreijahresfrist sei bereits mit der Kenntnis des Klägers vom Austrocknen des Brunnens in den achtziger Jahren in Lauf gesetzt worden. Dagegen ließ sich freilich einwenden, daß die 1896 erhobene Klage einen erst 1895 hervorgetretenen Schaden betraf[55]. Indessen haben die Instanzgerichte die Verjährung noch aus einem anderen Grund verneint, den das Reichsgericht schließlich als ausschlaggebend ansah. Denn die Verjährung konnte als durch Anerkenntnis unterbrochen angesehen werden[56]. Die bis 1895 erfolgte Wasserlieferung ließ sich nämlich als Anerkenntnis einer entsprechenden Lieferpflicht deuten, und zwar durchaus ohne Beschränkung auf den Umfang, der bis dahin die Schadenshöhe bestimmte.

E. Das Ende des Vierhaus-Hofes

Heinrich Vierhaus hat zwar den Bergschadenprozeß gegen die Zeche Dannenbaum als Rechtsnachfolgerin der Zeche Friederika gewonnen. Doch knapp zehn Jahre später hat er seinen gesamten in Wiemelhausen gelegenen Grundbesitz an die Rechtsnachfolgerin der Zeche Dannenbaum, die Deutsch-Luxemburgische Bergwerks- und Hütten Aktiengesellschaft, verloren. Der Eigentumswechsel fand am 5.11.1907 statt[57]. Die Zeche Dannenbaum hatte zunächst im Jahre 1899 mit der im Jahre 1896 in Differdingen (Luxemburg) gegründeten Société anonyme des Hauts-Fourneaux de Differdange fusioniert. Die Aktiengesellschaft für Eisen- und Kohleindustrie Differdingen-Dannenbaum (S.A. des Hauts-Fourneaux, Forges et Charbonnages Differdange-Dannenbaum) mit Zweigniederlassung in Bochum wurde im Jahre 1901 nach einer Rezession, die vor allem die

---

53 RG, ZfB 1896, 345, 347.
54 Ähnlich heute § 117 Abs. 2 BBergG.
55 Vgl. RG, ZfB 1897, 230, im Jahre 1896 zu einem ähnlichen Fall.
56 ALR I, 29, § 562; vgl. heute § 212 Abs. 1 Nr. 1 BGB.
57 Vgl. Amtsgericht Bochum, Grundbuch von Wiemelhausen, Bd. 4, Blatt 198.

Eisenindustrie traf, von der im selben Jahr gegründeten Deutsch-Luxemburgischen Bergwerks-
und Hütten AG übernommen[58]. Von dort gelangten die Vierhausschen Ländereien später an die
Vereinigte Stahlwerke AG und dann an die Gelsenkirchener Bergwerks-Aktiengesellschaft in
Essen (GBAG). Diese wiederum veräußerte im Jahre 1962 den Kern des Hofgeländes an den Evangelischen Kirchenkreis Bochum, mit folgender Bergschadenverzichtsklausel[59]:

*Der jeweilige Grundstückseigentümer ist verpflichtet, schädliche von dem Bergbau ausge-
hende Einwirkungen wie Bodenbewegungen, Zuführung von Rauch, Staub, Wasser, Entziehung von Wasser und dergleichen auch über die vom Gesetz gezogenen Grenzen hinaus zu
dulden, ohne Schadenersatz oder Wertminderungen beanspruchen zu können ...*

Bis zuletzt war Heinrich Vierhaus senior Eigentümer des Hofes geblieben. Zu einer Hofübertra-
gung an seinen Sohn Heinrich, wie er selbst sie im Jahre 1864 erfahren hatte, konnte er sich nicht
entschließen. Doch Heinrich Vierhaus junior hat in einer Weise, die das Schicksal des Hofes besie-
gelte, nach außen so gehandelt, als sei er der Hofeigentümer. Dabei hat er die Namensgleichheit
ausgenutzt. Mit dem Namen „Heinrich Vierhaus" zeichnend, hat er Anfang 1906 die Grundstücke
im Rahmen einer – wie sich bald herausstellen sollte – leichtsinnigen Kreditaufnahme bei der
Rheinisch-Westfälischen Bank für Grundbesitz AG in Essen mit Grundpfandrechten belastet[60].
Das Darlehen, das zur Finanzierung einer von seinem Vetter Wilhelm Schulte-Vels in Huttrop bei
Essen gegründeten Ringofen-Ziegelei diente, konnte nicht zurückgezahlt werden. Bereits im folgenden Jahr betrieb die Bank die Zwangsverwaltung des Hofes und leitete die Zwangsversteigerung ein. Als Heinrich Vierhaus senior erkannte, daß der Verlust des Hofes nicht mehr aufzuhalten
war, ließ er die Grundstücke der Erwerberin am 2.11.1907 auf. Der Sohn hatte den Hof nicht nur
belastet, sondern auch schon zum Preise von 2300 Mark pro Morgen an die Bank verkauft und
eine Auflassungsvormerkung bewilligt. Der inzwischen 75-Jährige Vater wurde einfach übergan-
gen. „Der Alte braucht das nicht zu wissen", soll der in die Geschäfte des Sohnes verstrickte Neffe
Wilhelm Schulte-Vels einmal geäußert haben. Im Juni 1907 flogen die von Heinrich Vierhaus
junior hinter dem Rücken des Vaters geschlossenen Verträge auf. Dieser beobachtete nämlich
eines Tages, wie ein Unbekannter an seinem Grundstück Vermessungen vornahm. Zur Rede
gestellt, gab der Mann die Auskunft, er handele im Auftrag der Deutsch-Luxemburgischen Berg-

---

58 Die Steinkohlen-Bergwerke der Vereinigte Stahlwerke AG, Prinz Regent, S. 89 ff.; *Gebhardt*, Ruhrbergbau, S. 229 f.
59 Notarieller Vertrag vom 8.11.1962, § 5.
60 Vgl. Amtsgericht Bochum, Grundbuch von Wiemelhausen, Bd. 4, Blatt 198.

werks- und Hütten AG, die das Grundstück gekauft habe und demnächst hier einziehe. Der hintergangene Hofeigentümer konnte die unter seinem Namen geschlossenen Verträge seines Sohnes zwar als für sich rechtlich unverbindlich ansehen. Doch die Bank drohte mit Strafanzeige, falls er das vollmachtlose Handeln seines Sohnes nicht genehmigen sollte. Weil er sogar die Verhaftung seines Sohnes befürchtete, ließ sich Heinrich Vierhaus senior auf notarielle Verhandlungen mit der Bank in Essen ein[61] und erklärte, daß die Darlehnsverpflichtungen des Sohnes als von ihm selbst eingegangen gelten sollten. In entsprechender Weise erklärte er sich auch mit den Grundstücksbelastungen nachträglich einverstanden, nicht jedoch mit dem Kaufvertrag. Allerdings wurde Vierhaus noch die Erklärung abverlangt, er leiste für den Fall, daß die Deutsch-Luxemburgische Bergwerks- und Hütten AG auf etwaige Rechte aus den mit dem Sohn geführten Verhandlungen verzichte, seinerseits dauernd Verzicht auf die Ansprüche, welche aus dem Grubenbetrieb der Gesellschaft „an seinem gesamten in Wiemelhausen belegenen Grundbesitz ... in Zukunft entstehen möchten". Nur wenige Monate später folgte dann das endgültige Aus: Der Vierhaus-Hof gelangte an „Deutsch-Lux". Heinrich Vierhaus junior setzte sich mit unbekanntem Ziel ins Ausland ab. Die Eltern fanden Aufnahme bei der Familie ihrer Tochter, Ottilie und Albert Löns[62], in Heissen bei Mülheim an der Ruhr. Von hier aus führte Heinrich Vierhaus senior noch zwei juristische Nachhutgefechte. Zum einen hatte er bereits im Jahre 1907 den Bankier Karl Sickmeier aus Herne auf Herausgabe eines Grundschuldbriefes und Löschung der Grundschuld verklagt, weil auch dieses Grundpfandrecht ohne sein Wissen von seinem Sohn der Bank übertragen sei. Der Prozeß endete 1910 in zweiter Instanz vor dem OLG Hamm[63] mit einem Erfolg des Klägers, weil der Beklagte die von ihm behauptete Bevollmächtigung des Sohnes nicht nachweisen konnte[64]. Die zweite Klage aus dem Jahre 1908 richtete sich gegen den erwähnten Neffen Wilhelm Schulte-Vels, an dessen Ringofen-Ziegelei von der Vierhaus-Ziegelei mehrere Waggonladungen Ziegelsteine geliefert worden waren. Vierhaus klagte jetzt vor dem LG Essen auf Zahlung[65]. Der Beklagte ließ sich jedoch dahingehend ein, daß er nicht mit dem Kläger, sondern mit seinem Vetter und Geschäftspartner Heinrich Vierhaus junior kontrahiert habe. Der Prozeß endete, kurz nachdem er

---

61 Notarielle Verhandlungen vom 7.6.1907 in den Geschäftsräumen der Rheinisch-Westfälischen Bank für Grundbesitz in Essen.

62 Albert Löns ist, wie auch der „Heide"-Dichter Hermann Löns (1866–1914), ein Sproß des schon im 15. Jahrhundert nachweisbaren märkischen Lönshofs. Vgl. Stadt Bochum, Bochumer Straßennamen, S. 319f. Der Dortmunder Mediziner Max Löns hat einen „positiven Vaterschaftsnachweis" entwickelt. Vgl. *Löns*, Zeitschrift für Hygiene und Infektionskrankheiten 1950, 371.

63 OLG Hamm, Urt. v. 14.1.1910 – 2 U 356/07 (3 U 685/o7 Bochum). Vorinstanz: LG Bochum, Urt. v. 19.11.1907.

64 Es erging durch Eidesleistung des Klägers bedingtes Endurteil. Zu diesem Beweismittel vgl. Fn. 40.

65 LG Essen, 4 O 292/08-2.

GESTERN HEUTE MORGEN

eingeleitet worden war, mit der Klagerücknahme. Heinrich Vierhaus senior hielt eine weitere Rechtsverfolgung für sinnlos, weil der Beklagte inzwischen in Konkurs gefallen war und an dessen Grundstücken bereits Grundpfandrechte zugunsten der Rheinisch-Westfälischen Bank für Grundbesitz bestanden.

Heinrich Vierhaus hat detailliert aufgezeichnet, wie sich die Vorgänge aus seiner Sicht dargestellt haben, wie sein Sohn schließlich „die ganze Familie um ihr noch zustehendes Vermögen (gebracht), sich und die Eltern ruiniert und unglücklich gemacht hat". Am 2.5.1911 ist Heinrich Vierhaus, 79-jährig, in Heissen bei Mülheim an der Ruhr verstorben[66]. Über das mit dem Ende des Vierhaus-Hofes einhergehende familiäre Drama ist längst Gras gewachsen. Die Akten des Brunnen-Prozesses sind vermutlich von Amts wegen beseitigt worden, wie ja auch heute die Vernichtung nach dreißig Jahren vorgesehen ist, wenn es sich nicht um „Schriftgut" handelt, das „historischen oder sonstigen besonderen Wert hat"[67]. Indessen zeigt sich in der historischen Rückschau durchaus auch die Vordergründigkeit des privatrechtlichen Geschehens. Aus den Notizen von Heinrich Vierhaus geht hervor, daß sein Sohn bei der verhängnisvollen Kreditaufnahme und Belastung des Hofes davon ausging, er werde demnächst liquide, weil die in der Nähe gelegene Zeche das Hofgrundstück „unbedingt kaufen würde". Die Tage des Hofes waren also, wie es scheint, jedenfalls nach Einschätzung des Sohnes, ohnehin gezählt. Aber auch der Vater hatte ja schon vor der Jahrhundertwende erkannt, daß sein landwirtschaftlicher Betrieb keine Zukunft mehr hatte, und sich mit der Gründung seiner Ringofen-Ziegelei an die neuen wirtschaftlichen Strukturen anzupassen versucht.

Bergbau und Industrialisierung haben das Ruhrgebiet geprägt. Sie boten den Menschen der Region, was die überkommenen landwirtschaftlichen Strukturen nicht mehr zu leisten vermochten, nämlich eine existenzsichernde Zukunftsperspektive. Deshalb ließ sich auch der Vierhaus-Hof nicht auf Dauer halten. Den Schadensersatzprozeß wegen des Austrocknens seines Brunnens konnte der Landwirt Vierhaus zwar als Erfolg über die benachbarte Zeche verbuchen. Doch langfristig ist dem Vierhaus-Hof durch den expandierenden Bergbau das Wasser abgegraben worden. Die Rechtsgeschäfte des Sohnes haben diesen Prozeß des Strukturwandels wohl nur beschleunigt.

---

66 Standesamt Mülheim an der Ruhr IV, Sterbeeintragung Nr. 47/1911.
67 Vgl. die Allgemeinverfügung des Justizministers vom 14.8.1986 (1452-1 B.8.3.), JMBl. NW 1986, S. 205, 206.

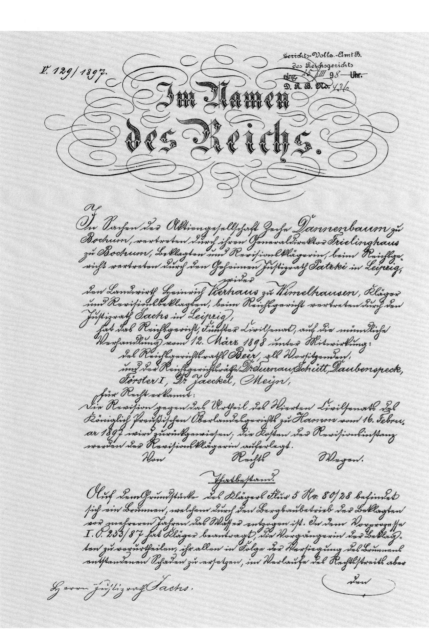

V. 129/1897.

Gerichts-Vollz.-Amts B.
des Reichsgerichts
eing. 25 VIII 98 Uhr.
D.R.B. No. 436

Im Namen des Reichs.

In Sachen der Aktiengesellschaft Hasse Dannenbaum zu Bochum, vertreten durch ihren Generaldirektor Frielinghaus zu Bochum, Beklagten und Revisionsklägerin, beim Reichsgericht vertreten durch den Geheimen Justizrath Patzki in Leipzig,

wider

den Landwirth Heinrich Vierhaus zu Wimelhausen, Kläger und Revisionsbeklagten, beim Reichsgericht vertreten durch den Justizrath Sachs in Leipzig,

hat das Reichsgericht, fünfter Civilsenat, auf die mündliche Verhandlung vom 12. März 1898 unter Mitwirkung:

des Reichsgerichtsrath Beer, als Vorsitzenden,
und der Reichsgerichtsräthe Dr. Turnau, Schütt, Daubenspeck, Förster I, Dr. Jaeckel, Meyn,

für Recht erkannt:

Die Revision gegen das Urtheil des fünften Civilsenats des Königlich Preußischen Oberlandesgerichts zu Hamm vom 16. Februar 1897 wird zurückgewiesen, die Kosten der Revisionsinstanz werden der Revisionsklägerin auferlegt.

Hon   Ruths   Mayen.

Thatbestand.

Auf dem Grundstück des Klägers Flur 5 Nr. 80/28 befindet sich ein Brunnen, welcher durch den Bergbaubetrieb der Beklagten vor mehreren Jahren des Wassers entzogen ist. In dem Vorprozeß I. O. 253/87 hat Kläger beantragt, die Vorgängerin der Beklagten zu verurtheilen, ihr allen in Folge der Versiegung des Brunnens entstandenen Schaden zu ersetzen, im Verlaufe des Rechtsstreits aber

Herrn Justizrath Sachs.

2.

... ist in den Jahren 1885, 1886, 1887 entstandenen Schaden auf 268,50 M. beziffert und Verurteilung des Beklagten zur Zahlung dieses Betrages verlangt. Das Schadensersatzanspruch wurde damit begründet, daß Kläger für 12–14 Kühe, die er auf dem Grundstücke weide, das Wasser nicht mehr aus dem Brunnen, sondern anderweitig mit einem Kostenaufwande von 89,50 M. pro Jahr habe beziehen müssen. Der Schadensersatzanspruch wurde seinem Grunde nach für berechtigt erkannt, aber in seinem Betrage herabgesetzt. Die Beklagte hat dem Kläger später das zum Viehtränken erforderliche Wasser durch Anschluß an eine Wasserleitung zugeführt. Als der Kläger das Leitungswasser später auch zum Betriebe des von ihm angelegten Ringofen-Ziegelei verwendete, hat ihm das die Beklagte im Jahre 1895 untersagt. Kläger hat deshalb Klage erhoben mit dem Antrage, die Beklagte zu verurteilen, seiner Parzelle Fl. 3 Nr. 80/28 das zum Ziegeleibetriebe nötige Wasser zu beschaffen. Der erste Richter hat diesem Antrage gemäß erkannt. Die Berufung der Beklagten ist zurückgewiesen. Beklagte hat, unter Widerspruch des Klägers, Revision eingelegt mit dem Antrage, das Berufungsurteil aufzuheben und unter Änderung des ersten Urteils die Klage abzuweisen.

Entscheidungsgründe:

Der Wert des Beschwerdegegenstandes ist in Höhe von 1600 M. für glaubhaft gemacht. Der Revision muß jedoch der Erfolg versagt werden.

Die Parteien streiten seit der Berufung der Beklagten mit über die Einrede der Verjährung. Das Berufungsgericht erachtet sie mit dem ersten Richter, weil 1) für die Entstehung des Entschädigungsanspruches und des Klagerechts nicht die Zeit der schädigenden Handlung, sondern die des Eingetretenseins des Schadens maßgebend, diese aber bis zum Sommer 1895 nicht eingetreten sei, die Klägers bis dahin, soweit seine bisherigen Bedürfnisse gereicht haben, von der Beklagten schadlos gehalten sei; 2) weil, wenn man annehme, die Verjährung des Klageanspruchs habe mit dem Zeitpunkte der erlangten Kenntnis des Klägers von der Entziehung des Wassers durch das Vorgehen der Beklagten angefangen, diese nicht vollendet sei. Durch die Klage im Vorprozesse, die das für erhobenen Ansprüche mit umfaßt habe, sei nämlich die Verjährung unterbrochen. Nachdem die Beklagte durch jene Klage Kenntnis davon erhalten gehabt, daß von ihr vollständiger Schadenersatz verlangt werde, habe die Beklagte dadurch, daß sie dem Kläger das nötige Wasser durch Anschluß an die Wasserleitung geliefert

haben,

... der Messarbeiten dem Kläger ausdrücklich erklärt haben, sie wollen ihm durch die Messarbeiten das zur Absteckung erforderliche Maß stellen, nicht eingegangen. Denn daraus allein kann nicht gefolgert werden, die Beklagte habe ihr Anerkenntnis dahin einschränken wollen, daß sie dem Kläger als Ersatz für das entgangene Maß nur das zur Zeit zur Absteckung erforderliche, nicht aber die entzogene Messermenge überhaupt liefern.

Die Kosten der Revisionsinstanz fallen der Beklagten nach § 92 der Civilprozeßordnung zur Last.

gez. Beer.   Turnau.   Schütt.   Daubenspeck.
        Förster.   Jaeckel.   Meyn.

Verkündet in der öffentlichen Sitzung des fünften Civilsenats des Reichsgerichts vom 12. März 1898.

gez. Hesse
Gerichtsschreiber.

Ausgefertigt.

Leipzig, den 17. März 1898
Der Gerichtsschreiber
des fünften Civilsenats des Reichsgerichts.

Jaehne
Kanzleirath.

Ausfertigung vorstehenden Schriftstücks nebst Abschrift dieser Zustellungs=
urkunde habe ich heute hier im Auftrage des Herrn Rechtsanwalts
Justizrath Sachse
hierselbst zum Zwecke der Zustellung an den
Herrn Rechtsanwalt Rechtsanwalt Justizrath Patzki
hierselbst
wohnhaft, diesem in Person abgegeben.
Leipzig, den 26 ten März 1898.
Strube Ger. Assist.
bei'm Reichsgericht, als Gerichtsvollzieher.

Beglaubigung.
Werth des Streitgegenstandes
der Revisionsinstanz: 1600 Mark.
(festgesetzt durch Beschluß vom
12. März 1898.)
Zustellung: 5,40 M.
vorausbezahlt.
a. B. Nr. 436.

Aus der bergschadensrechtlichen Rechtsprechung des Oberlandesgerichtes Hamm zum Allgemeinen Berggesetz

Martin Tamm

A. Einleitung

Wenngleich in Deutschland der Abbau von Steinkohle damit endete, dass dem Bundespräsidenten Frank-Walter Steinmeier am 21.12.2018 das letzte geförderte Stück Steinkohle offiziell überreicht wurde, werden die Auswirkungen des Bergbaus im Ruhrgebiet und damit im Gerichtsbezirk des Oberlandesgerichts Hamm noch lange zu spüren sein. So führt die Eingabe der Suchbegriffe „Ruhrgebiet" und „Schweizer Käse" in eine bekannte Internet-Suchmaschine zu ca. 553.000 Treffern, wovon jedenfalls die ersten hiervon ausschließlich die Hinterlassenschaften des Bergbaus sowie die Folgenbewältigung betreffen.

Wegen des durchlöcherten Untergrundes werden beachtliche Anstrengungen im Bereich der Sicherungs- und Verfüllmaßnahmen unternommen. Trotzdem werden sich Bergschäden auch in den nächsten Jahrzehnten nicht vollständig vermeiden lassen, so dass die praktische Relevanz des Bergschadensrechts erhalten bleiben wird. Im Fokus der Bergschadens-Rechtsprechung des 17. Zivilsenats des Oberlandesgerichts Hamm lag bisher – und dies wird sich wohl auch zukünftig nicht ändern – nicht der moderne Tiefenbergbau der letzten Jahre, sondern wegen seiner besonderen Schadensgeneigtheit der oberflächennahe Bergbau, welcher insbesondere Ende des 19. / Anfang des 20. Jahrhunderts im Ruhrgebiet betrieben wurde. So hat der gegenwärtige Leiter der obersten Bergaufsicht des Landes Nordrhein-Westfalen (Abteilung für Bergbau und Energie NRW der Bezirksregierung Arnsberg) Friedrich Wilhelm Wagner in einem Interview gegenüber der „Westdeutschen Allgemeinen Zeitung" diesbezüglich angegeben, dass allein im südlichen Ruhrgebiet 27.000 Tagesöffnungen erfasst seien[1]. Die Dunkelziffer illegal angelegter Stollen schätzt er auf die gleiche Zahl, so dass insgesamt in ca. 60.000 Fällen oberflächennah Hohlräume geschaffen wurden. Da somit die „Altfälle" den Schwerpunkt der zu entscheidenden Rechtsstreitigkeiten bilden, sollen sie Gegenstand dieses Aufsatzes sein.

B. Anwendbarkeit des Allgemeinen Berggesetzes

Jede Fallprüfung beginnt bekanntlich damit, dass die einschlägige Anspruchsgrundlage herauszuarbeiten ist. Bei einer bergschadensrechtlichen Klage im Bezirk des Oberlandesgerichtes Hamm stellt sich hierbei für den Senat zunächst die Frage, ob das *„Allgemeine Berggesetz für die preußi-*

---

1 *Kohlstadt*, Das Ruhrgebiet ist löchrig wie ein Schweizer Käse, Der Westen, 17.6.2014.

schen Staaten" vom 24.6.1865 oder das aktuell geltende Bundesberggesetz vom 13.8.1980 anzuwenden ist.

Die Fragestellung ist nach der Übergangsvorschrift des § 170 BBergG zu beantworten. Danach findet auf Bergschäden (im Sinne des § 114 BBergG), die ausschließlich vor Inkrafttreten des Bundesberggesetzes am 1.1.1982 (§ 178 BBergG) verursacht worden sind, altes Bergrecht Anwendung. Ausschließlich vor dem 1.1.1982 verursacht worden sind Bergschäden wiederum dann, wenn die Betriebshandlungen vor diesem Zeitpunkt stattgefunden haben und abgeschlossen sind[2]. Maßgebende Betriebshandlung ist hierbei der zeitlich und räumlich zusammenhängende Abbau in einem bestimmten Teil des Bergwerksfeldes oder Grubengebäudes, wie z. B. Bauabteilung, Flöz, Streb oder Pfeiler[3].

Da – soweit ersichtlich – keines der bergschadensrechtlichen Berufungsverfahren vor dem Senat in den letzten zehn Jahre den sogenannten „wilden" Bergbau betraf und die Aktivitäten des legalen Bergbaus gut dokumentiert sind, ließ sich jeweils ohne Mühe präzise feststellen, wann der Bergbau unterhalb des Grundstücks des geschädigten Eigentümers eingestellt wurde. War dies, wie meistens, vor dem 1.1.1982 der Fall, war das Allgemeine Berggesetz anwendbar und § 148 Abs. 1 Satz 1 ABG einschlägige Anspruchsgrundlage.

C. Tatbestandliche Voraussetzungen des § 148 Abs. 1 Satz 1 ABG

Voraussetzungen und Rechtsfolgen des § 148 Abs. 1 Satz 1 ABG sollen im Folgenden anhand von vier (aus Darstellungsgründen vereinfachten) Fällen dargestellt werden, mit welchen der Senat sich in den letzten Jahren zu befassen hatte.

Fall 1 (nach Urteil des Senats vom 25.6.2009 – 17 U 47/08 – juris)

Die Klägerin hatte im Jahr 1995 das Eigentum an einem nicht bebauten Brachland-Grundstück geerbt, unter welchem die Beklagte als Bergwerkseigentümerin Bergbau auf dem Flöz Mausegatt im oberflächen- und tagesnahen Tiefenbereich betrieb. Der Abbau wurde im Jahr 1965 beendet. In den Folgejahren (1965 bis 1970) traten auf dem Grundstück wiederholt

---

2 OLG Hamm, Urt. v. 25.6.2009 – 17 U 47/08 – Rn. 37, juris; *Schubert*, in: Boldt/Weller/Kühne/von Mäßenhausen (Hrsg.), Bundesberggesetz, 2. Aufl. 2016, § 170 Rn. 1.
3 *Schulte*, in: Piens/Schulte/Graf Vitzthum, Bundesberggesetz, 2. Aufl. 2013, § 170 Rn. 3.

Tagesbrüche in Form von Muldenbildungen und Geländeabsenkungen auf und der Vater der Klägerin als damaliger Eigentümer wurde mehrfach entschädigt. Als sich im April 2002 vier trichterförmige Geländeabsenkungen bildeten, erhob die Klägerin Klage und beantragte, die Beklagte erstens zur Beseitigung der Tagesbrüche zu verurteilen (Klageantrag zu 1)). Zweitens begehrte sie, dass die Beklagte die Tragfähigkeit/Standsicherheit des Grundstücks herstellen sollte (Klageantrag zu 2)), weil sie der Auffassung war, dass das Grundstück infolge des Bergbaus nur noch eine verminderte Tragfähigkeit aufwies. Die Beklagte hat die Verursachung bestritten und die Einrede der Verjährung erhoben. Bei den Geländeabsenkungen in den 60er-Jahren und im Jahr 2002 handele es sich um einen einheitlichen Schaden.

I. Schadensstiftende Einwirkung

Tatbestandlich setzt § 148 Abs. 1 Satz 1 ABG zunächst eine schadensstiftende Einwirkung auf fremdes Grundeigentum durch den Betrieb des Bergwerkes voraus.

1) Unmittelbare körperliche Einwirkungen

Die schadensstiftende Einwirkung kann sich hierbei zum einen in Form einer unmittelbaren körperlichen Einwirkung auf das Grundstück *„oder dessen Zubehörungen"* – etwa in der Senkung, Schieflage oder Einsturz von Gebäuden und Gebäudebestandteilen oder in der Entstehung von Rissen im Mauerwerk – vollziehen[4]. Unmittelbare Einwirkungen auf Personen oder bewegliche Sachen, welche kein Zubehör (§ 97 BGB) darstellen[5], genügen hingegen nicht. Insofern haftet der Bergwerksbesitzer nur nach den allgemeinen Vorschriften, vor allem also nach § 823 BGB[6].

2) Drohende körperliche Einwirkungen

Zum anderen begründet aber auch bereits die drohende Gefahr bergbaulicher Einwirkungen auf das fremde Grundeigentum eine Haftung nach § 148 Abs. 1 Satz 1 ABG[7]. Eine solche liegt vor,

---

4 *Ebel/Weller*, Allgemeines Berggesetz, 2. Aufl. 1963, § 148 Anm. 5, *Miesbach/Engelhardt*, Bergrecht, 1. Aufl. 1962, § 148 Anm. 3f; OLG Hamm, Urt. v. 31.1.2019 – 17 U 83/18, nicht veröffentlicht.

5 *Miesbach/Engelhardt*, Bergrecht, § 148 ABG Anm. 3c.

6 *Miesbach/Engelhardt*, Bergrecht, § 148 ABG Anm. 3c.

7 BGH, NJW 1972, 1943; OLG Hamm, Urt. v. 31.1.2019 – 17 U 83/18, nicht veröffentlicht; *Ebel/Weller*, ABG, § 148 Anm. 5; *Miesbach/Engelhardt*, Bergrecht, § 148 Anm. 3f.

GESTERN HEUTE MORGEN

wenn die Nutzbarkeit eines Grundstücks auch ohne dessen körperliche Beschädigung allein dadurch beeinträchtigt wird, dass durch das Vorhandensein unterirdischer Hohlräume die objektive Besorgnis entsteht, demnächst könnten sich – insbesondere im Falle einer Belastung der Erdoberfläche durch Bauwerke – reale Schäden an der Erdoberfläche ergeben[8]. Die Umstände müssen hierbei so beschaffen sein, dass nach dem gewöhnlichen Betriebs- und Geschehensablauf mit einer körperlichen Einwirkung bestimmt zu rechnen ist[9]. Diese Form des Bergschadens spielt vor allem eine Rolle in Bezug auf die Bebaubarkeit von Grundstücken[10], auf welche an späterer Stelle noch ausführlicher eingegangen werden soll.

Im oben geschilderten Fall lag dem Klageantrag zu 1) eine unmittelbare körperliche Einwirkung auf das Grundstück zugrunde. Durch die bergbauliche Tätigkeit hatten sich vier trichterförmige Geländeabsenkungen gebildet, so dass sich die Veränderungen an der Geländeoberfläche bereits physisch vollzogen hatten. Der Klageantrag zu 2) betraf hingegen nicht die Verfüllung und Sicherung der bereits entstandenen Absenkungen. Durch ihn sollte vielmehr der Dauergefahr entgegengewirkt werden, die dadurch entstanden war, dass der Bergbau unterirdische Hohlräume in gefährdender Nähe des betroffenen Grundstücks geschaffen hatte. Es lag somit insoweit eine schadenstiftende Handlung in Form der drohenden Einwirkung auf das Grundstück vor.

Die saubere Differenzierung zwischen diesen beiden Formen der Einwirkungsmöglichkeit ist – wie die weiteren Ausführungen noch zeigen werden – zumeist nicht nur dogmatische Spielerei, sondern besitzt hohe praktische Relevanz. Denn es kann hierdurch zu Unterschieden in Bezug auf die Entstehung des Anspruchs kommen, was Auswirkungen auf die Aktiv- und Passivlegitimation sowie die Verjährung des Anspruchs haben kann.

3) Durch den Betrieb des Bergwerkes

Weiterhin muss die Beeinträchtigung durch den Betrieb des Bergwerkes verursacht worden sein, wie nachfolgender Fall verdeutlichen soll:

---

8 OLG Hamm, Urt. v. 31.1.2019 – 17 U 83/18, nicht veröffentlicht; *Heinemann*, Der Bergschaden, 1961, S. 45.
9 *Ebel/Weller*, ABG, § 148 Anm. 5.
10 *Miesbach/Engelhardt*, Bergrecht, § 148 Anm. 3f.

Fall 2 (nach OLG Hamm 17 U 73/12, Verfahrensbeendigung durch Vergleich)

Unter dem fraglichen Grundstück wurde durch die Rechtsvorgängerin der Beklagten in den Jahren 1896/1897 im Flöz Dickebank und in den Jahren 1905/1906 im Flöz Dünnebank oberflächennah Steinkohle abgebaut und das betreffende Bergwerk im Jahr 1925 stillgelegt. Im Jahr 1978 erwarb die Klägerin das Grundstück. Vor dem Hintergrund der Bergbauaktivitäten wurden in den Jahren 1979 bis 2006 von der Beklagten mehrfach Sicherungs- und Verfüllmaßnahmen veranlasst. Ab dem Jahr 1985 zeigten sich Risse an einem Verwaltungsgebäude sowie einer Produktionshalle der Klägerin, deren Ursache von dem Privatgutachter erst im Jahr 2006 eingegrenzt werde konnte. Neben der Beseitigung der bergbaubedingten Risse (um die es hier nicht gehen soll) verlangte die Klägerin die Feststellung, dass die Beklagte für den nach der Sanierung verbleibenden (merkantilen) Minderwert des Grundstückes einstandspflichtig sei. Hierzu behauptete sie, dass die von der Beklagten veranlassten Sicherungs- und Verfüllmaßnahmen der geschaffenen Hohlräume nicht fachgerecht erfolgt seien.

Zum Betrieb eines Bergwerks gehören nach der Definition des Reichsgerichts, welche unverändert Gültigkeit besitzt[11], in vollem Umfang alle Maßnahmen, Anlagen und Einrichtungen über und unter Tage, die unmittelbar auf die Aufsuchung und Gewinnung des Minerals gerichtet sind[12]. Hierzu zählen auch Maßnahmen, die im Zuge der Stilllegung des Bergbaubetriebs getroffen wurden[13].

Im Fall 2 knüpfte die Klägerin aus Gründen der Aktivlegitimation sowie der Verjährung an die in ihrer Eigentumszeit durchgeführten Sicherungs- und Verfüllmaßnahmen als Betriebshandlung an. Nach der in der mündlichen Verhandlung geäußerten (vorläufigen) Auffassung des Senates verkannte sie hierbei indes, dass Maßnahmen zur Stilllegung eines Bergwerkes dadurch gekennzeichnet sind, dass sie mit dem Ziel erfolgen, das Bergwerk außer Betrieb zu setzen[14]. Im fraglichen Fall war das Bergwerk jedoch bereits im Jahr 1925 außer Betrieb gesetzt worden. Zweck der Sicherungs- und Verfüllmaßnahmen war indes nicht die bereits abgeschlossene Stilllegung des Bergwerks, so dass diese Maßnahmen keine Haftung nach § 148 Abs. 1 Satz 1 ABG begründen konnten.

---

11 Vgl. OLG Köln, ZfB 1999, 286.
12 RG, ZfB 1895, 356, 358; RG, ZfB 1910, 628; RG, ZfB 1911, 526, 527; *Ebel/Weller*, ABG, § 148 Anm. 4a).
13 OLG Köln, ZfB 1999, 286.
14 So auch OLG Köln, ZfB 1999, 286.

GESTERN HEUTE MORGEN

4) Keine vertragliche Duldungspflicht

Schließlich darf – was im nachfolgenden Fall 3 relevant wurde – keine vertragliche Duldungspflicht des Grundstückseigentümers bestehen.

> Fall 3 (nach OLG Hamm 17 U 30/15; Verfahrensbeendigung durch Berufungsrücknahme)
>
> Der Kläger als Eigentümer eines Grundstücks, auf welchem bergbaubedingte Tagesöffnungen vorhanden waren, verlangte Feststellung der Einstandspflicht der verklagten Bergwerkseigentümerin für Sicherungsmaßnahmen. Sein Vater als Voreigentümer des Grundstücks hatte den Bergbau im Jahr 1953 entgeltlich gestattet. Das Landgericht hatte der Klage stattgegeben.

Mit der Terminierung ist der Kläger seiner Zeit darauf hingewiesen worden, dass ein Bergschaden im Sinne von § 148 ABG nur dann anzunehmen ist, wenn dieser auf Maßnahmen beruht, zu denen der Bergwerkbesitzer ohne Einwilligung des Grundbesitzers befugt ist[15]. Denn Rechtsgrund für die Gefährdungshaftung aus § 148 ABG ist die (gesetzliche) Duldungspflicht des Eigentümers[16]. Eine ersatzpflichtige Handlung liegt dementsprechend dann nicht vor, wenn die Kohle – wie im Fall 3 – in Ausübung einer vertraglichen Vereinbarung mit der Erlaubnis des früheren Grundstückseigentümers abgebaut und die hierdurch geschaffenen Hohlräume anschließend verfüllt worden sind, da es sich letztendlich um eine zwischen den Vertragsparteien vereinbarte Maßnahme handelt[17]. In diesem Fall richten sich Ansprüche auf Durchführung von Sicherungsmaßnahmen ausschließlich nach dem zwischen den Parteien getroffenen Vertrag. Da im Fall 3 etwaige vertragliche Ansprüche des Klägers aus übergegangenem Recht verjährt waren, ist die Klage durch den Kläger zurückgenommen worden.

II. Haftungsbegründende Kausalität

Erforderlich für die Haftung des Bergwerkbetreibers ist weiterhin ein ursächlicher Zusammenhang zwischen Bergbau und Schaden.

Anders als das Bundesberggesetz (§ 120 BBergG) normiert das Bergschadensrecht keine Bergschadensvermutung, wonach die Ursächlichkeit des Bergbaubetriebes im Einwirkungsbereich der

---

15 *Miesbach/Engelhardt*, § 148 Anm. 2b; LG Essen, ZfB 1993, 220.
16 *Ebel/Weller*, ABG, § 148 Anm. 2a).
17 LG Essen, ZfB 1993, 220.

untertägigen Aufsuchung oder Gewinnung vermutet wird. Ob in einem nach altem Bergrecht zu behandelnden Fall, in dem die tatbestandlichen Voraussetzungen des § 120 BBergG vorliegen, dem Geschädigten in prozessualer Hinsicht Beweiserleichterungen in Form eines Anscheinsbeweises zur Hilfe kommen, ist durch die Rechtsprechung noch nicht hinreichend geklärt. Das OLG Naumburg[18] hat dies mit der Begründung erwogen, dass Tatsachen, die nach aktuellem Recht sogar die gesetzliche Vermutung der Kausalität für sich haben, erst recht geeignet sein müssen, den bezüglich des Grades der Wahrscheinlichkeit geringfügigeren Anschein der Kausalität zu begründen[19].

Diese Annahme ist zweifelhaft. Auch wenn die Fragestellung jeweils nur einzelfallbezogen auf Grund der konkret obwaltenden Umstände beantwortet werden kann, dürfte ein Anscheinsbeweis regelmäßig zu verneinen sein. Nach allgemeinen Grundsätzen ist von einem Anscheinsbeweis auszugehen, wenn eine bestimmte Folge nach der Lebenserfahrung typischerweise auf einem bestimmten Geschehensablauf beruht[20]. Eine solche Typizität wird regelmäßig nicht gegeben sein. Aus den vom Senat zur Kausalität eingeholten Sachverständigengutachten ist bekannt, dass als nicht völlig fernliegende Alternativursachen beispielsweise die Senkung infolge nicht tragfähiger Schichten im Baugrund oder infolge Grundwassersenkung, der Bodenentzug im Bereich der Gründung infolge von undichten Abwasserleitungen oder quellendes Bergematerial in Betracht kommen. Ferner wird es zumeist am engen zeitlichen Zusammenhang zwischen Abbau und Schadenseintritt fehlen. Der Geschädigte wird daher regelmäßig den Vollbeweis zu erbringen haben, dass und in welchem Umfang die von ihm behaupteten Schäden bergbaubedingt sind. Die bloße Möglichkeit oder eine gewisse Wahrscheinlichkeit der Ursächlichkeit reichen dagegen nicht aus[21].

III. Anspruchsberechtigung

Anspruchsberechtigter ist der Grundeigentümer sowie jeder, der auf Grund eines dinglichen Rechts zum Besitz, zur Nutzung oder zum Gebrauch des Grundstücks berechtigt ist[22]. Die Grundeigentümerstellung bzw. sonstige Berechtigung muss im Zeitpunkt bestehen, in welchem der

---

18 OLG Naumburg, OLGR 2001, 100.
19 OLG Naumburg, OLGR 2001, 100, 102.
20 *Bacher*, in: Vorwerk/Wolf (Hrsg.), BeckOK ZPO, Stand: 01.03.2013, § 284 Rn. 94; *Prütting*, in: Münchener Kommentar zur ZPO, 5. Aufl. 2016, § 286 Rn. 48.
21 OLG Hamm, Urt. v. 25.6.2009 – 17 U 47/08 – juris; *Ebel/Weller*, ABG, § 148 Anm. 9 m. w. N.
22 *Ebel/Weller*, ABG, § 148 Anm. 10.

Schaden auftritt[23]. Der Schadensersatzanspruch aus § 148 BGB ist hierbei persönlicher, nicht dinglicher Natur[24]. Er löst sich mit seiner Entstehung vom Grundeigentum und kann jederzeit übertragen werden[25].

An dieser Stelle wird nun erstmalig die bereits erörterte Differenzierung zwischen unmittelbaren und zukünftig drohenden Einwirkungen auf das Grundstück relevant. Mit der Fragestellung der Anspruchsentstehung hat sich der Senat erstmals im Jahr 2009 auseinandersetzen müssen. In der Entscheidung vom 25.6.2009[26] hat er hierzu ausgeführt, dass bei der körperlichen Einwirkung auf fremdes Grundeigentum der Anspruch in dem Zeitpunkt entsteht, in dem er in äußere Erscheinung getreten ist, also erkennbar geworden ist. Nicht maßgeblich ist somit der Zeitpunkt, in dem die den Schaden verursachende Betriebshandlung vorgenommen worden ist[27]. Hierbei stellen alle Schadensfolgen, die auf dieselbe schadenstiftende Betriebshandlung zurückzuführen sind, einen einheitlichen Schaden dar, auch wenn sie zeitlich getrennt in Erscheinung treten[28].

Der Anspruch wegen drohender bergbaulicher Einwirkung entsteht hingegen bereits in dem Augenblick, in dem der Bergbau unterirdische Hohlräume in gefährdender Nähe des betroffenen Grundstücks schafft[29], mit anderen Worten, in dem Moment, in welchem die Entwertung des Grundstücks nach der Verkehrsauffassung eingetreten ist[30]. Damit zugleich ist auch die Einwirkung des Bergbaus, soweit diese in den Auswirkungen der Berggefahr besteht und sich darin erschöpft, abgeschlossen[31]. Von diesem Zeitpunkt an steht objektiv fest, dass die Nutzbarkeit des Grundstücks nachteilig verändert ist, weil fortan eine Bebauung nur unter geeigneten Sicherungsmaßnahmen möglich ist[32].

Im Fall 1 konnte für die Anspruchsberechtigung bezüglich des Klageantrags zu 1) noch offen bleiben, ob die auf dem klägerischen Grundstück entstandenen Tagesbrüche in den Jahren 1965 bis 1970 und die Geländeabsenkungen im Jahr 2002 auf derselben Betriebshandlung beruhten. Denn

---

23 OLG Hamm, Urt. v. 25.6.2009 – 17 U 47/08 – juris; *Heinemann*, Der Bergschaden, S. 52.
24 *Ebel/Weller*, ABG, § 148 Anm. 2 c).
25 *Ebel/Weller*, ABG, § 148 Anm. 2 c) unter Hinweis auf RG, ZfB 1893, 508.
26 OLG Hamm, Urt. v. 25.6.2009 – 17 U 47/08 – juris.
27 RG, ZfB 1897, 230; RG, ZfB 1910, 475; RG, ZfB 1919, 411; RG, ZfB 1936, 162; *Ebel/Weller*, ABG, § 148 Anm. 6.
28 *Ebel/Weller*, ABG, § 148 Anm. 7 c); *Heinemann*, Der Bergschaden, S. 52 ff.; OLG Hamm, Urt. v. 25.6.2009 – 17 U 47/08 – juris.
29 OLG Hamm, Urt. v. 25.6.2009 – 17 U 47/08 – juris.
30 *Ebel/Weller*, ABG, § 148 Anm. 6 b).
31 OLG Hamm, Urt. v. 25.6.2009 – 17 U 47/08 – juris.
32 OLG Hamm, Urt. v. 25.6.2009 – 17 U 47/08 – juris.

die Klägerin war Erbin des Voreigentümers, so dass ein etwaig bereits in den Jahren 1965 bis 1970 entstandener Schadensersatzanspruch im Wege der Universalsukzession (§ 1922 BGB) auf sie übergegangen war.

Anders verhielt es sich hingegen im Fall 2, bei welchem die Klägerin das Grundstück im Jahr 1978 rechtsgeschäftlich erworben hatte. Während dort Risse erst im Jahr 1985 erkennbar geworden waren, als die Klägerin bereits Eigentümerin war, waren die unterirdischen Hohlräume in Nähe des Grundstücks spätestens im Jahr 1925 geschaffen worden. Anspruchsberechtigter in Bezug auf einen etwaigen merkantilen Minderwert des Grundstücks, welcher durch die drohenden Einwirkungen hervorgerufen wurde, war daher der Grundstückseigentümer des Jahres 1925. Um einen solchen Anspruch geltend machen zu können, hätte die Klägerin – was gerade nicht vorgetragen war – diesen daher an sich abtreten lassen müssen.

IV. Ersatzverpflichteter

Ersatzverpflichteter ist jedenfalls der Bergwerkseigentümer für alle Schäden, die während seiner Besitzzeit eintraten[33].

Ob auch Pächter oder Nießbraucher eines Bergwerkes nach § 148 Abs. 1 Satz 1 ABG a. F. passiv legitimiert sind, ist lange heftig umstritten gewesen[34]. Das Reichsgericht hatte dies in ständiger Rechtsprechung verneint, da es keinen Unterschied mache, ob der Bergwerkseigentümer das Bergwerk daselbst betreibe oder den Betrieb vertraglich einem anderen überlasse[35]. Abweichend hiervon hat erstmals im Jahr 1953 der hiesige 15. Zivilsenat[36] die gegenteilige Auffassung vertreten und als Bergwerksbesitzer auch denjenigen verstanden, der in Ausübung eines vom Eigentümer abgeleiteten Rechts das Bergwerk betreibt. Dieser Auffassung hat sich der Bundesgerichtshof angeschlossen[37]. Neben sehr ausführlichen systematischen Erwägungen hat er zur Begründung hierbei insbesondere den Wortlaut der Norm sowie deren Sinn und Zweck angeführt. § 148 Abs. 1 Satz 1 ABG a. F. lege dem Bergwerksbesitzer und nicht den Bergwerkseigentümer die Haftung für Bergschäden auf[38]. Ferner bestehe der Sinn und Zweck der Norm darin, denjenigen mit der Scha-

---

33 BGHZ 188, 113.
34 Zum Streitstand: *Heinemann*, Der Bergschaden, S. 92 ff.; *Ebel/Weller*, ABG, § 148 Anm. 11 d).
35 RGZ 30, 228; RGZ 71, 152; RG, ZfB 1910, 158; RG, ZfB 1921, 123; RG, ZfB 1932, 516.
36 OLG Hamm, ZfB 1953, 459.
37 BGHZ 52, 259.
38 BGHZ 52, 259.

densersatzpflicht zu belasten, welcher das mit der Verleihung begründete Recht ausübe, Mineralien aufzusuchen und zu gewinnen[39]. Mit anderen Worten: Wer die Vorteile der Gewinnung trage, habe auch für die Bergschäden als damit verbundene Nachteile aufzukommen. Dieser Gedanke ist mit Wirkung zum 28.6.1968 durch den nordrhein-westfälischen Gesetzgeber ins Gesetz aufgenommen worden. Nach § 148 Abs. 1 Satz 3 ABG haftet der Betreiber neben dem Bergwerkseigentümer, jedoch nicht in einem weiteren Umfang als dieser selbst.

In zeitlicher Hinsicht gelten spiegelbildlich die Ausführungen zur Anspruchsberechtigung. Abzustellen ist dementsprechend nicht auf die den Schaden verursachende Betriebshandlung, so dass dem Bergwerkseigentümer auch die Handlungen seiner Voreigentümer zugerechnet werden, vorausgesetzt diese führten in der Zeit seines Besitzes zu einem Schaden und das Bergwerk bestand noch[40]. Beim Kauf eines Bergwerkes haftet der Bergwerkseigentümer hingegen nicht für die Bergschäden, die bereits während der Besitzzeit seines Voreigentümers entstanden sind[41].

V. Kein Verschulden

Auf ein Verschulden kommt es nicht an. Der Schadensersatzanspruch aus § 148 ABG stellt einen Fall der Gefährdungshaftung dar[42].

D. Rechtsfolgen des § 148 Abs. 1 Satz 1 ABG

Art und Weise des zu leistenden Schadensersatzes bestimmen sich nach den §§ 249 ff. BGB[43].

I. Grundsätze der Schadensberechnung

Nach allgemeinen Grundsätzen (Differenzhypothese) steht dem Ersatzberechtigen ein Anspruch auf Herstellung des wirtschaftlichen Zustandes zu, in welchem er sich ohne das schädigende

---

39 BGHZ 52, 259.
40 BGHZ 188, 113.
41 RG, ZfB 17, 114; *Ebel/Weller*, ABG, § 148 Anm. 11b).
42 *Ebel/Weller*, ABG, § 148 Anm. 2b); OLG Hamm, Urt. v. 25.6.2009 – 17 U 47/08 – juris.
43 *Ebel/Weller*, ABG, § 148 Anm. 12.

Ereignis befunden hätte[44]. Hierzu ist die beschädigte Sache vorrangig durch Ausbesserungsarbeiten in ihrer wirtschaftlichen Nutzbarkeit wieder so zu gestalten, wie es vor dem Schadenseintritt gewesen ist[45]. Soweit ein Minderwert an dem Grundstück entsteht oder verbleibt, ist für die Berechnung der Schadenhöhe regelmäßig der geminderte Verkehrswert zu Grunde zu legen[46]. Maßgeblicher Zeitpunkt für die Ermittlung des Schadensumfanges ist der Zeitpunkt der Entstehung des Bergschadens[47].

II. Schadenspositionen

Zu den üblichen Schadenspositionen zählen neben den bereits genannten Sanierungskosten und dem Minderwert des Grundstücks vor allem Aufwendungen, um die Verkehrssicherheit des Grundstückes aufrechtzuerhalten, sowie bei landwirtschaftlichen Flächen der Verlust oder die Verminderung des Ertrages[48].

Ferner beschäftigen sich mehrere Entscheidungen des Reichsgerichts[49] und eine Entscheidung des Bundesgerichtshofs[50] damit, wann Beeinträchtigungen der Bebaubarkeit des Grundstückes zu entschädigen sind.

1) Grundstücke als Bauerwartungsland

In Fortführung der reichsgerichtlichen Rechtsprechung hat der Bundesgerichtshof entschieden, dass die Beeinträchtigung der Baulandqualität einen erstattungsfähigen Bergschaden bereits dann darstellt, wenn das Grundstück einen Verkehrswert erlangt habe, der über den Wert eines bloß landwirtschaftlich genutzten Grundstücks hinausgehe[51]. Dies sei anzunehmen, wenn in Kreisen, die für den Erwerb des Grundstücks in Frage kommen, bei der Bemessung des anzulegenden Kaufpreises mit der mehr oder weniger nahen Aussicht gerechnet werde, es in Zukunft zu bebauen[52].

---

44 OLG Hamm, Urt. v. 25.6.2009 – 17 U 47/08 – juris.
45 OLG Hamm, Urt. v. 25.6.2009 – 17 U 47/08 – juris.
46 *Ebel/Weller*, ABG, § 148 Anm. 13 b).
47 *Heinemann*, Der Bergschaden, S. 61; *Ebel/Weller*, ABG, § 148 Anm. 13 c).
48 *Ebel/Weller*, ABG, § 148 Anm. 9 b) und c).
49 RG, ZfB 1918, 198; RG, ZfB 1921, 201; RG, ZfB 1932, 516.
50 BGH, NJW 1972, 1943.
51 BGH, NJW 1972, 1943 unter Hinweis auf RG, ZfB 1921, 201, *Ebel/Weller*, ABG, § 148 Anm. 5 b).
52 BGH, NJW 1972, 1943; RG ZfB 1921, 201.

GESTERN HEUTE MORGEN

Auch bei Bau- oder Industrieerwartungsland stelle die Beeinträchtigung der Bebaubarkeit daher einen Schaden dar[53]. Da in dem vom Bundesgerichtshof zu entscheidenden Fall die Stadt unstreitig einen Bebauungsplan für das Gebiet, in welchem das klägerische Grundstück lag, erlassen, wegen der bergbaulichen Planungen aber nicht ausgeführt hatte, sah der Bundesgerichtshof das Grundstück als Bauerwartungsland an.

2) Kosten der Baureifmachung

Der Senat hatte sich mit den Kosten der Baureifmachung eines (Brachland-) Grundstückes erstmalig im eingangs geschilderten Fall 1 (Klageantrag zu 2)) zu beschäftigen und deren Erstattungsfähigkeit verneint. Hierzu hat er in Einklang mit einer vorangegangenen Entscheidung des Oberlandesgerichtes Düsseldorf[54] ausgeführt, dass insofern ein Schaden wegen der drohenden Gefahr bergbaulicher Einwirkungen auf das Grundstück geltend gemacht werde[55]. Die Schaffung dieser Gefahr sei mit der Schaffung unterirdischer Hohlräume in gefährdender Nähe des betroffenen Grundstückes abgeschlossen[56]. Ab dann stehe die nachteilige Veränderung der Nutzbarkeit von diesem Zeitpunkt an objektiv fest, da fortan eine Bebauung nur unter Einhaltung geeigneter Sicherungsmaßnahmen zur Abwehr der Gefahr möglich sei[57]. Wegen der Beeinträchtigung der Bebauungsmöglichkeit könne der Eigentümer daher nur dann Schadensersatz verlangen, wenn das Grundstück im genannten Zeitpunkt „Bauplatzeigenschaft" besaß oder in absehbarer Zeit erlangen sollte[58]. Der Kläger habe jedoch nicht vorgetragen, dass das fragliche Grundstück zu irgendeinem Zeitpunkt als Baugrundstück angesehen worden sei.

3) Erweiterter Haftungsansatz von Frenz

Diese Entscheidung hat Widerspruch von *Frenz*[59] erfahren. Der Senat habe mit der Bauplatzeigenschaft eine Einschränkung formuliert, die das Allgemeine Berggesetz nicht vorsehe[60]. Es werde verkannt, dass der Bundesgerichtshof den in Bezug auf die absehbare Bebaubarkeit des Grund-

---

53 BGH, NJW 1972, 1943.
54 OLG Düsseldorf, ZfB 1979, 422.
55 OLG Hamm, Urt. v. 25.6.2009 – 17 U 47/08 – juris.
56 OLG Hamm, Urt. v. 25.6.2009 – 17 U 47/08 – juris.
57 OLG Hamm, Urt. v. 25.6.2009 – 17 U 47/08 – juris.
58 OLG Hamm, Urt. v. 25.6.2009 – 17 U 47/08 – juris.
59 *Frenz*, Heutige Haftung aus altem Bergwerkseigentum, UPR 2018, 331.
60 *Frenz*, UPR 2018, 331, 332.

stücks erhöhten Verkehrswert nur als Kriterium zur Kausalitätsabgrenzung gegenüber der gemeindlichen Planung herangezogen habe[61]. Die vom Senat zu Recht angenommene Dauergefahr realisiere sich gerade bei späteren Bauprojekten, die wegen des früheren Bergbaus nicht wie geplant verwirklicht werden können[62]. Der Schaden könne – und sei es nach Jahrzehnten – auch erst dann entstehen, wenn der Eigentümer beschließe, das Grundstück mit einem Gebäude von Ausnahmebeschaffenheit zu besetzen[63]. Die geschaffene Dauergefahr aktualisiere sich dann in der gegenwärtigen Entwicklung[64].

Anders als im aktuellen Bergrecht habe im Ansatz der Grundsatz der Schürffreiheit gegolten und das Bergbauunternehmen habe nahezu keinen öffentlich-rechtlichen Einwirkungen unterlegen[65]. Mit diesen weiten Handlungsmöglichkeiten sowie der Duldungspflicht des Geschädigten habe daher eine umfassende, über § 116 BBergG hinausgehende Zustandshaftung zu korrespondieren, die auch für künftige Beeinträchtigungen gelte, selbst wenn diese noch nicht absehbar seien[66]. Im Übrigen sei eine Ausdehnung der Siedlungsflächen im Ruhrgebiet im Zuge der industriellen Revolution auch zu erwarten gewesen[67].

4) Adäquate Schadensverursachung und Kriterien der Baulandqualität

Trotz der von *Frenz* geäußerten Kritik hat der Senat im folgenden Fall 4 daran festgehalten, dass ein Schaden nur in Betracht kommt, wenn zumindest im Zeitpunkt der Einwirkung damit zu rechnen war, dass das betroffene Grundstück in absehbarer Zeit Bauplatzqualität erlangen werde. Ferner hat er in der Entscheidung näher zu den Kriterien der Bauplatzeigenschaft Stellung genommen.

Fall 4 (nach OLG Hamm, Urteil vom 31.1.2019 – 17 U 83/18 – juris, nicht rechtskräftig)

Die Klägerin beabsichtigte ihr Betriebsgelände zu erweitern und auf ihrem im Ruhrgebiet liegenden Grundstück weitere Gebäude zu errichten. Unterhalb des Grundstücks befinden sich Stollen, die auf den bis spätestens zum Jahr 1926 dort betriebenen Bergbau zurückzuführen

---

61 *Frenz*, UPR 2018, 331, 332.
62 *Frenz*, UPR 2018, 331, 332.
63 *Frenz*, UPR 2018, 331, 333 unter Verweis auf OLG Düsseldorf, ZfB 1979, 422, 442.
64 *Frenz*, UPR 2018, 331, 333.
65 *Frenz*, UPR 2018, 331, 332.
66 *Frenz*, UPR 2018, 331, 335.
67 *Frenz*, UPR 2018, 331, 331, 334 f.

sind. Bergwerkseigentümerin der betreffenden Bergwerksfelder ist die Beklagte. Aus diesem Grund verlangte die Klägerin Kostenerstattung für bereits entstandene Sicherungskosten (Klageantrag zu 1)) sowie Feststellung der Einstandspflicht für zukünftige Sanierungskosten (Klageantrag zu 2)). Hierzu hat sie insbesondere die Auffassung vertreten, dass § 148 ABG zum einen nicht die Bauplatzeigenschaft des Grundstücks als ungeschriebenes Tatbestandsmerkmal voraussetze sowie zum anderen, dass das streitgegenständliche Gelände bereits im Jahr 1926 Baulandqualität aufgewiesen habe. Bis zum Jahr 1850 habe an einer zentralen Stelle des Geländes eine Familien-/Grabkapelle gestanden. Weiterhin hätten sich ein Kanal, eine Straße und ein Bahndamm auf dem Grundstück befunden, zu welchem zudem eine Grunddienstbarkeit eingetragen gewesen sei. Im Jahr 1902 sei ein Nachbargrundstück zu einem Kaufpreis verkauft worden, welcher auf die Baulandeigenschaft schließen lasse. Ohnehin habe im Ruhrgebiet spätestens ab dem Jahr 1912 mit einer weiteren städtebaulichen Verdichtung gerechnet werden müssen. Das Landgericht hat die Klage abgewiesen.

Der Senat hat die Berufung der Klägerin zurückgewiesen. Entgegen der Berufung handelt es sich nach Auffassung des Senats bei der Bauplatzeigenschaft nicht um ein ungeschriebenes Tatbestandsmerkmal, sondern vielmehr um ein in der Rechtsprechung und Kommentarliteratur unbestrittenes Merkmal eines nach §§ 148 ABG, 249 ff. BGB zu bestimmenden ersatzfähigen Schadens[68]. Zum einen fehle es bereits an einer schadensstiftenden Einwirkung, wenn die Bebaubarkeit eines Grundstücks beeinträchtigt werde, welches ohnehin in absehbarer Zeit nicht bebaubar sei[69]. Zum anderen liege die adäquate (haftungsausfüllende) Verursachung einer Wertminderung als ersatzfähiger Schaden i. S. v. §§ 148 AGB, 249 BGB nur vor, wenn die alsbaldige Entwicklung zum Bauland absehbar gewesen sei[70]. Wenn sich – wie hier – Senkungen oder Schieflagen an der Oberfläche noch nicht gezeigt hätten, werde ausschließlich ein Anspruch wegen drohender Berggefahr geltend gemacht. In diesem Fall trete die Wertminderung des Grundstücks und damit der Schaden nicht erst mit Durchführung der Sicherungsmaßnahmen, sondern bereits mit der Schaffung unterirdischer Hohlräume in gefährdender Nähe des Grundstücks ein[71]. Denn die Kosten für die Durch-

---

68 OLG Hamm, Urt. v. 31.1.2019 – 17 U 83/18 – juris, unter Hinweis auf RGZ 30, 250, 253; RGZ 95, 72, 78; RGZ 157, 99; BGH, NJW 1972, 1943, 1944; *Heinemann*, Der Bergschaden, S. 46; *Ebel/Weller*, ABG, § 148 Anm. 5 b).
69 OLG Hamm, Urt. v. 31.1.2019 – 17 U 83/18 – juris.
70 OLG Hamm, Urt. v. 31.1.2019 – 17 U 83/18 – juris.
71 OLG Hamm, Urt. v. 31.1.2019 – 17 U 83/18 – juris.

führung der Sicherungsmaßnahmen stellten nicht selbst den Schaden, sondern ausschließlich ein Berechnungsmittel für die Höhe des Grundstücksminderwertes dar[72].

Vorliegend sei zum Zeitpunkt der bergbaulichen Einwirkung, also spätestens im Jahr 1926, noch nicht absehbar gewesen, dass das betroffene Grundstück Baulandqualität habe erlangen können. Es müssten zwar nicht bereits alle Vorbedingungen einer Bebauung erfüllt, insbesondere etwa Straßen angelegt sein[73]. Bei der Bewertung seien aber unter Ausscheidung rein theoretischer Entwicklungen die realen Möglichkeiten einer Entwicklung ins Auge zu fassen und namentlich auch der Einfluss öffentlicher Planungen sowie etwaiger Bestimmungen über Grundstücksverkehr und Preisbildung zu berücksichtigen[74].

Angewendet auf den zu entscheidenden Fall bedeutete dies nach Auffassung des Senats Folgendes:

Da Kapellen als sogenannte res sacrae[75] dem Kultusgebrauch der Kirchen dienten, seien sie bereits bauplanungsrechtlich kein Beleg für Bau- oder Bauerwartungsland[76]. Zudem habe es sich hier um eine Familienkapelle gehandelt, so dass nicht zu erwarten gewesen sei, dass sich um diese ein Ortszentrum entwickele[77]. Dass im Ruhrgebiet allgemein wegen der verdichtenden Bebauung damit zu rechnen gewesen sei, dass die Bebauung an im Außenbereich gelegene Grundstücken heranrücke und auch diese bebaut werden, stelle eine zu generalisierende Betrachtung dar, da nach den dargestellten Anforderungen die theoretische Möglichkeit einer Bebauung nicht ausreiche[78]. Ferner belege der erhöhte Kaufpreis für das Nachbargrundstück keine sich abzeichnende Baulandeigenschaft, da weder konkrete Vergleichspreise noch Umstände oder Beweggründe für die Kaufentscheidung vorgetragen seien[79]. Auch die Erschließung durch eine Straße, einen Bahndamm, einen Kanal und die Eintragung einer Grunddienstbarkeit ließen nicht den Schluss auf eine alsbaldige Bebauung zu[80].

---

72 OLG Hamm, Urt. v. 31.1.2019 – 17 U 83/18 – juris; *Heinemann*, Der Bergschaden, S. 48.

73 OLG Hamm, Urt. v. 31.1.2019 – 17 U 83/18 – juris; *Heinemann*, Der Bergschaden, S. 45 m. w. N.

74 OLG Hamm, Urt. v. 31.1.2019 – 17 U 83/18 – juris; *Heinemann*, Der Bergschaden, S. 45.

75 Zum Begriff und zur rechtlichen Einordnung: *Schlink*, Neuere Entwicklungen im Recht der kirchlichen öffentlichen Sachen und der res sacrae, NVwZ 1987, 633.

76 OLG Hamm, Urt. v. 31.1.2019 – 17 U 83/18 – juris.

77 OLG Hamm, Urt. v. 31.1.2019 – 17 U 83/18 – juris.

78 OLG Hamm, Urt. v. 31.1.2019 – 17 U 83/18 – juris.

79 OLG Hamm, Urt. v. 31.1.2019 – 17 U 83/18 – juris.

80 OLG Hamm, Urt. v. 31.1.2019 – 17 U 83/18 – juris.

GESTERN HEUTE MORGEN

III. Mitverschulden (§ 150 Abs. 1 AGB, § 254 BGB)

Des Weiteren ist zu beachten, dass bei einem mitwirkenden Verschulden des Geschädigten neben der allgemeinen Vorschrift des § 254 BGB die bergrechtliche Regelung des § 150 Abs. 1 AGB Anwendung findet[81]. Nach dieser Norm entfällt die Haftung des Bergwerkbesitzers vollständig, wenn Gebäude oder Anlagen zu einer Zeit errichtet werden, zu welcher dem Grundbesitzer die durch den Bergbau drohende Gefahr bei Anwendung gewöhnlicher Aufmerksamkeit nicht unbekannt bleiben konnte. Diese rechtsvernichtende, von Amts wegen zu berücksichtigende Einwendung[82] enthält eine objektive und eine subjektive Komponente. Neben der (objektiven) konkret drohenden Berggefahr ist subjektiv erforderlich, dass der Eigentümer diese kannte oder grob fahrlässig nicht kannte[83]. Bezugspunkt der Kenntnis oder grob fahrlässigen Unkenntnis ist hierbei nicht die allgemeine Berggefahr, sondern die besondere (konkrete) Berggefahr, die sich in dem später eintretenden Schadensereignis für das einzelne Grundstück verwirklicht[84].

E. Verjährung

In Anbetracht dessen, dass die Abbautätigkeit in den „Altfällen" jahrzehntelang zurückliegt, wird von den beklagten Bergwerkseigentümern schließlich zumeist die Einrede der Verjährung erhoben.

I. Bergrechtliche Verjährungsregelung des § 151 ABG

Nach der bergrechtlichen Regelung des § 151 ABG verjährt der Schadensersatzanspruch des Geschädigten aus § 151 ABG *„innerhalb drei Jahren, nachdem das Dasein und der Urheber des Schadens zu seiner Wissenschaft gelangt sind"*.

1) Positive Kenntnis des Geschädigten

Mit den Formulierungen *„Wissenschaft"* von *„Dasein"* und *„Urheber"* ist die positive Kenntnis des Geschädigten vom Schaden und der Person des Verursachers gemeint[85]. Diese muss sich auf

---

81 *Ebel/Weller*, ABG, § 150 Anm. 7.
82 *Ebel/Weller*, ABG, § 150 Anm. 6.
83 *Ebel/Weller*, ABG, § 150 Anm. 2 b).
84 RG, ZfB 1917, 105; *Heinemann*, Der Bergschaden, S. 78.
85 *Ebel/Weller*, ABG, § 151 Anm. 1; *Miesbach/Engelhardt*, Bergrecht, § 148 Anm. 2a).

die Vermögensminderung und nicht bloß auf die Einwirkung des Bergbaus auf sein Grundstück beziehen[86] und ist erst dann anzunehmen, wenn keine begründeten Zweifel an der Person des Ersatzpflichtigen bestehen[87]. Allein die Kenntnis von Geländeabsenkungen ist hierfür nicht ausreichend. Bei Schäden durch Grundstücksvertiefungen sind Zweifel regelmäßig nur durch eine vorherige Begutachtung auszuräumen[88].

Ausgehend von diesem Maßstab bestand im Fall 2, in welchem erste Rissbildungen bereits im Jahr 1985 aufgetreten waren, die Schadensursache von den Privatgutachtern aber erst im Jahr 2006 eingegrenzt werden konnte, Kenntnis bezüglich der unmittelbaren körperlichen Einwirkungen (Klageantrag zu 1)) daher erst ab dem Jahr 2006. Im konkreten Fall war die Verjährung folglich durch die Klageerhebung rechtzeitig gehemmt worden. Hinsichtlich des (merkantilen) Minderwertes des Grundstückes (Klageantrag zu 2)) wegen drohender Einwirkungen wäre es hingegen – was der Senat wegen der fehlenden Anspruchsberechtigung offenlassen konnte – darauf angekommen, ob und gegebenenfalls wann der damalige Grundstückseigentümer davon erfahren hatte, dass die Rechtsvorgängerin der Beklagten unterirdische Hohlräume in Grundstücksnähe geschaffen hatte und hierdurch der Grundstückswert gemindert war.

2) Einheitlicher Verjährungsbeginn

Zu beachten ist bei der Prüfung der Verjährung zudem, dass aus dem bereits erörterten Grundsatz der Schadenseinheit folgt, dass auch erst zukünftig entstehende Schäden einheitlich mit den bereits entstandenen Schäden verjähren, soweit diese auf dieselbe Betriebshandlung zurückzuführen sind[89]. Denn nach allgemeinen deliktsrechtlichen Grundsätzen beginnt die Verjährung in diesen Fällen, sobald ein erster Schadensbetrag im Wege der Leistungsklage geltend gemacht werden kann[90]. Das gilt auch für nachträglich auftretende, zunächst also nur drohende Folgen, die überhaupt als möglich vorhersehbar sind[91].

---

86 *Heinemann*, Der Bergschaden, S. 105.
87 OLG Hamm, VersR 1997, 1497.
88 OLG Hamm, VersR 1997, 1497, 1499; OLG Düsseldorf, ZfB 2009, 296.
89 Zum neuen Bergrecht: LG Saarbrücken, ZfB 2017, 401; *Ellenberger*, in: Palandt, BGB, 78. Aufl. 2019, § 199 Rn. 14.
90 Allgemein: BGHZ 50, 24; BGHZ 119, 69, 71; BGH, NJW 1998, 1488; BGH, NJW-RR 2006, 694, 696; *Ellenberger*, in: Palandt, § 199 Rn. 14, 16; zum neuen Bergrecht: LG Saarbrücken, ZfB 2018, 301.
91 BGH, NJW-RR 2006, 694.

GESTERN HEUTE MORGEN

Eine einheitliche Schadensursache ist hierbei nicht bereits in dem fortschreitenden Abbau als solchem, sondern vielmehr in der einzelnen Betriebshandlung, zum Beispiel dem Abteufen eines Schachtes oder Abbau eines bestimmten Flözes, zu sehen[92]. Sollte die Einheitlichkeit der Schadensursache streitig sein, ist hierüber – wie im Fall 1 geschehen – Beweis zu erheben, wobei den Bergwerkseigentümer als Schuldner die Beweislast für den Verjährungsbeginn trifft[93]. Da der Senat im Fall 1 nach Vernehmung eines Zeugen sowie Begutachtung durch einen Sachverständigen keine positiven Feststellungen zur Einheitlichkeit des Schadens treffen konnte, war im Rahmen der Verjährung zu Lasten der Beklagten davon auszugehen, dass der Anspruch erst im Jahr 2002 entstanden und dementsprechend in unverjährter Zeit geltend gemacht worden war.

3) Verjährungshemmung und -unterbrechung

Verjährungshemmung und -unterbrechung richten sich nach den allgemeinen Regelungen des BGB[94]. Soweit die tatbestandsrelevanten Umstände eines Hemmungs- oder Unterbrechungstatbestandes vor dem Stichtag der Verjährungsnovelle am 31.12.2001 vollständig abgeschlossen sind, findet nach der Überleitungsvorschrift des Art. 229 § 6 Abs. 1 EGBGB altes Recht Anwendung. Reichen die tatbestandsrelevanten Umstände hingegen zeitlich über den Stichtag hinaus oder werden diese vollständig nach dem Stichtag verwirklicht, ist das aktuelle Recht anzuwenden[95]. Besondere praktische Relevanz kommt dabei dem Anerkenntnis des Anspruchs (§ 212 Abs. 1 Nr. 1 BGB n. F. bzw. § 208 BGB a. F.) durch Beseitigung oder Ausbesserung entstandener Schäden zu, wenn darin der Wille zum Ausdruck kommt, Ersatz zu leisten[96].

II. Anwendbarkeit des allgemeinen Verjährungsrechtes

Noch nicht richterlich entschieden ist, ob neben § 151 ABG auch die kenntnisunabhängige Verjährungshöchstfrist (§ 195 BGB a. F. bzw. nunmehr § 199 Abs. 3 Nr. 2 BGB n. F.) des allgemeinen

---

92 *Heinemann*, Der Bergschaden, S. 106.
93 BGH, NJW 2008, 2576, 2578; BGH, ZIP 2007, 624, 628; *Henrich*, in: Bamberger/Roth/Hau/Poseck (Hrsg.), BeckOK BGB, Stand: 01.05.2019, § 194 Rn. 10.
94 *Ebel/Weller*, ABG, § 151 Anm. 4; *Miesbach/Engelhardt*, Bergrecht, § 151 Anm. 3; für schwebende Verhandlungen ist für die Zeit ab dem 26.6.1968 zusätzlich § 150 Abs. 2 ABG zu beachten.
95 *Grothe*, in: Münchener Kommentar zum BGB, 7. Aufl. 2018, EGBGB Art. 229 § 6 Rn. 6.
96 RG, ZfB 1937, 460, 471 f.; *Ebel/Weller*, ABG, § 151 Anm. 4 a); *Heinemann*, Der Bergschaden, S. 109.

Verjährungsrechts Anwendung findet[97]. In der Literatur wird dies mitunter bejaht und davon ausgegangen, dass Bergschadensersatzansprüche auch unabhängig von der Kenntnis des Geschädigten nach § 195 BGB a. F. in 30 Jahren verjähren[98].

Der Senat konnte die Fragestellung bislang offen lassen, da auch die regelmäßige Verjährung nach 30 Jahren gemäß § 198 Satz 1 BGB erst mit der Entstehung des Anspruchs beginnt[99]. Bezogen auf die unmittelbare körperliche Einwirkung entstand der Anspruch im Fall 1 erst im Jahr 2002 und im Fall 2 im Jahr 1985, so dass die Verjährung jeweils rechtzeitig durch Klageerhebung gehemmt worden war.

F. Zusammenfassung

Zusammenfassend ist festzuhalten, dass das *„Allgemeine Berggesetz für die preußischen Staaten"* zwar nicht so alt wie das Oberlandesgericht Hamm ist, zu dessen 200-jährigem Bestehen diese Festgabe erfolgt. Es hat aber inzwischen auch schon über 150 Jahre „auf dem Buckel". Gleichwohl ist es nicht in die Jahre gekommen und besitzt trotz des Inkrafttretens des Bundesberggesetzes nach wie vor Aktualität. Rechtsprechung und Literatur haben zwar die Zeit genutzt, im Bereich der Bergschadenshaftung die einzelnen Voraussetzungen sowie die Rechtsfolge zu konkretisieren und auszudifferenzieren. Dieser Prozess kann indes nicht als abgeschlossen gelten. Noch immer sind wesentliche Fragestellungen, insbesondere wann Beeinträchtigungen der Bebaubarkeit eines Grundstücks einen Schaden darstellen, zu diskutieren und höchstrichterlich zu klären.

---

97 Offenlassend: OLG Düsseldorf, ZfB 1979, 422, 429.
98 *Heinemann*, Der Bergschaden, S. 110; *Ebel/Weller*, ABG, § 151 Anm. 8; a. A. für § 852 BGB a. F. *Baumann*, ZfB 1957, 126.
99 OLG Hamm, Urt. v. 25.6.2009 – 17 U 47/08 – juris; ebenso: OLG Düsseldorf, ZfB 1979, 422, 429.

GESTERN **HEUTE** MORGEN

Zur Rechtmäßigkeit von Förderabgabenverträgen

Stefan Altenschmidt[1]

1 Der Verfasser bedankt sich bei Rechtsreferendarin Friederike Langer für die engagierte und wertvolle Unterstützung bei der Erstellung des Beitrags.

A. Koexistenz von Altvertrags- und Staatsvorbehaltsflächen

I. Gegenwärtige Bedeutung des Förderabgabenrechts

Ungeachtet der erfolgten Beendigung des Steinkohlenbergbaus in Deutschland und im Saarland sowie dem absehbaren Ende auch der Gewinnung deutscher Braunkohle ist die Relevanz des Bergrechts ungebrochen. In Deutschland werden nach wie vor Bodenschätze abgebaut und aufgesucht. Beim politisch angestrebten Umstieg auf CO_2-ärmere Energieträger, bei dem gelegentlich die verfassungsrechtlich gewährleistete Versorgungssicherheit[2] aus dem Blick zu geraten scheint, rückt etwa das Erdgas wieder verstärkt in den Fokus.[3] Die Gewinnung dieses Bodenschatzes unterliegt in Deutschland dem Bundesberggesetz (BBergG).[4] In dem gleichen Maße, wie das Bergrecht nicht an Bedeutung verliert, gilt dies auch für die für die Förderung eines Bodenschatzes abzuführende Förderabgabe nach § 31 BBergG. Juristisch gibt es hier zahlreiche offene Fragen. So musste sich unlängst erst das Bundesverwaltungsgericht mit der Frage auseinandersetzen, welche Reichweite die den Ländern in § 32 Abs. 2 Satz 1 BBergG eingeräumte Befugnis hat, zum Schutz „sonstiger volkswirtschaftlicher Belange" von der durch § 31 Abs. 2 BBergG bundesrechtlich vorgegebenen Höhe des Förderabgabensatzes abzuweichen und die Abgabensätze zu erhöhen.[5] Das Bundesverwaltungsgericht schob diesem in Zeiten knapper Kassen nicht überraschenden Anliegen der Finanzminister einen Riegel vor: Es entschied, dass die sonstigen volkswirtschaftlichen Belange keine rein fiskalischen Zwecke ohne jegliche inhaltliche Lenkungsfunktion umfassen.[6] Nicht zulässig ist es daher, den Förderabgabensatz allein mit der Einnahmenverbesserung zu erhöhen.[7] Dies begrenzt richtigerweise die finanzielle Belastung der regelmäßig mit einem hohen Aufwand operierenden Bergbauunternehmen.

---

2 Vgl. *Altenschmidt*, Die Versorgungssicherheit im Lichte des Verfassungsrechts, NVwZ 2015, 559.

3 S. etwa die „Gas 2030"-Initiative des Bundesministeriums für Wirtschaft und Energie, Newsletter „Energiewende direkt" vom 12.3.2019, im Internet unter https://www.bmwi-energiewende.de/EWD/Redaktion/Newsletter/2019/03/Meldung/topthema.html, Abruf am 5.6.2019.

4 Vgl. zur Bedeutung der Erdgasförderung in Deutschland die Homepage des Bundesministeriums für Wirtschaft und Energie, unter https://www.bmwi.de/Redaktion/DE/Textsammlungen/Energie/gas.html, Abruf am 5.6.2019.

5 Vgl. BVerwG, NVwZ-RR 2019, 384.

6 BVerwG, NVwZ-RR 2019, 384.

7 BVerwG, NVwZ-RR 2019, 384, 385; in diese Richtung auch schon *Mußgnug*, Der Bemessungsmaßstab der Förderabgabe auf Erdgas nach der Niedersächsischen Verordnung über die Feldes- und Förderabgabe, ZfB 1993, 168, 174.

II. Historie und Inhalt von Erdöl- und Erdgasaltverträgen

Die (finanzielle) Beteiligung des Staates an gewonnenen Bodenschätzen kann auf eine lange Tradition zurückblicken. Seit 1185, dem Jahr, in dem die Ronkalische Konstitution von Friedrich Barbarossa die Einführung des Bergregals vorsah, partizipieren zunächst Landesherren und dann der Staat wesentlich am Bergbau in Deutschland.[8] Zwar ergaben sich im Laufe der Zeit zahlreiche Änderungen[9]; gleichwohl fließen dem Fiskus durch die Förderabgabe bis heute umfangreiche finanzielle Mittel[10] zu. Indes gilt dies nicht uneingeschränkt, da nach wie vor in bestimmten Gebieten Deutschlands sogenannte Altverträge existieren.[11] Altverträge sind „Überbleibsel"[12] aus der Zeit vor der am 13.12.1934 in Kraft getretenen Erdölverordnung[13], die dem Staat im Wege des echten Staatsvorbehalts das alleinige Verfügungsrecht an Erdöl und Erdgas zuwies.[14] Vor Einführung des echten Staatsvorbehalts schlossen Grundeigentümer mit Förderunternehmen Verträge, die diesen erlaubten, Erdöl auf ihren Grundstücken zu fördern.[15] Diese Verträge konnten auch nach dem 13.12.1934 aufrechterhalten werden[16], wenn sie der Bergbehörde fristgerecht angezeigt worden waren, § 3 Abs. 2, § 4 Abs. 1 und § 5 Erdölverordnung[17]. Das BBergG führte die Tradition der Erdölaltverträge fort.[18] Unter § 149 Abs. 1 Nr. 6 BBergG fallende Erdölaltverträge[19] gelten bei rechtzeitiger Anzeige und Bestätigung durch die Bergbehörde weiter.[20] Entgegen ihrer scheinbar

---

8 *Mann*, in: Boldt/Weller/Kühne/von Mäßenhausen (Hrsg.), BBergG, 2. Aufl. 2016, Vorbm, §§ 30–32 Rn. 3 f.

9 *Mann*, in: Boldt/Weller/Kühne/von Mäßenhausen, Vorbm. §§ 30–32 Rn. 3 f.; s. zur historischen Entwicklung etwa auch *Kühne*, in: Boldt/Weller/Kühne/von Mäßenhausen, Vor § 1.

10 Im Jahr 2018 ca. 260 Millionen Euro, Bundesverband Erdgas, Erdöl und Geoenergie (BVEG), im Internet unter https://www.bveg. de/Erdgas/Zahlen-und-Fakten/Foerderabgaben, Abruf am 5.6.2019.

11 Niedersächsisches Ministerium für Wirtschaft, Arbeit, Verkehr und Digitalisierung, Förderabgabe an die öffentlichen Haushalte, im Internet https://www.mw.niedersachsen.de/aktuelles/presseinformationen/foerderabgabe-an-die-oeffentlichen-haushalte--126590.html, Abruf am 5.6.2019; *Schulz*, Begriff und Bedeutung der Erdölaltverträge und deren Weitergeltung nach dem Bundesberggesetz (BBergG), ZfB 1990, 263.

12 Vgl. zur Historie *Schulz*, ZfB 1990, S. 263, 266.

13 Die Erdölverordnung ist abgedruckt in ZfB 1934, 365.

14 *Schulz*, ZfB 1990, 263, 264, 266, 279.

15 *Schulz*, ZfB 1990, 263, 266 bis 271.

16 *Schulz*, ZfB 1990, 263, 266.

17 Erdölverordnung, ZfB 1934, 365.

18 *Schulz*, ZfB 1990, 263, 266, 285 f.; *Weller*, Der rechtliche Status aufrechterhaltener alter Rechte und Verträge nach dem BBergG, ZfB 1985, 68.

19 *Vitzthum/Piens*, in: Piens/Schulte/Graf Vitzthum (Hrsg.), BBergG, 2. Aufl. 2013, § 149 Rn. 37.

20 *Vitzthum/Piens*, in: Piens/Schulte/Graf Vitzthum, § 149 Rn. 7.

eindeutigen Bezeichnung betreffen die Vorgaben zu Erdölaltverträgen seit den 50er Jahren auch Erdgasvorkommen.[21] Erdgas- und Erdöl unter Altvertragsflächen sind als grundeigene Bodenschätze nach §§ 150 Abs. 1, 149 Abs. 1 Nr. 6 BBergG nicht förderabgabenpflichtig i. S. v. § 31 BBergG.[22] Stattdessen ist auf privatrechtlicher Grundlage ein Förderzins an den Grundeigentümer zu leisten.[23] Dessen Höhe bewegt sich in vielen Verträgen zwischen 2 % und 6 % des von den Unternehmen durchschnittlich erzielten Rohölpreises.[24] Die Anzahl der Altverträge ist beträchtlich: So hat etwa das LBEG laut niedersächsischen Wirtschaftsministerium bislang „mehr als 1.600 (…) mit teilweise mehreren Hundert Grundeigentümer (…) bestätigt".[25]

III. Konfliktpotential bei grenzüberschreitenden Lagerstätten

Vor diesem Hintergrund können zwei Flächentypen unterschieden werden: die eben erläuterten Altvertragsflächen und die Staatsvorbehaltsflächen. Unter der letzteren liegende Bodenschätze sind bergfrei, so dass für sie gem. § 31 BBergG eine Förderabgabe zu entrichten ist. Zu Konflikten kann diese Koexistenz führen, wenn sich eine Lagerstätte grenzüberschreitend sowohl unter dem einen als auch dem anderen Flächentyp befindet.[26] In der Praxis ist hiervon insbesondere die Förderung von mobilen Bodenschätzen wie Erdgas und Erdöl betroffen, da diese innerhalb einer Lagerstätte ohne Rücksicht auf oberirdische Grenzen hin und her strömen.[27] Es ist kaum möglich zu verhindern, dass aus einem Bohrloch auch Erdgas oder Erdöl gewonnen wird, welches ursprünglich aus dem Lagerstättenanteil der anderen Partei stammt.[28] In einer solchen Konstellation ist es besonders schwierig zu bestimmen, ob die geförderten Bodenschätze dem Lagerstätten-

---

21 *Schulz*, ZfB 1990, 263, 274.

22 *Vitzthum/Piens*, in: Piens/Schulte/Graf Vitzthum, § 149 Rn. 37; dies. § 150 Rn. 1 f.

23 *Schulz*, ZfB 1990, 263, 268 ff.

24 *Schulz*, ZfB 1990, 263, 268 ff.

25 Niedersächsisches Ministerium für Wirtschaft, Arbeit, Verkehr und Digitalisierung, Förderabgabe an die öffentlichen Haushalte, im Internet https://www.mw.niedersachsen.de/aktuelles/presseinformationen/foerderabgabe-an-die-oeffentlichen-haushalte--126590.html, Abruf am 5.6.2019.

26 Vgl. *v. Hammerstein*, Feldesüberschreitende Kohlenwasserstoff-Lagerstätten, in: Festschrift für Gunther Kühne 2009, S. 575, 594.

27 *Mössner*, Förderabgabe bei bewilligungsfeldüberschreitender Lagerstätte, in: Festschrift für Werner Thieme 1993, S. 1023, 1025 f.; s. auch *v. Hammerstein*, in: FS Kühne, S. 575 f.

28 Vgl. *v. Hammerstein*, in: FS Kühne, S. 575, 594; Beispiel bei *Mössner*, in: FS Thieme, S. 1023, 1026 f., allerdings bezogen auf eine grenzüberschreitende Lagerstätte unter einer Staatsvorbehaltsfläche, die Situation ist aber vergleichbar.

anteil des Staates oder dem des Altvertragsinhabers zuzuordnen sind.[29] Rechtliche Konflikte sind damit vorprogrammiert. Eine besondere Bedeutung erlangt die Frage der Anteilszuordnung für die Festsetzung der Förderabgabe.[30] § 31 BBergG legt fest, dass die Förderabgabe nur für bergfreie Bodenschätze zu entrichten ist. Falls nicht ausgeschlossen werden kann, dass über das Bohrloch auf der Staatsvertragsfläche auch Bodenschätze gefördert werden, die genuin der Altvertragsfläche zugeordnet waren, stellt sich dann die Frage, ob für Zwecke der Förderabgabenerhebung genau aufgeschlüsselt werden muss, welche Bodenschätze aus welchem Lagerstättenbereich stammen. Komplexitätserhöhend wirkt zudem der Umstand, dass es für solche Fälle weder hinreichende gesetzliche Vorgaben noch Rechtsprechung gibt.[31] Auch die rechtswissenschaftliche Forschung hat sich mit dieser Problematik bislang nur am Rande beschäftigt.[32]

In der Verfassungswirklichkeit bewältigen Bergbehörden und Förderunternehmen die sich stellenden Abgrenzungsfragen häufig mit Vereinbarungen, in denen Verfahren festgelegt werden, mit deren Hilfe die dem jeweiligen Berechtigten zustehenden Anteile zugeordnet werden.[33] Die so ermittelten Anteile dienen dann als Basis für die Festsetzung der Förderabgabe gem. § 31 BBergG i. V. m. mit der jeweiligen Landes-Förderabgabenverordnung.[34] Allerdings ist bis dato ungeklärt, ob es sich bei solchen Förderabgabenverträgen um rechtlich zulässige Instrumente handelt oder ob diese nicht eher als eine dem Abgabenrecht fremde Kooperation zwischen Unternehmen und Behörden betrachtet werden müssen. Die Suche nach Antworten verlangt es, zu ermitteln, welchem Recht solche Vereinbarungen unterliegen und ob sie nach dessen Maßstäben rechtmäßig sind.

---

29 Vgl. *Mössner*, in: FS Thieme, S. 1023, 1034, wenn auch bezogen auf zwei staatliche Bewilligungsfelder.
30 Vgl. *v. Hammerstein*, in: FS Kühne, S. 575, 594; *Mössner*, in: FS Thieme, S. 1023, 1026 f., für Staatsvorbehaltsfläche, s. oben.
31 *v. Hammerstein*, in: FS Kühne, S. 575.
32 Soweit ersichtlich nur *v. Hammerstein*, in: FS Kühne, S. 575.
33 Vgl. etwa die bei *v. Hammerstein*, in: FS Kühne, S. 575, 581 f. vorgestellte Vereinbarung zwischen LBEG und dem WEG (Wirtschaftsverband Erdöl- und Erdgasgewinnung e. V.), heute BVEG.
34 *v. Hammerstein*, in: FS Kühne, S. 575, 582.

B. Analyse

I. Bohrloch- oder Lagerstättenprinzip?

1) Grenzüberschreitende Lagerstätten ohne Beteiligung einer Altvertragsfläche

Gänzlich unbearbeitet geblieben ist das Thema der grenzüberschreitenden Lagerstätten bei mobilen Bodenschätzen indes nicht. Es wird insbesondere darüber debattiert,[35] wie bei mobilen Bodenschätzen verfahren werden soll, die sich in einer grenzüberschreitenden Lagerstätte unter zwei staatlichen Bewilligungsfeldern befinden. Die Frage der Anteilsbemessung stellt sich zwar in diesen Fällen nicht in gleicher Weise wie bei Altvertragsflächen. Denn hier ist im Ergebnis in jedem Fall für die gesamte Fördermenge eine Förderabgabe an den Staat zu entrichten. Bei unterschiedlichen Bewilligungsinhabern ist lediglich offen, welches der fördernden Unternehmen die Abgabe schuldet.[36] Dennoch soll die Diskussion nachfolgend dargestellt werden, da sie zur Beantwortung der aufgeworfenen Fragen beitragen kann.

Schwerpunkt der Diskussion ist, ob bei grenzüberschreitenden Lagerstätten mit mobilen Bodenschätzen das Bohrlochprinzip oder das Lagerstättenprinzip angewendet werden soll.[37] Beim Bohrlochprinzip ist die Förderabgabe für alle tatsächlich „aus einem Bohrloch" aus dem Feld gewonnenen oder mitgewonnenen bergfreien Bodenschätze zu entrichten.[38] Unerheblich ist in diesem Zusammenhang, ob sie ursprünglich aus dem Bereich des eigenen Bewilligungsfeldes stammen oder aus dem fremden Bewilligungsfeld zur Förderung durch „das Bohrloch" nachgeströmt sind.[39] Nach dem Lagerstättenprinzip ist hingegen die Förderabgabe nur für den geförderten Anteil zu entrichten, der dem im Bewilligungsfeld ursprünglich vor der Förderung vorhandenen Bodenschatzanteil entspricht.[40] Fraglich ist, welche der beiden Lehren am ehesten mit § 31 BBergG vereinbar ist. In § 31 BBergG ist weder das Bohrloch- noch das Lagerstättenprinzip aus-

---

35 Z. B. *Mössner*, in: FS Thieme, S. 1023; *Kühne*, Erfolgreiche Klage gegen Niedersachsen auf Rückzahlung von Abgaben für Erdgas- und Erdölförderung im Ems-Dollart-Gebiet, DVBl. 2002, 1116; *v. Hammerstein*, in: FS Kühne, S. 575; *Mann*, in: Boldt/Weller/Kühne/von Mäßenhausen, § 31 Rn. 2.

36 Vgl. *v. Hammerstein*, in: FS Kühne, S. 575, 594 ff.

37 *Mann*, in: Boldt/Weller/Kühne/von Mäßenhausen, § 31 Rn. 2.

38 *Mann*, in: Boldt/Weller/Kühne/von Mäßenhausen, § 31 Rn. 2.

39 *Mann*, in: Boldt/Weller/Kühne/von Mäßenhausen, § 31 Rn. 2.

40 *Mann*, in: Boldt/Weller/Kühne/von Mäßenhausen, § 31 Rn. 2.

drücklich festgelegt. Im Schrifttum[41] wird überwiegend das Bohrlochprinzip vertreten, während sich die Rechtsprechung bislang für keine der Varianten eindeutig ausgesprochen hat.[42]

Orientiert man sich zunächst am Wortlaut von § 31 BBergG, so rückt das Wort „aus" in den Mittelpunkt der Betrachtung. Indes kann man dem Wort „aus" schwerlich entnehmen, ob damit nur die ursprünglich vorhandenen Bodenschätze gemeint sind oder auch nachströmendes Öl oder Gas.[43] Gleiches gilt für den Begriff der „Gewinnung": Dieser bezeichnet allgemein die aus einem Bohrloch zutage getretenen Bodenschätze[44], wovon die ursprünglich vorhandenen genauso erfasst sein können wie die nachgeströmten.[45] Auch die Formulierung „Gewinnung aus dem Bewilligungsfeld" kann in beide Richtungen gedeutet werden.[46] Trotz einiger interessanter Interpretationsansätze[47] des Schrifttums trägt der Wortlaut insgesamt nichts zur Entscheidung bei.[48] Ebenso wenig hilft ein Blick in die historische Gesetzesentwurfsbegründung[49] bei der Lösung. Vielmehr wird deutlich, dass der Gesetzgeber wohl schlicht nicht an diese spezielle Konstellation gedacht hat.[50] In der überwiegenden Literatur wird das Bohrlochprinzip daher primär aus Zweckmäßigkeitserwägungen vertreten.[51] Eine hiervon abweichende Meinung befürwortet das Lagerstättenprinzip vorrangig deswegen, weil sie es auch im horizontalen Verhältnis zwischen den Bewilligungsinhabern für maßgeblich hält.[52] Die Anwendung des Lagerstättenprinzips im Rahmen von § 31 BBergG würde indes weitere Fragen aufwerfen. So müsste der Anteil des jeweiligen Bewilligungsinhabers

---

41 *Mann*, in: Boldt/Weller/Kühne/von Mäßenhausen, § 31 Rn. 2; *Mössner*, in: FS Thieme, S. 1023, 1030 ff.; *Kühne*, DVBl. 2002, 1116, 1117; a. A. *v. Hammerstein*, in: FS Kühne, S. 575, 592 bis 596.

42 BVerwG, NVwZ 2002, 718, 720.

43 *Mössner*, in: FS Thieme, S. 1023, 1027; a. A. *v. Hammerstein*, in: FS Kühne, S. 575, 578, der das Wort „aus" in § 31 BBergG eher als Indiz für das Lagerstättenprinzip deutet.

44 *Mössner*, in: FS Thieme, S. 1023, 1030.

45 *Mössner*, in: FS Thieme, S. 1023, 1030.

46 *Mössner*, in: FS Thieme, S. 1023, 1030 f.; belegt auch durch *v. Hammerstein*, der den Wortlaut eher als Ausdruck des Lagerstättenprinzips versteht, in: FS Kühne, S. 575, 578; s. auch S. 592, wo von einem offenen Gesetzeswortlaut gesprochen wird; *Kühne* deutet die Formulierung als Beleg für das Bohrlochprinzip, DVBl. 2002, 1116, 1117.

47 Vgl. die unterschiedlichen Interpretationen bei *Mössner*, in: FS Thieme, S. 1023, 1027, 1031 und *v. Hammerstein*, in: FS Kühne, S. 575, 578.

48 *Mössner*, in: FS Thieme, S. 1023, 1030 f.; *v. Hammerstein*, in: FS Kühne, S. 575, 592.

49 Vgl. Deutscher Bundestag, Entwurf eines BBergG v. 9.12.1977 – Drs. 8/1315 – insb. S. 95 f.

50 *Mössner*, in: FS Thieme, S. 1023, 1025; *v. Hammerstein*, in: FS Kühne, S. 575, 578.

51 *Mann*, in: Boldt/Weller/Kühne/von Mäßenhausen, § 31 Rn. 2; *Mössner*, in: FS Thieme, S. 1023, 1034; *Kühne*, DVBl. 2002, 1116, 1117; a. A. *v. Hammerstein*, in: FS Kühne, S. 575, 593 f.

52 *v. Hammerstein*, in: FS Kühne, S. 575, 593 f.

am ursprünglichen Lagerbestand vorab genau berechnet werden.[53] Das Gesetz selbst hält keinerlei Regelungen bereit, mittels welchen Verfahrens dies erfolgen soll. Läge § 31 BBergG das Lagerstättenprinzip zugrunde, so hätten Vorgaben zum Umgang mit diesem Problem zumindest angedeutet werden müssen. Nachdem solche aber offensichtlich fehlen, fällt es schwer, § 31 BBergG das Lagerstättenprinzip zugrunde zu legen. Hingegen ist das Bohrlochprinzip mit der offenen Formulierung des § 31 Abs. 1 Satz 1 BBergG vergleichsweise leichter in Einklang zu bringen. Aufteilungsfragen stellen sich hier nicht. Somit dürfte das Bohrlochprinzip § 31 Abs. 1 Satz 1 BBergG näher stehen als das Lagerstättenprinzip.

2) Grenzüberschreitende Lagerstätten mit Beteiligung einer Altvertragsfläche

Bei Bewilligungsfeldern, die im Ergebnis beide der dem Staat gegenüber bestehenden Förderabgabenpflicht unterliegen, ist es somit gut vertretbar, das Bohrlochprinzip anzuwenden.[54] Ungleich komplexer wird die Lage allerdings, wenn es sich um eine grenzüberschreitende Lagerstätte mit Beteiligung einer Altvertragsfläche handelt. Grundsätzlich unterliegen nur bergfreie Bodenschätze der Förderabgabenpflicht, nicht hingegen die gem. §§ 150 Abs. 1, 149 Abs. 1 Nr. 6 BBergG als grundeigen geltenden Bodenschätze unter einer Altvertragsfläche.[55]

Würde man bei einer grenzüberschreitenden Lagerstätte mit Beteiligung einer Altvertragsfläche das Bohrlochprinzip anwenden, so wäre auch auf eine über den ursprünglichen Anteil der Staatsvorbehaltsfläche hinaus geförderte Menge, die vor Förderungsbeginn der Altvertragsfläche zugehörig und daher grundeigen war, eine Förderabgabe zu leisten, weil sie aus einem § 31 BBergG unterliegenden Bohrloch gefördert worden ist.[56] Umgekehrt wäre ein aus einem Bohrloch auf der Altvertragsfläche gewonnener Anteil, der ursprünglich der Staatsvorbehaltsfläche zugeordnet und deswegen bergfrei war, von der Förderabgabenpflicht befreit.[57] Je nachdem, aus welchem Bohrloch gefördert werden würde, wären die Anteile mal als bergfrei, mal als grundeigen zu charakterisieren. Damit stellt sich jedoch die Frage, ob über die Anwendung des Bohrlochprinzips in § 31 BBergG zugleich auch eine Änderung der rechtlichen Natur der geförderten Anteile eintreten kann. Welche Bodenschätze bergfrei sind und welche grundeigen, wird eigentlich in § 3 Abs. 4

---

53 *v. Hammerstein*, in: FS Kühne, S. 575, 581 bis 583.
54 Ähnlich auch BVerwG, NVwZ 2002, 718, 720 f.
55 *Vitzthum/Piens*, in: Piens/Schulte/Graf Vitzthum, § 149 Rn. 37; dies. § 150 Rn. 1 f.
56 Vgl. hierzu auch *v. Hammerstein*, in: FS Kühne, S. 575, 594.
57 Vgl. hierzu auch *v. Hammerstein*, in: FS Kühne, S. 575, 594.

BBergG sowie in den Regelungen zu alten Rechten und Verträgen festgelegt. Aus welchem Bohrloch Bodenschätze entströmt sind, ist danach ersichtlich kein maßgebliches Kriterium. Die Rechte der Altvertragsflächeninhaber aus §§ 149 Abs. 1 Nr. 6 BBergG, 150 Abs. 1 BBergG würden bei grenzüberschreitenden Lagerstätten zudem faktisch ausgehöhlt werden, wenn ihre Anteile über das Bohrlochprinzip letztlich doch wieder dem Staat zugesprochen werden würden und sie hierfür keinen Förderzins von dem Bewilligungsinhaber erhalten. An dieser Stelle offenbart sich auch der entscheidende Unterschied zu der Konstellation grenzüberschreitender Lagerstätten unter zwei staatlichen Bewilligungsfeldern: Hier kommt es nicht zu einem Wechsel des rechtlichen Charakters der Bodenschätze und der Abgaben, weil es sich bei allen in der grenzüberschreitenden Lagerstätte vorhandenen Bodenschätzen um bergfreie handelt. Im Vergleich dazu treten bei Anwendung des Lagerstättenprinzips Schwierigkeiten dieser Art nicht auf. Da hier die Förderabgabe nach dem ursprünglichen Anteil des Förderunternehmens an den Bodenschätzen der Lagerstätte erhoben wird, ist sichergestellt, dass auf alle bergfreien Bodenschätze eine Förderabgabe erhoben wird – nicht mehr, aber auch nicht weniger. Es kommt hier nicht über die Förderung aus einem bestimmten Bohrloch zu einem fragwürdigen Wechsel des rechtlichen Charakters der Bodenschätze. Freilich ändert sich auch nach diesen Feststellungen nichts an der Tatsache, dass die Anwendung des Lagerstättenprinzips mit Schwierigkeiten verbunden ist, weil hier jedenfalls die jeweiligen Anteile genau berechnet werden müssen. Hierfür fehlen allerdings Vorgaben in § 31 BBergG oder in anderen Rechtsnormen.

II. Anwendbares Recht und Rechtmäßigkeit von Förderabgabenvereinbarungen

Angesichts dieser alles andere als klaren Rechtslage ist nachvollziehbar, dass Behörden und Förderunternehmen zur Vollzugsermöglichung oftmals Vereinbarungen treffen, in denen die jeweiligen Anteile an der grenzüberschreitenden Lagerstätte für die Zwecke der Förderabgabenerhebung einvernehmlich geregelt werden.[58] Anlass für den Abschluss vieler Vereinbarungen waren die Probleme, die sich im Zuge der Ems-Dollart-Entscheidung[59] des Bundesverwaltungsgerichts offenbart haben. Seit diesem Urteil befürchten Bewilligungsinhaber mit einer Förderung aus einer grenzüberschreitenden Lagerstätte, bei Exzessförderungen oder neuen Erkenntnissen über die

---

58 Vgl. etwa die bei *v. Hammerstein* beschriebene Vereinbarung, in: FS Kühne, S. 575, 581 f.
59 BVerwG, NVwZ 2002, 718.

Bodenschatzverteilung rückwirkend Mengen oder bereits geleistete Förderabgaben/-zinsen erstatten zu müssen oder nachbelastet zu werden.[60] Vergangenheitsbezogene Ausgleichsverfahren sind für Förderunternehmen dabei gleich aus mehreren Gründen äußerst misslich: Die geförderten Mengen sind von den Förderunternehmen regelmäßig bereits weiterverkauft worden. Eine rückwirkende Umverteilung der geförderten Mengen ist daher in der Regel nicht mehr möglich. Auch etwaige Förderabgaben und -zinsen sind bereits geleistet worden. Diese wiederzuerlangen wäre nur über entsprechende Rückerstattungsverfahren möglich, die ihrerseits konflikt- und risikobehaftet sind. Für die abgabepflichtigen Unternehmen besteht damit ein hohes Maß an Planungs- und Rechtsunsicherheit. Um derartigen Dilemmata vorzubeugen, werden in den Förderabgaben-vereinbarungen oftmals bestimmte Verteilungsschlüssel basierend auf einem „allgemein anerkannten volumetrischen Verfahren"[61] festgelegt, mit deren Hilfe die geförderten Mengen den Altvertrags- und Staatsvorbehaltsflächen zugewiesen werden sollen.[62] Weitere Regelungen betreffen den Umgang mit Exzessförderungen und Anpassungsverfahren bei neuen Erkenntnissen über die Lagerstättenverhältnisse.[63]

1) Anwendbares Recht

Für die rechtliche Analyse derartiger Förderabgabenverträge ist zunächst zu klären, welchem Abgabetyp die Förderabgabe zuzuordnen ist. Je nachdem sind dann im weiteren Verlauf unterschiedliche Gesetze heranzuziehen.

a) Rechtsnatur der Förderabgabe

Die abgabenrechtliche Natur der Förderabgabe ist umstritten und bis heute dogmatisch nicht vollständig geklärt.[64] Selbst das Bundesverfassungsgericht[65] hat deren exakte Einordnung offen gelas-

---

60 Vgl. das Problem der Erstattung von Förderabgaben im Ems-Dollart-Fall: BVerwG, NVwZ 2002, 718, zunächst zu viel abgegebene Mengen wurden nach dem Ergebnis eines Schiedsverfahrens im Wege von Ausgleichszahlungen abgegolten, s. *Kühne*, DVBl. 2002, 1116, 1117.

61 *v. Hammerstein*, in: FS Kühne, S. 575, 582.

62 *v. Hammerstein*, in: FS Kühne, S. 575, 582.

63 *v. Hammerstein*, in: FS Kühne, S. 575, 582.

64 Vgl. etwa zur Diskussion *Vitzthum/Piens*, in: Piens/Schulte/Graf Vitzthum, § 31 Rn. 2 ff.; *Mann*, in: Boldt/Weller/Kühne/von Mäßenhausen, Vorbm. §§ 30–32 Rn. 5 bis 12; *Rodi*, Der Rechtsrahmen für den Einsatz ökonomischer Instrumente in der Ressourcenschutzpolitik, ZUR 2016, 531, 537 ff.; *Frenz*, Die Übertragung des BBergG auf die Windkraftnutzung, ZUR 2017, 690, 695 f.

65 BVerfG, NJW 1986, 2629, 2636.

sen.[66] Im Allgemeinen ist finanzverfassungsrechtlich zwischen steuerlichen und nicht steuerlichen Abgaben zu unterscheiden.[67] Als Steuer wird die Förderabgabe indes relativ selten eingestuft.[68] Nach der weit überwiegenden Literatur[69], der Rechtsprechung[70] und den Gesetzesmaterialien[71] handelt es sich bei der Förderabgabe vielmehr um eine nicht-steuerliche Abgabe. Innerhalb dieser Gruppe wird freilich lebhaft diskutiert, welche Art der nicht-steuerlichen Abgabe vorliegt. Am häufigsten werden die Verleihungsgebühr[72] und die Vorteilsabschöpfungsabgabe[73] genannt, bei der es sich auch um eine Form der Gebühr[74] handeln soll. Steuern dienen klassischerweise dazu, Einnahmen zu generieren, ohne dass der Staat hierfür eine direkte Gegenleistung an den Abgabenschuldner erbringt.[75] Hieraus folgt, dass die Förderabgabe nur dann als Steuer aufgefasst werden kann, wenn es sich bei ihr nicht um eine Art „Gegenleistung" des Bergbauunternehmens für die mit der Bewilligung verbundenen Vorteile handelt.[76] In der älteren Literatur wird vertreten, dass die Förderabgabe eine wirtschaftslenkende Funktion hat.[77] Als Gegenleistung könnte die Förderabgabe in diesem Fall nicht eingestuft werden, was somit für einen steuerlichen Charakter der Förderabgabe spreche.[78] Indes ergibt sich schon aus der Begründung des Gesetzentwurfs zum BBergG, dass die Förderabgabe nicht als Steuer konzipiert worden ist.[79] Die Vertreter der herrschenden Gegenmeinung stellen daher zu Recht darauf ab, dass der Staat durch die Förderabgabe an den von den Unternehmen gewonnenen, originär der Allgemein-

---

66 *Rodi*, ZUR 2016, 531, 538 in Fn. 98 und auch *Mann*, in: Boldt/Weller/Kühne/von Mäßenhausen, Vorbm. §§ 30–32 Rn. 6.

67 *Drüen*, in: Tipke/Kruse (Hrsg.), AO, 156. EL 2019, § 3 Rn. 7.

68 Für die Einordnung als Steuer *Kessler/Lukasch*, in: Eiding/Hofmann-Hoeppel (Hrsg.), Verwaltungsrecht, 2. Aufl. 2017, § 52 Rn. 22; in der älteren Literatur beispielsweise bei *Schulte*, Das Bundesberggesetz, NJW 1981, 88, 91.

69 *Mann*, in: Boldt/Weller/Kühne/von Mäßenhausen, Vorbm. §§ 30–32 Rn. 6; BVerfG, NJW 1986, 2629, 2636; *Rodi*, ZUR 2016, 531, 537 ff.; *v. Hammerstein*, in: FS Kühne, S. 575, 592; *Frenz*, ZUR 2017, 690, 695 f.; *Waldhoff*, in: Ehlers/Fehling/Pünder (Hrsg.), Besonderes Verwaltungsrecht Band 3, 3. Aufl. 2013, § 67 Rn. 132; *Mußgnug*, ZfB 1993, 168, 173.

70 BVerfG, NJW 1986, 2629, 2636.

71 Deutscher Bundestag, Entwurf eines BBergG v. 9.12.1977 – Drs. 8/1315 – S. 95.

72 *Mann*, in: Boldt/Weller/Kühne/von Mäßenhausen, Vorbm. §§ 30–32 Rn. 12; *Mußgnug*, ZfB 1993, 168, 172; Deutscher Bundestag, Entwurf eines BBergG v. 9.12.1977 – Drs. 8/1315 – S. 95; *Waldhoff*, in: Ehlers/Fehling/Pünder (Band 3), § 67 Rn. 132.

73 *v. Hammerstein*, in: FS Kühne, S. 575, 592; *Frenz*, ZUR 2017, 690, 696.

74 *Waldhoff* spricht in: Ehlers/Fehling/Pünder (Band 3), § 67 Rn. 284 von einer Vorteilsabschöpfungsgebühr; ebenso *Rodi*, ZUR 2016, 531, 538; *Frenz*, ZUR 2017, 690, 696.

75 *Gersch*, in: Klein (Hrsg.), AO, 14. Aufl. 2018, § 3 Rn. 7.

76 *Mußgnug*, ZfB 1993, 168, 172.

77 *Schulte*, NJW 1981, 88, 91.

78 *Schulte*, NJW 1981, 88, 91.

79 Deutscher Bundestag, Entwurf eines BBergG v. 9.12.1977 – Drs. 8/1315 – S. 95.

heit zustehenden Bodenschätzen, teilhaben soll.[80] Mit der bergrechtlichen Bewilligung wird den Unternehmen exklusiv gestattet, ein Gut der Allgemeinheit zum eigenen Vorteil wirtschaftlich zu verwerten.[81] Im Gegenzug hat das Unternehmen die Förderabgabe zu leisten.[82] Dies spricht für einen Gegenleistungscharakter der Abgabe.[83] Nicht zuletzt ist daher auch nur auf bergfreie, nicht aber auf grundeigene Bodenschätze eine Abgabe zu entrichten.[84] Gegen eine Abgabe steuerlicher Art kann zudem § 7 Abs. 2 FAG angeführt werden, in dem die Förderabgabe gesondert neben den Steuern erwähnt wird. Unter Berücksichtigung der vorstehenden Gründe ist die Förderabgabe somit keine Steuer. Im Übrigen soll der präzisen dogmatischen Abgrenzung des Abgabentyps in diesem Beitrag nicht weiter nachgegangen werden. Nachdem es sich bei der Förderabgabe jedenfalls nicht um eine Steuer handelt, ist die Förderabgabe nach dem nicht-steuerlichen Abgabenrecht zu beurteilen.[85] Dies gilt unabhängig davon, ob es sich bei ihr um eine Verleihungsgebühr oder eine Vorteilsabschöpfungsabgabe handelt.

b) Verwaltungsverfahrensrecht oder Anwendung der Abgabenordnung?

Fraglich ist weiterhin, welchem verfahrensrechtlichen Rechtsregime die Förderabgabenverträge unterliegen. Nachdem das BBergG keine eigenen Regelungen zu derartigen Vereinbarungen enthält, kann § 5 BBergG als Ausgangspunkt der Analyse herangezogen werden. § 5 BBergG erklärt für bergrechtliche Verwaltungsverfahren das VwVfG des Bundes[86] für anwendbar, soweit das BBergG keine anderweitigen Bestimmungen enthält.[87] Die Anwendung des VwVfG führt über § 1 Abs. 3 VwVfG zum jeweiligen Landesverwaltungsverfahrensgesetz.[88] Zur genaueren Eingrenzung ist daher in dieser Untersuchung beispielhaft auf ein ausgewähltes Landesgesetz abzustellen. Dies soll nachfolgend das niedersächsische VwVfG sein. Niedersachsen ist für das hiesige Thema von

---

80 Ständige Rechtsprechung, vgl. nur BVerfG, NJW 1986, 2629, 2636; BVerwG, U. v. 16.11.2017 – 9 C. 16.16 – NVwZ-RR 2018, 983, 985; *Mann*, in: Boldt/Weller/Kühne/von Mäßenhausen, Vorbm. §§ 30–32 Rn. 12; *v. Hammerstein*, in: FS Kühne, S. 575, 592; *Frenz*, ZUR 2017, 690, 695 f.
81 *Mann*, in: Boldt/Weller/Kühne/von Mäßenhausen, Vorbm. §§ 30–32 Rn. 12.
82 Vgl. BVerfG NJW 1986, 2629, 2636; *Mann*, in: Boldt/Weller/Kühne/von Mäßenhausen, Vorbm. §§ 30–32 Rn. 12.
83 *v. Hammerstein*, in: FS Kühne, S. 575, 592.
84 *Mußgnug*, ZfB 1993, 168, 172 Fn. 14.
85 So verfahren auch *Lerche/Pestalozza*, Die bergrechtliche Förderabgabe im System des horizontalen Finanzausgleichs und der Bundesergänzungszuweisungen nach Art. 107 II GG, 1984, S. 76.
86 Nachfolgend VwVfG.
87 *Keienburg/v. Hammerstein*, in: Boldt/Weller/Kühne/von Mäßenhausen, § 5 Rn. 1.
88 *Keienburg/v. Hammerstein*, in: Boldt/Weller/Kühne/von Mäßenhausen, § 5 Rn. 1.

besonderer Bedeutung; hier gibt es deutschlandweit die meisten Altvertragsflächen.[89] Zudem kommt diesem Bundesland auch im Hinblick auf die Erdöl- und Erdgasförderung eine hohes Gewicht zu.[90] § 1 Abs. 1 NVwVfG verweist fast gänzlich auf das VwVfG zurück. Daher stellen die §§ 54 ff. VwVfG eine mögliche Rechtsgrundlage für die Beurteilung der Vereinbarungen dar. Für das Bergbauland Nordrhein-Westfalen ergeben sich wegen der Inhaltsgleichheit des VwVfG NRW im Kern keine Unterschiede.

Allerdings ist auch § 2 Abs. 2 Nr. 1 NVwVfG zu berücksichtigen. Nach dieser Bestimmung gilt das NVwVfG nicht für Verwaltungsverfahren, soweit in diesen Rechtsvorschriften der Abgabenordnung anzuwenden sind. An dieser Stelle ist exkursmäßig auf Folgendes hinzuweisen: Nach § 32 Abs. 1 BBergG sind auch landesrechtliche Verordnungen für das Förderabgabenrecht relevant. Daher wird hier stellvertretend für andere Landesverordnungen die Niedersächsische Verordnung über die Feldes- und Förderabgabe (NFördAVO) in die Analyse mit einbezogen. Die jeweiligen Verordnungen der Länder ähneln sich inhaltlich so weit, dass die Ausführungen grundsätzlich auch auf andere Verordnungen übertragbar sind. Für die Verweisung in § 2 Abs. 2 Nr. 1 NVwVfG ergibt sich daher Folgendes: Laut § 7 NFördAVO sind ausgewählte Vorschriften der AO für die Erhebung und Zahlung der Feldes- oder Förderabgabe ergänzend entsprechend anwendbar. Statt dem VwVfG ist daher eventuell die AO die hier maßgebliche Beurteilungsgrundlage. Aus der Formulierung „soweit" in § 2 Abs. 2 Nr. 1 VwVfG ist dabei zu schließen, dass bei nicht vollumfänglichen Verweisungen Regelungslücken mit Hilfe des VwVfG oder nicht ausdrücklich erwähnten AO-Bestimmungen zu füllen sind.[91] Eine solche, lediglich partielle Verweisung findet sich in § 7 NFördAVO. Die Schließung der für die Betrachtung von Förderabgabenvereinbarungen bestehenden Regelungslücke mittels der AO ist allerdings schon deshalb schwierig, weil die AO Verträge zwischen dem Staat als Abgabengläubiger und privaten Rechtssubjekten als Abgabenschuldner lediglich in § 78 Nr. 3 AO erwähnt, im Übrigen aber keine weiteren Regelungen hierzu enthält.[92] Im Zusammenspiel der abgabenrechtlichen Regelungen, auf die § 7 NFördAVO ver-

---

89 *Schulz*, ZfB 1990, 263, 264, 272, 274 f.

90 Erdöl und Erdgas – Aufgaben und Tätigkeiten, Homepage des Landesamts für Bergbau, Energie und Geologie, im Internet unter https://www.lbeg.niedersachsen.de/energie_rohstoffe/erdoel_und_erdgas/erdoel-und-erdgas---aufgaben-und-taetigkeiten-762. html#deutsch, Abruf am 6.6.2019; Erdgasförderung nach Bundesländern, BVEG, im Internet unter https://www.bveg.de/Erdgas/ Zahlen-und-Fakten/Erdgas-Bundeslaender, Abruf am 6.6.2019; Erdölförderung nach Bundesländern, BVEG, im Internet unter https://www.bveg.de/Erdgas/Zahlen-und-Fakten/Erdoel-Bundeslaender (Erdöl), Abruf am 6.6.2019.

91 *Weidemann*, in: Dirnberger et al. (Hrsg.), Praxis der Kommunalverwaltung – Niedersachsen, NVwVfg, § 2 Nr. 3.2, wenn auch bezogen auf das KAG Niedersachsen – die Regelungslage ist aber vergleichbar mit der NFördAVO.

92 *Seer*, in: Tipke/Kruse, Vorbm. zu §§ 118–129 Rn. 18.

weist, erscheint es zwar nicht schlechthin ausgeschlossen, dass etwa die in der abgabenrechtlichen Rechtsprechung und Literatur entwickelte Figur der tatsächlichen Verständigung[93] auch auf Förderabgabenvereinbarungen anwendbar ist. Die NFördAVO sieht jedoch in den §§ 2 ff. grundsätzlich ein eigenes Verfahren zur Ermittlung und Festsetzung der Förderabgabe vor. Dies spricht unter Berücksichtigung von § 5 BBergG dafür, dass tatsächlich nur die in § 7 NFördAVO ausdrücklich angesprochenen Vorschriften der AO gelten sollen. Ebenso wenig ist ersichtlich, dass die NFördAVO die Anwendung der §§ 54 ff. VwVfG für öffentlich-rechtliche Verträge ausschließen wollte.[94] Die Förderabgabenvereinbarungen sind nach alledem unter Beachtung der Maßstäbe der §§ 54 ff. VwVfG zu analysieren.[95]

2) Merkmale des öffentlich-rechtlichen Vertrags

Im Folgenden werden die Förderabgabenvereinbarungen darauf untersucht, ob sie die in §§ 54 ff. aufgeführten Merkmale für öffentlich-rechtliche Verträge aufweisen.

a) Vertrag auf dem Gebiet des öffentlichen Rechts

Ein Vertrag ist bekanntlich die Einigung zweier oder mehrerer Rechtssubjekte über die Herbeiführung eines bestimmten Rechtserfolges. Voraussetzung für das Zustandekommen eines Vertrags ist das Vorliegen einander entsprechender, auf einen bestimmten Rechtserfolg gerichteter Willenserklärungen (Angebot und Annahme), die dem jeweils anderen zugegangen sein müssen.[96] Für die Zwecke der hier vorgenommenen Untersuchung ist zu unterstellen, dass die Vereinbarungen zwischen Förderunternehmen und der Bergbehörde zu Förderabgaben diese Voraussetzungen erfüllen. Gleichermaßen unentbehrlich im Rahmen der §§ 54 ff. VwVfG ist, dass die Übereinkommen öffentlich-rechtlicher Natur sind.[97] Der rechtliche Charakter bestimmt sich dabei nach dem Inhalt der Vereinbarungen.[98] Bei der Förderabgabenbelastung nach § 31 BBergG handelt es sich im

---

93 Vgl. hierzu etwa *Seer*, in: Tipke/Kruse, Vorbm. §§ 118–129 Rn. 10 ff.

94 Vgl. hierzu auch die Argumentation des OLG Sachsen-Anhalt zur Abwasserabgabe, Urt. v. 2.2.2007 – 10 U 36/06 – Rn. 54 ff., juris; Das AG AbwAG des Landes Sachsen-Anhalt enthält in § 11 ebenfalls eine partielle Verweisung auf die AO, daher kann die Argumentation übertragen werden.

95 So auch in einer ähnlichen Konstellation für das Abwasserabgabenrecht OLG Sachsen-Anhalt, Urt. v. 2.2.2007 – 10 U 36/06 – Rn. 54 f., juris. Die Argumentation ist übertragbar.

96 *Ramsauer/Tegethoff*, in: Kopp/Ramsauer, Verwaltungsverfahrensgesetz, 19. Aufl. 2018, § 54 Rn. 18.

97 *Ramsauer/Tegethoff*, in: Kopp/Ramsauer, § 54 Rn. 27.

98 *Ramsauer/Tegethoff*, in: Kopp/Ramsauer, § 54 Rn. 30.

Sinne der modifizierten Subjektstheorie[99] allerdings unzweifelhaft um eine öffentlich-rechtliche Verpflichtung: Mit der Bergbehörde ist einseitig und ausschließlich eine hoheitlich handelnde Stelle des Staates dazu berechtigt, die Förderabgabe zu erheben. Das der Förderabgabenfestsetzung zwingend vorgeschaltete Verfahren, mit dessen Hilfe den Förderunternehmen gewonnene Bodenschätze zugeordnet werden sollen, ist folglich ebenfalls als öffentlich-rechtlich zu qualifizieren. Folglich weisen die Förderabgabenvereinbarungen die Merkmale eines öffentlich-rechtlichen Vertrags i. S. v. § 54 VwVfG auf.

b) Vertragsart

Zur weiteren Annäherung an die Rechtsnatur der Förderabgabenvereinbarungen ist sodann zu ermitteln, um welche Art von öffentlich-rechtlichen Vertrag es sich bei ihnen handelt. Die präzise Einordnung der Vereinbarungen ist bedeutsam, da sich aus ihr unterschiedliche Anforderungen an ihre Wirksamkeit ergeben können. In dem hoheitlich ausgestalteten Verfahren der Ermittlung und Festsetzung der Förderabgabe nach § 31 BBergG und den §§ 2 bis 8 NFördAVO stehen sich Behörde und Unternehmen in einem Verhältnis der Subordination gegenüber. Daraus folgt, dass es sich bei den Vereinbarungen jedenfalls um subordinationsrechtliche Verträge i. S. v. § 54 Satz 2 VwVfG handelt. Ein subordinationsrechtlicher Vertrag ist insofern ein Vertrag, in dem wegen zentraler Rechtsnormen ein hoheitliches Über-/Unterordnungsverhältnis vorliegt.[100]

Ihrem Wesen nach lassen sich die Förderabgabenvereinbarungen möglicherweise aber auch den Vergleichsverträgen i. S. v. § 55 VwVfG zuordnen. Immerhin werden die Vereinbarungen auch wegen unklarer Verhältnisse in den Lagerstätten und den Regelungslücken des § 31 BBergG geschlossen. Vergleichsverträge sind Vereinbarungen, durch die eine bei verständiger Würdigung des Sachverhalts oder der Rechtslage bestehende Ungewissheit durch gegenseitiges Nachgeben beseitigt wird. Die Parteien wollen sich gütlich einigen, um etwa einen der Sache nach unangemessenen Ermittlungsaufwand zum Sachverhalt zu vermeiden.[101] In Abkehr von § 24 VwVfG erlaubt § 55 VwVfG daher der Behörde, von einer exakten Ermittlung der Sach- oder Rechtslage abzusehen.[102] Ein Vergleichsvertrag über einen ungewissen Sachverhalt i. S. v. § 55 VwVfG ver-

---

99 *Fehling*, in: Fehling/Kastner/Störmer (Hrsg.), Verwaltungsrecht, VwVfG, 4. Aufl. 2016, § 54 Rn. 39; *Unruh*, in: Fehling/Kastner/Störmer, VwGO, § 40 Rn. 95 ff.
100 *Ramsauer/Tegethoff*, in: Kopp/Ramsauer, § 54 Rn. 48.
101 *Ramsauer/Tegethoff*, in: Kopp/Ramsauer, § 55 Rn. 2.
102 *Ramsauer/Tegethoff*, in: Kopp/Ramsauer, § 55 Rn. 14.

langt insofern unbekannte Tatsachen, die nicht in verhältnismäßiger Art und Weise ermittelt werden können.[103] Bei einer grenzüberschreitenden Lagerstätte besteht zwar ein im Ausgangspunkt unklarer Sachverhalt. So ist schwer feststellbar, ob das geförderte Erdgas noch aus dem Staatsvorbehaltsflächenanteil stammt oder ob es sich um aus der Altvertragsfläche nachgeströmtes Gas handelt. Während bei Vergleichsverträgen typischerweise aber ein fiktiver Sachverhalt zugrunde gelegt wird[104], sehen die Förderabgabenvereinbarungen ein konkretes Berechnungs- und Aufteilungsverfahren vor, um die bestehende Ungewissheit zu beseitigen. Die geförderten Bodenschätze werden anhand eines im Rahmen eines volumetrischen Verfahrens ermittelten Verteilungsschlüssels exakt zugewiesen.[105] Die Verteilungsschlüssel sollen wiederum das tatsächliche Erdgasvorkommen in den einzelnen Bereichen der Lagerstätte widerspiegeln. Bei den Förderabgabenverträgen kann somit im Falle des Einsatzes eines volumetrischen Verfahrens schwerlich die Rede davon sein, dass auf einen fiktiven Sachverhalt abgestellt wird. Förderabgabenverträge haben daher eher nicht den Charakter von von Sachverhaltsungewissheiten geleiteten Vergleichsverträgen.

Neben Vergleichsverträgen wegen einer sachlichen Ungewissheit existieren auch solche wegen einer rechtlichen Ungewissheit. Eine ungewisse Rechtslage besteht, „wenn die Anwendbarkeit und/oder Auslegung der entscheidungserheblichen Normen zweifelhaft ist und eine eindeutige höchstrichterliche Rechtsprechung dazu noch fehlt".[106] Da § 31 BBergG keine Vorgaben zum Umgang mit grenzüberschreitenden Lagerstätten unter Altvertragsflächen macht und sich weder Rechtsprechung noch Schrifttum auf einen bestimmten Umgang mit dieser Thematik festgelegt haben, liegt hier zweifelsohne eine ungewisse Rechtslage vor. Treffen daher Vereinbarungen zur Ausfüllung dieser Lücken eigene Regelungen, wird hiermit durchaus eine rechtliche Ungewissheit mittels eines Vertrags beseitigt. Die vertragliche Behebung rechtlicher Ungewissheit ist für sich genommen aber nicht ausreichend, um die Förderabgabenvereinbarungen auch als Vergleichsverträge einordnen zu können. Denn als entscheidendes Merkmal des Vergleichsvertrags i. S. v. § 55 VwVfG müsste auch ein gegenseitiges Nachgeben feststellbar sein.[107] Dafür wird von

---

103 *Ramsauer/Tegethoff*, in: Kopp/Ramsauer, § 55 Rn. 16.
104 *Bonk/Neumann/Siegel*, in: Stelkens/Bonk/Sachs (Hrsg.), VwVfG, 9. Aufl. 2018, § 55 Rn. 31; s. auch Aufsatz von *Erfmeyer*, Die Beseitigung einer Ungewißheit über den Sachverhalt durch Abschluss eines Vergleichsvertrags, DVBl. 1998, 753; *Fehling*, in: Fehling/Kastner/Störmer, § 55 Rn. 26.
105 So wird etwa bei der *v. Hammerstein*, in: FS Kühne, S. 575, 582 beschriebenen Vereinbarung vorgegangen.
106 *Ramsauer/Tegethoff*, in: Kopp/Ramsauer, § 55 Rn. 16a.
107 Vgl. *Ramsauer/Tegethoff*, in: Kopp/Ramsauer, § 55 Rn. 18.

den Parteien ein gegenseitiges Abstandnehmen von dem aus ihrer Sicht bestenfalls erreichbaren Resultat erwartet.[108] Ein unwesentliches Abweichen von der bisherigen Position ist hierbei bereits ausreichend.[109] Voraussetzung ist aber, dass die Beteiligten konkrete Auffassungen von der ihnen zustehenden Rechtsposition hatten. Wegen der unklaren Rechtslage bei grenzüberschreitenden Lagerstätten erscheint es in den hiesigen Fällen durchaus zweifelhaft, dass die Parteien vor Abschluss der Vereinbarung entsprechende Vorstellungen hatten. Vielmehr werden durch die Förderabgabenvereinbarungen in Anbetracht der lückenhaften rechtlichen Ausgangslage erstmals verlässliche Rechtspositionen geschaffen. Von einem gegenseitigen Nachgeben kann daher schwerlich gesprochen werden. Aus Sicht der Parteien gab es für sie keine vorteilhafteren Rechtspositionen, von denen sie hätten abrücken können. Vielmehr zielten sie auf die gemeinsame Schaffung eines vollzugstauglichen Rechtsrahmens. Hieraus folgt, dass die Förderabgabenvereinbarungen auch nicht das Wesen von Vergleichsverträgen zur Beilegung einer rechtlichen Ungewissheit haben. Als Ergebnis kann damit festgehalten werden, dass die Förderabgabenvereinbarungen allgemeine subordinationsrechtliche Verträge i. S. v. § 54 Satz 2 VwVfG sind.

c) Keine entgegenstehenden Rechtsvorschriften

Öffentlich-rechtliche Verträge sind gem. § 54 Satz 1 Halbsatz 2 VwVfG nur wirksam, wenn ihnen keine Rechtsvorschriften entgegenstehen. Im Rahmen von § 54 Satz 1 Halbsatz 2 VwVfG müssen dabei Vertragsform- und Vertragsinhaltsverbote unterschieden werden.[110]

aa) Vertragsformverbot

Für die Identifizierung von Vertragsformverboten spielt das jeweilige Fachrecht eine bedeutende Rolle. Bei der Förderabgabe sind dies das BBergG, die NFördAVO (bzw. die Verordnungen der anderen Bundesländer) und das nicht-steuerliche Abgabenrecht. Ein Vertragsformverbot kann sich sowohl ausdrücklich als auch nach Sinn und Zweck aus dem einschlägigen Fachrecht ergeben.[111] Im Regelfall sind öffentlich-rechtliche Verträge indes zulässig.[112] Für ein konkludentes Vertragsformverbot bedarf es deswegen deutlicher Anhaltspunkte im Gesetz.[113]

---

108 *Ramsauer/Tegethoff*, in: Kopp/Ramsauer, § 55 Rn. 19.
109 *Ramsauer/Tegethoff*, in: Kopp/Ramsauer, § 55 Rn. 18a.
110 Vgl. die Aufteilung bei *Fehling*, in: Fehling/Kastner/Störmer, § 54 Rn. 47, 53.
111 *Fehling*, in: Fehling/Kastner/Störmer, § 54 Rn. 47.
112 *Fehling*, in: Fehling/Kastner/Störmer, § 54 Rn. 47.
113 *Fehling*, in: Fehling/Kastner/Störmer, § 54 Rn. 47.

Während im Steuerrecht von einem nahezu umfassenden Vertragsformverbot ausgegangen wird[114], hält man Verträge in dem den Vorgaben der Verwaltungsverfahrensgesetze unterliegenden Abgabenrecht tendenziell für zulässig[115]. Ein Vertragsformverbot dürfte aber auch bei diesen Verträgen jedenfalls hinsichtlich der Festsetzung der konkreten Förderabgabenhöhe gelten.[116] Insoweit heißt es in § 4 NFördAVO, dass die zu zahlende Feldes- oder Förderabgabe schriftlich „festgesetzt" wird. Derartige Formulierungen sind meist ein recht eindeutiges Indiz dafür, dass seitens der Verwaltung zwingend in Form des Erlasses von Verwaltungsakten zu handeln ist.[117] Vertragliche Regelungen zur geschuldeten Förderabgabenhöhe enthalten die Förderabgabenvereinbarungen regelmäßig aber auch nicht. Im Vorfeld von Abgabenfestsetzungen sind öffentlich-rechtliche Verträge dagegen im Wesentlichen zulässig.[118]

Gleichwohl könnte ein Vertragsformverbot aus Vorgaben des BBergG oder der NFördAVO folgen. Zwar ist den vorgenannten Gesetzen kein ausdrückliches Vertragsformverbot zu entnehmen; ein solches kann aber ebenso nach Sinn und Zweck eines Gesetzes gegeben sein. Förderabgabenvereinbarungen sind demnach nur dann statthaft, wenn BBergG und NFördAVO es zulassen, dass die Bergbehörden mit Privaten auf vertraglich gleichgestellter Ebene bestimmte Rechtsfolgen vereinbaren.[119] Diese Voraussetzung ist vor allem dann erfüllt, wenn ein Gesetz der Verwaltung vertraglich ausfüllbare Spielräume eröffnet.[120] Von entsprechenden Spielräumen kann bei § 31 BBergG und der NFördAVO jedenfalls insoweit die Rede sein, als diese keine Vorgaben für das Verfahren der Förderabgabenberechnung bei grenzüberschreitenden Lagerstätten machen. Entscheidend gegen die Annahme eines Vertragsformverbotes spricht zudem die nach § 5 BBergG bestehende Verweisung auf das VwVfG, welches die Regelungen zu öffentlich-rechtlichen Verträgen, §§ 54 ff.,

---

114 Str., s. statt aller *Ramsauer/Tegethoff*, in: Kopp/Ramsauer, § 54 Rn. 5 m. w. N. in Fn. 32.

115 *Ramsauer/Tegethoff*, in: Kopp/Ramsauer, § 54 Rn. 6; Begrenzung des Vertragsformverbots auf das Steuerrecht auch nach *Fehling*, in: Fehling/Kastner/Störmer, § 54 Rn. 49.

116 Vgl. *Maurer/Waldhoff*, Allgemeines Verwaltungsrecht, 19. Auflage 2017, § 14 Rn. 4; parallel gilt nach allgemeiner Meinung auch für die Steuerfestsetzung wegen § 155 AO ein Vertragsformverbot, str., s. hierzu statt aller, *Ramsauer/Tegethoff*, in: Kopp/Ramsauer, § 54 Rn. 5.

117 *Maurer/Waldhoff*, AVR, § 14 Rn. 5; *Fehling*, in: Fehling/Kastner/Störmer, § 54 Rn. 47 für nach dem VwVfG in Kraft getretene Gesetze, offenlassend aber wohl a. A. zur Abwasserabgabe, OLG Sachsen-Anhalt, Urt. v. 2.2.2007 – 10 U 36/06 – Rn. 53, juris.

118 *Maurer/Waldhoff*, AVR, § 14 Rn. 5.

119 *Gurlit*, Verwaltungsrechtlicher Vertrag und andere verwaltungsrechtliche Sonderverbindungen, in: Ehlers/Pünder (Hrsg.), Allgemeines Verwaltungsrecht, 15. Auflage 2016, § 32 Rn. 4 f.

120 *Gurlit*, in: Ehlers/Pünder, § 32 Rn. 4.

einschließt.[121] Damit ist anders als im Falle der AO, der eine solche Verweisung genauso wie eine AO-interne Regelung zu öffentlich-rechtlichen Verträgen fehlt, eine vertragliche Vereinbarung im Bergrecht nicht bereits deswegen ausgeschlossen.[122] Überdies ist ein Vertragsformverbot auch ansonsten im öffentlichen Recht nur zurückhaltend anzunehmen.[123] In Gestalt des Vertragsinhaltsverbotes ist ohnehin eine weitere Hürde aufgestellt worden, die es zu überwinden gilt.[124] Im Ergebnis kann daher weder dem BBergG noch der NFördAVO ein Vertragsformverbot im Bereich der Förderabgaben entnommen werden.

bb) Vertragsinhaltsverbot

Dieser Befund schließt freilich nicht aus, dass Förderabgabenvereinbarungen wegen ihres Inhaltes gegen § 54 Satz 1 Halbsatz 2 VwVfG verstoßen können. Denn den Behörden wird durch § 54 Satz 1 VwVfG nicht das grundsätzliche Recht eingeräumt, per Vertrag ihrer strikten Bindung an den Gesetzmäßigkeitsgrundsatz zu entfliehen.[125] Die Grenzen inhaltlicher Regelungsspielräume ergeben sich vielmehr stets durch die Auslegung der relevanten Fachgesetze.[126] Insbesondere bei Vorschriften, die ein Ermessen gewähren, bestehen regelmäßig Freiräume für vertragliche Vereinbarungen.[127] Lässt eine Vorschrift hingegen nur eine gebundene Entscheidung zu, so ist zu ermitteln, ob das Gesetz unabweichliche Vorgaben macht oder nach Sinn und Zweck eine vertragliche Gestaltung zulässt.[128] Zudem können auch Rechtsnormen, die drittschützende Wirkung haben oder öffentliche Interessen wahren sollen, einer vertraglichen Vereinbarung entgegenstehen.[129]

Im Abgabenrecht ist die Verwaltung zudem in besonderer Weise an den Grundsatz der Gesetzmäßigkeit gebunden.[130] Im Unterschied zum allgemeinen verwaltungsvertraglichen Verbot gesetzes-

---

121 Übertragung der Argumentation des OLG Sachsen-Anhalt, Urt. v. 2.2.2007 – 10 U 36/06 – Rn. 54 f., juris; Umkehrschluss aus der Argumentation von *Kämmerer*, in: Bader/Ronellenfitsch (Hrsg.), BeckO VwVfG, 43. Edition, § 54 Rn. 87.
122 Str., s. statt aller *Neumann*, in: Stelkens/Bonk/Sachs, § 54 Rn. 120 f.
123 *Fehling*, in: Fehling/Kastner/Störmer, § 54 Rn. 47.
124 Vgl. zur Tragweite dieser Unterscheidung für die Ermittlung eines Vertragsformverbotes auch *Hey*, in: Tipke/Lang (Hrsg.), Steuerrecht, 23. Aufl. 2018, § 3 Rn. 241; *Fehling*, in: Fehling/Kastner/Störmer, § 54 Rn. 47.
125 *Schliesky*, in: Knack/Henneke (Hrsg.), VwVfG, 9. Aufl. 2010, § 54 Rn. 3.
126 *Gurlit*, in: Ehlers/Pünder, § 32 Rn. 7; *Fehling*, in: Fehling/Kastner/Störmer, § 54 Rn. 53 ff.
127 *Fehling*, in: Fehling/Kastner/Störmer, § 54 Rn. 54.
128 *Fehling*, in: Fehling/Kastner/Störmer, § 54 Rn. 54.
129 *Fehling*, in: Fehling/Kastner/Störmer, § 54 Rn. 54.
130 BVerwG, NVwZ 2013, 218, 222; *Fehling*, in: Fehling/Kastner/Störmer, § 54 Rn. 49.

abweichender Vereinbarungen, das zwar zur Rechtswidrigkeit, aber nicht automatisch auch zur Nichtigkeit von Verträgen führt[131], ist die Folge eines Verstoßes gegen das Verbot gesetzesabweichender Verträge im Abgabenrecht stets die Nichtigkeit gem. § 59 Abs. 1 VwVfG i.V.m. § 134 BGB.[132] In erster Linie betrifft dies den Kern des materiellen Abgabenrechts.[133] Unstatthaft ist sowohl der Verzicht auf Abgaben als auch andersartige Befreiungen.[134] Bei Förderabgabenverträgen ist derlei indes zumeist ohnehin nicht vorgesehen. Eine gesetzesinkongruente Vertragsregelung ist nur zulässig, wenn eine ausdrückliche gesetzliche Ermächtigung dies gestattet.[135] Die §§ 54 ff. VwVfG selbst sind keine gesetzliche Ermächtigungen in diesem Sinne.[136]

Inhaltliche Grenzen für Förderabgabenverträge können sich aber auch aus § 31 BBergG selbst ergeben. Dieser gibt zumindest vor, dass für *alle* aus dem Bewilligungsfeld gewonnenen Bodenschätze eine Förderabgabe entrichtet werden muss. Was darunter bei mobilen Bodenschätzen zu verstehen ist, ist wie bereits beschrieben fraglich. Die spärlichen Vorgaben ermöglichen materiell grundsätzlich umfangreiche Optionen für eine vertragliche Ausfüllung von § 31 BBergG. Gleichwohl ist zu fragen, ob der von den Förderabgabenverträgen eingeschlagene Weg sich noch im Rahmen des bei § 31 BBergG Zulässigen hält. In den Verträgen wird oftmals so vorgegangen, dass die gewonnenen Bodenschätze nach einem bestimmten Schlüssel[137] zwischen Altvertrags- und Staatsvorbehaltsfläche aufgeteilt werden. Diese Vorgehensweise lässt sich dogmatisch am ehesten mit dem Lagerstättenprinzip vergleichen.[138] Ein Verfahren, welches das Lagerstättenprinzip als Basis verwendet, erscheint aber im Anwendungsbereich des § 31 BBergG durchaus zulässig zu sein. Das Bohrlochprinzip ist nach der Rechtsprechung des Bundesverwaltungsgerichts kein zwingender Grundsatz des BBergG.[139] In der Konsequenz nimmt es daher auch nicht an der strengen Gesetzesbindung im Abgabenrecht teil. Das Bohrlochprinzip würde zudem bei grenzüberschreitenden Lagerstätten mit Beteiligung einer Altvertragsfläche auch zu bedenk-

---

131 *Höfling/Krings*, Der verwaltungsrechtliche Vertrag: Begriff, Typologie, Fehlerlehre, JuS 2000, 625, 630.

132 BVerwG, Urt. v. 12.12.2012 – 9 C 12.11 – Rn. 11, juris.

133 OLG Sachsen-Anhalt, Urt. v. 2.2.2007 – 10 U 36/06 – Rn. 55, juris.

134 OLG Sachsen-Anhalt, Urt. v. 2.2.2007 – 10 U 36/06 – Rn. 55, juris; *Ramsauer/Tegethoff*, in: Kopp/Ramsauer, § 54 Rn. 52; s. auch zur vergleichbaren Abwasserabgabe *Köhler/Meyer*, in: Köhler/Meyer (Hrsg.), AbwAG, 2. Auflage 2006, § 1 Rn. 134.

135 Ständige Rspr., vgl. etwa BVerwG, Urt. v. 12.12.2012 – 9 C 12.11 – Rn. 11, juris; *Kämmerer*, in: Bader/Ronellenfitsch, § 54 Rn. 87.

136 BVerwG, NVwZ 2013, 218, 222.

137 *v. Hammerstein*, in: FS Kühne, S. 575, 582.

138 *v. Hammerstein*, in: FS Kühne, S. 575, 582.

139 BVerwG, NVwZ 2002, 718, 720.

lichen Ergebnissen führen. Diese kann das Lagerstättenprinzip bei angemessener Ausgestaltung vermeiden.

Für die Zulässigkeit des in der Förderabgabenverträgen vereinbarten Aufteilungsverfahrens spricht zudem, dass der Verwaltung bei einer einseitigen Regelung durch VA keinerlei normative Vorgaben für die Berechnung der Förderabgabe zur Verfügung stünden. Auch für vertragliche Vereinbarungen eröffnet dies Freiheiten.[140] § 31 BBergG dürfte jedoch verlangen, dass möglichst exakt bestimmt wird, welche Anteile auf die Staatsvorbehaltsfläche entfallen.[141] Nur so kann sichergestellt werden, dass tatsächlich die Förderabgabe auf alle gewonnenen bergfreien Bodenschätze erhoben wird. Dies gilt umso mehr, als die Altvertragsflächen-Anteile streng genommen von der Entrichtung der Förderabgabe befreit sind.[142] Die inhaltliche Grenze für ein vertraglich vereinbartes Aufteilungsverfahren kann über einen Vergleich mit dem Steuerrecht ermittelt werden. Im Steuerrecht besteht für die tatsächliche Verständigung die Grenze der offensichtlich unzutreffenden Besteuerung.[143] Überträgt man diese als allgemeinen Rechtsgedanken im Abgabenrecht auf die Förderabgabenverträge, so sind sie zulässig, solange keine offensichtlich unzutreffende Anteilsaufteilung vorgenommen wird. Bis zu dieser Grenze haben Bergbehörden und Unternehmen einigen Raum für individuelle Absprachen. Zulässig ist es daher etwa, die Verhältnisse in einer Lagerstätte anhand eines volumetrischen Verfahrens zu bestimmen[144], solange hierbei das Ziel verfolgt wird, die jeweiligen Anteile exakt zuzuweisen. Die Verwendung eines volumetrischen Verfahrens ist daher mit den strengen Vorgaben des Abgabenrechtes vereinbar. Das gilt nicht zuletzt auch deshalb, weil äußerst fraglich ist, ob die Bergbehörden – die Maßgeblichkeit des Lagerstättenprinzips unterstellt – bei einem einseitigen Vorgehen ihrerseits überhaupt exaktere Verfahren aufbieten könnte. Unerheblich ist auch der Umstand, dass die so berechneten Anteile die maßgebliche Grundlage für die Berechnung der Förderabgabe bilden und daher auf deren Höhe Einfluss haben.[145]

---

140 Vgl. in ähnlicher Argumentation zur „tatsächlichen Verständigung" im Steuerrecht, *Seer*, in: Tipke/Kruse, Vorbm. §§ 118–129 Rn. 13, 20.

141 Vgl. hierzu zum vergleichbaren Instrument der „tatsächlichen Verständigung", *Mues*, in: Gosch (Hrsg.), AO, 1. Aufl. 1995, 145. Lieferung, § 78 Rn. 56.

142 *Vitzthum/Piens*, in: Piens/Schulte/Graf Vitzthum, § 149 Rn. 37; dies. § 150 Rn. 1 f.

143 *Seer*, in: Tipke/Kruse, Vorbm. §§ 118–129 Rn. 30; *Mues*, in: Gosch, § 78 Rn. 56.

144 Wie z. B. bei der *v. Hammerstein*, in: FS Kühne, S. 575, 582 vorgestellten Vereinbarung.

145 Vgl. *Kämmerer*, in: Bader/Ronellenfitsch, § 54 Rn. 87.

C. Fazit

Förderabgabenverträge sind für die Praxis essentielle und unverzichtbare Instrumente, um mit der für die Förderabgabenerhebung nach § 31 BBergG bestehenden Regelungslücke bei grenzüberschreitenden Lagerstätten mit Beteiligung einer Altvertragsfläche adäquat umgehen zu können. Für Förderunternehmen werden durch die vertragliche Zusammenarbeit mit den Bergbehörden zahlreiche potentielle Probleme rund um die Förderabgabenerhebung bereits im Vorfeld vermieden. So bieten ihnen die Vereinbarungen ein Maß an Planungs- und Rechtssicherheit bei der Förderung von mobilen Bodenschätzen, das bei einem bloßen Abstellen auf die Gesetzeslage kaum erreichbar wäre. Gleiches gilt zudem für die Eigentümer der Altvertragsflächen: Diese können sich auf der Bestand der ihnen einmal zugeflossenen Förderzinsen verlassen und müssen nicht von nachfolgenden Anpassungen und ggf. Rückerstattungen ausgehen. Solange die Beteiligten das strenge Gesetzmäßigkeitsprinzip im Abgabenrecht bei der Gestaltung ihrer Verträge berücksichtigen, steht deren Zulässigkeit insgesamt nichts im Wege. Im Übrigen ist daran zu denken, dass von abgabenrechtlichen Vorschriften nur bei einer entsprechenden Ermächtigungsgrundlage abgewichen werden darf. Wird diese Voraussetzung missachtet, besteht das Risiko einer Nichtigkeit des Förderabgabenvertrags nach § 59 Abs. 1 VwVfG i. V. m. § 134 BGB.

133

Die „Ewigkeitshaftung" für den Altbergbau und die Verjährung von Bergschadensersatzansprüchen

Martin Beckmann und Antje Wittmann

A. Einführung

Aufgrund einer Kabinettsorder des preußischen Königs Friedrich Wilhelm III. vom 20.4.1820 wurde das Klever Oberlandesgericht nach Hamm verlegt und nahm dort im Jahre 1820 seine Tätigkeit auf. Im Laufe seiner zweihundertjährigen Geschichte hat das Oberlandesgericht Hamm sich mit ganz unterschiedlichen zivilrechtlichen Fragen des Bergschadensrechts im Zusammenhang mit dem untertägigen Steinkohlenbergbau des Ruhrgebiets befassen müssen. Das OLG Hamm hat vor allem auch zur Haftung für Bergschäden, die noch vor Inkrafttreten des BBergG und möglicherweise sogar noch in der Zeit des Beginns seiner Tätigkeit in Hamm verursacht worden sind, zum Umfang des Schadensersatzes für bergbaubedingte Schäden nach § 148 ABG und zur Verjährung eines solchen Anspruchs nach § 151 ABG entschieden.[1] Den 200. Jahrestag des Oberlandesgerichts am 1. Juli 2020 und die Einstellung des Steinkohlenbergbaus in Deutschland zum Ende des Jahres 2018 nehmen wir zum Anlass für einen kleinen Beitrag zu den zeitlichen Grenzen der Haftung für die Spätfolgen des Bergbaus und zur Verjährung von zivilrechtlichen Bergschadensersatzansprüchen.

I. Anzuwendendes Recht

Bergschadensersatzansprüche entstehen, wenn es aufgrund des Bergbaus zu Schäden an Körper und Gesundheit oder an Immobilien und Sachen Dritter kommt. Das Bergschadensrecht war vor Inkrafttreten des heute geltenden BBergG im Allgemeinen Berggesetz der Preußischen Staaten (ABG) geregelt, das in Nordrhein-Westfalen bis zum Inkrafttreten des BBergG im Jahr 1982 galt. Die Überleitungsvorschrift des § 170 BBergG bestimmt, dass auf Bergschäden, die ausschließlich vor Inkrafttreten des BBergG zum 1.1.1982 verursacht worden sind, das damals geltende Recht anzuwenden ist. Das ist im Regelfall das ABG; für sehr weit zurückliegende Betriebshandlungen noch vor dem Inkrafttreten des ABG im Jahr 1865 kann sogar noch das Preußische Allgemeine Landrecht (ALR) oder das Provinzialrecht der damals bestehenden Gebietskörperschaften anwend-

---

1 OLG Hamm, Urt. v. 25.6.2009 – I-17 U 47/08, juris; siehe aber z.B. auch OLG Hamm, Beschl. v. 14.5.2009 – 17 U 29/09, juris zur Übernahme von Kosten der Interessenvertretung eines Interessenverbandes der Grundstückseigentümer gegenüber einem Bergbauunternehmen; OLG Hamm, Urt. v. 16.3.1989 – 5 U 55/89, ZfB 1990, 78; zum Verhältnis des nachbarrechtlichen Betretungs- und Benutzungsrechts zur Grundabtretung; OLG Hamm, Urt. v. 3.7.1997 – 21 U 81/96, BauR 1998, 159 zum Nachweis des Verschuldens und zur Kenntnis des Schädigers bei einem Ersatzanspruch für Schäden, die sowohl durch Bergschäden als auch für die Vertiefung eines Nachbargrundstücks verursacht worden sein können.

bar sein. Sofern sich ein Bergschadensersatzanspruch über § 170 BBergG nach dem früheren Recht bemisst, hat die Rechtsprechung demnach auch heute noch das ABG oder sogar noch älteres Recht wie das ALR anzuwenden.

Die Anwendung dieser alten Vorschriften ist auf den ersten Blick zwar ungewöhnlich, allerdings liegen zum ABG und dem damaligen Bergschadensrecht eine Vielzahl von Urteilen, Aufsätzen und Kommentare vor. Früher umstrittene Rechtsfragen (wie etwa die Frage nach dem Zeitpunkt des Entstehens des Bergschadensersatzanspruchs, nach dem „einheitlichen Schaden" oder nach dem Fortbestand der Haftung nach Veräußerung des Bergwerkseigentums) sind mittlerweile geklärt. Nicht abschließend geklärt ist aber bis heute die Frage, ob und mit welchen Konsequenzen das allgemeine Verjährungsrecht neben der speziellen Verjährungsregelung für Bergschadensersatzansprüche in § 151 ABG Anwendung findet und welche Folgen sich für eine mögliche Anwendung des allgemeinen Verjährungsrechts aus der Schuldrechtsreform ergeben.

II. Entwicklung des Ruhrbergbaus zu Beginn des 19. Jahrhunderts

Bergbau im Mittelalter war zunächst vor allem Erzbergbau, der zumeist außerhalb besiedelter Gegenden in den Bergen stattfand und in aller Regel keine Schäden an fremden Grundstücken verursachte.[2] Erst mit dem im 18. Jahrhundert zunehmenden Kohlenbergbau räumte die Rechtsprechung einen Ersatzanspruch für Bergschäden ein, weil der untertägige Steinkohlenbergbau zunehmend in besiedelten Regionen stattfand und Schäden an Bauwerken auf fremden Grundstücken anrichtete. Angesichts der besonderen Schadensgeneigtheit des Bergbaus entwickelte das Preußische Obertribunal schon in den 1830er und 1840er Jahren einen Anspruch, wonach Bergwerksbesitzer auch ohne Verschulden für Schäden, die durch ihren Bergbau an fremdem Grundeigentum verursacht wurden, von Fall zu Fall vollen Geldersatz zu leisten hatten.[3] Diese Rechtsprechung zum Bergschadensrecht wurde dann einige Jahr später in den §§ 148 ff. ABG gesetzlich ausdrücklich bestätigt.[4] Der dort verschuldensunabhängig geregelte Ersatzanspruch wurde als notwendiger Ausgleich für eine umfassende Duldungspflicht des Grundeigentümers gegenüber dem Bergbau angesehen.[5]

---

2 *Heinemann*, Der Bergschaden auf der Grundlage des preußischen Rechts, 2. Aufl. 1954, S. 14.

3 *Heinemann*, Der Bergschaden auf der Grundlage des preußischen Rechts, S. 14.

4 *Heinemann*, Der Bergschaden auf der Grundlage des preußischen Rechts, S. 14; *Schulte*, in: Piens/Schulte/Graf Vitzthum, BBergG, 2. Aufl. 2013, § 114 Rn. 19 ff.

5 *Schulte*, in: Piens/Schulte/Graf Vitzthum, § 114 Rn. 20.

Bis zum Inkrafttreten des ABG im Jahre 1865 beruhte der Bergbau auf dem sogenannten Bergregal, das verschiedene Mineralien dem Verfügungsrecht der Grundeigentümer entzog. Das Bergregal stand ursprünglich dem deutschen Kaiser zu und ging in der Folgezeit auf einzelne Landesherren über.[6] Es erstreckte sich auf das volle Verfügungsrecht über die ihm unterliegenden Mineralien und neben dem Recht, Vorkommen von Mineralien auszubeuten, auch auf die Berechtigung, anderen Personen die Ausbeute zu überlassen.[7] Erst das ABG hob dieses Bergregal im Jahre 1865 auf und wies dem Staat ein Hoheitsrecht zu, das sich in der Verleihung des Bergwerkseigentums und in der Beaufsichtigung der Betriebe erschöpfte. Der BGH entschied dazu im Jahre 1970, dass die Entschädigungsregelungen der §§ 148 ff. ABG gegen Art. 14 GG verstoßen, soweit sie nicht für eine Schadloshaltung des berggeschädigten Grundeigentümers auch für den Fall Vorsorge treffen, dass der ersatzpflichtige Bergwerksbesitzer zahlungsunfähig wird oder der Berggeschädigte aus anderen Gründen seine Ersatzforderung gegen den Bergwerksbesitzer nicht realisieren kann. Soweit unter der Geltung des Grundgesetzes getroffene bergbauliche Maßnahmen Schäden am Oberflächengrundstück verursachten, für die der Eigentümer von den nach § 148 ABG Entschädigungspflichtigen keinen Ersatz verlangen könne, sei der Staat zur Entschädigung verpflichtet.[8]

Der Steinkohlenbergbau des Ruhrgebiets nahm in der Zeit der Verlegung des Oberlandesgerichts von Kleve nach Hamm einen erheblichen technischen und wirtschaftlichen Aufschwung. Im Jahre 1804 förderten im Ruhrgebiet bereits 229 Zechen ca. 380.000 Tonnen Steinkohle. Weitere wichtige Schritte der Industrialisierung der Steinkohlengewinnung waren die Einführung der Dampfkraft bei der Wasserhaltung und für die Kohlenförderung zu Beginn des 19. Jahrhunderts, der Bau einer ersten Kokerei im Jahre 1816 in Essen, die Verwendung von Drahtseilen bei der Schachtförderung seit dem Jahre 1835 und die Einführung einer Sicherheitslampe im Ruhrbergbau etwa seit dem Jahr 1840. Die Spätfolgen dieses Altbergbaus des 19. Jahrhunderts sind auch heute noch spürbar und führen immer noch zu Schäden, für die zivilrechtlich Ersatz verlangt werden kann und für die ordnungsrechtlich Bergwerkseigentümer oder Bergwerksbesitzer von der zuständigen Bergbehörde, der Abteilung Bergbau und Energie der Bezirksregierung Arnsberg mit Sitz in Dortmund, heute noch in Anspruch genommen werden.[9]

---

6 *Beckmann*, Bergrechtliches Direktionsprinzip und ordnungsrechtliche Verantwortung, ZfB 1992, 120; siehe dazu auch LG Düsseldorf, Urt. v. 17.7.2014 – 18a O 8/14, ZfB 2015, 46; OVG NRW, Urt. v. 13.9.1995 – 21 A 2273/91, ZfB 136, 322.

7 BGH, Urt. v. 16.2.1970 – III ZR 136/68, BGHZ 53, 226, 230.

8 BGH, Urt. v. 16.2.1970 – III ZR 136/68, BGHZ 53, 226.

9 Siehe dazu das von der Bezirksregierung Arnsberg am 27.7.2019 auf ihrer Homepage veröffentlichte, von ihr in Auftrag gegebene Gutachten zur Einwirkungsrelevanz des Altbergbaus, Bemessung von Einwirkungs- und Gefährdungsbereichen und Einfluss von

Zu diesem schadensverursachenden Altbergbau zählen Gelände, Grubengebäude und Bergbaufolgelandschaften des stillgelegten Bergbaus. Im Bereich des untertägigen Bergbaus gehören zum Altbergbau insbesondere die Gesamtheit der bergmännisch hergestellten Hohlräume, die bergbaulich nicht mehr genutzt werden. Dazu gehören Schächte, Stollen, Strecken und Abbaubereiche. Zwar klingen die Auswirkungen untertägigen Abbaus an der Oberfläche regelmäßig innerhalb einiger Jahre ab. Grundsätzlich bleiben jedoch Schadensereignisse auch nach sehr langen Zeiträumen noch möglich. Das gilt für den tiefen Bergbau des Ruhrreviers der vergangenen Jahre und Jahrzehnte, mehr aber noch für den tagesnäheren Bergbau des 19. Jahrhunderts und des beginnenden 20. Jahrhunderts, dessen Stilllegung im Ruhrrevier zumeist schon viele Jahrzehnte, ab und an auch schon mehr als einhundert Jahre zurückliegt.

Die Frage nach einer zeitlichen Begrenzung der Inanspruchnahme für Gefahren des Altbergbaus und für den Ersatz von Bergschäden spielt sowohl für die ordnungsrechtliche Haftung als auch für die zivilrechtliche Bergschadenshaftung eine erhebliche Rolle. Bevor auf die Verjährung von Bergschadensersatzansprüchen nach den §§ 148 ff. ABG eingegangen wird, soll deshalb auch die mögliche zeitliche Begrenzung der ordnungsrechtlichen Inanspruchnahme zur Beseitigung von Gefahren des Altbergbaus Erwähnung finden.

B. Zeitliche Begrenzung der ordnungsrechtlichen Verantwortung

Immer wieder vorkommende Tagesbrüche signalisieren, dass die Hinterlassenschaften des Bergbaus auch zukünftig noch erhebliche Gefahren für Menschen und Sachgüter im ordnungsrechtlichen Sinne verursachen werden. Besonders spektakuläre Fälle, wie z. B. massive Verkehrsbehinderungen durch einen Tagesbruch im Bereich des Essener Hauptbahnhof im Jahre 2013, ein ca. 11 Meter tiefes Loch mit einem Durchmesser von 1,5 m, das nach starken Regenfällen plötzlich auf der Autobahn A 45 durch den Einsturz eines darunter liegenden Schachtes im Jahre 2009 entstand, oder ein Tagesbruch, in dem im Jahre 2000 in Bochum-Wattenscheid plötzlich drei Garagen

---

Grubenwasserstandsänderungen; *Beckmann*, Der Altbergbau – Haftung und ordnungsrechtliche Verantwortung für die Spätfolgen des Bergbaus, NWVBl. 2019, 45; *Beckmann*, Der Bergschaden – Rechtliche Rahmenbedingungen für die Ermittlung und Geltendmachung des Bergschadensersatzanspruchs, ZfB 2016, 1 ff; *Beckmann*, Die Rechte des Grundstückseigentümers bei der Gewinnung von Bodenschätzen nach dem Bundesberggesetz, AUR 2011, 1; *Müggenborg*, Sicherungsansprüche bei vergessenem Altbergbau nach ABG, NuR 2018, 155.

und ein Auto versanken, verdeutlichen die latente Gefahrenlage. Die Sicherung bergbaubedingter Gefahren wird noch Jahrzehnte dauern.[10] Die Bergbehörde, die nach § 48 Abs. 3 OBG NRW auch zuständig ist für Maßnahmen zur Abwehr von Gefahren aus verlassenen Grubenbauen, die nicht mehr der Bergaufsicht unterliegen,[11] hat dabei Amtspflichten zu beachten, deren Missachtung zu einem Entschädigungsanspruch führen kann.[12]

Bergbauunternehmen sind als Handlungsstörer im Sinne des Ordnungsrechts verantwortlich, wenn sie bzw. ihre Rechtsvorgänger durch den von ihnen betriebenen Bergbau die Ursache für akute Gefahren gesetzt haben. Im Einzelfall ist es für die Ordnungsbehörde allerdings schwierig, die Gefahrenverursachung und damit die Handlungsstörereigenschaft nach langer Zeit noch nachzuweisen. Das gilt insbesondere dann, wenn keine genaue Dokumentation über den frühen oberflächennahen Abbau vorhanden oder nicht auszuschließen ist, dass auch fremder Abbau in dem betroffenen Bergwerksfeld stattgefunden hat, weil beispielsweise unterschiedliche Pächter den Abbau betrieben haben oder sogar verschiedene Bodenschätze durch unterschiedliche Gesellschaften gewonnen wurden. Außerdem kann die Inanspruchnahme eines Unternehmens als Verhaltensstörer auch deshalb schwierig sein, weil sich die Rechtsnachfolge nicht eindeutig nachweisen lässt. Deshalb kann es aus Sicht der zuständigen Bergbehörde angezeigt sein, vorrangig vor dem Verhaltensstörer den aktuellen, der Behörde regelmäßig bekannten Inhaber des Gewinnungsrechts und zugleich Eigentümer des zur Gewinnung ehemals betriebenen Bergwerks als Zustandsstörer in Anspruch zu nehmen. Als Zustandsstörer sind diejenigen ordnungsrechtlich verantwortlich, die gegenwärtig Eigentümer von Bergwerken sind, soweit von dem Eigentum eine Gefahr für die öffentliche Sicherheit und Ordnung ausgeht. Alte Schachtanlagen, die vor der Begründung neuen Bergwerkseigentums bereits aufgegeben und verfüllt worden sind, werden allerdings nicht zu wesentlichen Bestandteilen des neuen Bergwerkseigentums.[13]

Die ordnungsrechtliche Verantwortlichkeit verjährt nicht. Der Verjährung unterliegen nur Ansprüche, nicht aber die materielle Polizei- bzw. Ordnungspflicht und die entsprechende Eingriffsbe-

---

10 *Beckmann*, NWVBL 2019, 45.

11 Siehe aber auch § 13 Abs. 2 LBodSchG NRW, wonach (nur) bei Flächen, die der Bergaufsicht unterliegen, die Bezirksregierung Arnsberg als Bergbehörde als obere und untere Bodenschutzbehörde zuständig ist, und dazu *Attendorn*, Anwendbarkeit des Bodenschutzrechts auf die Herstellung und Verfüllung untertägiger Hohlräume während und nach Beendigung der Bergaufsicht, AbfallR 2008, 111.

12 *Terwiesche*, Staatshaftung für Altbergbauschäden, NVwZ 2007, 284; *ders.*, Schadensersatz- und Amtshaftungsansprüche bei Bergschäden infolge Wiederanstiegs des Grubenwassers, ZfW 2007, 2.

13 OVG Lüneburg, Urt. v. 19.11.2011 – 7 LB 57/11, ZfB 2012, 142.

fugnis, weil sie nicht unter den Begriff des „Anspruchs" im Sinne von § 194 Abs. 1 BGB fallen.[14] Demnach kommt eine ordnungsrechtliche Verantwortlichkeit für den Zustand von Bergwerkseigentum bzw. für Gefahren, die durch den Betrieb des Bergwerks verursacht wurden, auch dann noch in Betracht, wenn der betreffende Bergwerksbetrieb bereits vor langer Zeit eingestellt wurde.

Begrenzungen dieser Verantwortlichkeit können sich im konkreten Einzelfall jedoch aus dem Grundsatz der Verhältnismäßigkeit und aus einer Rechtsnachfolge ergeben. Die Rechtsprechung hat entschieden, dass in bestimmten Situationen bei der ordnungsrechtlichen Inanspruchnahme der Zeitablauf unter dem Gesichtspunkt der Verhältnismäßigkeit berücksichtigt werden müsse. Das OVG Münster hat dazu ausgeführt, zwar komme eine Verjährung der Ordnungspflicht nicht in Betracht; das durch das gefahrauslösende Verhalten begründete Näheverhältnis des Störers zur Gefahr erfahre jedoch durch einen Zeitabstand von mehreren Jahrzehnten zumindest eine Lockerung, insbesondere dann, wenn das Risiko von einem früheren Eigentümer in Ausübung seiner Eigentümerbefugnisse geschaffen worden sei.[15] Das OVG Münster hat unter Berücksichtigung spezieller Umstände des konkreten Falls die Heranziehung des betroffenen Verhaltensstörers als unbillig angesehen. Die gefahrenverursachenden Handlungen lagen bei Erlass der Ordnungsverfügung 60 Jahre und mehr zurück. Das bedinge zwar nicht die Verjährung der Ordnungspflicht in Anwendung der mangels einschlägiger Sonderbestimmungen allein in Betracht kommenden zivilrechtlichen Bestimmungen über die Verjährung von Ansprüchen. Unter dem Gesichtspunkt der Verhältnismäßigkeit könne jedoch nicht außer Acht gelassen werden, dass die Zeitdauer von mehreren Jahrzehnten seit der Herbeiführung der Gefahr und dem Eigentumswechsel zu einer Verfestigung des Zustandes in dem Sinne geführt habe, dass für den allgemeinen Rechtsverkehr die Umstände, unter denen das Werksgelände seine tatsächliche Beschaffenheit erlangt hat, entscheidend an Bedeutung verloren hätten.

Nach Auffassung des BVerwG ist eine Haftungsgrenze zeitlich erst erreicht, wenn das nach dem Verursacherprinzip maßgebliche Zurechnungskriterium nicht mehr trägt. Bei der Zuordnung von Verantwortungssphären könne unter Umständen der Zeitablauf dazu führen, dass ein zunächst maßgeblicher Verursachungsbeitrag völlig in den Hintergrund trete, so dass die Verantwortlich-

---

14 OVG Berlin-Brandenburg, Beschl. v. 19.7.2018 – 10 S 67.17, juris; OVG Münster, Urt. v. 26.9.1996 – 21 A 7041/95, ZfB 1997, 36; VGH Mannheim, Beschl. v. 4.3.1996 – 10 S 2687/95, NVwZ-RR 1996, 387; OVG Münster, Urt. v. 30.5.1996 – 20 A 2640/94, NWVBl. 1997, 175; *Sachs*, in: Stelkens/Bonk/Sachs, VwVfG, 9. Auflage 2018, § 53 Rn. 12 m. w. N.; a. A. *Ossenbühl*, Verzicht, Verwirkung und Verjährung als Korrektive einer polizeilichen Ewigkeitshaftung, NVwZ 1995, 547.

15 OVG Münster, Urt. v. 30.5.1996 – 20 A 2640/94, NWVBl. 1996, 175.

keit neu, etwa nach Maßgabe des Gemeinlastprinzips der Allgemeinheit zugewiesen werden müsse. Diese Einschätzung und die Formulierung genereller Vorgaben seien jedoch in erster Linie dem Gesetzgeber vorbehalten. Selbst wenn man aber im Einzelfall erwägen wollte, eine zeitliche Schranke für die Ausübung von Eingriffsbefugnissen zu setzen, müsse diese sich an der früheren Regelverjährungsfrist des § 195 BGB a. F. und der jetzigen Maximalfrist nach § 197 BGB von 30 Jahren als Ausdruck eines allgemeinen, den ursprünglichen Anwendungsbereich übersteigenden Rechtsgedankens ausrichten.[16]

Angesichts der Verantwortlichkeit aus der vorangegangenen gefahrgeneigten Tätigkeit, die sich in einer typisch bergbaubedingten Gefahrenlage niederschlägt, kommt eine Einschränkung der ordnungsrechtlichen Verantwortung des Bergbautreibenden auch nach den Grundsätzen der so genannten Altlasten-Entscheidung des BVerfG nicht in Betracht.[17] Die dort zur Haftung des Zustandsstörers, der sich durch Einwirkungen jenseits seiner Verantwortungssphäre und mangels eines eigenen aktiven Verursachungsbeitrags selbst in einer Opferrolle befindet, entwickelten Maßstäbe lassen sich auf die bergrechtliche Verhaltensverantwortlichkeit nicht übertragen.

C. Verjährung von Bergschadensersatzansprüchen

Für die Verjährung von Bergschadensersatzansprüchen kommt es darauf an, welche Vorschriften auf den geltend gemachten Anspruch anzuwenden sind. In Betracht kommen seit dem Inkrafttreten des BBergG im Jahre 1982 § 117 Abs. 2 BBergG, § 151 ABG für die Zeit nach Inkrafttreten des ABG 1865 und für die Zeit nach dem Inkrafttreten des ALR im Jahre 1815 sogar noch dessen Verjährungsbestimmungen. Für die Anwendbarkeit des jeweiligen Bergrechts wird nach § 170 Abs. 1 BBergG auf den Zeitpunkt der Verursachung abgestellt.[18] Außerdem ist von Bedeutung, ob

---

16 BVerwG, Urt. v. 18.12.2014 – 7 C 22/12, BVerwGE 151, 156 mit Anmerkung von *Dietrich/Elgeti*, NVwZ 2015, 747; siehe dazu *Frenz*, Nachhaltiges Bergrecht – Garzweiler, Meggen und atomare Konzernnachhaftung als Eckpunkte, DVBl. 2016, 679; *Frenz*, Bergschadenshaftung nach dem Steinkohlenende 2018, DVBl. 2018, 849.

17 BVerfG, Beschl. v. 16.2.2000 – 1 BvR 242/91 u. a. – BVerfGE 102, 1; BVerwG, Urt. v. 18.12.2014 – 7 C 22/12, NVwZ 2015, 742; OVG Lüneburg, Beschl. v. 15.7.2015 – 7 LA 22/13, NVwZ-RR 2016, 34.

18 OLG Hamm, Urt. v. 25.6.2009 – 17 U 47/08, juris Rn. 37; *Ehricke*, Zur Verjährung von Bergschadensersatzansprüchen, in: Festschrift für Gunther Kühne, 2009, S. 487, 490; *Konrad*, Das Bergschadensrecht im System der verschuldensunabhängigen Haftung, S. 109.

neben den speziellen bergrechtlichen Verjährungsbestimmungen noch Verjährungsvorschriften des allgemeinen Zivilrechts beachtlich sind.[19]

I. Verjährung nach dem BBergG

Nach § 114 Abs. 1 BBergG sind Bergschäden zu ersetzen, die infolge der Ausübung einer bergbaulichen Tätigkeit oder durch eine Einrichtung des Bergbaus verursacht werden. Der Anspruch auf Ersatz des Bergschadens verjährt gem. § 117 Abs. 2 BBergG in Verbindung mit den §§ 195 ff. BGB nach den allgemeinen zivilrechtlichen Vorschriften. Besteht der Schaden in der Einwirkung auf ein fremdes Grundstück, dann ist der Schaden und damit auch der Anspruch erst in dem Zeitpunkt entstanden, in dem er äußerlich in Erscheinung getreten, also erkennbar geworden ist. Nicht maßgebend ist der Zeitpunkt, in dem die den Schaden verursachende Betriebshandlung vorgenommen worden ist.[20] Das Landgericht Dortmund weist dazu beispielhaft auf einen Fall hin, in dem ein Grundstück durch Lockerung seiner Standfestigkeit bereits längst geschädigt war, ehe der Schaden äußerlich sichtbar wurde. Ein Schaden im Rechtssinne liege dann noch nicht vor. Dies sei vielmehr erst dann der Fall, wenn der Vermögensvergleich möglich werde, der das Wesen jeder Schadensfeststellung ausmache. Der Anspruch auf Bergschadensersatz entstünde nicht schon in dem Zeitpunkt, in dem der Bergschaden verursacht werde oder die Beschädigung des Grundstücks objektiv eintrete, sondern erst und sobald die Vermögensminderung erkennbar werde, die von der Einwirkung des Bergbaus ausgehe.[21] Schweben zwischen dem Ersatzpflichtigen und dem Ersatzberechtigten Verhandlungen über den zu leistenden Ersatz, so ist die Verjährung gem. § 203 BGB gehemmt, bis der eine oder andere Teil die Fortsetzung der Verhandlungen verweigert.

Die Bergschadenshaftung beurteilt sich für den Zeitraum vor Inkrafttreten des BBergG am 1.1.1982 nach dem bis zu diesem Zeitpunkt geltenden Recht. § 170 BBergG bestimmt, dass auf Schäden im Sinne des § 114 BBergG, die ausschließlich vor Inkrafttreten des BBergG verursacht wurden, die für solche Schäden vor Inkrafttreten des BBergG geltenden Vorschriften anzuwenden sind. Insoweit gelten für solche Bergschäden auch nicht die erwähnten Verjährungsbestimmungen des § 117 Abs. 2 BBergG i. V. m. §§ 195 ff. BGB. Bergschäden, die von einem Bergwerksunternehmen

---

19 Siehe dazu den Überblick bei *Konrad*, Das Bergschadensrecht, S. 110 ff.
20 LG Dortmund, Urt. v. 18.1.2008 – 3 O 264/04, Rn. 16, juris.
21 LG Dortmund, Urt. v. 18.1.2008 – 3 O 264/04, Rn. 16, juris.

verursacht wurden, der bereits vor Inkrafttreten des BBergG eingestellt wurde, sind nicht nach dem BBergG, sondern ausschließlich nach dem zuvor geltenden Recht zu beurteilen. Entscheidend sind insoweit die maßgebenden Betriebshandlungen und nicht der Zeitpunkt der Schadensentstehung.[22]

Der für die Bestimmung des anwendbaren Rechts maßgebliche Zeitpunkt der Verursachung des Schadens liegt vor, wenn ein adäquater Kausalzusammenhang zwischen der bergbaulichen Tätigkeit und dem Schaden besteht. Ursache des Schadens ist die schadensstiftende Einwirkung auf die Erdoberfläche im Zuge der Aufsuchung und Gewinnung.[23] Zwischen der Verursachung und dem Eintritt des Schadens können viele Jahrzehnte vergehen. Abhängig von den geologischen Verhältnissen, der Abbauteufe und der jeweiligen Abbaumethode können Schäden auch noch 100 Jahre nach der Gewinnungstätigkeit auftreten.[24]

Das entscheidende Abgrenzungskriterium für die Zuordnung eines Bergschadensfalls zum BBergG oder zum früheren Recht ist der Zeitpunkt der Schadensverursachung. Nur für Schäden, die ausschließlich vor Inkrafttreten des BBergG verursacht wurden, gilt nach § 170 Satz 1 BBergG das frühere Recht. Mit der Verursachung ist die schädigende Handlung gemeint, also die bergbauliche Handlung, die die Kausalkette in Gang gesetzt hat, die am Ende zum Eintritt eines Schadens am geschützten Rechtsgut geführt hat. Die Schadensverursachung liegt in der Regel in der Einwirkungshandlung auf das Gebirge, namentlich im Abbaugeschehen, sie kann aber auch in anderen bergbaulichen Handlungen liegen, die zur Führung oder Einstellung eines Gewinnungsbetriebs gehören, etwa Erkundungsbohrungen, Sümpfungsmaßnahmen, Versatzmaßnahmen etc. Maßgebende Betriebshandlung ist der zeitlich und räumlich zusammenhängende Abbau in einem bestimmten Teil des Bergwerksfeldes oder Grubengebäudes. Auf die Frage, wann die Auswirkungen der schädigenden Handlung an der Oberfläche sichtbar werden oder die Rechtsgutsverletzung tatsächlich erkennbar geworden ist, kommt es nach § 170 BBergG nicht an. Da der Abbau zumeist nicht durch einmalige, sondern durch langfristig andauernde Einwirkungshandlungen stattfindet, stellt § 170 BBergG klar, dass das alte Recht nur Anwendung findet, wenn der Schaden ausschließlich vor dem Inkrafttreten des BBergG verursacht wurde. Ausschließlich vor dem Inkrafttreten des BBergG verursacht sind Bergschäden, wenn die maßgeblichen Betriebshandlungen

---

22 OLG Hamm, Urt. v. 25.6.2009 – 17 U 47/08, Rn. 20, juris; LG Dortmund, Urt. v. 18.1.2008 – 3 O 264/04, Rn. 14, juris.
23 *Wittmann*, in: Frenz (Hrsg.), BBergG, 1. Aufl. 2019, § 170 Rn. 3; *Schubert*, in: Boldt/Weller/Kühne/von Mäßenhausen, BBergG, 2. Aufl. 2016, § 170 Rn. 2, § 114 Rn. 43 ff.
24 *Wittmann*, in: Frenz, § 170 Rn. 2; *Schubert*, in: Boldt/Weller/Kühne/von Mäßenhausen, § 170 Rn. 2.

vor dem 1.1.1982 abgeschlossen wurden. Sofern der Schaden einem Abbaugeschehen zuzuordnen ist, das über dieses Datum andauerte, besteht kein Grund für einen entsprechenden Vertrauensschutz auf Seiten des Unternehmers, so dass das neue Recht Anwendung finden kann.[25]

II. Haftung und Verjährung des Anspruchs gem. § 112 Teil II Titel 16 ALR

Eine Haftung für Bergschäden des Altbergbaus, auf die das BBergG nicht anwendbar ist, kann sich grundsätzlich sogar noch aus dem ALR aus dem Jahre 1815 ergeben. Das OLG Düsseldorf hat dazu entschieden, dass auf einen im Jahr 1850 verursachten Bergschaden das ALR anzuwenden sei.[26] § 112 Teil II Titel 16 ALR regelt, dass „für alles, was der Grundeigentümer zum Bau und Betrieb des Werkes abgetreten oder verloren hat, demselben vollständige Genugtuung nach den Vorschriften des I. Teils Titel 6 § 7 geleistet werden" muss. Damit bestand nach dem ALR eine Schadenshaftung des Bergbautreibenden. Der Anspruch aus § 112 Teil II Titel 16 ALR verjährte nach der allgemeinen Verjährungsregelung in § 55 Teil I Titel 6 ALR („Sind seit dem Zeitpunkt der Schadenszufügung 30 Jahre verflossen, so kommt es auf den Zeitpunkt der erlangten Wissenschaft nicht weiter an."). Demnach trat eine Verjährung des Bergschadensersatzanspruchs unabhängig von der Kenntnis des Betroffenen in 30 Jahren ab Schadenszufügung ein. Diese Verjährungsregelung soll nach Ansicht des OLG Düsseldorf auch dann anzuwenden sein, wenn der Schaden erst unter Geltung des BGB sichtbar geworden ist. Hierzu führt das OLG Düsseldorf aus, dass nach dem Sinn des Art. 170 EGBGB das ältere Recht nicht nur dann zur Anwendung komme, wenn unter seiner Geltung ein Anspruch zur Entstehung gelangt sei, sondern auch dann, wenn sich zur Zeit seiner Geltung ein Tatbestand verwirklicht habe, der typischerweise zur Entstehung eines Anspruchs hätte führen können, für den das ältere Recht jedoch anordnet, dass aus diesem Sachverhalt gerade *kein* Anspruch abzuleiten sei.

III. Haftung für Bergschäden nach dem ABG

Das am 1.10.1865 in Kraft getretene ABG findet auf die bis 1982 in seinem Geltungszeitraum verursachten Bergschäden Anwendung. Nach § 148 ABG ist der Bergwerkseigentümer verpflichtet, alle Schäden, welche dem Grundeigentum, dessen Bestandteilen oder Zubehör durch den Betrieb

---

25 *Wittmann*, in: Frenz, § 170 Rn. 3 f.
26 OLG Düsseldorf, Urt. v. 11.6.1982 – 7 U 172/81, ZfB 1982, 101, 105 f.

des Bergwerks zugefügt wurden, zu ersetzen. Wie schon erwähnt ist der Bergschaden in dem Zeitpunkt als entstanden anzusehen, in welchem die schädigende Wirkung der Betriebshandlung des Bergwerksbesitzers in Erscheinung getreten, das heißt erkennbar geworden ist. Alle Schadensfolgen, die auf dieselbe schadensstiftende Betriebshandlung zurückzuführen sind, bilden rechtlich einen einheitlichen Bergschaden im Sinne von § 148 AGB, auch wenn sie zeitlich getrennt in Erscheinung treten. Dieser einheitliche Schaden umfasst sämtliche auf derselben Schadensursache beruhenden zukünftigen Schadensfolgen, wenn deren Eintritt als Folge einer einheitlichen Ursache erfahrungsgemäß voraussehbar ist.[27]

Die Verjährung dieses Bergschadensersatzanspruchs ist in § 151 ABG geregelt, einer Vorschrift, die nach wie vor auf Schadensersatzansprüche gemäß § 148 ABG anzuwenden ist.[28] Gem. § 151 Abs. 1 ABG müssen Ansprüche auf Ersatz eines durch Bergbau verursachten Schadens von dem Beschädigten innerhalb von drei Jahren, nachdem er Kenntnis von dem Schaden und seinem Urheber erlangt hat, durch Klage vor dem ordentlichen Gericht geltend gemacht werden, anderenfalls sind sie verjährt. Der Lauf der dreijährigen Verjährungsfrist nach § 151 ABG setzt demnach Kenntnis sowohl vom Schaden als auch von dem Urheber des Schadens voraus.[29] Das OLG Hamm hat entschieden, dass der Lauf der Verjährungsfrist beginnt, wenn die körperliche Einwirkung auf ein fremdes Grundstück äußerlich in Erscheinung tritt.[30]

Da Bergschäden gerade bei dem oberflächennahen Altbergbau auch viele Jahrzehnte nach der Vornahme der Abbauhandlungen gelegentlich noch auftreten, können auch heute noch Bergschadensersatzansprüche geltend gemacht werden, bei denen nach der speziellen Regelung des § 151 ABG noch keine Verjährung eingetreten ist, weil der Schaden erst in jüngster Zeit aufgetreten und der Betroffene erst jetzt Kenntnis vom Schädiger erlangt hat bzw. erlangen konnte. Bei Anwendung des ABG sind demnach keinesfalls alle Bergschadensersatzansprüche, die auf Betriebshandlungen aus der Zeit des ABG zurückgehen, verjährt. Vielmehr bleibt nach wie vor denkbar, dass ein Schadensersatzanspruch nach § 148 ABG erfolgreich geltend gemacht werden kann, obwohl die den Schaden auslösende Betriebshandlung vor 1982, also vor schon fast 40 Jahren stattgefunden hat.

---

27 LG Düsseldorf, Urt. v. 20.3.2003 – 8 O 103/02, n. v.; siehe auch *Müggenborg*, NuR 2018, 155, 156 f.

28 *Wittmann*, in: Frenz, § 170a Rn. 6; *Schubert*, in: Boldt/Weller/Kühne/von Mäßenhausen, § 170 Rn. 2; *Müggenborg*, NuR 2018, 155, 157.

29 *Müggenborg*, NuR 2018, 155, 157.

30 OLG Hamm, Urt. v. 25.6.2009 – 17 U 47/08, Rn. 43, juris.

Eine Kenntnis vom Schaden liegt vor, wenn dem Berechtigten die Auswirkungen einer Schadensursache bekannt wurden. Als erforderliches Maß der „Kenntnis" verlangt die Rechtsprechung Kenntnis von solcher Sicherheit, dass ein Verständiger daraufhin gegen einen bestimmten Urheber mit Aussicht auf Erfolg eine Klage anstrengen kann. Es reicht die Erlangung einer allgemeinen positiven Kenntnis vom Schaden; der Umfang des Schadens braucht nicht bekannt zu sein. Eine derartige Kenntnis des Geschädigten von einem Bergschaden kann grundsätzlich auch noch lange Zeit nach Verursachung des Schadens eintreten. Das OLG Köln hat in einem Urteil aus dem Jahre 1999 die Verjährungsregelung des § 151 ABG im Hinblick auf einen Schaden geprüft, von dem der Kläger im Jahr 1992 Kenntnis erlangt hatte.[31] Zwar war die Schadensursache im dortigen Fall erst im Jahre 1962 gesetzt worden; grundsätzlich ist es aber auch denkbar, dass ein noch früher verursachter Bergschaden erst in heutiger Zeit in Erscheinung tritt. Die dreijährige Verjährungsfrist aus § 151 ABG kann insoweit noch mit Kenntniserlangung zu laufen beginnen.

Ein im Rahmen von § 148 Abs. 1 ABG ersatzfähiger Bergschaden in Form einer so genannten Berggefahr, also der drohenden Gefahr bergbaulicher Einwirkungen auf das betroffene Grundstück, entsteht zu dem Zeitpunkt, zu dem durch den Bergbau unterirdische Hohlräume in gefährdender Nähe zu dem Grundstück entstehen. Ein Schadensersatzanspruch des Grundstückseigentümers wegen Beeinträchtigung der Bebauungsmöglichkeit des Grundstücks kommt daher nur dann in Betracht, wenn das Grundstück schon in diesem Zeitpunkt bereits „Bauplatzeigenschaft" besaß oder wenigstens damit zu rechnen war, dass es ohne die schädigende Wirkung des Bergbaus in absehbarer Zeit diese Eigenschaft erlangt haben würde.[32]

Eine Verjährung von Bergschadensersatzansprüchen kann – unabhängig von der Verjährung nach § 151 ABG – auch aufgrund der allgemeinen zivilrechtlichen Verjährungsregelungen eintreten. Das ABG regelt zwar nicht ausdrücklich, ob neben § 151 Abs. 1 ABG auch allgemeine Verjährungsregelungen des Zivilrechts gelten; das OLG Hamm hat dies – wie andere Gerichte auch – in seinem Urteil vom 25.6.2009 ausdrücklich offen gelassen.[33] In der bergrechtlichen Literatur und Recht-

---

31 OLG Köln, Urt. v. 8.2.1999 – 16 U 46/98, ZfB 1999, 286.

32 LG Dortmund, Urt. v. 23.3.2018 – 6 O 25/18, ZfB 2018, 241; dazu *Frenz*, Heutige Haftung aus altem Bergwerkseigentum, UPR 2018, 331.

33 OLG Hamm, Urt. v. 25.6.2009 – 17 U 47/08, Rn. 63, juris; eine Verjährung auf der Grundlage allgemeiner Verjährungsbestimmungen wird z. B. bejaht von *Wittmann*, in: Frenz, § 170a Rn. 8; *Schulte*, in: Piens/Schulte/Graf Vitzthum, § 117 Rn. 41; *Beckmann/ Wittmann*, Zur zeitlichen Begrenzung der Inanspruchnahme für Gefahren und Bergschäden des Altbergbaus, in: FS Kühne, S. 441, 445 f. mit weiteren Nachweisen zur älteren Literatur; *Schubert*, in: Boldt/Weller/Kühne/von Mäßenhausen, § 117 Rn. 18 ff.

sprechung wird die Anwendbarkeit der allgemeinen Verjährungsregelungen jedoch überwiegend und zu Recht bejaht.[34] Auch die Gesetzesmaterialien zum geltenden BBergG sprechen für eine Geltung der allgemeinen Verjährung neben der Verjährungsvorschrift in § 151 ABG. Der Ausschuss für Wirtschaft schlug nämlich im Gesetzgebungsverfahren vor, den damaligen § 115 BBergG (heute § 117 BBergG) um den Zusatz zu ergänzen: „...ohne Rücksicht darauf verjährt der Ersatzanspruch in 30 Jahren vom Zeitpunkt der Entstehung an."[35] Auf diese Weise sollte „klargestellt" werden, dass die allgemeine 30-jährige Verjährung auch für das Bergschadensrecht gilt. Insoweit war offenbar eine Festschreibung der bereits unter dem ABG geltenden Rechtslage gewollt. Schließlich spricht für eine Geltung der allgemeinen Verjährungsvorschriften neben § 151 ABG auch der Aspekt der Rechtssicherheit. Folgt man den Motiven zum Erlass des § 151 ABG, sollte bereits diese Regelung den Bergbautreibenden vor „veralteten Entschädigungsansprüchen, deren Grund und Umfang nicht mehr aufgeklärt werden kann" schützen.[36] Ein solcher Schutz würde jedoch kaum erreicht, wenn nicht unabhängig von der Kenntnis vom Schaden parallel auch die allgemeine Verjährungsregelung des Zivilrechts anwendbar wäre und der Haftung unabhängig von der Kenntnis vom Schaden ein Ende setzen würde.[37]

Auch das Reichsgericht hatte in einer Entscheidung aus dem Jahr 1919 offen gelassen, ob die allgemeine 30-jährige Verjährung des ALR neben der Regelung des § 151 ABG anwendbar ist, hat die Frist aber hilfsweise geprüft.[38] Das OLG Düsseldorf hat sich in seinem Urteil vom 18.5.1979[39] mit Fragen der Verjährung von Bergschadensersatzansprüchen nach dem ABG beschäftigt. Das Gericht hat ebenfalls ausdrücklich offen gelassen, ob der Bergschadensersatzanspruch neben der in § 151 ABG bezeichneten Verjährungsfrist auch der allgemeinen Verjährung gem. § 195 BGB unterliegt. Es hat allerdings im konkreten Fall ausführlich geprüft, ob der Bergschadensersatzanspruch nach § 112 Teil II Titel 16 ALR gem. § 55 Teil I Titel 6 ALR verjährt war. Der Lauf der 30-jährigen Ver-

---

34 Zum Meinungsstreit *Finke*, Die Verjährung von Bergschadensersatzansprüchen, ZfB 1996, 197, 222; *Konrad*, Das Bergschadensrecht, S. 108 ff.

35 Beschlussempfehlung und Bericht des Ausschusses für Wirtschaft zum Entwurf des BBergG, BT-Drs. 8/3965, S. 142.

36 Motive zitiert nach RG, Urt. v. 22.2.1882, ZfB 24, 107, 109.

37 Gegen eine Anwendbarkeit des allgemeinen Verjährungsrechts neben § 151 ABG *Thost*, Die Verjährung von Bergschäden nach dem Allgemeinen Preußischen Berggesetz, ZfB 1937, 397, 406; *Westhoff*, Bergbau und Grundbesitz nach preußischem Recht, Bd. I Der Bergschaden, Berlin 1904, S. 380; *Baumann*, Die Verjährung von Bergschadensansprüchen nach dem ABG unter besonderer Berücksichtigung der Spätschäden, ZfB 1957, 126, 134; *Zobel*, Zur Verjährung von Bergschadensersatzansprüchen, ZfB 1987, 56, 58.

38 RG, Urt. v. 8.2.1919 – V 283/18, ZfB 60, 411, 419.

39 OLG Düsseldorf, Urt. v. 18.5.1979 – 7 U 25/76, ZfB 120, 422 ff.

jährungsfrist hatte im dortigen Fall nach Ansicht des Gerichts im Jahr 1850 begonnen. Das Gericht hat insoweit eine Verjährung des Anspruchs nach § 55 Teil I Titel 6 ALR angenommen. Der Ersatzanspruch aus dem Jahr 1850 war jedoch noch vor Inkrafttreten des ABG entstanden und beurteilte sich nach § 112 Teil II Titel 16 ALR, so dass das Gericht nicht auf das Verhältnis des ALR zu § 151 ABG eingehen musste. Das OLG Düsseldorf hat dazu ausgeführt, dass der Sinn des § 55 Teil I Titel 6 ALR darin zu erblicken sei, dass nach Ablauf von 30 Jahren seit Eintritt der nachteiligen Einwirkung auf ein Grundstück die Diskussion über etwaige Vermögensnachteile für den Eigentümer abgeschnitten sein solle. Dieses Argument würde auch für eine Anwendung der Vorschrift parallel zur Regelung des § 151 ABG sprechen.

Angesichts der parallelen Anwendbarkeit allgemeiner Verjährungsregelungen muss im Einzelfall geprüft werden, ob die Geltendmachung von Ersatzansprüchen an der Verjährung nach allgemeinem Zivilrecht scheitert.[40] Das kann sich als ausgesprochen kompliziert erweisen.

IV. Haftung nach allgemeinem Deliktsrecht

Nach § 121 BBergG bleiben gesetzliche Vorschriften, nach denen für einen Schaden im Sinne des § 114 BBergG in weiterem Umfang als nach den Vorschriften des BBergG gehaftet wird oder nach denen ein anderer für den Schaden verantwortlich ist, unberührt. § 121 BBergG gilt zwar nach § 170 BBergG nicht für Bergschäden, die ausschließlich vor Inkrafttreten des BBergG verursacht worden sind. Auch hinsichtlich der vor dem BBergG geltenden Vorschriften ist jedoch nicht von einer abschließenden Regelung auszugehen. Der Bergwerkseigentümer haftet z. B. gem. § 823 Abs. 1 BGB für Schäden, die durch schuldhaftes Handeln oder Unterlassen am Eigentum eines anderen eingetreten sind. Eine deliktische Haftung kommt nach Einstellung des Bergwerksbetriebs insbesondere für denjenigen in Betracht, in dessen Verantwortungsbereich eine Gefahrenquelle besteht und der es schuldhaft unterlässt, seinen Verkehrssicherungspflichten nachzukommen. Der Eigentümer von Bergwerken ist deshalb grundsätzlich verpflichtet, auch nach Einstellung des Abbaues die erforderlichen Überwachungs- und Sicherungsmaßnahmen hinsichtlich seines Bergwerkseigentums zu ergreifen.[41] Diese Verkehrssicherungspflicht besteht, sobald und solange von einem Bergwerkseigentum eine besondere Gefahr für Dritte ausgeht. Sie besteht unabhängig

---

40 Siehe dazu im Einzelnen *Beckmann/Wittmann*, in: FS Kühne, S. 441, 450 ff,
41 Vgl. BGH, Urt. v. 30.4.1985 – VI ZR 162/83, ZfB 1986, 260; *Beckmann*, ZfB 2016, 1, 17 ff.; *Beckmann*, AUR 2011, 1, 6.

davon, wann das Bergwerk stillgelegt wurde. Denn die Verkehrssicherungspflicht knüpft gerade nicht an den damaligen Bergwerksbetrieb/Abbau an, sondern an die Verantwortlichkeit für das Bergwerk, die aus der Eigentümerstellung abgeleitet ist. Auslöser für die Verkehrssicherungspflicht ist die (heutige) Unterhaltung einer Gefahrenquelle, von der gegenwärtig Gefahren ausgehen können. Der Eigentümer eines (stillgelegten) Bergwerks ist demnach auch in heutiger Zeit noch verkehrssicherungspflichtig, so dass auch ein auf schuldhafter Verletzung der Verkehrssicherungspflicht beruhender Schadensersatzanspruch nach § 823 Abs. 1 BGB heute noch entstehen kann. Eine Verkehrssicherungspflicht liegt selbstverständlich nur dann vor, wenn die Gefährdung, die von dem Eigentum ausgeht, für den Eigentümer erkennbar ist und er zumindest fahrlässig seine Verpflichtung verletzt. Grundsätzlich ist aber davon auszugehen, dass eine Altbergbaugesellschaft ihr Eigentum und die davon möglicherweise ausgehenden Gefahren kennt und demnach auch heute noch zur Sicherung dieser Gefahrenquelle verpflichtet ist. Da die Verkehrssicherungspflicht ständig besteht, solange von dem Bergwerk noch Gefahren ausgehen können, kann bei Verletzung der Verkehrssicherungspflicht ein „neuer" Schadensersatzanspruch entstehen, der den Verjährungsvorschriften des BGB unterfällt.

Eine Beschränkung der Verkehrssicherungspflicht kommt unter dem Aspekt der gebotenen Verhältnismäßigkeit in Betracht. Die Maßnahmen zur Abwendung der Gefahr müssen dem Pflichtigen nach der Rechtsprechung zumutbar sein. Der Pflichtige muss nicht für alle denkbaren, entfernten Möglichkeiten eines Schadenseintritts Vorsorge treffen, sondern es genügen diejenigen Vorkehrungen, die nach den konkreten Umständen des Einzelfalls zur Beseitigung der Gefahr erforderlich und zumutbar sind, d. h. die nach den Sicherheitserwartungen des jeweiligen Verkehrs im Rahmen des wirtschaftlich Zumutbaren geeignet sind, Gefahren von Dritten tunlichst abzuwenden. Das Maß der erforderlichen Sicherungsmaßnahmen richtet sich allerdings nicht ausschließlich nach dem wirtschaftlichen Aufwand, sondern insbesondere auch nach den im konkreten Fall drohenden Gefahren. Je größer die Wahrscheinlichkeit der Schädigung und je schwerer der drohende Schaden, desto höher ist das Maß des dem Pflichtigen zur Vermeidung oder Abwendung der Gefahr Zumutbaren. Im Einzelfall muss also sorgfältig zwischen der Schwere des drohenden Schadens und dem wirtschaftlichen Aufwand für Maßnahmen zur Gefahrenabwehr abgewogen werden, um zu bestimmen, wie weit die Verkehrssicherungspflicht reicht. Allein der lange Zeitablauf seit Schaffung der Gefahrenquelle bietet hingegen keinen Anhaltspunkt für eine Beschränkung der Verkehrssicherungspflicht.

D. Schluss

Das Oberlandesgericht Hamm hat den Steinkohlenbergbau an der Ruhr mit seiner Rechtsprechung fast 200 Jahre begleitet. Auch wenn die letzte Zeche bereits vor zwei Jahren stillgelegt worden ist, werden das Gericht Ansprüche auf Bergschadensersatz auch in Zukunft wohl noch immer wieder einmal beschäftigen. Angesichts der Unübersichtlichkeit der Verjährungsvorschriften für die unterschiedlichen Geltungszeiträume der bergrechtlichen Bestimmungen und der allgemeinen Verjährungsvorschriften bleibt dem Gericht zu wünschen, dass es von einer allzu häufigen Inanspruchnahme in diesem Zusammenhang verschont bleibt.

Umweltrechtliche Prüfungen bei bergrechtlichen Betriebsplanzulassungen

Bernd Dammert[1]

1 Ich danke Rechtsanwalt Dr. Götz Brückner für seine Unterstützung bei der Erstellung des Manuskripts.

A. Einführung und Problemstellung

Die Prüfung umweltrechtlicher Anforderungen bei bergrechtlichen Betriebsplanzulassungen sorgt trotz einer seit Mitte der 1980er Jahre anhaltenden Konkretisierung von Einzelaspekten durch die Rechtsprechung[2] in ihrem Gesamtkontext und ihrer systematischen Einordnung und den daraus folgenden Anforderungen an Prüfungsgegenstand und -umfang sowie Prüfungstiefe auf der jeweiligen Zulassungsebene immer noch für Unklarheiten in der Verwaltungs- und Gerichtspraxis. Ein aktuelles Beispiel bieten Entscheidungen[3] in einem Eilrechtsschutzverfahren betreffend den Braunkohlentagebau Jänschwalde. Der vorliegende Beitrag zielt zunächst auf eine dogmatische Grundeinordnung der Prüfungen im bergrechtlichen Zulassungsverfahren. Zudem soll in einem zweiten Teil der Fokus auf zwei Aspekte des materiellen Rechts – den FFH-Gebietsschutz und die Vereinbarkeit mit wasserhaushaltsrechtlichen Bewirtschaftungszielen – gelegt werden, die auch bei außerbergrechtlichen Zulassungen, namentlich wasserrechtlichen Erlaubnissen für Sümpfungsmaßnahmen, relevant werden.

B. Zulassungsinhalt und Funktion der Rahmenbetriebsplan- und Hauptbetriebsplanzulassung im gestuften bergrechtlichen Zulassungssystem

Um die Frage zu beantworten, welche umweltrechtlichen Aspekte auf welcher Zulassungsstufe und in welchem Umfang und welcher Tiefe zu untersuchen sind, bedarf es zunächst eines Blickes auf Inhalt und Funktion bergrechtlicher Zulassungen. Brennpunkte unter Rechtsschutzgesichtspunkten sind hierbei die Rahmen- und Hauptbetriebsplanzulassung. Gemäß § 51 Abs. 1 Satz 1 BBergG besteht für Aufsuchungsbetriebe, Gewinnungsbetriebe und Betriebe zur Aufbereitung eine Betriebsplanpflicht. Damit der Bergbautreibende dieser Pflicht nachkommen kann, stellen § 52 Abs. 1 bis Abs. 3 BBergG und § 53 BBergG ein gestuftes System von Betriebsplänen und zugehörigen Zulassungsentscheidungen zur Verfügung.

---

2 Grundlegend BVerwG, Urt. v. 4.7.1986 – 4 C 31.84 – juris.
3 VG Cottbus, Beschl. v. 27.6.2019 – VG 3 L 36/19 – juris; OVG Berlin-Brandenburg, Beschl. v. 28.8.2019 – 11 S 51/19 – juris.

I. Inhalt und Funktion der Rahmenbetriebsplanzulassung

Aus § 52 Abs. 2 Nr. 1 BBergG ergibt sich, dass der Rahmenbetriebsplan das beabsichtigte Vorhaben, dessen technische Durchführung und den voraussichtlichen zeitlichen Ablauf beschreiben soll. Der zeitliche Rahmen für einen Rahmenbetriebsplan ist nach den Umständen des Einzelfalls zu bemessen. Der *fakultative Rahmenbetriebsplan* im Sinn von § 52 Abs. 2 Nr. 1 BbergG dient dazu, bei größeren Vorhaben für einen längeren Zeitraum allgemeine Angaben zum beabsichtigten Vorhaben, seine technische Durchführung und den voraussichtlichen zeitlichen Ablauf darzustellen[4]. Der Bergbauunternehmer soll für das betreffende Vorhaben ein allgemeines Konzept in technischer und zeitlicher Hinsicht erarbeiten, um die bisweilen komplexen Sachverhalte transparent zu erfassen. Der Bergbehörde soll Gelegenheit gegeben werden, sich einen Überblick über die Planungen zu verschaffen[5].

Auch obligatorische Rahmenbetriebspläne haben – neben den erforderlichen konkreten Aussagen zur Umweltverträglichkeit des Gesamtvorhabens (Ermittlung, Beschreibung und Bewertung der Wirkungen des Vorhabens) – im Wesentlichen eine Gesamtschau über das Vorhaben zu beinhalten und seine technische und zeitliche Umsetzung zum Inhalt sowie – vermittelt über die Konzentrationswirkung der Planfeststellung – sonstige (ggf. auch abschließende) erforderliche Entscheidungen zu prüfen[6].

Die Zulassung des Rahmenbetriebsplans vermittelt dem Bergbautreibenden im Lichte der aktuellen Rechtsprechung nicht mehr nur einen verpflichtenden Rahmen, sondern ihr kommt die Funktion zu, die *Feststellung der grundsätzlichen Zulassungsfähigkeit des Gesamtvorhabens* oder zumindest größerer zeitlicher oder räumlicher Abschnitte zu treffen[7]. Die Zulassung des Rahmenbetriebsplans ist demzufolge vornehmlich durch eine *Feststellungswirkung* (Zulassungsfähigkeit des Gesamtvorhabens oder größerer zeitlicher oder räumlicher Abschnitte) gekennzeichnet. Dies gilt dem Grunde nach für fakultative und obligatorische Rahmenbetriebspläne gleichermaßen[8]. Die Feststellungswirkung bindet in vertikaler Hinsicht nachfolgende Betriebsplanzulassungen.

---

4 *Dammert/Brückner*, Phasenspezifischer Rechtsschutz: Ansätze am Beispiel des Bergrechts, ZUR 2017, 469, 473.

5 *Piens*, in: Piens/Schulte/Graf Vitzthum (Hrsg.), BBergG, 2. Aufl. 2013, § 52 Rn. 17.

6 *Gaentzsch*, Die bergrechtliche Planfeststellung, in: Festschrift für Horst Sendler 1991, S. 403.

7 BVerwG, Urt. v. 29.6.2006 – 7 C 11.05 – Rn. 17, juris; BVerwG, Beschl. v. 20.10.2008 – 7 B 21.08 – Rn. 16, juris; BVerfG, Urt. v. 17.12.2013 – 1 BvR 3139/08, 1 BvR 3386/08 – Rn. 274 ff., juris; *Dammert/Brückner*, ZUR 2017, 469, 473.

8 BVerwG, Urt. v. 29.6.2006 – 7 C 11.05 – für den Fall eines fakultativen Rahmenbetriebsplans; BVerwG, Urt. v. 15.12.2006 – 7 C 1.06 – für den Fall eines obligatorischen Rahmenbetriebsplans.

Weil die Zulassung des Rahmenbetriebsplans die Feststellung enthält, dass das Gesamtvorhaben zulassungsfähig ist und nicht aus überwiegenden öffentlichen Interessen untersagt oder eingeschränkt werden darf, und diese Feststellung der Bestandskraft fähig ist, kann bei der Zulassung von Hauptbetriebsplänen die grundsätzliche Zulassungsfähigkeit des Gesamtvorhabens – vorbehaltlich einer Änderung der tatsächlichen Verhältnisse – nicht erneut in Frage gestellt werden[9].

II. Inhalt und Funktion der Hauptbetriebsplanzulassung

Der Hauptbetriebsplan beschreibt nach § 52 Abs. 1 BBergG für einen in der Regel zwei Jahre nicht überschreitenden Zeitraum die Errichtung und Führung des konkreten Bergbaubetriebes. Er beinhaltet die konkrete technische Umsetzung im Detail und in dem begrenzten Zulassungszeitraum. Darüber hinausgehende allgemeine Aussagen zum bergbaulichen Gesamtvorhaben enthält der Hauptbetriebsplan nicht. Daneben werden durch die Hauptbetriebsplanzulassung auch keine Maßnahmen gestattet, für die nach den einschlägigen rechtlichen Regelungen eine gesonderte Zulassung, etwa eine wasserrechtliche Erlaubnis, erforderlich ist. Vielmehr bedarf es hierfür einer gesonderte Gestattung in Gestalt einer wasserrechtlichen Erlaubnis. Hintergrund der gesetzlich vorgegebenen Befristung von Hauptbetriebsplänen ist die dynamische Betriebsweise der typischen Bergbaubetriebe in Gestalt des Abbaus von Bodenschätzen, die durch kurze zeitliche Befristung einer regelmäßigen behördlichen Überprüfung unterzogen werden soll[10]. Nach Ablauf der befristeten Geltungsdauer bedarf es entweder der Zulassung eines neuen Hauptbetriebsplans oder der Verlängerung des bisherigen Hauptbetriebsplans. Die Zulassung des Hauptbetriebsplans besitzt Gestattungswirkung[11], ermöglicht dem Bergbauunternehmer also die Umsetzung der geplanten Maßnahmen.

C. Folgen für das behördliche Prüfprogramm

Mit Blick auf das behördliche Prüfprogramm ergeben sich in der Praxis regelmäßig zwei Konfliktsituationen. Zum einen wird zum Teil von Behörden sowie von klagenden Dritten im Kontext der Hauptbetriebsplanzulassung eine Betrachtung des bergbaulichen Gesamtvorhabens gefordert.

---

9 BVerwG, Urt. v. 29.6.2006 – 7 C 11.05 – Rn. 25, juris; BVerwG, Beschl. v. 20.10.2008 – 7 B 21.08 – Rn. 16, juris.
10 VG Cottbus, Urt. v. 21.12.2016 – VG 3 K 77/15 – Rn. 42, juris.
11 BVerwG, Urt. v. 29.6.2006 – 7 C 11/05; BVerwG, Beschl. v. 20.10.2008 – 7 B 21/08; *Dammert/Brückner*, ZUR 2017, 469, 473.

Diese Gesamtbetrachtung wird dann als erforderlich angesehen, wenn vorhergehende Betriebsplanzulassungen (insbesondere die Rahmenbetriebsplanzulassung) an vermeintlichen Prüfungsdefiziten leidet. Mitunter soll die geforderte Gesamtbetrachtung dabei nur einzelne Aspekte des bergbaulichen Gesamtvorhabens zum Gegenstand haben, etwa die Vereinbarkeit mit wasserhaushaltsrechtlichen Bewirtschaftungszielen, mit artenschutzrechtlichen Verbotstatbeständen oder der Verträglichkeit mit Blick auf Natura-2000-Gebiete.

Zum anderen wird – ebenfalls unter dem Gesichtspunkt einer nachträglichen Fehlerkorrektur – eine „punktuelle" Prüfung des bergbaulichen Gesamtvorhabens auf Ebene der Hauptbetriebsplanzulassung unter Ausweitung der Regelung des § 48 Abs. 2 Satz 1 BBergG für erforderlich gehalten[12] oder die Nachholung der zulassungsbezogenen Gesamtabwägung gefordert[13]. Ob und gegebenenfalls in welchem Umfang dies überhaupt zulässig ist, bedarf weiterer Prüfung.

I. Zulassungsvoraussetzungen des § 55 BBergG

Gemäß § 55 Abs. 1 Satz 1 BBergG ist die Zulassung eines Betriebsplans zu erteilen, wenn die in den Nr. 1 bis 9 abschließend aufgeführten Tatbestandsmerkmale erfüllt sind. Die Vorschrift gilt sowohl für die Zulassung von Rahmenbetriebsplänen als auch von Hauptbetriebsplänen. Mit Blick auf letztere ist angesichts ihres beschränkten räumlichen und zeitlichen Geltungsbereichs allerdings der Prüfungsumfang auf den räumlichen und zeitlichen Umgriff des jeweiligen Hauptbetriebsplans beschränkt.

Umweltrechtliche Aspekte spielen in den Zulassungsvoraussetzungen des § 55 Abs. 1 BBergG nur eine untergeordnete Rolle. Gemäß § 55 Abs. 1 Satz 1 Nr. 7 BBergG muss mit der Betriebsplanung die erforderliche Vorsorge zur Wiedernutzbarmachung der in Anspruch genommen Oberfläche in einem den Umständen entsprechenden Ausmaß getroffen werden.

Wiedernutzbarmachung ist gemäß § 4 Abs. 4 BBergG die ordnungsgemäße Gestaltung der vom Bergbau in Anspruch genommenen Oberfläche unter Beachtung des öffentlichen Interesses. Gefordert ist damit jedoch nicht die Wiederherstellung des vor Beginn des Rohstoffabbaus bestehenden Zustands. Vielmehr sind Vorkehrungen zu treffen, die erforderlich sind, um eine konkrete Nachnutzungsmöglichkeit zu gewährleisten. Eine Schnittstelle zu naturschutzrechtlich relevan-

---

12 So etwa OVG Berlin-Brandenburg, Beschl. v. 28.8.2019 – 11 S 51/19 – juris.
13 Abgelehnt durch VG Cottbus, Urt. v. 21.12.2016 – VG 3 K 77/15 – Rn. 42, juris.

ten Aspekten kann sich mit Blick auf die vorzunehmende Gestaltung der Oberfläche zur Vorbereitung einer sinnvollen Folgenutzung dann ergeben, wenn Maßnahmen der Wiedernutzbarmachung einen multifunktionalen Ansatz aufweisen und damit etwa auch Elemente des Ausgleichs von Eingriffen in Natur und Landschaft oder etwa artenschutzrechtliche Vermeidungs-, Minderungs- oder Ausgleichsmaßnahmen beinhalten.

II. Berücksichtigung anderer Verwaltungsverfahren und Verwaltungsentscheidungen nach § 48 Abs. 1 BBergG

Die Bergbehörde hat bei der Zulassung eines Betriebsplans die Zuständigkeit anderer Behörden sowie die Eigenständigkeit anderer Zulassungs- und Erlaubnisverfahren für konkrete Sachbereiche zu beachten und zu respektieren. § 48 Abs. 1 BBergG bestimmt ausdrücklich, dass die betreffenden Rechtsvorschriften, die bergbauliche Tätigkeiten im Rahmen anderer Verwaltungsverfahren und -entscheidungen verbieten oder beschränken können, unberührt bleiben. Soweit also die entsprechenden materiell-rechtlichen Belange in anderen Verfahren geprüft und ggf. entschieden werden, findet der Auffangtatbestand in § 48 Abs. 2 Satz 1 BBergG keine Anwendung. Die entsprechenden sondergesetzlichen Verfahren sind vielmehr vorrangig. Dies ergibt sich klar daraus, dass die Beschränkungs- und Untersagungsmöglichkeit nur „unbeschadet anderer öffentlich-rechtlicher Vorschriften" eingeräumt wird. Folglich wird die Möglichkeit der Untersagung oder Beschränkung nur insoweit gewährt, wie nicht bereits andere öffentlich-rechtliche Vorschriften eine spezielle Behörde mit der Wahrnehmung der zu schützenden öffentlichen Interessen betraut haben[14]. Folglich ist die Anwendbarkeit des § 48 Abs. 2 Satz 1 BBergG nur gegeben, wenn keine rechtliche Möglichkeit existiert, überwiegende öffentliche Interessen, die der Aufsuchung oder Gewinnung trotz der grundsätzlichen Priorität des Bergbaus im Einzelfall entgegenstehen sollten, in einem anderen behördlichen Verfahren zur Geltung zu bringen[15]. Dieser Umstand wurde und wird durch die Gerichte bislang nicht hinreichend gewürdigt. So wird die für einen Tagebau notwendige Grundwasserabsenkung nicht durch die Hauptbetriebsplanzulassung gestattet, sondern allein durch die erforderliche wasserrechtliche Erlaubnis. In diesem wasserrechtlichen Verfahren sind mithin naturschutzrechtlich relevante Aspekte der Grundwasserabsenkung, etwa als Eingriff

---

14 BVerwG, Urt. v. 4.7.1986 – 4 C 31.84 – juris; BVerwG, Urt. v. 29.6.2006 – 7 C 11/05 – juris; VG Arnsberg, Urt. v. 29.11.2011 – 7 K 2895/09 – juris.
15 *Weller/Kullmann,* in: Kullmann (Hrsg.), BBergG, 2012, § 48 Rn. 2.

in Natur und Landschaft nach § 14 BNatSchG oder als Beeinträchtigung von Natura-2000-Gebieten zu prüfen und zu regeln. Für die Bergbehörde folgt daraus, dass sie bei der Zulassung bergrechtlicher Betriebspläne insoweit ausschließlich aus Gründen des Bescheidungsinteresses eine Feststellung der grundsätzlichen Machbarkeit zu treffen hat[16]. Erforderlich, aber auch ausreichend ist damit die Prüfung der Bergbehörde, ob die Probleme, die das Vorhaben mit Blick auf insbesondere umweltrechtliche Aspekte auslöst, in den dafür erforderlichen Zulassungsverfahren gelöst werden können[17].

III. Beschränkungsmöglichkeiten nach § 48 Abs. 2 Satz 1 BBergG

Das bergbehördliche Prüfprogramm wird durch § 48 Abs. 2 Satz 1 BBergG insoweit erweitert, als eine Aufsuchung oder Gewinnung beschränkt oder untersagt werden kann, soweit ihr überwiegende öffentliche Interessen entgegenstehen. § 48 Abs. 2 Satz 1 BBergG ist in seinem Anwendungsbereich nicht auf die Rahmenbetriebsplanzulassung beschränkt. Vielmehr wird die Vorschrift in der bergrechtlichen Rechtsprechung allgemein als eine die Befugnisse der Bergbehörde im Betriebsplanverfahren erweiternde Norm verstanden, die den Katalog des § 55 Abs. 1 BBergG ergänzt[18]. Aus dem Wortlaut des § 48 Abs. 2 Satz 1 BBergG und dessen systematischer Stellung folgt, dass es sich hierbei nicht um eine weitere Zulassungsvoraussetzung im engeren Sinne handelt, sondern vielmehr um eine Befugnisnorm, um aus Gründen überwiegender öffentlicher Interessen eine Aufsuchung oder eine Gewinnung zu beschränken oder vollständig zu untersagen. Die maßgeblichen öffentlichen Interessen sind hierbei in § 48 Abs. 2 Satz 1 BBergG nicht selbst geregelt, sondern werden vielmehr materiell-rechtlich vorausgesetzt[19]. Wie aus den vorstehenden Darstellungen bereits ersichtlich, ermöglicht die Vorschrift aber keine allgemeine Prüfung jeglicher öffentlicher Interessen losgelöst von den einschlägigen fachrechtlichen Anforderungen und losgelöst von den Inhalten des gesetzlich geregelten Prüfprogramms. Lediglich soweit umweltrechtliche Belange nicht von der fachgesetzlichen Zuständigkeitszuweisung und der „Aufgaben-

---

16 BVerwG, Urt. v. 15.12.2006 – 7 C 6.06 – Rn. 40, juris; BVerwG, Urt. v. 29.4.2010 – 7 C 18.09 – Rn. 24, juris; ebenso *Dammert/ Brückner*, Bergrecht und Wasserrecht – Aktuelle Rechtsprechung und Entwicklungen, in: Faßbender/Köck (Hrsg.), Aktuelle Entwicklungen bei der Umsetzung der Wasserrahmenrichtlinie, 2018, S. 193, 201.

17 BVerwG, Urt. v. 15.12.2006 – 7 C 6/06 – Rn. 40, juris.

18 BVerwG, Urt. v. 4.7.1986 – 4 C 31.84; BVerwG, Urt. v. 29.6.2006 – 7 C 11/05; BVerwG, Urt. v. 15.12.2006 – 7 C 6.06; BVerwG, Urt. v. 29.4.2010 – 7 C 18.09.

19 BVerwG, Urt. v. 14.4.2005 – 7 C 26/03 – Rn. 20, juris.

teilung" nach § 48 Abs. 1 BBergG abgedeckt sind, handelt es sich um öffentliche Belange im Sinne des § 48 Abs. 2 BBergG und hat die Bergbehörde zu prüfen, ob insoweit eine Beschränkung oder Untersagung der bergbaulichen Tätigkeit geboten ist[20]. Als typische Beispiele für umweltrechtliche Aspekte im Sinn des § 48 Abs. 2 BBergG sind bodenschutzrechtliche oder abfallrechtliche sowie immissionsschutzrechtliche Anforderungen (§ 22 BImSchG) zu nennen, die nicht in einem eigenständigen Verwaltungsverfahren einschließlich Entscheidung im Sinn von § 48 Abs. 1 BBergG geprüft und überwacht werden.

In Erinnerung zu rufen ist auch mit Blick auf die Prüfung möglicher entgegenstehender öffentlicher Belange der jeweilige Zulassungsgegenstand bergrechtlicher Betriebspläne. Während der Rahmenbetriebsplan – gleich ob fakultativ oder obligatorisch – das bergbauliche Gesamtvorhaben bzw. jedenfalls größere räumliche und zeitliche Abschnitte betrifft, ist Gegenstand des Hauptbetriebsplans nur die konkrete bergbauliche Tätigkeit in dem jeweils zeitlich und gegebenenfalls räumlich umgrenzten Geltungsbereich. Nur mit Blick auf diesen Gegenstand der jeweiligen Betriebspläne wird daher auch ein Prüfungs- und gegebenenfalls Entscheidungsbedarf ausgelöst.

IV. Aufgedrängtes Fachrecht

Neben den Zulassungsvoraussetzungen des § 55 Abs. 1 BBergG sind der Bergbehörde regelmäßig nach anderen öffentlich-rechtlichen Vorschriften weitere Zulässigkeitsprüfungen zugewiesen. Hierzu gehört etwa die Abarbeitung der naturschutzrechtlichen Eingriffsregelung, die gemäß § 17 Abs. 1 BNatSchG durch die jeweilige Zulassungsbehörde zu erfolgen hat. Zudem gehören zum Prüfprogramm der Bergbehörde Entscheidungen und Maßnahmen nach § 34 Abs. 1 und 3 bis 5 BNatSchG, wenn der konkrete Zulassungsgegenstand (bergbauliche Maßnahmen, insbesondere Flächeninanspruchnahme) einzeln oder im Zusammenwirken mit anderen Projekten oder Plänen geeignet ist, ein Natura 2000-Gebiet erheblich zu beeinträchtigen[21].

Auch insoweit ist mithin jeweils im Einzelfall zu prüfen, ob ein bergrechtlicher Betriebsplan bezogen auf den konkreten Zulassungsgegenstand – und zwar zeitlich, räumlich und sachlich – entsprechende Tatbestände auslöst.

---

20 Siehe wiederum BVerwG, Urt. v. 4.7.1986 – 4 C 31.84; BVerwG, Urt. v. 29.6.2006 – 7 C 11/05 – Rn. 18, juris; VG Arnsberg, Urt. v. 29.11.2011 – 7 K 2895/09.

21 Allein in diesem Sinn: BVerwG, Beschl. v. 11.5.2015 – 7 B 18/14 – juris (dort zu prüfende Beeinträchtigung eines Natura 2000-Gebietes durch Flächeninanspruchnahme zum Zwecke des Rohstoffabbaus).

D. Insbesondere: Zulassungsbezogene Gesamtabwägung

In Verwaltungspraxis und Rechtsprechung noch weitgehend ungeklärt ist das Verhältnis zwischen den durchzuführenden fachrechtlichen Prüfungen und der zulassungsbezogenen Gesamtabwägung.

I. Notwendigkeit, Inhalt und Gegenstand der zulassungsbezogenen Gesamtabwägung

Das BVerfG hat zur Erforderlichkeit einer solchen Gesamtabwägung festgestellt, dass eine solche jedenfalls bei komplexen Vorhaben namentlich unter dem Gesichtspunkt effektiven Rechtsschutzes notwendig ist und dass diese alle für und gegen das Vorhaben sprechenden Belange betrachten muss[22]. Zugleich hat es betont, dass die Gesamtabwägung grundsätzlich als einheitliche Entscheidung vorgesehen sei, in aller Regel vor Beginn des Abbaubetriebs erfolgen und auch von den Eigentumsbetroffenen rechtzeitig angreifbar sein muss[23]. Daraus wird vor allem deutlich, dass eine Segmentierung der Entscheidung in einzelne separate Gegenstände unzulässig ist. Dementsprechend kann allein die Rahmenbetriebsplanzulassung, nicht aber die Hauptbetriebsplanzulassung geeigneter Standort für die Durchführung der zulassungsbezogenen Gesamtabwägung sein[24].

Zu prüfen ist dabei, ob die Voraussetzungen einer Enteignung für ein Bergbauvorhaben jedenfalls dem Grunde nach erfüllt sind. Gefordert ist damit auf der Ebene der Rahmenbetriebsplanzulassung eine Grundabtretungsprognose.

Erforderlich ist daher im Rahmen von § 48 Abs. 2 BBergG eine durch den Verhältnismäßigkeitsgrundsatz gesteuerte Abwägung zwischen den Belangen des Bergbaus und denjenigen der betroffenen Grundeigentümer.

Für die Prüfung der Zulassungsfähigkeit des Gesamtvorhabens kommt es nach der Rechtsprechung darauf an, ob das Abbauvorhaben durch die Notwendigkeit gerechtfertigt ist, den dort anstehenden Bodenschatz zur Sicherung der Rohstoffversorgung abzubauen, und ob deshalb die großflächige Inanspruchnahme von Grundstücken gegebenenfalls mit der Umsiedlung zahlreicher

---

22 BVerfG, Urt. v. 17.12.2013 – 1 BvR 3139/08, 1 BvR 3386/08 – Rn. 313, juris; ferner zum Inhalt *Dammert*, Verfassungsrechtliche Anforderungen an Grundabtretung und Rahmenbetriebsplanzulassung – Teil 2, ZfB 2014, 105, 112.

23 BVerfG, Urt. v. 17.12.2013 – 1 BvR 3139/08, 1 BvR 3386/08 – Rn. 317, juris.

24 Eingehend *Dammert*, ZfB 2014, 105, 113 f.; ebenso VG Cottbus, Urt. v. 21.12.2016 – VG 3 K 77/15 – Rn. 41 f., juris.

Menschen unter völliger Umgestaltung der Landschaft mit öffentlichen Interessen vereinbar ist. In diesem Rahmen sind auch die Interessen der Grundstückseigentümer mit den berechtigten Belangen des Bergbaus abzuwägen[25]. Zusammengefasst erfordert die durchzuführende Grundabtretungsprognose damit die

- Beurteilung, in welcher Weise aggregierte Grundeigentümerbelange betroffen sind,
- gesetzliche Bestimmung des Gemeinwohlziels (hier: Versorgung des Marktes mit Rohstoffen),
- Erforderlichkeit des Vorhabens für das Erreichen des Gemeinwohlziels,
- Prüfung, ob andere, gewichtigere Allgemeinwohlinteressen der Rohstoffgewinnung entgegenstehen sowie
- Verhältnismäßigkeit des Vorhabens aufgrund der Gesamtabwägung.

Die Prüfung der enteignungsrechtlichen Inanspruchnahme eines Grundstückes ist hingegen bei der Grundabtretung (§§ 77 ff. BBergG) und nicht bei der zulassungsbezogenen Gesamtabwägung vorzunehmen.

II. Verhältnis der zulassungsbezogenen Gesamtabwägung zu den fachrechtlichen Zulassungsvoraussetzungen

Die Schnittstelle zwischen den fachrechtlichen Zulassungsvoraussetzungen und der zulassungsbezogenen Gesamtabwägung stellt die Prüfung dar, ob andere, gewichtigere Allgemeinwohlinteressen der Rohstoffgewinnung entgegenstehen. Das BVerwG hat in seiner Rechtsprechung zum Braunkohlentagebau Garzweiler § 48 Abs. 2 Satz 1 BBergG als Anknüpfungspunkt gesehen. Es hat insoweit festgestellt, dass die öffentlichen Interessen im Sinne des § 48 Abs. 2 Satz 1 BBergG zugleich die Interessen sind, aus denen sein Grundstück nicht für das Vorhaben in Anspruch genommen werden darf[26]. Dogmatisch wird man keine Beschränkung der im Rahmen der Gesamtabwägung zu prüfenden Allgemeinwohlinteressen aus der Anknüpfung an § 48 Abs. 2 Satz 1 BBergG herleiten können. Vielmehr sind als zu berücksichtigende Allgemeinwohlinteressen die vorstehend thematisierten umweltrechtlichen Aspekte auch dann relevant, wenn sie auf Grundlage aufgedrängten Fachrechts zu prüfen sind oder im Rahmen des § 48 Abs. 1 BBergG eine Machbarkeitsprüfung durchzuführen ist.

---

25 BVerfG, Urt. v. 17.12.2013 – 1 BvR 3139/08, 1 BvR 3386/08 – Rn. 314, juris; BVerwG, Urt. v. 29.6.2006 – 7 C 11/05 – Rn. 19 f., juris.
26 BVerwG, Urt. v 29.6.2006 – 7 C 11/05 – Rn. 22, juris.

GESTERN HEUTE MORGEN

Hervorzuheben ist, dass der Ausgang der fachrechtlich durchzuführenden Prüfungen die wegen des Eigentumsschutzes durchzuführende Gesamtabwägung wesentlich vorzeichnet. Zum einen bleiben aufgrund des umfassenden Prüfprogramms bei der bergrechtlichen Rahmenbetriebsplanzulassung kaum noch Aspekte übrig, die eine originäre Bedeutung allein im Rahmen der Gesamtabwägung besitzen. Eine Ausnahme stellen insoweit Umsiedlungen und die sozialen Belange der Umsiedler sowie gegebenenfalls landwirtschaftliche Belange dar. Zum anderen können insbesondere Umweltbelange, die fachlich geprüft wurden und bezüglich derer die Vereinbarkeit des bergbaulichen Vorhabens attestiert wurde nicht auf Ebene der Gesamtabwägung – gegebenenfalls auch im Sinne einer summierenden Betrachtung – dazu führen, dass gewichtigere Allgemeinwohlinteressen der Rohstoffgewinnung entgegenstehen. Dies würde zu einem Wertungswiderspruch führen.

Wird mithin für ein Tagebauvorhaben festgestellt, dass eine erhebliche Beeinträchtigung von Natura-2000-Gebieten auf Grundlage von FFH-Vorprüfungen oder FFH-Verträglichkeitsprüfungen ausgeschlossen ist, kann der gemeinschaftsrechtliche Flächennaturschutz auch kein dem Vorhaben entgegenzuhaltendes öffentliches Interesse im Kontext der Gesamtabwägung darstellen. Gleiches gilt auch für die übrigen umweltrechtlichen Prüfungen und zwar auch dann, wenn ein Vorhaben etwa wasserhaushaltsrechtlich §§ 31 Abs. 2, 47 Abs. 3 WHG oder im Hinblick auf den FFH-Gebietsschutz nach § 34 Abs. 3 BNatSchG nur ausnahmsweise zugelassen werden kann.

Zwar ist ein Vorhaben in solchen Fällen mit Belastungen für die jeweiligen Umweltgüter verbunden. Deren Vermeidung stellt jedoch mit Blick auf die möglichen Ausnahmen kein gewichtigeres Allgemeinwohlinteresse als das öffentliche Interesse an der Rohstoffgewinnung dar und führt damit nicht zur Versagung der Zulassung unter dem Aspekt der Gesamtabwägung. Die fachrechtlich erteilte Ausnahme verdeutlicht dies, zumal auch in diesem Zusammenhang das Interesse an der Rohstoffgewinnung als Rechtfertigungsgrund für die Ausnahme zu betrachten ist. Zusammengefasst folgt daraus, dass mit der Bejahung der fachrechtlichen Zulässigkeit des Bergbauvorhabens faktisch keine Spielräume mehr dafür bestehen, dieses im Rahmen der zulassungsbezogenen Gesamtabwägung als unzulässig anzusehen. Umgekehrt stellt sich die Frage nach einer Gesamtabwägung dann schon im Ausgangspunkt nicht, wenn ein fachrechtliches Umsetzungshindernis für das Bergbauvorhaben besteht und kann dieses mithin nicht im Rahmen der Gesamtabwägung überwunden werden.

E. Ausgewählte umweltrechtliche Prüfungen in bergrechtlichen Zulassungsverfahren

Neben den vorstehend aufgeführten komplexen dogmatischen Fragestellungen, in welchem Zulassungsverfahren und mit welcher Prüfungsintensität umweltrechtliche Prüfungen durchzuführen sind, werfen auch die materiell-rechtlichen Anforderungen in vielen Bereichen nach wie vor Fragen auf und ist eine stetige Dynamisierung der Anforderungen durch die Rechtsprechung des EuGH aber auch der nationalen Gerichte zu beobachten. Mit dem FFH-Gebietsschutz und der Vereinbarkeit mit den wasserhaushaltsrechtlichen Bewirtschaftungszielen soll nachfolgend ein punktueller Blick auf Kernbereiche des Umweltrechts geworfen werden.

I. FFH-Gebietsschutz

Der Schutz von Natura-2000-Gebieten spielt bei bergbaulichen Vorhaben in vielfältiger Hinsicht eine Rolle. Neben der Inanspruchnahme von Flächen eines Schutzgebiets kommen auch mittelbare Auswirkungen von in der Nachbarschaft solcher Gebiete befindlichen Bergbaubetrieben – etwa durch Immissionen oder über den Wirkpfad des Grundwassers – in Betracht.

1) Allgemeine Anforderungen an die Prüfung

Gemäß § 34 Abs. 1 BNatSchG sind Projekte vor ihrer Zulassung oder Durchführung auf ihre Verträglichkeit mit den Erhaltungszielen eines Natura-2000-Gebietes zu überprüfen, wenn sie einzeln oder im Zusammenwirken mit anderen Projekten oder Plänen geeignet sind, das Gebiet erheblich zu beeinträchtigen, und nicht unmittelbar der Verwaltung des Gebiets dienen. Die hiermit statuierte obligatorische Prüfpflicht gliedert sich auf in die vorgeschaltete Vorprüfung, die nicht formalisiert durchgeführt werden muss und in deren Rahmen geklärt werden muss, ob von dem jeweiligen Vorhaben die von § 34 Abs. 1 BNatSchG vorausgesetzte Eignung zur erheblichen Gebietsbeeinträchtigung ausgeht, ob also eine hinreichende Wahrscheinlichkeit oder die Gefahr diesbezüglich besteht[27]. Die obligatorische Verträglichkeitsprüfung ist durchzuführen, wenn nach Lage der Dinge ernsthaft die Besorgnis nachteiliger Auswirkungen besteht[28]. Ist das der Fall, kann

---

27 BVerwG, NVwZ 2013, 1346, 1347; *Möckel*, in: Schlacke (Hrsg.), GK-BNatSchG, 2. Aufl. 2017, § 34 Rn. 47.
28 BVerwG, NVwZ 2008, 210, 211.

dieser Verdacht nur durch eine – die besten einschlägigen wissenschaftlichen Erkenntnisse verwertende – schlüssige naturschutzfachliche Argumentation ausgeräumt werden[29].

Die Verträglichkeitsprüfung hat in einem ersten Schritt eine sorgfältige Bestandserfassung und -bewertung der von dem Projekt betroffenen maßgeblichen Gebietsbestandteile zu leisten, um die projektbedingten Einwirkungen zutreffend auf ihre Erheblichkeit hin beurteilen zu können. Maßgebliche Bestandteile von FFH-Gebieten sind die vorkommenden Lebensraumtypen des Anhangs I der FFH-Richtlinie einschließlich ihrer charakteristischen Arten sowie Tier- und Pflanzenarten des Anhangs II der FFH-Richtlinie[30]. Weiterhin gehören zu den maßgeblichen Bestandteilen die für die Erhaltung oder Wiederherstellung der Lebensraumbedingungen maßgeblichen standörtlichen Voraussetzungen (abiotische Standortfaktoren) und die wesentlichen funktionalen Beziehungen einzelner Arten. Letzteres kann auch (Teil-)Lebensräume außerhalb des Gebietes (beispielsweise Wanderwege von Arten) umfassen. Die methodische Herangehensweise ist rechtlich nicht festgelegt; die Methodenwahl muss aber die für die Verträglichkeitsprüfung allgemein maßgeblichen Standards der „besten einschlägigen wissenschaftlichen Erkenntnisse" einhalten[31]. Soweit Fachkonventionen bestehen, sind diese zu beachten.

Neben der Bestandserfassung bedarf es der Ermittlung und Bewertung der Auswirkungen des Vorhabens am Maßstab der Erhaltungsziele des jeweiligen Gebiets. Konkret sind hierbei sämtliche Wirkfaktoren eines Vorhabens zu betrachten, die sich auf die Verwirklichung der Erhaltungsziele auswirken können. Zu differenzieren ist hier insbesondere zwischen bau-, anlage- und betriebsbedingten Wirkungen. Dabei spielt es keine Rolle, ob Einwirkungen direkt – etwa durch eine Flächeninanspruchnahme – oder indirekt – etwa durch Immissionen – erfolgen. Maßgebliches Beurteilungskriterium ist der „günstige Erhaltungszustand" der geschützten Lebensräume und Arten. Ein günstiger Erhaltungszustand eines Lebensraumtyps bzw. einer Art muss trotz Durchführung des Vorhabens stabil bleiben. Ein schlechter Erhaltungszustand darf jedenfalls nicht weiter verschlechtert werden[32]. Mit Blick auf die methodische Durchführung gilt wiederum, dass

---

29 BVerwG, NVwZ 2008, 210, 211.

30 *Mierwald*, Die Koordinierung der UVP mit anderen umweltrechtlichen Prüfungen aus praktischer / planerischer Perspektive, in: Faßbender/Köck (Hrsg.), Querschnittsprobleme des Umwelt- und Planungsrechts – Rechtsschutz und Umweltprüfungen, 2019, S. 143, 146.

31 Siehe etwa BVerwG, Urt. v. 6.11.2012 – 9 A 17.11 – Rn. 32, juris; BVerwG, NVwZ 2010, 1225, 1230; *Gellermann*, in: Landmann/Rohmer (Hrsg.), Umweltrecht, 90. EL 2019, BNatSchG § 34 Rn. 21.

32 BVerwG, Urt. v. 3.5.2013 – 9 A 16.12 – Rn. 28, juris; BVerwG, Urt. v. 28.3.2013 – 9 A 22.11 – Rn. 41, juris; BVerwG, Urt. v. 17.1.2007 – 9 A 20.05 – Rn. 43, juris.

eine normative Regelung nicht erfolgt ist. Gleichwohl muss die Zulassungsbehörde auch insoweit den für die Verträglichkeitsprüfung maßgeblichen Standard der besten einschlägigen wissenschaftlichen Erkenntnisse einhalten, was insbesondere die Ausschöpfung aller wissenschaftlichen Mittel und Quellen voraussetzt[33]. Unsicherheiten über Wirkungszusammenhänge, die sich auch bei Ausschöpfung der einschlägigen Erkenntnismittel nicht ausräumen lassen, müssen kein unüberwindbares Zulassungshindernis darstellen. Insoweit ist es zulässig, mit Prognosewahrscheinlichkeiten und Schätzungen zu arbeiten, die aber kenntlich gemacht und begründet werden müssen[34].

Weiter ist zu prüfen, ob die identifizierten Vorhabenwirkungen durch Maßnahmen zur Schadensbegrenzung vermieden oder gemindert werden können[35]. Schließlich hat die naturschutzfachliche Bewertung der projektbedingten Einwirkungen auf die betroffenen Natura 2000-Gebiete zu erfolgen. Auch insoweit gilt ein strenger Prüfungsmaßstab. Ein Projekt ist nur dann zulässig, wenn nach Abschluss der Verträglichkeitsprüfung aus wissenschaftlicher Sicht kein vernünftiger Zweifel verbleibt, dass erhebliche Beeinträchtigungen vermieden werden[36]. Zu beachten ist hierbei, dass die Wirkungen des Vorhabens in ihrem Zusammenwirken zu bewerten sind, nicht nur die singulären Wirkungen eines Wirkpfades[37].

Verfahrensrechtlich flankiert werden die materiellen Maßstäbe für die Durchführung der Verträglichkeitsprüfung durch entsprechende Anforderungen an die Unterlagen des Vorhabenträgers nach § 34 Abs. 1 Satz 3 BNatSchG sowie eine behördliche Dokumentationspflicht insbesondere mit Blick auf die Ausschöpfung der erreichbaren wissenschaftlichen Erkenntnisquellen und die Einhaltung der besten einschlägigen wissenschaftlichen Standards[38]. Liegt keine entsprechende Verträglichkeitsprüfung und Dokumentation vor, wird regelmäßig auch keine Ausnahmegenehmigung erteilt werden können, da die Kenntnis über die Unverträglichkeit mit den für das fragliche Gebiet festgelegten Erhaltungszielen Voraussetzung für die Anwendung der Ausnahmevorschrif-

---

33 BVerwG, Urt. v. 21.1.2016 – 4 A 5.14 – Rn. 70, juris m.w.N.
34 BVerwG, Urt. v. 21.1.2016 – 4 A 5/14 – Rn. 70, juris.
35 Begriff und Funktion: EuGH, Urt. v. 12.4.2018 – C-323/17 – Rn. 26, juris; EuGH, Urt. v. 25.7.2018 – C-164/17 – Rn. 25 ff., juris.
36 BVerwG, Urt. v. 21.1.2016 – 4 A 5.14 – Rn. 70, juris.
37 *Mierwald*, in: Faßbender/Köck (Hrsg.), S. 143, 146.
38 *Dammert/Brückner*, Die Koordinierung der UVP mit anderen umweltrechtlichen Prüfungen aus rechtlicher Perspektive, in: Faßbender/Köck (Hrsg.), Querschnittsprobleme des Umwelt- und Planungsrechts – Rechtsschutz und Umweltprüfungen, 2019, S. 125, 134.

ten ist[39]. Insbesondere bedarf es für die Abwägung zwischen dem Integritätsinteresse des Gebietes und den öffentlichen Interessen der Kenntnis über die konkrete Unverträglichkeit[40].

2) Insbesondere Kumulationswirkungen

Die FFH-Verträglichkeitsprüfung erfordert die Berücksichtigung von Summationswirkungen, also sich aus anderen Plänen und Projekten ergebende nachteilige Wirkungen[41]. Damit soll eine schleichende Beeinträchtigung durch nacheinander genehmigte, jeweils für sich genommen das Gebiet nicht beeinträchtigende Pläne und Projekte verhindert werden, soweit deren Auswirkungen in der Summe zu einer erheblichen Beeinträchtigung von Erhaltungszielen führen können[42]. Nach der jüngsten Rechtsprechung des BVerwG sind andere Pläne und Projekte in die Verträglichkeitsprüfung nach § 34 Abs. 1 Satz 1 BNatSchG einzubeziehen, wenn ihre Auswirkungen und damit das Ausmaß der Summationswirkung verlässlich absehbar sind[43]. Das ist grundsätzlich erst dann der Fall, wenn die hierfür erforderliche Genehmigung erteilt ist[44]. Umgekehrt fehlt es an der verlässlichen Absehbarkeit, wenn bei Erlass der Zulassungsentscheidung noch nicht erkennbar ist, ob und wann das weitere Projekt realisiert werden wird. Dementsprechend können diejenigen Pläne und Projekte, deren Auswirkungen noch nicht verlässlich absehbar sind, weil sie noch nicht beantragt wurden oder noch keine Planreife erlangt haben, unberücksichtigt bleiben. Problematisch sind hierbei die Fälle „überholender Vorhaben". Für die Zulassungsbehörde ist der maßgebliche Beurteilungszeitpunkt für die FFH-Verträglichkeit der Zeitpunkt ihrer letzten Behördenentscheidung[45]. Haben in diesem Zeitpunkt andere Vorhaben das zu genehmigende Vorhaben zeitlich überholt, können diese nicht deshalb unberücksichtigt bleiben, weil sie möglicherweise später beantragt worden sind[46]. Mithin muss die Zulassungsentscheidung mit Blick auf die FFH-Verträglichkeit überholende Vorhaben berücksichtigen. Für den Vorhabenträger ist dies problema-

39 So etwa EuGH, Urt. v. 14.1.2016 – C-399/14 – Rn. 56 f., juris; EuGH, Urt. v. 15.5.2014 – C-521/12 – Rn. 36, juris; ferner BVerwG, Urt. v. 1.4.2015 – 4 C 6.14 – Rn. 27, juris.
40 EuGH, Urt. v. 15.5.2014 – C-521/12 – Rn. 36, juris; EuGH, Urt. v. 16.2.2012 – C-182/10 – Rn. 75, juris.
41 Zuletzt BVerwG, Urt. v. 15.5.2019 – 7 C 27.17 – Rn. 19, juris; EuGH, Urt. v. 7.9.2004 – C-127/02 – Rn. 53 f., juris; BVerwG, Urt. v. 14.4.2010 – 9 A 5.08 – Rn. 88, juris.
42 BVerwG, Urt. v. 15.5.2019 – 7 C 27.17 – Rn. 19, juris.
43 BVerwG, Urt. v. 15.5.2019 – 7 C 27.17 – Rn. 19, juris.
44 BVerwG, Urt. v. 15.5.2019 – 7 C 27.17 – Rn. 19, juris m. w. N.
45 BVerwG, Urt. v. 15.5.2019 – 7 C 27.17 – Rn. 26, juris.
46 BVerwG, Urt. v. 15.5.2019 – 7 C 27.17 – Rn. 22, juris.

tisch, da er während des gesamten Genehmigungsverfahrens den Sachstand anderer ggf. kumulativ zu betrachtender Vorhaben berücksichtigen und seine Unterlagen ggf. anpassen muss. Dass der Planungs- und Überwachungsaufwand dadurch steigt, liegt auf der Hand. Folgen daraus relevante Antragsänderungen oder Änderungen der Unterlagen im Sinne von § 22 UVPG muss eine erneute Öffentlichkeitsbeteiligung erfolgen, was im Ergebnis zu massiven Verzögerungen führt.

Nicht zu berücksichtigen sind diejenigen Pläne und Projekte, die trotz erheblicher Beeinträchtigung von Erhaltungszielen im Wege einer Abweichungsentscheidung zugelassen wurden und sich noch in Umsetzung befinden. Hier obliegt der Ausgleich der mit solchen Vorhaben verbundenen erheblichen Beeinträchtigungen dem jeweiligen Planungs- bzw. Vorhabenträger (Verpflichtung zur Kohärenzsicherung) sowie ergänzend über Art. 6 Abs. 1 und 2 FFH-RL dem Gebietsmanagement. Ebenso fließen diejenigen Pläne und Projekte, die zurückliegend ohne Umwelt- und FFH-Verträglichkeitsprüfung zugelassen wurden, nicht in die Betrachtung des Zusammenwirkens des gegenständlichen Vorhabens mit anderen Plänen und Projekten ein. Die von diesen Plänen und Projekten ausgehenden Wirkungen auf Natura 2000-Gebiete und der gebotene Ausgleich unterfallen im Sinn von Art. 6 Abs. 2 FFH-Richtlinie originär den Pflichten des Mitgliedstaates und nicht dem Verantwortungsbereich des jeweiligen Vorhabenträgers.

Generell sind schließlich die Auswirkungen bereits umgesetzter Vorhaben, die in den Ist-Zustand eingegangen sind, nicht in die Summationsprüfung einzustellen, sondern der Vorbelastung zuzuordnen[47]. Die Einbeziehung bereits realisierter Vorhaben in die Vorbelastung bewirkt in der Regel keine unzulässige Reduzierung des Schutzniveaus. Vorbelastungen können den Erhaltungszustand so verschlechtern, dass nur noch geringe Zusatzbelastungen toleriert werden können[48]. Zwar kann nach Auffassung des BVerwG durch die Betrachtung der Vorbelastung nicht stets eine schleichende Verschlechterung eines FFH-Gebiets, insbesondere durch wiederholte Inanspruchnahmen von Bagatellschwellen, verhindert werden. Allerdings hat es insoweit klargestellt, dass ein Rückbezug der Prüfung auf den Zeitpunkt der Unterschutzstellung der FFH-Gebiete unter Berücksichtigung des Verhältnismäßigkeitsgrundsatzes nicht erforderlich ist[49].

---

47 BVerwG, Urt. v. 15.5.2019 – 7 C 27.17 – Rn. 44, juris.
48 BVerwG, Urt. v. 9.2.2017 – 7 A 2.15 – Rn. 220, juris; BVerwG, Urt. v. 15.5.2019 – 7 C 27/17 – Rn. 45, juris.
49 Eingehend dazu BVerwG, Urt. v. 15.5.2019 – 7 C 27.17 – Rn. 46 ff., juris; *Fielenbach*, Summationsbetrachtung in der FFH-Verträglichkeitsprüfung, jurisPR-UmwR 10/2010, Anm. 1.

II. Wasserrecht – Vereinbarkeit mit den Bewirtschaftungszielen

Der oberflächennahe Rohstoffabbau kann in sehr unterschiedlicher Weise auf Gewässer einwirken. So wird zur Gewinnung von Rohstoffen im so genannten Nassschnitt der Grundwasserleiter angeschnitten und freigelegt. Es entsteht, zumindest temporär für den Zeitraum der Rohstoffgewinnung, ein oberirdisches Gewässer. Vor allem aufgrund der Standsicherheit kann jedoch nicht immer eine Nassgewinnung stattfinden, sondern ist eine Absenkung des Grundwassers zur Tagebaufreihaltung erforderlich. Dabei entstehen oftmals mehr oder weniger großräumig ausgedehnte Grundwasserabsenkungstrichter. Wird Grundwasser zur Tagebaufreihaltung gehoben, so liegt es auf der Hand, dass dieses irgendwohin verbracht werden muss. Praktisch erfolgt dies meist über eine Einleitung in Oberflächengewässer. Ebenso wird zum Teil mit dem Sickerwasser, etwa bei Kalihalden, verfahren. Für diese Wasserentnahmen und -einleitungen bedarf es wasserrechtlicher Erlaubnisse. Des Weiteren fällt Prozesswasser und Abwasser aus der Aufbereitung von Rohstoffen an, dessen Entsorgung sichergestellt werden muss.

Das bestimmende Thema des Wasserhaushaltsrechts in den letzten Jahren ist das Verschlechterungsverbot sowie die daran anschließende Frage wasserrechtlicher Ausnahmen von den Bewirtschaftungszielen für industrielle, auch bergbauliche Vorhaben. Zu einer grundlegenden Klärung des Verschlechterungsbegriffs, allerdings nur für den ökologischen Zustand von Oberflächengewässern, führte das Urteil des EuGH zur Weservertiefung[50]. In der Folge hat vor allem das BVerwG in seinen Entscheidungen zur Weservertiefung[51], Elbqueerung[52] und Elbvertiefung[53] sowie zum Kohlekraftwerk Staudinger[54] wichtige Teilaspekte weiter konturiert. Schließlich hat das OVG Berlin-Brandenburg betreffend einen Braunkohlentagebau insbesondere die Anforderungen an eine Ausnahme nach §§ 47 Abs. 3, 31 Abs. 2 WHG näher konturiert[55]. Eine Vielzahl von Fragen ist indes immer noch offen. Insgesamt fällt auf, dass die Möglichkeit der Festlegung abweichender Bewirtschaftungsziele entgegen der Intention des Richtliniengebers bislang kaum Relevanz entfaltet und vielmehr bei Verstößen gegen die Bewirtschaftungsziele im Vollzug primär auf die Aus-

---

[50] EuGH, Urt. v. 1.7.2015 – C-461/13 – juris.
[51] BVerwG, Urt. v. 11.8.2016 – 7 A 1.15 – juris.
[52] BVerwG, Urt. v. 28.4.2016 – 9 A 9.15 – und Urt. v. 10.11.2016 – 9 A 18.15 – juris.
[53] BVerwG, Urt. v. 9.2.2017 – 7 A 2.15 – juris.
[54] BVerwG, Urt. v. 2.11.2017 – 7 C 25.15 – juris.
[55] OVG Berlin-Brandenburg, Urt. v. 20.12.2018 – 6 B 1/17 – juris, bestätigt durch BVerwG, Beschl. v. 20.12.2019 – 7 B 5/19.

nahmetatbestände rekurriert wird. Dieses Ungleichgewicht ist misslich, belastet es doch vor allen Dingen die Vorhabenträger, die hierdurch erhöhte Aufwendungen an die entsprechenden Nachweise zu tragen haben.

1) Verfahrensrechtliche Fragen

Zunehmend in den Fokus gerückt sind in jüngerer Zeit verfahrensrechtliche Fragen.

a) Keine drittschützende Wirkung der Bewirtschaftungsziele

Nicht endgültig geklärt ist bislang die Frage, ob den wasserhaushaltsrechtlichen Bewirtschaftungszielen drittschützende Wirkung zukommt, so dass insbesondere private Dritte einen Verstoß hiergegen geltend machen können. Richtigerweise wird man dies verneinen müssen. In Anknüpfung an die allgemeine verwaltungsrechtliche Dogmatik stellt der 7. Senat des BVerwG zutreffend fest, dass für die Bejahung der drittschützenden Wirkung einer Norm der jeweiligen Vorschrift hinreichend klare Anhaltspunkte für einen diesbezüglichen Willen des Gesetzgebers zu entnehmen sein müssen, was bei § 27 WHG nicht der Fall ist[56]. Allerdings scheint der 9. Senat des BVerwG dies nicht ganz so klar zu sehen, hat er doch eine entsprechende Vorlagefrage an den EuGH gerichtet[57]. Zu Recht stellt das BVerwG in seiner Begründung der entsprechenden Vorlagefrage dann aber doch klar, dass nach seiner Auffassung die Bewirtschaftungsziele ausschließlich im öffentlichen Interesse stehen und dementsprechend keine subjektiven Rechte verleihen und dass auch das Unionsrecht keine andere Einordnung gebietet[58].

b) Verfahrensrechtliche Anforderungen bei der „Nachbesserung" von Fachbeiträgen

Zum Teil betreffen Klageverfahren Vorhaben, für die erst im Laufe des gerichtlichen Verfahrens eine Prüfung der Bewirtschaftungsziele unter Zugrundelegung eines sogenannten wasserwirtschaftlichen Fachbeitrags erfolgt ist. Im Extremfall werden Vorhaben beklagt, deren Zulassung weit vor den eingangs angesprochenen gerichtlichen Konkretisierungen und zum Teil sogar vor Inkrafttreten der ersten Bewirtschaftungspläne erfolgt ist. In solchen Fällen stellt sich die Frage, ob eine gegebenenfalls aus heutiger Sicht nicht den fachlichen Anforderungen genügende wasser-

---

56 BVerwG, Urt. v. 28.11.2017 – 7 A 1/17 – Rn. 42, juris.
57 BVerwG, Beschl. v. 25.4.2018 – 9 A 16/16 – juris.
58 BVerwG, Beschl. v. 25.4.2018 – 9 A 16/16 – Rn. 51 ff., juris.

haushaltsrechtliche Verträglichkeitsprüfung im gerichtlichen Verfahren nachgebessert werden kann. Der 9. Senat des BVerwG ist in seinem bereits angesprochenen Vorlagebeschluss skeptisch und meint unter wohl analoger Heranziehung der Vorschriften zur FFH-Verträglichkeitsprüfung, dass die Behörde eine wasserrechtliche Verträglichkeitsprüfung nicht erstmals im gerichtlichen Verfahren durchführen oder ihre Erkenntnisse dokumentieren kann[59]. Die Begründung hierzu überrascht und kann nicht überzeugen. Denn richtig wird festgestellt, dass das Wasserhaushaltsrecht und die Wasserrahmenrichtlinie anders als das FFH-Recht eine solche vorangehende Prüfung und Dokumentation nicht regelt[60]. Wenn dies aber so ist, fehlt es bereits an einer Rechtsgrundlage für die vom BVerwG angenommene Prüfungs- und Dokumentationspflicht. Ebenso spricht die explizite Regelung in einem anderen Sachbereich nicht für, sondern gegen eine Übertragbarkeit der dortigen Maßstäbe. Die Notwendigkeit, auf Grundlage einer sachgerechten und transparenten Methodik das Vorliegen der Einhaltung bzw. Nichteinhaltung der Bewirtschaftungsziele zu prüfen, führt ebenfalls nicht zwingend zur Notwendigkeit einer formalen Dokumentation im Rahmen des Verwaltungsverfahrens, sondern beinhaltet materielle Maßgaben für die anzuwendende Methodik. Die vom BVerwG herangezogene Vermeidung der Überfrachtung des gerichtlichen Verfahrens ist eine reine Zweckmäßigkeitsüberlegungen, die eine analoge Anwendung der Rechtsgrundsätze des FFH-Rechts und damit den Ersatz einer an sich fehlenden Rechtsgrundlage nicht rechtfertigen kann. Gleiches gilt letztlich auch für die angesprochene Sicherung effektiven Rechtsschutzes. Auch diese verlangt nicht zwingend eine formale Dokumentation von Prüfungen bereits im Verwaltungsverfahren, wie eine Vielzahl von umweltrechtlichen und umweltfachlichen Prüfungen, etwa im Immissionsschutzrecht zeigen. Schließlich ist darauf hinzuweisen, dass in der Rechtsprechung des BVerfG etwa die Nachholung der zulassungsbezogenen Gesamtabwägung bei der Zulassung eines bergrechtlichen Rahmenbetriebsplans unter Abarbeitung auch von umweltrechtlichen und umweltfachlichen Aspekten im gerichtlichen Verfahren unter Rechtsschutzgesichtspunkten nicht beanstandet wurde[61]. Zudem verfängt auch der Rekurs auf das Urteil des EuGH vom 1.6.2017 (Folk) nicht. Denn jedenfalls betont der EuGH hier, dass ein Gericht durchaus überprüfen kann, ob die Behörde die in Art. 4 Abs. 7 WRRL vorgesehenen Bedingungen beachtet hat, wenngleich es unionsrechtlich zu einer entsprechenden Prüfung nicht verpflichtet ist[62]. Zu guter Letzt ist klarzustellen, dass die Entscheidung des EuGH

---

59 BVerwG, Beschl. v. 25.4.2018 – 9 A 16/16 – Rn. 32, juris.
60 BVerwG, Beschl. v. 25.4.2018 – 9 A 16/16 – Rn. 34, juris.
61 BVerfG, Urt. v. 17.12.2013 – 1 BvR 3139/08 u. a. – Rn. 320, juris.
62 EuGH, Urt. v. 1.6.2017 – C-529/15 – Rn. 37, juris.

auch nicht die Prüfung der Verträglichkeit mit den Bewirtschaftungszielen betraf, sondern die Ausnahmeprüfung.

Weiter wirft das BVerwG in seinem Vorlagebeschluss die Frage auf, ob in einem laufenden Genehmigungsverfahren eine erneute Öffentlichkeitsbeteiligung bei einer Überarbeitung des wasserwirtschaftlichen Fachbeitrags erforderlich ist. Verneint wird dies dann, wenn sich die geänderten Unterlagen nur auf Detailänderungen oder eine vertiefte Prüfung von Betroffenheiten beschränken, ohne dass Gesamtkonzept der Planung zu ändern oder zu grundlegend anderen Beurteilungsergebnissen zu gelangen[63]. In Nuancen anders scheint dies der 7. Senat des BVerwG zu sehen. In seiner Entscheidung zur Elbvertiefung hat er mit Blick auf die UVP-rechtlich erforderliche Anstoßwirkung ausgeführt, dass der dortige Fachbeitrag zwar eine Neubewertung der wasserrechtlichen Fragestellungen anhand der vom EuGH geklärten Rechtsmaßstäbe vornimmt und sich hierbei auf aktuelle Zustands- und Potenzialbewertungen stützt. Er stellt aber weder eine erstmalige substantielle Befassung mit den Vorgaben des Wasserhaushaltsgesetzes und der Wasserrahmenrichtlinie dar, noch werden neue oder andere Auswirkungen des Vorhabens zum Gegenstand der Untersuchung gemacht. Auch eine erstmals mit der Überarbeitung erfolgte wasserkörperbezogene Betrachtung soll hieran nichts ändern[64]. Als gesichert dürfte gelten, dass eine lediglich vertiefte Prüfung ohne Änderung des Gesamtkonzepts nicht zu einem erneuten Beteiligungserfordernis führt. Anders mag dies dann sein, wenn die entsprechenden Betrachtungen bislang überhaupt nicht oder nur rudimentär erfolgt waren.

c) Maßgeblicher Zeitpunkt für die Beurteilung der Sach- und Rechtslage

Eine gewisse Erleichterung für die Vorhabenträger und letztlich auch Zulassungsbehörden folgt aus der Klarstellung des BVerwG zum maßgeblichen Zeitpunkt für die Beurteilung der Sach- und Rechtslage in Konstellationen der Drittanfechtung eines begünstigenden Verwaltungsakts. Zu berücksichtigen sind Änderungen der tatsächlichen und rechtlichen Verhältnisse zugunsten des regelmäßig beigeladenen Vorhabenträgers. Dementsprechend wäre die Klage eines Dritten auch dann abzuweisen, wenn die Genehmigungsvoraussetzungen jedenfalls im Zeitpunkt der gerichtlichen Entscheidung erfüllt sind[65].

---

63 BVerwG, Beschl. v. 25.4.2018 – 9 A 16/16 – Rn. 42, juris.
64 BVerwG, Urt. v. 9.2.2017 – 7 A 2/15 – Rn. 30 f., juris.
65 BVerwG, Urt. v. 2.11.2017 – 7 C 25.15 – Rn. 64, juris.

2) Verschlechterung des Zustands von Grundwasserkörpern

Während die Frage der Verschlechterung des ökologischen und chemischen Zustands von Oberflächengewässern zwischenzeitlich durch die Rechtsprechung[66] im Grundsatz geklärt ist, fehlt es hieran bislang für den chemischen und mengenmäßigen Zustand von Grundwasserkörpern. Es steht aber zu erwarten, dass die Kriterien des EuGH für die Verschlechterung von Oberflächengewässern hier entsprechend und sinngemäß angewendet werden[67]. Zwar greift hier die differenzierte an den Zustandsklassen für die einzelnen Qualitätskomponenten orientierte Betrachtung nur insoweit, als die maßgeblichen Qualitätskomponenten einem guten Zustand entsprechen. Allerdings hat der EuGH in seiner Entscheidung auch für den Fall, in dem eine Qualitätskomponente bereits in der niedrigsten Klasse eingeordnet ist, eine Regelung dergestalt getroffen, dass dann jede Verschlechterung dieser Komponente eine Verschlechterung des Zustands darstellen soll.

a) Betrachtungsgegenstand und Betrachtungsmaßstab – Grundwasserkörper

Maßstab zur Feststellung einer Verschlechterung ist – ebenso wie bei Oberflächengewässern – der gesamte Wasserkörper. Folglich sind rein lokale Beeinträchtigungen dann nicht als Verschlechterung einzuordnen, wenn sie nicht zu einer Verschlechterung des Zustands des Wasserkörpers insgesamt führen[68]. Diese Anknüpfung des Verschlechterungsbegriffs an den Wasserkörper ist in Art. 4 Abs. 1 WRRL ausdrücklich formuliert. Punktuelle Verschlechterungen sind danach irrelevant, wenn sie auf der Ebene des Wasserkörpers wieder ausgeglichen sind. Eine andere Betrachtung ergibt sich auch nicht aus den nationalen Vorschriften des Wasserhaushaltsgesetzes. Denn so definiert § 3 Nr. 8 WHG den Gewässerzustand als die auf einen Wasserkörper bezogenen Gewäs-

---

66 EuGH, Urt. v. 1.7.2015 – C-461/13 – Rn. 43, 51 und 71, juris; EuGH, Urt. v. 4.5.2016 – C-346/14 – Rn. 59, juris; BVerwG, Urt. v. 9.2.2017 – 7 A 2.15 – Rn. 578, juris; BVerwG, Urt. v. 2.11.2017 – 7 C 25.15 – Rn. 43, juris.

67 Allgemein zum Inhalt der Verträglichkeitsprüfung *Brückner*, in: Dallhammer/Dammert/Faßbender (Hrsg.), Sächsiches Wassergesetz, 2019, § 26 Rn. 16; Umweltbundesamt, Arbeitshilfe zur Prüfung von Ausnahmen von den Bewirtschaftungszielen der EG-Wasserrahmenrichtlinie bei physischen Veränderungen von Wasserkörpern nach § 31 Abs. 2 WHG aus wasserfachlicher und rechtlicher Sicht, UBA-Texte 25/2014; speziell zu Hochwasserschutzanlagen *Dammert/Tolkmitt*, Umweltrechtliche Vorgaben für Errichtung, Betrieb und Unterhaltung von Hochwasserschutzanlagen, in: Faßbender/Köck (Hrsg.), Aktuelle Fragen und Entwicklungen im Hochwasserschutzrecht, 2016, S. 83, 89 ff.

68 So zuletzt BVerwG, Beschl. v. 25.4.2018 – 9 A 16/16 – Rn. 44, juris; BVerwG, Urt. v. 9.2.2017 – 7 A 2/15 – Rn. 506, juris; *Köck*, ZUR 2009, 227, 229; *Spieth/Ipsen*, in: Köck/Faßbender, Implementation der Wasserrahmenrichtlinie in Deutschland – Erfahrungen und Perspektiven, S. 119; ähnlich OVG Hamburg, ZUR 2013, 357, 364; *Dallhammer/Fritzsch*, Verschlechterungsverbot – Aktuelle Herausforderungen an die Wasserwirtschaftsverwaltung, ZUR 2016, 340, 344.

sereigenschaften[69]. Hinzu kommt die gesetzgeberische Zielsetzung einer 1 : 1-Umsetzung des Unionsrechts, die ebenfalls für eine auf den Wasserkörper bezogene Betrachtung spricht. Die praktische Frage, die sich hier stellt, lautet, wie die Ergebnisse einzelner Messstellen auf den Maßstab des Wasserkörpers übertragen werden können. Hier hilft möglicherweise ein Flächenkriterium, um rein lokale Beeinflussungen vom Verschlechterungsbegriff auszunehmen.

b) Ausschluss der Verschlechterung bei unveränderter Fortsetzung von zugelassenen gewässerbezogenen Maßnahmen

Eine gewisse Erleichterung für bereits zugelassene Maßnahmen in Bezug auf den Wasserhaushalt hat das BVerwG mit seiner Staudinger-Entscheidung gebracht. Dort wird festgestellt, dass für die Prüfung des Verschlechterungsverbots bezogen auf eine wasserrechtliche Erlaubnis, deren zeitliche Geltung unmittelbar an eine vorhergehende Erlaubnis anschließt und auf den chemischen Ist-Zustand unter Berücksichtigung der bisherigen Einleitungen abzustellen ist[70]. Diese Grundsätze sind auf Grundwasserkörper übertragbar[71]. Daraus ist im Grundsatz zu entnehmen, dass in Fällen, in denen eine wasserwirtschaftlich relevante Maßnahme bereits zugelassen war und die Zulassung für einen weiteren Zeitraum erfolgt, bezogen auf Letztere nur dann eine Verschlechterung anzunehmen ist, wenn eine weitere Erhöhung von relevanten Schadstoffeinträgen oder eine Erhöhung der Entnahmemenge aus dem Grundwasser im Raum steht. Bleiben die wasserrechtlich zugelassenen Tatbestände hingegen im Rahmen der schon bislang geltenden Zulassung, liegt keine Verschlechterung vor.

c) Verschlechterung des mengenmäßigen Zustands

Der mengenmäßige Zustand des Grundwassers wird durch den Grundwasserspiegel als Beurteilungsmaßstab bestimmt. Die Begrifflichkeit beschreibt die im Brunnen in Erscheinung tretende, infolge des Druckausgleichs meist etwas abgesenkte Grundwasseroberfläche, wobei der Grundwasserspiegel des Grundwasserkörpers so beschaffen sein muss, dass die verfügbare Grundwas-

---

69 Vgl. auch *Schieferdecker*, Die Verschlechterung des ökologischen Zustands nach dem Urteil des EuGH zur Weservertiefung, W+B 2016, 7, 13; *Füßer/Lau*, Wasserrechtliches Verschlechterungsverbot und Verbesserungsgebot nach dem Urteil des EuGH zur Weservertiefung, NuR 2015, 589, 591 f.; OVG Hamburg, ZUR 2013, 357, 364.

70 BVerwG, Urt. v. 2.11.2017 – 7 C 25.15 – Rn. 47, juris; vorgehend bereits VGH Kassel, Urteile v. 14.7.2015 – 9 C 1018/12.T – Rn. 122 und – 9 C 217/13.T – Rn. 140, juris; ebenso *Dammert/Brückner*, in: Faßbender/Köck (Hrsg.), S. 193, 212.

71 OVG Berlin-Brandenburg, Urt. v. 20.12.2018 – 6 B 1/17 – Rn. 32, juris.

serressource nicht von der langfristigen mittleren jährlichen Entnahme überschritten wird[72]. Gleichzeitig knüpft Art. 2 Nr. 27 WRRL[73] die verfügbare Grundwasserressource funktional an die ökologischen Qualitätsziele des Art. 4 WRRL wie die mit einem Grundwasserkörper in Verbindung stehenden Oberflächengewässer. Die Bewirtschaftung des Grundwassers dient also nicht lediglich der Erhaltung desselben, sondern hat auch mit Blick auf die hiermit in Verbindung stehenden Oberflächengewässer sowie die mit diesen in Verbindung stehenden Landökosysteme zu erfolgen. Jenseits dessen ist zentraler Gesichtspunkt das Gleichgewicht zwischen Entnahme und Neubildung des Grundwassers[74].

Maßgeblich für die Beurteilung der Auswirkungen sind die Kriterien des § 4 Abs. 2 Nr. 1 und 2 GrwV. Diese weisen jedoch die Besonderheit auf, dass es insoweit keine Klasseneinteilung und keine Grenzwerte gibt. Auch enthalten die Kriterien mit Wendungen wie „signifikant verschlechtert" oder „signifikant geschädigt" Begrifflichkeiten, die Relevanzschwellen enthalten, womit eine modifizierte Betrachtung angezeigt ist. Das heißt, dass die Entscheidung des EuGH vom 1.7.2015, die jede nachteilige Veränderung als Verschlechterung einordnet, hier nicht unbesehen angewendet werden kann. Vielmehr ist im Einzelfall zu prüfen, ob tatsächlich „signifikante" Verschlechterungen oder Schädigungen gegeben sind.

Problematisch ist mit Blick auf die vorstehend unter a) und b) getroffenen Feststellungen die bereits angesprochene Entscheidung des OVG Berlin-Brandenburg vom 20.12.2018. Denn dort nimmt das Gericht eine horizontale Aufspaltung des Grundwasserkörpers dahingehend vor, dass es eine räumliche Ausdehnung der Wasserentnahme für den Braunkohlentagebau auf im vorangegangenen Genehmigungszeitraum nicht in Anspruch genommene Bereiche des Grundwasserkörpers als Verschlechterung wertet, obwohl die mittlere Entnahmemenge im Vergleich zur vorangegangenen Zulassung gesunken ist. Eine solche Aufspaltung widerspricht dem Betrachtungsmaßstab des Grundwasserkörpers. Fehlerhaft ist in diesem Zusammenhang auch die Ausblendung der Tatsache, dass in anderen Bereichen des Grundwasserkörpers ein Wiederanstieg des Grundwassers erfolgt und damit eine partielle Verbesserung des mengenmäßigen Zustands gegeben ist[75]. Nahe gelegen hätte es daher, unter Heranziehung der Staudinger-Rechtsprechung eine Verschlechterung des mengenmäßigen Zustands im konkreten Fall zu verneinen.

---

72 *Kotulla*, WHG, 2. Aufl. 2011, § 47 Rn. 15.
73 Ebenso § 4 Abs. 2 Nr. 1 und 2 GrwV.
74 *Kotulla*, WHG, § 47 Rn. 18.
75 So aber OVG Berlin-Brandenburg, Urt. v. 20.12.2018 – 6 B 1/17 – Rn. 33, juris.

d) Verschlechterung des chemischen Zustands

Die Auswirkungen auf den chemischen Zustand des Grundwassers sind anhand der Schwellenwerte der Grundwasserverordnung zu bestimmen[76]. Maßgeblich sind damit die in Anlage 2 der Grundwasserverordnung aufgeführten Stoffe sowie gegebenenfalls weitere für den jeweiligen Grundwasserkörper gemäß § 5 Abs. 1 Satz 2 GrwV festgelegten Schadstoffe. Hinzuweisen ist in diesem Zusammenhang auf die in der Grundwasserverordnung geregelten Ausnahmefälle, bei denen trotz Überschreitung eines Schwellenwerts keine Verschlechterung vom guten Zustand in den schlechten Zustand gegeben ist. Beschrieben sind diese Ausnahmen in § 7 Abs. 2 Nr. 2 und Abs. 3 GrwV. Ebenso enthält § 7 Abs. 1 Nr. 2 GrwV Tatbestände, bei denen alternativ zur Einhaltung der Schwellenwerte nach Nr. 1 keine Verschlechterung vom guten in den schlechten chemischen Zustand gegeben sein soll. Die hierbei benutzten Wendungen, wonach der Grundwasserzustand auch dann gut ist, wenn trotz Überschreitungen an einzelnen Messstellen festgestellt wird, dass:

- die Grundwasserbeschaffenheit keine signifikante Verschlechterung des ökologischen oder chemischen Zustands der Oberflächengewässer zur Folge hat und dementsprechend nicht zu einem Verfehlen der Bewirtschaftungsziele in den mit dem Grundwasser in hydraulischer Verbindung stehenden Oberflächengewässern und

- die Grundwasserbeschaffenheit nicht zu einer signifikanten Schädigung unmittelbar von dem Grundwasserkörper abhängender Landökosysteme führt,

ermöglichen losgelöst von der Einhaltung der Schwellenwerte eine Einstufung als „gut", wobei wegen der Verwendung der genannten Begrifflichkeiten Relevanzkriterien – wie beim mengenmäßigen Zustand – anzuwenden sind. Diese alternative Feststellung des guten Zustands bestätigt die wasserkörperbezogene Betrachtungsweise und hat ihre unionsrechtliche Entsprechung in Art. 4 Abs. 2 lit. c) WRRL. Sie zeigt mit den enthaltenen Relevanzkriterien ferner, dass auch hier eine 1:1-Übertragung der EuGH-Rechtsprechung nicht in Betracht kommt.

Auch insoweit ist eine kritische Überprüfung der Entscheidung des OVG Berlin-Brandenburg vom 20.12.2018 angezeigt. Im dortigen Verfahren wurde insbesondere herausgearbeitet, dass chemische Veränderungen in einem räumlichen Bereich von 0,3 bzw. 1,5 % der Fläche der jeweiligen Grundwasserkörper auftreten und damit nur punktuelle Beeinträchtigungen darstellen. Unabhängig davon ist mit Blick auf den maßgeblichen Zeitpunkt der Beurteilung der Sach- und Rechtslage

---

76 So auch BVerwG, Beschl. v. 25.4.2018 – 9 A 16/16 – Rn. 49, juris.

(dort: Widerspruchsbescheid vom 26.3.2010) festzuhalten, dass die maßgebliche chemische Qualitätskomponente Sulfat, die zu einem Verstoß gegen das Verschlechterungsverbot führen könnte, erst durch die Verordnung zum Schutz des Grundwassers vom 9.11.2010 rechtsverbindlich eingeführt wurde.

3) Zielerreichungsgebot

Sowohl für Oberflächengewässer als auch für das Grundwasser gilt neben dem Verschlechterungsverbot das Zielerreichungsgebot mit der Zielsetzung, einen guten Zustand des Grundwassers und der Oberflächengewässer zu erreichen. Auch diese Zielsetzung ist mit Blick auf mögliche Auswirkungen eines Vorhabens Prüfungsgegenstand und besitzt neben dem Verschlechterungsverbot eigenständige Bedeutung. Dabei ist im Ausgangspunkt zu beachten, dass das Verbesserungsgebot bzw. das Gebot der Zielerreichung schon nach der Systematik des Art. 4 WRRL unter dem Vorbehalt möglicher Fristverlängerungen und abweichender Bewirtschaftungsziele steht. Damit ist im Rahmen der Frage, ob vorhabenbedingte Auswirkungen die Zielerreichung des guten Zustands gefährden, zentral auf die Vorgaben der Bewirtschaftungsplanung abzustellen[77]. Sind demnach in der Bewirtschaftungsplanung Fristverlängerungen oder abweichende Bewirtschaftungsziele festgelegt worden, kann die Zulassungsbehörde sich hierüber nicht hinwegsetzen, sondern hat diese zu beachten. Rechtlich erforderlich ist eine eigenständige Prüfung des Zielerreichungsgebots dahingehend, ob eine hinreichende Wahrscheinlichkeit besteht, dass durch das Vorhaben eine Vereitelung der Bewirtschaftungsziele erfolgt. Maßgeblich ist, ob die Folgewirkungen des Vorhabens mit hinreichender Wahrscheinlichkeit faktisch zu einer Vereitelung der Bewirtschaftungsziele führen können[78]. Diese Einschätzung ist ebenfalls inhaltlich an die Vorgaben der Bewirtschaftungsplanung gebunden, so dass namentlich die in einem Maßnahmenprogramm enthaltenen Maßnahmen mit dem Vorhaben zu vergleichen sind. Bei der Auswahl der Bewirtschaftungsmaßnahmen (auf Planungsebene) soll den Mitgliedstaaten ein weiter Handlungsspielraum zukommen[79]. Vor diesem Hintergrund ergibt sich für die Zulassungsbehörden keine Notwendigkeit der Prüfung der Maßnahmenprogramme auf ihre Eignung und Vollständigkeit. Das BVerwG hat in seiner Entscheidung zur Elbvertiefung klargestellt, dass bei der Prüfung, ob die Zielerreichung

---

77 BVerwG, Urt. v. 2.11.2017 – 7 C 25.15 – Rn. 61 f., juris; ebenso bereits EuGH, Urt. v. 1.7.2015 – C-461/13 – Rn. 51, juris; auf Fristverlängerungen abstellend BVerwG, Urt. v. 9.2.2017 – 7 A 2.15 – Rn. 583, juris.

78 BVerwG, Urt. v. 9.2.2017 – 7 A 2.15 – Rn. 582, juris.

79 BVerwG, Urt. v. 9.2.2017 – 7 A 2.15 – Rn. 585, juris.

gefährdet wird, am Maßnahmenprogramm angeknüpft werden und sich die Prüfung darauf beschränken kann, ob die im Maßnahmenprogramm für das Erreichen eines guten ökologischen Potenzials/Zustands in den Oberflächenwasserkörper vorgesehenen Maßnahmentypen sowie ggf. ergänzend vorgeschlagene Einzelmaßnahmen durch das Vorhaben ganz oder teilweise behindert bzw. erschwert werden[80].

4) Ausnahme von den Bewirtschaftungszielen für Grundwasserkörper

Die Ausnahmevoraussetzungen nach §§ 47 Abs. 3, 31 Abs. 2 WHG wurden für bergbauliche Sümpfungsmaßnahmen durch das OVG Berlin-Brandenburg in dessen Urteil vom 20.12.2018 konturiert. Es stellt insoweit zutreffend klar, dass die Sümpfungsmaßnahmen zu einer Veränderung des Grundwasserstandes führen und damit ausnahmefähig sind. Dies gilt auch, soweit durch die Sümpfungsmaßnahmen und daran anknüpfende Folgeprozesse bei einem Wiederanstieg des Grundwassers Veränderungen des chemischen Zustands hervorgerufen werden[81]. Die Gründe für die Veränderung liegen im Sinne von § 31 Abs. 2 Satz 1 Nr. 2 WHG auch im übergeordneten öffentlichen Interesse. Die Sicherstellung der Energieversorgung als Teilaspekt der im Bundesberggesetz verankerten Sicherung der Rohstoffversorgung wird zutreffend als öffentliche Aufgabe von größter Bedeutung eingeordnet. Hierbei stellt das Gericht klar, dass energiepolitische Vorstellungen des Bundes und der Länder nicht durch abweichende Vorstellungen etwa zum Tempo des Kohleausstiegs infrage gestellt werden können[82]. Auch Alternativen zu den Sümpfungsmaßnahmen im Sinne von § 31 Abs. 2 Satz 1 Nr. 3 WHG sind nicht gegeben, da die Trockenlegung der Lagerstätte zwingende Voraussetzung für den sicheren Betrieb des Tagebaus ist[83]. Klargestellt wird in diesem Zusammenhang, dass die im Verfahren geführte Diskussion um den Trassenverlauf einer Dichtwand nicht die Frage der Alternativenprüfung betrifft, sondern im Rahmen von § 31 Abs. 2 Satz 1 Nr. 4 WHG zu prüfen ist. Im konkreten Fall war die gewählte Trassenführung der Dichtwand auch mit Blick auf § 31 Abs. 2 Satz 1 Nr. 4 WHG nicht zu beanstanden. Zwar stellte das OVG fest, dass die zugelassene Variante mit Blick auf den Schutz des mengenmäßigen Zustands des Grundwassers geringfügig schlechter war, als die vom dortigen Kläger vorgeschlagene Variante. In den Blick

---

80 BVerwG, Urt. v. 9.2.2017 – 7 A 2.15 – Rn. 584, juris.
81 OVG Berlin-Brandenburg, Urt. v. 20.12.2018 – 6 B 1/17 – Rn. 48 ff., juris; ausdrücklich auch BVerwG, Beschl. v. 20.12.2019 – 7 B 5/19, Rn. 8 f.
82 OVG Berlin-Brandenburg, Urt. v. 20.12.2018 – 6 B 1/17 – Rn. 55, juris.
83 OVG Berlin-Brandenburg, Urt. v. 20.12.2018 – 6 B 1/17 – Rn. 59 ff., juris.

zu nehmen ist aber richtigerweise auch der chemische Zustand des Grundwassers. Diesbezüglich hat das OVG eine eindeutige Vorzugswürdigkeit der zugelassenen Variante bejaht[84]. Schließlich wurde zutreffend festgehalten, dass wegen der in § 29 Abs. 2 Satz 2 WHG enthaltenen und auch hier anwendbaren Vorgabe, dass die Bewirtschaftungsziele in anderen Gewässern derselben Flussgebietseinheit nicht gefährdet werden dürfen, auch der Schutz von Oberflächengewässern (hier Tagebaurestseen) für die Beurteilung der Vorzugswürdigkeit der gewählten Variante eine Rolle spielt[85].

F. Fazit

Aus den vorstehenden Ausführungen wird deutlich, dass umweltrechtliche Anforderungen für bergbauliche Vorhaben eine immense Bedeutung besitzen. Die beiden hier näher betrachteten Komplexe des FFH-Gebietsschutzes und der Vereinbarkeit mit wasserhaushaltsrechtlichen Bewirtschaftungszielen sind nur zwei Beispiele von vielen. Das Spektrum prüfungsrelevanter umweltrechtlicher Vorgaben erfasst daneben (ebenfalls beispielhaft) artenschutzrechtliche, bodenschutzrechtliche, abfallrechtliche und immissionsschutzrechtliche Aspekte, die gleichfalls mit hohen materiellen Anforderungen und einem damit einhergehenden Prüfungsaufwand verbunden sind. Aufgrund der Komplexität der Vorgaben, den strengen Maßstäben, die zumeist aus dem Unionsrecht stammen, der sich häufig ändernden Rechtslage und einer mittlerweile kaum noch zu überblickenden Vielzahl gerichtlicher Entscheidungen ist es für kleine und mittelständische Bergbaubetriebe personell und finanziell immer schwerer, derartige Verwaltungsverfahren erfolgreich abzuschließen.

Aus dogmatischer Sicht ist in der Praxis noch mehr auf die unterschiedlichen Arten der bergrechtlichen Betriebsplanzulassungen sowie darauf zu achten, ob eine nachträgliche Fehlerkorrektur tatsächlich in einem bergrechtlichen Zulassungsverfahren erfolgen kann, oder ob nicht aufgrund des Vorrangs des § 48 Abs. 1 BBergG hierfür ein anderes Zulassungsverfahren der richtige Standort ist. Die bisweilen anzutreffende uferlose Ausdehnung des Anwendungsbereichs von § 48 Abs. 2 Satz 1 BBergG ist bei genauerem Hinsehen weder rechtlich geboten noch rechtssystematisch zulässig.

---

84 OVG Berlin-Brandenburg, Urt. v. 20.12.2018 – 6 B 1/17 – Rn. 65, juris.
85 OVG Berlin-Brandenburg, Urt. v. 20.12.2018 – 6 B 1/17 – Rn. 67 f., juris.

Heutige Haftung aus altem Bergwerkseigentum

Walter Frenz

A. Zustandshaftung für Dauergefahr auch bei heutigen Bauten

Haftet der Bergbau noch heute für Beeinträchtigungen der Baulandqualität und damit verbundene Sicherungsmaßnahmen, auch wenn der Bergbau vor mehr als 100 Jahren umging? Im Ruhrgebiet mit seinen zahlreichen früheren bergbaulichen Aktivitäten ist diese Problematik immer noch aktuell, insbesondere wenn größere Bauprojekte verwirklicht werden, die eine hinreichende Standfestigkeit verlangen. Ob dafür noch Bergbauunternehmen und ihre Rechtsnachfolger einstehen müssen, ist vor allem eine Frage des originär preußischen Allgemeinen Berggesetzes (ABG),[1] das in den meisten Gebieten in Deutschland vor dem Bundesberggesetz galt: in Preußen und den angrenzenden bzw. im Anschluss an den 2. Weltkrieg in den nachfolgenden Staaten galt es unmittelbar, vor allem in den süddeutschen Staaten und in Hessen prägte es die Gesetzgebung (preußische Bergrechtsgruppe).[2]

Die in § 148 ABG begründete Bergschadenshaftung reicht weiter, erstreckt sie sich doch auch auf Wertminderungen von Grundstücken ohne körperliche Einwirkung, wenn die Gefahr einer solchen Einwirkung besteht, namentlich im Hinblick auf Gebäude wegen einer defizitären Standfestigkeit; dabei stellt sich allerdings die Frage nach Einschränkungen (A.I.–III.). Grundsätzlich ist nach der Rechtsnatur der Haftung aus früherem Bergwerkseigentum als Zustandshaftung und den Konsequenzen daraus zu fragen (A.IV.–VI.), ebenso nach den Folgen der Dynamisierung des Bergrechts für künftige Schadensentwicklungen (B.). Schließlich spielen beihilferechtliche Gesichtspunkte herein, welche für eine umfassende Haftung aus Bergwerkseigentum und eine tatsächliche Inanspruchnahme des Bergbauunternehmens sprechen (C.).

I. Erweiterte Bergschadenshaftung

Die Bergschadenshaftung aus alten Bergbauberechtigungen richtet sich nach § 148 ABG, auf den § 170 BBergG für vor dem Inkrafttreten des Bundesberggesetzes am 1.1.1982 verursachte Schäden verweist; dabei ist entscheidend, dass die maßgebenden Betriebshandlungen vor diesem Zeitpunkt stattgefunden haben und abgeschlossen sind, was auch schon sehr lange der Fall sein kann.[3]

---

1 Allgemeines Berggesetz für die preußischen Staaten vom 24.6.1865, seit 1.10.1865 in Kraft. Es ist nach § 170 BBergG für alte Bergschäden weiterhin anwendbar. Bereits *Frenz*, UPR 2018, 331. Dieser Beitrag wird hier wiedergegeben.
2 *Kühne*, in: Boldt/Weller/Kühne/von Mäßenhausen (Hrsg.), BBergG, 2. Auflage 2016, Vor § 1 Rn. 8 f., 17, 23 ff.
3 S. OLG Hamm, Urt. v. 25.6.2009 – 17 U 47/08.

Nach § 148 ABG ist der Bergwerkseigentümer verpflichtet, allen Schaden, welcher dem Grundeigentum, dessen Bestandteilen oder Zubehör durch den Betrieb des Bergwerkes zugefügt wird, zu ersetzen, ohne Unterschied, ob der Betrieb unter dem beschädigten Grundstück stattgefunden hat oder nicht, ob die Beschädigung von dem Bergwerkseigentümer verschuldet ist und ob sie vorausgesehen werden konnte oder nicht. Auf den Zeitpunkt, wann der Schaden entstanden ist, kommt es nicht an.[4] Der Anspruch erstreckt sich im vollen Umfang auf alle Folgen dieses Schadens, mithin auch solche, welche erst in Zukunft wirksam werden und spezifisch diejenigen wirtschaftlichen Folgen, welche erst in den Zeitraum des neuen Eigentümers fallen, welcher aus dem auf die Person des zur Zeit der Entstehung des Schadens zugeschnittenen Schadensersatzanspruch berechtigt ist.[5]

Die einen Schaden stiftende Einwirkung des Bergbaus auf Grundstücke kann sich zum einen in einer körperlichen Einwirkung vollziehen. Zum anderen aber – und das ist weiter als nach der heutigen Bergschadenshaftung – kann sie sich als Gefahr einer solchen Einwirkung darstellen, die bereits im Voraus, d. h. vor der Verwirklichung der drohenden Einwirkung, eine Wertminderung des Grundstücks eintreten lässt; auch insoweit handelt es sich um eine Gefährdungshaftung.[6] Die drohende Gefahr bergbaulicher Einwirkung ist schon selbst ein Bergschaden, wenn sie die Bewertung fremder Grundstücke ungünstig beeinflusst.[7]

Dabei muss die Vermögensminderung erkennbar sein, die von der – zurückliegenden – Einwirkung des Bergbaus eintritt, damit der Schadensersatzanspruch besteht.[8] Erst dann aber müssen die Voraussetzungen vorliegen.

Im Ansatz kann aber auch ohne körperliche Beschädigung allein durch die Berggefahr die Nutzbarkeit eines Grundstücks beeinträchtigt werden, weil durch das Vorhandensein unterirdischer Hohlräume die objektive Besorgnis entsteht, demnächst könnten sich – insbesondere im Falle einer Belastung der Erdoberfläche durch Bauwerke – reale Schäden an der Erdoberfläche ergeben. Eine solche Besorgnis begründende Gefahrenlage entsteht objektiv in dem Augenblick, in dem der Berg-

---

4 LG Dortmund, Urt. v. 18.1.2008 – 3 O 264/04; bereits *Boldt/Weller*, BBergG, 1. Aufl. 1984, § 170 Rn. 5; *Piens*, in: Piens/Schulte/Graf Vitzthum (Hrsg.), BBergG, 1. Aufl. 1983, § 170 Rn. 2 f.

5 LG Dortmund, Urt. v. 18.1.2008 – 3 O 264/04 m. w. N., etwa *Heinemann*, Der Bergschaden, 3. Aufl. 1961, Rn. 47.

6 OLG Hamm, Urt. v. 25.6.2009 – 17 U 47/08 unter Verweis auf *Heinemann*, Der Bergschaden, S. 41.

7 So *Heinemann*, Der Bergschaden, S. 45 m. w. N. zur Rechtsprechung des Reichsgerichts; im Anschluss daran OLG Hamm, Urt. v. 25.6.2009 – 17 U 47/08.

8 LG Dortmund, Urt. v. 18.1.2008 – 3 O 264/04.

bau unterirdische Hohlräume in gefährdender Nähe des betroffenen Grundstücks schafft.[9] Letztlich ist dies die Konsequenz der früher durch den Bergbau geschaffenen Gefährdungslage, die bis heute fortwirkt und damit auch in ihren gefährdenden Folgewirkungen aufgefangen werden soll.

Dementsprechend ist mit Entstehen unterirdischer Hohlräume die Einwirkung des Bergbaus abgeschlossen, soweit diese in den Auswirkungen der Berggefahr besteht und sich darin erschöpft. Das gilt, wie das OLG Hamm weiter hervorhebt, „insbesondere bei oberflächennahem Bergbau, dessen Eigenart darin besteht, dass er eine Dauergefahr hervorruft, die in ihrem Ausmaß über lange Zeit praktisch unverändert bleibt. Mit der Schaffung dieser Gefahr ist zugleich die Einwirkung auf das Grundstück beendet; von diesem Zeitpunkt an steht objektiv fest, dass die Nutzbarkeit des Grundstücks nachteilig verändert ist, weil fortan eine Bebauung nur unter Einhaltung geeigneter Sicherungsmaßnahmen zur Abwehr der Gefahr möglich ist. Damit ist zugleich die mit der Berggefahr verbundene Beschädigung des Grundstücks gegeben."[10]

II. Ohne Einschränkung damaliger Bauplatzeigenschaft

1) Ansatz des OLG Hamm

Im Anschluss daran formuliert allerdings das OLG Hamm eine Einschränkung, die so im ABG nicht steht: „Das bedeutet aber, dass der Eigentümer des beschädigten Grundstücks Schadensersatz wegen der Beeinträchtigung der Bebauungsmöglichkeit nur verlangen kann, wenn das Grundstück schon in dem genannten Zeitpunkt ‚Bauplatzeigenschaft' besaß, oder wenn wenigstens schon damals damit zu rechnen war, dass das Grundstück ohne die schädigende Wirkung des Bergbaus in absehbarer Zeit diese Eigenschaft erlangt haben würde. Hatte hingegen das Grundstück zum Zeitpunkt der Beschädigung noch keine Bauplatzqualität und bestanden auch keine konkreten Anhaltspunkte dafür, dass es in absehbarer Zeit diese Eigenschaft erlangen werde, so konnte und kann nach Preußischem Allgemeinen Bergrecht der Eigentümer oder sein Rechtsnachfolger wegen der Beeinträchtigung der Bebaubarkeit des Grundstücks auch dann keinen Schadensersatz beanspruchen, wenn aus späterer Sicht feststeht, dass das Grundstück ohne die Einwirkung des Bergbaus später bebaut worden wäre."[11]

---

9 OLG Hamm, Urt. v. 25.6.2009 – 17 U 47/08.
10 OLG Hamm, Urt. v. 25.6.2009 – 17 U 47/08.
11 OLG Hamm, Urt. v. 25.6.2009 – 17 U 47/08 unter Verweis auf Heinemann, Der Bergschaden, S. 45 m. w. N. zur Rspr. des RG sowie auf OLG Düsseldorf, ZfB 120, 423.

2) Preisrelevanz nach dem BGH

Diese Formel benutzte auch der BGH,[12] allerdings in einem spezifischen Fall, ging es doch um die Kausalitätsabgrenzung zur gemeindlichen Planung, und bezogen auf das im untersuchten Fall gegebene eindeutige Vorliegen dieser Voraussetzungen. Vorgelagert und übergeordnet hat der BGH aber einen wesentlich weiteren Ansatzpunkt zugrunde gelegt: Danach „ist die Baulandeigenschaft eines Grundstücks nach der Rechtsprechung des Reichsgerichts bereits dann anzuerkennen, sobald es einen über den Wert als bloß landwirtschaftlich zu benutzendes Grundstück hinausgehenden Verkehrswert dadurch erlangt hat, daß in Kreisen, die für den Erwerb des Grundstücks in Frage kommen, bei der Bemessung des anzulegenden Kaufpreises mit der mehr oder weniger nahen Aussicht gerechnet wird, es in Zukunft zu bebauen (RG v. 15.1.1921, ZfB 62, 201; *Eben/Weller*, ABergG, 2. Aufl. § 148 Anm. 5 b). Unter den Begriff ‚Bauland' fallen demnach auch Grundstücke, die in der Terminologie des RG als ‚werdendes Industrie- und Bauland' bezeichnet werden (ZfB 78, 442, 447).“[13]

Es zählt dieser weitere Ansatz des BGH. Er bildet den Obersatz, der lediglich eindeutig erfüllt ist, wenn die Bebauung des Grundstücks in absehbarer Zeit mit Sicherheit zu erwarten ist. Es gibt aber nach dem BGH durchaus einen weitergehenden Anwendungsbereich der Bergschadenshaftung nach § 148 ABG. Das gilt vor allem für eine heranrückende Bebauung und steigende Grundstückspreise, die das Preisniveau für landwirtschaftliche Flächen verlassen, so dass es sich um werdendes Industrie- und Bauland handelt, auch wenn eine Bebauung noch nicht sicher absehbar war.

3) Widerspruch zur angenommenen Dauergefahr

Ohnehin steht die gegenteilige Einschränkung in Widerspruch zur Grundkonzeption des OLG Hamm. Vom System her ist der Bergschaden nach § 148 ABG angelegt, sobald Bergbau umgegangen ist, und wird nur aktualisiert. Es handelt sich mithin um eine Dauergefahr, wie das OLG Hamm zu Recht betont.[14] Damit aber ist zum früheren Zeitpunkt noch keine Baulandqualität erforderlich, sie muss auch nicht vorhersehbar sein. Vielmehr wirkt die Gefahr dauerhaft fort und erfasst damit auch Entwicklungen, in denen sich die Gefahr dann realisiert – so bei späteren Bau-

---

12 BGH, NJW 1972, 1943, 1944.
13 BGH, NJW 1972, 1943, 1944.
14 OLG Hamm, Urt. v. 25.6.2009 – 17 U 47/08.

projekten, die wegen früheren Bergbaus nicht so verwirklicht werden können, wie sie eigentlich geplant sind. Insoweit zeigen sich noch heute Einschränkungen, die aus früherem Bergbau resultieren.

4) Konsequenz der starken Rechtsposition aus dem Bergwerkseigentums

Dass für solche Langzeitfolgen das Bergbauunternehmen noch heute haftet, ist die Konsequenz der umfassenden Gestattung bergbaulicher Aktivitäten unter dem ABG. In diesem war noch kein behördliches Konzessionsverfahren vorgeschaltet. Vielmehr galt im Ansatz der Grundsatz der Schürffreiheit, wonach jedes Unternehmen bei Fündigkeit Rohstoffe aufsuchen und gewinnen konnte. Die Gewinnung wurde zwar mit der Verleihung von Bergwerkseigentum verbunden; darauf bestand jedoch ein Anspruch nur unter der Voraussetzung, dass eine Mutung eingelegt wurde (§ 12 ABG), die den normativen Anforderungen entsprach.[15] An die Verleihung des Bergwerkseigentums schloss sich nur eine der Gefahrenabwehr dienende Einwirkungsmöglichkeit an. Wie die Bergbauberechtigung ausgeübt wurde, unterlag nicht staatlicher Steuerung, so dass auch keine zügige Gewinnung herbeigeführt werden konnte, weshalb überhaupt erst der Staatsvorbehalt eingeführt wurde, in dessen Gefolge aber auf privatrechtlicher Grundlage in Gestalt einer Vereinbarung Dritte in die Aufsuchung und Gewinnung eingeschaltet wurden.[16]

Nunmehr ist die Erteilung von Aufsuchungs- und Gewinnungsrechten auf privatrechtlicher Basis ausgeschlossen; vielmehr gilt seit Inkrafttreten des BBergG ein öffentlich-rechtliches Konzessionssystem, bei dem sich der Staat nicht selbst die Bodenschätze aneignet oder auch nur vorbehält, um sie auf privatrechtlicher Grundlage an Private zum Abbau freizugeben, sondern die Aneignung von Rohstoffen erst nach behördlicher Verleihung des Bergwerkseigentums erfolgen kann.[17] Hieran zeigt sich die deutliche Begrenzung der noch unter dem ABG bestehenden Möglichkeiten der Aneignung von Rohstoffen.

Umso größer waren die Möglichkeiten des Rohstoffabbaus und umso geringer war der Filter. Die Unternehmen konnten weitgehend schalten und walten, wie sie wollten. Das Bergwerkseigentum zog ihnen nur einen formalen Rahmen, aber keinen wirklichen materiellen bzw. zeitlichen. Der Staat hatte lediglich eine gefahrenbezogene Begrenzungs- und Eingriffsmöglichkeit; eine Befris-

---

15 Etwa *Boldt*, Staat und Bergbau, 1950, S. 18 f.
16 *Franke*, in: Boldt/Weller/Kühne/von Mäßenhausen, § 6 Rn. 5 f.
17 *Franke*, in: Boldt/Weller/Kühne/von Mäßenhausen, § 6 Rn. 8.

GESTERN HEUTE MORGEN

tung und die Möglichkeit des Widerrufs mit ihrer nunmehr maßgeblichen Anreizfunktion für eine planmäßige Ausübung der Bergbauberechtigung[18] waren nicht vorgesehen.[19] Nunmehr wird hingegen die Rechtsposition des Berechtsamsinhabers maßgeblich durch behördliche Entscheidungen bestimmt.[20] Es wird von einer öffentlich-rechtlichen Nutzungsordnung gesprochen[21] – im Gegensatz zur vorherigen privatrechtlichen.

Waren aber die Handlungsmöglichkeiten der Unternehmen in Ausübung des Bergwerkseigentums unter dem ABG derart weit, korrespondiert damit eine umfassende Haftung auch für künftige Beeinträchtigungen der Bauplatzqualität, selbst wenn sie noch nicht absehbar waren.

5) Frühere Rechtsprechung

Das Reichsgericht formulierte allerdings beschränkend, von einer Entwertung als Bauland könne „nur bei solchen Grundstücken die Rede sein …, die noch unbebaut oder nur teilweise bebaut in einer von der Bebauung schon unmittelbar ergriffenen Gegend liegen, und daß es sich, wie hervorgehoben, bei der Besorgnis späterer Einwirkung nicht um die Erwartung unbestimmter Möglichkeiten handeln darf, daß vielmehr bestimmte Unterlagen für ihre Berechtigung vorliegen müssen."[22] Allerdings betont auch das Reichsgericht, dass die Entstehung und Berechnung des Anspruchs wegen Herabminderung der Bauplatzeigenschaft von einem bestimmten Bauvorhaben unabhängig ist.[23] Dieses kann noch Jahre nach Ende des Bergbaus zu einem Schadensersatzanspruch führen. Bereits das Reichsgericht betonte, dass die Ursache des Schadens und deren Wirkung in Form des Schadenseintritts („Schadenszufügung") „durch erhebliche Zeiträume, ja durch Menschenalter getrennt sein" können.[24] Auch spätere Grundstückseigentümer können dementsprechend Schäden geltend machen. Der Anspruch aus § 148 ABG gelangt „im Allgemeinen erst mit Eintritt des zu ersetzenden Schadens zur Entstehung; zum Beispiel wenn der Eigentümer beschließt, das Grundstück mit einem Gebäude von Ausnahmebeschaffenheit zu besetzen."[25]

---

18 *Franke*, Funktionswandel der Bergbauberechtigung?, in: Festschrift für Gunther Kühne 2009, S. 507, 510.

19 *Franke*, in: Boldt/Weller/Kühne/von Mäßenhausen, § 6 Rn. 5, 10.

20 *Karpen*, Grundeigentum und Bergbaurechte nach dem Bundesberggesetz vom 13.8.1980, AöR 1981, 15, 25 f.; *Franke*, in: Boldt/ Weller/Kühne/von Mäßenhausen, § 6 Rn. 8.

21 *Schulte*, Die Bergbauberechtigung nach dem Regierungsentwurf für ein Bundesberggesetz, ZfB 1978, 414. 422 ff.

22 RGZ 157, 99, 102.

23 RGZ 157, 99, 102.

24 RGZ 95, 72, 78.

25 OLG Düsseldorf, ZfB 1979, 422, Leitsatz a).

Damit kann auch ein aufwendiges Gebäude einen Schadensersatzanspruch auslösen, wenn die dafür erforderliche Bausicherheit nicht vorhanden ist, weil sie schon bei früherem Bergbau angetastet wurde.

Allerdings setzt das OLG Düsseldorf voraus, dass schon bei dieser Antastung des Grundstücks durch früheren Bergbau eine „Bauplatzeigenschaft" bestand oder wenigstens schon zu diesem Zeitpunkt damit zu rechnen war, dass das Grundstück ohne die schädlichen Wirkungen des Bergbaus in absehbarer Zeit diese Eigenschaft erlangt haben würde.[26] Dafür verlangt das OLG Düsseldorf „konkrete Anhaltspunkte"; ohne diese könne der Eigentümer oder sein Rechtsnachfolger auch dann keinen Schadensersatz wegen der Beeinträchtigung der Bebaubarkeit des Grundstücks beanspruchen, „wenn aus späterer Sicht feststeht, daß das Grundstück ohne die Einwirkung des Bergbaus später bebaut worden wäre.[27] Gleiches hat folgerichtig zu gelten, wenn das Grundstück später trotz der Einwirkung des Bergbaus bebaut worden ist."[28]

Indes steht eine solche enge Anbindung der Bebauung an den Zustand des Grundstücks zum Zeitpunkt des Bergbaus in Widerspruch zum Grundansatz des Reichsgerichts. Danach erfordert „das Gesetz zur Begründung des Entschädigungsanspruchs in objektiver Hinsicht nichts weiter, als daß ein Schade an dem Grundstück des Klägers entstanden ist, und daß dieser Schade mit dem Betriebe des Bergwerks im ursächlichen Zusammenhang steht. Die Art und Weise, wie der Kausalzusammenhang hergestellt wird, ist dabei ohne rechtliche Bedeutung."[29] Das spricht für eine sehr weite Betrachtung und damit auch eine Einbeziehung künftiger Schäden, sofern nur eine gewisse Rückführbarkeit auf den Bergbau besteht.

Immerhin nimmt auch das Reichsgericht in dieser frühen Entscheidung eine Einschränkung vor. Es hebt darauf ab, dass der Begriff des Schadens im Berggesetz nicht definiert ist und daher auf die Vorschriften des allgemeinen Zivilrechts in Gestalt des damaligen Allgemeinen Landrechts zurückgegriffen werden muss, das nach seinem § 1 Abs. 1 Satz 6 jede Verschlimmerung einbezieht, „die eine Person an ihrem Vermögen erleidet. Zur vollständigen Entschädigung gehört der

---

26 OLG Düsseldorf, ZfB 1979, 422, 442 unter Verweis auf RG, ZfB 1890, 475, 477; Preußisches Obertribunal, ZfB 1877, 401; *Daubenspeck*, Die Haftpflicht des Bergwerksbesitzers aus der Beschädigung des Grundeigentums nach preußischem Recht, 1882, S. 34, 54; *Brassert*, Allgemeines Berggesetz für die Preußischen Staaten, 1865, S. 401.

27 OLG ZfB 1979, 422, 442 unter Verweis auf RG, ZfB 1881, 90; 1910, 475; *Westhoff*, Der Gläubiger beim Bergschädenanspruch, ZfB 1903, 304, 340, *ders.*, Bergbau und Grundbesitz Band I, 1904, S. 112 ff. m. w. N., 162 f.

28 OLG Düsseldorf, ZfB 1979, 422, 442.

29 RGZ 30, 250, 253.

Ersatz des gesamten (positiven) Schadens und des entgangenen Gewinns (§ 7 ALR). Hieraus ergibt sich, dass der Eigentümer des beschädigten Grundstücks für alle mit dem Betriebe des Bergwerkes in Zusammenhange stehenden Vermögensnachteile, mögen sie unmittelbar oder mittelbar durch den Bergbau veranlaßt sein, Ersatz fordern kann, und daß es keineswegs erforderlich ist, daß die Integrität des Grundstücks infolge der Einflüsse des Bergbaues aufgehoben wurde oder auch nur eine Einbuße erleide. Es genügt, daß das Grundstück entwertet wird, und daß die Entwertung ohne den Betrieb des Bergbaues nicht eingetreten wäre."[30] Aus diesem sehr weiten Ansatz leitet das Reichsgericht ab, dass eine Schädigung dann eingetreten ist, „wenn feststeht, daß die Parzellen bisher zu Bauplätzen geeignet waren, diese Eigenschaft aber durch die von dem Bergbau drohende Gefahr verloren hatten."[31]

Indes ist fraglich, ob bei dem verfolgten weiten Schadens- und Kausalitätsansatz auf eine Eignung als Bauland abgestellt werden kann oder nicht sämtliche Folgeentwicklungen im Zusammenhang mit der Bebauung einzubeziehen sind. Nach der Entstehungsgeschichte sollte mit Blick auf § 150 Abs. 2 ABG die Entschädigungspflicht nur entfallen, wenn eine Absicht zur Errichtung neuer Anlagen nur zur Erlangung einer Vergütung für eine Wertminderung behauptet wurde.[32] Es genügt schon eine Beeinträchtigung der Wertschätzung zum Zeitpunkt des Bergbaus, wie das Reichsgericht in einer späteren Entscheidung betont, in der es nur „insbesondere" auf den Fall einer Beeinträchtigung der Baulandqualität verweist.[33] Nach dem OLG Düsseldorf ist nach den Erkenntnissen der Fachwissenschaft „bei jedem Steinkohlenabbau, der oberflächennah in Teufen bis zu 60 m vorgenommen wird, mit einer dauernden Gefährdung der Erdoberfläche zu rechnen."[34] Damit liegt praktisch immer eine Beeinträchtigung des Grundstückswertes vor. Jedenfalls wird eine Bebauung absehbar zum Risiko. Wertminderungen lassen sich daher höchstens dann ausschließen, wenn eine Bebaubarkeit von vornherein nicht in Betracht kommt. Jedenfalls muss hierzu entsprechend dem BGH auch werdendes Industrie- und Bauland bzw. Bau- und Industrieerwartungsland gehören.[35]

---

30 RGZ 30, 250, 253.
31 RGZ 30, 250, 253.
32 RGZ 30, 250, 255.
33 RGZ 95, 72, 78 f.
34 OLG Düsseldorf, ZfB 1979, 422, Leitsatz e.
35 S.o. A.II.2).

6) Anknüpfung an die vorherige Entwicklung im Ruhrgebiet

Im Übrigen war eine Ausdehnung der Fläche im Ruhrgebiet keine Unbekannte. Es sei nur auf die industrielle Revolution im 19. Jahrhundert verwiesen. Die konsequente, wenn auch nicht mehr so rasante Fortsetzung war die Flächenausdehnung im 20. Jahrhundert. Diese bildete damit aber den Nachklang des sehr raschen Baufortschritts im 19. Jahrhundert. Selbst erst jetzt bebaute Grundstücke waren in immer stärkerem Maße von Bebauung eingeschlossen.

Auch bei bergbaulichen Aktivitäten am Anfang des 20. Jahrhunderts musste daher im Ruhrgebiet davon ausgegangen werden, dass Flächen später bebaut werden. Es handelte sich um das industrielle Herz Deutschlands, das auf stetige Weiterentwicklung angelegt war. Das zeigte sich noch in den 50er Jahren des 20. Jahrhunderts, in denen das Wirtschaftswunder wesentlich vom Aufschwung im Ruhrgebiet getragen war – mit weiterer Bebauung und Ausdehnung der Siedlungsflächen. Und auch heute hat das Ruhrgebiet immer noch eine hohe wirtschaftliche Bedeutung, die letztlich aus der Zeit der industriellen Revolution rührt, wenngleich ein tiefer Umgestaltungsprozess stattgefunden hat. Die Konzentration von Menschen und von Wirtschaftskraft ist aber immer noch die Konsequenz aus dem 19. Jahrhundert. Ohne die damalige Entwicklung wäre das Ruhrgebiet nicht derart dicht besiedelt und mit zahlreichen wirtschaftlichen Aktivitäten übersät. Zudem ist die Folgenutzung dem Bergbau nach Erschöpfung der Lagerstätten bzw. Verzicht auf deren weiteren Abbau immanent. Damit müssen die Grundstückseigentümer, zumal wenn sie Gebäude errichten, auch weiterhin von der Haftung nach § 148 ABG profitieren.

III. Haftungsübergang auch für die Vergangenheit

1) Die Regelung des § 148 ABG im Vergleich zu § 116 BBergG als Gegenstand einer BGH-Entscheidung

Geht das Bergwerkseigentum auf einen anderen über, so bleibt nach § 148 Abs. 1 Satz 2 ABG die Haftung des bisherigen Bergwerkseigentümers bestehen, außer dessen Betrieb ist für den Schaden nicht ursächlich. Damit haftet auch der neue Bergwerkeigentümer, und zwar nach § 148 Abs. 2 ABG als Gesamtschuldner; es wird nur normativ eigens angeordnet, dass auch die Haftung des bisherigen Bergwerkseigentümers bestehen bleibt, außer dessen Verursachung ist ausgeschlossen. Damit aber muss beim neuen Bergwerkseigentümer keine Verursachung gegeben sein.

Wird der Betrieb nicht vom Bergwerkseigentümer, sondern für Rechnung eines anderen (Betreiber) geführt, so haftet dieser nach § 148 Abs. 1 Satz 3 ABG neben dem Bergwerkseigentümer, jedoch nicht im weiteren Umfang als dieser selbst. Die Haftung des Betreibers bleibt gem. § 148 Abs. 1 Satz 4 ABG auch nach Einstellung des Betriebes oder bei Fortführung des Betriebes durch einen anderen bestehen, es sei denn, sein Betrieb ist für den Schaden nicht ursächlich. Diese Vorschrift betrifft spezifisch das Auseinanderfallen von Bergbaubetreiber und Bergwerkseigentümer. Es geht hier also nicht um die Rechtsnachfolge wie nach § 148 Abs. 1 Satz 1 und 2 ABG. Daher ist auch das Urteil des BGH vom 20.1.2011[36] von vornherein nicht einschlägig. Dieses bezog sich auf § 116 BBergG, der gleichfalls das Auseinanderfallen von Bergwerkseigentum und Bergbauunternehmen behandelt, und schloss eine Haftung des Bergbauberechtigten für Schäden aus, die vor der Zeit seiner Berechtigung verursacht wurden.[37] Entscheidend war für den BGH, „dass nach § 116 Abs. 2 BBergG im Innenverhältnis von Unternehmer und Bergbauberechtigten, die nach § 116 Abs. 1 Satz 2 BBergG dem Geschädigten gegenüber als Gesamtschuldner haften, allein der Unternehmer den entstandenen Schaden zu tragen hat. Diese Ausgestaltung der Haftung des Bergbauberechtigten ist aber nur dann in sich stimmig, wenn für Unternehmer und Bergbauberechtigten – auch in zeitlicher Hinsicht (Zeitpunkt der Schadensverursachung bzw. der Schadensentstehung) – dieselben Haftungsmaßstäbe gelten."[38] Dies gilt damit aber nur wegen der Ausgestaltung von § 116 BBergG sowie bezogen auf diese Personen. § 148 Abs. 2 ABG ordnet demgegenüber umfassend und ohne den Vorrang des Bergbauunternehmers im Innenverhältnis nach § 116 Abs. 2 BBergG eine gesamtschuldnerische Haftung an.

2) Umfassende Haftung nach § 148 ABG

Damit deutet sich schon an, dass § 148 ABG eine umfassende und über § 116 BBergG hinausgehende Haftung statuiert. Das betont auch der BGH in aller Deutlichkeit. Nach § 148 ABG haftet der jeweilige Bergwerkseigentümer für alle Bergschäden, die während seiner Besitzzeit eintraten. „Dabei war es unerheblich, ob der Bergwerkseigentümer selbst oder einer seiner Rechtsvorgänger die den Schaden verursachende Betriebshandlung vorgenommen hatten. Voraussetzung war

---

36 BGHZ 188, 113.
37 BGHZ 188, 113, Rn. 13.
38 BGHZ 188, 113, Rn. 14.

lediglich, dass das Bergwerk, dessen früherer Betrieb den Schaden verursacht hatte, zur Zeit des Schadenseintritts noch bestand."[39] Damit ist es unschädlich, wenn der Schaden im Betrieb des früheren Bergwerkseigentümers entstand. Der Rechtsnachfolger haftet gleichwohl.

IV. Damaliges Bergwerkseigentum als Ausgangspunkt

Anknüpfungspunkt für eine Haftung nach dem ABG ist das Bergwerkseigentum, das nach § 26 ABG für Felder verliehen wird, die, soweit die Örtlichkeit es gestattet, von geraden Linien an der Oberfläche und von senkrechten Ebenen in die ewige Tiefe begrenzt werden; der Flächeninhalt der Felder ist nach der horizontalen Projektion in Quadratmetern festzustellen.

Zuordnungsobjekt der Bergbauberechtigungen ist das Berechtigungsfeld. Daraus ergeben sich Überschneidungen mit dem Eigentumsrecht.[40] Typisch für das Eigentumsrecht ist indes als Pflichtenstellung die Zustandshaftung. Diese trifft dann den Inhaber der Bergbauberechtigung und damit nach dem ABG den Berechtigten aus dem Bergwerkseigentum. Dass die Verbindung zum Eigentumsrecht für die derzeitigen Bergbauberechtigungen betont wird,[41] schließt diesen Zusammenhang für das Bergwerkseigentum nach dem ABG nicht aus. Vielmehr wurde die Rechtsstellung des Bergbauberechtigten im Verhältnis zu Dritten dem Recht des im ABG normierten Bergwerkseigentümers nachgebildet.[42] Und der BGH setzt Gewinnungsberechtigung und Eigentum gleich.[43] Das muss dann erst recht für das Bergwerkseigentum unter dem ABG gelten.

Wie § 151 BBergG als Überleitungsbestimmung zeigt, hat sich das jetzige Bergwerkseigentum lediglich insofern fortentwickelt, als es zeitlich begrenzt ist, nachträglich beschränkt, zurückgenommen bzw. widerrufen werden kann sowie grundsätzlich der Förderabgabe unterliegt.[44] Dies ist die Konsequenz der Prägung der Rechtsposition des Berechtsamsinhabers im BBergG durch behördliche Entscheidungen, während vorher im ABG der Grundsatz der Schürffreiheit galt: Jedermann konnte Bodenschätze aufsuchen und hatte einen Anspruch auf Verleihung von Berg-

---

39 BGHZ 188, 113, Rn. 18.
40 Im Einzelnen *Wörheide*, Die Bergbauberechtigungen nach dem Bundesberggesetz, 2014, S. 271 ff.
41 S. nur *Franke*, in: Boldt/Weller/Kühne/von Mäßenhausen, § 8 Rn. 16 ff.
42 Schon *Schulte*, Das Bundesberggesetz, NJW 1981, 88, 91; aktuell *Wörheide*, Die Bergbauberechtigungen nach dem Bundesberggesetz, S. 304 ff.
43 BGHZ 178, 90, 94.
44 *Vitzthum/Piens*, in: Piens/Schulte/Graf Vitzthum (Hrsg.), BBergG, 2. Aufl. 2013, § 9 Rn. 2.

werkseigentum nach § 22 ABG, wenn er fündig wurde.[45] Diese staatlich nicht näher eingefangene und eingegrenzte Position spricht für eine umfassende Verantwortung für Schäden und Vermögenseinbußen anderer.[46]

Die zeitliche Begrenzung sowie die Aufhebbarkeit des Bergwerkseigentums nach dem BBergG sprechen eher für eine schwächere Position, so dass das alte Bergwerkseigentum als noch abgesicherter anzusehen ist. § 149 Abs. 1 Nr. 1 BBergG ordnete die generelle Aufrechterhaltung an und § 151 BBergG betont, dass aufrechterhaltenes Bergwerkseigentum das nicht befristete ausschließliche Recht zur Aufsuchung, Gewinnung und zum Eigentumserwerb eröffnet. Das Korrelat ist dann auch unter der Geltung des BBergG, das in § 170 auf das frühere Haftungsrecht verweist, die nicht befristete Haftung für alle Schäden, ohne etwa durch eine Insolvenz berührt zu werden.

V. Ausdruck des Eigentumsgrundrechts

Die Verbindung zum Eigentumsrecht wird spezifisch für das Bergwerkseigentum nach dem ABG betont. Es bestand trotz der Notwendigkeit der Verleihung als konstitutivem Hoheitsakt im Kern als ausschließliches und absolutes Recht, sich herrenlose Bodenschätze anzueignen, und wurde als solches als dingliches Recht interpretiert.[47] Es wurde die Gleichstellung von Bergwerkseigentum und Grundeigentum durch § 50 Abs. 2 ABG unterstrichen[48] und daraus nicht nur der gleiche rechtliche Schutz gegenüber Eingriffen privater Dritter oder des Staates abgeleitet, sondern auch die gleiche rechtliche Wertung wie das Grundeigentum.[49] Daraus folgt dann auch die Zustandshaftung.

Das gilt erst recht zumal deshalb, weil auch die wie gezeigt[50] schwächer ausgeprägten Bergbauberechtigungen nach dem BBergG durch Art. 14 GG geschützte eigentumsrechtliche Positionen bilden: Es handelt sich um eine vermögenswerte Rechtsposition zur privatnützigen Verfügung,[51]

---

45 *Franke*, in: Boldt/Weller/Kühne/von Mäßenhausen, § 6 Rn. 5, 8 m.w.N.
46 S. bereits vorstehend A.II.4).
47 *Westermann*, Sachenrecht, 1966, S. 7 ff.; *Bauer*, Sachenrecht, 1973, S. 279; s. auch BGHZ 57, 375, 388 sowie m.w.N. *Vitzthum/Piens*, in: Piens/Schulte/Graf Vitzthum, § 9 Rn. 5.
48 *Westermann*, Rechtsprinzipien des Preußischen Allgemeinen Berggesetzes, ZfB 1965, 122, 130.
49 *Westermann*, ZfB 1965, 122, 130 sowie heute *Vitzthum/Piens*, in: Piens/Schulte/Graf Vitzthum, § 9 Rn. 5.
50 Vorstehend IV. a.E.
51 BVerfGE 83, 201, 208 für das Vorkaufsrecht nach § 141 ABG.

die auf dem Einsatz von Kapital und Leistung des Berechtsamsinhabers beruht und daher auch nicht durch die öffentlich-rechtliche Bewilligung überlagert wird.[52] Da diese öffentlich-rechtliche Bewilligung für das Bergwerkseigentum nach dem ABG nicht notwendig war, ist dieses noch stärker eigentumsgrundrechtlich gewährleistet als das heutige.

Die Kehrseite dieser Ausformung der Bergbauberechtigungen als Ausdruck des Eigentumsgrundrechts ist die Verpflichtung nach Art. 14 Abs. 2 GG. Daraus ist eine umfassende Zustandshaftung abzuleiten.

VI. Umfassende Zustandshaftung

Damit bleibt die Zustandshaftung intakt. Sie ist grundstücksbezogen und daher von Insolvenzen unberührt. Sie trifft den aktuellen Grundstückseigentümer als Belastung des Grundstücks.

Tiefergehend wird der Zuweisungsgehalt des Eigentums in positiver Hinsicht, nämlich in Gestalt des Schutzes nach §§ 985, 1004 BGB, in der tatsächlichen Subjekt-Objekt-Beziehung, in der sich der Umgang der Person mit der Sache äußert, fundiert und auf die tieferliegende Wertvorstellung rekurriert, die Herrschaft des Menschen über Gegenstände der Außenwelt bilde einen Ausdruck seiner Persönlichkeit.[53] Wenn aber die Herrschaft über Gegenstände der Außenwelt im positiven Sinne Bestand der Persönlichkeitsentfaltung ist, bildet die negative Kehrseite die Haftung für etwaige Schäden und damit das Verursacherprinzip, welches nicht nur eine verhaltensbezogene Komponente hat, sondern als wertender Grundsatz auch die Zustandshaftung umfasst.[54] Die Verantwortung für die negativen Seiten der Persönlichkeitsentfaltung auch durch Eigentum ist damit zugleich Ausdruck der Persönlichkeit.[55] So wird der Einzelne zugleich dazu angestoßen, in möglichst geringem Umfang Schäden hervorzurufen – wie es dem Grundansatz des Verursacherprinzips entspricht.

---

[52] *Franke*, in: Boldt/Weller/Kühne/von Mäßenhausen, § 8 Rn. 20; bereits *Hoppe*, Bergbauberechtigungen als verfassungskräftige Eigentumsposition und ihr Schutz gegenüber der Planung, DVBl. 1982, 101, 105 f.; *ders.*, Nationalpark-Verordnung „Niedersächsisches Wattenmeer" und bergbauliche Berechtigungen, 1987, S. 74 ff. Vgl. allgemein BVerfGE 116, 96, 121.

[53] Im hiesigen Kontext *Wörheide*, Die Bergbauberechtigungen nach dem Bundesberggesetz, 2014, S. 252; allgemein ausführlich *Hecker*, Eigentum als Sachherrschaft, 1990, S. 220 ff.

[54] Im Einzelnen *Frenz*, Das Verursacherprinzip im Öffentlichen Recht, 1997, S. 241 ff., 253 ff.

[55] Näher u. C.II.3).

Die umfassende Zustandsverantwortlichkeit ist das Korrelat dazu, dass der Eigentümer die ausschließliche Befugnis hat, mit der ihm zugeordneten Sache nach Belieben zu verfahren, und so die umfassende Herrschaft besitzt, woraus Abwehrmöglichkeiten gegen Dritte resultieren.[56] Bei einer solch weitreichenden Rechtsstellung ist es nur konsequent, wenn dann auch aus der Nutzung dieser Rechtsstellung resultierende negative Auswirkungen auf Dritte vom jeweiligen Inhaber umfassend getragen werden. Das gilt auch für sich nach Jahren zeigende Beeinträchtigungen etwa in der Bebaubarkeit: Der betroffene Bauherr konnte sich nicht einmal gegen den damaligen Bergbau wehren. Dessen negative Folgewirkungen können daher nicht auf seine Kosten gehen, sondern müssen vom Bergbauunternehmen getragen werden.

B. Dynamik des Bergrechts und Fortdauer der Verantwortlichkeit bei alten Ursachen

I. Die verursachergerechte Dynamisierung bergrechtlicher Pflichten

Gilt diese Haftung des Bergbauunternehmens aus früherem Bergwerkseigentum auch für aktuelle Entwicklungen? Im Urteil Bergwerk West hat das BVerwG den Hochwasserschutz als gesundheitlichen Belang nach § 55 Abs. 1 Satz 1 Nr. 3 BBergG einbezogen und dabei ein zukunftsgerichtetes Vorgehen verlangt: Über Jahrzehnte auch nach Ende des Bergbaus muss der Hochwasserschutz gewährleistet sein.[57] Im Urteil Meggen bildete die Gemeinschadensklausel des § 55 Abs. 1 Satz 1 Nr. 9 BBergG den Ansatzpunkt für die Verpflichtung des Bergbauunternehmens, austretendes Grubenwasser auch mehrere Jahre nach Stilllegung des Bergbaus von Metallgehalten zu reinigen.[58] Wenn auch keine abschließende Entscheidung über eine Ewigkeitshaftung getroffen wurde,[59] sind die bergbaulichen Pflichten zeitlich gestreckt und währen so lange, wie der Ursprungsgrund der Haftung reicht und damit das nach dem Verursacherprinzip maßgebliche Zurechnungskriterium nicht mehr trägt – hier die besondere Risikobehaftetheit des Bergbaus vor allem auch für die Umwelt.[60]

---

56 *Wörheide*, Die Bergbauberechtigungen nach dem Bundesberggesetz, S. 253.
57 BVerwG, Urt. v. 29.04.2010 – 7 C 18/09, Rn. 21.
58 BVerwGE 151, 156, Rn. 43.
59 BVerwGE 151, 156, Rn. 48.
60 BVerwGE 151, 156, Rn. 44, 47.

II. Übertragung auf § 148 ABG

Der Ansatzpunkt für die Haftung im Rahmen von § 148 ABG ist die durch den Bergbau geschaffene Dauergefahr für die Baulandqualität. Sie wirkt so lange fort, bis gebaut oder die Beeinträchtigung der Baulandqualität beseitigt wird. So lange zeigt sich die Gefahrenlage durch den Bergbau. Auch deshalb kann es nicht darauf ankommen, ob zum Zeitpunkt des Bergbaus eine Bebauung absehbar war. Eine solche ist gerade nicht bergbaubedingt und kann daher nicht die Gefahrenlage, die aus dem Bergbau herrührt, prägen. Vielmehr bilden Einbußen bei der Baulandqualität die Folge der durch den Bergbau geschaffenen Ursachen, die fortwirken, so lange die so hervorgerufene Gefahrenlage besteht – ggf. als Dauergefahr und damit auch noch nach Jahrzehnten.

Da der Bergbau in die Umgebung gestellt ist, und zwar sowohl beim Abbau als auch bei der Folgenbewältigung, müssen sich dabei ergebende Änderungen auch die bestehenden Pflichten bestimmen. Das gilt hier für eine spätere Bebauung, selbst wenn sie zum Zeitpunkt des Bergbaus nicht absehbar war. Gerade die über § 170 BBergG implantierte Bergschadenshaftung nach dem ABG muss nur angelegt gewesen sein und korrespondiert damit, dass der oberflächennahe Bergbau eine Dauergefahr bildet; diese ist also zeitlich nicht begrenzt, sondern wird durch die jeweiligen gegenwärtigen Entwicklungen aktualisiert.

Daher ist die Verantwortlichkeit des Bergbauunternehmens nicht statisch, sondern zeitlich gestreckt – im Gegensatz zur Altlastensanierung als regelmäßig einmaligem Vorgang, weshalb dabei eine betragsmäßige Haftungsgrenze angezeigt sein kann.[61] Die bergbaulichen Verpflichtungen können sich im Laufe der Zeit ändern – etwa aufgrund neuer technischer Entwicklungen.[62] Die Bergschadenshaftung steht dynamisch in der Zeit und richtet sich nach den Standards, die beim Schadenseintritt einschlägig sind.

III. Das Meggen-Urteil

Im Urteil Meggen bildete die Gemeinschadensklausel des § 55 Abs. 1 Satz 1 Nr. 9 BBergG den Ansatzpunkt für die Verpflichtung des Bergbauunternehmens, austretendes Grubenwasser auch

---

[61] BVerwGE 151, 156, Rn. 48 unter Verweis auf BVerfG, Beschl. v. 16.2.2000 – 1 BvR 242/91 u. a.: Begrenzung auf den Grundstückswert bei reiner Zustandsverantwortlichkeit.
[62] BVerwGE 151, 156, Rn. 48.

mehrere Jahre nach Stilllegung des Bergbaus von Metallgehalten zu reinigen.[63] Das BVerwG betont die Änderbarkeit temporär gestreckter Verpflichtungen wie im Bergbau im Laufe der Zeit und weist dem Bergbauunternehmen auch ohne Verpflichtung im Abschlussbetriebsplan die Verantwortlichkeit für die Wasserreinhaltung zu; es sieht die Reinhaltung der Oberflächengewässer nach Maßgabe der wasserrechtlich zu bestimmenden Anforderungen an die Qualität von Einleitungen als überragend wichtiges Gemeinschaftsgut vor, welchem dadurch gedient wird.[64] Es gilt, laufende Entwicklungen abzufedern und den jeweils erforderlichen Gegebenheiten anzupassen. Dies braucht nach dem BVerwG nicht auf den laufenden Bergbau beschränkt zu sein, sondern kann auch den sich naturgemäß anschließenden Bereich der Nachsorge betreffen. Dies zeigt die lange zeitliche Dimension, die mit einer Dynamik und Anpassung der gegebenen Standards einhergeht.

IV. Beurteilung der Haftung für die Baulandqualität

Ist damit die Haftung für die Baulandqualität angelegt, hat diese sich an die heutigen Standards anzupassen. Damit zählt die aktuelle Besiedlung und nicht die früher erwartete bzw. erwartbare Entwicklung, zumal wenn dafür konkrete Anhaltspunkte verlangt werden. Der Bergbau profitiert davon, dass er trotz der ihm immanenten Unsicherheit („Vor der Hacke ist es duster") zugelassen wird. Das Korrelat dazu ist die Haftung auch für unsichere Entwicklungen, zumal wenn ihre Beeinträchtigung wie bei der verminderten Baulandqualität klar auf den Bergbau rückführbar ist.

Es hat „Waffengleichheit" zu herrschen: Der Geschädigte muss die mit dem Bergbau verbundenen Unsicherheiten hinnehmen. Dann aber muss der Bergbau auch unsichere Entwicklungen auf der Geschädigtenseite mit seiner Haftung auffangen. Unsicher waren hier das Ausmaß und die Reichweite der Bebauung. Diese dürfen daher einer Haftung des Bergbauunternehmens nicht entgegenstehen. Mithin muss der Geschädigte Ersatz erlangen, wenn sich auf seiner Seite ursprüngliche Unsicherheiten wie eine nicht alsbald absehbare Bebauung realisieren.

Die Haftung ist mithin in der Vergangenheit mit altem Bergbau und altem Bergwerkseigentum entstanden. Das BBergG konnte bereits aufgelaufene Haftungen nicht ausnehmen, sondern hat sie über die Bezugnahme in § 170 BBergG dynamisiert. Daran ändert auch das Rückwirkungsverbot[65]

---

63 BVerwGE 151, 156, Rn. 43.
64 BVerwGE 151, 156, Rn. 43, 48.
65 *Schulte*, in: Piens/Schulte/Graf Vitzthum, § 170 Rn. 2.

nichts, denn die Übernahme in § 170 BBergG unterliegt durchaus einem Filter, der auch §§ 110 ff. BBergG anwendbar sein lässt.[66] In der Konsequenz liegt auch die dynamische Komponente der Haftung, da auch sie die Zeit nach Inkrafttreten des BBergG betrifft. Dementsprechend ist auch das im Folgenden zu untersuchende Beihilfenverbot heranzuziehen, das als EU-Recht ohnehin Vorrang genießt.

C. Beihilferechtsverstoß bei Abweichen vom Verursacherprinzip

I. Systemwidrige Ausnahme als Beihilfe

Hinzu kommt ein beihilferechtlicher Ansatz, der die Bergbauunternehmen nicht aus ihrer Haftung entrinnen lässt, sondern einer Haftungsfreistellung entgegensteht. Es geht um eine sachwidrige Befreiung von Kosten.

Allgemeiner Ausgangspunkt für das Vorliegen einer staatlichen Beihilfe nach Art. 107 Abs. 1 AEUV sind vier Voraussetzungen:

- staatliche Maßnahme oder eine Maßnahme unter Inanspruchnahme staatlicher Mittel
- mit der Eignung, den Handel zwischen Mitgliedstaaten zu beeinträchtigen,
- unter Gewährung eines Vorteils an den Begünstigten und
- Verfälschung bzw. drohender Verfälschung des Wettbewerbs.[67]

Wegen des grenzüberschreitenden Charakters der Energieversorgung sind eine Eignung zur Beeinträchtigung des Handels zwischen Mitgliedstaaten und eine zumindest drohende Verfälschung des Wettbewerbs regelmäßig gegeben, wenn Energiekonzerne von Kosten entlastet werden, die sie regelmäßig zu tragen hätten.

Auch systemwidrige Ausnahmen von generellen Pflichten können staatliche Mittel belasten sowie dem Begünstigten einen finanziellen Vorteil bringen und damit eine Beihilfe bilden und sind infolge ihres parallelen Effektes finanziellen Zuwendungen gleichzustellen.[68] Auch durch

---

66 *Schulte*, in: Piens/Schulte/Graf Vitzthum, § 170 Rn. 5.
67 Etwa EuGH, Urt. v. 17.3.1993 – C-72/91 und C-73/91 – Rn. 18 – Sloman Neptun; Urt. v. 30.5.2013 – C-677/11 – Rn. 25 – Doux Élevage.
68 Etwa EuGH, Urt. v. 3.3.2005 – C-172/03 – Heiser; m. w. N. *Linn*, in: Birnstiel/Bungenberg/Heinrich (Hrsg.), Europäisches Beihilfenrecht, 2013, Art. 107 Abs. 1 AEUV-Fallgruppen (Steuern) Rn. 577, 582.

solche Entlastungen können einzelne Unternehmen bzw. Produktionszweige begünstigt werden. Eine Umweltbelastung hat keinen angemessenen Preis, wenn das betreffende Unternehmen nicht die Gesamtkosten der Umweltbelastung trägt, so dass die Produktionskosten von ihm geringer angesetzt werden, als sie tatsächlich für die Gesellschaft sind.[69] Dadurch werden negative externe Effekte ausgeblendet.

Auf ein bestimmtes Unternehmen zurückzuführende Nachsorgekosten wie solche aus der Kohlegewinnung können konkret zugeordnet und damit in der Verantwortung individuell zugewiesen werden. Besonders ausgeprägt ist diese Zuordnung im Atombereich. Nach Art. 4 Abs. 3 lit. e) RL 2011/70/Euratom[70] ist ein elementarer, unverzichtbarer Grundsatz, dass die Kosten der Entsorgung abgebrannter Brennelemente und radioaktiver Abfälle von den Erzeugern dieses Materials getragen werden. Dazu gehört auch die Absicherung für künftige Entwicklungen. Dass die Energieunternehmen nicht nur ihre bislang gebildeten Rückstellungen einsetzen, sondern darüber hinaus einen zusätzlichen Beitrag in die öffentlich-rechtliche Stiftung einzahlen mussten, sichert die unternehmerische Finanzierung auch bei Kostensteigerungen und hindert nach derzeitigen Prognosen eine Inanspruchnahme des Staates – wenn auch nicht sicher, weshalb die Kommission den Tatbestand des Beihilfenverbotes nach Art. 107 AEUV erfüllt sah.[71] In der Konsequenz liegt die Bergschadenshaftung nach dem ABG auch für künftige Entwicklungen wie eine spätere Bebauung. Auch insoweit handelt es sich um im ehemaligen Bergbau angelegte Kosten, die sich im Laufe der Zeit fortentwickeln und gleichwohl übernommen werden müssen.

II. Kostenanlastung an den Verursacher

1) Verursacherprinzip

Ordnungspolitische Instrumente dienen generell vor allem dazu, das Verursacherprinzip zu verwirklichen, so Spätfolgelasten denjenigen zuzuweisen, die sie hervorgerufen haben. Insoweit dürfen Beihilfen nicht Unternehmen, die eigentlich nach EU- oder nationalem Recht haftbar

---

69 Mitteilung der Kommission, Leitlinien für staatliche Umweltschutz- und Energiebeihilfen 2014–2020, ABl. 2014 C 200, S. 1 (Rn. 34 lit. a)).

70 Richtlinie 2011/70/Euratom des Rates vom 19.7.2011 über einen Gemeinschaftsrahmen für die verantwortungsvolle und sichere Entsorgung abgebrannter Brennelemente und radioaktiver Abfälle, ABl. 2011 L 199, S. 48.

71 Kommission, Beschl. v. 16.6.2017 – SA. 45296.

gemacht oder überhaupt in Anspruch genommen werden können, von Lasten befreien, so von der Sanierung schadstoffbelasteter Standorte.[72]

Daher war auch eine Verlagerung der Kosten für die Entsorgung und Nachsorge von Kernkraftwerken auf den Staat problematisch. Die RAG ist mit der Gründung der RAG-Stiftung mit gutem Beispiel vorangegangen. Besonders deutlich zeigte sich dieser Ansatz im Kommissionsbeschluss, der den atomaren Entsorgungsfonds passieren ließ.[73] Schließlich haben die Unternehmen die ursprüngliche Nutzung der Kohle und der Kernkraftwerke getragen und damit auch die nun zu bewältigenden Folgen verursacht. Deshalb dürfen sie nicht die Möglichkeit haben, sich aus der Haftung herauszuziehen.

Art. 4 Abs. 3 lit. e) RL 2011/70/Euratom verweist eigens auf die Erzeugereigenschaft und die damit verbundene Kostenlast für die Entsorgung. Im Bergbau besteht eine umfassende Nachsorgeverantwortung, die so lange währt, bis das dem Verursacherprinzip gemäße entscheidende Zurechnungskriterium entfällt, nämlich die Verbindung der Bergbautätigkeit mit besonderen Risiken insbesondere auch für die Umwelt. Die Einstandspflicht für die damit verbundenen Kosten „findet ihre Rechtfertigung in der vorausgegangenen langjährigen Bergbautätigkeit".[74]

Es gilt das Verursacherprinzip. Zumal wenn man dieses als verfassungsrechtlich fundiert erachtet,[75] ist eine Haftungsentlastung systemwidrig und beihilferechtlich problematisch, sofern dann die öffentliche Hand einspringen muss; etwas anderes ergibt sich freilich bei staatsbedingten Kostensteigerungen wie etwa infolge einer stetigen zeitlichen Verzögerung des Endlagerproblems. Die eigentlichen Nachsorgekosten müssen aber von den Unternehmen bezahlt werden.

2) Bedeutung für die Beihilfenkontrolle

Das umweltrechtliche Verursacherprinzip findet über Art. 11 AEUV Eingang in die Durchführung des Beihilfenverbotes. Dieses steht nur dann isoliert, wenn keine inhaltliche Verbindung der Begünstigung zu anderen Vertragsvorschriften besteht. Bei einem untrennbaren Zusammenhang erfolgt die Kontrolle anhand des Beihilfenverbotes, in dessen Rahmen die anderen Vorschriften

---

72 Mitteilung der Kommission, Leitlinien für staatliche Umweltschutz- und Energiebeihilfen 2014–2020, ABl. 2014 C 200, S. 1 (Rn. 43 mit Fn. 40).

73 Kommission, Beschl. v. 16.6.2017 – SA. 45296.

74 BVerwGE 151, 156, Rn. 44.

75 Im Einzelnen *Frenz*, Das Verursacherprinzip im Öffentlichen Recht, 1997, S. 93 ff.

mit zu prüfen sind. Nur bei fehlender Separierbarkeit erfolgt eine isolierte Prüfung anhand unterschiedlicher Verfahren.[76]

Das für die Umweltpolitik zentrale und eigens in Art. 191 Abs. 2 AEUV niedergelegte Verursacherprinzip verlangt die Kostenanlastung an den Verursacher. Dieser darf daher etwa von den Kosten zur Behebung von Umweltschäden oder zur Abdeckung einer Rückstandshalde nicht entlastet werden. Das gilt auch für den Zustandsstörer, hat er doch die Einwirkungsgewalt auf die ihm gehörenden Objekte, so auch das Bergwerkseigentum. Ansonsten werden negative Effekte externalisiert. Dann aber haben Unternehmen keinen hinreichenden Anreiz, die von ihnen bzw. ihrem Eigentum ausgehende Umweltbelastung zu minimieren bzw. gezielte Umweltschutzmaßnahmen zu ergreifen.[77]

Es dürfen nicht Unternehmen, die eigentlich nach nationalem oder EU-Recht in Anspruch genommen werden können, von Lasten befreit werden, so bei der Sanierung schadstoffbelasteter Standorte.[78] Daher liegt bei einer solchen verursacherwidrigen Entlastung entsprechend den Vorgaben des Umweltrechts eine Beihilfe vor.[79] So prüfte die Kommission zwar isoliert Umweltverstöße eines Stahlwerks in Italien, verknüpfte aber die spätere Beihilfenkontrolle mit der jedenfalls langfristigen Einhaltung des Verursacherprinzips bei der Behebung von Umweltschäden.[80]

Zwar wirkt das Verursacherprinzip als solches nicht unmittelbar, sondern bedarf der Verwirklichung durch den Gesetzgeber, der dabei auch erhebliche Spielräume hat, wen er normativ als Verursacher festlegt.[81] Indes muss er auch dabei konsequent sein, kommen doch sonst leicht systemwidrige Ausnahmen einer Gesamtregelungskonzeption zustande, die eine Beihilfe zu begründen vermögen. Daher bedarf es einer Auslegung von § 148 ABG, dass umfassend auch spätere Schäden durch Bebauung einbezogen sind.

---

76 Näher m. w. N. *Frenz*, Energiewende zwischen Beihilfenverbot, Grundfreiheiten, EU-Sachpolitiken und DAWI, RdE 2016, 209 unter dem Blickwinkel der Energiewende.

77 Mitteilung der Kommission, Leitlinien für staatliche Umweltschutz- und Energiebeihilfen 2014–2020, ABl. 2014 C 200, S. 1 (Rn. 34 lit. a) a. E.).

78 Mitteilung der Kommission, Leitlinien für staatliche Umweltschutz- und Energiebeihilfen 2014–2020, ABl. 2014 C 200, S. 1 (Rn. 43 mit Fußn. 40).

79 S. Pressemitteilung der Kommission v. 26.1.2016, Staatliche Beihilfen: Kommission leitet eingehende Untersuchung zu Maßnahmen für Iberpotash in Spanien ein – IP/16/165.

80 Kommission, EU-Aktuell vom 20.1.2016: Wettbewerbskommissarin Vestager knöpft sich Stahl-Beihilfen in Belgien und Italien vor.

81 Näher *Frenz*, Das Verursacherprinzip im Öffentlichen Recht, S. 241 ff.

3) Fundierung in der Menschenwürde

Noch stärker wird die Verwirklichung des Verursacherprinzips im Rahmen des Beihilfenverbots durch eine grundrechtliche Fundierung abgesichert. Als Kern der Menschenwürde wird die Autonomie gesehen.[82] Der Einzelne soll sich selbst nach seinen Vorstellungen entfalten können. Die damit verbundene Kehrseite ist die Verantwortung für die Folgen des eigenen Tuns. Ausdruck dessen ist das Verursacherprinzip. Die Selbstbestimmung wird beeinträchtigt, wenn der Staat die Folgenverantwortung für eigenes Tun durch seine eigene austauscht.[83]

Zwar geht es hier um die Frage der Zurechnung an Firmen. Indes können diese schwerlich gegenüber dem Einzelnen privilegiert werden. Zudem besteht die wirtschaftliche Entfaltung des Einzelnen regelmäßig in unternehmerischen Aktivitäten. Gerade sie bilden in einer freien Marktwirtschaft ein zentrales Betätigungsfeld des eigenverantwortlichen Menschen.[84] Dessen Verhalten wird über Anreize gelenkt und damit auch über die Anlastung von Folgekosten entsprechend dem Verursacherprinzip. Dieser Teil der menschlichen Selbstverwirklichung darf daher nicht in seinen Grundlagen ausgeblendet werden. Ansonsten erfolgen Kostenkalkulationen ohne die möglichen Folgen eigenen Tuns und damit ohne die Monetarisierung gemeinwohlschädlicher Auswirkungen. Die Selbstbestimmung im Wirtschaftsleben würde losgelöst von den Auswirkungen.

Diese Folgenverantwortung bezieht sich vor allem auf die Umwelt als Grundlage dafür, dass auch in Zukunft noch eigenverantwortliche Entfaltung möglich ist.[85] Im Bergbau ist sie durchgehend angelegt, das OLG Hamm[86] betont die vom Bergwerkseigentum ausgehende Dauergefahr im Zusammenhang mit oberflächennahem Bergbau. Daher sind auch spätere Entwicklungen umfasst.

Damit aber ist die Menschenwürde auch insoweit angesprochen, als auf sie eingewirkt wird, wenn Umweltschädigungen nicht zu einer Haftung führen. Der Einzelne trägt als Person wie auch in seiner Entfaltung im Unternehmen die Verantwortung auch im Hinblick auf die Erhaltung der natürlichen Lebensgrundlagen, und zwar auch nach Einstellung der wirtschaftlichen Aktivitäten. Das gilt auch auf der Basis alten Bergwerkseigentums. Ausdruck dieser Verursacherverantwortung ist ebenfalls die Zustandshaftung.

---

82 *Stern*, Staatsrecht III/1, 1988, S. 31.
83 Spezifisch im hiesigen Kontext *Frenz*, Fonds für atomare Folgelasten und Beihilfenverbot, EWS 2016, 212; allgemein *ders.*, Das Verursacherprinzip im Öffentlichen Recht, S. 197 ff. auch zum Folgenden.
84 *Häberle*, Das Menschenbild im Verfassungsstaat, 1988, S. 67 ff.
85 *Frenz*, Handbuch Europarecht Bd. 4: Europäische Grundrechte, 2009, Rn. 855 f.
86 OLG Hamm, Urt. v. 25.6.2009 – 17 U 47/08.

III. Wahrscheinliches staatliches Handeln

Konstitutiv für das Vorliegen einer staatlichen Beihilfe nach Art. 107 AEUV ist, dass staatliche Mittel oder zumindest mit diesen gleichzusetzende Mittel im Spiel sind. Zwar führt oft die fehlende Heranziehung der Verursacher nicht sofort zu einem staatlichen Mittelabfluss, sondern erst später, wenn Maßnahmen ergriffen werden. Jedoch belastet auch die Gewährung einer Bürgschaft staatliche Mittel nicht sofort und noch nicht einmal sicher.[87] Allein die Unterlassung der Heranziehung der Verursacher führt dazu, dass der Staat einen Zustand hinnimmt, der spätere Belastungen des Staates mit sich bringen kann, wenn er anderweitig nicht behoben werden kann. Damit erwächst die Gefahr einer Belastung staatlicher Mittel daraus, dass Verursacher nicht in Anspruch genommen werden.

Diese Gefahr reicht nur dann nicht für eine hinreichende Beschwerung des Staatshaushalts aus, wenn nicht wahrscheinlich ist, dass der Staat anstelle der Verursacher einspringen muss, sich also ein Zustand voraussichtlich auf natürliche Weise beheben wird oder sich nicht gravierend genug verschlechtert hat, damit der Staat eingreifen muss. Daher ist eine ex-ante-Beurteilung anzustellen, ob eine Beanspruchung staatlicher Mittel absehbar ist. Im Falle von Bergsenkungen etc. ist dies der Fall, wenn etwa Straßen zu Schaden kommen. Hier allerdings geht es um Vermögensschäden zu einem früheren Zeitpunkt. Indes können auch insoweit staatliche Mittel aufzuwenden sein, wenn sich der Untergrund als instabil herausstellt. Es geht um die Neutralisierung von Dauergefahren aus oberflächennahem Bergbau. Es bedarf Sicherungsmaßnahmen, damit eine Bebauung nicht Schaden nimmt. Unterbleiben sie, ist staatliches Handeln gefragt, wenn sich die Dauergefahr aus oberflächennahem Bergbau realisiert, weil sich etwa das errichtete Gebäude bergbaubedingt absenkt bzw. verschiebt – mit Gefahren für die Produktion.

D. Ergebnisse

1. Nach § 148 ABG, der Bergschadenshaftung aus altem Bergwerkseigentum, werden nicht nur körperliche Einwirkungen auf andere Grundstücke erfasst, sondern es zählt schon die Gefahr einer Einwirkung. Insoweit wird eine Dauergefahr begründet, für welche das Bergbauunterneh-

---

[87] EuG, Urt. v. 13.6.2000 – T-204 u. 270/97 – Rn. 81 – EPAC; *Harings*, Praxis des Europäischen Beihilfenrechts, 2001, Rn. 17; *v. Palombini*, Staatsbürgschaften und Gemeinschaftsrecht, 2000, S. 38; *Soltész*, Die „Belastung des Staatshaushalts" als Tatbestandsmerkmal einer Beihilfe i. S. des Art. 92 I EGV, EuZW 1998, 747, 753.

men selbst für heutige Bauten und deren verringerte Standsicherheit haftet. Diesem Ansatz widerspricht es, eine konkret absehbare Baulandqualität zum Zeitpunkt der Begründung der Dauergefahr zu fordern. Dies gilt auch bei immanenter Betrachtung der früheren Rechtsprechung insbesondere des Reichsgerichts, das den Entschädigungsanspruch nach § 148 ABG schon früh mit weiter Konzeption entwickelte.

2. Der BGH stellt auf einen Verkehrswert über dem Wert eines landwirtschaftlichen Grundstücks zum Zeitpunkt der bergbaulichen Einwirkung ab und erfasst so auch „werdendes Industrie- und Bauland" bzw. – untechnisch – Bau- und Industrieerwartungsland.

3. Die weite Konzeption der Bergschadenshaftung ist das Korrelat zu der umfassenden Gestattung bergbaulicher Aktivitäten unter dem AGB mit seinem Grundsatz der Schürffreiheit ohne wirkliche staatliche Filter in Form einer Befristung und der Möglichkeit des Widerrufs wie unter dem BBergG.

4. Im Übrigen ergibt sich die Absehbarkeit der Bebauung aus der permanenten Ausweitung der Siedlungsflächen gerade im Ruhrgebiet – in Gang gesetzt durch den Kohlenbergbau und die Montanindustrie, fortgeführt im Zuge der Krisenbewältigung und notwendigen Folgenutzung.

5. § 148 ABG statuiert auch nach dem BGH eine umfassendere Haftung als namentlich § 116 BBergG. Maßgeblich in den Blick zu nehmen ist der eigentumsrechtliche Bezugspunkt des Bergwerkseigentums, der zu einer umfassenden Zustandsstörerhaftung führt, die auch von einem Konkurs unberührt bleibt.

6. Für das Ausmaß der Haftung ist entsprechend der Dynamisierung des Bergrechts in den Urteilen Bergwerk West und Meggen die aktuelle Situation und damit die jetzige Bebauung zugrunde zu legen und nicht lediglich eine früher konkret absehbare.

7. Das Beihilfenverbot nach Art. 107 AEUV ist verletzt, wenn Unternehmen systemwidrig von einer Haftung für von ihnen bzw. ihrem Eigentum ausgehende Schäden freigestellt werden und wahrscheinlich der Staat dafür einspringen muss. Daher ist § 148 ABG so auszulegen, dass umfassend auch spätere Schäden durch Bebauung ersetzt werden. Eine Ausklammerung zukünftiger, aber angelegter Schäden läuft weiter dem Verursacherprinzip zuwider, wie der Kommissionsbeschluss zu den Einzahlungspflichten der Atomkonzerne in den Entsorgungsfonds für die atomare Nachsorge belegt.

Schnittstelle Bergrecht / Wasserrecht

Isabelle Jordan

A. Einleitung

Aufgrund der kohlepolitischen Verständigung vom 7.2.2007 zwischen dem Bund, dem Land Nordrhein-Westfalen und dem Saarland wurde der subventionierte Steinkohlenbergbau in Deutschland zum Ende des Jahres 2018 eingestellt.[1] Was nach dem Ende der Förderung von Steinkohle bleibt, ist die Bewältigung der sogenannten Alt- und Ewigkeitslasten des Steinkohlenbergbaus. Zu diesen Ewigkeitslasten zählt insbesondere der Umgang mit dem Grubenwasser.[2]

Als Grubenwasser bezeichnet man tiefes Grundwasser, das dem bergmännisch geschaffenen unterirdischen Grubengebäude zutritt. Grubenwasser ist folglich das Grundwasser, welches sich in den Grubengebäuden von Bergwerken befindet bzw. das aus den Bergwerken abgepumpte Grundwasser.[3]

Um den untertägigen Abbau von Steinkohle zu ermöglichen, ist es zwingend notwendig, das unter Tage anfallende Grubenwasser an einer zentralen Stelle des Bergwerks, dem Pumpensumpf, zu sammeln, mittels Pumpen über in den Schächten verlegten Rohrleitungen nach über Tage zu fördern und dort in ein Oberflächengewässer einzuleiten. Diesen Vorgang bezeichnet man als Grubenwasserhaltung. Die untertägigen Bereiche, aus denen Grubenwasser einem Grubenwasserhaltungsstandort zufließt und dort nach über Tage gepumpt wird, bezeichnet man als Wasserprovinz. Das anfallende Grubenwasser würde ohne eine Wasserhaltung ein Arbeiten unter Tage und somit auch die Förderung von Steinkohle unmöglich machen. Zu Zeiten des aktiven Steinkohlenbergbaus ist die Grubenwasserhaltung folglich ein notwendiges Übel.

Bis zur Einstellung der aktiven Förderung von Steinkohle zum Ende des Jahres 2018 mussten Grubenwasserhaltungsmaßnahmen nicht nur in aktiven Bergwerken betrieben werden, sondern in vielen Fällen auch dann, wenn einzelne Bergwerke stillgelegt wurden. Eine isolierte Betrachtung von einzelnen Bergwerken war oftmals nicht möglich, da die Bergwerke, wie z. B. im Ruhrgebiet, über ein weitläufiges bergmännisches geschaffenes Netz von untertägigen Strecken miteinander verbunden sind. Die Einstellung von Grubenwasserhaltungsmaßnahmen hat zwingend zur Folge, dass das Grubenwasser in dem Grubengebäude automatisch ansteigt. Das Beenden des Pumpens von Grubenwasser führt dazu, dass das Grubenwasser im stillgelegten Grubengebäude

---

1 BR-Drs. 557/07.
2 BR- Drs. 557/07.
3 BVerwG, NVwZ 1993, 997.

steigt und benachbarten aktiven Standorten über das untertägige Streckennetz zuläuft. Es war daher in der Vergangenheit oftmals erforderlich, die Wasserhaltung eines stillgelegten Bergwerks fortzuführen, um aktive Standorte vor dem Zutritt von Grubenwasser zu schützen. Diese Notwendigkeit stellt sich mit dem Ende der Förderung von Steinkohle in Deutschland nicht mehr.

Es ist folglich möglich und auch notwendig die Grubenwasserhaltungsmaßnahmen in den Steinkohleländern Nordrhein-Westfalen und dem Saarland nach Beendigung der Steinkohlenförderung anzupassen und somit zu optimieren.

Die Notwendigkeit der Anpassung der Grubenwasserhaltung resultiert aus dem Erblastenvertrag, der zwischen dem Land Nordrhein-Westfalen, dem Saarland und der RAG-Stiftung besteht. Gegenstand des Erblastenvertrages vom 14.8.2007 ist die Gewährleistung der Finanzierung der Ewigkeitslasten des Bergbaus der RAG Aktiengesellschaft. Aus dem Erblastenvertrag resultiert die Verpflichtung der RAG-Stiftung, die RAG Aktiengesellschaft zu veranlassen, jegliche Ewigkeitslasten gemäß den Grundsätzen der gesetzlichen Erforderlichkeit, der Wirtschaftlichkeit, der Sparsamkeit und der Effizienz durchzuführen und im Hinblick auf die Grubenwasserhaltung unverzüglich ein Konzept mit dem langfristigen Ziel der Optimierung der Grubenwasserhaltung zu entwickeln und fortlaufend zu aktualisieren.[4]

Die Optimierung der Grubenwasserhaltung erfolgt durch das zeitweilige Einstellen der Grubenwasserhaltungen, was zur Folge hat, dass sich neue größere Wasserprovinzen bilden und so die Anzahl der einzelnen Wasserhaltungen reduziert werden kann. Durch das Aussetzen der Wasserhaltung steigt das Grubenwasser einer Wasserprovinz auf ein vorab bergrechtlich festgesetztes Niveau. Übersteigt das festgesetzte Niveau eine untertägige Verbindung zweier benachbarter Wasserprovinzen, fließt das Grubenwasser einer Wasserprovinz der benachbarten Wasserprovinz zu. Es bildet sich eine neue gemeinsame Wasserprovinz, die nur eine Wasserhaltung benötigt. Dieser Vorgang kann, je nach zugelassener Anstiegshöhe und Geschwindigkeit des Anstiegs, mehrere Jahre oder Jahrzehnte dauern.

Die folgende Darstellung zeigt auf, welche bergrechtlichen (dazu unter B.) und wasserrechtlichen (dazu unter C.) Rahmenbedingungen für die Anpassung der Grubenwasserhaltung gegeben sein

---

4 Konzept zur langfristigen Optimierung der Grubenwasserhaltung der RAG Aktiengesellschaft für Nordrhein-Westfalen, abrufbar unter: www.bid.rag.de/bid/PDFs/GWA/Konzept_Grubenwasserhaltung.pdf.; Konzept zur langfristigen Optimierung der Grubenwasserhaltung der RAG Aktiengesellschaft für das Saarland, abrufbar unter: www.bid.rag.de/bid/PDFs/SA/Konzept_Grubenwasserhaltung.pdf.

müssen. Ferner wird dargelegt, inwiefern bereits im bergrechtlichen Verfahren im Rahmen einer Vorabprüfung die Notwendigkeit einer späteren wasserrechtlichen Erlaubnis in den Blick genommen werden muss (dazu unter D.).

B. Bergrechtliche Rahmenbedingungen

I. Betriebsplanzulassungspflicht

Im aktiven Steinkohlenbergbau zählt die Grubenwasserhaltung als vorbereitende und begleitende Maßnahme des Lösens der Steinkohle zur Gewinnung.[5] Gem. § 51 Abs. 1 BBergG dürfen Aufsuchungs-, Gewinnungs- und Aufbereitungsbetriebe einschließlich der in § 2 Abs. 1 BBergG aufgeführten Tätigkeiten und Einrichtungen nur aufgrund von Betriebsplänen, die vom Unternehmer aufgestellt und von der Bergbehörde zugelassen worden sind, errichtet, geführt und eingestellt werden. Die Betriebsplanpflicht erstreckt sich folglich nicht nur auf den Betrieb der Grubenwasserhaltung, sondern auch auf deren Einstellung. Gemäß § 53 Abs. 1 Satz 1 BBergG ist für die Einstellung eines Betriebs ein Abschlussbetriebsplan vom Unternehmer aufzustellen. Der Gesetzestext des § 53 Abs. 1 Satz 1 BBergG sieht für die Einstellung eines bergbaulichen Betriebes einen einheitlichen Abschlussbetriebsplan vor. Vor dem Hintergrund, dass die Einstellung eines Bergwerks oftmals ein komplexer Vorgang mit diversen Aspekten und etwaigen Problemen ist, haben sich in der Praxis und der Literatur für Betriebseinstellungen verschiedene Formen der Verfahrensstufung entwickelt. Auch nach der Rechtsprechung des BVerwG ist eine Verfahrensstufung durch Teilentscheidungen des Abschlussbetriebsplans zulässig.[6]

Nach der hier vertretenen Auffassung kann die Einstellung von Wasserhaltungsmaßnahmen in einzelnen Wasserprovinzen, die der Einstellung eines Bergbaubetriebs dient, auch auf Grundlage von Haupt- und Sonderbetriebsplänen zugelassen werden. Der Abschlussbetriebsplan beinhaltet die Phase zwischen der Beendigung des Betriebs und der Entlassung aus der Bergaufsicht. Nicht immer liegt bei der Einstellung des Betriebs ein zugelassener Abschlussbetriebsplan vor. Die Einstellung der Produktion und die Einstellung des Betriebs i. S. d. BBergG sind nicht identisch. In

---

5 *Vitzthum/Piens*, in: Piens/Schulte/Graf Vitzthum (Hrsg.), BBergG, 2. Aufl. 2014, § 4 Rn. 16; *Keienburg*, in: Boldt/Weller/Kühne/von Mäßenhausen (Hrsg.), BBergG, 2. Aufl. 2016, § 4 Rn. 6.
6 BVerwG, ZFB 2015 29,36 — Meggen.

der Phase zwischen der Einstellung der Produktion und der Zulassung des ersten Teils des Abschlussbetriebsplans können Tätigkeiten, die der Vorbereitung der Einstellung des Bergbaubetriebs dienen, wie z. B. die Einstellung der Wasserhaltung, vorgenommen werden. Diese Tätigkeiten können auch auf Grundlage von Haupt- und Sonderbetriebsplänen zugelassen werden. Eine Abschlussbetriebsplanzulassung für die Einstellung des Betriebs wird hierdurch nicht entbehrlich, aber diese wird von Detailregelungen entlastet. Aus der Zulassung der Einstellung von Grubenwasserhaltungsmaßnahmen mittels Sonderbetriebsplanzulassung resultiert kein geringeres Schutzniveau gegenüber einer Zulassung durch Abschlussbetriebsplanzulassung. Für die Zulassung eines Betriebsplans i. S. d. § 52 BBergG gelten die Zulassungsvoraussetzungen des § 55 Abs. 1 Satz 1 BBergG. Gemäß § 55 Abs. 2 BBergG gelten die Zulassungsvoraussetzungen des § 55 Abs. 1 Satz 1, mit Ausnahme der Nr. 1, für die Zulassung eines Abschlussbetriebsplans entsprechend. Durch die Regelung des § 55 Abs. 2 BBergG ist sichergestellt, dass die Anforderungen an die Zulassung des Abschlussbetriebsplans dasselbe Schutzniveau gewährleisten, wie im Rahmen der Zulassung anderer Betriebspläne.[7] Hinsichtlich der Wiedernutzbarmachung der Oberfläche ergibt sich aus dem Abschlussbetriebsplanverfahren gegenüber dem Verfahren zur Zulassung eines Sonderbetriebsplans aus § 55 Abs. 2 Satz 1 Nr. 2 BBergG eine zusätzliche Voraussetzung. Diese ist für die Einstellung von Grubenwasserhaltungsmaßnahmen, die der Vorbereitung der Einstellung des Bergbaubetriebs dienen, jedoch nicht von Relevanz.

II. Zulassungsvoraussetzungen

Die Voraussetzungen für die Zulassung eines Betriebsplans sind in § 55 Abs. 1 und Abs. 2 BBergG sowie § 48 Abs. 2 BBergG normiert. Bei der Betriebsplanzulassung handelt es sich um eine gebundene Entscheidung[8], die zu erteilen ist, wenn die gesetzlichen Voraussetzungen erfüllt sind. Entgegen des Wortlauts des § 48 Abs. 2 BBergG, wonach nicht überwiegende öffentliche Interessen einer Aufsuchung oder Gewinnung entgegenstehen dürfen, findet dieser insbesondere auch im Abschlussbetriebsplanverfahren Anwendung.[9] Die folgende Darstellung konzentriert sich auf die Zulassungsvoraussetzung des § 55 Abs. 1 Nr. 9 BBergG (Gemeinschadentatbestand). Neben dieser

---

7 *von Mäßenhausen*, in: Boldt/Weller/Kühne/von Mäßenhausen, § 55 Rn. 126.
8 *von Hammerstein*, in: Boldt/Weller/Kühne/von Mäßenhausen, Vorbem. §§ 50 bis 57 Rn. 13; *Piens*, in: Piens/Schulte/Graf Vitzthum, § 51 Rn. 5.
9 BVerwGE, 123, 247, 255.

Zulassungsvoraussetzung ist, bezogen auf die Einstellung der Grubenwasserhaltung im Betriebsplanverfahren, insbesondere der Schutz der Oberfläche nach § 55 Abs. 1 Nr. 9 BBergG sowie nach § 48 Abs. 2 BBergG der etwaige Eintritt von Bergschäden von Relevanz.[10]

Gemäß § 55 Abs. 1 Nr. 9 BBergG ist die Zulassung eines Betriebsplans zu erteilen, wenn gemeinschädliche Einwirkungen nicht zu erwarten sind. Der Gemeinschaden ist ein unbestimmter Rechtsbegriff, der einen überindividuellen Bezug voraussetzt. Die Schädigung eines Einzelnen durch eine bergbauliche Tätigkeit reicht für das Vorliegen eines Gemeinschadens nicht aus.[11] Es muss ein Schaden von solchem Umfang drohen, dass er die Schwelle der Gemeinschädlichkeit überschreitet und sich damit auf das Allgemeinwohl auswirkt.[12] Unter den Begriff des Allgemeinwohls fallen nur solche Belange, die als allgemein anerkanntes Gemeinschaftsgut von grundlegender vitaler und unverzichtbarer Bedeutung für die Allgemeinheit sind.[13]

Im Rahmen von Grubenwasseranstiegen ist insbesondere das Schutzgut Wasser relevant. Wasser stellt ein überragend wichtiges Gemeingut im vorgenannten Sinne dar. Nach § 55 Abs. 1 Nr. 9 BBergG sind Gewässerverunreinigung zu vermeiden; dabei stellt nicht jede beliebige nachteilige Einwirkung auf ein Gewässer einen Gemeinschaden dar. Ein solcher liegt entgegen nur vor, wenn eine Gewässerverunreinigung die Schwelle der Gemeinwohlbeeinträchtigung überschreitet. Anhaltspunkte für das Überschreiten dieser Schwelle bieten die Vorschriften des WHG.[14] Sofern eine bergbauliche Tätigkeit mit den Anforderungen des WHG übereinstimmt, kann die Zulassung eines Betriebsplans nicht aus Gründen des Wasserschutzes nach § 55 Abs. 1 Nr. 9 BBergG abgelehnt werden. Das BVerwG hat eine Beeinträchtigung des Wohls der Allgemeinheit angenommen, wenn die zu erwartende Einwirkung auf die Gewässer dauerhaft ist oder in erheblichem Umfang eine schädliche Veränderung der physikalischen, chemischen oder biologischen Beschaffenheit herbeiführt.[15] Nach § 3 Nr. 10 WHG sind schädliche Gewässerverunreinigungen Veränderungen von Gewässereigenschaften, die das Wohl der Allgemeinheit, insbesondere die öffentliche Wasserversorgung, beeinträchtigen oder die nicht den Anforderungen entsprechen, die sich aus die-

---

10 Ausführlich zu den Zulassungsvoraussetzungen *Jordan/Welsing*, Einstellung der Grubenwasserhaltung nach Beendigung der Steinkohlengewinnung – Bergrechtliche Betrachtung, ZfB 2017, 231, 234 ff.

11 *von Mäßenhausen*, in: Boldt/Weller/Kühne/von Mäßenhausen, § 55 Rn. 101, m. w. N.

12 BT-Drs. 8/1315, S. 111.

13 *Kremer*, Gemeinschädliche Einwirkungen i. S. d. § 55 I Satz 1 Nr. 9 BBergG, UPR 1999, 250, 253.

14 BVerwGE 100, 31, 35.

15 BVerwGE 100, 31, 36.

sem Gesetz, aus auf Grund dieses Gesetzes erlassenen oder aus sonstigen wasserrechtlichen Vorschriften ergeben. Gefahren für die öffentliche Wasserversorgung sind damit, sofern sie nicht ausgleichbar sind, regelmäßig als Gemeinschaden zu qualifizieren.[16] Hingegen stellen sonstige bergbauliche Einflüsse auf Gewässer, auch wenn diese zur Folge haben, dass Umweltqualitätsnormen oder Schwellenwerte der OGewV oder GrV überschritten werden, nicht zwangsläufig einen Gemeinschaden dar.[17]

Nach § 55 Abs. 1 Nr. 9 BBergG darf ein Gemeinschaden nicht zu erwarten sein. Eine gemeinschädliche Einwirkung ist zu erwarten, wenn sie bei normalem Geschehensablauf nach allgemeiner Lebenserfahrung wahrscheinlich und ihrer Natur nach vorhersehbar sind. Ein Schadenseintritt, der nur abstrakt möglich erscheint, genügt hingegen nicht. Eine an Gewissheit grenzende Wahrscheinlichkeit oder eine konkrete Gefahr im ordnungsrechtlichen Sinne ist nicht erforderlich.[18]

Im Rahmen der bergrechtlichen Betriebsplanzulassung ist mithin zu prüfen, ob der Anstieg des Grubenwassers, der zwangsläufige Folge der Einstellung der Grubenwasserhaltung ist, eine Beeinträchtigung von Trinkwasser erwarten lässt. Der Grubenwasseranstieg darf mithin nicht zu einer Vermischung von hochmineralisiertem Grubenwasser und Grundwasservorkommen, die zur Trinkwassergewinnung genutzt werden, kommen. Sofern zwischen dem Trinkwasservorkommen und dem Grubenwasser einige hunderte Meter Abstand verbleiben, ist eine Vermischung nicht zu erwarten. Im Zweifel muss dargelegt werden, dass ein Übertritt des Grubenwassers in Trinkwasservorkommen auch nicht über Störungszonen oder untertägige Klüfte zu erwarten ist. Nach Erreichen des jeweiligen Zielhorizontes unterhalb der Trinkwasservorkommen muss sichergestellt sein, dass ein weiterer Anstieg des Grubenwassers nicht erfolgt. Dies geschieht durch die Wiederaufnahme der Grubenwasserhaltung.

---

16 *von Mäßenhausen*, in: Boldt/Weller/Kühne/von Mäßenhausen, Vorbem. § 55 Rn. 103; *Piens*, in: Piens/Schulte/Graf Vitzthum, § 55 Rn. 319.

17 *von Mäßenhausen*, in: Boldt/Weller/Kühne/von Mäßenhausen, Vorbem. § 55 Rn. 103; *Piens*, in: Piens/Schulte/Graf Vitzthum, § 55 Rn. 318.

18 *von Mäßenhausen*, in: Boldt/Weller/Kühne/von Mäßenhausen, Vorbem. § 55 Rn. 104; *Piens*, in: Piens/Schulte/Graf Vitzthum, § 55 Rn. 279 u. 324; *Czychowski/Reinhardt*, in: Czychowski/Reinhardt (Hrsg.), WHG, 12. Aufl. 2016, § 12 Rn. 25.

C. Wasserrechtliche Rahmenbedingungen

Die folgende Darstellung zeigt auf, inwiefern es, neben dem Erfordernis einer Betriebsplanzulassung, wasserrechtlicher Zulassungen für die Anpassung der Grubenwasserhaltung bedarf.

Das Aussetzen bzw. die Einstellung von Grubenwasserhaltungsmaßnahmen unterliegt als Teil des Betriebsabschlusses der bergrechtlichen Betriebsplanpflicht. Neben einer bergrechtlichen Betriebsplanzulassung können auch wasserrechtliche Erlaubnisse oder Bewilligungen für wasserrechtliche Benutzungen eines Bergwerks erforderlich werden. Wasserrechtliche Benutzungen sind in § 9 Abs. 1 und Abs. 2 WHG abschließend aufgeführt. Gem. § 8 Abs. 1 WHG unterliegen diese Benutzungen der wasserrechtlichen Zulassungspflicht. Das wasserrechtliche Zulassungserfordernis besteht auch für wasserrechtliche Benutzungen bergbaulicher Betriebe. Eine Betriebsplanzulassung entfaltet keine Konzentrationswirkung, die sich auf wasserrechtliche Zulassungen erstreckt. Betriebsplanzulassungen entfalten grundsätzlich keine Konzentrationswirkung. Lediglich der Zulassung von obligatorischen Rahmenbetriebsplänen i. S. d. § 52 Abs. 2a BBergG kommt aufgrund der Zulassung im Planfeststellungsverfahren gem. § 75 Abs. 1 VwVfG eine Konzentrationswirkung zu. Ausgenommen von dieser Konzentrationswirkung sind jedoch wasserrechtlich erlaubnis- oder bewilligungspflichtige Benutzungstatbestände. Gemäß der vorrangigen Spezialregelung des § 19 Abs. 1 WHG besteht für wasserrechtliche Zulassungen nur eine Zuständigkeits- und Verfahrenskonzentration. Eine formelle Konzentration wasserrechtlicher Zulassungen findet mithin nicht statt. Sofern ein bergrechtlicher Betriebsplan eine wasserrechtlich zulassungspflichtige Benutzung vorsieht, bedarf es neben der Betriebsplanzulassung auch einer wasserrechtlichen Zulassung. Die Zuständigkeit für die Erteilung einer wasserrechtlichen Zulassung obliegt gem. § 19 Abs. 2 WHG der Bergbehörde, wenn die wasserrechtliche Benutzung in einem Betriebsplan vorgesehen ist. Die Entscheidung ergeht gem. § 19 Abs. 3 WHG im Einvernehmen mit der zuständigen Wasserbehörde. Die Bergbehörde ist gem. § 19 Abs. 1 WHG auch zuständig, wenn die wasserrechtliche Zulassung für ein Vorhaben erteilt wird, für welches ein Planfeststellungsverfahren durchgeführt wird. Nach Maßgabe des § 19 Abs. 1 WHG entscheidet die Planfeststellungsbehörde über die Erteilung der Erlaubnis oder Bewilligung. Planfeststellungsbehörde ist nach § 57a Abs. 1 BBergG im Fall von bergrechtlich planfeststellungspflichtigen Vorhaben die für die Zulassung von Betriebsplänen zuständige Behörde. Mithin liegt die Zuständigkeit für bergrechtlich planfeststellungspflichtiger Vorhaben i. S. d. § 52 Abs. 2a BBergG bei der Bergbehörde, die gem. § 19 Abs. 3 WHG im Einvernehmen mit der Wasserbehörde über die wasserrechtliche Zulassung entscheidet.

211

Die Grubenwasserhaltungsmaßnahmen, die zu Zeiten der Förderung von Steinkohle dazu dienten, die Grube trocken und frei von Grubenwasser zu halten, unterliegen zweifelsohne der wasserrechtlichen Zulassungspflicht und sind Gegenstand wasserrechtlicher Erlaubnisse. Je nach Ausgestaltung unterfallen die Grubenwasserhaltungsmaßnahmen als Entnehmen, Zutagefördern, Zutageleiten oder Ableiten einem echten Benutzungstatbestand des § 9 Abs. 1 Nr. 5 WHG bzw. einer unechten Benutzung nach § 9 Abs. 2 WHG.[19]

I. Einstellung der Grubenwasserhaltung und Anstieg des Grubenwassers

Das Abstellen der untertägigen Pumpen hat zwangsläufig zur Folge, dass das Grubenwasser ansteigt. Die Einstellung der Grubenwasserhaltung führt mithin zu einem Volllaufen des untertägigen Grubengebäudes.

Der Grubenwasseranstieg folgt daraus, dass die wasserrechtliche Erlaubnis zur Trockenhaltung des Grubengebäudes nicht mehr ausgenutzt wird. Die Einstellung der Grubenwasserhaltung ist nicht unter die Tatbestände des § 9 Abs. 1 und Abs. 2 WHG zu subsumieren. Die Aufgabe der Ausnutzung einer wasserrechtlichen Erlaubnis stellt keine Benutzung i.S.d. § 9 WHG dar und unterliegt folglich nicht der Zulassungspflicht des § 8 Abs. 1 WHG. Etwas anderes folgt auch nicht daraus, dass wasserrechtliche Zulassungen eine Begünstigung beinhalten. Nach § 10 Abs. 1 WHG gewährt die Erlaubnis die Befugnis, die Bewilligung das Recht, ein Gewässer zu einem bestimmten Zweck in einer nach Art und Maß bestimmten Weise zu benutzen. Die wasserrechtliche Zulassung enthält nicht zugleich auch eine Pflicht zur Benutzung. Die Tatsache, dass eine wasserrechtliche Erlaubnis nicht länger ausgenutzt bzw. nicht verlängert wird, ist nach den Vorgaben des WHG nicht zulassungspflichtig.[20]

Sowohl eine echte Gewässerbenutzung i.S.d. § 9 Abs. 1 WHG als auch eine unechte Gewässerbenutzung i.S.d. § 9 Abs. 2 WHG setzt ein zweckgerichtetes Verhalten, das nicht notwendigerweise gewollt sein muss, voraus.[21] Die Einstellung der Grubenwasserhaltung beinhaltet allein die

---

19 *Czychowski/Reinhardt*, in: Czychowski/Reinhardt, 12. Aufl. 2019, § 9 Rn. 70; *Knopp*, in: Sieder/Zeitler/Dahme/Knopp (Hrsg.), WHG AbwAG, 52. EL Juni 2018, WHG § 9 Rn. 72; *Piens*, in: Piens/Schulte/Graf Vitzthum, Anhang zu § 56 Rn. 568; *Reinhardt*, Neuere Entwicklungen im wasserhaushaltsgesetzlichen Bewirtschaftungssystem unter besonderer Berücksichtigung des Bergbaus, NuR 2004, 82, 83.

20 *Czychowski/Reinhardt*, in: Czychowski/Reinhardt (Hrsg.), WHG, 12. Aufl. 2019, § 9 Rn. 5.

21 *Czychowski/Reinhardt*, in: Czychowski/Reinhardt, § 9 Rn. 5.

Einstellung einer begünstigenden Zulassung und ist folglich wasserrechtlich nicht zulassungspflichtig. Neben der zweckgerichteten Handlung setzt eine Gewässerbenutzung ein unmittelbar ursächliches menschliches Verhalten voraus. Dieses unmittelbar ursächliche menschliche Verhalten ist bei einem alleinigen Einstellen von Pumpmaßnahmen mit der natürlichen Folge des Grubenwasseranstiegs nicht gegeben.[22]

Eine wasserrechtliche Zulassungspflicht der Einstellung der Grubenwasserhaltungsmaßnahmen ist letztlich auch nicht erforderlich. Wie bereits unter B.II. dargelegt, werden etwaige aus der Einstellung der Grubenwasserhaltung ggf. resultierenden Risiken, insbesondere auch hinsichtlich des Gewässerschutzes, im bergrechtlichen Betriebsplanverfahren im Rahmen des § 55 Abs. 1 Nr. 9 BBergG betrachtet.

Ferner erfüllt die Einstellung der Grubenwasserhaltung mit der natürlichen Folge des Grubenwasseranstiegs nicht die Tatbestandsvoraussetzungen des § 9 Abs. 1 und Abs. 2 WHG, wie nachfolgend dargestellt. Die folgende Darstellung konzentriert sich auf die auf das Grundwasser bezogenen echten Benutzungstatbestände des § 9 Abs. 1 Nr. 5 WHG (dazu unter 1)) und die unechten Benutzungstatbestände des § 9 Abs. 2 Nr. 1 und 2 WHG (dazu unter 2)).

1) § 9 Abs. 1 Nr. 5 WHG

§ 9 Abs. 1 Nr. 5 WHG umfasst das Entnehmen, Zutagefördern, Zutageleiten und Ableiten von Grundwasser. Voraussetzung für das Vorliegen dieser Tatbestände ist, dass Grundwasser durch die Verbringung an die Erdoberfläche oder in andere Bodenschichten aus seinem natürlichen Zusammenhang gelöst, also in irgendeiner Form von seinem bisherigen Ort fortbewegt wird.[23] Die Tatbestände können sich zum Teil überschneiden, was zu Abgrenzungsschwierigkeiten zwischen den einzelnen Tatbeständen führen kann.[24] Dies ist im Ergebnis unschädlich, da jede Tatbestandsvariante des § 9 Abs. 1 Nr. 5 WHG eine Zulassungspflicht nach § 8 Abs. 1 WHG auslöst.

Ein Entnehmen i. S. d. § 9 Abs. 1 Nr. 5 Variante 1 WHG setzt voraus, dass Grundwasser bereits erschlossen und ohne besondere Vorkehrungen zugänglich ist. Dies ist z. B. gegeben, wenn das in einer Kiesgrube vorübergehend freigelegte Grundwasser herausgeschöpft oder wenn aus einem

---

22 *Kotulla*, in: Kotulla (Hrsg.), WHG, 2. Aufl. 2011, § 9 Rn. 37.
23 *Czychowski/Reinhardt*, in: Czychowski/Reinhardt, § 9 Rn. 66; *Knopp*, in: Sieder/Zeitler/Dahme/Knopp, WHG § 9 Rn. 69; *Pape*, in: Landmann/Rohmer (Hrsg.), Umweltrecht, 89. EL Februar 2019, WHG § 9 Rn. 60; *Kotulla*, in: Kotulla, § 9 Rn. 35.
24 *Czychowski/Reinhardt*, in: Czychowski/Reinhardt, § 9 Rn. 68.

Brunnen Grundwasser geschöpft wird.[25] Ein Entnehmen setzt zwingend voraus, dass Grundwasser aus dem Grundwasserkontingent entfernt wird. Die Grubenwasserhaltung eines Bergwerks erfüllt die Tatbestandsvoraussetzung des § 9 Abs. 1 Nr. 5 Variante 1 WHG. Das im Bergbau erschrotene Grubenwasser wird entnommen. Die Einstellung der Grubenwasserhaltung hingegen ist nicht unter die Tatbestandsvoraussetzung des § 9 Abs. 1 Nr. 5 Variante 1 WHG zu subsumieren. Durch die Einstellung der Grubenwasserhaltung wird Grundwasser gerade nicht mehr entnommen, sondern die Entnahme beendet. Das Grubenwasser als Teil des Grundwasserkontingents verbleibt im Untergrund.

Ein Zutagefördern i. S. d. § 9 Abs. 1 Nr. 5 Variante 2 WHG ist das planmäßige Emporheben, also die mit besonderen dazu bestimmten oder geeigneten Einrichtungen, wie insbesondere Pumpen, erzielte Förderung von Wasser.[26] Der natürliche Anstieg des Grubenwassers als Folge der Einstellung der Grubenwasserhaltungsmaßnahmen erfüllt diese Voraussetzung nicht. Mit der Einstellung der Grubenwasserhaltung wird das planmäßige Emporheben mittels Pumpen gerade beendet. Der Anstieg des Grubenwassers ist ein natürlicher Vorgang, der von allein und ohne zielgerichtete Förderung erfolgt.

Ein Zutageleiten i. S. d. § 9 Abs. 1 Nr. 5 Variante 3 WHG erfordert hingegen keine besonderen Förderanlagen. Ein Zutageleiten liegt vor, wenn Grundwasser etwa durch ein natürliches Gefälle oder artesischen Druck freigelegt wird, ohne dass es besonders herausgehoben werden muss.[27] Es fehlt an dem von § 9 Abs. 1 Nr. 5 WHG für alle Tatbestandsvarianten erforderlichen Eingriff in den Grundwasserkörper, da das Grubenwasser im Untergrund verbleibt.

Ein Ableiten i. S. d. § 9 Abs. 1 Nr. 5 Variante 4 WHG setzt voraus, dass Grundwasser aus seinem natürlichen Zusammenhang gelöst und fortgeleitet wird. Das Grundwasser muss demnach aus dem Grundwasserkörper weggeleitet werden. Ein Ableiten kann z. B. durch Kiespackungen als Straßenunterbau in Bodenschichten, die Grundwasser führen, und ggf. bei der Entwässerung eines Grundstücks durch Ringdränage zum Schutz des Bauwerks erfüllt sein.[28] Auch das Erschro-

---

25 *Czychowski/Reinhardt*, in: Czychowski/Reinhardt, § 9 Rn. 68; *Knopp*, in: Sieder/Zeitler/Dahme/Knopp, WHG § 9 Rn. 69; *Pape*, in: Landmann/Rohmer, WHG § 9 Rn. 61.

26 *Knopp*, in: Sieder/Zeitler/Dahme/Knopp, WHG § 9 Rn. 69; *Pape*, in: Landmann/Rohmer, WHG § 9 Rn. 62; *Czychowski/Reinhardt*, in: Czychowski/Reinhardt, § 9 Rn. 68; *Kotulla*, in: Kotulla, § 9 Rn. 35.

27 *Czychowski/Reinhardt*, in: Czychowski/Reinhardt, § 9 Rn. 68; *Knopp*, in: Sieder/Zeitler/Dahme/Knopp, WHG § 9 Rn. 69; *Pape*, in: Landmann/Rohmer, WHG § 9 Rn. 63.

28 BVerwGE, NVwZ 1992, 977, 979; *Czychowski/Reinhardt*, in: Czychowski/Reinhardt, § 9 Rn. 68; *Knopp*, in: Sieder/Zeitler/Dahme/Knopp, WHG § 9 Rn. 69.

ten von Grundwasser durch den untertägigen Bergbau kann den Tatbestand des Ableitens erfüllen.[29] Untertägige Stollen können dazu dienen, Grundwasser abzuleiten, um Bereiche bergbaulicher Tätigkeiten vor Grundwasserzutritten zu schützen. Durch das Auffahren der untertägigen Grubengebäude wird das im umliegenden Gestein vorhandene Grundwasser aus seinem natürlichen Zusammenhang gelöst und fortgeleitet. Es liegt mithin ein Eingriff in den Grundwasserkörper vor. Dieser Eingriff ist jedoch mit dem Auffahren des Grubengebäudes abgeschlossen. Die Einstellung der Grubenwasserhaltung und der damit einhergehende Anstieg des Grubenwassers erfüllen die Tatbestandsvoraussetzungen eines Ableitens nicht. Die Einstellung der Wasserhaltung hat zur Folge, dass sich die bergmännisch geschaffenen Hohlräume mit Grubenwasser füllen. Dieses Volllaufen des Grubengebäudes stellt jedoch keinen (erneuten) Eingriff in den Grundwasserkörper dar.

2) § 9 Abs. 2 WHG

§ 9 Abs. 2 Nr. 1 WHG beinhaltet die sogenannten unechten Benutzungen, die den echten Benutzungen gleichgestellt sind. § 9 Abs. 2 Nr. 1 WHG umfasst das Aufstauen, Absenken und Umleiten von Grundwasser durch Anlagen, die hierfür bestimmt oder geeignet sind. Voraussetzung für alle drei Varianten ist eine anlagenbedingte Einwirkung auf das Grundwasser.

Ein Aufstauen i. S. d. § 9 Abs. 2 Nr. 1 Variante 1 WHG setzt ein Anheben der natürlichen Wasserspiegellage durch eine künstliche Beeinflussung, wie z. B. eine Stauanlage, voraus. Die Einstellung der Grubenwasserhaltung stellt keine künstliche Beeinflussung der Wasserspiegellage dar. Durch die Einstellung der Grubenwasserhaltung fällt die Beeinflussung des Grundwasserstands gerade weg. Der ehemals durch die Grubenwasserhaltung beeinflusste Grundwasserstand kann sich nach der Einstellung der Wasserhaltung wieder seinem natürlichen Niveau annähern. Es findet ein natürlicher Anstieg des Grundwasserstandes statt. Ein Aufstauen i. S. d. § 9 Abs. 2 Nr. 1 Variante 1 WHG liegt mithin nicht vor.

Ein Absenken i. S. d. § 9 Abs. 2 Nr. 1 Variante 2 WHG setzt voraus, dass der Wasserstand im Gewässer durch Anlagen verringert wird.[30] Durch die Einstellung der Grubenwasserhaltung fällt die bisherige anlagenbezogene Absenkung das Grundwasser weg. Das Ausstellen der Wasserhaltung

---

29 *Czychowski/Reinhardt*, in: Czychowski/Reinhardt, § 9 Rn. 70; *Kotulla*, in: Kotulla, § 9 Rn. 37; *Knopp*, in: Sieder/Zeitler/Dahme/ Knopp, WHG § 9 Rn. 72.
30 *Czychowski/Reinhardt*, in: Czychowski/Reinhardt, § 9 Rn. 75; *Kotulla*, in: Kotulla, § 9 Rn. 43.

hat nicht die Verringerung des Wasserstands zur Folge, sondern das Gegenteil, den Anstieg des Grubenwassers. Ein Absenken ist mithin zu verneinen.

Ein Umleiten i. S. d. § 9 Abs. 2 Nr. 1 Variante erfordert, dass dem Grundwasser eine andere Fließrichtung gegeben wird.[31] Die Tatbestände des Aufstauens und Absenkens erfordern eine vertikale Veränderung des Grundwasserstands. Ein Umleiten erfordert hingegen eine Veränderung der horizontalen Fließrichtung. Andernfalls käme dem Tatbestand keine eigenständige Bedeutung zu, da eine anlagenbedingte vertikale Veränderung der Grundwasserhöhe bereits durch das Aufstauen und Absenken i. S. d. Varianten 1 und 2 des § 9 Abs. 2 Nr. 1 erfasst ist. Ein Umleiten setzt mithin die seitliche Veränderung der Fließrichtung voraus. Die Einstellung der Grubenwasserhaltung bedingt keine Veränderung der vertikalen Fließrichtung, da das Grubenwasser allein eine Höhenänderung erfährt.

Mit der Einstellung der Grubenwasserhaltung fällt die von allen Varianten des § 9 Abs. 2 Nr. 1 WHG vorausgesetzte anlagenbedingte Beeinflussung des Grundwassers weg.

§ 9 Abs. 2 Nr. 2 WHG stellt einen Auffangtatbestand dar, der erst anwendbar ist, wenn keiner der nach dem Spezialgrundsatz vorgehenden Tatbestände des § 9 Abs. 1 und Abs. 2 Nr. 1 WHG einschlägig ist.[32] Nach § 9 Abs. 2 Nr. 2 WHG gelten als Benutzungen auch Maßnahmen, die geeignet sind, dauernd oder in einem nicht nur unerheblichen Ausmaß nachteilige Veränderungen der Wasserbeschaffenheit herbeizuführen. Im Gegensatz zu den echten Benutzungstatbeständen des § 9 Abs. 1 WHG erfordert der Auffangtatbestand des § 9 Abs. 2 Nr. 2 WHG kein auf ein Gewässer zweckgerichtetes Verhalten. Für den Auffangtatbestand des § 9 Abs. 2 Nr. 2 WHG genügt jedes zweckgerichtete Verhalten, unabhängig davon, ob es auf ein Gewässer bezogen ist oder nicht.[33] Nicht alle Veränderungen eines Gewässers, die nicht die Tatbestandsvoraussetzungen des § 9 Abs. 1 und Abs. 2 Nr. 1 WHG erfüllen, sind automatisch unter § 9 Abs. 2 Nr. 2 WHG zu subsumieren. Nach dem Wortlaut des § 9 Abs. 2 Nr. 2 WHG umfasst der Auffangtatbestand nur solche Maßnahmen, die nachteilige Veränderungen der Wasserbeschaffenheit i. S. d. § 3 Nr. 9 WHG herbeiführen können.[34] Der natürliche Anstieg des Grubenwassers als Folge der Einstellung der

---

31 *Czychowski/Reinhardt*, in: Czychowski/Reinhardt, § 9 Rn. 75; *Knopp*, in: Sieder/Zeitler/Dahme/Knopp, WHG § 9 Rn. 77; *Kotulla*, in: Kotulla, § 9 Rn. 43.

32 *Czychowski/Reinhardt*, in: Czychowski/Reinhardt, § 9 Rn. 82.

33 *Czychowski/Reinhardt*, in: Czychowski/Reinhardt, § 9 Rn. 85; *Kotulla*, in: Kotulla, § 9 Rn. 49; *Tettinger*, Wasserversorgung und bergbehördliche Betriebsplanzulassung, ZfW 1991, 1, 8.

34 *Czychowski/Reinhardt*, in: Czychowski/Reinhardt, § 9 Rn. 83.

Pumpmaßnahmen begründet keine Maßnahme, die geeignet ist, dauernd oder in einem nicht nur unerheblichen Ausmaß nachteilige Veränderung der Wasserbeschaffenheit herbeizuführen. Das bloße Unterlassen der Fortführung einer wasserrechtlich zugelassenen Benutzung stellt keine erneut wasserrechtlich zulassungspflichtige Maßnahme dar.

Im Unterschied zum Bergrecht, das wie unter B. I. ausgeführt, die Einstellung der Wasserhaltung als Teil der Einstellung der Gewinnung von der Zulassung eines Betriebsplans abhängig macht, besteht nach den Vorgaben der §§ 8 Abs. 1 und 9 WHG keine Zulassungspflicht für die Einstellung einer wasserrechtlichen Benutzung. Daraus resultiert, dass auch keine Zulassungspflicht für das Nichtweiterbetreiben einer Grubenwasserhaltung besteht. Einem Bergwerksunternehmer können jedoch Grubenwasserhaltungsmaßnahmen verpflichtend auferlegt werden und damit auch ggf. die Einstellung der Grubenwasserhaltung untersagt werden. Dies ist jedoch nicht Gegenstand eines wasserrechtlichen Erlaubnisverfahrens, sondern allein Gegenstand des bergrechtlichen Betriebsplanverfahrens. Das bergrechtliche Betriebsplanverfahren dient dazu, schädliche Einwirkungen eines Bergbaubetriebs und auch schädliche Einwirkungen durch dessen Einstellung zu verhindern, so dass im bergrechtlichen Verfahren auch die Folgen der Einstellung von Grubenwasserhaltungsmaßnahmen geprüft werden.

II. Wiederaufnahme der Grubenwasserhaltung

Bei Erreichen des bergrechtlich zugelassenen Anstiegsniveaus muss die Grubenwasserhaltung zur Absicherung des Niveaus wieder aufgenommen werden. Dies geschieht durch erneutes Pumpen des Grubenwassers auf dem dann erreichten höheren Niveau und der anschließenden Einleitung des gehobenen Grubenwassers in ein Oberflächengewässer. Die Wiederaufnahme der Grubenwasserhaltung unterliegt zweifelsohne einer wasserrechtlichen Zulassungspflicht. Pumpmaßnahmen zum Heben und Zutagefördern von Grubenwasser stellen eine wasserrechtlich zulassungspflichtige Gewässerbenutzung nach §§ 8 Abs. 1 und 9 Abs. 1 Nr. 5 WHG dar. Der Grundwasserstand wird durch die Wiederaufnahme der Pumpmaßnahmen erneut künstlich beeinflusst.

Die Wiederaufnahme der Grubenwasserhaltung kann in Abhängigkeit der zu hebenden Grubenwassermenge der UVP-Pflicht bzw. einer UVP-Vorprüfpflicht unterliegen. Ziffer 13 der Anlage 1 der Liste UVP-pflichtiger Vorhaben des UVPG beinhaltet wasserwirtschaftliche Vorhaben mit Benutzung oder Ausbau eines Gewässers. Nach Ziffer 13.3.1 ist das Entnehmen, Zutagefördern oder Zutageleiten von Grundwasser mit einem jährlichen Volumen an Wasser von 10 Mio. m³ oder mehr UVP-pflichtig. Eine UVP-Vorprüfung ist nach Ziffern 13.3.2 und 13.3.3 erforderlich für Entnahmemengen von 5.000 m³/a bis weniger als 10 Mio. m³/a. Entsprechendes ergibt sich aus Nr. 3 lit. a) und b) der Anlage 1 des UVPG NRW. Aus Ziffer 13.2 der Anlage des saarländischen UVPG ergibt sich eine Vorprüfpflicht bereits ab Grundwasserentnahmen von mehr als 2.000 m³/a, wenn durch die Gewässerbenutzung erheblich nachteilige Auswirkungen auf grundwasserabhängige Ökosysteme zu erwarten sind. Die UVP-Vorschriften setzen ein Entnehmen, Zutagefördern oder Zutageleiten von Grundwasser voraus. Diese Begriffe können entsprechend der gleichbenannten wasserrechtlichen Benutzungstatbestände des § 9 Abs. 1 Nr. 5 WHG ausgelegt werden. Ein Vorhaben, das die tatbestandlichen Voraussetzungen eines Entnehmens, Zutageförderns oder Zutageleitens erfüllt, kann mithin in Abhängigkeit der jeweiligen Entnahmemenge der UVP-Pflicht oder der UVP-Vorprüfpflicht unterliegen. Erfüllt ein Vorhaben die vorgenannten tatbestandlichen Voraussetzungen hingegen nicht, besteht keine UVP-Pflicht nach Maßgabe der Ziffer 13.3.1 der Anlage 1 Liste UVP-pflichtiger Vorhaben des UVPG.

Eine UVP-Pflicht kommt mithin für die Wiederaufnahme der Grubenwasserhaltung nach Erreichen der bergrechtlich zugelassenen Anstiegshöhe in Betracht. Die Wiederaufnahme der Wasserhaltungsmaßnahmen erfüllt je nach Ausgestaltung die tatbestandlichen Voraussetzungen eines Entnehmens, Zutageförderns oder Zutageleitens i. S. d. § 9 Abs. 1 Nr. 5 WHG. Sofern die gehobene Menge des Grubenwassers die Schwellenwerte des UVPG erreicht, besteht eine UVP-Pflicht oder eine UVP-Vorprüfpflicht für die Wiederaufnahme der Grubenwasserhaltung.

Der vorgelagerte Anstieg des Grubenwassers hingegen unterliegt nicht der UVP-Pflicht bzw. der UVP-Vorprüfpflicht. Wie unter C. I. dargelegt, erfüllt der Grubenwasseranstieg nicht die tatbestandlichen Voraussetzungen des § 9 Abs. 1 Nr. 5 WHG. Insofern besteht für den Grubenwasseranstieg auch keine UVP-Pflicht. Etwas anderes resultiert auch nicht daraus, dass die Einstellung der Grubenwasserhaltung der bergrechtlichen Betriebsplanpflicht unterliegt.[35]

Auch die anschließende Einleitung des gehobenen Grubenwassers ist eine zulassungspflichtige Benutzung im Sinne des § 9 Abs. 1 Nr. 4 WHG, für die nach § 8 Abs. 1 WHG eine wasserrechtliche Erlaubnis notwendig ist. Ein Einleiten umfasst flüssige und gasförmige Stoffe und erfordert ein

---

[35] Ausführlich zu der UVP-Pflicht der Wiederaufnahme der Grubenwasserhaltung *Jordan/Welsing*, Einstellung der Grubenwasserhaltung nach Beendigung der Steinkohlengewinnung – Bergrechtliche Betrachtung, ZfB 2017, 231, 241 ff.

nach objektiver Eignung auf das Gewässer gerichtetes Verhalten.[36] Der Begriff des „Stoffs" i. S. d. § 9 Abs. 1 Nr. 4 WHG ist weit auszulegen und umfasst zuvor erschrotenes Grubenwasser.[37] Das gezielte Einleiten von Grubenwasser in ein Oberflächengewässer erfüllt den Tatbestand des § 9 Abs. 1 Nr. 4 WHG. Nach § 14 Abs. 1 Nr. 3 WHG ist die Erteilung einer Bewilligung für eine Benutzung i. S. d. § 9 Abs. 1 Nr. 4 WHG ausgeschlossen. Für die Einleitung von Grubenwasser in ein Oberflächengewässer kommt daher allein eine Erlaubnis in Betracht.

Die Einleitung von Grubenwasser in ein Oberflächengewässer als solche unterliegt nicht der UVP-Pflicht bzw. der UVP-Vorprüfpflicht. Das Einleiten des gehobenen Grubenwassers in ein Oberflächengewässer erfüllt kein in Ziffer 13 der Anlage 1 des UVPG aufgeführtes wasserwirtschaftliches Vorhaben mit Benutzung oder Ausbau eines Gewässers. Jedoch kann gem. § 11 Abs. 1 WHG die Erlaubnis für ein Vorhaben, das nach dem Gesetz über die Umweltverträglichkeitsprüfung einer Umweltverträglichkeitsprüfung bzw. Umweltverträglichkeitsvorprüfung unterliegt, nur in einem Verfahren erteilt werden, das den Anforderungen des genannten Gesetzes entspricht. § 11 Abs. 1 WHG wird dahingehend ausgelegt, dass alle erlaubnispflichtigen Gewässerbenutzungen, die mit einem seinerseits UVP-pflichtigen Vorhaben verbunden sind, also Folge des UVP-pflichtigen Vorhabens sind, ebenfalls UVP-pflichtig sind.[38] Ist die Wiederaufnahme der Grubenwasserhaltung durch Entnahme bzw. Förderung von Grundwasser UVP-pflichtig, erstreckt sich die Umweltverträglichkeitsprüfung daher gem. § 11 Abs. 1 WHG auch auf die folgende Einleitung des gehobenen Grubenwassers in ein Oberflächengewässer.

III. Zulassungsvoraussetzungen

Die Zulassungsvoraussetzungen für das Heben und Einleiten von Grubenwasser ergeben sich aus § 12 WHG, also insbesondere aus den Bewirtschaftungszielen.

Für das Heben von Grubenwasser sind die Bewirtschaftungsziele für das Grundwasser einschlägig. Grundwasser ist gemäß § 3 Nr. 3 WHG das unterirdische Wasser in der Sättigungszone, das in unmittelbarer Berührung mit dem Boden oder dem Untergrund steht. Das gesamte horizontal fließende als auch das vertikal den Boden durchsickernde unterirdische Wasser ist als Grund-

---

36 *Czychowski/Reinhardt*, in: Czychowski/Reinhardt, § 9 Rn. 35.
37 *Czychowski/Reinhardt*, in: Czychowski/Reinhardt, § 9 Rn. 39; *Knopp*, in: Sieder/Zeitler/Dahme/Knopp, WHG § 9 Rn. 72.
38 *Czychowski/Reinhardt*, in: Czychowski/Reinhardt, § 11 Rn. 10; *Knopp*, in: Sieder/Zeitler/Dahme/Knopp, WHG § 11 Rn. 15; Schmid, in: Berendes/Frenz/Müggenborg (Hrsg.), WHG, 2. Aufl. 2017, § 11 Rn. 6; *Kotulla*, in: Kotulla, § 11 Rn. 45.

wasser zu qualifizieren, soweit es an den natürlichen Gewässerfunktionen teilnimmt und der wasserwirtschaftlichen Lenkung zugänglich ist.[39] Vom Schutzbereich des WHG umfasst ist folglich das gesamte unterirdische Wasser, unabhängig davon, in welcher Tiefe es sich befindet.[40] Grubenwasser ist Grundwasser i. S. d. § 3 Nr. 3 WHG.[41]

Für das Grubenwasser gelten somit grundsätzlich die Bewirtschaftungsziele des § 47 WHG. Gemäß § 47 Abs. 1 WHG ist Grundwasser so zu bewirtschaften, dass eine Verschlechterung seines mengenmäßigen Zustands und seines chemischen Zustands vermieden wird (§ 47 Abs. 1 Nr. 1 WHG), alle signifikanten und anhaltenden Trends ansteigender Schadstoffkonzentrationen auf Grund der Auswirkungen menschlicher Tätigkeiten umgekehrt werden (§ 47 Abs. 1 Nr. 2 WHG), ein guter mengenmäßiger und ein guter chemischer Zustand erhalten oder erreicht werden; zu einem guten mengenmäßigen Zustand gehört insbesondere ein Gleichgewicht zwischen Grundwasserentnahme und Grundwasserneubildung. Das Zutagefördern von Grubenwasser wirkt sich nicht auf den chemischen Zustand des Grundwassers aus. Durch das Zutagefördern kommt das Grundwasser nicht mit nutzbaren Grundwasservorkommen in höhergelegenen Schichten in Kontakt. Der Pumpvorgang als solches ändert die Beschaffenheit des Grubenwassers nicht. Durch die Wiederaufnahme der Grubenwasserhaltung kommt es folglich weder zu einer Verschlechterung des chemischen Zustands i. S. d. § 47 Abs. 1 Nr. 1 WHG noch zu Auswirkungen auf die erforderliche Trendumkehr i. S. d. § 47 Abs. 1 Nr. 2 WHG oder auf die Erhaltung oder Erreichung des chemischen Zustands i. S. d. § 47 Abs. 1 Nr. 3 WHG.

Bezüglich des mengenmäßigen Zustands ist ein Vergleich zwischen der Entnahmemenge vor der Einstellung der Grubenwasserhaltung und nach der Wiederaufnahme der Grubenwasserhaltung zu ziehen. Eine etwaige Erhöhung der Entnahmemenge nach Wiederaufnahme der Grubenwasserhaltung führt nicht zwangsläufig zu einer Verschlechterung des mengenmäßigen Zustands des Grundwassers. Die Entnahme von Grubenwasser bedeutet keine Minderung des Grundwasservorkommens mit ökologischem oder versorgendem Ge- und Verbrauchswert. Grubenwasser stammt aus einer Tiefe, in der sich keine für die Trinkwassergewinnung nutzbaren oder im Zusammenhang mit Ökosystemen bestehenden Wasservorkommen befinden. Grubenwasser ist folglich den Bewirtschaftungszielen des WHG weitgehend entzogen.

---

39 *Czychowski/Reinhardt*, in: Czychowski/Reinhardt, § 3 Rn. 45.
40 St. Rspr. BVerwGE 27, 176,178; *Faßbender*, in: Landmann/Rohmer, WHG § 3 Rn. 45.
41 Vgl. BVerwG, NVwZ 1993, 997.

Die Einleitung von Grubenwasser in ein Oberflächengewässer unterliegt nicht dem Anwendungsbereich des § 57 Abs. 1 WHG. Gemäß § 57 Abs. 1 Nr. 1 WHG kann eine Erlaubnis zur Einleitung von Abwasser in ein Gewässer nur erteilt werden, wenn Menge und Schädlichkeit des anfallenden Grundwassers so gering gehalten werden, wie dies nach dem Stand der Technik möglich ist. Nach § 57 Abs. 1 Nr. 2 WHG steht die Erlaubniserteilung unter den Vorbehalt, dass die Einleitung mit den Anforderungen an die Gewässereigenschaften und sonstigen rechtlichen Anforderungen vereinbar ist. Der § 57 Abs. 1 WHG setzt voraus, dass es sich um Abwasser i. S. d. § 54 WHG handelt. Bei Grubenwasser handelt es sich nicht um Abwasser i. S. d. § 54 WHG.

Abwasser ist nach § 54 Abs. 1 Satz 1 Nr. 1 WHG das durch häuslichen, gewerblichen, landwirtschaftlichen oder sonstigen Gebrauch in seinen Eigenschaften veränderte Wasser und das bei Trockenwetter damit zusammen abfließende Wasser (Schmutzwasser) sowie das von Niederschlägen aus dem Bereich von bebauten oder befestigten Flächen gesammelt abfließende Wasser (Niederschlagswasser) (§ 54 Abs. 1 Satz 1 Nr. 2 WHG). Als Schmutzwasser gelten gemäß § 54 Abs. 1 Satz 2 WHG auch die aus Anlagen zum Behandeln, Lagern und Ablagern von Abfällen austretenden und gesammelten Flüssigkeiten. Nach einhelliger Auffassung in der Rechtsprechung und der Literatur ist Grubenwasser nicht als Abwasser zu qualifizieren.[42] Die emissionsbedingten Vorgaben des § 57 Abs. 1 WHG sind folglich auf das Grubenwasser nicht einschlägig. Anforderungen an die Qualität des Grubenwassers vor seiner Einleitung in ein Oberflächengewässer können sich daher allein aus den immissionsbezogenen Anforderungen der Bewirtschaftungsziele ergeben.

Die immissionsbezogenen Anforderungen an eine Einleitung i. S. d. § 9 Abs. 1 Nr. 4 WHG ergeben sich im Wesentlichen aus § 12 Abs. 1 Nr. 1 WHG, also insbesondere aus den Bewirtschaftungszielen. Die Bewirtschaftungsziele für Oberflächengewässer sind in § 27 WHG normiert. Gemäß § 27 Abs. 1 WHG sind oberirdische Gewässer so zu bewirtschaften, dass eine Verschlechterung ihres ökologischen und ihres chemischen Zustands vermieden wird und ein guter ökologischer Zustand und ein guter chemischer Zustand erhalten oder erreicht wird. Nach § 28 WHG als künstlich oder erheblich verändert eingestufte oberirdische Gewässer sind gemäß § 27 Abs. 2 WHG so zu bewirtschaften, dass eine Verschlechterung ihres ökologischen Zustands vermieden wird und ein gutes ökologisches Potenzial und ein guter chemischer Zustand erhalten oder erreicht werden.

---

42 BVerwG, NVwZ 1993, 997,998; *Czychowski/Reinhardt*, in: Czychowski/Reinhardt, § 54 Rn. 8; *Nisipeanu*, „Abwasser" — ein wasserrechtlicher Begriff im Spannungsfeld zwischen kommunalem Entwässerungsrecht und innovativer Technik, ZfW 2010, 69, 77.

Das Urteil des EuGH vom 1.7.2015 zur Weservertiefung präzisiert das Verschlechterungsverbot. Nach der Entscheidung des EuGH liegt eine Verschlechterung des ökologischen Zustands im Sinne von Art. 4 Abs. 1 lit. a) i) WRRL dann vor, sobald sich der Zustand mindestens einer Qualitätskomponente i. S. d. Anhangs V der WRRL um eine Klasse verschlechtert. Dies gilt auch, wenn diese Verschlechterung nicht zu einer Verschlechterung der Einstufung des Oberflächenwasserkörpers insgesamt führt. Ist die betreffende Qualitätskomponente i. S. d. Anhang V der WRRL bereits in die niedrigste Klasse eingeordnet, stellt jede Verschlechterung dieser Komponente eine Verschlechterung i. S. d. Art. 4 Abs. 1 lit. a) i) WRRL dar.[43]

Die Einleitung von Grubenwasser in ein Oberflächengewässer kann Einfluss auf den ökologischen und chemischen Zustand des Oberflächengewässers haben. Für die Frage, ob die Einleitung des Grubenwassers zu einer Verfehlung der Bewirtschaftungsziele führt, ist u. a. der Ausgangszustand des Einleitgewässers und die Menge und Zusammensetzung des Grubenwassers maßgeblich. Der Einfluss des Grubenwassers auf das jeweilige Einleitgewässer bedarf einer konkreten naturwissenschaftlichen Bewertung. Sofern nach dieser Bewertung das Erreichen der Bewirtschaftungsziele nicht gefährdet ist, kann die wasserrechtliche Erlaubnis zur Einleitung des Grubenwassers in Ausübung des Bewirtschaftungsermessens nach § 12 Abs. 2 WHG erteilt werden. Im Rahmen des Bewirtschaftungsermessens ist dabei insbesondere zu berücksichtigen, dass die Wiederaufnahme der Grubenwasserhaltung zur Absicherung des bergrechtlich zugelassenen Anstiegsniveaus, das insbesondere auch zum Schutz der zur Trinkwassergewinnung genutzten Grundwasservorkommen festgelegt wird, zwingend notwendig ist.

D. Vorabprüfung der Erlaubnisfähigkeit der Wiederaufnahme der Grubenwasserhaltung im bergrechtlichen Betriebsplanverfahren

Es kann mehrere Jahre bzw. Jahrzehnte dauern, bis das Grubenwasser nach Einstellung der Grubenwasserhaltungsmaßnahmen das bergrechtlich zugelassene Anstiegsniveau erreicht. Die Geschwindigkeit des Grubenwasseranstiegs ist von diversen Faktoren, wie z. B. der Größe der jeweiligen Wasserprovinz, abhängig.

---

43 EuGH, NVwZ 2015, 1041, 1045 Rn. 69; *Faßbender*, Das Verschlechterungsverbot im Wasserrecht – aktuelle Rechtsentwicklungen, ZUR 2016, 195, 201 f.

Eine wasserrechtliche Zulassung, hier die wasserrechtliche Erlaubnis für die Wiederaufnahme der Grubenwasserhaltung, muss zu dem Zeitpunkt vorliegen, zu welchem mit der Gewässerbenutzung begonnen werden soll. Nach wasserrechtlichen Maßstäben muss das Wasserrecht für die Wiederaufnahme der Grubenwasserhaltung mithin dann vorliegen, wenn das Grubenwasser den zugelassenen Zielhorizont erreicht und die Wasserhaltung zur Absicherung dieser Anstiegshöhe wieder aufgenommen wird.

Um das bergrechtlich zugelassene Anstiegsniveau abzusichern, ist es zwingend notwendig, dass das Grubenwasser bei Erreichen der zugelassenen Anstiegshöhe angenommen und in ein Oberflächengewässer eingeleitet werden kann. Es muss daher bereits im bergrechtlichen Betriebsplanverfahren berücksichtigt werden, dass es zwingend einer späteren wasserrechtlichen Erlaubnis für die Wiederaufnahme der Grubenwasserhaltung bedarf.

Das bergrechtliche Betriebsplanverfahren und das wasserrechtliche Erlaubnisverfahren sind voneinander getrennte Verfahren, die jedoch so eng miteinander verknüpft sind, dass sie nicht isoliert voneinander betrachtet werden können. Nach der Rechtsprechung muss die Bergbehörde im Rahmen des § 48 Abs. 2 Satz 1 BBergG die Notwendigkeit etwaiger außerbergrechtlicher Zulassungen, wie z.B. wasserrechtlicher Erlaubnisse, für das Vorhaben berücksichtigen. Das BVerwG hat in Sachen Bergwerk West und Bergwerk Walsum entschieden, dass eine Zulassung nicht erteilt werden kann, wenn bereits im Zeitpunkt der Entscheidung über die Zulassung des bergrechtlichen Betriebsplans feststeht, dass Zulassungen, die nach anderen Rechtsgebieten neben der Betriebsplanzulassung erforderlich sind, nicht erteilt werden können, da in diesem Falle dem Vorhaben überwiegende Gründe des jeweiligen spezialgesetzlich verfolgten Interesses entgegenstehen.[44] Ist im bergrechtlichen Betriebsplanverfahren, das die Einstellung der Grubenwasserhaltung zum Inhalt hat, bereits erkennbar, dass die spätere wasserrechtliche Erlaubnis für die Wiederaufnahme der Grubenwasserhaltung nicht erteilt werden kann, wäre dies ein Grund, die Zulassung des Betriebsplans zu versagen.

Im bergrechtlichen Betriebsplanverfahren ist folglich zu hinterfragen, ob der späteren Wiederaufnahme der Grubenwasserhaltung von vornherein unüberwindbare Hindernisse entgegenstehen. Welche Betrachtungen hierfür im Einzelnen erforderlich sind und welche Prüfungstiefe anzuwenden ist, bestimmt sich dabei nach dem jeweiligen Einzelfall. Maßgeblich ist dabei, ob mit der

---

44 BVerwGE 127, 259, 264 Rn. 29; BVerwG, ZfB 2010, 129 Rn. 24.

Wiederaufnahme der Grubenwasserhaltung die Gewässerbenutzung, die bereits vor dem Gruben-wasseranstieg erfolgte, fortgeführt wird oder nach Anstieg eine neue Grubenwasserhaltung in wesentlich veränderter Form erfolgt. Von einer Fortführung der bereits vor dem Grubenwasser-anstieg erfolgten Gewässerbenutzung ist auszugehen, wenn der Wasserhaltungsstandort und das benutzte Einleitgewässer gleich bleiben und sich die wesentlichen Voraussetzungen der Gewäs-serbenutzung, d.h. die Einleitmenge und die Beschaffenheit des Grubenwassers und des Einleit-gewässers nicht wesentlich ändern. In diesem Fall kann die Erlaubnisfähigkeit der zukünftigen Grubenwasserhaltung bejaht werden.

Dem steht auch nicht eine Befristung der wasserrechtlichen Erlaubnis, die während des geplanten Anstiegs ausläuft, entgegen. Die Verlängerung der wasserrechtlichen Erlaubnis ist unabhängig davon notwendig, ob ein Anstieg erfolgt oder nicht. Das „Ob" der Gewässerbenutzung ist bereits mit der bergrechtlichen Zulassung des ursprünglichen Steinkohlenbergbaus unwiderruflich ange-legt.

Weitergehende Betrachtungen können im bergrechtlichen Betriebsplanverfahren dann notwendig werden, wenn die Grubenwasserhaltung nach erfolgtem Anstieg in über das Förderniveau hinaus veränderter Form erfolgt. Dies kann insbesondere der Fall sein, wenn der Anstieg dazu führt, dass sich bisher getrennte Wasserprovinzen verbinden und die Wiederaufnahme der Grubenwasser-haltung konzentriert an einem Standort oder an anderen als den bisherigen Standorten erfolgt. Führt die Verbindung der Wasserprovinzen z.B. dazu, dass sich die Hebe- und Einleitmengen erhöhen, ist bereits im Rahmen der Zulassung des bergrechtlichen Betriebsplans zu prüfen, ob der Wiederaufnahme der Grubenwasserhaltung unüberwindbare Hindernisse entgegenstehen.

E. Fazit

Die Einstellung der Grubenwasserhaltung mit der Folge des natürlichen Anstiegs des Grubenwas-sers unterliegt als Teil der Gewinnung von Steinkohle allein der Betriebsplanpflicht nach dem BBergG. Der Anstieg des Grubenwassers stellt keine wasserrechtliche Benutzung i.S.d. § 9 WHG dar und bedarf somit auch keiner wasserrechtlichen Zulassung nach § 8 Abs. 1 WHG. Die mögli-chen Auswirkungen des Grubenwasseranstiegs werden im bergrechtlichen Verfahren umfassend geprüft. Diese Prüfung umfasst nach § 55 Abs. 1 Nr. 9 BBergG insbesondere auch den Gewässer-schutz.

Die Wiederaufnahme der Grubenwasserhaltung stellt eine wasserrechtliche Benutzung i. S. d. § 9 Abs. 1 Nr. 5 dar und unterliegt somit der wasserrechtlichen Zulassungspflicht. Es kann eine UVP-Pflicht bzw. UVP-Vorprüfpflicht für die Wiederaufnahme der Grubenwasserhaltung bestehen, soweit die Entnahmemenge die Schwellenwerte der Anlage 1 Liste „UVP-pflichtige Vorhaben" des UVPG erreicht. Die wasserrechtliche Erlaubnis muss zum Zeitpunkt der Wiederaufnahme der Grubenwasserhaltung vorliegen, aber bereits im Zeitpunkt der bergrechtlichen Zulassung der Einstellung der Grubenwasserhaltung muss sichergestellt sein, dass der Wiederaufnahme der Grubenwasserhaltung keine unüberwindbaren Hindernisse, sei es tatsächlicher oder rechtlicher Natur, entgegenstehen.

Die Schieflage des Bergschadensrechts

Heinrich Kunst und Felix Kunst

Eine typische und auch nachbergbaulich ganze Regionen prägende Folge des Kohleabbaus ist die dauerhaft verbleibende Schieflage eines Gebäudes. Aus §§ 114, 117 BBergG i. V. m. §§ 249 ff. BGB ergibt sich diesbezüglich ein Schadensersatzanspruch, der als Naturalrestitution auf Beseitigung der Schieflage und damit vordringlich Hebung des Hauses (Horizontierung) gerichtet werden kann, nachdem dazu im Lauf der Zeit die technischen Voraussetzungen geschaffen wurden. Dieser Hebungsanspruch scheidet nach § 251 Abs. 2 BGB u. a. dann aus, wenn die Hebung nur mit unverhältnismäßigen Aufwendungen möglich ist. Der folgende Beitrag beschäftigt sich mit der Frage, welche Rolle bei der Bestimmung der Unverhältnismäßigkeit das sog. Gesamt-Minderwertabkommen[1] (folgend: Abkommen) spielt. Dabei soll neben der hierzu ergangenen Rechtsprechung und Literatur insbesondere die Praxis der RAG einer kritischen Betrachtung unterworfen werden.

A. Schieflage als Schaden

Nach den für die Herstellung von Gebäuden geltenden DIN-Vorschriften müssen Böden und Wände waagerecht bzw. lotrecht errichtet werden. Schon eine Abweichung von 2 mm je Meter überschreitet die Toleranzen. Ein Gebäude entspricht nicht der normalen Beschaffenheit, wenn es diesen Anforderungen nicht entspricht[2].

Schürken/Finke[3] führen einige der mit einer Schieflage zusammenhängenden Probleme stichwortartig wie folgt auf:

„Mit zunehmender Schieflage

- *nimmt die Beanspruchung eines Gebäudes durch bergbauliche Einwirkungen zu und bewirkt dadurch eine höhere Gefügelockerung,*
- *entstehen an vertikalen Bauteilen zusätzliche Horizontalkräfte, für die ein Bauwerk nicht bemessen ist und die auf lange Sicht zu einer Verringerung der Standdauer führen können,*

---

1 Z. B. www.vbhg.de und *Schürken/Finke*, Bewertung von Bergschäden, 3. Aufl. 2008, S. 427 ff. (Näheres unten).
2 OLG Hamm, MDR 1989, 911 für ein Gefälle von 2–5 mm je Meter in Bodenfliesen einer Küche.
3 *Schürken/Finke*, Bewertung von Bergschäden, S. 234

- *erhöhen sich die Schwierigkeiten bei der Benutzbarkeit eines Gebäudes, z.B. bei Aufstellung von Einbauküchen,*
- *wächst die Gefahr, dass Wohnungen nur mit Mietnachlässen vermietet werden können,*
- *entstehen Mehrkosten bei Instandhaltungs- bzw. Renovierungsmaßnahmen horizontal bzw. vertikal oder mit bestimmten Gefälleverhältnissen einzubauenden Bauteilen (Duschtassen, Dachrinnen usw.),*
- *vermindert sich die Bereitschaft von Kreditinstituten, zusätzliche Geldmittel zur Verfügung zu stellen,*
- *geht die Bereitschaft zurück, ein mit den vorgenannten Risikofaktoren behaftetes Gebäude zu erwerben."*

Schieflagen führen nach allgemeinen Erkenntnissen unabhängig von der persönlichen Spürbarkeit[4] und der subjektiven Zuordnung zu bergbaulicher Verursachung spätestens ab 5 mm je Meter zu objektiven Folgeproblemen. Das zeigt die Praxis der Bergschadensregulierung[5]. Wasser und das Fett in der Pfanne orientieren sich deutlich in Richtung der stärksten Schieflage, Fenster und Türen und auch Schranktüren bleiben nicht mehr stehen. Das tägliche Leben wird (dauerhaft) beeinträchtigt. Neben den oben aufgeführten technischen Störungen und der Gefährdung des Vermögens kommen also Probleme der Benutzbarkeit hinzu, die auch das Wohlbefinden beeinflussen.

Dass im Übrigen Schieflagen bei einer Veräußerung offenbarungspflichtig sind, dürfte sich von selbst verstehen.

B. Das Gesamt-Minderwertabkommen

Das bereits angesprochene Gesamt-Minderwertabkommen VBHG/RAG ist eine privatrechtliche Vereinbarung zwischen der RAG und einer der Interessenvertretungen bergbaugeschädigter Hauseigentümer (VBHG)[6] bzw. deren Vorläufern zur möglichst einheitlichen Regelung u.a. Schieflagen

---

4 Die *Schürken/Finke*, Bewertung von Bergschäden, S. 261 nur bei vorbereiteten Laien ab 5 mm und ansonsten eher ab 8 mm je Meter sehen.
5 RA H. Kunst ist seit ca. 40 J. in diesem Bereich tätig und hat die Problematik bei eigenen Häusern erlebt.
6 Verband bergbaugeschädigter Hauseigentümer e.V. in Herten – www.vbhg.de.

bedingter Folgen des Kohleabbaus. Es reicht zurück bis 1958; die aktuell letzte Fassung stammt aus Dezember 2001. Die Zielrichtung des Abkommens soll mit den folgenden Zitaten belegt werden, weil spätere Ausführungen darauf immer wieder Bezug nehmen:

„Regelungsinhalt (sind) beweis- und verfahrenserleichternde Regelungen zur Abgeltung bergschadensbedingter Wertminderungen (mit) Beweiserleichterungen für betroffene Grundeigentümer... Eine im Einzelfall anderweitige Schadensbewertung und -berechnung ist dadurch nicht ausgeschlossen. (Entschädigt werden je Schieflage von 2 mm je Meter 1 % des Gebäudezeitwertes mit steigendem Entschädigungsgrad ab 15 bzw. 25 mm.) Bei Schieflagen über 15 mm je Meter wird die Festlegung des Minderwertes der Vereinbarung im Einzelfall überlassen..., (die Tabellenwerte sollen lediglich ein Anhalt sein.) Soweit Schieflage bedingte reparable Schäden mit der Folge dauerhafter und nicht unerheblicher Funktionsstörungen an einzelnen Gebäudebestandteilen auftreten, werden diese unabhängig von etwaigen Minderwertentschädigungen reguliert... Ein Anspruch auf Ersatz eines bergschadensbedingt eingetretenen merkantilen Minderwertes kommt insbesondere in Betracht nach einer Hebung des Gebäudes... Bei derartigen Fällen bedarf es keiner zusätzlichen bzw. weiteren Prüfung des Anspruchsgrundes. Die Eignung zur Auslösung wertmindernder Befürchtungen wird unterstellt.

Der VBHG wird seinen Mitgliedern die Annahme den vorstehenden Regelungen entsprechender Minderwertangebote der RAG erläutern und empfehlen ... Auch wenn die Regelungen keine rechtliche und unmittelbare Bindungswirkung gegenüber dem einzelnen Grundeigentümer auslösen, kann der VBHG für seine Mitglieder auf Einhaltung der Beweis- und Verfahrenserleichterungen bestehen.

Beide Parteien gehen davon aus, dass die Regelungen einen Großteil auftretender Bergschadensfälle angemessen erfassen. Im Rahmen seiner satzungsmäßigen Aufgabe begrüßt der VBHG es, wenn RAG die Beweiserleichterungen des Abkommens auch den nicht im VBHG organisierten Grundeigentümern in Bergsenkungsgebieten zugutekommen lässt."

Nach dem Verständnis beider Vertragsparteien kann es danach keinem ernsthaften Zweifel unterliegen, dass es sich

- nur um eine Beweiserleichterung zur Zahlung von Minderwerten handelt,
- mit der Zahlung Schieflagen bedingte Ansprüche nicht abschließend geregelt sind,

229

- nicht der Anspruch erhoben wird, mehr als nur einen Großteil der Fälle angemessen abzugelten,

- bei Schieflagen über 15 mm je Meter die Einzelfallbetrachtung im Vordergrund stehen oder sogar die Regel sein soll,

- nur die RAG aus dem Abkommen verpflichtet ist, nicht die Mitglieder des VBHG und ganz besonders nicht Eigentümer allgemein[7].

Man wird im Folgenden sehen, was aus dem gut gemeinten Ansatz dieser Vereinbarung in der Praxis geworden ist.

C. Irreparable Schieflage

I. Abgrenzung zur Innenhorizontierung

Lange Zeit galt eine Schieflage als technisch nicht reparabel. Bei ungünstiger Bauart eines Hauses ist das auch noch heute der Fall. Die Folgen einer Schieflage im Inneren eines Hauses können zwar je nach Grundriss zumindest teilweise dadurch beseitigt werden, dass in einzelnen Räumen die Böden oder Mobiliar (Kücheneinrichtungen) horizontiert oder Fenster und Türen ausgebaut und in Waage wieder eingesetzt oder dass Vorrichtungen angebracht werden, um das Öffnen oder Zufallen von Türen oder Fenstern zu verhindern oder abzumildern. Diese unter dem Begriff Innenhorizontierung zusammengefassten Maßnahmen beseitigen allerdings nicht die Schieflage des Hauses. Der Baukörper an sich bleibt in Schieflage. Irreparabel ist eine Schieflage also auch dann, wenn nur einzelne Bauteile horizontiert werden können. Es stellt sich in diesen Fällen auch heute noch die Frage, inwieweit durch Verursachung eines irreparablen Zustands ein Minderwert verursacht wurde (§ 251 Abs. 1 BGB).

II. Bedeutung des Abkommens

Das Abkommen ist in seinem gewachsenen Anwendungsbereich (bei richtigem Verständnis) durchaus sinnvoll. Wie bereits oben dargelegt, handelt es sich ausdrücklich lediglich um eine Entscheidungshilfe, die individueller Betrachtung breiten Raum lässt und auch eine anderweitige

---

7 So auch *Neupert*, in: Spickhoff (Hrsg.), BeckOGK BBergG, § 117 Rn. 46: „*(natürlich) keine Rechtsverbindlichkeit*".

Berechnung zulässt. Der (oft unerkannte) Wert dieses Abkommens für Geschädigte besteht darin, auch dann Zahlungen auf den Schieflagen bedingten Minderwert zu erhalten, wenn der dem Geschädigten obliegende Nachweis eines Minderwertes nicht oder nur mit unverhältnismäßig hohen Aufwendungen möglich ist. Es ist in der Praxis nämlich kaum feststellbar, welche wertbildenden oder wertmindernden Faktoren in einen etwaigen Kaufpreis eingegangen sind, da jedes Haus ein Einzelstück ist. Das gilt umso mehr bei fiktiver Berechnung.

III. Umsetzung in der Praxis

Das eigentliche Problem ist die Umsetzung durch die RAG und die dem jedenfalls im Ergebnis folgende Rechtsprechung:

Das LG Dortmund hat in einem Urteil aus dem Jahr 1990[8] die Zielrichtung des Abkommens dahingehend verkannt, dieses Abkommen stelle als „Erfahrungswissen der beteiligten Verbände" in seinen tabellarischen Berechnungen Grundsätze zur Behandlung sämtlicher Schieflagen bedingter Folgen auf, nach denen ausschließlich zu entschädigen sei. Besonderheiten werden lediglich dann gesehen, wenn es um andere als bergbaubedingte Schieflagen geht.

Das dürfte in dieser Deutlichkeit aber eine vereinzelte Entscheidung gewesen sein. Andere Urteile[9] schränken das jedenfalls in der Begründung ein. Allgemein wird durchaus anerkannt, dass eine Vereinbarung zwischen der RAG und einem der Vereine für Bergbaugeschädigte (der die Anwendung für Mitglieder auch nur empfiehlt, nicht vorschreibt) nicht aus sich heraus für sonstige Schadensfälle anzuwenden ist. Es wird auch nicht behauptet, dass das Ergebnis in mehr als allenfalls „der Mehrzahl" der Fälle zu angemessenen Ergebnissen führt. Der Nachweis eines höheren tatsächlich eingetretenen Minderwertes wird allerdings zwar zugelassen. Es werden auch Sachverständigengutachten eingeholt bzw. erörtert. Selbst wenn aber Sachverständige (wie es immer wieder der Fall ist) zu einem höheren Minderwert kommen, wird das Ergebnis dann doch regelmäßig am Abkommen gemessen und deshalb als nicht nachvollziehbar bezeichnet. Letztlich läuft die forensische Praxis daher nach wie vor auf das hinaus, was das LG Dortmund vielleicht eher unbedacht ausgesprochen hat, dass nämlich dieses Abkommen als „Erfahrungswissen der beteiligten Verbände" die einzig in Betracht kommende Grundlage zur Schätzung gemäß § 287 ZPO ist. Es fehlt

---

8 LG Dortmund, Urt. v. 5.12.1990 – 4 O 411/89 (wohl n.v.) – dazu auch noch weiter unten.
9 Z.B. OLG Hamm, ZfB 1966, 330; OLG Düsseldorf, Urt. v. 1.12.1978 – 7 U 84/78 (n.v.); ZfB 2000, 195, LG Duisburg, ZfB 2007, 75; LG Dortmund, Urt. v. 22.5.1991 – 4 O 28/89 (n.v.).

eine nachvollziehbare Begründung, woraus die Angemessenheit der Werte des Abkommens gefolgert wird. Allein das Abkommen als solches wird zugrunde gelegt. Dabei ist es völlig unbestritten, dass es keinerlei statistisches Material gibt, das die Grundlage für das Abkommen bildet.

Lediglich das LG Bochum[10] hat einmal seine Entscheidung ausschließlich auf ein eingeholtes, einen Minderwert allerdings insgesamt verneinendes Gutachten gestützt, ohne das Abkommen in Erwägung zu ziehen.

IV. Eigene Auffassung

Der Wert des Abkommens besteht darin, einen *Mindestschaden* gem. § 278 ZPO[11] schätzen zu können, wenn kein höherer Schaden zu belegen ist. Zu diesem Ergebnis mag man auch kommen, wenn man die oben zitierten Ausführungen am Ende des Abkommens als Beweiserleichterung im Wege eines Vertrages zugunsten Dritter ansieht. Das Abkommen kann aber nicht dazu benutzt werden, den Schadensersatzanspruch zu *begrenzen*, so wie es in der Praxis geschieht. Wenn ein Sachverständiger einen höheren Minderwert schätzt, ist dieser der Entscheidung zu Grunde zu legen. Wenn das Gutachten im Einzelfall nicht nachvollziehbar sein sollte (wozu ganz offensichtlich die Argumentation nicht ausreicht, das Ergebnis entspreche nicht dem Abkommen), ist aber die Klage nicht abzuweisen. Vielmehr ist die RAG sodann zumindest aufgrund der weiter oben zitierten Selbstbindung in dem Abkommen jedenfalls zur Zahlung des aus dem Abkommen ersichtlichen Minderwertes zu verurteilen. Dieses, sich aus dem Minderwertabkommen unmissverständlich ergebende Ergebnis, wird durch die oben zitierte Rechtsprechung konterkariert.

Die entgegenstehende Praxis ist möglicherweise auf das historische Verständnis des Bergbaus zurückzuführen. Der Bergbau wurde früher zum großen Teil staatlich betrieben[12], ist es aber längst nicht mehr. Mit dem Begriff „Verband" wird häufig eine Körperschaft öffentlichen Rechts verbunden,[13] der eine Verordnungszuständigkeit zusteht. Tatsächlich nennt sich zwar der VBHG Ver-

---

10 LG Bochum, Urt. v. 5.8.2010 – 3 O 60/09 (n. v.).

11 Vgl. BGH, NJW 2013, 525.

12 Bis Mitte des 19. Jahrhunderts hatte zum Beispiel der Staat die Aufsicht über die abgeteuften Schächte; Steiger waren bis zu Beginn des 20. Jahrhunderts Beamte und „der Bergbau" wird auch heute noch verbreitet als „Behörde" angesehen. Das Preußische Allgemeine Landrecht und ab 1865 auch das Preußische Allgemeine Berggesetz (ABG) unterwarfen jedoch die Regulierung von Bergschäden bereits zivilrechtlichen Regelungen, die mit dem Schadensersatzrecht des BGB praktisch deckungsgleich waren. Das Bundesberggesetz begnügte sich mit einer uneingeschränkten Verweisung.

13 Z. B. Wasserverbände, Landschaftsverband usw.

band, ist jedoch nichts anderes als ein eingetragener Verein. Nach einer von der RAG selbst auf ihrer Homepage veröffentlichen Statistik[14] sind lediglich 28 % der Schadensmeldungen des Jahres 2017 über den VBHG erfolgt; in den Jahren davor war der Anteil noch geringer. In 39 % der Schadensfälle lag eine anderweitige Vertretung vor, die restlichen Schäden wurden von Eigentümern selbst gemeldet. Der VBHG ist also nur eine von vielen Interessenvertretungen und nicht etwa eine Art Dachorganisation[15]. Er hat auch offensichtlich keine Mächtigkeit, aus der sich eine alleinige Kompetenz herleiten ließe. Gleichwohl wird das Abkommen kritiklos unter Außerachtlassung der eigentlichen Ziele dieses Abkommens angewandt. Die richterliche Rechtsanwendung wird dadurch naturgemäß erleichtert. Der schwierige Prozess der Entscheidungsfindung wird reduziert auf die Anwendung von Rechenschritten, die als solche nachvollzogen und begründet werden können.

Es gibt auch Gebäudeschäden außerhalb bergbaulicher Einwirkungen. Dabei spielt das Abkommen keine Rolle[16]. Die Befürchtung verbleibender Schäden nach einem länger dauernden bergbaulichen Eingriff ist sicherlich eher sogar höher als bei einem einmaligen Schadensereignis. Es ist deshalb nicht ersichtlich und geradezu wertungswidersprüchlich, dass bergbaulich verursachte Minderwerte ausschließlich über das Abkommen als Schätzungsgrundlage erfasst (und damit faktisch nach oben begrenzt) werden sollen, nur weil es dem Schädiger gelungen ist, mit lediglich einem der vielen Interessenvertreter eine Vereinbarung zur vereinfachten Regulierung in Standardfällen ausschließlich als Beweiserleichterung für einen Mindestschaden zu treffen.

Die gesamte Rechtsprechung zu bergbaulichen Minderwerten hat sich mit der Regulierungspraxis der RAG durch falsches Verständnis des Abkommens vom gesetzlichen Schadensrecht abgekoppelt und ist i.E. verfehlt. Im Unfallrecht richtet sich die Rechtsprechung auch nicht danach, welche Vereinbarungen die Allianz als Haftpflichtversicherer mit dem Anwaltsverein zum Beispiel zur Höhe von Schmerzensgeldern träfe. Was im Unfallrecht absurd erscheint, ist es auch im Bergschadensrecht.

---

14 Im Nachhaltigkeitsbericht 2017: RAG, Verantwortung für die Region – Bericht 2017, 08/2018, S. 11 (https://www.rag.de/fileadmin/ user_upload/rag/Dokumente/Download/Publikationen/22493-1_RAG_Nachhaltigkeit_gesamt_WEB.pdf).

15 Selbst *Neupert*, in: BeckOGK BBergG, § 114 Rn. 46 verweist noch auf angebliche „Verbändeabsprachen", ohne das zu hinterfragen.

16 BGH, NJW 2013, 525: Es ging um behobene Risse im Innen- und Außenputz. Nach Einholung eines Gutachtens mit Marktbefragung zur Einschätzung eines etwa verbleibenden merkantilen Minderwerts befasst sich der BGH ausführlich mit der Frage, wie gemäß § 287 ZPO jedenfalls ein Mindestschaden geschätzt werden könne und sieht das auch ohne Abkommen (das in Teil II auch Grundsätze zur Ermittlung eines merkantilen Minderwertes nach Beseitigung größerer Schäden aufstellt) als möglich an.

D. Reparable Schieflage

Seit etwa den 1980er Jahren gibt es nun eine Entwicklung, die dazu geführt hat, dass eine Schieflage keineswegs irreparabel ist. Es stellt sich also in der Praxis nicht mehr nur die Frage, wie ein Minderwert zu berechnen ist, wenn der Schaden nicht beseitigt werden kann. Vielmehr geht es vorrangig darum, ob die an sich technisch mögliche Reparatur seitens der RAG wegen Unverhältnismäßigkeit der Kosten verweigert werden kann. Damit gelten völlig andere Regeln. *Finke*[17] hat die Bedeutung des Abkommens in diesem anderen Zusammenhang so treffend formuliert, dass das Zitat nur wiederholt werden kann:

> *„Zuweilen ist die Fehlvorstellung erkennbar, das Minderwertabkommen VBHG/RAG regele das Umgehen mit bergbaubedingten Schieflagen und diesen zugeordneten Minderwerten sowohl im Erstzugriff als auch dann gleich absolut (= umfassend und abschließend)...*
>
> *Ein guter Einstieg ist es schon einmal, wenn man mit dem Schadenskomplex einer Gebäudeschieflage nicht automatisch über die Wortassoziation Minderwert/Wertminderung den Lösungsansatz sofort und ausschließlich in einer Wertermittlung und einer – wie auch immer zustande kommenden – Wertminderungsaussage sieht!"*

Das Ausrufungszeichen befindet sich so im Original und hat seine Berechtigung.

In der Rechtsanwendung ist das im Zusammenhang mit § 251 Abs. 2 BGB allerdings unbemerkt geblieben.

I. Rechtsprechung

1) Bergschadensrecht

Bekannt ist lediglich das bereits erwähnte Urteil des LG Dortmund[18]. Die Kläger hatten bei einem Gebäudezeitwert von 600.000 DM und Hebungskosten von 150.000 DM Hebung verlangt, weil das Haus nur eine mittlere Schieflage von 23,3 mm je Meter und eine maximale Schieflage von 27,4 mm je Meter erreicht hatte. Die RAG hielt das für unverhältnismäßig und wollte lediglich

---

17 *Finke*, Bergschäden an Gebäuden, GuG 2014, 78, 83, 84.
18 LG Dortmund, Urt. v. 5.12.1990 – 4 O 411/89 (wohl n. v.).

einen Minderwert von rund 75.000 DM anbieten. Die sich der Argumentation der RAG anschließende Begründung des Landgerichts ist bemerkenswert:

„Die Kammer geht bei der Beurteilung der Frage, wann ein Bergbaugeschädigter Hebung verlangen kann, von der allgemein angewandten Praxis aus, die sich nach dem Bergschadensabkommen zwischen der Beklagten und dem VBHG richtet. Das Abkommen, das nach Beteiligung von Sachverständigen des Bergbauverbandes und des Vereins der bergbaugeschädigten Haus- und Grundeigentümer zu Stande gekommen ist, sieht vor, dass bei einer mittleren Bergsenkung von bis zu 25 mm/Meter eine Hebung in aller Regel nicht verlangt werden kann. Die Kammer folgt insoweit der Auffassung der Beklagten, dass sich in dem Gutachten das Erfahrungswissen der beteiligten Verbände widerspiegelt und damit die Gewähr dafür bietet, dass – von Sonderfällen abgesehen[19] – in ihm die Grundsätze des Schadensrechts, insbesondere die Frage der Verhältnismäßigkeit der Aufwendungen im Sinne des § 251 Abs. 2 BGB, in angemessener Weise konkretisiert sind.“

Die Lektüre dieser Urteilsgründe zeigt, wie aus falschen Prämissen falsche Schlussfolgerungen gezogen werden:

■ Das Urteil hinterfragt nicht, mit welcher Berechtigung das Abkommen praktisch Recht setzen soll.

■ Eine angebliche „allgemein angewandte Praxis" ersetzt ebenfalls keine Begründung. Wenn etwas immer falsch gemacht wird, entbindet das ein Gericht nicht von der Prüfung der Frage, ob diese Praxis denn richtig ist. Die obergerichtliche Rechtsprechung zum Beispiel zu Formularverträgen bietet dafür vielfältige Beispiele.

■ Um „das Erfahrungswissen der beteiligten Verbände" bemühen zu können, musste das Gericht Verbände überhaupt erst erfinden. Einen „Bergbauverband" gab es damals nicht. Der VBHG ist richtigerweise als Verein bezeichnet, auch wenn er sich selbst etwas missverständlich und jedenfalls untechnisch als Verband bezeichnet. Ein diesem Abkommen angeblich zu Grunde liegendes „Gutachten" ist unbekannt. Es ist auch unbekannt, welche Gutachter denn auf beiden Seiten beteiligt waren. Sofern es sich auf Seiten der RAG um angestellte Mitarbeiter gehandelt haben sollte, bedarf es keiner weiteren Ausführungen, dass die Auffassung des

---

19 Die die RAG auch aktuell unterhalb von 25 mm je Meter lediglich bei sozialen und gesundheitlichen Indikationen (z. B. Rollstuhlfahrer oder Beleg durch ärztliches Attest!) sieht.

Schädigers für die Schadensabwicklung kein Recht setzen kann. Die „Grundsätze des Schadensrechts" muss immer noch das Gericht ermitteln und können sich nicht aus dem ergeben, was der Schädiger gerade noch freiwillig sich in einer Vereinbarung mit einer Interessenvertretung als Mindestregelung abbringen lässt, die nicht einmal die Mehrheit der Geschädigten repräsentiert und der es nur darauf ankommt, ohne Deckelung nach oben einen Mindeststandard zu erreichen.

■ Dem Gericht war offenkundig nicht einmal diese Zielrichtung des Abkommens geläufig. Die beabsichtigte bloße „Beweiserleichterung" hat sich in das Gegenteil verkehrt, nämlich eine Beschränkung auf ausschließlich die Zahlungsansprüche aus dem Abkommen. Die sich in diesem Zusammenhang mehr als aufdrängende Frage der Beweislast und der Bezug zu § 251 Abs. 2 BGB sind in den Urteilsgründen nicht einmal angesprochen.

■ Mit dieser Maßgabe ergibt sich zu allem Überfluss aus dem Abkommen gar nicht, dass bei Schieflagen bis 25 mm je Meter Hebung in der Regel nicht verlangt werden kann[20].

Die gegen dieses Urteil (man möchte sagen selbstverständlich) eingelegte Berufung der Kläger führte in 2. Instanz vor dem OLG Hamm zu einer vergleichsweisen Einigung, die die Hebung zum Gegenstand hatte.

Die weiteren Urteile befassen sich mit ähnlichem Tenor zwar mit der Frage des insbesondere merkantilen Minderwertes nach eingetretenen Schäden oder irreparablen Schieflagen (§ 251 Abs. 1 BGB – siehe oben unter C III.), jedoch nicht mit dem Hebungsanspruch und dem Einwand der Unverhältnismäßigkeit aus § 251 Abs. 2 BGB.

Da also obergerichtliche Rechtsprechung fehlt, muss auf andere, ähnliche Fachgebiete zurückgegriffen werden.

2) Vertragsrecht

Unverhältnismäßig können nach Rechtsprechung des BGH bei einem Grundstückskauf (in nur analoger Anwendung des § 251 Abs. 2 BGB) zwar Kosten sein, die den Verkehrswert des Grundstücks in mangelfreiem Zustand oder 200 % des mangelbedingten Minderwerts übersteigen[21]. Diese Regel wird aber ausdrücklich lediglich „als erster Anhaltspunkt" bezeichnet.

---

20 Ganz deutlich *Finke*, GuG 2014, 78, 85.
21 BGHZ 200, 350; so auch schon BGH, NJW 2009, 1660.

Diese Rechtsprechung des BGH zu Kaufverträgen kann allerdings (so der BGH selbst) nur eingeschränkt auf die Beschädigung bereits bestehenden Eigentums, also z. B. Ansprüche aus bzw. mit den Rechtsfolgen der unerlaubten Handlung übertragen werden[22]. Sie würde die Prüfung der Unverhältnismäßigkeit allein auf den finanziellen Aspekt reduzieren. Das mag allenfalls im Kaufrecht noch seine Berechtigung haben, weil der Erwerber einer Sache mit ihr noch nicht so verbunden ist.

3) Allgemeines Schadensrecht

a) Fahrzeugschäden

Die Rechtsprechung zu Verkehrsunfällen kann nicht gänzlich unbeachtet bleiben.[23] Die Ausgangssituation ist an sich identisch. Bei einem Fahrzeug geht es nicht nur um die Erhaltung des Vermögenswertes an sich. Im Vordergrund steht vielmehr auch und gerade das durch die ungehinderte Benutzung gekennzeichnete Integritätsinteresse/Affektionsinteresse. Nach Beschädigung eines Fahrzeugs (nicht nur bei vollständiger Gebrauchsunfähigkeit) will der Benutzer durch die Reparatur sichergestellt haben, dass er sein gewohntes Fahrzeug weiter nutzen kann, ihn ein schlechtes optisches Erscheinungsbild nicht stört und der Wert bei Veräußerung möglichst aufrechterhalten bleibt. Wenn das keine anerkennenswerten Gründe wären, würde schon die Reparatur eines zerbeulten Kotflügels am Einwand der Unverhältnismäßigkeit scheitern. Ob die allgemein anerkannte Obergrenze von 130 % des Verkehrswertes richtig ist, dürfte allerdings im vorliegenden Zusammenhang eine eher untergeordnete Rolle spielen (s. unten D.IV).

b) Gebäudeschäden

Aus der sachnäheren Rechtsprechung zu Schäden an Gebäuden ergibt sich übereinstimmend, dass für die Beurteilung der Verhältnismäßigkeit der Verkehrswert (Wiederbeschaffungswert) vor der Beschädigung und der für die Wiederherstellung erforderliche Aufwand gegenüberzustellen sind[24]. Der Reparaturanspruch wird allerdings nicht ohne weiteres auf den Verkehrswert

---

22 So auch die st. Rechtsprechung zum Werkvertragsrecht, z. B. BGH, NJW 2013, 370.
23 Siehe grundlegend BGH, NJW 1992, 302.
24 BGH, NJW 2006, 2399; BGHZ 102, 322; OLG Bamberg, ZfS 2011, 445; OLG Frankfurt, OLGR 2006, 16; Urt. v. 1.6.2006 – 1 U 104/96 – Jurion RS 2006, 19416 = BeckRS 11, 25573; OLG Hamm, NJW-Spezial 2015, 13; r+s 1999, 152.

beschränkt; er kann auch höher sein, und zwar noch höher als im Unfallrecht[25]. Zwei Entscheidungen des OLG Hamm[26], die scheinbar abweichend den Anspruch lediglich am entstehenden Minderwert orientieren wollen, sind vor dem Hintergrund zu sehen, dass es sich jeweils um eine Scheune ohne besonderes Integrationsinteresse handelte. An die Annahme der Unverhältnismäßigkeit sind ansonsten aber strenge Anforderungen zu stellen.[27]

II. Literatur

Heinemann[28] sieht das Problem historisch bedingt nicht. Er erwähnt das eigentliche Abkommen nicht einmal. In den sechziger Jahren des vorigen Jahrhunderts war es technisch nicht möglich, die Schieflage eines Gebäudes durch Hebung zu beseitigen, so dass sich nur die Frage der Ermittlung des Minderwertes und nicht diejenige der Unverhältnismäßigkeit eventueller Hebungskosten stellte.

Schubert[29] (früherer Justiziar der RAG) zitiert neben der Rechtsprechung zum Unfallrecht diejenige zum Vertragsrecht und meint, diese Rechtsprechung sei nicht anwendbar. Einen „geeigneten Maßstab" für die Beeinträchtigung des Eigentümerinteresses sieht er nicht im Gebäudewert, sondern in der „durch die Schieflage bedingten Minderung des Gebäudewertes" Diese wiederum gewinnt er (wenn keine Besonderheiten bestehen, also im Regelfall) letztlich durch schlichte Anwendung der Tabellenwerte des Abkommens. Eine Begründung dafür fehlt. Denn das Abkommen enthält gerade keine abschließende Bewertung des durch eine Schieflage eingetretenen Minderwertes. Letztlich wird demgemäß die Unverhältnismäßigkeit nur mit der Behauptung begründet, der Minderwert sei geringer. Genau das ist aber die Frage. Das Ergebnis wird also mit dem Ergebnis selbst begründet, ein klassischer Zirkelschluss. Die von ihm nachgewiesene Rechtsprechung befasst sich überdies nicht mit der Frage des Hebungsanspruchs, sondern der Berechnung eines Minderwertes, wenn die Hebung technisch unmöglich ist.

---

25 OLG Düsseldorf, MDR 2012, 85 (235 %); OLG Frankfurt, OLGR 2006, 16 (mehr als 150 %); OLG Hamm, r+s 1999, 152 (150.000 DM bei einem Wert von 428.000 DM, konkret allerdings verneinend, weil es sich um die Wiederrichtung eines technisch überholten und optisch wenig ansprechenden Hauses gehandelt hätte); OLG Naumburg, NJW-RR 1995, 1041 (über 130 % bei einer beschädigten Mauer).
26 OLG Hamm, NJW-Spezial 2015, 13; MDR 1995, 691.
27 BGHZ 154, 301; OLG Bamberg, ZfS 2011, 445 m. w. Nachw.
28 *Heinemann*, Der Bergschaden, 3. Aufl. 1961, Rn. 66.
29 *Schubert*, in: Boldt/Weller/Kühne/von Mäßenhausen (Hrsg.), BBergG, 2. Aufl. 2016, § 117 Rn. 5, 80, 88 ff.

Schürken/Finke[30] befassen sich erwartungsgemäß als Kommentatoren auf Seiten des VBHG ausführlich mit dem Abkommen auch unter dem Gesichtspunkt des §§ 251 Abs. 2 BGB, allerdings bei Licht besehen hauptsächlich auf der Rechtsfolgenseite, nämlich der Berechnung des Minderwertes für den Fall, dass die RAG zuvor „berechtigterweise" von ihrer Ersetzungsbefugnis im Rahmen dieser Vorschrift Gebrauch gemacht hat. Ohne nähere Begründung wird als unstreitig unterstellt, dass ein auf Horizontierung gerichteter Wiederherstellungsanspruch „in einem nicht geringen Bereich" an § 251 Abs. 2 BGB scheitert. Warum und wann aber die Aufwendungen für eine Horizontierung unverhältnismäßig sein sollen, wird nicht dargelegt. Vielmehr wird lediglich auf die nicht näher nachgewiesene Rechtsprechung verwiesen, wonach es neben der Betrachtung des Schadensbeseitigungs-/Wiederherstellungsaufwandes auf Billigkeitsgesichtspunkte ankomme. Die Rechtsprechung zu Verkehrsunfällen wird unter Hinweis darauf erwähnt, die Grenze von 130 % könne bei individueller Bewertung sowohl unter- als auch überschritten werden. Die Rechtsprechung zu Gebäudeschäden ist nicht angesprochen. Bei oberflächlichem Lesen könnte man den Eindruck gewinnen, dass entsprechend der Abstufung des Abkommens allein wegen des Abkommens im Bereich unterer bis mittlerer Schieflage Hebungen unverhältnismäßig sein sollen und erst bei mittleren Schieflagen (also ab 15 mm je Meter), dann aber auch zunehmend im Rahmen der Verhältnismäßigkeitsprüfung dem Interesse des Eigentümers höheres Gewicht beizumessen ist. Andererseits wird diese „Grundwertung" mit der als „Hauptzielrichtung" des Abkommens bezeichneten Beweiserleichterung für Eigentümer verknüpft, also nicht als Beweiserleichterung für die RAG im Rahmen der vor der etwaigen Ermittlung eines Minderwerts überhaupt vorzuschaltenden Verhältnismäßigkeitsprüfung. Man wird diese aus 2008 stammenden Äußerungen insgesamt im Zusammenhang mit den bereits zitierten klarstellenden Anmerkungen von *Finke* im Jahr 2014 zu sehen haben[31].

Neupert[32] (ständiger Rechtsvertreter der RAG) verweist richtigerweise darauf, unverhältnismäßig seien Wiederherstellungskosten, welche den Wert des geschädigten Rechtsgutes erheblich übersteigen. Ferner wird darauf verwiesen, die im Einzelnen nachgewiesene Rechtsprechung sei uneinheitlich.

---

30 *Schürken/Finke*, Bewertung von Bergschäden, S. 82 ff., 97 ff., 225 ff.
31 Vgl. Fußnote 17.
32 *Neupert*, in: BeckOGK BBergG, § 117 Rn. 9.

Konrad[33] behandelt das Problem nicht tiefergehend. Danach soll es nämlich nach dem heutigen Stand der Technik nur ausnahmsweise (was eben nicht zutreffend ist) möglich sein, eine Schieflage durch eine Gebäudehebung wieder zu richten. Pauschal wird ohne die erforderliche Differenzierung (s. o.) auf Schürken/Finke verwiesen mit der unbelegten Behauptung, das Abkommen führe als *„antizipiertes Sachverständigengutachten"* nach allgemeiner Ansicht in der Regel zu einem angemessenen Ausgleich des Geschädigten. Das geschieht immerhin mit Hinweis darauf, dass das Abkommen selbst Raum für eine einzelfallbezogene Regulierung lasse, also anscheinend eher im Sinn einer Umkehr der Beweislast.

III. Eigene Auffassung

Es fällt auf, dass unter dem Eindruck der Regulierungspraxis der RAG die bergrechtliche Literatur (und dem teilweise folgend die bergrechtliche Rechtsprechung) die von der Rechtsprechung zum allgemeinen Schadensrecht entwickelten Grundsätze mehr oder weniger negiert. Die berechtigten Interessen der Geschädigten kommen dabei regelmäßig zu kurz. Die Abwägung reduziert sich zumeist auf das Kosteninteresse der RAG. Deshalb ist es geboten, sich auf die allgemeinen Regelungen des Schadensrechts zu besinnen. Denn diese sind durch § 117 BBergG uneingeschränkt in Bezug genommen und können durch angebliche Besonderheiten des Bergschadensrechts nicht zu Lasten der Geschädigten verändert werden.

1) Minderwert gem. Abkommen keine Begründung

§ 251 Abs. 2 BGB enthält eine Ersetzungsbefugnis des Schuldners und begrenzt die Ersatzpflicht unter dem Gesichtspunkt der Zumutbarkeit. Die Grenze der Zumutbarkeit ist durch eine Güter- und Interessenabwägung zu ermitteln, bei der auch andere Umstände als das reine Wertverhältnis eine Rolle spielen[34]. Das Abkommen ordnet demgegenüber durch die Bestimmung eines Prozentsatzes jedem Haus mit einem bestimmten Wert einen festen Minderwert zu. Die schematische Anwendung von Tabellenwerten ist also genau das Gegenteil dessen, was die Rechtsprechung zur Bestimmung der Unverhältnismäßigkeit erfordert. Heranzuziehen sind vielmehr die von der Rechtsprechung entwickelten Kriterien zum Schadensrecht. Schon deshalb kann das Abkommen die Unverhältnismäßigkeit nicht begründen.

---

33 *Konrad*, Das Bergschadensrecht im System der verschuldensunabhängigen Haftung, 2012, S. 102.
34 BGH, NJW 2016, 1589 (st. Rspr.).

2) Immobilität einer Immobilie

Was für eher noch austauschbare Fahrzeuge gilt, muss (entgegen der Auffassung der RAG, die es gerade umgekehrt sieht) umso mehr für ein Wohnheim gelten[35]. In der Regel handelt es sich um den Lebensmittelpunkt einer Familie mit gewachsenen sozialen Beziehungen genau an dieser Stelle. Eine Schieflage nicht nur geringfügigen Ausmaßes beeinträchtigt nicht nur das „Wohlfühlen", sondern auch die Gebrauchstauglichkeit als solche im täglichen Umgang. Beispiele finden sich bei *Schürken/Finke*[36]. Bei einem Haus handelt es sich um ein langlebiges Investitionsgut. Ein Fahrzeug wird als Konsumgut in der Regel nach einigen Jahren gewechselt, so dass sich daran bestehende etwa unfallbedingt verbleibende Nachteile sowohl hinsichtlich der Nutzung als auch eines etwaigen Wertverlustes dann erledigt haben. Der so genannte merkantile Minderwert gleicht nur den rein finanziellen Wertverlust aus. Ein zerbeulter Kotflügel ist nach einigen Jahren durch Veräußerung des Fahrzeugs gegenstandslos, die Beeinträchtigungen durch eine Schieflage verbleiben demgegenüber lebenslang[37] und können mangels beliebiger Austauschbarkeit auch nicht dadurch behoben werden, dass „einfach" eine andere Immobilie erworben wird.

Bisher nicht thematisiert werden nicht unwesentliche Besonderheiten beim Erwerb eines Grundstücks, nämlich zum einen die zwingend anfallende Grunderwerbsteuer (zzt. immerhin 6,5 %), die Notar- und Gerichtskosten und die jedenfalls typisch anfallenden Maklerkosten (zumindest 3,19 %). Diese Kosten sind auch nicht so genannte Sowieso-Kosten. Denn Immobilien werden nicht „sowieso" jeweils nach einigen Jahren veräußert. Wer also ein schiefgestelltes (und ohne Horizontierungsanspruch immer so bleibendes) Haus nicht mehr bewohnen will oder kann, ist mit zusätzlichen Aufwendungen belastet, die seinen Schaden erhöhen. Diese liegen bei über 10 % des Kaufpreises und übersteigen damit i. d. R. allein schon den Minderwert nach Abkommen. Wer für sein defektes Fahrzeug oder eine sonstige Sache Ersatz erwirbt, hat demgegenüber dadurch keinen zusätzlichen verlorenen Aufwand nennenswerten Umfangs.

Die Verweigerung der Hebung zwingt Hauseigentümer deshalb dazu, die eingangs bewusst ausführlich beschriebenen Folgen einer Schieflage ein Leben lang hinzunehmen.

---

35 OLG Celle, NJW-RR 2004, 1605.
36 Bewertung von Bergschäden, S. 262.
37 *Behrens/Minzenmay*, Bergschaden – Minderwert – Schieflagen, 2015, S. 13.

3) Gesteigertes Integritätsinteresse

Schubert erkennt zwar richtigerweise, dass die Rechtsprechung des BGH zur Unverhältnismäßigkeit des Nacherfüllungs-/Reparaturanspruchs beim Erwerb von Häusern nicht passt, weil die Beschädigung eines eigenen Hauses die Interessen des Geschädigten stärker beeinträchtigt als der Erwerb eines Hauses, das den vertraglichen Vorgaben nicht entspricht (Stichwort: Affektionsinteresse). Damit entfällt jedenfalls die Begrenzung auf 200 % des Minderwertes. Er erkennt auch, dass bei einem Fahrzeug das Interesse des Eigentümers an der Erhaltung seines gewohnten Fahrzeugs mit einem Zuschlag von lediglich 30 % auf seinen eigentlichen finanziellen Schaden (Verkehrswert) bewertet wird, weil es sich um ein austauschbares Massengut handelt. Warum er allerdings das Interesse eines Hauseigentümers an der Erhaltung seines Unikats nicht am Wert des Gebäudes, sondern lediglich an der Minderung dieses Wertes orientieren will, wird von ihm nicht begründet und ist auch nicht nachvollziehbar. Es handelt sich um den klassischen Anwendungsbereich eines Erst-Recht-Schlusses:

Praktisch jedes Haus ist einschließlich seiner Lage ein Einzelstück. Wer eine Arbeitsstelle in der Nähe seines Hauses und seine Kinder in Kindertagesstätten oder Schulen untergebracht hat, kann sich nun einmal nicht ohne weiteres ein Ersatzhaus an dieser Stelle beschaffen, sondern muss vielleicht seinen Lebensmittelpunkt verlegen und in jedem Fall noch ein Ersatzhaus entsprechend seinen individuellen Bedürfnissen gestalten. Die Beschädigung eines Hauses löst also gegenüber Verkehrsunfällen oder kaufvertraglichen Mängelfällen ein noch deutlich gesteigertes Affektions- oder Integritätsinteresse aus[38]. Deshalb ist die Rechtsprechung zum Vertragsrecht und zum Verkehrsunfallrecht zwar nicht anwendbar, aus ihren Wertungen ergibt sich aber, dass die Begrenzung auf den Verkehrswert, den Minderwert oder feste Aufschläge auf diese Werte bei der Beschädigung eines Gebäudes durch bergbaubedingte Einwirkungen nicht angemessen ist. Der Eigentümer eines Unikats hat Ansprüche auf Reparatur, deren Unverhältnismäßigkeit jeweils im Einzelfall und jedenfalls nicht auf Grundlage fester Obergrenzen zu bestimmen sind. Tendenziell wird man aufgrund des typischerweise gesteigerten Interesses von Grundstückseigentümern sagen können, dass die Zumutbarkeitsschwelle eher hoch anzusetzen ist[39], sicher höher als bei

---

38 OLG Hamm, r+s 1999, 152; OLG Celle, NJW-RR 2004, 1605.

39 An dieser Stelle sei auch auf die Regelung des § 251 Abs. 2 Satz 2 BGB hingewiesen. Freilich stehen hier auch Gründe des Tierschutzes im Vordergrund. Sie zeigt aber auch, dass der Gesetzgeber die Zumutbarkeitsschwelle gerade bei einem gesteigerten Affektionsinteresse nicht an Grenzwerten messen will. Zumindest dieser Rechtsgedanke dürfte sich auf die vorliegenden Konstellationen übertragen lassen.

einem Fahrzeug oder einem gerade erst erworbenen Haus. Wie bereits ausgeführt, geht es immerhin um die Regelung eines Sachverhaltes, der ein Leben lang andauern kann.

4) Vorbehaltene Ansprüche des Abkommens

Selbst wenn die Frage der Unverhältnismäßigkeit sich allein aus einem Vergleich der Hebungskosten mit dem verminderten Verkehrswert des geschädigten Hauses (genauer gesagt des Grundstücks) herleiten würde und wenn man die (Bar-) Leistungen des Abkommens als Maßstab für die Minderung des Verkehrswertes nähme, so ist bisher in der Diskussion darüber und in den gerichtlichen Urteilen ein ganz wesentlicher Gesichtspunkt völlig unberücksichtigt geblieben. Der nach diesem Abkommen berechnete Minderwert enthält nämlich nur einen Ausschnitt der aus Schieflagen in Betracht kommenden Ansprüche. Das Abkommen regelt die Ansprüche gerade nicht abschließend. Der Minderwert ist so zu verstehen, dass daneben der Anspruch auf Beseitigung Schieflagen bedingter Funktionsstörungen an einzelnen Bauteilen unberührt bleibt.

Schürken/Finke seien in diesem Zusammenhang nochmals etwas ausführlicher zitiert, weil sich daraus das grundsätzlich richtige Verständnis des Abkommens ergibt:

> *„Bei dieser Gelegenheit sei darauf hingewiesen, dass auch nach Zahlung einer Entschädigung für den (Schieflage orientierten) technischen Minderwert eines Gebäudes der Schädiger in der Regel verpflichtet ist, Schieflagen bedingte reparable Schäden mit der Folge dauerhafter und nicht unerheblicher Funktionsstörungen an einzelnen Gebäudebestandteilen zu beseitigen. Dazu gehören:*
> - *Gegengefälle an Dachrinnen, Abwasserleitungen, Flachdächern, Duschen, Wannen*
> - *Schieflagen bedingte Funktionsstörungen an Fenstern, Türen, Garagentoren, Rollläden, Fahrstühlen*
> - *geänderte Gefälleverhältnisse an unmittelbar an Gebäuden gelegenen Außenanlagen (zum Beispiel Hoffläche) bei zu erwartenden Folgeschäden."*[40]

Von besonderer auch finanzieller Bedeutung sind Möglichkeiten und Probleme einer Fußbodenbegradigung, die anschließend ausführlicher behandelt werden.

---

40 *Schürken/Finke*, Bewertung von Bergschäden, S. 353.

Das Abkommen schließt demgemäß Reparaturen in Form von Innenhorizontierungen nicht aus. Diese sind vielmehr „*vorzuschalten*"[41]. Es definiert den Wertabzug im Vergleich zu einem nicht durch eine Schieflage beeinträchtigten Gebäude also nicht nur als Zahlung eines eher geringfügigen Barbetrages, sondern verbunden mit einem zusätzlichen Reparaturanspruch[42]. Wenn man es heranziehen will, muss man demgemäß bei der Prüfung der Verhältnismäßigkeit die Hebungskosten mit dem vergleichen, was sich aus Anwendung *aller* im Abkommen angesprochenen Ansprüche ergibt. Die zusätzlichen nach dem Abkommen vorbehaltenen Ansprüche auf Teilhorizontierung können sich ohne weiteres auf mehrere zehntausend Euro summieren, insbesondere dann, wenn die Schieflagen zu fühlbaren Funktionsbeeinträchtigungen führen. Das ist jedenfalls bei Schieflagen ab ca. 5 mm je Meter der Fall (ab dieser Schieflage beginnen Funktionsstörungen[43]). Wenn man dann noch die Rechtsprechung richtig interpretiert, führt auch die Anwendung des richtig interpretierten Abkommens allenfalls bei Schieflagen unter 5 mm zum Entfallen des Hebungsanspruchs.

Kurz zusammengefasst: Das Abkommen versucht die Definition des Minderwertanspruchs für ein Gebäude, das zwar eine Schieflage hat, bei dem jedoch wesentliche Schieflagen bedingte Probleme beseitigt sind oder werden, soweit das technisch möglich ist. *Wenn* man die Unverhältnismäßigkeit einer Hebung nach diesem Abkommen ermitteln wollte, müsste man die Kosten einer Hebung des Gebäudes mit denjenigen vergleichen, die durch einzelne Ausgleichungsmaßnahmen im Inneren des Gebäudes entstehen und bei denen dann zusätzlich noch der in dem Abkommen ausgeworfene verbleibende Minderwert zu zahlen ist, weil der Schaden damit nicht insgesamt beseitigt ist. Dabei muss dann noch ein, im Einzelfall zu ermittelnder, Aufschlag für das Integritätsinteresse gemacht werden.

5) Zwischenergebnis

Der bare Minderwert des Abkommens kann nicht die Unverhältnismäßigkeit einer Hebung bei einer geringeren mittleren Schieflage als 25 mm je Meter definieren, auch nicht mit 200 %. Er wäre nach dem Anspruch und der Ausrichtung des Abkommens dazu ohnehin gänzlich ungeeignet. Der Anspruch wird ferner nicht durch den Verkehrswert (nach oben) begrenzt, auch nicht mit

---

41 *Finke*, GuG 2014, 78, 84.

42 Vgl. auch *Schubert*, in: Boldt/Weller, § 117 Rn. 94 mit der allerdings wohl nur aus seiner beruflichen Herkunft als ehemaliger Justiziar der RAG zu erklärenden Auffassung, durch derartige Teilreparaturen werde der Minderwert sogar noch reduziert, obwohl im Abkommen ausdrücklich vorbehalten!

43 Vgl. *Schürken/Finke*, Bewertung von Bergschäden, S. 261.

einem Zuschlag auf 130 %. Maßgebend sind vielmehr die in jedem Einzelfall festzustellenden individuellen Verhältnisse, in die neben dem Kosteninteresse der RAG auch das typische Integritätsinteresse des Eigentümers einfließt, nicht nur noch darüber hinausgehende eher ungewöhnliche soziale oder gesundheitliche „Indikationen" (Rollstuhlfahrer als gängiges Beispiel).

IV. Kosten einer Hebung

Hebungen können je nach Zustand des Gebäudes (Kellerausbau) und Art der Hebung (über dem Kellerboden bzw. unter der Kellerdecke) mit einem Aufwand in der Größenordnung um bzw. ab 100.000 € bewerkstelligt werden. Damit ist offensichtlich in der weitaus überwiegenden Anzahl von Fällen der Verkehrswert eines Gebäudes nicht erreicht, ohne dass überhaupt weiter diskutiert werden muss, ob nicht bei einem Haus als Sitz der Familie im Kontext des Umfeldes ein besonderes Affektionsinteresse besteht, das die Grenze nach oben verschieben würde, wenn sie tatsächlich einmal überschritten wäre. Die Definition einer genauen Obergrenze ist deshalb ein Problem, das in der Praxis vernachlässigt werden kann, sobald man sich davon gelöst hat, dass der Minderwert nach Abkommen per se den Hebungsanspruch begrenzt.

V. Darlegungs- und Beweislast

In der Praxis ist die Frage der Darlegungs- und Beweislast oft streitentscheidend.

1) § 251 Abs. 1 BGB

Bei irreparablen Schieflagen muss der Geschädigte seinen Anspruch gem. § 251 Abs. 1 BGB beweisen. Wenn das mit üblichen Beweismitteln nicht gelingt, bleibt ihm allenfalls der Mindestanspruch aufgrund des Abkommens.

2) § 251 Abs. 2 BGB

Der Einwand der Unverhältnismäßigkeit gem. § 251 Abs. 2 BGB ist demgegenüber eine rechtsvernichtende Einrede des Schuldners[44]. Dieser muss also beweisen, dass Tatsachen vorliegen, die die Unverhältnismäßigkeit begründen. Das kann im Bergschadensrecht nicht anders sein.

---

44 Allg. Meinung: vgl. z.B. BGH, NJW 2010, 1068; OLG Naumburg, NJW-RR 1995, 1041 zu Ziffer 6 des amtlichen Ausdrucks.

Das Abkommen ist dazu aus 3 Gründen von vornherein nicht geeignet:

- Zum einen lässt es selbst ein anderes Ergebnis offen und soll auch nach der Rechtsprechung nur „in der Mehrzahl" zu einem korrekten Ergebnis führen. Bewiesen ist eine Behauptung dann, wenn sie mit an Sicherheit grenzender Wahrscheinlichkeit richtig ist. Dem genügt das Abkommen nach eigenem Anspruch nicht. Es handelt sich lediglich um eine Orientierungshilfe („Beweiserleichterung") und nicht eine abschließende Wertung und Beschränkung. Das erschließt sich sofort und unmittelbar, wenn man es wirklich liest.

- Zum anderen will das Abkommen nicht die Aufgabenstellung erfüllen, einen Vergleich zwischen Hebungskosten und irgendeinem sonstigen Maßstab (z. B. Verkehrswert) durchzuführen. Denn es ermittelt die Hebungskosten nicht einmal.

- Schließlich und vor allen Dingen soll das Abkommen nur zugunsten der *Geschädigten* wirken.

Wenn also der Schaden an sich repariert werden kann und die RAG als Schuldner die Unverhältnismäßigkeit beweisen muss (§ 251 Abs. 2 BGB), ist das Abkommen dazu ungeeignet. Das zu einer Zeit irreparabler Schieflagen entwickelte Abkommen kann in diesem Bereich allenfalls dann Hilfestellung geben, wenn die Unverhältnismäßigkeit und damit die Ersetzungsbefugnis der RAG feststeht.

E. Ergebnis

Selbst wenn die Grenze der Unverhältnismäßigkeit nur durch den Minderwert bestimmt würde, wird der RAG kaum der gutachterliche Nachweis gelingen, wie hoch der Minderwert eines Hauses als Wertdifferenz vor und nach Eintritt der Schieflage wäre. Denn daran scheitern in der Regel die auf Minderwert gerichteten Klagen von Eigentümern: Die Sachverständigen können entweder keine eindeutigen Feststellungen treffen oder die Feststellungen erscheinen dem Gericht nicht nachvollziehbar. Bei der Geltendmachung eines Minderwertes trägt der geschädigte Eigentümer die Beweislast, bei einem auf Hebung gerichteten Verfahren ist es aber eben umgekehrt. Was zur Schätzung als Mindestschaden gemäß § 278 ZPO geeignet sei mag, ist damit noch kein Beweis dafür, dass nicht tatsächlich höhere Ansprüche in Betracht kommen.

Als Ergebnis ist deshalb festzuhalten, dass entgegen der Regulierungspraxis der RAG allein mit den Tabellenwerten des Abkommens der der RAG obliegende Nachweis der Unverhältnismäßigkeit der Hebungskosten gemäß § 251 Abs. 2 BGB nicht zu führen ist.

Konflikte zwischen umgegangenem Bergbau und Nachfolgenutzungen

Bettina Keienburg

Mehrere Jahrhunderte hat im Ruhrgebiet Steinkohlenbergbau stattgefunden. Rechtsgrundlage war zunächst das Recht der jeweiligen Preußischen Provinzen, später das Allgemeine Berggesetz für die Preußischen Staaten (ABG), dann das ABG NRW und schließlich das Bundesberggesetz (BBergG).

Der Steinkohlenbergbau hat erheblich zu dem wirtschaftlichen Aufstieg des Ruhrgebiets beigetragen und ist aus dem Ruhrgebiet unabhängig von dem Ende 2018 vollzogenen Ausstieg aus der Steinkohlegewinnung nicht hinwegzudenken. Das Ruhrgebiet bleibt ein bergbaulich geprägtes Gebiet. Das gilt für ehemalige Betriebsstätten, die inzwischen touristische Ziele der Industriekultur und als solche rein positiv behaftet sind, wie etwa das UNESCO-Weltkulturerbe Zeche Zollverein. Das gilt auch für bergbauliche Vorprägungen der Grundstücke im Einwirkungsbereich ehemaligen Bergbaus, aus denen ggf. Einschränkungen ihrer Nachfolgenutzbarkeit resultieren und die daher negativ belastet und Gegenstand rechtlicher Auseinandersetzungen sind. Es kann zu Konflikten zwischen bergbaulichen Vorbelastungen und dem Wunsch nach unbeschränkten Grundstücksnutzungen kommen. Drei Beispiele derartiger Konflikte sollen hier behandelt werden:

- bergbauliche Schwächezonen als Bergschaden bei der Baureifmachung von Grundstücken,
- bergbauliche Hohlräume als schädliche Bodenveränderung i. S. d. BBodSchG und
- Ablagerung von Abfällen als schädliche Bodenveränderung i. S. d. BBodSchG.

A. Baureifmachung von Grundstücken

Der viele Jahrzehnte bis Jahrhunderte zurückliegende oberflächennahe Bergbau, der nach Auffassung der Bezirksregierung Arnsberg bei Abbau in Teufen bis zu 100 m unter der Erdoberfläche vorliegt,[1] nach anderer Auffassung bei Abbau in Teufen bis 30 m,[2] hat – anders als der später geführte tiefe Bergbau – zu einer dauerhaften Schwächung der Grundstücke in seinem Einwirkungsbereich geführt. Es ist allgemein bekannt und auch in der Rechtsprechung des OLG Hamm

---

1 Bezirksregierung Arnsberg, Hinterlassenschaften des Bergbaus – Probleme, Aufgaben und Chancen aus der Sicht der Bergbehörde, 28.9.2006, S. 6 (https://www.bezreg-arnsberg.nrw.de/themen/r/regionalrat_arnsberg/tagesordnungen/bis2016/2006/06_09_28/top_05.pdf).
2 *Schürken/Finke*, Bewertung von Bergschäden, 3. Aufl. 2008, S. 149.

behandelt, dass die Eigenart oberflächennahen Bergbaus darin besteht, dass er eine Dauergefahr hervorruft, die in ihrem Ausmaß über lange Zeit praktisch unverändert bleibt.[3]

Baumaßnahmen im Bereich bekannten oder vermuteten früheren oberflächennahen Bergbaus erfordern oftmals aufwendige Erkundungs- und ggf. Sanierungsmaßnahmen in Gestalt der Verfüllung oberflächennaher Hohlräume. Naturgemäß stellt der Bauherr die Frage, wer diese Kosten trägt und liegt die Prüfung einer Inanspruchnahmemöglichkeit „des Bergbaus" nahe. Das OLG Hamm hatte sich damit im Jahr 2009 und erneut im Jahr 2019 zu befassen.

I. Berggefahr

Rechtsgrundlage eines Bergschadenersatzanspruchs aufgrund früheren oberflächennahen Bergbaus ist typischerweise § 148 Abs. 1 ABG NRW. Oberflächennaher Bergbau wurde bis Anfang des 20. Jahrhunderts geführt und war lange vor Inkrafttreten des BBergG – am 1.1.1982 – beendet. Gem. § 170 BBergG sind auf Bergschäden, die ausschließlich vor Inkrafttreten des BBergG verursacht wurden, die für solche Schäden vor Inkrafttreten des BBergG geltenden Vorschriften anzuwenden. Im Bereich des Ruhrgebiets bedeutet dies häufig eine Anwendung des ABG NRW, wenn nicht zeitlich noch älteres Recht anwendbar ist.

§ 148 Abs. 1 ABG NRW eröffnet einen Schadenersatzanspruch für Schäden, die dem Grundeigentum sowie dessen Bestandteilen und Zubehör durch den Betrieb eines Bergwerks zugefügt wurden; der Schaden kann auf Grundlage des § 148 Abs. 1 ABG NRW sowohl in einer körperlichen Einwirkung als auch in der drohenden Gefahr einer solchen Einwirkung liegen.[4] Anders als § 114 Abs. 1 BBergG erfasst § 148 Abs. 1 ABG NRW damit auch reine Vermögensschäden und erfordert zur Begründung eines Schadenersatzanspruchs keinen körperlichen Sachsubstanzschaden, sondern lässt die drohende Berggefahr als Schaden ausreichen, wenn sie die Bewertung eines Grundstücks nachteilig beeinflusst.[5] Um einen Schadenersatzanspruch aufgrund drohender Berggefahr geht es, wenn der Ersatz von Kosten für Erkundungs- und Sicherungsmaßnahmen zur Baureifmachung von Grundstücken im Einwirkungsbereich oberflächennahen Bergbaus geltend gemacht

---

3 OLG Hamm, Urt. v. 25.9.2009 – I-17 U 47/08 – Rn. 71, juris; *Schürken/Finke*, Bewertung von Bergschäden, S. 150 u. 403.

4 Zur Erfassung auch der drohenden Gefahr bergbaulicher Einwirkungen von § 148 ABG: *Ebel/Weller*, ABG, 2. Aufl. 1963, § 148 Rn. 5 b) m. w. N.; *Heinemann*, Der Bergschaden, 3. Aufl. 1961, Rn. 33 f.

5 Zu den Unterschieden zwischen § 148 Abs. 1 ABG NRW und § 114 BBergG: *Schubert*, in: Boldt/Weller/Kühne/von Mäßenhausen (Hrsg.), BBergG, 2. Aufl. 2016, Vorbem. §§ 110–125 Rn. 19 ff.; *Schulte*, in: Piens/Schulte/Graf Vitzthum (Hrsg.), BBergG, 2. Aufl. 2013, § 114 Rn. 47.

wird. Denn derartige Maßnahmen werden präventiv aufgrund drohender Berggefahr durchgeführt. Die aufgewandten Kosten dienen als Berechnungsmittel für die Höhe des Grundstücksminderwerts, der als Schaden geltend gemacht wird.

II. Schaden

Von entscheidender Bedeutung bei der Prüfung eines Bergschadenersatzanspruchs aufgrund der Dauergefahr oberflächennahen Bergbaus ist die Frage, ob überhaupt ein Schaden vorliegt, d. h. der Grundstückswert aufgrund der Berggefahr tatsächlich gemindert ist. Dies wird von Bauherren, die Grundstücke zur Baureifmachung untersuchen und ggf. vorgefundene Hohlräume verpressen lassen müssen, oftmals angenommen, ist aber zu verneinen, soweit Grundstücke betroffen sind, die im Zeitpunkt der bergbaulichen Hohlraumschaffung noch keine Bauplatzeigenschaft aufwiesen und hinsichtlich derer im Zeitpunkt der Schaffung der Gefahrenlage auch nicht damit zu rechnen war, dass sie eine Bauplatzeigenschaft ohne die schädigende Wirkung des Bergbaus in absehbarer Zeit erlangen würden.

Eine bergbauliche Gefahrenlage entsteht in dem Zeitpunkt, in dem der Bergbau unterirdische Hohlräume in gefährdender Nähe des betroffenen Grundstücks schafft. Das gilt insbesondere bei oberflächennahen Hohlräumen aufgrund von Abbau nahe der Tagesoberfläche, der zu Gefahrenlagen für die Tagesoberfläche führt. Oberflächennaher Bergbau verursacht typischerweise Gefahren für die Tagesoberfläche. Mit der Schaffung der Gefahr ist die bergbauliche Einwirkung beendet. Von diesem Zeitpunkt an steht fest, dass die Nutzbarkeit betroffener Grundstücke nachteilig verändert ist, weil eine Bebauung nur mit Sicherungsmaßnahmen zur Abwehr der Gefahr möglich ist. Das bedeutet gleichzeitig, dass der Grundstückseigentümer Schadenersatz wegen der Beeinträchtigung der Bebauungsmöglichkeit nur verlangen kann, wenn das Grundstück schon in dem Zeitpunkt der Schaffung der Gefahrenlage, d. h. der Abbauführung, Bauplatzeigenschaft besaß oder damit zu rechnen war, dass das Grundstück in absehbarer Zeit diese Eigenschaft erlangt. Ob aus oberflächennahem Abbau ein Schaden resultiert, bemisst sich nach den Nutzungsmöglichkeiten der Tagesoberfläche im Zeitpunkt der bergbaulichen Schaffung oberflächennaher Hohlräume.

War ein Grundstück im Zeitpunkt der Gefahrenschaffung oberflächennahen Bergbaus nicht bebaubar und bestanden zu diesem Zeitpunkt auch keine konkreten Anhaltspunkte, dass das Grundstück in absehbarer Zeit Baulandqualität erhalten könnte, stellen bergbaubedingte Erschwernisse einer potentiellen Bebauung keinen Schaden dar. Denn dann fehlt es an einem dem Bergbau kausal zuzurechnenden Schaden.

Ob ein adäquater Kausalzusammenhang vorliegt, wird generell – nicht nur im Bergschadensrecht – davon abhängig gemacht, ob eine Tatsache im Allgemeinen und nicht nur unter besonders eigenartigen, ganz unwahrscheinlichen und nach dem regelmäßigen Verlauf der Dinge außer Betracht zu lassenden Umständen zur Herbeiführung eines Erfolgs geeignet war.[6] Inadäquate Folgen sind – auch im Bergschadensrecht –[7] nicht zu berücksichtigen, da sie vernünftigerweise nicht mehr als vom Handelnden beherrscht gedacht und damit nicht auf seine freie Selbstbestimmung zurückgeführt werden können. Um derart inadäquate Folgen, die vom Bergwerksunternehmer nicht zu beherrschen sind, handelt es sich bei zukünftigen Entwicklungen von Flächen zu Bauland, die im Zeitpunkt der Abbauführung nicht erkennbar sind.

Das ergibt sich bereits aus der Rechtsprechung des Reichsgerichts.[8] Das Reichsgericht hat schon mit Urteil vom 18.11.1909 (V 574/08) entschieden, dass die fehlende Entwicklung eines Grundstücks zu Bauland aufgrund bergbaulicher Vorbelastung – die auf Grundlage des § 148 ABG anders als nach § 114 Abs. 1 BBergG einen ersatzfähigen Bergschaden darstellen konnte –[9] keinen ersatzfähigen Bergschaden darstellt, wenn die Entwicklung der Tagesoberfläche zu Bauland im Zeitpunkt der Abbauhandlung nicht voraussehbar war. Denn entscheidend, so das RG, sind die Verhältnisse im Zeitpunkt der Abbauführung. Das RG hat den geltend gemachten Schadenersatzanspruch, der darauf gestützt war, dass sich das Grundstück ohne den zwischen 1864 bis 1868 geführten Bergbau zu Bauland entwickelt hätte, mit der folgenden Begründung verneint:

„Damals – in den Jahren 1864 bis 1868 – nun hat der in Rede stehende Teil des Grundstücks nach der Feststellung des Berufungsgerichts Bauplatzeigenschaft nicht gehabt, und zwar fehlte ihm diese dergestalt, dass damals auch nicht mit der entferntesten Wahrscheinlichkeit einer Bebauung gerechnet wurde. … Die Verpflichtung des Bergwerksbesitzers aus § 148 des Berggesetzes gelangt mit dem Zeitpunkte, wo der Schaden entstanden, die Beschädigung des

---

6 RGZ 133, 126, 127; BGHZ 3, 261, 268; *Grüneberg*, in: Palandt, BGB, 79. Aufl. 2020, Vorb. § 249 Rn. 26 ff.; *Schubert*, in: Boldt/Weller/Kühne/von Mäßenhausen, § 114 Rn. 48; *Schulte*, in: Piens/Schulte/Graf Vitzthum, § 114 Rn. 30.

7 RG, ZfB 1925, 73, 79; RG, ZfB 1933, 481; *Ebel/Weller*, ABG, § 148 Rn. 8a).

8 RG, ZfB 1893, 508 ff.; RG, ZfB 1910, 475, 478; RG, ZfB 1917, 114, 115 f.

9 Der Ausschluss von Planungsschäden aus der Bergschadenhaftung gem. § 114 Abs. 1 BBergG ergibt sich daraus, dass § 114 Abs. 1 BBergG einen Sachsubstanzschaden voraussetzt und ist zudem in § 114 Abs. 2 Nr. 4 BBergG klarstellend geregelt, vgl. *Schubert*, in: Boldt/Weller/Kühne/von Mäßenhausen, § 114 Rn. 79.

Grundeigentums durch den Bergbau eingetreten ist, zur Vollendung (Entscheidung in Zivil-sachen Bd 30 Nr. 73 cit.). ... Die Entwicklung der örtlichen Verkehrsverhältnisse, die Acker-land zu Bauland gemacht hat, und die von der Klägerin auf dem Felde der Bauspekulation entwickelte Tätigkeit fallen nicht in den Kreis der Einwirkungen des Bergbaus des Beklagten auf das Grundeigentum der Klägerin. Der Umstand aber, dass die Klägerin den nördlichen Grundstücksteil nicht zu Bauland hat machen können, ist kein erst im Jahr 1897 der Klägerin selbst aus der fortdauernden physikalischen Beeinflussung durch den Bergbau erwachsener Schaden, sondern eine dem Grundstücksteil zur Zeit des Erwerbes der Klägerin bereits anhaf-tende Eigenschaft."[10]

Das OLG Hamm hat Gleiches mit Urteil vom 25.6.2009 (I-17 U 47/08) für eine Fallkonstellation entschieden, in welcher ein durch früheren oberflächennahen Bergbau betroffenes Grundstück im Zeitpunkt der Klage noch keine Baulandqualität hatte und die Verurteilung des Bergwerkseigen-tümers zur Herstellung der Standsicherheit begehrt wurde. In der Entscheidung heißt es:

„Die diese Besorgnis (sic. Berggefahr) begründende Gefahrenlage entsteht objektiv in dem Augenblick, in dem der Bergbau unterirdische Hohlräume in gefährdender Nähe des betroffe-nen Grundstücks schafft. Damit zugleich ist auch die Einwirkung des Bergbaus, soweit diese in den Auswirkungen der Berggefahr besteht und sich darin erschöpft, abgeschlossen. Das gilt insbesondere bei oberflächennahem Bergbau, dessen Eigenart darin besteht, dass er eine Dau-ergefahr hervorruft, die in ihrem Ausmaß über lange Zeit praktisch unverändert bleibt. Mit der Schaffung der Gefahr ist zugleich die Einwirkung auf das Grundstück beendet; von diesem Zeitpunkt an steht objektiv fest, dass die Nutzbarkeit des Grundstücks nachteilig verändert ist, weil fortan eine Bebauung nur unter Einhaltung geeigneter Sicherungsmaßnahmen zur Abwehr der Gefahr möglich ist. Damit ist zugleich die mit der Berggefahr verbundene Beschä-digung des Grundstücks gegeben. Das bedeutet aber, dass der Eigentümer des beschädigten Grundstücks Schadenersatz wegen der Beeinträchtigung der Bebauungsmöglichkeit nur ver-langen kann, wenn das Grundstück schon in dem genannten Zeitpunkt ‚Bauplatzeigenschaft' besaß, oder wenn wenigstens schon damals damit zu rechnen war, dass das Grundstück ohne die schädigende Wirkung des Bergbaus in absehbarer Zeit diese Eigenschaft erlangt haben würde."[11]

---

10 RG, ZfB 1910, 475, 478.
11 OLG Hamm, Urt. v. 25.6.2009 – I-17 U 47/08 – Rn. 71, juris.

Nichts anderes gilt dann, wenn ein Grundstück nach der Durchführung oberflächennahen Abbaus Bauplatzqualität erlangt und zur Durchführung von Bauvorhaben Sicherungsmaßnahmen erfordert, damit aber im Zeitpunkt der bergbaulichen Tätigkeit und der damit bedingten Schaffung einer Erschwernis der Nutzbarkeit eines Grundstücks zu baulichen Zwecken nicht zu rechnen war. Dies haben das OLG Düsseldorf mit Urteilen vom 18.5.1979, 7 U 25/76,[12] und vom 11.6.1982, 7 U 172/81,[13] und das OLG Hamm mit Urteil vom 31.1.2019, I-17 U 83/18, entschieden. In dem vom OLG Hamm entschiedenen Fall ging es um ein gewerbliches Vorhaben großen Umfangs im Süden Dortmunds, welches im Vorfeld der Bebauung Erkundungs- und Sicherungsmaßnahmen mit nicht unerheblichem finanziellen Aufwand erforderte. Im Bereich der Grundstücke war bis Anfang des 20. Jahrhundert oberflächennaher Bergbau betrieben worden. Die Grundstücke waren im Zeitpunkt der bergbaulichen Gefahrenschaffung Anfang des 20. Jahrhunderts kein Bauland. Eine Bebauung war auch noch nicht ansatzweise ersichtlich. Daher wurde die Klage abgewiesen. Das OLG Hamm erläutert dazu:

> *„Eine Beeinträchtigung der Bebauungsmöglichkeit aus der bergbaulichen Einwirkung kommt aber nur in Betracht, wenn das betroffene Grundstück zum Zeitpunkt der Einwirkung entweder bereits Bauplatzqualität hatte oder wenn zumindest schon damals damit zu rechnen war, dass das Grundstück diese in absehbarer Zeit erlangen werde (OLG Düsseldorf ZfBergR 120. 422, 442; Senat a. a. O.). Nur dann handelt es sich um einen dem Bergbaubetreiber zurechenbaren adäquat verursachten Schaden. Fehlte daher einem Grundstück zu dem Zeitpunkt der bergbaulichen Einwirkung die Eigenschaft als Bauland und war diese auch nicht anhand konkreter Anhaltspunkte vorhersehbar, so konnte der Bergbau diese Eigenschaft auch nicht beeinträchtigen (Heinemann, Der Bergschaden, S. 46). Erwirbt das Grundstück später Baulandqualität, obwohl dies im Zeitpunkt der Einwirkung nicht anhand konkreter Anhaltspunkte vorhersehbar war, kann die später eingetretene Wertminderung durch die fehlende oder eingeschränkte Bebaubarkeit keine kausale Schadensfolge der bergbaulichen Einwirkung sein.“[14]*

---

12 OLG Düsseldorf, ZfB 1979, 422, 442.

13 OLG Düsseldorf, ZfB 1984, 101, 108.

14 OLG Hamm, ZfB 2019, 176, 178 f.; ebenso zuvor LG Dortmund, ZfB 2018, 241 und in einem ähnlich gelagerten Fall LG Dortmund, Urt. v. 30.8.2013 – 6 O 355/12.

Die im Verfahren vor dem OLG Hamm auch streitige Frage, wann von einer Baulandqualität eines Grundstücks auszugehen ist, fixierte das OLG auf den Zeitpunkt, zu dem ein Grundstück einen über den Wert eines bloß landwirtschaftlich zu benutzenden Landes hinausgehenden Verkehrswert dadurch erlangt hat, dass in Kreisen, die für den Erwerb des Grundstücks in Frage kommen, bei der Bemessung des anzulegenden Kaufpreises mit der mehr oder weniger naheliegenden Aussicht, es in Zukunft zu bebauen, gerechnet wird.[15] Dies entspricht der Rechtsprechung des Reichsgerichts wie auch des Bundesgerichtshofs.[16]

Die Argumentation des Klägers, dass im Ruhrgebiet immer damit habe gerechnet werden müssen, dass ehemals im Außenbereich gelegene Grundstücke im Zuge der Siedlungsverdichtung Bauland werden, wies das OLG zurück. Eine derart generalisierende Betrachtung stünde im Widerspruch zu den in der Rechtsprechung entschiedenen Kriterien einer sich abzeichnenden Bauplatzeigenschaft und würde das Erfordernis einer sich abzeichnenden Bauplatzeigenschaft konterkarieren.

Die Entstehung eines Schadens unterliegt nicht der Disposition des jeweiligen Grundstückseigentümers, sondern hängt von der (absehbaren) Nutzbarkeit eines Grundstücks im Zeitpunkt der bergbaulichen Gefahrenschaffung ab. Ist ein Grundstück in diesem Zeitpunkt baulich nicht nutzbar und ist eine bauliche Nutzbarkeit auch nicht absehbar, entsteht auch kein Bergschaden in Gestalt einer Berggefahr für die bauliche Nutzbarkeit. Daran ändert eine zeitlich spätere Nutzung eines Grundstücks für bauliche Zwecke, die im Zeitpunkt der Schadensentstehung nicht absehbar war, nichts. Der Bergwerksunternehmer ist nicht verantwortlich für die Baureifmachung von Grundstücken im Bereich oberflächennahen Abbaus, die im Zeitpunkt der Abbauführung baulich nicht nutzbar und für eine Bebauung auch nicht absehbar vorgesehen waren. In diesen Fällen fehlt es an einem dem Bergbau adäquat zuzurechnenden Schaden. Denn die haftungsrechtliche Verpflichtung des Bergwerkseigentümers gelangt im Zeitpunkt der Grundstücksbeschädigung zur Vollendung. Wenn zu diesem Zeitpunkt noch kein Bauland besteht, kann dieses auch nicht beeinträchtigt werden. Dies entspricht der ganz einheitlichen Meinung in Rechtsprechung und Literatur,[17] die das OLG Hamm mit Entscheidungen vom 25.9.2009 und vom 31.1.2019 bestätigt hat.

Für den Bauherrn bedeutet dies, dass er die Kosten für die Baureifmachung eines bergbaulich vorgeprägten Grundstücks, welches im Zeitpunkt der Gefahrenschaffung keine Baulandqualität

---

15 OLG Hamm, ZfB 2019, 176, 179 mit Verweis auf BGHZ 59, 139; RG, ZfB 1921, 201, 205 f. u. *Ebel/Weller*, ABG, § 148 Rn. 5 b).

16 RG, ZfB 1910, 475, 478; RG, ZfB 1938, 371, 375; BGH, ZfB 1973, 65, 66.

17 RG, ZfB 1910, 475, 478; RG, ZfB 1917, 114, 115 f.; RG, ZfB 1938, 371, 375; BGH, ZfB 1973, 65, 66; OLG Düsseldorf, ZfB 1979, 422, 442; OLG Düsseldorf, ZfB 1984, 101, 108; *Ebel/Weller*, ABG, § 148 Rn. 5 b); *Heinemann*, Der Bergschaden, Rn. 38.

hatte, selbst trägt. Der Bauherr ist verpflichtet, die erforderlichen Sicherungsmaßnahmen auf eigene Kosten durchzuführen. Unterlässt er die Durchführung erforderlicher Sicherungsmaßnahmen und entstehen daher später Schäden an den errichteten Bauwerken, kann er auch diese nicht als Bergschäden geltend machen. Die Verneinung eines Schadens und damit eines Schadenersatzanspruchs für eine Berggefahr der Bebauung bei fehlender Baulandqualität im Zeitpunkt der Gefahrenschaffung setzt sich auch gegenüber etwaigen späteren Sachschäden durch. Wenn einem Bergwerksunternehmer oder -unternehmen Einschränkungen der Bebaubarkeit eines Grundstücks mangels Vorhersehbarkeit der Bebauung nicht adäquat-kausal zuzurechnen sind, gilt dies sowohl für den drohenden Bergschaden als auch für Bauwerksschäden bei einer späteren Bebauung.

B. Schädliche Bodenveränderungen durch die bergbauliche Schaffung untertägiger Hohlräume

Vereinzelt wurden Bergschadenersatzansprüche in der Vergangenheit auch auf § 24 Abs. 2 Satz 1 BBodSchG gestützt. Danach haben mehrere Verpflichtete unabhängig von einer behördlichen Heranziehung untereinander einen Ausgleichsanspruch, den sie gegeneinander für die Sanierung schädlicher Bodenveränderungen geltend machen können. Saniert der eine Verpflichtete eine schädliche Bodenveränderung, steht ihm gegenüber einem anderen Verpflichteten ggf. – abhängig vom jeweiligen Verursachungsbeitrag – ein Ausgleichsanspruch aus § 24 Abs. 2 Satz 1 BBodSchG zu. Gestützt auf diese Vorschrift wurde versucht, von einem Bergwerksunternehmer sowie Bergwerkseigentümer als Handlungsstörer bzw. Zustandsstörer Ausgleichszahlungen für Sicherungsmaßnahmen des Baugrunds zu erhalten.

Dem steht nicht entgegen, dass das BBodSchG gegenüber Bergbaubetrieben und bergbaulichen Bodenveränderungen grundsätzlich unanwendbar wäre (dazu noch unter III.). Soweit es aber um einen Bergschadenersatz geht, ist das Bergschadensrecht vorrangig und wird der Ausgleichsanspruch aus § 24 Abs. 2 Satz 1 BBodSchG verdrängt.

Eine derartige Fallkonstellation lag dem OLG Hamm in 2013 zur Entscheidung vor. Der Kläger machte einen Schadenersatzanspruch in Höhe der Kosten zur Sicherung seines Grundstücks vor Tagesbruchgefahren geltend und stützte diesen Anspruch auf § 148 Abs. 1 ABG NRW sowie auf § 24 Abs. 2 Satz 1 BBodSchG. Das LG Bochum gab der Klage in 1. Instanz statt und bejahte einen

Anspruch des Klägers aus § 24 Abs. 2 Satz 1 BBodSchG.[18] Vor dem OLG Hamm endete das Verfahren durch Abschluss eines Vergleichs, so dass das OLG keine Entscheidung zur Frage der Anwendbarkeit des § 24 Abs. 2 Satz 1 BBodSchG treffen musste. Im Protokoll der mündlichen Verhandlung wurde aber festgehalten, dass das OLG aufgrund Vorrangs des Bergschadensrechts von der Unanwendbarkeit des BBodSchG ausging.

I. Gesetzeszweck

Das Bodenschutzrecht schützt gem. § 2 Abs. 2 Nr. 3 BBodSchG sowohl die Nutzungsfunktionen des Bodens als Rohstofflagerstätte (Buchst. a) als auch die Nutzungsfunktionen des Bodens als Fläche für Siedlung und Erholung (Buchst. b). Zwischen beiden Bodenfunktionen kann es Konflikte geben, die zu entscheiden weder in die eine noch in die andere Richtung Aufgabe und Inhalt des Bodenschutzrechts ist. Ebenso wenig, wie die Nutzung des Bodens für Siedlungszwecke mit einem daraus ggf. resultierenden Ausschluss der Gewinnung von Rohstoffen eine schädliche Bodenveränderung darstellt, stellt die Gewinnung von Rostoffen mit einem damit ggf. einhergehenden Ausschluss oder einer Erschwernis einer Nutzung des Bodens für Siedlungszwecke eine schädliche Bodenveränderung dar. Unterschiedliche Bodennutzungen, von denen sich aus der einen Nutzung Rückwirkungen auf die andere Nutzung ergeben, sind nach Maßgabe der Fachgesetze, im betrachteten Bereich insbesondere des Bergrechts und des Raumordnungs- sowie Planungsrechts, zulässig, ohne dass daraus resultierende Beeinträchtigungen – jenseits der Grenze einer auch nach den bergrechtlichen Regelungen auszuschließenden Gefahrenlage – als schädliche Bodenveränderung i. S. d. § 2 Abs. 3 BBodSchG zu werten wären.

Im Bundesberggesetz und dem Bergschadenersatz ist der Grundsatz verankert, dass kleinere bis mittlere Bergschäden jenseits der Grenze schwerer Bergschäden, die einem Eigentumsentzug gleichkommen, hinzunehmen und auf den Bergschadenersatz verwiesen sind.[19] Derartige Schäden sind unverhinderbare Folge des Steinkohlenbergbaus und daher nach dem Grundsatz „dulde und liquidiere" hinzunehmen. Diese spezialgesetzliche Wertung kann durch das Bodenschutzrecht nicht überregelt werden, womit gleichzeitig eine Bewertung von Bergschäden als schädliche Bodenveränderung und damit auch die Anwendbarkeit des Ausgleichsanspruchs aus § 24 Abs. 2 Satz 1 BBodSchG ausgeschlossen ist.

---

18 LG Bochum, Urt. v. 14.3.2013 – I-3 O 480/08.
19 BVerwGE 81, 329, 344 f. – Moers-Kapellen.

II. Vorrangregelung des § 3 Abs. 1 Nr. 10 BBodSchG

Nach § 3 Abs. 1 Nr. 10 BBodSchG findet das BBodSchG auf schädliche Bodenveränderungen und Altlasten Anwendung, soweit Vorschriften des Bundesberggesetzes und der aufgrund dieses Gesetzes erlassenen Rechtsverordnungen über die Errichtung, Führung oder Einstellung eines Betriebs Einwirkungen auf den Boden nicht regeln. Umgekehrt gewendet ist das BBodSchG auf schädliche Bodenveränderungen und Altlasten nicht anwendbar, soweit das Bergrecht Einwirkungen auf den Boden regelt. Entscheidend ist danach, ob bzw. inwieweit das Bergrecht eigenständige Regelungen über „Einwirkungen auf den Boden" trifft, wobei unerheblich ist, wie diese Regelungen im Vergleich zum Bodenschutzrecht – strengere bzw. mildere Anforderungen – ausgestaltet sind.[20]

Eine vorrangige Regelung über Einwirkungen auf den Boden i. S. d. § 3 Abs. 1 Nr. 10 BBodSchG enthält auch § 114 Abs. 1 BBergG. Denn aus § 114 BBergG folgt, dass Einwirkungen auf den Boden mit der Folge von Bergschäden zu dulden und zu liquidieren sind. Eine Vorrangwirkung kommt nicht nur der Duldungspflicht, sondern auch der Ausgestaltung der Liquidation im Bergschadensrecht mit der Folge eines Ausschlusses des Ausgleichsanspruchs aus § 24 Abs. 2 Satz 1 BBodSchG zu.[21] Soweit aus Bergbautätigkeiten auf der einen und der Siedlungsfunktion auf der anderen Seite ggf. Nutzungskonflikte resultieren, ist die Lösung dieser Konflikte, soweit sie sich in Sachschäden ausdrücken, nicht Aufgabe des Bodenschutzrechts. Bergschäden sind in § 114 Abs. 1 BBergG vorrangig vor der Anwendbarkeit des Bodenschutzrechts geregelt.[22]

Nichts anderes gilt für das Verhältnis des Bodenschutzrechts zum ABG oder noch älteren gesetzlichen Regelungen.[23] Zwar regelt § 3 Abs. 1 Nr. 10 BBodSchG eine Vorrangwirkung ausdrücklich nur für das BBergG. Das BBergG wiederum ist gem. § 170 BBergG auf Schäden, die ausschließlich vor Inkrafttreten des Gesetzes verursacht wurden, nicht anwendbar; vielmehr gilt insoweit das zuvor geltende Recht weiter, in Nordrhein-Westfalen damit das ABG NRW. Zu bedenken ist aber, dass sich die Anwendbarkeit des früheren Bergschadensrechts auf Bergschäden, die ausschließlich vor Inkrafttreten des BBergG verursacht wurden, aus § 170 BBergG ergibt. § 170 BBergG ist

---

20 *Erbguth/Schubert*, in: BeckOK Umweltrecht, 53. Edition 2019, BBodSchG § 3 Rn. 1.

21 So wohl auch LG Bochum, Urt. v. 14.03.2013 – I-3 O 480/08 – u. LG Düsseldorf, Urt. v. 18.09.2014 – 18a O 8/14.

22 *von Mäßenhausen*, in: Boldt/Weller/Kühne/von Mäßenhausen, Anh. § 48 Rn. 44; *Frenz*, BBodSchG, 2000, § 3 Rn. 48; *Müggenborg*, Abgrenzungsfragen zwischen Bodenschutz- und Bergrecht, NVwZ 2012, 659, 661.

23 A. A. LG Bochum, Urt. v. 14.3.2013 – I-3 O 480/08 – u. LG Düsseldorf, Urt. v. 18.9.2014 – 18a O 8/14 –, die beide eine Vorrangwirkung nur für das Bergschadensrecht des BBergG bejahen und für § 148 Abs. 1 ABG NRW ausschließen.

Teil der vor dem Bodenschutzrecht vorrangigen Regelungen des BBergG. Über § 170 BBergG nehmen aufgrund der dortigen Regelung der Anwendbarkeit der früheren landesrechtlichen Regelungen auch diese an der Vorrangwirkung des § 3 Abs. 1 Nr. 10 BBodSchG teil. Dass über die Bezugnahme der Vorschriften des Bundesberggesetzes in § 3 Abs. 1 Nr. 10 BBodSchG nichts Gegenteiliges für die im Bergschadensrecht nach Maßgabe des § 170 BBergG noch anwendbaren landesrechtlichen Regelungen gelten sollte, erhellt auch die Entstehungsgeschichte. Im Gesetzentwurf der Bundesregierung vom 14.1.1997 war eine Ausnahmeregelung in § 3 Abs. 4 BBodSchG E vorgesehen, mit dem Inhalt, dass die Vorschriften des BBodSchG auf die Zulassung von Tätigkeiten und Einrichtungen i. S. d. § 2 des BBergG – ohne Bezug zur zeitlichen Durchführung – keine Anwendung finden sollten.[24] Im Gesetzgebungsverfahren wurde auf Vorschlag des Ausschusses für Umwelt, Naturschutz und Reaktorsicherheit die Ausnahmeregelung des § 3 Abs. 1 Nr. 10 BBodSchG formuliert, um damit die Systematik des Gesetzentwurfs zu verbessern, ohne dass sich daraus inhaltliche Änderungen zu § 3 Abs. 4 der Entwurfsfassung der Bundesregierung ergeben sollten.[25] Eine Vorrangregelung soll damit nicht nur für Tätigkeiten und Einrichtungen gelten, die auf Grundlage des BBergG genehmigt wurden, sondern für Tätigkeiten und Einrichtungen i. S. d. § 2 BBergG, d. h. für bergbauliche Tätigkeiten und Einrichtungen, wozu auch Tätigkeiten und Einrichtungen gehören, die nach früherem Bergrecht zugelassen wurden.

Damit scheidet eine Heranziehung des § 24 Abs. 2 Satz 1 BBodSchG zur Liquidation von Bergschäden aus, da das Bergschadensrecht in Würdigung der unterschiedlichen Gesetzeszwecke, bestätigt durch § 3 Abs. 1 Nr. 10 BBodSchG vorrangig ist; dies gilt für das Bergschadensrecht des BBergG ebenso wie für das nach Maßgabe des § 170 BBergG anwendbare Bergschadensrecht der früheren gesetzlichen Regelungen, auch des ABG NRW.

C. Schädliche Bodenveränderungen durch die Ablagerung von Abfällen

Der vorbehandelte Ausschluss der Anwendbarkeit des § 24 Abs. 2 Satz 1 BBodSchG im Bergschadensrecht bedeutet keinen generellen Ausschluss der Anwendbarkeit des BBodSchG und auch nicht des § 24 Abs. 2 Satz 1 BBodSchG gegenüber dem Bergbau. Das Bergrecht ist gegenüber dem Bodenschutzrecht ausweislich § 3 Abs. 1 Nr. 10 BBodSchG insoweit vorrangig, als das Bergrecht

---

24 BT-Drs. 13/6701, S. 9.
25 BT-Drs. 13/7891, S. 38.

Einwirkungen auf den Boden regelt. Sofern und soweit das Bergrecht keine Regelungen enthält, ist das Bodenschutzrecht anwendbar.

Das OLG Hamm hatte sich in 2016 mit einem Fall zu befassen, in welchem ein Grundstückseigentümer die Feststellung der Verpflichtung eines Bergwerksunternehmens zur Freistellung von allen zukünftigen Kosten für schädliche Bodenveränderungen und Altlasten auf einem Grundstück im Eigentum des Klägers gem. § 24 Abs. 2 Satz 1 BBodSchG verlangte. Hintergrund der Klage war, dass ein Rechtsvorgänger des Klägers einem Rechtsvorgänger des Bergwerksunternehmens in den 1960er Jahren vertraglich gestattet hatte, auf dem Grundstück Berge, Schlamm und Müll abzulagern. Davon hatte der Rechtsvorgänger des Beklagten Gebrauch gemacht und bergbauliche Abfälle nach Maßgabe der damals gültigen Vorschriften und Betriebsplanzulassungen abgelagert. Der Kläger vertrat die Auffassung, dass die abgelagerten Stoffe wassergefährdend seien, die Ablagerung daher vertragswidrig erfolgt sei und ihm der geltend gemachte Ausgleichsanspruch zustehe. Das LG Bochum hatte der Klage in 1. Instanz teilweise stattgegeben.[26] Im Berufungsverfahren wies das OLG Hamm mit Urteil vom 4.5.2016 (I-12 U 101/15) die Klage ab; die gegen die Nichtzulassung der Revision im Urteil des OLG Hamm gerichtete Beschwerde wurde mit Beschluss des BGH vom 15.3.2017 (XII ZR 61/16) zurückgewiesen.

I. Anwendbarkeit des BBodSchG

Das OLG Hamm ist in dem von ihm entschiedenen Fall mit Urteil vom 4.5.2016 unproblematisch von der Anwendbarkeit des Bodenschutzrechts auf die streitgegenständliche Abfallablagerung ausgegangen. Die zeitliche Anwendbarkeit des BBodSchG auch auf schädliche Bodenveränderungen und Altlasten, die vor Inkrafttreten des Gesetzes verursacht wurden, ist – mit Einschränkung – seit langem gerichtlich bestätigt.[27] Inhaltlich hat das OLG sich auf die verwaltungsgerichtliche Rechtsprechung gestützt, die von der Anwendbarkeit des BBodSchG auf die Verfüllung bergbaulicher Tagebaue mit Abfällen ausgeht.[28]

Die verwaltungsgerichtliche Rechtsprechung stellt bei der Prüfung des § 3 Abs. 1 Nr. 10 BBodSchG darauf ab, ob sich schädliche Bodenveränderungen mit den bergrechtlichen Vorschriften sachge-

---

26 LG Bochum, Urt. v. 4.5.2015 – I-3 O 454/10.
27 BGHZ 158, 354 Rn. 15; BGH, W + B 2017, 35 Rn. 18 ff.; BVerwGE 125, 325 Rn. 15.
28 Vgl. dort Fn. 28.

recht erfassen lassen. Dies wird von den Verwaltungsgerichten in ständiger Rechtsprechung für die Verfüllung von Tagebauen mit bergbaufremden Abfällen verneint, mit der Folge, dass das BBodSchG Anwendung findet.[29] Für die Ablagerung bergbaulicher Abfälle gilt dies dagegen nicht. Die Ablagerung bergbaulicher Abfälle ist spezifischer Gegenstand des Bergrechts. § 22a i. V. m. Anhang 6 ABBergV ist eine vorrangige bergrechtliche Vorschrift i. S. d. § 3 Abs. 1 Nr. 10 BBodSchG, die Einwirkungen auf den Boden mit der Folge des Ausschlusses einer Anwendung des BBodSchG auf die Ablagerung bergbaulicher Abfälle im Zulassungsverfahren regelt.[30] Soweit es um Gefahrentatbestände nach Beendigung der Bergaufsicht und damit zu einem Zeitpunkt, zu dem das Bergrecht nicht mehr anwendbar ist, geht, sind das allgemeine Ordnungsrecht sowie das Bodenschutzrecht anwendbar, soweit nicht aus früheren Betriebsplanzulassungen eine Legalisierungswirkung resultiert.[31]

II. Abweichende Vereinbarung gem. § 24 Abs. 2 Satz 1 BBodSchG

Auch unter Zugrundelegung einer Anwendbarkeit des § 24 Abs. 2 Satz 1 BBodSchG auf die Ablagerung bergbaulicher und anderer Abfälle verneinte das OLG Hamm im entschiedenen Fall einen Ausgleichsanspruch des Klägers aufgrund abweichender Vereinbarung gem. § 24 Abs. 2 Satz 1 BBodSchG.

Der Ausgleichsanspruch nach § 24 Abs. 2 Satz 1 BBodSchG steht unter dem Vorbehalt abweichender Vereinbarungen. § 24 Abs. 2 Satz 1 BBodSchG ist dispositiver Natur.[32] Eine derartige abweichende vertragliche Vereinbarung muss und kann, wenn sie aus der Zeit vor Inkrafttreten des BBodSchG stammt, die bodenschutzrechtliche Ausgleichsverpflichtung nicht explizit in Bezug nehmen und abbedingen. Entscheidend bei der Auslegung älterer Verträge hinsichtlich einer von der heutigen Ausgleichsregelung des § 24 Abs. 2 Satz 1 BBodSchG abweichenden Vereinbarung ist, was die Parteien bei angemessener Abwägung ihrer Interessen nach Treu und Glauben als redliche Vertragsparteien vereinbart hätten, wenn ihnen die künftige Einführung

---

29 BVerwGE 123, 247, 257 – Tongrube II; BVerwG, ZfB 2010, 242 Rn. 10; BVerwG, NVwZ-RR 2015, 566 Rn. 11; OVG Magdeburg, ZfB 2017, 141 Rn. 60 u. 64; OVG Magdeburg, Urt. v. 22.4.2015 – 2 L 53/13 – Rn. 66 ff., juris; VG Aachen, ZfB 2017, 39 Rn. 35.

30 *von Mäßenhausen*, in: Boldt/Weller/Kühne/von Mäßenhausen, Anh. § 48 Rn. 44; *Piens*, in: Piens/Schulte/Graf Vitzthum, § 55 Rn. 148.

31 *Keienburg*, in: Boldt/Weller/Kühne/von Mäßenhausen, § 69 Rn. 27 f.

32 *Dombert*, in: Landmann/Rohmer (Hrsg.), Umweltrecht, 88. EL 2018, BBodSchG § 24 Rn. 32.

eines bodenrechtlichen Ausgleichsanspruchs bekannt gewesen wäre.[33] Dabei gilt generell, dass eine vertragsgemäße Nutzung eines Gegenstands oder einer Fläche einem Ausgleichsanspruch entgegensteht. Dies hat der BGH zu § 24 Abs. 2 Satz 1 BBodSchG entschieden und ausgeführt: *„Nutzt der Mieter das Mietobjekt entsprechend der mit dem Vermieter getroffenen Vereinbarung und kommt es dadurch zu einer schädlichen Bodenveränderung, scheidet ein Ausgleichsanspruch nach § 24 Abs. 2 BBodSchG aus, weil die Verpflichteten (Vermieter und Mieter) ‚etwas anderes' vereinbart haben."*[34] Eine vertragsgemäße Nutzung eines Grundstücks schließt einen Ausgleichsanspruch aus. Der Gläubiger kann – jedenfalls ohne dementsprechende ausdrückliche Vereinbarung – nicht auf der einen Seite eine Nutzung zulassen und auf der anderen Seite daraus resultierende Haftungsfolgen dem Schuldner überlassen.

Dies hat das OLG Hamm mit Urteil vom 4.5.2016 entsprechend entschieden und die vertragliche Vereinbarung zwischen den Rechtsvorgängern von Kläger und Beklagtem aus den 1960er Jahren, gegen deren Vorgaben bei der Ablagerung von Bergen, Schlamm und Müll nicht verstoßen worden war, als eine den Ausgleichsanspruch aus § 24 Abs. 2 Satz 1 BBodSchG ausschließende Vereinbarung gewertet.[35] Zwar enthielt der Vertrag aus den 1960er Jahren keine ausdrückliche Regelung dazu, wer das Risiko tragen sollte, wenn eine nach Maßgabe des Vertrags zulässige Nutzung des Grundstücks zu Schäden für den Grundstückseigentümer führt. Dieses Risiko konnte aber nicht im Wege der ergänzenden Vertragsauslegung dem Beklagten auferlegt werden, weil der Rechtsvorgänger des Klägers dem Rechtsvorgänger des Beklagten das Grundstück zur Ablagerung der im Vertrag genannten Materialien zur Verfügung gestellt und damit das Risiko übernommen hatte, dass durch den vertragsgemäßen Gebrauch auf das Grundstück eingewirkt wird. Darin lag zugleich ein konkludenter Ausschluss einer Ausgleichsverpflichtung nach § 24 Abs. 2 Satz 1 BBodSchG durch abweichende Vereinbarung.[36]

Wegweisend ist, dass das OLG die Frage einer vertragsgemäßen Abfallablagerung an den Vorgaben der im Zeitpunkt des Vertragsschlusses und der Abfallablagerung maßgeblichen Gesetze orientiert und auf die Inhalte der für die Abfallablagerung maßgeblichen Betriebsplanzulassungen aus den

---

33 BGH, NJW-RR 2004, 1243, 1246.
34 BGH, NJW 2009, 139 f.
35 OLG Hamm, Urt. v. 4.5.2016 – I-12 U 101/15 – Rn. 94 ff., juris mit zustimmender Anmerkung von *Brinkmann*, Verteilung des Kontaminationsrisikos in der Gewerberaummiete?, IMR 2016, 375.
36 OLG Hamm, Urt. v. 4.5.2016 – I-12 U 101/15 – Rn. 95, juris.

1960er bis 1990er Jahren abgestellt hat.[37] Der Umstand sich fortentwickelnden Umweltrechts und zunehmend verschärfter gesetzlicher Vorgaben kann keine Rolle für die Bewertung eines vertragskonformen Verhaltens spielen. Ein vertragskonformes Verhalten in den 1960 Jahren bestimmt sich nach den damaligen Vorgaben und Vorschriften und nicht nach heutigem Recht.

D. Zusammenfassung und Ausblick

Das OLG Hamm hat während seines 200-jährigen Bestehens viele wichtige Entscheidungen zum Bergbau getroffen. Die Rechtsprechung des Bergschadensrechts sowohl nach ABG als auch nach BBergG wurde für den Steinkohlenbergbau wesentlich von den Zivilgerichten des Landes Nordrhein-Westfalen geprägt.

Mit dem Ende des aktiven Steinkohlenbergbaus endet nicht auch gleichzeitig die Rechtsprechung zum Bergschadensrecht. Es hat sich schon in der Vergangenheit gezeigt – und die unter A. behandelte Entscheidung des OLG Hamm vom 31.1.2019 bekräftigt dies – dass Bergschäden insbesondere aufgrund des lange zurückliegenden oberflächennahen Bergbaus oftmals erst Jahrzehnte oder Jahrhunderte nach der Abbauführung geltend gemacht werden. Daher ist damit zu rechnen, dass auch das OLG Hamm sich in der Zukunft weiterhin mit bergrechtlichen Fragestellungen befassen wird.

---

37 OLG Hamm, Urt. v. 4.5.2016 – I-12 U 101/15 – Rn. 78 u. 85, juris.

Bergrecht und verfassungsrechtliche Eigentumsdogmatik

Gunther Kühne

A. Einleitung: Bergrecht und Verfassungsrecht

In rechtshistorischer Perspektive sind die Berührungspunkte zwischen Bergrecht und Verfassungsrecht relativ spärlich. Üblicherweise unterscheidet man innerhalb des Verfassungsrechts die Staatsorganisationsnormen (Art. 20–146 GG) und die Grundrechte (Art. 1–19 GG). Bis zum Inkrafttreten des BBergG im Jahre 1982 war das Bergrecht ganz überwiegend Landesrecht, das seit dem 18. Jahrhundert in die sich neu bildenden oder territorial verändernden Einheiten übergeleitet wurde (Preußens Gebietserweiterungen!).[1] Als Landesrecht nahm es nicht teil an den Auseinandersetzungen um Zuständigkeitskonkurrenzen zwischen Reich (Bund) und Land. Mit Inkrafttreten der Reichsverfassung von 1871 änderte sich allerdings die Lage: Nach Art. 4 Nr. 1 der Verfassung von 1871 und – ihr folgend – der Weimarer Reichsverfassung von 1919 (Art. 7 Ziff. 16 i. V. m. Art. 12) stand dem Reich die konkurrierende Gesetzgebungszuständigkeit für das Bergrecht („Gewerbebetrieb") zu. Davon hat der Reichsgesetzgeber entgegen entsprechenden Initiativen aus Wissenschaft und Politik[2] jedoch lange keinen Gebrauch gemacht. Auch der Bundesgesetzgeber hat seine Kompetenz erst im Jahre 1980 mit der Schaffung des BBergG vollumfänglich ausgenutzt.

Allerdings hatte der Reichsgesetzgeber nach 1933 im Zeichen der Autarkiebestrebungen und der kriegswirtschaftlichen Anstrengungen einzelne punktuelle Regelungen mit dem Ziel der Ausschöpfung aller Rohstoffreserven eingeführt, so z. B. die Verordnung über Baubeschränkungen zur Sicherung der Gewinnung von Bodenschätzen (1939)[3] und diejenige über die Zulegung von Bergwerksfeldern (1938)[4]. Nach 1945 hat der Bundesgesetzgeber nur in ganz vereinzelten Fällen Bundesbergrecht geschaffen, so etwa im Zusammenhang mit den Entwicklungen des Seevölkerrechts nach dem „Gesetz zur vorläufigen Regelung der Rechte am Festlandsockel" (1964)[5]. Die dogmatischen Strukturen des (Landes-)Bergrechts blieben indes von den reichs- und bundesrechtlichen Novellierungen nahezu unberührt.

---

1 S. dazu die Darstellung bei *Willecke/Turner*, Grundriß des Bergrechts, 2. Aufl. 1970, S. 16 ff.; *Kühne*, in: Boldt/Weller/Kühne/von Mäßenhausen (Hrsg.), Kommentar zum BBergG, 2. Aufl. 2016, Vor § 1 Rn. 4 ff.
2 Für ein Reichsberggesetz schon Ende des 19. Jahrhunderts z. B. *Arndt*, Über ein allgemeines deutsches Berggesetz, ZfB 1890, 114, *Brassert*, Kundgebung des Reichstags für ein deutsches Berggesetz, ZfB 1897, 212 ff. (vgl. die Nachw. bei *Turner*, Das bergbauliche Berechtsamswesen, 1966, S. 87 Fn. 1).
3 RGBl. I 381, 508 (ZfB 1939/1940, 9), jetzt in §§ 107 ff. BBergG.
4 RGBl. I 345 (ZfB 1938, 6), jetzt in §§ 35 ff. BBergG.
5 Gesetz vom 24.7.1964 (BGBl. I, 497).

Allerdings schob sich in den Jahrzehnten zwischen 1949 und 1982 ein weiterer verfassungsrechtlicher Aspekt in den Vordergrund: die Vereinbarkeit einzelner zentraler bergrechtlicher Regelungen mit den Grundrechten, wobei hier die Eigentumsgarantie des Art. 14 GG einen herausragenden Platz einnimmt.[6] Bei dieser Entwicklung spielte die verfassungsgerichtliche Rechtsprechung zunächst allerdings keine Rolle: Das nach 1949 weitergeltende (Landes-)Bergrecht stellte sog. vorkonstitutionelles Recht dar und unterlag damit der Verwerfungskompetenz der Fachgerichte, insbesondere des BGH und des BVerwG. Dementsprechend kam es bereits in den 60er und 70er Jahren des vorigen Jahrhunderts zu einzelnen fachgerichtlichen Entscheidungen, die der Geltung einiger bergrechtlicher Regelungen verfassungsrechtliche Grenzen zogen. So entschied z. B. der BGH im Februar 1970, daß die Entschädigungsregelung der §§ 148 ff. ABG insoweit gegen Art. 14 GG verstößt, als nicht für eine Schadlosigkeit des berggeschädigten Grundeigentümers auch für den Fall Vorsorge getroffen ist, daß der nach § 148 ABG ersatzpflichtige Bergwerksbetreiber zahlungsunfähig wird oder der Bergbaugeschädigte aus anderen Gründen seine Ersatzforderung gegen den Bergwerksbesitzer nicht realisieren kann.[7] Eine intensivere verfassungsrechtliche Analyse der zentralen Partien des bergrechtlichen Normenbestandes setzte indes erst im Zusammenhang mit der Schaffung des BBergG in der 2. Hälfte der 70er Jahre ein. Hier erfuhren vor allem die Bestimmungen über die Grundabtretung (§§ 77 ff. BBergG) eine konsequent an Art. 14 GG orientierte Ausgestaltung.[8] Ein besonderes Anliegen war dem Gesetzgeber die Aufrechterhaltung der alten Bergbauberechtigungen als Ausfluß der Eigentumsgarantie.[9]

Verfassungsrechtlich kaum hinterfragt wurden dagegen die zentralen Regelungen des Verhältnisses zwischen dem Bergbautreibendem und dem Grundeigentümer. Sie rückten erst in den späten 80er und den 90er Jahren in den Blickpunkt des Interesses, was auch mit neuen Entwicklungen in der allgemeinen Bewertung der Eigentumsgarantie zusammenhing.[10]

---

6 Unter der Geltung des Art. 153 WRV konnte der Reichsgesetzgeber – und auf den kraft Reichsrechts der Landesgesetzgebung vorbehaltenen Gebieten der Ländergesetzgeber – dagegen den Inhalt und die Schranken des Eigentums allgemein regeln, ohne dabei durch eine Entschädigungspflicht behindert zu sein, BGH, ZfB 1970, 446, 455.

7 BGHZ 53, 226; BGH, ZfB 1970, 446. Das Problem ist durch das BBergG in §§ 122 f. BBergG über eine Ermächtigung zur Errichtung einer Bergschadensausfallkasse gelöst worden. Zur Vermeidung einer staatlichen Bergschadensausfallkasse ist im Jahre 1987 ein Verein „Bergschadensausfallkasse e. V." gegründet worden.

8 Trotz dieser gesetzgeberischen Orientierung an der Verfassung hat das BVerfG in seiner späteren Grundsatzentscheidung vom 17.12.2013 zur Grundabtretung im Falle Garzweiler deutliche Kritik an der Einzelausgestaltung des Tatbestandes des § 79 Abs. 1 BBergG geübt, vgl. BVerfGE 134, 242 = ZfB 2014, 49, Rn. 196 ff.

9 Amtl. Begr. BT-Drs. 8/1315, Anl. 1, S. 159.

10 Außerhalb des Verhältnisses Bergbau – Grundeigentum hat in den 80er Jahren vor allem die finanzverfassungsrechtliche Einordnung und Behandlung der Förderabgabe (§ 31 BBergG) Aufmerksamkeit erregt. Es ging um die finanzverfassungsrechtliche Ein-

B. Die Grundstruktur des verfassungsrechtlichen Eigentumsschutzes nach den Vorstellungen des BBergG

Der Gesetzgeber des BBergG hat in der 2. Hälfte der 1970er Jahre die das überkommene Bergrecht prägenden Vorstellungen zum Schutz des Eigentums der vom Bergbau betroffenen Eigentumsträger weitestgehend aus dem früheren Recht übernommen. Neue dogmatische Ansätze sind der Entstehungsgeschichte des BBergG nicht zu entnehmen. Kerngedanke der aus dem 19. Jahrhundert tradierten Regelung war die Unterordnung des Grundeigentums unter den Bergbau.[11] Dies bedeutete einen Entfaltungsvorrang für den Bergbau und seine juristische Grundlage, die Bergbauberechtigung. Die Rechtsposition des Grundeigentümers wurde nach damaliger Vorstellung durch die Zuerkennung eines Ausgleichsanspruchs zur Kompensation der erlittenen Beeinträchtigungen gewahrt. Es galt das Prinzip des „Dulde und liquidiere".[12] Dieses Modell hatte den Nachteil, daß es den Substanzschutz des Eigentums zugunsten des bloßen Wertausgleichs vernachlässigte. Den Substanzschutz hatte der Gesetzgeber des BBergG in anderen Zusammenhängen durch Relativierung des Vorrangs des Bergbaus bereits erhöht. So z. B. für den Bereich der Grundabtretung: Das Zugriffsrecht des Bergbautreibenden auf das Grundstück, das für den Bergbau benötigt wird, wurde unter den Vorbehalt gestellt, daß der Zugriff zugleich dem Wohl der Allgemeinheit dient (§ 79 Abs. 1 BBergG). Bis zum BBergG herrschte dagegen das Verständnis der Grundabtretung als einer gesetzgeberischen Beschränkung des Grundeigentums vor.[13] Die dogmatische Umstellung von der gesetzlichen Beschränkung zur Enteignung erweiterte damit den Substanzschutz des Grundeigentums beträchtlich. Oder ein weiteres Beispiel: Im Bereich des Bergschadensrechts verstärkte der Gesetzgeber des BBergG den Substanzschutz dadurch, daß er in §§ 110–113 BBergG eine Regelung über Obliegenheiten des Grundeigentümers (Bauherrn) zur Vornahme schadensverhütender Maßnahmen aufnahm: Die Schadensverhütung verwirklicht sich in Fällen der Bebauung von Grundstücken auf der Seite des Bauherrn durch Maßnahmen der Anpassung (§ 110 BBergG), der Sicherung (§ 111 BBergG) und notfalls durch Unterlassung der Baumaßnahmen

---

ordnung der Förderabgabe als Steuer/Gebühr. Als letztere fiel sie nicht in den nur das Steueraufkommen erfassenden Länderfinanzausgleich. Unabhängig von dieser dogmatischen Frage entschied das BVerfG im Jahre 1986, daß die Förderabgabe in den Länderfinanzausgleich einzubeziehen ist, BVerfGE 72, 330, 410 ff. = ZfB 1987, 42.

11 Eine Rolle hat dabei sicher auch die hohe volkswirtschaftliche Bedeutung der Kohle im Zeichen starker Industrialisierungstendenzen gespielt.

12 Vgl. *Kühne*, in: Boldt/Weller/Kühne/von Mäßenhausen, § 48 Rn. 62 m.w.Nachw.

13 Vgl. dazu *Greinacher*, in: Boldt/Weller/Kühne/von Mäßenhausen, Vorbem. §§ 77–106 Rn. 5 m.w.Nachw.

(§ 113 BBergG). Gedankliche Ansätze für diese Entwicklungen gab es bereits zum früheren Recht.[14] Darüber hinaus sind jedoch die Einwirkungen der Eigentumsdogmatik auf das Bergrecht im wesentlichen von der allgemeinen Entwicklung des Verständnisses von Art. 14 GG ausgegangen. Dabei hat die höchstrichterliche Rechtsprechung seit dem Beginn der 80er Jahre eine herausragende Rolle gespielt.

C. Das Verhältnis zwischen Bergbau und Grundeigentum unter der Einwirkung der allgemeinen Eigentumsdogmatik

I. Das Moers-Kapellen-Urteil des BVerwG

Ungeachtet der partiellen innovativen Ansätze im BBergG zum Grundeigentumsschutz (Grundabtretung, vorbeugender Eigentumsschutz) wurde auch der grundsätzliche Fortbestand des Vorrangs des Bergbaus gegenüber dem Grundeigentum i.S. des „Dulde und liquidiere" innerhalb des Bergschadensthemas zunehmend als problematisch angesehen.[15] Im Laufe der 80er Jahre mehrten sich auch die Anzeichen für eine Veränderung der dogmatischen Struktur der verfassungsrechtlichen Eigentumsgarantie (Art. 14 GG). Ein entscheidender Schritt auf diesem Wege war der sog. Naßauskiesungsbeschluß des BVerfG vom 15.7.1981,[16] dessen wesentlicher Gehalt u. a. darin bestand, den Primär(substanz)schutz des Eigentums nach Art. 14 Abs. 1 GG gegenüber der Entschädigungsfunktion des Art. 14 Abs. 3 GG zu verstärken. Nach vereinzelten literarischen Vorstößen im Bergrecht war es dann das Moers-Kapellen-Urteil des BVerwG vom 16.3.1989,[17] welches den dogmatischen Umschwung brachte. Das BVerwG veränderte hier die Statik des Verhältnisses zwischen Bergbau und Grundeigentum über die Vorschrift des § 48 Abs. 2 BBergG. Danach kann die Betriebsplanzulassungsbehörde die Aufsuchung und Gewinnung von Bodenschätzen beschränken oder untersagen, soweit ihr überwiegende Interessen entgegenstehen. Als ein solches „öffentliches Interesse" bewertete das Gericht das Interesse an der Vermeidung von „schweren Bergschäden". § 48 Abs. 2 BBergG ist demzufolge verfassungskonform dahin auszule-

---

14 So wirkte der Ausschluß des Bergschadensersatzes wegen drohender Berggefahr (§ 150 ABG) wie ein Substanzschutz des Grundeigentums.
15 Vgl. etwa die Ausführungen von *Stüer*, Bergbau und Grundeigentum im Widerstreit, NuR 1985, 263.
16 BVerfGE 58, 300.
17 BVerwGE 81, 329 = ZfB 1989, 199.

gen, daß die zuständige Behörde die Aufsuchung oder Gewinnung von Bodenschätzen beschränken oder untersagen muß, wenn – unbeschadet der in §§ 114 ff. getroffenen Bergschadensregelung – nur dadurch eine unverhältnismäßige Beeinträchtigung des Oberflächeneigentums vermieden werden kann.[18] Die Veränderung der Statik zwischen Bergbau und Grundeigentum wurde hier also durch eine rechtsdogmatisch nicht unproblematische Umkategorisierung privater Interessen des Grundeigentümers zu öffentlichen Interessen erreicht.[19] Eine unmittelbare verfassungsrechtliche Verwerfung des Bergbauvorrangs statt der vom BVerwG gewählten verfassungskonformen Auslegung des § 48 Abs. 2 BBergG hätte nur durch das BVerfG erfolgen können, was erhebliche Verzögerungen für den Betriebsablauf in den Bergwerken mit sich gebracht hätte.

II. Das Garzweiler-Urteil des BVerfG

Ein weiterer Schritt zur Heranführung des bergrechtlichen Kollisionsverhältnisses von Bergbau und Grundeigentum an die allgemeine Eigentumsdogmatik wurde mit dem Garzweiler-Urteil des 1. Senats des BVerfG vom 17.12.2013 vollzogen.[20] Dabei ging es um die Zulässigkeitsvoraussetzungen für großflächige Grundabtretungen und deren Einordnung in die Abfolge bergrechtlicher Vorhabenzulassungen am Beispiel des Braunkohlentagebaus Garzweiler. Hierbei ging es zunächst um eine Schärfung der Voraussetzungen einer Grundabtretung (Enteignung) i. S. des § 79 BBergG (Erfordernis des „Wohls der Allgemeinheit") und die bei der Grundabtretung vorzunehmende Gesamtabwägung zwischen den für das konkrete Vorhaben sprechenden Gemeinwohlbelangen einerseits und den durch seine Verwirklichung beeinträchtigten öffentlichen und privaten Belangen andererseits. In diesem Rahmen spielte allerdings der private Belang des Bergbautreibenden an der Ausnutzung seiner Eigentumsposition in Gestalt der Bergbauberechtigung keine erkennbare Rolle.[21]

Als zweiten Hauptpunkt betonte das Gericht das Gebot effektiven Rechtsschutzes als Bestandteil der Eigentumsgarantie. Nach Auffassung des BVerfG wird diesem Gebot nur genügt, wenn Rechtsschutz gegen einen Eigentumsentzug so rechtzeitig eröffnet wird, daß im Hinblick auf Vorfestlegungen oder den tatsächlichen Vollzug des Vorhabens eine grundsätzlich ergebnisoffene Über-

---

18 BVerwGE 81, 329 = ZfB 1989, 199.
19 Kritisch dazu u. a. *Kühne*, Anmerkung zu BVerfG v. 16.5.1989 – 1 BvR 705/88, JZ 1990, 138.
20 BVerfGE 134, 242 = ZfB 2014, 49.
21 Kritisch insoweit schon *Kühne*, Verfassungsrechtliche Fragen der bergrechtlichen Enteignung, NVwZ 2014, 321, 323.

prüfung aller Enteignungsvoraussetzungen realistisch erwartet werden kann.[22] Dieses Gebot effektiven Rechtsschutzes ist von besonderer Bedeutung dort, wo Genehmigungsverfahren zeitlich gestreckt sind. Dies ist gerade auch im Bergrecht der Fall, da dort insbesondere bei großvolumigen Abbauvorhaben bis zu deren vollständiger Zulassung regelmäßig mehrere hintereinandergeschaltete Genehmigungsverfahren (Rahmenbetriebsplanverfahren, weitere Betriebsplanverfahren wie insbesondere Haupt- und Sonderbetriebsplanverfahren, Grundabtretungsverfahren) durchlaufen werden müssen.

D. Das unbewältigte Kollisionsverhältnis zwischen dem Bergbau und den öffentlichen Verkehrsanlagen

Wie die vorausgegangenen Ausführungen gezeigt haben, hat das Bergrecht in neuerer Zeit einige Errungenschaften der modernen verfassungsrechtlichen Eigentumsdogmatik adaptiert und damit das Bergrecht an den Entwicklungsstand der allgemeinen Eigentumsdogmatik herangeführt. Anders ist die Entwicklung dagegen für das spezielle Verhältnis zwischen Bergbau und öffentlichen Verkehrsanlagen verlaufen. Die Gründe reichen weit in das 19. Jahrhundert zurück. Wenn es für das Goethe-Wort „Es erben sich Gesetz und Recht wie eine ew'ge Krankheit fort" einen Anwendungsfall gibt, dann ist der Rechtszustand für das Verhältnis Bergbau – öffentliche Verkehrsanlagen hierfür ein heißer Kandidat.

I. Das mißverstandene Vorrangverhältnis der §§ 153, 154 PrABG

Das Verhältnis zwischen dem Bergbau und den öffentlichen Verkehrsanstalten war während der Geltungszeit des Preußischen Allgemeinen Berggesetzes (1865–1982) in §§ 153, 154 ABG geregelt. Nach § 153 ABG stand dem Bergbautreibenden kein Widerspruchsrecht gegen die Anlegung öffentlicher Verkehrsmittel zu. § 154 ABG gewährte dem Bergbautreibenden gegen die öffentliche Verkehrsanstalt einen Ersatzanspruch wegen besonderer Schutzaufwendungen. Dieser Anspruch erfaßte jedoch nicht die durch den Nichtabbau von Bodenschätzen entstehenden Nachteile. Aus dieser Regelung hatte die Rechtsprechung im 19. und 20. Jahrhundert die Unterordnung des Bergbaus unter die öffentlichen Verkehrsanstalten (Eisenbahnen!) abgeleitet und die mit beiden

---

22 Vgl. Leitsatz Nr. 4 von BVerfGE 134, 242 = ZfB 2014, 49.

Bestimmungen für den Bergbau verbundenen Nachteile als „immanente gesetzliche Beschränkung" des Bergwerkseigentums gedeutet.[23] Erst im Jahre 1921 hat das RG diese Deutung aufgegeben und umgekehrt die Existenz des Entschädigungsanspruchs als Beweis für die Gleichrangigkeit beider Rechtspositionen in Anspruch genommen.[24] Die Nichtgewährung eines Ersatzanspruchs für den erzwungenen Abbauverzicht wurde denn auch nach 1945 ganz überwiegend als Verstoß gegen die Eigentumsgarantie des Art. 14 GG bewertet.[25] Es war dann der BGH, der im Jahre 1972 zur These von der gesetzlichen Beschränkung des Bergwerkseigentums zurückgekehrt ist, ohne die reichsgerichtliche Rechtsprechung umfassend zu würdigen.[26] Eine solche Überprüfung der Rechtsprechung hat auch nicht im Zusammenhang mit der Neuregelung des § 124 BBergG stattgefunden.

II. Die Weiterführung des Mißverständnisses durch die höchstrichterliche Rechtsprechung (BGH, BVerwG) seit der Jahrhundertwende

Das BBergG hat die Regelung über das Verhältnis zwischen dem Bergbau und den öffentlichen Verkehrsanlagen in § 124 aufgenommen. Wenn die wechselseitigen Anpassungsobliegenheiten in § 124 Abs. 1–3 auch etwas ausgewogener ausgestaltet sind, als unter dem PrABG, so hat der Gesetzgeber die Begrenzung der Ersatzpflicht nach § 154 ABG in § 124 Abs. 4 BBergG doch unverändert übernommen. Dies hat seit über drei Jahrzehnten zu einer Reihe höchstrichterlicher Entscheidungen geführt, die auf Klagen von Inhabern staatlich verliehener Bergbauberechtigungen ergangen sind. Zumeist handelte es sich bei diesen um solche, die Gewinnungsberechtigungen (Bewilligung, Bergwerkseigentum) auf Steine und Erden betrafen, welche nach der Wiedervereinigung durch eine Sonderregelung im Einigungsvertrag bergfrei waren[27] und damit nicht zum Grundeigentum gehörten. Die Rechtsstreitigkeiten entstanden dadurch, daß diese Lagerstätten im Zuge von Straßenbauarbeiten (Anlegung von Autobahnstrecken) ganz oder großenteils unausnutzbar wurden.

---

23 RGZ 28, 341, 342 f. = ZfB 1892, 232, 235 ff.
24 RGZ 103, 221, 228 f. = ZfB 1922, 104, 113.
25 *Ebel/Weller*, Allgemeines Berggesetz, 2. Aufl. 1963, § 154 Anm. 3; *Miesbach/Engelhardt*, Bergrecht, 1962, Bem. III vor Art. 211 bayBergG – § 153 ABG, jeweils m.w.Nachw.
26 BGHZ 59, 332, 337 f. = ZfB 1973, 70, 73 (Anlegung einer über ein Bergwerksfeld [Tonerde] führenden Straße).
27 Einigungsvertrag Anl. I Kap. V Sachgebiet D Abschn. III 1a).

In ständiger Rechtsprechung haben der BGH[28] und das BVerwG[29] Ersatzansprüche der Bergbauberechtigten wegen Entzuges der Bodenschätze abgelehnt. Das Kernargument der Rechtsprechung konzentrierte sich auf eine dogmatische Aussage: Die Ersatzansprüche für Mineralsubstanzverluste nicht vorsehende Regelung des § 124 Abs. 4 BBergG stelle eine den Bergbauberechtigungen immanente gesetzliche Beschränkung dar. Dem Berechtigten werde durch den Entzug der Gewinnbarkeit nichts genommen. Auch der Vertrauensschutz werde nicht verletzt, weil der Berechtigte angesichts der vielen bergrechtlichen Beschränkungen seiner Abbaubefugnis ohnehin nicht darauf vertrauen konnte, seine Berechtigung auch ausnutzen zu können.[30]

Diese Argumentation entfernt sich erheblich von herrschenden eigentumsrechtlichen Argumentationsmustern. Immerhin stellen die bergrechtlichen Gewinnungsberechtigungen ungeachtet ihrer öffentlich-rechtlichen Entstehungsmodalitäten (Bewilligung und Bergwerkseigentum werden durch Verwaltungsakte zur Entstehung gebracht) privatrechtsverkehrsfähige, d. h. übertragbare und dinglich belastbare (im Falle des Bergwerkseigentums) Rechtsobjekte dar (§§ 8 Abs. 2, 9, 22, 23 BBergG). Sie sind ebensowenig wie das gleichfalls zahlreichen Einschränkungen unterliegende Eigentum leere Rechtstitel. Allerdings beschränkt das Bergrecht die Ausübung bergbaulicher Tätigkeit, soweit von ihr die Gefährdung wichtiger Aspekte des Allgemeinwohls ausgeht. Dies gilt insbesondere für die Gesichtspunkte, die nach § 55 BBergG Voraussetzungen für die Zulassung von Betriebsplänen bilden. Anders bei Gefährdungen des Wohls der Allgemeinheit, die nicht von der Bergbautätigkeit, sondern von der Durchsetzung bergbauexterner öffentlicher Interessen ausgehen.[31] Hier besteht bei der Beeinträchtigung der Ausnutzung von Bergbauberechtigungen kein Grund, die Eigentumsgarantie nicht greifen zu lassen.

Die Entwicklung des Verhältnisses zwischen Bergbau und öffentlichen Verkehrsanlagen hat sich unter der Einwirkung der Fehldeutung der reichsgerichtlichen Rechtsprechung, die schon vor Jahrzehnten eingesetzt hat, in eine Richtung verfestigt, die dringend einer Korrektur bedarf. Die jüngste Rechtsprechung scheint auch in diese Richtung zu weisen.

---

28 BGHZ 189, 231 = ZfB 2011, 290.

29 BVerwGE 154, 153 = ZfB 2016, 167, Rn. 25 ff.; BVerwGE 106, 290 = ZfB 1998, 131.

30 BVerwGE 154, 153, Rn. 27 m.w.Nachw. = ZfB 2016, 167.

31 Zur Notwendigkeit einer Differenzierung zwischen Quellen der Nichtausnutzbarkeit nach der Situationsgebundenheit *Kühne*, Bergbau(berechtigung) und Eigentumsgarantie, ZfB 2017, 71, 82.

E. Jüngste Anzeichen einer eigentumsrechtlichen Aufwertung der Bergbauberechtigungen

In jüngster Zeit mehren sich die Anzeichen dafür, daß die Rechtsprechung im Begriffe ist, auf ein ausgewogeneres Stärkeverhältnis zwischen Bergbau und öffentlichen Verkehrsanlagen einzuschwenken. Diese Entwicklung erhielt einen deutlichen Impuls durch die Entscheidung des Europäischen Gerichtshofs für Menschenrechte (EGMR) vom 19.1.2017 in der Sache *Werra Naturstein GmbH & Co. KG./. Deutschland.*[32]

I. Das Urteil des EuGH vom 19.1.2017 i.d.S. Werra Naturstein GmbH & Co. KG./. Deutschland

Ausgangspunkt des Urteils des EGMR war die Leitentscheidung des BGH in BGHZ 189, 231 vom 14.4.2011[33] mit der Ablehnung einer Entschädigung. Der Kläger hatte sich durch den BGH und das BVerfG[34] nicht abschrecken lassen und den EGMR angerufen. Dieser hat mit Urteil vom 19.1.2017 teilweise zu Gunsten des Klägers erkannt. Grundlage dafür war Art. 1 des Zusatzprotokolls (ZP) zur EMRK. Nach Art. 1 Abs. 1 Satz 1 darf niemandem sein Eigentum entzogen werden, es sei denn, daß das öffentliche Interesse es verlangt, und nur unter den durch Gesetz und durch die allgemeinen Grundsätze des Völkerrechts vorgesehenen Bedingungen.

Die erste Frage, die sich dem EGMR stellte, war diejenige nach der Eigentumsqualität der hier relevanten Bergbauberechtigung (Bewilligung nach § 8 Abs. 1 BBergG). Das Gericht bejahte sie eindeutig ungeachtet des öffentlich-rechtlichen Entstehungsvorganges (Verwaltungsakt der Verleihung). Die gesetzliche Ausgestaltung der Bewilligung (§ 8 Abs. 2 BBergG: Anwendung der für Ansprüche aus dem Eigentum geltenden bürgerlichrechtlichen Vorschriften; § 22 BBergG: Rechtsgeschäftliche und gesetzliche Übertragbarkeit) legt der Bewilligung die für die Eigentumsqualität wesentlichen Charakteristika bei, die sie sogar nach deutschem Recht im Unterschied zu den reinen Genehmigungen[35] zu „Eigentum" i.S. des Art. 14 GG machen. Der Eigentumsbegriff der

---

32 EGMR (V. Sektion), 32377/12, NVwZ 2017, 1273; dazu *Nusser*, Fernstraße vor Bergbau, NVwZ 2017, 1244 (kritisch); *Kühne*, Bergrechtliche Bewilligung und Fernstraßenbau, NVwZ 2018, 214 (zustimmend).

33 Oben Fn. 28.

34 Das Gericht hatte die Verfassungsbeschwerde nicht einmal zur Entscheidung angenommen: BVerfG, ZfB 2012, 130.

35 Das BVerfG hat in seinem Urteil zum Atomausstieg vom 6.12.2016 (BVerfGE 143, 246, Rn. 231) der atomrechtlichen Genehmigung die Anerkennung als „Eigentum" i.S. des Art. 14 GG versagt.

EMRK ist gegenüber dem deutschen Recht deutlich weniger stark konturiert und insbesondere frei von den Distinktionen, die die deutsche höchstrichterliche Rechtsprechung zur Verneinung der Eigentumsqualität der Bergbauberechtigungen auf bergfreie Bodenschätze gegenüber öffentlichen Verkehrsanlagen herangezogen hat. Der EGMR rekurriert in seiner Argumentation auch auf die fallbezogenen Vertrauensschutzaspekte und bettet der Struktur von § 1 Abs. 2 ZP EMRK entsprechend die Entschädigungsfrage in den Tatbestand der Eigentumsbeeinträchtigung ein. Angesichts dieser auch auf die Umstände des Einzelfalls bezogenen Erwägungen ist die Tragweite des Urteils des EGMR nicht ganz klar abzuschätzen. Auch die bisherigen Stellungnahmen in der Literatur lassen hier Interpretationsspielräume erkennen.[36] Völlig zweifelsfrei ist jedoch, daß sich die rigide Position sowohl des BVerwG als auch des BGH i.S. eines kategorischen Entschädigungsausschlusses gegenüber öffentlichen Verkehrsanlagen im besonderen (§ 124 Abs. 4 BBergG) und öffentlichen Interessen im allgemeinen (§ 48 Abs. 2 BBergG) nicht länger halten läßt. Die deutsche Rechtsordnung wird daher nicht umhinkommen, diese konventionsrechtliche Rechtslage zu berücksichtigen,[37] am sinnvollsten durch eine Änderung der beiden einschlägigen Rechtsvorschriften des BBergG.

II. Das Urteil des BVerwG vom 25.10.2018 – 4 C 9/17 (BVerwGE 163, 214)

Auch diese Entscheidung[38] läßt eine Tendenz zur Mitberücksichtigung der Interessen des Bergbauberechtigten (in concreto: Bergwerkseigentum auf Kies) innerhalb des Konflikts zwischen Bergbau und öffentlichen Interessen erkennen. In diesem Fall ging es um die Entschädigungsfolgen der Festsetzung eines Naturschutzgebiets, das einen wesentlichen Teil der Kieslagerstätte überdeckt und das übrige Bergwerksfeld hufeisenförmig umschließt. Das Berufungsgericht[39] hielt den Entschädigungstatbestand des § 68 Abs. 1 BNatSchG zwar für einschlägig, wies den Entschädigungsanspruch jedoch ab, weil die Belastung für die Bergbauberechtigte nicht unzumutbar bzw. vermeidbar gewesen sei. Die Klägerin habe von vornherein nicht darauf vertrauen können, ihre Erwerbschancen dadurch zu verwirklichen, daß sie das Bergwerkseigentum in der von ihr beabsichtigten Form und in dem von ihr beabsichtigten Umfang nutzen könne. Die rechtliche Fehlein-

---

36 So z.B. die Ausführungen bei *Wittmann*, in: Frenz (Hrsg.), Kommentar zum BBergG, 2019, § 124 Rn. 41 ff.
37 Nach der Rechtsprechung des BVerfG besteht hinsichtlich der Entscheidungen des EGMR in Deutschland eine Berücksichtigungspflicht (BVerfGE 128, 326, 370 f.).
38 ZfB 2019, 192 m. Anm. *Kühne*.
39 SächsOVG, ZfB 2016, 174.

schätzung der Klägerin sei nicht schutzwürdig.[40] Das BVerwG[41] weist diese aus der Auseinandersetzung um das Verhältnis zwischen Bergbau und öffentlichen Verkehrsanlagen stammende Argumentationsfigur zurück. Anders als beim Grundeigentum, bei dem u. U. der Ausschluß einzelner Nutzungsformen zulässig ist, habe bei Bergbauberechtigungen der Ausschluß der Gewinnbarkeit der Bodenschätze die Totalvernichtung der Eigentumsposition zur Folge. Auch die beim Grundeigentum zur Anwendung kommende Eingriffslegitimationsfigur der Situationsgebundenheit verlange im Falle des Bergwerkseigentums eine einengende Handhabung. Nach Auffassung des 4. Senats könne von einer die Entschädigungspflicht ausschließenden Situationsgebundenheit erst dann ausgegangen werden, wenn die Untersagung der Gewinnung der Bodenschätze auch unter Beachtung der Bedeutung der Rohstoffgewinnung und der Vielfalt möglicher naturschutzrechtlicher Reaktionsweisen zwingend geboten erscheine. Die Untersagung müsse nicht nur als Möglichkeit in der Situation angelegt, sondern dem Bergwerkseigentum gewissermaßen „auf die Stirn geschrieben" sein.

Ein Vergleich zwischen diesen Erwägungen und den die Rechtsprechung sowohl des BGH als auch des BVerwG im Bereich des § 124 BBergG (Verhältnis Bergbau – öffentliche Verkehrsanlagen) prägenden Ausführungen läßt den neuen, deutlich ausgewogeneren Argumentationsstil klar hervortreten. Es ist zu hoffen, daß auch die Rechtsprechung zum Verhältnis zwischen Bergbau und öffentlichen Verkehrsanlagen insbesondere unter dem Einfluß der Rechtsprechung des EGMR auf diese Linie einschwenkt.

F. Schlußbemerkung

Die vorstehenden Ausführungen haben deutlich gemacht, welch bedeutsame Rolle das Verfassungsrecht und hier insbesondere die Grundrechte im modernen Bergrecht spielen. Diese Entwicklung hat allerdings erst unter dem 1982 in Kraft getretenen BBergG Dynamik entfaltet. In der vorangehenden Zeit seit 1949 hat die starke historische Schwerkraft und Verwurzelung der bergrechtlichen Rechtsinstitute deren verfassungsrechtliche Hinterfragung eher verlangsamt. Hierzu hat natürlich auch die überschaubare Anzahl der zu gerichtlicher Entscheidung gelangenden Fälle beigetragen. Ganz im Vordergrund des verfassungsrechtlichen Interesses steht das Verhältnis

---

40 SächsOVG, ZfB 2016, 174, 180 Rn. 43.
41 BVerwGE 163, 214 = ZfB 2019, 192 Rn. 32 ff.

zwischen Bergbau und Grundeigentum. Historisch ist es durch ein kategoriales Über-/Unterordnungsverhältnis gekennzeichnet gewesen. Dieses kategoriale Vorrangdenken ist wie in anderen Teilen der Rechtsordnung in den letzten Jahrzehnten durch ein situatives Abwägungsverhältnis abgelöst worden. Damit hat das Bergrecht insbesondere durch das Moers-Kapellen-Urteil von 1989 die Entwicklung innerhalb des allgemeinen Verständnisses der Eigentumsgarantie (Naßauskiesungsbeschluß des BVerfG von 1981) nachvollzogen. Darüber hinaus hat das Bergrecht in letzter Zeit mit dem Garzweiler-Urteil eine gewisse Führungsrolle bei der Klärung der Bedeutung übernommen, die dem Aspekt der Erlangung rechtzeitigen und effektiven Rechtsschutzes gegenüber großtechnischen Vorhaben im Hinblick auf schutzwürdige grundstücksbezogene Eigentumspositionen zukommt.

Auf der anderen Seite hat sich gezeigt, daß auch dem heutigen Bergrecht und seiner judikativen Handhabung noch atavistische Eigentumsvorstellungen innewohnen. Ein Beispiel dafür ist die höchstrichterliche Rechtsprechung zur Frage der Entschädigung von Bergbauberechtigten für den Verlust von Bodenschätzen durch Anlage von Fernstraßen. Hier hat die jüngste Rechtsprechung insbesondere des Europäischen Gerichtshofs für Menschenrechte (EGMR) die Erwartung geweckt, daß die Rechtsprechung in absehbarer Zeit auch in dieser Frage den Anschluß an das moderne Verständnis von Eigentumsschutz findet.

Bergschadensrecht als „Ewigkeitslast"

Thomas Mann

A. Das OLG Hamm als führendes Bergbaugericht

In den 200 Jahren seiner Geschichte hat das OLG Hamm eine nicht zu unterschätzende Rolle für die Auslegung und Entwicklung des Deutschen Bergrechts gespielt. Nachdem das OLG entgegen der ursprünglichen preußischen Konzeption nach den Befreiungskriegen[1] erst im Jahr 1820 seinen Sitz in Hamm gefunden hatte,[2] lagen von Beginn an weite Teile des Steinkohlenreviers innerhalb seines geographischen Zuständigkeitsbereiches.[3] Dementsprechend finden sich bergrechtliche Entscheidungen des OLG Hamm bereits in den ersten Jahrgängen der Zeitschrift für Bergrecht (ZfB, 1860 ff.) veröffentlicht, die neben dem Archiv für die civilistische Praxis (AcP) als eine der traditionsreichsten deutschen juristischen Fachzeitschriften[4] auch heute noch vierteljährlich erscheint.[5] Endgültig zum führenden deutschen Bergbaugericht wurde das OLG Hamm nach Gründung des deutschen Reiches, als es im Zuge der sog. Reichsjustizgesetze zum fortan einzigen Oberlandesgericht der Provinz Westfalen avancierte, indem sich sein Zuständigkeitsbereich ab dem 1.10.1879 auf die Landgerichtsbezirke Arnsberg, Bielefeld, Dortmund, Duisburg, Essen, Hagen, Münster, Paderborn erstreckte.[6]

---

1 Mit „Verordnung wegen verbesserter Einrichtung der Provinzial-Behörden" vom 30.4.1815 (Pr.GS 1815, S. 85) hatte Preußen sein Staatsgebiet in zehn Provinzen und jede Provinz in zwei oder mehr Regierungsbezirke geteilt. Für die nach dem Wiener Kongress geschaffenen Provinz Westfalen war nach Kabinettsorder des preußischen Königs vom 30.4.1815 ursprünglich Hamm (neben Münster und Minden – später Paderborn) als Sitz einer Bezirksregierung vorgesehen, an dem auch das OLG ansässig sein sollte. Regierungssitz wurde aber Arnsberg, das Gericht ging nach Kleve.

2 Nach Kabinettsorder des preußischen Königs Friedrich Wilhelm III. vom 20.4.1820 wurde das im März 1817 konstituierte Preußische Oberlandesgericht Kleve nach Hamm verlegt und nahm zum 1.7.2010 seine Arbeit auf, vgl. *Nubbemeyer*, Aus der Geschichte des Oberlandesgerichtsbezirks Hamm, in: 200 Jahre Recht auf Recht ins.besondere – Festgabe OLG Hamm 2020, S. 10.

3 Die ursprüngliche Zuständigkeit erstreckte sich südlich der Lippe auf Teile der Provinz Westfalen und der Rheinprovinz, im Osten bis Lippstadt und Soest, im Westen bis zum Rhein mit Duisburg und Emmerich. Die südliche Grenze bildete der Bereich von Altena über Schwelm bis Lüdenscheid, vgl. OLG Hamm, Chronik des OLG Hamm, 1.2.2016, S. 3 (http://www.olg-hamm.nrw.de/behoerde/gerichtsvorstellung/chronik/chronik/index.php).

4 Vgl. den Rückblick auf 160 Jahrgänge der Zeitschrift für Bergrecht *Mann*, Das Bergrecht im Spiegel seiner Fachzeitschrift-Abhandlungen in 160 Jahresbänden ZfB, ZfB 160 (2019), S. 253 ff.

5 Vgl. Erkenntnis des Appellationsgerichts zu Hamm v. 12.7.1860 (betr. das Verhältnis von jüngerer zu älterer Mutung), ZfB 1860, 632; Erkenntnis des Appellationsgerichts zu Hamm v. 16.03.1860 (betr. der Beteiligung einer bergrechtlichen Gesellschaft an einer Aktiengesellschaft), ZfB 1862, 23; Erkenntnis des Appellationsgerichts zu Hamm v. 21.1.1964 (betr. Verlust des Bergwerkeigentums wegen Nichtzahlung des Rezessgeldes), ZfB 1864, 384. Die Bezeichnung Appellationsgreicht wurde durch die preußische Verordnung vom 2.1.1849 (Pr.GS 1849 S. 1) eingeführt, um zum Ausdruck zu bringen, dass die Oberlandesgerichte seitdem nur noch Rechtsmittelgerichte waren.

6 Vgl. § 47 des Preußisches Ausführungsgesetzes zum Deutschen Gerichtsverfassungsgesetz vom 24.4.1878 (Pr.GS S. 230) i. V. m. §§ 1, 2 lit. k) des preußischen Gesetzes betr. die Errichtung der Oberlandesgerichte und der Landgerichte vom 4.3.1878 (Pr.GS S. 109).

Aus dieser Standortentscheidung in den ersten Jahren des Kaiserreiches ist als Folge des rasanten industriellen Aufschwungs im Ruhrgebiet das mittlerweile größte der vierzundzwanzig deutschen Oberlandesgerichte geworden, dessen Zuständigkeit sich auf 10 Landgerichtsbezirke im Ruhrgebiet, Siegerland, Münsterland und in Ostwestfalen erstreckt und dabei eine Fläche von 21.600 km² abdeckt.[7] Die bergrechtliche Zuständigkeit bündelt sich im 17. Zivilsenat, der nach dem Geschäftsverteilungsplan „unabhängig von der Rechtsgrundlage die Streitigkeiten über Ansprüche aus den in den Berggesetzen geregelten Rechten und Rechtsverhältnissen einschließlich der Ansprüche aus Bergwerkskauf- und -pachtverträgen und ähnlichen Rechtsgeschäften" entscheidet.[8]

Nun könnte man vordergründig annehmen, dass dieses Zuständigkeitsfeld mit dem Ende des Steinkohlenbergbaus in Deutschland leerlaufen wird. Dem ist allerdings nicht so, und das liegt nicht allein in der Tatsache begründet, dass sich das Rechtsregime des Bergrechts bekanntlich auch auf andere Bodenschätze erstreckt.[9] Vielmehr soll hier die These gewagt werden, dass das Berg(schadens)recht ebenso wie die Wasserhaltung im Steinkohlenrevier eine „Ewigkeitslast" ist, die ihre Ursache in der spezifischen Historizität des Bergrechts findet, die den Gerichten auch immer wieder eine Beschäftigung mit längst außer Kraft getretenen Rechtsvorschriften abverlangt.

B. Bergrechtsrechtsprechung als rechtsgeschichtlich durchwirktes Arbeitsfeld

So ist etwa jüngst im Jahr 2019 das in Fachkreisen viel beachtete Urteil des 17. Zivilsenats zu Ansprüchen wegen einer Bergschadensgefahr ergangen, in dem die Klägerin von einer Bergwerkseigentümerin Ersatz für bereits angefallene Kosten in Höhe von rund 1.600.000 Euro für die Sicherung und Baureifmachung von Grundstücken verlangt sowie die Feststellung begehrt hatte, dass eine entsprechende Verpflichtung zur Erstattung von Sicherungskosten dem Grunde nach auch

---

7 Vgl. die „Gerichtsvorstellung" auf der Homepage des OLG, abrufbar unter http://www.olg-hamm.nrw.de/behoerde/gerichtsvor stellung/index.php.

8 Geschäftsverteilungsplan des OLG Hamm, Stand 1.1.2019, abrufbar unter http://www.olg-hamm.nrw.de/aufgaben/geschaeftsver teilung/index.php.

9 Vgl. § 3 BBergG und dessen umfassende Kommentierung durch *von Hammerstein*, in: Boldt/Weller/Kühne/v. Mäßenhausen (Hrsg.), BBergG, 2. Aufl. 2016.

für Grundstücke besteht, auf denen noch keine Sicherungsarbeiten durchgeführt worden sind.[10] Der 17. Zivilsenat, der die Berufung gegen das klageabweisende Urteil der Vorinstanz[11] zurückgewiesen hat, musste sich in dieser Entscheidung mit Abbaumaßnahmen beschäftigen, die bereits 1906/07 stattgefunden hatten und für die er gemäß § 170 BBergG[12] eine Anwendbarkeit alten Bergrechts bejaht hat, weshalb die Anspruchsvoraussetzungen des § 148 ABG[13] zu prüfen waren.

In ähnlicher Weise hatte der 17. Senat bereits 2009 in einem anderen Bergschadensprozess über § 148 ABG und die zugehörige Verjährungsregel in § 151 ABG zu befinden.[14] Im entscheidungserheblichen Sachverhalt ging es um immer wieder auftretende Tagesbrüche in Form von Muldenbildungen und Geländeabsenkungen, bei denen nicht eindeutig geklärt war, ob sie Folge eines im Jahre 1846 betriebenen (Alt-)Bergbaus, eines nach dem Ende des Zweiten Weltkrieges vorgekommenen sogenannten wilden Bergbaus oder des planmäßigen Zubruchwerfens des ehemaligen Abbaubereichs einer bis etwa 1965 unter dem Grundstück betriebenen Kleinzeche gewesen sind. Auch hier gründete der Senat den zugesprochenen Ersatzanspruch auf § 148 ABG und hielt die (dreijährige) Verjährung nach § 151 ABG wegen der erst 2002 erlangten Schadenskenntnis bei erstinstanzlicher Klageerhebung im Jahr 2004 für noch nicht eingetreten.

C. Der Harzbergbau als Anschauungsbeispiel

Dass diese Beispiele keine solitären Ausreißer sind, sondern bergrechtliche Fallgestaltungen eine Beschäftigung mit historischen Konstellationen erfordern, die mitunter noch weiter zurückliegen, soll nachfolgend an den Rechtsproblemen eines Falles gezeigt werden, über den der Verfasser 2011 in seiner Tätigkeit als Richter am Niedersächsischen Oberverwaltungsgericht im zweiten Hauptamt als Berichterstatter zu befinden hatte.[15]

---

10 OLG Hamm, ZfB 2019, 176.
11 LG Dortmund, ZfB 2018, 241.
12 Bundesberggesetz vom 13.8.1980 (BGBl. I S. 1310), zul. geänd. d. G. vom 20.7.2017 (BGBl. I S. 2808).
13 Allgemeines Berggesetz für die Preußischen Staaten vom 24.6.1895 (Pr.GS S. 705).
14 OLG Hamm, Urt. v. 25.6.2009 – 17 U 47/08, unveröff.; dazu *Frenz*, Heutige Haftung aus altem Bergwerkseigentum, UPR 2018, 331.
15 OVG Lüneburg, Urt. v. 19.10.2011 – 7 B 57/11, unveröff.; Revision zurückgewiesen durch BVerwG, NVwZ-RR 2013, 462; vgl. dazu auch *Elgeti*, Störer im Altbergbau, NuR 2013, 634.

I. Bergschaden aufgrund eines im 19. Jahrhundert beendeten Bergbaus

In dem Verfahren richtete sich die Klägerin gegen eine Verfügung des Niedersächsischen Landesamtes für Bergbau, Energie und Geologie (LBEG), mit der sie zur Sicherung eines Bergschadens verpflichtet worden war. Sie hatte 1998 durch Vertrag und Umschreibung im Berggrundbuch von der Preußischen Bergwerks- und Hütten AG das Bergwerkseigentum am Oberharzer Reservatfeld erworben. Dieses Oberharzer Reservatfeld war im Jahre 1867 vom Preußischen Staat begründet und 1926 der Preußischen Bergwerks- und Hütten AG übertragen worden. Es erstreckte sich auch auf den im 16. Jahrhundert abgeteuften, in Clausthal-Zellerfeld gelegenen Schacht St. Lorenz, welcher vom Fiskus des Königreichs Hannover bis zum Jahr 1840 betrieben und im Jahr 1842 verfüllt worden war. Nachdem es im Bereich einer seit 1908 bestehenden Privatstraße in unregelmäßigen Abständen an der Erdoberfläche zu Nachsackungen mit Bildung einer Pinge gekommen war, bildete sich im Jahr 2008 eine frische Abrisskante mit einer Länge von ca. 4 m. Eine Gefährdungsbeurteilung des LBEG stellte größere Hohlräume und eine akute Tagebruchgefahr fest, wobei die Wahrscheinlichkeit des Eintritts weiterer Nachsackungen u. a. wegen des großen Anteils von Holz, das im 19. Jahrhundert beim Ausbau des Schachtes und der in unmittelbarer Nähe um den Schacht herum kaskadenartig platzierten Radstuben eingesetzt worden war, als sehr hoch eingeschätzt wurde.

Das LBEG gab der Klägerin unter Anordnung der sofortigen Vollziehung und Androhung der Ersatzvornahme auf, die Privatstraße gegen ein weiteres Absacken zu dem auf dem Nachbargrundstück befindlichen Schacht St. Lorenz durch geeignete Mittel (Verfüllung der Hohlräume, Errichtung einer Bewehrung zur Rückhaltung des Verfüllmaterials) derart zu sichern, dass dauerhaft keine weiteren Gefährdungen für die öffentliche Sicherheit eintreten können. Es drohe eine erhebliche Gefahr für Leib und Leben von Straßenverkehrsteilnehmern sowie spielenden Kindern. Die Klägerin sei als Rechtsnachfolgerin der Preußischen Bergwerks- und Hütten AG Zustandsstörerin. Mit Fortführung der ehedem bergfiskalischen Verwaltung habe sie auch die Gefahrenvorsorge hinsichtlich verlassener Grubenbaue übernommen.

Mit ihrer hiergegen gerichteten Klage machte die Klägerin u. a. geltend, das Bergwerkseigentum am Oberharzer Reservatfeld rechtfertige nicht ihre Inanspruchnahme als Störerin, da sie zu keinem Zeitpunkt Eigentümerin des Schachtes St. Lorenz gewesen sei. Die Einführung des Oberharzer Reservatfeldes 1867 habe Bergwerkseigentum originär begründet. Der St. Lorenz-Schacht sei aber bereits zuvor verfüllt worden und deshalb nicht wesentlicher Bestandteil des Bergwerkseigentums geworden. Ein von vornherein nicht nutzbarer, abgeworfener Grubenbau stelle keine Bergwerkseinrichtung mehr dar und stehe somit nicht in funktionellem Zusammenhang zu dem neu geschaffenen Bergwerkseigentum. Ein funktioneller Zusammenhang könne in einem solchen Fall nur durch Wiederaufwältigung, nicht aber durch die potentielle Möglichkeit der Wiedernutzbarmachung entstehen. Demgegenüber argumentierte das LBEG, der Staat Preußen habe im Jahr 1867 kein originäres Bergwerkseigentum geschaffen, sondern lediglich ihm schon zuvor zustehende Bergbauberechtigungen, die auch an dem Schacht St. Lorenz begründet gewesen seien, durch Feldesumwandlungen bzw. Feldeserweiterungen im Sinne einer Konsolidierung des vorhandenen Bestandes in neuer rechtlicher Gestalt zusammengefasst. Ungeachtet dessen seien auch bei Schaffung von Bergwerkseigentum technisch bereits verfüllte Schächte rechtlich als wesentliche Bestandteile des Bergwerkseigentums anzusehen, denn die Verfüllung eines erkennbaren und bekannten Schachtes schließe es grundsätzlich nicht aus, ihn zu späterer Zeit nach Entfernung des Füllmaterials einer neuen Nutzung zuzuführen.

II. Anordnungsbefugnisse bei nicht mehr der Bergaufsicht unterliegenden Gruben

Der verwaltungsrechtliche Ansatzpunkt zur Bewältigung dieser Problematik liegt zunächst außerhalb des Bergrechts. Zwar hat das LBEG als zuständige Behörde für „Maßnahmen zur Abwehr von Gefahren aus verlassenen Grubenbauen und Bohrungen, die nicht mehr der Bergaufsicht unterliegen", gehandelt,[16] doch ist die allgemeine Anordnungsbefugnis des § 71 BBergG – als „bergrechtliche Generalklausel" das wichtigste Instrument der Bergbehörden zur Erfüllung ihrer Aufgaben der Bergaufsicht[17] – nicht einschlägig, da der stillgelegte und längst verfüllte Schacht St. Lorenz gerade nicht mehr der Bergüberwachung unterliegt. Rechtsgrundlage für den Erlass der geschilderten Verfügung ist daher vielmehr die polizeirechtliche Generalklausel des § 11 NPOG,[18] nach der die zuständige Behörde die notwendigen Maßnahmen treffen kann, um eine Gefahr abzuwehren. Als Gefahr ist gemäß § 2 Nr. 1 NPOG eine Sachlage anzusehen, bei der im einzelnen Fall eine hinreichende Wahrscheinlichkeit besteht, dass in absehbarer Zeit ein Schaden für die

---

16 Vgl. § 97 Abs. 3 NPOG i. V. m. § 6b der Verordnung über Zuständigkeiten auf verschiedenen Gebieten der Gefahrenabwehr – ZustVO-SOG – vom 18.10.1994 (GVBl. S. 457), zul. geänd. d. Gesetz v. 26.2.2019 (Nds. GVBl. S. 33).

17 *Keienburg*, in: Boldt/Weller/Kühne/v. Mäßenhausen, BBergG, 2. Aufl. 2016, § 71 Rn. 1.

18 Niedersächsisches Polizei- und Ordnungsbehördengesetz i. d. Fass. d. Bek. vom 19.1.2005, zul. geänd. d. Gesetz v. 20.5.2019 (Nds. GVBl. S. 88).

öffentliche Sicherheit oder Ordnung eintreten wird. Diese Sachlage wurde durch die behördlichen Gefährdungsabschätzung bestätigt, wobei es ohne Bedeutung für die Richtigkeit der Gefahrenprognose ist, ob das prognostizierte Ereignis nachträglich tatsächlich eintritt oder ausbleibt. Das Vorliegen einer Gefahr wird durch ein späteres Ausbleiben des Ereignisses nicht in Frage gestellt, sofern die Ausgangstatsachen, auf denen die Annahme der Gefahr beruht, einer verwaltungsgerichtlichen Kontrolle standhalten.[19]

III. Aufrechterhaltung und Erlöschen alten Bergwerkseigentums

Problematisch ist aber bereits die Begründung einer Zustandsverantwortlichkeit. Denn das BBergG hat alte Rechte wie das Bergwerkseigentum einer Übergangsregel unterworfen, nach der diese Rechte zunächst aufrechterhalten, aber innerhalb von 3 Jahren nach Inkrafttreten des BBergG vom Berechtigten anzuzeigen und von der zuständigen Behörde zu bestätigen waren (vgl. § 149 Abs. 1 Satz 1 Nr. 1 BBergG). Alte Rechte, die nicht oder nicht fristgemäß angezeigt worden sind, erlöschen gem. § 149 Abs. 5 Satz 1 BBergG drei Jahre nach Ablauf der dreijährigen (vgl. § 149 Abs. 1 lit. b) BBergG) Anzeigefrist.[20] Zum Erlöschen des Rechts bedarf es auch keiner Löschung im Grundbuch, es handelt sich vielmehr um ein Erlöschen kraft Gesetzes.[21] Das erschließt sich u. a. aus dem Wortlaut des § 149 Abs. 6 BBergG, nach dem die zuständige Behörde das Grundbuchamt um Löschung ersucht, wenn „ein nach Abs. 5 erloschenes Recht im Grundbuch eingetragen" ist. Die Vorschrift geht also nicht davon aus, dass das Recht erst mit der Löschung im Grundbuch untergeht, sondern setzt voraus, dass im Grundbuch auch bereits erloschene Rechte eingetragen sein können. Mangels einer vorherigen Anzeige war das von der Klägerin im Jahr 1998 von der Preußischen Bergwerks- und Hütten AG erworbene Bergwerkseigentum am Oberharzer Reservatfeld am 3.2.1999 kraft Gesetzes erloschen.[22] Die Klägerin war im Jahr 2008, als die Verfügung an sie erging, für die hiervon ausgehenden Gefahren also nicht mehr als Eigentümerin ordnungsrechtlich verantwortlich.

---

19 *Götz/Geis*, Allgemeines Polizei- und Ordnungsrecht, 16. Aufl. 2017, § 6 Rn. 11; *Mann*, Polizei- und Ordnungsrecht, in: Erbguth/Mann/Schubert (Hrsg.), Besonderes Verwaltungsrecht, 13. Aufl. 2019, S. 167 ff., Rn. 476.
20 Die Anzeigefrist setzt gemäß § 149 Abs. 2 Satz 1 BBergG eine öffentliche Aufforderung durch die zuständige Behörde in Gang, die vorliegend am 3.2.1993 bekanntgemacht worden war.
21 *Boldt/Weller*, BBergG, 1. Aufl. 1984, § 149 Rn. 36; *Piens/Schulte/Graf Vitzthum*, BBergG, 1. Aufl. 1983, § 149 Rn. 45.
22 Zur Fristberechnung im konkreten Fall vgl. Fn. 20.

IV. Nachwirkende Zustandsverantwortlichkeit für erloschenes Bergwerkseigentum

Ihre Verantwortlichkeit kann sich aber aus § 7 Abs. 3 NPOG ergeben, wonach in Fällen herrenloser Sachen auch der frühere Eigentümer zur Gefahrbeseitigung herangezogen werden kann. Zweifel an der Anwendbarkeit dieser Vorschrift auch auf kraft Gesetzes erloschenes Bergwerkseigentum könnten angesichts des Wortlautes insofern entstehen, als die Norm derjenigen Person die ordnungsrechtliche Verantwortlichkeit für eine herrenlose Sache zuweist, „die das Eigentum an der Sache aufgegeben hat". Die allein auf den Wortlaut gründende Annahme, der Anwendungsbereich der Vorschrift erstrecke sich nur auf Fälle gewillkürter Dereliktion gemäß §§ 959, 928 Abs. 1 BGB,[23] geht jedoch fehl. Zwar behandeln die einschlägigen Kommentare zum Gefahrenabwehrrecht der Länder dieses Tatbestandsmerkmal nur in dem engen Sinne der zivilrechtlichen Dereliktion,[24] doch ist die Vorschrift nach ihrem Sinn und Zweck auf den hier vorliegenden Fall eines gemäß § 149 Abs. 5 BBergG gesetzlich angeordneten Erlöschens von Bergwerkseigentums entsprechend anwendbar. Durch die Einführung von § 7 Abs. 3 NPOG hat der Gesetzgeber die früher umstrittene Frage, ob allein durch eine gewillkürte Eigentumsaufgabe die Zustandshaftung beendet werden kann,[25] eindeutig im Sinne einer Risikoverteilung zu Lasten des früheren Eigentümers beantwortet. Nach Sinn und Zweck dieser Vorschrift soll sich der frühere Eigentümer einer Sache nicht durch einfachen Verzicht auf das Eigentum von seiner Zustandsverantwortlichkeit befreien können.[26] Gewollt war mithin, dem Sacheigentümer die Möglichkeit zu verschließen, sich allein aus eigenem Willensentschluss der Zustandsverantwortlichkeit zu entziehen. Diese Möglichkeit eines gewillkürten Entkommens aus der Zustandsverantwortlichkeit ist aber auch im Rahmen des gesetzlichen Erlöschens sog. alter Rechte nach BBergG gegeben. Denn die Anordnung des Erlöschens in § 149 Abs. 5 Satz 1 BBergG ist gleichsam nur die Rechtsfolge, welche nach einer Karenzzeit von drei Jahren an ein gewillkürtes Verhalten des ehemaligen Bergwerkseigentümers anknüpft. Sie tritt nur ein, wenn dieser sein Bergwerkseigentum nicht gemäß § 149 Abs. 1 Satz 1 lit. b)

---

23 Vgl. OVG Münster, NJW 2010, 1988 zur Parallelvorschrift in § 18 Abs. 3 OBG NRW.

24 Vgl. etwa *Saipa*, in: Saipa/Beckermann/Reichert/Roggenkamp/Trips (Hrsg.), NPOG/NHundG, Loseblattkommentar, 26. EL 2019, NPOG, § 7 S. 2; *Ebert/Seel*, Thür. PAG, 7. Aufl. 2016, § 8 Rn. 14; *Honnacker/Beinhofer/Hauser*, Bay. PAG, 20. Aufl. 2014, Art. 8 Rn. 14; *Schmidt*, Bremisches Polizeigesetz, 2006, § 6 Rn. 25.

25 Vgl. dazu zusammenfassend *Schmidt-Jortzig*, in: Festschrift für Hans Ulrich Scupin 1983, S. 819, 824.

26 Vgl. *Saipa*, in: Saipa/Beckermann/Reichert/Roggenkamp/Trips, § 7 S. 2; zu den Parallelnormen s. etwa *Drewes/Malmberg/ Wagner*, Bundespolizeigesetz, 6. Aufl. 2018, § 18 Rn. 21; *Hornmann*, Hess. SOG, 2. Aufl. 2008, § 7 Rn. 18; *Pewestorf/Söllner/Tölle*, Polizei- und Ordnungsrecht – Berliner Kommentar, 2. Aufl. 2017, Berl. ASOG, § 14 Rn. 17.

BBergG binnen drei Jahren bei der zuständigen Behörde anzeigt. Der Bergwerkseigentümer hat es somit selbst in der Hand, sein Bergwerkseigentum der gesetzlichen Erlöschensregelung zuzuführen – ein Gesichtspunkt, der wesentlich dazu beigetragen hat, dass das BVerfG den bergrechtlichen Übergangsregelungen eine Vereinbarkeit mit Art. 14 GG bescheinigt hat.[27] Dieser Umstand rechtfertigt eine Gleichstellung des gesetzlichen Erlöschens von Bergwerkseigentum mit den in § 7 Abs. 3 NPOG primär ins Auge gefassten Fällen der Dereliktion.

V. Bergwerksanlagen und Schächte als wesentliche Bestandteile des Bergwerkeigentums

Durch das Erlöschen des Bergwerkseigentums gemäß § 149 Abs. 5 Satz 1 BBergG sind die dem Oberharzer Reservatfeld zugehörigen Bergwerksanlagen und Schächte zu herrenlosen Sachen geworden. Denn das Bergwerkseigentum ist als grundstücksgleiches Recht ausgestaltet, auf das im Wesentlichen die Vorschriften des Bürgerlichen Gesetzbuchs über Grundstücke Anwendung finden (vgl. § 9 Abs. 1 BBergG). Das Bergwerkseigentum kann daher auch wesentliche Bestandteile haben, die nicht Gegenstand besonderer Rechte sein können, sondern sein rechtliches Schicksal teilen; wesentliche Bestandteile in diesem Sinne sind insbesondere Schächte, die zur Ausnutzung des verliehenen Gewinnungsrechts errichtet werden und mit der Bergwerksanlage in fester Verbindung stehen.[28] Bezogen auf das jeweilige Grundstück sind sie demgegenüber lediglich Scheinbestandteile gemäß § 95 Abs. 1 BGB.[29] Durch das Erlöschen des Bergwerkseigentums werden auch die ehemals wesentlichen Bestandteile des Bergwerkseigentums herrenlos. Sie werden dadurch nicht zu wesentlichen Bestandteilen des Grundstücks. Mangels einschlägiger Regelungen im Bergrecht gilt insoweit die Maßgabe des bürgerlichen Rechts, dass es dazu noch der Einigung zwischen dem bisherigen Sacheigentümer und dem Grundstückseigentümer über den Übergang des Eigentums bedarf.[30] Weil eine solche Einigung im zu entscheidenden Fall nicht erfolgt war, waren die ehemals wesentlichen Bestandteile des Bergwerkseigentums herrenlos geblieben.

---

27 BVerfG, NVwZ 2002, 1365.

28 Vgl. RGZ 61, 188; RGZ 161, 203, 206; BVerwG, NVwZ-RR 2013, 462, 463; OVG Münster, ZfB 1990, 232, 233; OVG Münster, ZfB 1995, 322, 330 f.; OVG Münster, OVGE 50, 175, 179; VG Braunschweig, Urt. v. 19.10.2006 – 1 A 267/04 – Rn. 24, juris = ZfB 2007, 32; *Franke*, in: Boldt/Weller/Kühne/v. Mäßenhausen, § 9 Rn. 6; *Piens/Graf Vitzthum*, in: Piens/Schulte/Graf Vitzthum (Hrsg.), BBergG, 2. Aufl. 2013, § 9 Rn. 6, 15; *Kremer/Neuhaus gen. Wever*, Bergrecht, 2001, Rn. 89.

29 *Mössner*, in: BeckOGK Zivilrecht, Stand: 1.7.2019, BGB § 95 Rn. 28.3 m. w. N.

30 OVG Münster, ZfB 1990, 232, 234; vgl. grundlegend BGHZ 23, 57.

Während sich bei körperlichen Sachen die Zubehöreigenschaft gemäß § 93 BGB durch die untrennbare Verbindung mit dem Bestandteil ergibt, kommt es bei der Verbindung des unkörperlichen Bergwerkseigentums mit einem körperlichen Bestandteil wie einem Schacht auf einen funktionellen Zusammenhang an; der Schacht ist wesentlicher Bestandteil des Bergwerkseigentums, weil er zu der Bergwerksanlage in einer festen Verbindung steht und zu deren Herstellung unentbehrlich ist.[31] Wird ein Schacht insoweit zum Bestandteil eines Bergwerkseigentums, bleibt diese rechtliche Qualifikation auch im Falle einer Rechtsnachfolge erhalten.[32] Mit Blick auf die Fortdauer des funktionalen Zusammenhangs und der damit einhergehenden ordnungsrechtlichen Verantwortung über Jahrzehnte bzw. Jahrhunderte hinweg ist insoweit auch keine Korrektur aus Gründen der Billigkeit vorzunehmen, da sich durch (verfüllte) Schächte nur die bergbautypischen Gefahren realisieren, die in Ausübung der Bergbauberechtigung entstanden sind.[33] Wegen dieser dem Bergbau eigentümlichen Risiken kommt desgleichen auch keine Begrenzung der Zustandsverantwortlichkeit des Bergwerkseigentümers im Sinne der Rechtsprechung des Bundesverfassungsgerichts zur Begrenzung der Zustandsverantwortlichkeit eines Eigentümers altlastenbehafteter Grundstücke[34] in Betracht.[35] Sowohl der Bergwerkseigentümer, der einen Schacht abteuft, als auch sein Rechtsnachfolger müssen regelmäßig aufgrund der mit dem Bergbau typischerweise einhergehenden Gefahren damit rechnen, dass Sicherungsmaßnahmen erforderlich werden.[36]

VI. Der funktionale Zusammenhang zwischen verfüllten Grubenbauten und Bergwerkseigentum

Zweifel am funktionalen Zusammenhang können bestehen, wenn – wie hier mit Blick auf den schon 1842 verfüllten streitgegenständlichen Schacht St. Lorenz – ein Schacht nicht mehr für den laufenden Betrieb nutzbar ist. Grundsätzlich gilt: Bei bereits verfüllten bzw. verbrochenen Gru-

---

31 RGZ 161, 203, 206; BVerwG, NVwZ-RR 2013, 462, 463; OVG Münster, ZfB 1995, 322, 331; OVG Münster, OVGE 50, 175, 179; *Elgeti*, NuR 2013, 634, 635 f.; *Ring*, Grundstrukturen des Bergwerkeigentums, NotBZ 2006, 37, 41.

32 Vgl. RGZ 161, 203, 206; OVG Münster, ZfB 1995, 322, 332.

33 OVG Münster, ZfB 1995, 322, 333.

34 BVerfG, Beschl. v. 16.02.2000 – 1 BvR 242/91 und 315/99 –, BVerfGE 102, 1, 19 ff.

35 Vgl. VG Arnsberg, Urt. v. 8.3.2002 – 13 K 772/00 – Rn. 55, BeckRS 2002, 19012.

36 OVG Münster, ZfB 1995, 322, 333 f.; OVG Münster, Beschl. v. 8.12.2005 – 11 A 2436/02 – Rn. 52, juris, insoweit bei OVGE 50, 175 nicht abgedr.; VG Arnsberg, Urt. v. 8.3.2002 – 13 K 772/00 – Rn. 62, BeckRS 2002, 19012; LG Essen, ZfB 2001, 230; VG Braunschweig, Urt. v. 19.10.2006 – 1 A 267/04 – Rn. 25, juris = ZfB 2007, 32.

GESTERN HEUTE MORGEN

benbauen kann ein auch die nachwirkende ordnungsrechtliche Verantwortlichkeit begründender funktionaler Zusammenhang zwischen Schacht und Bergwerkseigentum angenommen werden, wenn ein Schacht zuvor zur Ausnutzung des verliehenen Gewinnungsrechts abgeteuft worden ist.[37] Das führt dazu, dass das Verfüllen eines durch den Bergwerkseigentümer zunächst genutzten Schachtes nicht automatisch zum Erlöschen der rechtlichen Verantwortlichkeit des Bergwerkseigentümers führt.

Ist die Nutzung eines Schachtes jedoch bereits vor der Schaffung des Bergwerkseigentums aufgegeben und der Schacht verfüllt worden, so wird dieser Schacht nicht zum wesentlichen Bestandteil des neuen Bergwerkseigentums, weil er zur Herstellung und zum Betrieb der Bergwerksanlage sowie zur Ausnutzung des Gewinnungsrechts keinen funktionellen Beitrag leisten kann. Allein die potentielle Möglichkeit einer Wiederaufwältigung des Schachtes zum Zwecke einer erneuten bergrechtlichen Nutzung ist – unabhängig von den Fragen ihrer technischen Machbarkeit und ökonomischen Sinnhaftigkeit – noch nicht ausreichend für die Annahme eines funktionellen Zusammenhangs zum Bergwerkseigentum. Der insoweit fehlende Funktionalitätsbezug kann auch nicht hergestellt werden, indem man darauf abhebt, ob die verfüllte Schachtanlage bekannt oder erkennbar ist.[38]

Nach diesen Maßgaben entscheidet sich die 2008 relevant gewordene Frage einer nachwirkenden Zustandsverantwortlichkeit für den streitgegenständlichen Schacht St. Lorenz also im Kern danach, ob es sich bei der Begründung des Oberharzer Reservatfeldes durch den preußischen Staat im Jahre 1867 um eine Neubegründung von Bergwerkseigentum handelte – dann wäre der bereits 1842 verfüllte Schacht nicht zum wesentlichen Bestandteil geworden – oder ob lediglich eine Konsolidierung und Weiterführung bestehenden Bergwerkeigentums stattgefunden hat – dann wäre auch der vom Fiskus des Königreichs Hannover bis zum Jahr 1840 noch betriebene Schacht St. Lorenz ein wesentlicher Bestandteil des Bergwerkeigentums geblieben.

---

37 So in den Fällen OVG Münster, ZfB 1995, 322, 331; OVG Münster, OVGE 50, 175, 179 m.w.N.; VG Arnsberg, Urt. v. 8.3.2002 – 13 K 772/00 – Rn. 38, BeckRS 2002, 19012.
38 So aber VG Braunschweig, Urt. v. 8.7.2009 – 2 A 256/08, u.v.

VII. Die Errichtung des Oberharzer Reservatfeldes 1867 – Neukreation oder Konsolidation von Bergwerkseigentum?

Eine Antwort auf diese letztlich entscheidende Frage des Rechtsstreits erfordert mithin ein näheres Eingehen auf die um die Mitte des 19. Jahrhunderts bestehenden geschichtlichen und rechtlichen Rahmenbedingungen.

Nachdem das Königreich Hannover als Verbündeter Österreichs 1866 den Krieg gegen Preußen verloren hatte, wurde die Welfenmonarchie aufgelöst und das Land als Provinz in den preußischen Staat eingebunden. Als verwaltungsrechtliche Folge der staatsrechtlichen Veränderungen trat nicht nur 1867 das dem Ministerium für Handel und Gewerbe unterstellte Oberbergamt an die Stelle des bisherigen hannoverschen Berg- und Forstamtes, sondern es wurde auch anstelle der bis dahin maßgeblichen hannoverschen Bergverordnungen die preußische Berggesetzgebung eingeführt.[39] Maßgeblicher Rechtsakt hierzu war die preußische „Verordnung betreffend die Einführung des Allgemeinen Berggesetzes vom 24.5.1865 in das Gebiet des vormaligen Königreichs Hannover" vom 8.5.1867.[40] Durch Art. XVI dieser Verordnung, der im Einzelnen die geographische Ausdehnung des Feldes absteckt, wurden die zahlreichen alten Bergwerksfelder des Oberharzes als sog. Oberharzer Reservatfeld zusammengefasst und zu preußischem Staatseigentum erklärt. Dem königlichen Fiskus wurde hierbei „das ausschließliche Recht zum Bergbau auf alle von dem Verfügungsrechte des Grundeigentümers ausgeschlossenen Mineralien" zuerkannt. Der Umstand, dass Art. XVI das Recht dem preußischen Fiskus „vorbehaltlich der bereits erworbenen Rechte Dritter" zuweist, spricht zunächst dafür, dass es sich um eine Neukreation von Bergwerkseigentum handelt. Denn wenn durch diese Vorschrift lediglich die bestehenden Berechtigungen unter Wahrung der bestehenden Rechtslage hätten zusammengeführt werden sollen, hätte es einer solchen „Verschonungsklausel" nicht bedurft, da das Nebeneinander der alten Rechte ja bereits Bestand hatte.

Andererseits enthält die einschlägige Passage zu Art. XVI in den Motiven zu dieser Verordnung[41] keine klare Aussage darüber, ob mit dieser Bestimmung neues Bergwerkseigentum begründet oder lediglich eine fortführende Zusammenfassung mehrerer bestehender Berechtigungen erreicht

---

39 Vgl. *Liessmann*, Historischer Bergbau im Harz, 3. Aufl. 2010, S. 26; *Jugler*, Die Verhältnisse des Bergrechts in dem ehemaligen Königreich Hannover, ZfB 1867, 75.

40 Abgedruckt in ZfB 1867, 145 ff., vgl. insoweit Art. I und XXII der Verordnung.

41 Abgedruckt in ZfB 1867, 157, 184 ff.

werden sollte. Stattdessen wird dort geschildert, dass und aus welchen Gründen sich der im Ober-harz ursprünglich allein gewerkschaftliche Bergbau bereits in den zurückliegenden Jahrzehnten zunehmend in einen fiskalischen Bergbau umgewandelt hatte. Die Begründung versucht insoweit das beabsichtigte preußische Bergbaumonopol im Oberharz als Endpunkt einer noch unter alten staatsrechtlichen Verhältnissen begonnenen Kontinuitätslinie darzustellen. Die Motive schildern zunächst im Kontext des Art. XV, wie die privaten Bergwerkseigentümer durch starke Parzellie-rung ihrer Felder und die Auferlegung von Ablieferungspflichten gegenüber dem Fiskus immer mehr an wirtschaftlicher Eigenständigkeit verloren hatten, so dass, so die Zusammenfassung, „die Eisensteingruben am Harze thatsächlich, wenn auch nicht rechtlich, als Staatsgruben und die Eigenlöhner als fiskalische Arbeiter behandelt werden."[42] Sodann wird in den Erläuterungen zu Art. XI dargelegt, dass man, nachdem „der längst seinem inneren Leben nach gänzlich verfallene gewerkschaftliche Bergbau auch äußerlich nahezu beseitigt war", bereits noch unter der hannove-raner Herrschaft „im Interesse der gesamten Harz-Verwaltung die Consolidierung des gesamten oberharzischen Silberbergbaus zu einem rein herrschaftlichen Bergwerkseigentum für erforder-lich" hielt[43] und hierzu auch schon rechtliche Schritte eingeleitet hatte. Die Umstände hätten „schon seit einer längeren Reihe von Jahren die Bergbehörde zu Vorarbeiten für die neue Regulie-rung der Berechtigungsverhältnisse veranlasst.[44] „Behufs vollständiger Consolidierung des Betrie-bes und Herstellung eines einheitlichen und unanfechtbaren Berechtigungstitels" sei es nun „für zweckmäßig erachtet worden, das vom Fiskus betriebene Feld wenigstens theilweise zu schlie-ßen."[45] Der hier gleich mehrfach benutzte Begriff der Konsolidierung deutet einerseits darauf hin, dass die Begründung des Oberharzer Reservatfeldes lediglich eine Zusammenfassung und Fort-führung diverser bestehender fiskalischer Berechtigungen ist, doch wird aus dem Kontext zur Passage über die Verdrängung des gewerkschaftlichen Bergbaus deutlich, dass mit „Consolidie-rung" andererseits auch eine Neuordnung des ehemaligen Nebeneinanders von gewerkschaftli-cher und fiskalischer Bergbautätigkeit gemeint sein kann.

In diesem Sinne wird auch in der Literatur das preußische Reservatfeld im Oberharz als Endpunkt des Prozesses einer Verdrängung des gewerkschaftlichen Bergbaus geschildert, nachdem der han-noversche Fiskus noch 1866, also kurz vor der preußischen Annexion, 63 Mutungen eingelegt

---

42 Motive zur preußischen Verordnung von 1867, ZfB 1867, 157, 176 f.
43 Motive zur preußischen Verordnung von 1867, ZfB 1867, 157, 186.
44 Motive zur preußischen Verordnung von 1867, ZfB 1867, 157, 190.
45 Ebda.

hatte, „um leicht handhabbare Rechtstitel für den Fiskus zu schaffen und um auch die von 29 gewerkschaftlichen Feldern nicht gedeckten möglicherweise erzführenden Bereiche in bergordnungsmäßiges fiskalisches Bergwerkseigentum zu überführen."[46] Die Besonderheit des durch Art. XVI der preußischen Verordnung von 1867 vorbehaltenen Reservatfeldes besteht zum einen darin, dass es bis auf geringe Teile die vorerwähnten Mutungsfelder überdeckte und zudem auch die bis dahin noch im bergordnungsmäßig „Freien" verbliebenen Bereiche umfasste. Zum anderen umfasste es auch *alle* Bodenschätze innerhalb der Feldesgrenzen, deren Gewinnung im eigentlichen Sinne bergbaukunstgemäß zu erfolgen hatte.[47] Hierdurch wird einsichtig, dass mit der Errichtung des Oberharzer Reservatfeldes ein Rechtsakt sui generis beabsichtigt war, der verschiedene Elemente beinhaltete, die sich aus heutiger Perspektive als eine Mischung aus Flurbereinigung und Rechtsbereinigung begreifen lassen. Zum einen wurde eine das frühere Fiskaleigentum wahrende, gleichsam „verwaltungsmäßig" zusammenfassende Konsolidierung der fiskalischen Berechtigungen angestrebt, zum anderen sollte mit dem gleichen Akt aber auch ein flächenmäßig und qualitativ erweitertes Recht begründet werden, das über die Summe der schon zuvor dem Fiskus zugehörigen Einzelberechtigungen hinausreichte, weil es etwa auch die vordem noch „bergordnungsmäßig freien" Felder sowie erweiterte Gewinnungsrechte an sämtlichen bergfreien Mineralien erfasste.

Ob mit diesem Rechtsakt, der Elemente der Übernahme, Zusammenlegung und Konsolidierung in sich vereint, aber auch zwingend eine originäre Neubegründung von Bergwerkseigentum beabsichtigt war und bewirkt worden ist, kann unter Berücksichtigung des Wortlauts des Art. XVI der preußischen Verordnung von 1867, ihrer Motive und ihrer historischen Entstehungsbedingungen aus heutiger Perspektive nicht mehr zweifelsfrei geklärt werden. Eine solche Festlegung ist aber auch nicht notwendig, denn in der Zusammenschau der genannten Auslegungsmethoden wird deutlich, dass mit dieser singulären und vom Regelfall abweichenden Neuformierung zumindest keine rechtliche Zäsur gewollt gewesen ist, die dem preußischen Fiskus ein sozusagen „lastenfreies" Bergwerkseigentum verschaffen sollte. Berücksichtigt man die Ausführlichkeit, mit der die Motive zu der Verordnung die Kontinuität der bergrechtlichen Entwicklung im Übergang von der hannoverschen zur preußischen Herrschaft betonen, indem sie die gewachsene Unübersichtlichkeit und überfällige Reformbedürftigkeit der vorhandenen Berechtigungen hervorheben, so hätte

---

46 *Golcher*, Der 1000-jährige Harzer Bergbau, ZfB 1968, 431, 442.

47 *Golcher*, ebda.; nach Ansicht vom *Willecke/Turner*, Der Umfang des Bergregals im Harz, ZfB 1968, 255, 257 waren nur alle bergfreien Mineralien im Sinne des § 1 ABG erfasst.

der Aspekt, dass mit der Neuformierung des Reservatfeldes zugleich eine Haftung für Spätschä-den ausgeschlossen werden sollte, klarer zum Ausdruck kommen müssen. Dies gilt umso mehr, als eine so bedeutsame Rechtsfolge wie die Freizeichnung von Haftungsfolgen und ordnungs-rechtlichen Verantwortlichkeiten mit der zuvor betonten Kontinuität der bergrechtlichen Ent-wicklung gerade brechen würde.

Nach alledem ist davon auszugehen, dass der ehemalige Schacht St. Lorenz, der vor 1867 dem hannoveraner Fiskusbergbau zugehörig war,[48] infolge der oben geschilderten funktionalen Betrachtungsweise ein wesentlicher Bestandteil des „alten" Bergbaueigentums gewesen ist. Er hat diese Eigenschaft auch durch die Zusammenführung zum Oberharzer Reservatfeld nicht verloren, weil diese Zusammenführung eine historisch singuläre und atypische Konsolidation/Begründung von Bergbaueigentum war, mit der der Preußische Staat die seinerzeit bestehenden Verantwort-lichkeiten weitergeführt hat. Der Preußische Staat und in seiner Rechtsnachfolge auch die Preußi-sche Bergwerks- und Hütten AG (ab 1926) und die Klägerin des Rechtsstreits (ab 1998) waren somit auch für den St. Lorenz-Stollen weiterhin zustandsverantwortlich. Nach dem Erlöschen des Bergbaueigentums nach Maßgabe des § 149 Abs. 5 BBergG im Jahr 1999 bestand mithin auch eine nachwirkende Verantwortlichkeit der Klägerin gemäß § 7 Abs. 3 NPOG für die aus dem Schacht St. Lorenz herrührenden Bergschäden.

D. Fazit

Der geschilderte Rechtsstreit aus der niedersächsischen Verwaltungsgerichtsbarkeit mag den Ein-druck eines seltenen Einzelfalles erwecken, doch ändert sich die Bewertung, wenn man berück-sichtigt, dass zum Zeitpunkt der Schaffung des Oberharzer Reservatfeldes insgesamt mehr als 100 Schächte bereits in ähnlicher Weise verfüllt waren.[49] Die hier präsentierten rechtlichen Erwägun-gen können also für eine ganze Reihe anderer Bergschadensfälle in Niedersachsen relevant wer-den. In entsprechender Weise werden auch in der bergrechtlichen Rechtsprechung des 17. Zivil-senats des OLG Hamm immer wieder Schadensfälle zu beurteilen sein, deren Entstehungsgrund

---

48 Vgl. die „Acta betreffend den für den fiskalischen Bergbau am Oberharz zu reservierenden Bezirk" des Oberbergamtes Clausthal von 1867 (Niedersächsisches Bergarchiv, Hann. 184, Preuß. Oberbergamt Acc. 14 Nr. 0688), in der er als „herrschaftliches Gruben-feld" geführt wurde.
49 Vgl. z. B. die Konstellation in VG Braunschweig, Urt. v. 13.3.2013 – 2 A 1047/12 – BeckRS 2013, 196393.

weit in der Vergangenheit liegt. Wenn man sich die Geschichte des Ruhrbergbaus vom sporadischen Kohlegraben der Bauern und Köttern über die zahlreichen bergrechtlichen Gewerkschaften und Großzechen bis hin zur Konzentration des Ruhrbergbaus in der RAG vor Augen führt,[50] lassen sich zudem zahlreiche Konstellationen denken, in denen der Senat nicht nur auf das preußische ABG, sondern auch auf bergbaugeschichtliche Einsichten zurückgreifen muss. Er wird also auch in der Zukunft tiefer in die rechtliche Vergangenheit einsteigen müssen. Mit anderen Worten: Auch nach dem Ende des Steinkohlenbergbaus wird das Berg(schadens)recht eine „Ewigkeitslast" des 17. Zivilsenats des OLG Hamm bleiben.

---

50 Vgl. im Überblick etwa *Gebhardt*, Ruhrbergbau – Geschichte, Aufbau und Verflechtung seiner Gesellschaften und Organisationen, 1957.

Rechtsfragen des kontrollierten Grubenwasseranstiegs

Janosch Neumann und Marcin Radzewicz

A. Einleitung

Der untertägige Bergbau musste zwangsläufig Lösungskonzepte für den Umgang mit Grubenwasser entwickeln. Denn ein sicherer und reibungsloser Bergbaubetrieb ist nur bei Trockenhaltung der unterirdischen Grubenbaue möglich. Grubenwasser entsteht infolge des Versickerns von Niederschlagswasser. Entlang von Gesteinsschichten und Klüften sickert es auf natürliche Art und Weise zum tiefsten Punkt des Grubengebäudes. Auf dem Weg dorthin reichert es sich mit Salzen und sonstigen Mineralien an. Die Freihaltung des Bergwerks von Grubenwasser erfolgt seit jeher durch ein systematisches Sammeln, Abpumpen und Heben des Grubenwassers an die Tagesoberfläche, wo es in ein Oberflächengewässer eingeleitet wird (sog. Grubenwasserhaltung).

Nachdem die Steinkohleförderung zum Ende des Jahres 2018 bundesweit beendet worden ist,[1] stellt sich insbesondere im Ruhrrevier wie auch im Saarrevier die Frage nach dem künftigen Umgang mit dem fortlaufend anfallenden Grubenwasser. Insofern mussten und müssen neue Lösungskonzepte für die Nachbergbauzeit entwickelt werden.

Im Ausgangspunkt steht fest, dass es sich bei Grubenwasserhaltungsmaßnahmen um bergbauliche Ewigkeitsaufgaben handelt, zu denen die Bergwerksunternehmer auch über den aktiven Steinkohlebergbau hinaus verpflichtet sind.[2] Richtig ist aber auch, dass die betriebliche Notwendigkeit einer fortlaufenden Grubenwasserhaltung entfallen ist und mit deren Aufrechterhaltung beträchtliche Kosten verbunden sind. Vor diesem Hintergrund wurden Planungen und Konzepte für einen kontrollierten Grubenwasseranstieg in stillgelegten Bergwerken durch (vorübergehende) Einstellung der Grubenwasserhaltung erarbeitet.

Die Beendigung der Grubenwasserhaltungsmaßnahmen führt zwangsläufig dazu, dass der Grubenwasserspiegel ansteigt und das Grubengebäude sich mit Wasser füllt. Dabei ist zwischen einem Grubenwasserteilanstieg und einem vollständigen Anstieg zu unterscheiden. Bei einem Teilanstieg liegt der Zielhorizont weiterhin unterhalb der Tagesoberfläche, in der Regel um mehrere hundert Meter. Nach Erreichen dieses Zielhorizonts wird die Grubenwasserhaltung wieder aufgenommen, d.h. das um mehrere hundert Meter angestiegene Grubenwasser wird vom neuen Niveau aus mithilfe von Pumpkraft aus einer niedrigeren Teufe als zuvor wieder an die Oberfläche

---

1 Vgl. § 1 Abs. 1 des Gesetzes zur Finanzierung der Beendigung des subventionierten Steinkohlebergbaus zum Jahr 2018 – Steinkohlefinanzierungsgesetz.

2 *Frenz*, Bergschadensrecht nach dem Steinkohlenende 2018, DVBl. 2018, 849, 850.

gefördert und dort in ein Oberflächengewässer eingeleitet.[3] Bei einem vollständigen Grubenwasseranstieg – wie er etwa im Saarland und dem Ibbenbürener Steinkohlenrevier angedacht ist – erreicht das Grubenwasser hingegen ohne Wiederaufnahme von Wasserhaltungsmaßnahmen von selbst die Tagesoberfläche, um dort frei in ein Oberflächengewässer abzulaufen.[4]

Es ist nicht von vornherein auszuschließen, dass als Folge des kontrollierten Grubenwasseranstiegs nachteilige Auswirkungen eintreten werden. So steht unter anderem zur Diskussion, dass mit Bodenbewegungen an der Tagesoberfläche (insbesondere Hebungen, aber auch Senkungen und Erschütterungen), Vernässungen von Flächen, Schadstoffeinträgen in Oberflächengewässer und insbesondere Trinkwasservorkommen sowie Ausgasungen zu rechnen ist. Mit diesen Szenarien muss im Rahmen der notwendigen Zulassungsverfahren unter rechtlichen Gesichtspunkten umgegangen werden. Außerdem können sich gerade mit Blick auf die zu befürchtenden Bodenbewegungen bergschadensrechtliche Folgefragen stellen.

Der vorliegende Beitrag beleuchtet in diesem Kontext überblicksartig und ohne Anspruch auf Vollständigkeit die rechtlichen Rahmenbedingungen für die Zulassung eines kontrollierten Grubenwasseranstiegs (B.) und befasst sich sodann – auch und gerade in der Tradition des OLG Hamm, dem diese Festgabe gewidmet ist – schwerpunktmäßig mit den bergschadensrechtlichen Folgen (C.).

B. Rechtliche Zulässigkeit des Grubenwasseranstiegs

Rechtliche Anforderungen an die Zulässigkeit des kontrollierten Grubenwasseranstiegs infolge der Einstellung von Grubenwasserhaltungsmaßnahmen ergeben sich sowohl in verfahrensrechtlicher Hinsicht als auch unter materiell-rechtlichen Gesichtspunkten naturgemäß aus dem Bergrecht (I.), darüber hinaus aber auch aus dem Wasserrecht (II.). Fragen des UVP-Rechts stellen sich zwar ebenfalls, werden hier aber weitgehend ausgeklammert.[5]

---

3 *Jordan/Welsing*, Einstellung der Grubenwasserhaltung nach Beendigung der Steinkohlengewinnung – Bergrechtliche Betrachtung, ZfB 2017, 231, 232.

4 *Jordan/Welsing*, ZfB 2017, 231, 232.

5 Dazu für das bergrechtliche Betriebsplanzulassungsverfahren ausführlich *Jordan/Welsing*, ZfB 2017, 231, 242 ff. und für das wasserrechtliche Erlaubnisverfahren *Jordan/Welsing*, Einstellung der Grubenwasserhaltung nach Beendigung der Steinkohlengewinnung – Wasserrechtliche Betrachtung, ZfW 2017, 121, 132 ff.

I. Bergrechtliche Anforderungen

Bergrechtlich erfordert die – auch nur teilweise bzw. vorübergehende – Einstellung der Grubenwasserhaltung und der damit notwendigerweise verbundene Grubenwasseranstieg die Zulassung eines entsprechenden Betriebsplans. Dafür müssen die einschlägigen materiell-rechtlichen Voraussetzungen erfüllt sein.

1) Notwendigkeit der Betriebsplanzulassung

Der kontrollierte Grubenwasseranstieg ist betriebsplanpflichtig. So bestimmt § 51 Abs. 1 BBergG, dass Aufsuchungsbetriebe, Gewinnungsbetriebe, Betriebe zur Aufbereitung sowie die in § 2 Abs. 1 BBergG bezeichneten Tätigkeiten und Einrichtungen (u. a. das Aufsuchen, Gewinnen und Aufbereiten von Bodenschätzen) nur auf Grund von Plänen (Betriebsplänen) errichtet, geführt und eingestellt werden dürfen, die vom Unternehmer aufgestellt und von der zuständigen Behörde zugelassen worden sind.

Daraus folgt zunächst, dass die Grubenwasserhaltung im aktiven Bergbau betriebsplanpflichtig ist. Denn die Freihaltung des Bergwerks von Grubenwasser und damit die Wasserhaltung als solche ist notwendige Voraussetzung für die Gewinnungstätigkeit. Es handelt sich dabei um eine vorbereitende und begleitende Maßnahme der Gewinnung, so dass die Wasserhaltung in der Abbauphase – wie die Gewinnung selbst – über einen zugelassenen Betriebsplan zu rechtfertigen ist.[6]

Nichts anderes gilt im Übrigen für die Einstellung der Grubenwasserhaltung jenseits der aktiven Gewinnungstätigkeit. Denn § 51 Abs. 1 BBergG regelt auch für die Einstellung eines Bergbaubetriebs und damit für die Einstellung der Grubenwasserhaltung als notwendiger Teil des Gewinnungsbetriebs die Betriebsplanpflicht.[7]

2) Art der Betriebsplanzulassung

Hinsichtlich der Art des zuzulassenden Betriebsplans ist in erster Linie der Abschlussbetriebsplan einschlägig. Denn gemäß § 53 Abs. 1 Satz 1 BBergG ist für die Einstellung eines Bergbaubetriebes ein Abschlussbetriebsplan aufzustellen. Teilabschlussbetriebspläne für abtrennbare Kom-

---

6 *Vitzthum/Piens*, in: Piens/Schulte/Graf Vitzthum (Hrsg.), BBergG, 2. Aufl. 2013, § 4 Rn. 16; *Keienburg*, in: Boldt/Weller/Kühne/ v. Mäßenhausen (Hrsg.), BBergG, 2. Aufl. 2016, § 4 Rn. 6.

7 *Jordan/Welsing*, ZfB 2017, 231, 233.

plexe sind denkbar und rechtlich zulässig.[8] Üblich ist beispielsweise die Aufteilung des Abschlussbetriebsplans in einen untertägigen und einen übertägigen Teil,[9] wobei die Einstellung der Wasserhaltung Teil des untertägigen Teilabschlussbetriebsplans ist.[10] Rechtlich handelt es sich um Teile eines einheitlichen Abschlussbetriebsplans.[11]

Darüber hinaus wird unter Praktikabilitätsgesichtspunkten – jedenfalls für die Zeit zwischen Beendigung der Produktion und Zulassung des Abschlussbetriebsplans – für möglich gehalten, im Rahmen der Vorbereitung der Einstellung des Bergbaubetriebs die Einstellung der Grubenwasserhaltung auch auf der Grundlage eines Sonderbetriebsplans zuzulassen, etwa hinsichtlich der Einstellung von Wasserhaltungsmaßnahmen in einzelnen Wasserprovinzen.[12] Dagegen ist aus rechtlicher Sicht jedenfalls im Grundsatz nichts zu erinnern, zumal selbst die Ergänzung von Abschlussbetriebsplänen durch Sonderbetriebspläne für abtrennbare Teilkomplexe für möglich und zulässig gehalten wird, obwohl dies von der gesetzlichen Systematik zwar so nicht vorgesehen, gleichwohl aber unter Praktikabilitätsgesichtspunkten sinnvoll ist.[13]

3) Materiell-rechtliche Voraussetzungen

§ 55 Abs. 1 BBergG bestimmt die Voraussetzungen, bei deren Vorliegen ein Betriebsplan zuzulassen ist. Die Bergbehörde hat insoweit kein Ermessen. Ergänzend sind auch die Voraussetzungen des § 48 Abs. 2 Satz 1 BBergG zu beachten, wonach überwiegende öffentliche Interessen der Betriebsplanzulassung nicht entgegenstehen dürfen. Es entspricht heute allgemeiner Auffassung, dass § 48 Abs. 2 Satz 1 BBergG trotz des ausdrücklichen Wortlauts nicht nur zu nachträglichen Beschränkungen eines Bergbaubetriebs ermächtigt, sondern bereits im Betriebsplanverfahren, auch für Abschlussbetriebspläne,[14] beachtet werden muss.[15] Wird die Einstellung der Grubenwasserhaltung im Wege eines Abschlussbetriebsplans zugelassen, gilt § 55 Abs. 2 BBergG. Diese Vor-

---

8   *v. Hammerstein*, in: Boldt/Weller, § 53 Rn. 8 f.; *Beckmann*, Rechtliche Rahmenbedingungen der Einstellung des Steinkohlebergbaus an der Ruhr, DÖV 2010, 512, 515 f.

9   *Piens*, in: Piens/Schulte/Graf Vitzthum, § 53 Rn. 58 f.

10 *Jordan/Welsing*, ZfB 2017, 231, 233.

11 *Knöchel*, Der Abschlussbetriebsplan – Dogmatische Strukturen und Problemfelder in der Praxis, ZfB 1996, 44, 49 f.

12 *Jordan/Welsing*, ZfB 2017, 231, 234. Eine entsprechende Konstellation lag der Entscheidung VG Saarlouis, Urt. v. 25.4.2018 – 5 K 753/16 – juris – zugrunde. Probleme hat das Gericht jedenfalls insoweit nicht gesehen.

13 *v. Hammerstein*, in: Boldt/Weller, § 53 Rn. 10 f.

14 *Kühne*, Bergrechtliche Aspekte des Wasseranstiegs im Bergbau, DVBl. 2006, 1219, 1220.

15 *Kühne*, in: Boldt/Weller, § 48 Rn. 34 ff.; *Vitzthum/Piens*, in: Piens/Schulte/Graf Vitzthum, § 48 Rn. 20 ff.

schrift verweist für das Abschlussbetriebsplanverfahren mit gewissen Einschränkungen und Maßgaben auf die entsprechende Anwendung von § 55 Abs. 1 BBergG. Eine Abschwächung der Anforderungen des § 55 Abs. 1 BBergG ist damit nicht verbunden.[16]

Die oben bereits angedeuteten, zum Teil vorgebrachten Bedenken gegen den Grubenwasseranstieg (Bodenbewegungen an der Tagesoberfläche in Form von Hebungen, Senkungen und/oder Erschütterungen, Vernässungen von Flächen, Schadstoffeinträge in Oberflächengewässer und Trinkwasservorkommen sowie Ausgasungen) können der Zulassung des Betriebsplans nur nach Maßgabe von § 55 Abs. 1, 2 BBergG und § 48 Abs. 2 Satz 1 BBergG entgegenstehen. Andernfalls besteht ein gebundener Anspruch des Bergwerksunternehmers auf die Betriebsplanzulassung. Bewusst nur als Ausschnitt aus dem einzelfallabhängigen Prüfprogramm wird nachfolgend auf Aspekte des gemeinwohlorientierten Gewässerschutzes und des Schutzes der Tagesoberfläche vor Bergschäden eingegangen. Diese Gesichtspunkte dürften am häufigsten virulent werden und von ihrer Tragweite aus betrachtet am meisten Streitpotenzial in sich tragen.

a) Gemeinschäden (§ 55 Abs. 1 Satz 1 Nr. 9 BBergG)

Der Betriebsplanzulassung steht gemäß § 55 Abs. 1 Satz 1 Nr. 9 BBergG der erwartbare Eintritt gemeinschädlicher Einwirkungen entgegen. Das Vorliegen eines Gemeinschadens setzt einen überindividuellen Bezug voraus und damit einen solchen drohenden Schadensumfang, der das Allgemeinwohl erheblich beeinträchtigt.[17] Zum Allgemeinwohl zählen nur allgemein anerkannte Gemeinschaftsgüter, denen eine grundlegende vitale und unverzichtbare Bedeutung zukommt, nicht also individuelle Einzelinteressen. Hierunter fallen nach der Rechtsprechung des BVerwG auch Gewässerverunreinigungen, wobei nicht bereits jede beliebige nachteilige Einwirkung auf ein Gewässer für das Vorliegen einer Gemeinschädigung ausreicht.[18] Vielmehr müssen die zu erwartenden Gewässerverunreinigungen oder Einwirkungen auf die Gewässer nachhaltig, dauerhaft oder von erheblichem Umfang sein und die Gewässereigenschaft erheblich verändern,[19] was regelmäßig dann der Fall ist, wenn die öffentliche Wasserversorgung beeinträchtigt wird. Darüber hinaus genügt für den von § 55 Abs. 1 Satz 1 Nr. 9 BBergG vorausgesetzten Wahrscheinlichkeitsmaßstab nicht bereits die abstrakte Gefahr des Eintritts eines Gemeinschadens. Vielmehr muss die

---

16 *Frenz*, DVBl. 2018, 849, 851 m. w. N.
17 *v. Mäßenhausen*, in: Boldt/Weller, § 55 Rn. 101 f.
18 BVerwGE 100, 31 – „Rammelsberg".
19 *v. Mäßenhausen*, in: Boldt/Weller, § 55 Rn. 104.

gemeinschädliche Einwirkung bei normalem Geschehensablauf nach allgemeiner Lebenserfahrung wahrscheinlich und ihrer Natur nach vorhersehbar sein.[20]

In Bezug auf die Einstellung von Grubenwasserhaltungsmaßnahmen muss demnach im Rahmen der Zulassung des Betriebsplans insbesondere geprüft werden, ob durch den Anstieg des Grubenwassers eine gemeinschadensrelevante erhebliche Gewässerveränderung zu erwarten ist, z. B. infolge der Vermischung des ansteigenden Grubenwassers mit Grundwasser, das zu Trinkwasserzwecken genutzt wird, oder aufgrund der späteren Einleitung in ein Oberflächengewässer, das der Trinkwassergewinnung dient.[21] Was die Wahrscheinlichkeit von gemeinschadensrelevanten Ereignissen angeht, dürfte nach dem Umfang des beabsichtigten und zur Zulassung gestellten Grubenwasseranstiegs zu differenzieren sein. Ist nur ein Grubenwasserteilanstieg vorgesehen, der regelmäßig in deutlichem Abstand unterhalb von Wasservorkommen, die zur Trinkwassergewinnung genutzt werden, durch Wiederaufnahme der Grubenwasserhaltung gestoppt wird, ist der Eintritt einer gemeinschadensrelevanten Grundwasserverunreinigung eher unwahrscheinlich. Anders dürfte die Situation zu beurteilen sein, wenn ein vollständiger Anstieg mit natürlichem Ablauf in ein Oberflächengewässer vorgesehen ist. Hier wird sich eine Vermischung des aufsteigenden Grubenwassers mit grundwasserführenden Schichten kaum vermeiden lassen. Im Einzelfall müssen dann die Auswirkungen auf und etwaige Schutzvorkehrungen für die Trinkwassergewinnung geprüft werden.

b) Bergschäden (§ 48 Abs. 2 Satz 1 BBergG)

Ferner muss gemäß § 48 Abs. 2 Satz 1 BBergG sichergestellt sein, dass der Betriebsplanzulassung keine überwiegenden öffentlichen Interessen entgegenstehen. Seit der Moers-Kapellen-Entscheidung des BVerwG zählen zu den öffentlichen Interessen im Sinne von § 48 Abs. 2 Satz 1 BBergG auch die schädigenden Auswirkungen des Bergbaus auf das Oberflächeneigentum. Unter den Gesichtspunkten des Grundrechtsschutzes ist – so das BVerwG – die bis dahin übliche Verweisung des Oberflächeneigentümers auf die Bergschadensregulierung nach §§ 114 ff. BBergG nur bei zu erwartenden kleinen und mittleren Schäden im üblichen Umfang verfassungsrechtlich unbe-

---

20 *Piens*, in: Piens/Schulte/Graf Vitzthum, § 55 Rn. 279 u. 324; *v. Mäßenhausen*, in: Boldt/Weller, § 55 Rn. 104; *Czychokowski/Reinhardt*, WHG, 11. Aufl. 2014, § 12 Rn. 25.
21 *Lenz*, Ordnungsrechtliche Verantwortlichkeit und Haftung für den Grubenwasserwiederanstieg im Steinkohlenbergbau aus Sicht der Wirtschaft, in: Frenz/Preuße (Hrsg.), Wasseranstieg im Steinkohlenbergbau, 2006, S. 69, 70; *Jordan/Welsing*, ZfB 2017, 231, 238.

denklich. Wahrscheinliche Eigentumsbeeinträchtigungen von einigem Gewicht, also schwere Bergschäden, die über das normale Bild von Bergschäden hinausgehen, sind hingegen bereits in die nach § 48 Abs. 2 Satz 1 BBergG vorzunehmende Abwägung einzustellen und von der Bergbehörde hinreichend zu berücksichtigen.[22] Nur drohende schwere Bergschäden, nicht aber wahrscheinliche kleine und mittlere Bergschäden am Oberflächeneigentum berechtigen die Bergbehörde, den beantragten Betriebsplan im Rahmen der Abwägung zu beschränken oder ganz abzulehnen.[23]

Ob schwere Bergschäden durch den Grubenwasseranstieg – etwa infolge von Hebungen und Setzungen der Erdoberfläche oder durch Erschütterungen – mit einiger Wahrscheinlichkeit zu verzeichnen sein werden, muss im Einzelfall geprüft werden. Dies wäre beispielsweise bei einem wahrscheinlichen Totalverlust der Gebäudesubstanz oder einer erwartbaren Schieflage von mehr als 35 mm/m der Fall.[24] Es steht allerdings zu erwarten, dass die weit überwiegende Zahl eventueller Schäden sich im kleinen oder mittleren Schadensausmaß bewegen wird, so dass hier allein auf privatrechtlicher Ebene das Bergschadensrecht zur Anwendung kommt (ausführlich unten).

II. Wasserrechtliche Anforderungen

In spezifisch wasserrechtlicher Hinsicht kann die Einstellung der Grubenwasserhaltung und/oder deren Wiederaufnahme nach erfolgtem Teilanstieg eine Zulassungsentscheidung der zuständigen Behörde (gemäß § 19 Abs. 2 WHG die Bergbehörde) erforderlich machen. In aller Regel wird es um die Erteilung einer wasserrechtlichen Erlaubnis gehen, zumal § 14 Abs. 1 Nr. 3 WHG die Erteilung einer Bewilligung für das Einleiten von Stoffen in ein Gewässer ausschließt. Die Erlaubnisfähigkeit des Vorhabens hängt vom Vorliegen der Voraussetzungen gemäß § 12 WHG i. V. m. § 27 WHG und § 47 WHG ab.

1) Notwendigkeit einer wasserrechtlichen Zulassungsentscheidung

Nach § 8 Abs. 1 WHG bedarf die Benutzung eines Gewässers der wasserrechtlichen Erlaubnis oder Bewilligung, sofern nicht gesetzlich etwas anderes bestimmt ist (wie z. B. im Falle des für die

---

22 BVerwGE 81, 329 – „Moers-Kapellen"; *Knöchel*, Eigentumsschutz im bergrechtlichen Betriebsplanverfahren, in: Frenz/Preuße (Hrsg.), Umgang mit Bergschäden in Verfahren und Praxis, 2004, S. 83, 85.
23 *Vitzthum/Piens*, in: Piens/Schulte/Graf Vitzthum, § 48 Rn. 57.
24 M. w. N. *Vitzthum/Piens*, in: Piens/Schulte/Graf Vitzthum, § 48 Rn. 55.

Grubenwasserhaltung nicht einschlägigen Gemeingebrauchs[25]). Die Notwendigkeit des Durchlaufens eines wasserrechtlichen Zulassungsverfahrens hängt demnach maßgeblich davon ab, ob im Rahmen des kontrollierten Grubenwasseranstiegs ein echter oder unechter Benutzungstatbestand gemäß § 9 WHG erfüllt wird. Als potenziell einschlägige echte Benutzungstatbestände kommen im Wesentlichen in Betracht das Einbringen und Einleiten von Stoffen in ein Gewässer (§ 9 Abs. 1 Nr. 4 WHG) sowie das Entnehmen, Zutagefördern, Zutageleiten und Ableiten von Grundwasser (§ 9 Abs. 1 Nr. 5 WHG) und als unechter Benutzungstatbestand § 9 Abs. 2 Nr. 2 WHG (Maßnahmen, die geeignet sind, dauernd oder in einem nicht nur unerheblichen Ausmaß nachteilige Veränderungen der Wasserbeschaffenheit herbeizuführen). Insoweit ist im Ausgangspunkt nicht zweifelhaft, dass es sich bei Grubenwasser um (bergbauliches) Grundwasser im Sinne des § 3 Nr. 3 WHG handelt.[26] Für die rechtliche Beurteilung, ob ein Benutzungstatbestand erfüllt ist und damit ein Zulassungserfordernis besteht, muss hinsichtlich des Umfangs und der einzelnen Teilaspekte der Einstellung der Grubenwasserhaltung differenziert werden.

a) Zulassungspflicht der Einleitung des Grubenwassers in ein Oberflächengewässer (§ 9 Abs. 1 Nr. 4 WHG)

Hinsichtlich der Zulassungspflicht der Einleitung von Grubenwasser in ein Oberflächengewässer ist danach zu differenzieren, ob ein Grubenwasserteilanstieg oder eine vollständige Flutung des Grubengebäudes mit natürlichem Ablauf des Grubenwassers beabsichtigt ist.

aa) Grubenwasserteilanstieg

Wird lediglich ein Teilanstieg, also die vorübergehende Einstellung und Wiederaufnahme der Grubenwasserhaltung nach Erreichen des Zielhorizonts vorgenommen, bedarf die Einleitung des Grubenwassers vom neuen Anstiegsniveau aus in ein Oberflächengewässer der wasserrechtlichen Erlaubnis.[27] Es ist nicht ernsthaft zweifelhaft, dass der Einleitungstatbestand gemäß § 9 Abs. 1 Nr. 4 WHG (Einleiten von Stoffen in ein Gewässer) auch gefördertes Grubenwasser erfasst.[28] Der

---

25 *Knopp*, in: Siedler/Zeitler/Dahme (Hrsg.), WHG AbwAG, EL 52 2018, WHG § 9 Rn. 52.

26 BVerwG, NVwZ 1993, 997, 997; *Piens*, in: Piens/Schulte/Graf Vitzthum, Anhang zu § 56 Rn. 560; *Jordan/Welsing*, ZfW 2017, 121, 135.

27 *Jordan/Welsing*, ZfW 2017, 121, 132.

28 *Czychokowski/Reinhardt*, WHG, § 9 Rn. 35.

von § 9 Abs. 1 Nr. 4 WHG verwendete Begriff des Stoffs ist weit auszulegen und steht daher nicht der Erfassung von Grubenwasser entgegen.[29]

Eine andere Frage ist, ob die im Normalfall ja bereits existierende wasserrechtliche Erlaubnis für eine Einleitung des zuvor schon vom niedrigeren Niveau während der Gewinnungsphase aus geförderten Grubenwassers auch die Einleitung vom neuen Zielhorizont aus erfasst. Insoweit kommt es auf den genauen Regelungsgegenstand und die Gestattungswirkung der bisherigen Genehmigung an. Es wird für den Regelfall wohl eher davon auszugehen sein, dass eine neue bzw. geänderte Erlaubnis erforderlich ist, weil die Zusammensetzung und das etwaige Schadpotenzial des zu Tage geförderten Grubenwassers aus einer geringeren Teufe anders sein können.[30]

bb) Vollständiger Grubenwasseranstieg

Schwieriger ist die Rechtslage im Falle des vollständigen Grubenwasseranstiegs mit natürlichem Ablauf in ein Oberflächengewässer zu beurteilen. Das Einleiten von Stoffen im Sinne von § 9 Abs. 1 Nr. 4 WHG erfordert ein nach der objektiven Eignung auf das Gewässer gerichtetes Verhalten.[31] Das Merkmal „Einleiten" ist deshalb nicht erfüllt, wenn Wasser ohne künstliche Beeinflussung in ein natürliches Gewässer abfließt. Wird lediglich verursacht, dass Stoffe in ein Gewässer gelangen, so liegt darin selbst dann kein Einleiten, wenn es fahrlässig erfolgt.[32] Zwar kann das Merkmal „Einleiten" auch durch ein Unterlassen erfüllt werden. Doch leitet jemand durch Unterlassen Stoffe in ein Gewässer nur dann ein, wenn er mit seinem Untätigbleiben planvoll darauf abzielt, dass Stoffe in oberirdische Gewässer oder in das Grundwasser gelangen.[33] In jedem Fall ist ein zielgerichtetes Unterlassen erforderlich.[34]

Es stellt mithin eine Auslegungs- bzw. Wertungsfrage dar, ob mit der vollständigen Einstellung der Grubenwasserhaltung sowie dem damit verbundenen natürlichen Ablauf des Grubenwassers in ein oberirdisches Gewässer ein zweckgerichtetes, planvolles und zielgerichtetes gewässerbezogenes Verhalten im Sinne einer Einleitung verbunden ist. Da die vollständige Einstellung der Gru-

---

29 *Knopp*, in: Siedler/Zeitler/Dahme, WHG § 9 Rn. 52; *Czychokowski/Reinhardt*, WHG, § 9 Rn. 39.
30 In diese Richtung wohl auch VG Saarlouis, Urt. v. 25.4.2018 – 5 K 753/16 – juris; siehe nunmehr auch OVG des Saarlandes, Urt. v. 10.12.2019 – 2 A 185/18 – juris.
31 *Knopp*, in: Siedler/Zeitler/Dahme, WHG § 9 Rn. 46.
32 *Czychokowski/Reinhardt*, WHG, § 9 Rn. 35.
33 BVerwG, ZfW 1974, 296, 298.
34 *Czychokowski/Reinhardt*, WHG, § 9 Rn. 7.

benwasserhaltung letztlich nur den natürlichen Zustand wieder herstellt und die reine Kausalität des Hineingelangens von Stoffen in ein Gewässer nicht für das Vorliegen des Einleittatbestandes hinreicht, spricht vieles dafür, bei der vollständigen Einstellung der Grubenwasserhaltung nicht von einem Benutzungstatbestand nach § 9 Abs. 1 Nr. 4 WHG auszugehen.

Für diese Einschätzung streitet zudem, dass in der Regel davon ausgegangen wird, dass kein Benutzungstatbestand vorliegt, wenn aus einem stillgelegten Bergwerk Wasser zutage tritt.[35] Die Sachverhalte erscheinen – jedenfalls im Endzustand – vergleichbar. Einschränkend ist allerdings auch zu berücksichtigen, dass man kaum von der Hand weisen kann, dass der kontrollierte Grubenwasseranstieg selbstverständlich planmäßig durch Einstellung der Grubenwasserhaltung erfolgt. Ob dies in der Konsequenz aber auch zwingend zur Erfüllung des Benutzungstatbestandes gemäß § 9 Abs. 1 Nr. 4 WHG führt, erscheint mangels unmittelbarer Zielrichtung auf die Einleitung in ein Oberflächengewässer zweifelhaft. Das „Gelangen" des Grubenwassers an die Oberfläche und in ein Oberflächengewässer ist lediglich natürlicher Reflex der vollständigen Einstellung der Grubenwasserhaltung. Es genügt allerdings nicht allein, dass überhaupt ein zweckgerichtetes Verhalten vorliegt. Erforderlich für die Annahme des Benutzungstatbestandes ist vielmehr die Zweckrichtung gerade auf das Oberflächengewässer, in das eingeleitet wird. Anders und damit im Sinne einer Erlaubnispflicht dürfte die Situation nur dann zu beurteilen sein, wenn ein gezieltes Hinleiten zum Oberflächengewässer, etwa durch Errichtung eines Einleitbauwerks, erfolgt.

b) Zulassungspflicht des Entnehmens, Zutageförderns, Zutageleitens und Ableitens von Grundwasser (§ 9 Abs. 1 Nr. 5 WHG)

Da – wie ausgeführt – Grubenwasser (bergbauliches) Grundwasser im Sinne von § 3 Nr. 3 WHG ist, kommt eine wasserrechtliche Zulassungspflicht der Einstellung der Grubenwasserhaltung auch unter dem Aspekt des Entnehmens, Zutageförderns, Zutageleitens und Ableitens von Grundwasser als Benutzungstatbestand gemäß § 9 Abs. 1 Nr. 5 WHG in Betracht. Auch insoweit ist zu differenzieren.

aa) Grubenwasserteilanstieg

Im Fall des Grubenwasserteilanstiegs stellt die Wiederaufnahme der Wasserhaltung bei Erreichen des vorgesehenen Zielhorizonts durch erneutes Pumpen des Grubenwassers auch unter

---

35 *Piens*, in: Piens/Schulte/Graf Vitzthum, Anhang zu § 56 Rn. 574; *Czychokowski/Reinhardt*, WHG, § 9 Rn. 70, jeweils m. w. N.

dem Aspekt des Zutageförderns und Ableitens von Grundwasser (§ 9 Abs. 1 Nr. 5 WHG) eine nach § 8 Abs. 1 WHG zulassungspflichtige Gewässerbenutzung dar.[36] Auch dies ist nicht wirklich zweifelhaft. Denn infolge der Wiederaufnahme der Grubenwasserhaltung nach Erreichen des Zielhorizonts für den Anstieg wird durch Pumpmaßnahmen erneut in den Grundwasserstand eingegriffen, um eine Annäherung des Grubenwassers an den natürlichen Grundwasserstand ziel- und zweckgerichtet zu verhindern.[37] Den von § 9 Abs. 1 Nr. 5 WHG erfassten Benutzungstatbeständen ist gemein, dass das Grundwasser in irgendeiner Form von seinem bisherigen Ort wegbewegt wird, was mit der Wiederaufnahme der Grubenwasserhaltung genau so bezweckt ist.[38] Was die Gestattungswirkung einer früheren Erlaubnis angeht, gilt das oben Gesagte entsprechend.

bb) Vollständiger Grubenwasseranstieg

Im Falle eines vollständigen Grubenwasseranstiegs mit natürlichem Abfluss des Grubenwassers ergibt sich mit Blick auf den Benutzungstatbestand des Zutageförderns und Ableitens von Grundwasser (§ 9 Abs. 1 Nr. 5 WHG) letztlich nichts anderes als für das Einleiten von Stoffen in ein Gewässer (§ 9 Abs. 1 Nr. 4 WHG). Allen Benutzungstatbeständen des § 9 Abs. 1 WHG ist gemein, dass sie ein zweckbestimmtes Verhalten erfordern, das nach seiner Eignung auf ein Gewässer gerichtet ist.[39] Insofern kann auf die oben bereits gemachten Ausführungen verwiesen werden. Es bestehen zwar durchaus Wertungsspielräume. Da aber die vollständige Einstellung der Grubenwasserhaltung letztlich nur den natürlichen Zustand wieder herstellt, wird nicht von einem zielgerichteten Zutagefördern oder Ableiten von Grundwasser gemäß § 9 Abs. 1 Nr. 5 WHG auszugehen sein.

cc) Untertägiger Grubenwasserteilanstieg als solcher

Eine weitere Frage ist, ob der Grubenwasseranstieg vom ursprünglichen Niveau während der Gewinnungsphase auf das neue Niveau des Zielhorizonts beim Grubenwasserteilanstieg für sich genommen einen Benutzungstatbestand erfüllt und damit nach § 8 Abs. 1 WHG zulassungsbedürftig ist. Auch insoweit kommt in erster Linie ein echter Benutzungstatbestand unter dem Gesichts-

---

36 *Piens*, in: Piens/Schulte/Graf Vitzthum, Anhang zu § 56 Rn. 568.
37 *Jordan/Welsing*, ZfW 2017, 121, 131 f.
38 *Czychokowski/Reinhardt*, WHG, § 9 Rn. 66, 70.
39 *Czychokowski/Reinhardt*, WHG, § 9 Rn. 5.

punkt des Entnehmens, Zutageförderns, Zutageleitens und Ableitens von Grundwasser gemäß § 9 Abs. 1 Nr. 5 WHG in Betracht.[40]

Den Benutzungstatbeständen des Entnehmens, Zutageförderns, Zutageleitens und Ableitens von Grundwasser ist gemein, dass Grundwasser durch Verbringung an die Erdoberfläche oder in andere Bodenschichten aus seinem natürlichen Zusammenhang gelöst, also in irgendeiner Form von seinem bisherigen Ort fortbewegt wird.[41] Bei natürlicher Betrachtung ist dies für den Grubenwasserteilanstieg als solchen der Fall. Damit bereits das Vorliegen des Benutzungstatbestandes gemäß § 9 Abs. 1 Nr. 5 WHG zu bejahen, würde die rechtliche Problematik allerdings nur unzureichend abbilden und verkürzen.

Es kommt auch insoweit maßgeblich darauf an, ob ein ziel- und zweckgerichtetes gewässerbezogenes Handeln vorliegt. Das schlichte Unterlassen der Fortführung von Grubenwasserhaltungsmaßnahmen im bisherigen Umfang bzw. in der bisherigen Art und Weise und damit das Unterlassen des Ausnutzens der wasserrechtlichen Zulassung für die ursprüngliche Grubenwasserhaltung wird – mit den bereits angedeuteten Wertungsunsicherheiten – nur schwerlich als eigenständige echte Gewässerbenutzung im Sinne von § 9 Abs. 1 Nr. 5 WHG zu charakterisieren sein.[42] Das Nichtweiterbetreiben der Grundwasserhaltung ist zwar kausal für den Anstieg des Grubenwassers. Dies allein genügt aber nicht. Es muss eine ziel- und zweckgerichtete Einwirkung auf das Gewässer hinzutreten, die bei einem ausschließlich natürlichen Wiederanstieg des Grubenwassers nicht vorliegen wird.[43] Insofern gilt das oben bereits Gesagte hier entsprechend.[44]

---

40 Zu den darüber hinausgehenden Fragen der unechten Benutzung gemäß § 9 Abs. 2 Nr. 1 WHG sowie – speziell mit Blick auf Nordrhein-Westfalen – zu einer Zulassungspflicht nach § 33 Abs. 1 LWG NRW i. V. m. § 26 LWG NRW, die hier ausgeklammert werden, verneinend *Jordan/Welsing*, ZfW 2017, 121, 127 ff.

41 *Czychokowski/Reinhardt*, WHG , § 9 Rn. 66; *Pape*, in: Landmann/Rohmer (Hrsg.), Umweltrecht, 59. EL 2010, WHG § 9 Rn. 60; *Knopp*, in: Siedler/Zeitler/Dahme (Hrsg.), WHG AbwAG, WHG § 9 Rn. 69.

42 So auch *Piens*, in: Piens/Schulte/Graf Vitzthum, Anhang zu § 56 Rn. 569; *von Mäßenhausen*, in: Boldt/Weller, Anhang zu § 48 Rn. 201; *Jordan/Welsing*, ZfW 2017, 121, 124 f.; VG Dessau, Urt. v. 25.10.2006 – 1 A 290/05 DE; BT-Drs. 19/3075 vom 29.6.2018, S. 4 f.

43 So auch *Piens*, in: Piens/Schulte/Graf Vitzthum, Anhang zu § 56 Rn. 569.

44 Zu weiteren Argumenten, insbesondere mit Blick auf die einzelnen Varianten von § 9 Abs. 1 Nr. 5 WHG *Jordan/Welsing*, ZfW 2017, 121, 125 ff. So steht etwa dem Zutagefördern und Zutageleiten bereits entgegen, dass das Grubenwasser beim Teilanstieg nur durch die – für sich genommen ohnehin erlaubnispflichtige – Wiederaufnahme der Grubenwasserhaltung die Tagesoberfläche erreicht (vgl. *Jordan/Welsing*, ZfW 2017, 121, 126; siehe zudem *Knopp*, in: Siedler/Zeitler/Dahme, WHG § 9 Rn. 69).

c) Unechter Benutzungstatbestand gemäß § 9 Abs. 2 Nr. 2 WHG

Soweit nicht bereits eine echte Benutzung vorliegt, gelten als Benutzungen gemäß dem Auffangtatbestand des § 9 Abs. 2 Nr. 2 WHG auch Maßnahmen, die geeignet sind, dauernd oder in einem nicht nur unerheblichen Ausmaß nachteilige Veränderungen der Wasserbeschaffenheit herbeizuführen. Da diese Regelung gegenüber den echten Benutzungen des § 9 Abs. 1 WHG subsidiär ist,[45] kommt sie vorliegend von vornherein allein für den vollständigen Grubenwasseranstieg sowie für den untertägigen Teilanstieg als solchen in Betracht. Dies gilt insbesondere deshalb, weil § 9 Abs. 2 Nr. 2 WHG kein gewässerbezogenes zweckgerichtetes Verhalten erfordert, sondern jedes zweckgesteuerte Verhalten genügt.[46] Abhängig davon, ob im Einzelfall im Rahmen des Grubenwasseranstiegs nachteilige Veränderungen der Wasserbeschaffenheit zu befürchten sind, könnte also trotz der oben aufgeführten Bedenken hinsichtlich der Erfüllung eines echten Benutzungstatbestandes eine Erlaubnispflicht gemäß § 8 Abs. 1 WHG i. V. m. § 9 Abs. 2 Nr. 2 WHG bestehen. Auch insoweit wird allerdings vertreten, dass das bloße Unterlassen der Fortführung einer wasserrechtlich zugelassenen Benutzung keine erneut wasserrechtlich zulassungspflichtige Benutzung darstelle.[47] Dafür spricht zunächst vieles. Es darf allerdings auch nicht übersehen werden, dass eine solche Sichtweise dazu geeignet ist, die von § 9 Abs. 2 Nr. 2 WHG beabsichtigte Präventivkontrolle für potenziell gewässergefährdende Verhaltensweisen, unabhängig davon, ob sie sich von ihrem Zweck her auf ein Gewässer richten, zu unterlaufen. Das bergrechtliche Betriebsplanverfahren bietet eine Kompensation jedenfalls nur insoweit, als gemeinschädliche Gewässerveränderungen in Rede stehen.

2) Materiell-rechtliche Anforderungen

Die wasserrechtliche Erlaubnisfähigkeit des kontrollierten Grubenwasseranstiegs hängt – soweit seine Teilaspekte erlaubnisbedürftig sind – vom Vorliegen der Voraussetzungen gemäß § 12 WHG i. V. m. § 27 WHG und § 47 WHG ab. Es kommt also insbesondere darauf an, ob schädliche Gewässerveränderungen zu erwarten sind und ob die einschlägigen Bewirtschaftungsziele eingehalten werden. Dabei ist – je nach Benutzungstatbestand – das Augenmerk in erster Linie zu legen auf den Schutz oberirdischer Gewässer, in die Grubenwasser eingeleitet wird, sowie auf den Schutz des Grundwassers, mit dem Grubenwasser beim Anstieg oder durch Versickerung an der Tages-

---

45 *Czychokowski/Reinhardt*, WHG, § 9 Rn. 82.
46 *Czychokowski/Reinhardt*, WHG, § 9 Rn. 85.
47 M.w.N. *Jordan/Welsing*, ZfW 2017, 121, 128 f.

oberfläche in Kontakt tritt. Dies setzt insbesondere die Einhaltung der Anforderungen des wasserrechtlichen Verschlechterungsverbots[48] sowie des Gebots des Erhalts oder der Erreichung eines guten Gewässerzustands voraus. Im Einzelnen hängt vieles von der konkreten Zusammensetzung des Grubenwassers, dessen Mineral- und Schadstoffgehalt sowie von der einzuleitenden Menge ab.[49] Was das Grubenwasser selbst als Schutzobjekt angeht, wird regelmäßig kein Schutzbedürfnis bestehen. Denn da Grubenwasser in der Regel aufgrund seiner Teufe keine Bedeutung für gewässerabhängige Landökosysteme und Feuchtgebiete oder für die Trinkwassergewinnung hat, ist eine ökologische Funktion oder ein Ge- und Verbrauchswert des Grubenwassers kaum vorhanden.[50]

C. Bergschadensrechtliche Gesichtspunkte des kontrollierten Grubenwasseranstiegs

Wie bereits erwähnt, kann nicht ausgeschlossen werden, dass der Grubenwasseranstieg infolge von Bodenbewegungen negative Folgen für das Oberflächeneigentum haben wird. Allenfalls erscheinen allerdings kleine und mittlere Bergschäden wahrscheinlich, die nach der Rechtsprechung des BVerwG (Moers-Kapellen-Entscheidung) nicht zu einer Ablehnung oder Beschränkung der Betriebsplanzulassung führen dürfen. Hier kommen vielmehr Ersatzansprüche nach Maßgabe des Bergschadensrechts (§§ 114 ff. BBergG) in Betracht, so dass darauf nachfolgend ein besonderes Augenmerk zu legen ist.

I. Grundsätzliches zum Bergschadensrecht

Das Bergschadensrecht ist zwar gesetzestechnisch im BBergG verortet. Jedoch handelt es sich dabei im Kern um eine zivilrechtliche Materie, die durch bergrechtsspezifische Besonderheiten geprägt wird und für die der ordentliche Rechtsweg gegeben ist (§ 144 Abs. 1 BBergG). Die Bergschadenshaftung stellt nach ursprünglich h. M. eine Gefährdungshaftung dar, da der Verpflichtete

---

48 Zum Verschlechterungsverbot hinsichtlich oberirdischer Gewässer die grundlegende Entscheidung EuGH, Urt. v. 1.7.2015 – C-461/13, DVBl. 2015, 1044, 1049 („Weservertiefung"). Hinsichtlich des Verschlechterungsverbots bezogen auf das Grundwasser vgl. den Vorlagebeschluss des BVerwG an den EuGH in Sachen „Zubringer Ummeln", BVerwG, Beschl. v. 25.4.2018 – 9 A 15/16 und 9 A 16/16, über den zum Zeitpunkt der Abgabe des Manuskripts noch nicht entschieden war.
49 Ausführlich *Jordan/Welsing*, ZFW 2017, 121, 138 ff.
50 Näher *Jordan/Welsing*, ZfW 2017, 121, 135 ff.

verschuldensunabhängig für die von seinem bergbaulichen Betrieb ausgehenden Gefahren einzu-stehen hat.[51] Davon abweichend sieht eine mittlerweile weit verbreitete Auffassung den Bergscha-densersatzanspruch als Aufopferungsanspruch an, weil für Schäden aus einer – aufgrund der Betriebsplanzulassung – rechtmäßigen Tätigkeit gehaftet werde.[52] Dies zeigt sich insbesondere daran, dass – wie ausgeführt – nach der Moers-Kapellen-Entscheidung des BVerwG zu erwartende kleine und mittlere Bergschäden nicht zu einer Versagung oder Beschränkung der Betriebsplan-zulassung führen dürfen, sondern bergschadensrechtlich zu kompensieren sind.

Die zentrale Vorschrift der Bergschadenshaftung ist § 114 BBergG, in dessen Abs. 1 geregelt wird, dass für den infolge der Ausübung von bergbaulichen Tätigkeiten entstandenen Bergschaden nach den §§ 115 bis 120 BBergG Ersatz zu leisten ist. § 114 Abs. 1 BBergG enthält für Bergschäden eine Legaldefinition, wonach hiervon alle Schäden erfasst sind, die aus der Tötung oder Körper- bzw. Gesundheitsverletzung eines Menschen oder der Beschädigung einer Sache entstehen. Ergänzt wird diese Definition durch den Negativkatalog des § 114 Abs. 2 BBergG, der eine Reihe von Tat-beständen auflistet, die keinen Bergschaden darstellen (etwa Schäden der im Bergbaubetrieb beschäftigten Personen oder der dort verwendeten Sachen sowie Schäden an anderen Bergbau-betrieben).

Da die Bergschadenshaftung nur die in § 2 Abs. 1 Nr. 1 und 2 BBergG genannten Tätigkeiten bzw. die in § 2 Abs. 1 Nr. 3 BBergG genannten Einrichtungen erfasst, scheidet ein Anspruch aus den §§ 114 ff. BBergG aus, soweit der Schaden nicht aus den dort im Einzelnen aufgeführten Tätigkei-ten bzw. Einrichtungen resultiert, also keinen bergbaubetrieblichen Zusammenhang aufweist. Jedoch können in diesem Fall Ansprüche aus sonstigen Haftungsvorschriften bestehen (etwa aus den §§ 823 ff. BGB oder aus § 906 BGB), da das Bergschadensrecht keine Sperrwirkung gegenüber anderen Haftungsregimen entfaltet (vgl. § 121 BBergG).

II. Bergschäden beim Grubenwasseranstieg

Der kontrollierte Grubenwasseranstieg kann durch die Veränderungen des Wasserhaushalts im Gebirgskörper zu Bodenbewegungen an der Tagesoberfläche führen. Dies kann sich in Bodenhe-

---

51 *Konrad*, Das Bergschadensrecht im System der verschuldensunabhängigen Haftung, 2012, S. 44; *Terwiesche*, Schadensersatz-pflicht für Bergschäden infolge des Wiederanstiegs des Grubenwassers, in: Frenz/Preuße (Hrsg.), Wasseranstieg im Steinkohlen-bergbau, 2006, S. 89, 90; *Müggenborg*, Bergschadensersatz nach BBergG, NuR 2011, 689, 689.

52 *Kühne*, DVBl. 2006, 1219, 1223 f.; *Schulte*, in: Piens/Schulte/Graf Vitzthum, § 114 Rn. 26.

bungen und Bodenabsenkungen sowie Beben/Erschütterungen, gegebenenfalls auch in Vernässungen äußern.[53] Schäden an Gebäuden und Inventar sind dadurch möglich und nicht gänzlich unwahrscheinlich.[54] Hingegen dürften durch den Wasseranstieg aktivierte Tagesbrüche jedenfalls beim Grubenwasserteilanstieg in der Regel nicht zu erwarten sein, da der oberflächennahe Bergbau in den obersten 30 m Teufe unter der Erdoberfläche stattfand, so dass das nur bis zu einem gewissen Zielhorizont steigende Wasser die Grubenbaue des oberflächennahen Abbaus nicht erreichen kann.[55]

In der Vergangenheit sind bereits Fälle bekannt geworden, in denen in einem bestimmten Gebiet größere Bergschäden durch den Anstieg des Grubenwassers entstanden sind, da die geologischen und hydrogeologischen Randbedingungen dort besonders ungünstig waren. So sind im Bereich des im Jahr 1997 stillgelegten Erkelenzer Steinkohlereviers in verschiedenen Ortslagen teils massive Schäden an Gebäuden aufgetreten, die auf eine flutungsbedingte Hebung der Tagesoberfläche infolge des kontrollierten Grubenwasseranstiegs zurückgeführt werden konnten.[56] Hintergrund hierfür waren erhebliche Hebungsdifferenzen mit der Folge ungleichmäßiger Bodenbewegungen, welche durch unterschiedliche Druckhöhen im Erkelenzer Deckgebirge bedingt waren.[57] Die von diesen Auswirkungen betroffenen Grundstücke lagen dabei nicht nur im Bereich der bekannten Hebungsunstetigkeit, sondern teilweise auch abseits der bislang dokumentierten Problemzonen sowie außerhalb des aus dem früheren Abbau ableitbaren Einwirkungsbereiches.[58]

Haftungsbegründende Bergschäden, vor allem in Gestalt von Beschädigungen des Oberflächeneigentums, sind daher auch beim Grubenwasseranstieg nicht auszuschließen, wobei die zu erwartende Größenordnung der in Betracht kommenden bergbaubedingten Schäden in den meisten Fällen einen geringeren Umfang als noch beim aktiven Steinkohleabbau aufweisen dürfte.[59]

---

53 *Frenz*, DVBl. 2018, 849, 852.
54 *Beyer*, Grundwasseranstieg und Abbauende – wer haftet?, in: Frenz/Preuße (Hrsg.), Bergschäden und Altlasten in der Praxis, 2005, S. 21, 22; *Frenz*, DVBl. 2018, 849, 851.
55 *Jordan/Welsing*, ZfB 2017, 231, 236.
56 *Baglikow*, Schadensrelevante Auswirkungen des Grubenwasseranstiegs im Erkelenzer Steinkohlenrevier, 2010, S. 7.
57 *Baglikow*, Schadensrelevante Auswirkungen des Grubenwasseranstiegs, S. 47 ff.
58 *Baglikow*, Schadensrelevante Auswirkungen des Grubenwasseranstiegs, S. 76 ff.
59 RAG Aktiengesellschaft, Aufgaben für die Ewigkeit – Grubenwasserhaltung, Poldermaßnahmen und Grundwassermanagement im Ruhrgebiet, Januar 2016, S. 13.

III. Kausalzusammenhang

Soweit Bergschäden beim Grubenwasseranstieg in Betracht kommen, ist insbesondere die Schadensverursachung klärungsbedürftig. § 114 Abs. 1 BBergG setzt voraus, dass der Bergschaden kausal auf den vom Anwendungsbereich der Norm erfassten bergbaulichen Tätigkeiten und Einrichtungen beruht, also unmittelbare oder mittelbare Folge einer Tätigkeit oder Hilfstätigkeit nach § 2 Abs. 2 Nr. 1 und 2 BBergG ist. Gerade beim Grundwasserwiederanstieg ist allerdings umstritten, ob Schäden, die auf dem Anstieg des Grundwassers infolge der Einstellung von Wasserhaltungsmaßnahmen beruhen, hinreichend kausal im Sinne von § 114 Abs. 1 BBergG sind oder ob – die Kausalität ausschließend – der Anstieg des Wasserspiegels und die daraus resultierenden Gefährdungen lediglich den naturgemäßen Zustand wiederherstellen, der bereits vor der bergbaulichen Tätigkeit bestand.[60]

1) Natürliche Kausalität

Teilweise wird bereits das Vorliegen eines natürlichen Zurechnungszusammenhangs beim kontrollierten Grubenwasseranstieg bezweifelt. Ein natürlicher Ursachenzusammenhang zum eingetretenen Bergschaden liegt dann vor, wenn infolge der Ausübung der bergbaulichen Tätigkeit eine naturwissenschaftliche Bedingung gesetzt worden ist, die nicht hinweggedacht werden kann, ohne dass der konkrete schädliche Erfolg entfiele (conditio sine qua non).[61] So hat insbesondere im Zusammenhang mit der Flutung von Tagebaurestlöchern ein Teil der Literatur Bedenken, ob die Beendigung der Wasserhaltung zu einem kausalitätsbegründendem (künstlichen) Eingriff führt, weil der Anstieg des Grund- bzw. Grubenwassersspiegels lediglich natürliche Folge des stetigen Wassernachflusses sei.[62] Richtigerweise stellt aber auch die Einstellung von Wasserhaltungsmaßnahmen eine Handlung dar, die in einem inneren Zusammenhang mit der eigentlichen Abbautätigkeit steht.[63] Denn die Grubenwasserhaltung ist eine notwendige Voraussetzung für die Gewinnungstätigkeit, so dass auch die Einstellung der Wasserhaltung bei natürlicher Betrachtung auf die bergbaubetriebliche Tätigkeit zurückzuführen ist, weil der frühere Grundwasserstand ohne

---

60 *Frenz*, DVBl. 2018, 849, 853.
61 *Schulte*, in: Piens/Schulte/Graf Vitzthum, § 114 Rn. 30.
62 Vgl. *Spieth/Wolfers*, Umfang und Reichweite der Nachsorgepflicht des Bergbauunternehmers bei der Stilllegung, ZfB 1997, 269, 274 f.; *Kühne*, DVBl. 2006, 1219, 1224.
63 *Terwiesche*, in: Frenz/Preuße (Hrsg.), S. 89, 90; *Frenz*, DVBl. 2018, 849, 854; *Müggenborg*, NuR 2011, 689, 690.

den Bergbau niemals abgesenkt worden wäre.[64] Die Einstellung der Wasserhaltung und der damit verbundene Grubenwasseranstieg bilden den Schlusspunkt bergbaulich begründeter Regulierung des Grundwasserstandes.[65] Daran ändern auch Überlegungen hypothetischer oder überholender Kausalität nichts.[66]

Diese Sichtweise tritt auch nicht etwa in Widerspruch zur wasserrechtlichen Bewertung der (voraussichtlichen) Nichterfüllung der echten Benutzungstatbestände beim Grubenwasseranstieg als solchen.[67] Denn der natürliche Ursachenzusammenhang im Sinne des Bergschadensrechts setzt lediglich eine naturwissenschaftliche Bedingung voraus, nicht aber zusätzlich die personale Zweckbestimmung bzw. Zielgerichtetheit der Einwirkung auf ein Gewässer.

2) Adäquat-kausaler Zurechnungszusammenhang

Der natürliche Bedingungszusammenhang zwischen der Bergbautätigkeit und dem eingetretenen Schaden bedarf allerdings der Eingrenzung, um eine uferlose Ersatzpflicht aufgrund endloser Kausalitätsketten zu vermeiden. Hierfür wird auch im Bergschadensrecht die aus dem zivilen Schadensrecht bekannte Adäquanztheorie herangezogen, wonach eine Begebenheit dann adäquate Bedingung für einen Erfolg ist, wenn sie die objektive Möglichkeit eines Erfolges von der Art des eingetretenen Schadens in nicht unerheblicher Weise erhöht hat. Das ursächliche Ereignis muss sich allgemein und nicht unter besonders eigenartigen, unwahrscheinlichen und nach dem gewöhnlichen Verlauf der Dinge außer Betracht zu lassenden Umständen dafür eignen, den eingetretenen Erfolg herbeizuführen.[68]

Wenn es durch den ansteigenden Grubenwasserspiegel zu Bodenbewegungen an der Tagesoberfläche kommt, die zu Oberflächenschäden führen, dürfte ein adäquater Ursachenzusammenhang zwischen Grubenwasseranstieg und Bergschaden nicht ernsthaft zweifelhaft sein.[69] Solange eine eindeutige Rückführbarkeit auf bergbauliche Aktivitäten gegeben ist, werden selbst mittelbare Auswirkungen in den adäquaten Ursachenzusammenhang einbezogen werden müssen, so dass

---

64 OLG Köln, Urt. v. 18.7.2005 – 16 U 12/03 – juris; *Müggenborg*, NuR 2011, 689, 690.
65 *Frenz*, DVBl. 2018, 849, 851 f.
66 Ebenso *Frenz*, DVBl. 2018, 849, 854.
67 So wohl auch *Frenz*, DVBl. 2018, 849, 852.
68 *Schulte*, in: Piens/Schulte/Graf Vitzthum, § 114 Rn. 30; *Frenz*, DVBl. 2018, 849, 854.
69 *Beyer*, in: Frenz/Preuße (Hrsg.), S. 21, 29.

auch Schäden, die aus der Einstellung der Grubenwasserhaltung auf weiter entfernten Grundstücken entstehen, als auf dem Bergbaugeschehen beruhend anzusehen sind.[70]

Dass der Grubenwasseranstieg zu Bodenbewegungen führen kann, ist nicht bestreitbar und wird – soweit ersichtlich – auch nicht in Frage gestellt. Dass solche Bodenbewegungen – je nach Ausmaß – Oberflächenschäden verursachen können, ist ebenfalls nicht zweifelhaft, so dass grundsätzlich nicht von einem besonders eigenartigen, unwahrscheinlichen oder gar abwegigen Geschehensablauf ausgegangen werden kann, der einen adäquaten Zurechnungszusammenhang ausschließen würde. Daran ändert auch nicht die Tatsache etwas, dass natürliche Einwirkungen hinzutreten. Denn die maßgebliche adäquat-kausale Bedingung wurde durch die Einstellung der Grubenwasserhaltung gesetzt. Eine vollständige Überlagerung durch natürliche Ereignisse wird in der Regel nicht gegeben sein, da der Bergbau immer in einem natürlichen Umfeld stattfindet und somit von den umliegenden Umständen geprägt wird, so wie auch die Natur selbst durch den bergbaulichen Eingriff beeinflusst wird. Eine Anpassung der natürlichen Gegebenheiten an den ursprünglichen Zustand nach dem Ende des Bergbaus ist daher nur insoweit natürlich, als Naturereignisse die Hinterlassenschaften des Bergbaus verändern, wie sie auch ansonsten die Landschaft beeinflussen, etwa der Anstieg des Grundwassers aufgrund starker Regenfälle.[71]

3) Schutzzweck der Bergschadenshaftung

Die Grubenwasserhaltung trägt somit ein bergbauspezifisches Gefahrenpotenzial in sich, welches auch vom Schutzzweck der Bergschadenshaftung erfasst wird.[72] Denn es besteht – wie ausgeführt – ein hinreichender Bezug zur bergbaulichen Tätigkeit. Der Grubenwasseranstieg würde ohne vorherigen Bergbau nicht erfolgen, so dass die damit verbundenen Risiken im Ergebnis aus dem Bergwerksbetrieb herrühren, von ihm begünstigt und damit letztlich erst durch ihn ausgelöst wurden, was nach der Rammelsberg-Entscheidung des BVerwG entsprechende Nachsorgepflichten von Bergbauunternehmen begründet.[73]

---

70 *Müggenborg*, NuR 2011, 689, 690; *Frenz*, DVBl. 2018, 849, 854, mit Verweis auf eine Entscheidung des RG.
71 Ausführlich: *Frenz*, DVBl. 2018, 849, 855; siehe auch: *Terwiesche*, in: Frenz/Preuße (Hrsg.), S. 89, 91.
72 *Frenz*, DVBl. 2018, 849, 855 f.
73 BVerwGE 100, 31 – „Rammelsberg".

4) Bergschadensvermutung

Der Geschädigte hat nach den allgemeinen Grundsätzen die Voraussetzungen des Bergschadensersatzanspruchs darzulegen und zu beweisen. Ihm kommt hinsichtlich der Kausalität allerdings die sog. Bergschadensvermutung des § 120 BBergG entgegen. Hiernach wird vermutet, dass der Schaden, der im Einwirkungsbereich der untertägigen Aufsuchung oder Gewinnung eines Bergbaubetriebes durch Senkungen, Hebungen, Pressungen oder Zerrungen der Oberfläche oder durch Erdrisse und Erschütterungen entstanden ist und der seiner Art nach ein Bergschaden sein kann, durch den Bergbaubetrieb verursacht worden ist. Da § 120 BBergG nunmehr ausdrücklich auch Hebungen erfasst, spricht nichts dagegen, die eventuellen Folgen eines Grubenwasseranstiegs darunter zu fassen.

IV. Verpflichteter

Verpflichtet zum Ersatz für Bergschäden ist nach § 115 Abs. 1 BBergG grundsätzlich derjenige Bergbauunternehmer, der zum Zeitpunkt der Schadensverursachung den Bergbaubetrieb betrieben hat. Daneben ist gemäß § 116 Abs. 1 BBergG auch der Inhaber der dem Bergbaubetrieb zugrundeliegenden Gewinnungsberechtigung zum Ersatz von Bergschäden verpflichtet, und zwar zusammen mit dem nach § 115 BBergG ersatzpflichtigen Unternehmer als Gesamtschuldner (vgl. § 421 BGB). Der Geschädigte hat insoweit das Recht, sich einen Schuldner auszusuchen, wobei im Innenverhältnis – sofern nichts anderes vereinbart worden ist – gemäß § 116 Abs. 2 BBergG allein der Unternehmer haftet.

V. Haftungsumfang

Die Haftung nach den §§ 114 ff. BBergG erstreckt sich nur auf eine tatsächliche Beeinträchtigung der Integrität einer Person oder einer Sache; bloße Bergschadensgefahren, welche etwa zu einem Wertverlust von Grundstücken führen können, stellen noch keinen ersatzpflichtigen Bergschaden dar.[74] Sobald ein Bergschaden festgestellt werden kann, richtet sich der Umfang des Schadensersatzes gemäß § 117 Abs. 1 Satz 1 BBergG nach den Vorschriften des BGB über die Pflichten zum Ersatz des Schadens im Falle einer unerlaubten Handlung. Dies bestimmt sich im Wesentlichen nach den §§ 249 ff. BGB.

---

74 *Schulte*, in: Piens/Schulte/Graf Vitzthum, § 114 Rn. 47; *Müggenborg*, NuR 2011, 689, 691.

Die Bergschadenshaftung erfasst daher neben allen Personen- und Sachschäden auch immaterielle Schäden.[75] Der Geschädigte ist gemäß § 249 Abs. 1 BGB so zu stellen, wie er ohne das schädigende Ereignis dastünde (Naturalrestitution). In der Regel wird die Bergschadenshaftung aber auf den Ersatz des Integritätsinteresses nach § 249 Abs. 2 BGB hinauslaufen, wonach der Geschädigte statt der Naturalrestitution den Geldbetrag fordern kann, der zur Herstellung des Zustands erforderlich ist, der ohne das schädigende Ereignis bestünde. Auch ein merkantiler Minderwert bei einem Grundstück kann im Bergschadensrecht als Schadensposition ersetzt werden, insbesondere wenn die Bausubstanz des vom Bergschaden betroffenen Gebäudes nicht unerheblich beeinträchtigt worden ist.[76] Die Haftungsbegrenzung des § 117 Abs. 1 BBergG findet auf die Beschädigung von Grundstücken, deren Bestandteilen und Zubehör keine Anwendung.

VI. Verjährung

§ 117 Abs. 2 BBergG bestimmt, dass für die Verjährung des Bergschadensersatzanspruchs die allgemeinen Verjährungsvorschriften des BGB (§§ 194 ff. BGB) entsprechende Anwendung finden. Der Anspruch verjährt daher grundsätzlich gemäß §§ 195, 199 Abs. 1 BGB nach Ablauf von drei Jahren nach dem Ende des Jahres seiner Entstehung, soweit der Geschädigte Kenntnis von den anspruchsbegründenden Umständen (z. B. Entdeckung des Schadens) und der Person des Schädigers erlangt hat oder ohne grobe Fahrlässigkeit hätte erlangen müssen. Da die Einstellung der Grubenwasserhaltung ein eigenständiger Sachverhalt und ein neues Ereignis ist, wird auch eine neue Verjährungsfrist in Gang gesetzt, auch wenn frühere Bergschäden, etwa aus dem aktiven Abbau, bereits verjährt sind.

D. Zusammenfassung

Zusammenfassend kann festgehalten werden, dass der teilweise und der vollständige Grubenwasseranstieg gemäß § 51 Abs. 1 BBergG eines zugelassenen Betriebsplans bedürfen. Im Betriebsplanzulassungsverfahren ist vor allem sicherzustellen, dass durch den Anstieg des Grubenwasserspiegels keine gemeinschädlichen Gewässerveränderungen zu erwarten sind und dass – kaum

---

75 *Müggenborg*, NuR 2011, 689, 692.
76 *Konrad*, Das Bergschadensrecht, S. 77 ff.; *Müggenborg*, NuR 2011, 689, 693.

erwartbare – schwere Bergschäden für das Oberflächeneigentum im Rahmen der Abwägung erforderlichenfalls durch Schutzvorkehrungen bewältigt werden.

Beim Grubenwasserteilanstieg sind die durch die Wiederaufnahme der Grubenwasserhaltung am Zielhorizont bedingte Einleitung in ein Oberflächengewässer sowie das damit ebenfalls verbundene Zutagefördern von Grundwasser wasserrechtlich zulassungspflichtig. Ob dies auch für den vollständigen Grubenwasseranstieg mit natürlichem Abfluss gilt, darf bezweifelt werden. Zweifel bestehen ebenso daran, ob der untertägige Grubenwasserteilanstieg als solcher einer wasserrechtlichen Zulassungsentscheidung bedarf. Aus dem materiellen Wasserrecht ist im Rahmen der Zulassung § 12 WHG i. V. m. §§ 27, 47 WHG zu beachten, insbesondere die jeweiligen Bewirtschaftungsvorgaben.

Der Grubenwasseranstieg kann – unabhängig von seiner konkreten Ausführung als Teil- oder vollständiger Anstieg – infolge von Bodenbewegungen, insbesondere Hebungen, zu Bergschäden an Grundstücken und Gebäuden führen, welche nach Maßgabe des Bergschadensrechts der §§ 114 ff. BBergG zu regulieren sind. Ein hinreichender kausaler Zurechnungszusammenhang zwischen Bergbaubetrieb und Schaden erscheint auch mit Blick auf die Einstellung der Grubenwasserhaltung aus hiesiger Sicht nicht ernsthaft zweifelhaft, aber diese strittige Frage zu entscheiden, bekommt das OLG Hamm vielleicht in den nächsten 200 Jahren seiner Geschichte die Gelegenheit.

GESTERN HEUTE MORGEN

Paradigmenwechsel in der dauerhaften Speicherung von Kohlendioxid: vom besonderen Bergrecht zum besonderen Leitungsrecht

Daniel Benrath[1]

1 Die diesem Beitrag zugrundeliegende Forschung wurde im Rahmen der „German case study" des ELEGANCY-Projekts vom Bundesministerium für Wirtschaft und Energie (BMWi) gefördert. ACT ELEGANCY, Project No 271498, wird von DETEC (CH), BMWi (DE), RVO (NL), Gassnova (NO), BEIS (UK), Gassco, Equinor und Total gefördert und von der Europäischen Kommission im Horizon 2020 Programm kofinanziert, ACT Grant Agreement No 691712. Die Arbeit im Rahmen des internationalen Projekts erlaubte aufschlussreiche Einblicke in die internationale CCS-Diskussion.

A. Einführung

Unter Carbon Capture and Storage (CCS) wird die Abscheidung von Kohlendioxid und seine dauerhafte Speicherung in unterirdischen Gesteinsschichten verstanden. CCS soll bei Anwendungen eingesetzt, bei denen Kohlendioxid entsteht. Statt dieses in die Atmosphäre entweichen zu lassen, wird es in einem eigenständigen Verfahren abgeschieden. Der so gewonnene Kohlendioxidstrom wird dann zu einer hierfür geeigneten geologischen Formation transportiert, in der es möglichst dauerhaft verbleiben soll. Ziel dieses aufwendigen Verfahrens ist es, die Emission von Kohlendioxid zu reduzieren, ohne auf die jeweiligen Anwendungen vollständig verzichten zu müssen, und so die Zunahme von Treibhausgasen in der Atmosphäre mit den hiermit verbundenen Folgen für das globale Klima zu begrenzen.[2]

Obwohl CCS bisher keine flächendeckende Anwendung gefunden hat, gilt es weiterhin als eine wichtige Technologie zur Bekämpfung des Klimawandels.[3] Dabei wird es nicht nur als Brückentechnologie angesehen, die ohne tiefgehende Eingriffe in das derzeitige Wirtschaftssystem zu einer Reduzierung von Kohlendioxidemissionen beitragen kann. Vielmehr soll CCS auch langfristig bereitstehen, um Kohlendioxidemissionen auch in Bereichen von Industrie und Verkehr, die sich nur schwer oder gar nicht dekarbonisieren lassen, zu reduzieren sowie im Rahmen „negativer Emissionen" unvermeidbare Emissionen aufzufangen.[4]

In Deutschland findet CCS seinen rechtlichen Rahmen im Gesetz zur Demonstration der dauerhaften Speicherung von Kohlendioxid (Kohlendioxid-Speicherungsgesetz – KSpG) vom 17.8.2012, das die CCS-Richtlinie 2009/31/EG umsetzt und durch Ausführungsgesetze der Länder ergänzt wird. Dieser rechtliche Rahmen beschränkt sich auf die dauerhafte Speicherung sowie den dieser

---

2 Instruktiv zu CCS: *Vogt*, Einordnung der CCS-Technologie in das geltende Recht und Ausblick auf den zukünftigen Rechtsrahmen, 2011, S. 16 ff. m. w. N. Siehe auch *Wolff*, Das Kohlendioxid-Speicherungsgesetz: Eine erste Bewertung, UPR 2013, 298, 298 f.

3 Vgl. etwa IPCC, Global Warming of 1.5 °C, 8.10.2018, S. 114 allgemein zu CDR-Technologien (Carbon Dioxide Removal) (http://www.ipcc.ch/report/sr15/); *Schiffer/Thielemann*, 20 Jahre CCS – Erfolge einer Technologie im Wartestand, et 1/2017, 40, 40, 43, 45.

4 Bundesregierung, Evaluierungsbericht der Bundesregierung über die Anwendung des Kohlendioxid-Speicherungsgesetzes sowie die Erfahrungen zur CCS-Technologie, 21.12.2018, S. 44, 49, 50 (BT-Drucksache 19/6891); acatech, CCU und CCS – Bausteine für den Klimaschutz in der Industrie, 2018; *Dütschke/Wohlfahrt/Höller/Viebahn/Schumann/Pietzner*, Differences in the public perception of CCS in Germany depending on CO2 source, transport option and storage location, International Journal of Greenhouse Gas Control 2016, 149, 150 f.; *Schiffer/Thielemann*, et 1/2017, 40, 44 f. Vgl. hingegen noch *Fischedick/Pietzner/Supersberger/Esken/Kuckshinrichs/Zapp/Linßen/Schumann/Radgen/Cremer/Gruber/Schnepf/Roser/Idrissova*, Stakeholder acceptance of carbon capture and storage in Germany, Energy Procedia 2009, 4783, 4785.

vorgelagerten Transport des Kohlendioxids und erfasst nicht die Abscheidung selbst; diese ist Gegenstand des allgemeinen Anlagen- und Emissionsrechts bzw. des Treibhausgaszertifikatehandels.[5]

Während international die Diskussion um CCS zunehmend lebhaft geführt wird, mögliche Konzepte dynamisch weiterentwickelt hat und – gestützt auf Erfahrungen mit dem Transport von Kohlendioxid und seiner Einspeisung in unterirdische Gesteinsschichten im Rahmen insbesondere von Enhanced Oil Recovery (EOR) – konkrete Projekte in den Blick nimmt, gilt das Thema in Deutschland mittlerweile als vergiftet. Spielte in den ersten Jahren Deutschland durchaus mit eine Vorreiterrolle bei der Erforschung und Erprobung von CCS-Techniken, traf die konkrete Aussicht auf größere Kohlendioxidlagerstätten auf vehementen Widerstand, insbesondere der jeweiligen regionalen Bevölkerung.[6] Der Widerstand wurde durch den Einwand befeuert, die Industrie wolle sich mit dem Einsatz einer wenig erprobten und womöglich gefährlichen Technik auf Kosten der Allgemeinheit und zu Lasten erneuerbarer Energien von einer nachhaltigen Abkehr von fossilen Brennstoffen freikaufen.[7] Der sich hieraus entwickelnde Konflikt wurde kurz – auch in der rechtswissenschaftlichen Literatur – sehr heftig geführt, machte dann aber einem breiten Schweigen Platz. Eine Debatte über die technischen, gesellschaftlichen und rechtlichen Bedingungen von CCS in Deutschland findet seither allenfalls am Rande statt.[8] CCS gilt nicht mehr als vermittelbar.

Dieses auffällige Fehlen einer lebendigen Debatte, diese vernehmliche Stille friert die Wahrnehmungen von und die Positionen zu CCS ein. Die Vielfalt und Dynamik der internationalen Diskussionen zu CCS und die damit verbundenen Paradigmenwechsel werden in Deutschland kaum

---

5 Vgl. *Dietrich*, Rechtliche Aspekte, in: Fischedick/Görner/Thomeczek (Hrsg.), CO2: Abtrennung, Speicherung, Nutzung, 2015, S. 633, 652, 655 f.; *Wolff*, UPR 2013, 298, 300.
6 Bundesregierung, Evaluierungsbericht der Bundesregierung über die Anwendung des Kohlendioxid-Speicherungsgesetzes sowie die Erfahrungen zur CCS-Technologie, S. 6 m. w. N.; *Dieckmann*, Das neue CCS-Gesetz – Überblick und Ausblick, NVwZ 2012, 989, 995; *Dietrich*, in: Fischedick/Görner/Thomeczek (Hrsg.), S. 633, 634; *Dütschke/Wohlfahrt u. a.*, International Journal of Greenhouse Gas Control 2016, 149, 149; *Wolff*, UPR 2013, 298, 299. Vgl. *Fischedick/Pietzner u. a.*, Energy Procedia 2009, 4783; *Oltra/Upham/ Riesch/Boso/Brunsting/Dütschke/Lis*, Public Responses to CO2 Storage Sites: Lessons from Five European Cases, Energy & Environment 2012, 227, 228; *Schumann/Duetschke/Pietzner*, Public Perception of CO2 offshore storage in Germany: regional differences and determinants, Energy Procedia 2014, 7096, 7097 m. w. N.
7 Hierzu etwa acatech, CCU und CCS, S. 48; *Millligan*, Planning for offshore CO2 storage: Law and policy in the United Kingdom, Marine Policy 2014, 162, 162 m. w. N. Vgl. *Dütschke/Wohlfahrt u. a.*, International Journal of Greenhouse Gas Control 2016, 149, 155, 156; *Vogt*, Einordnung der CCS-Technologie, S. 13 f.; *Wolff*, UPR 2013, 298, 299.
8 Vgl. acatech, CCU und CCS, S. 5.

wahrgenommen. Neue Konzepte, die mit eigenen Stärken und Herausforderungen verbunden sind, stehen hierzulande kaum zur Diskussion. Dieser Stillstand ist – vor dem Hintergrund der möglicherweise vitalen Bedeutung von CCS bei der Bekämpfung des Klimawandels – gleich doppelt gefährlich. Zum einen lässt sich so gar nicht überprüfen, ob die Gründe für die ursprüngliche Ablehnung auch in Bezug auf neuere Konzepte noch tragen. Ob und wie CCS in der Bevölkerung tatsächlich vermittelbar ist, bleibt mangels Debatte im Dunkeln. Zum anderen ist es so unmöglich, den rechtlichen Rahmen an die Herausforderungen der neuen Konzepte anzupassen. Die nötigen Anpassungen werden nicht einmal diskutiert. Bei einem Wechsel der politischen Einschätzung würde der Richtungswechsel also einen Anpassungsbedarf auslösen, der die rechtswissenschaftliche und -politische Diskussion weitgehend unvorbereitet träfe. Die Folge hiervon wäre wohl eine weitere, nun ungewollte Verzögerung der Implementierung von CCS in Deutschland oder eine weitere hastige und wenig durchdachte Gesetzgebung.

Ob und unter welchen Bedingungen CCS in Deutschland politisch verwirklichbar ist, ist vielleicht eine Frage der Soziologie[9] und liegt letztlich in der Verantwortung des demokratischen Prozesses. Aus rechtswissenschaftlicher Perspektive lässt sich allerdings nachzeichnen, welche neuen Herausforderungen für den rechtlichen Rahmen sich durch die Entwicklungen in der Diskussion zu CCS ergeben und wo rechtlicher Anpassungsbedarf besteht. Gegebenenfalls kann sogar darauf hingewiesen werden, wie sich der bestehende Rechtsrahmen an die neuen Paradigmen anpassen lässt. Diesen Fragen nach rechtlichem Anpassungsbedarf und rechtlichen Anpassungsmöglichkeiten des Rechtsrahmens zu CCS in Deutschland vor dem Hintergrund sich wandelnder Vorstellungen und Konzepte wird dieser Beitrag nachgehen.

Ausgangspunkt der Betrachtung ist der Blick auf das derzeit geltende KSpG, seine Geschichte und die ihm zu Grunde liegenden Vorstellungen. Hierbei wird die These herausgearbeitet, dass das KSpG in erster Linie die Nutzung des Untergrunds für die Speicherung von Kohlendioxid in den Blick nimmt und sich hierbei konzeptionell (auch) am Bergrecht orientiert. Die Betrachtungen zum KSpG werden dann den aktuellen Überlegungen zu CCS im europäischen Kontext gegenübergestellt, die mit gänzlich andere Herausforderungen für das deutsche Recht verbunden sind und das Recht der (Leitungs-)Infrastrukturen in den Vordergrund stellen. Aufbauend auf diesen allgemeinen Überlegungen werden dann anhand der Regelungen des KSpG Regelungsbedürfnisse identifiziert und Möglichkeiten zur Anpassung des Rechtsstands entwickelt.

---

9 Vgl. etwa unter vielen *Schumann/Duetschke/Pietzner*, Energy Procedia 2014, 7096.

B. Entstehung, Struktur und Geschichte des KSpG

Das KSpG setzte als Spezialgesetz zu CCS die CCS-Richtlinie mit etwas Verspätung in das deutsche Recht um. Die vorherige Rechtslage war weitläufig als unzureichend eingeschätzt worden[10], wobei weite Teile der Diskussion CCS eher dem Abfallrecht zuordneten[11], während das Bergrecht, das nach § 2 Abs. 2 Nr. 1 BBergG nur die zeitweilige unterirdische Speicherung erfasst, nicht auf das gerade dauerhafte CCS selbst[12], sehr wohl aber auf hierauf gerichtete Forschungsanlagen (wie in Ketzin) und Erkundungen (vgl. § 45 KSpG) angewendet wurde[13]. Waren die ursprünglichen Entwürfe zum KSpG noch recht ambitioniert auf eine Verwirklichung von CCS gerichtet, wurden die letztlich beschlossenen Regelungen nach erheblichem politischem Widerstands deutlich abgeschwächt.[14] War schon die CCS-Richtlinie als Regime zur CCS-Verhinderung in die Kritik geraten[15], wurde dieses abgeschwächte KSpG eher als Hindernis für einen schnellen und flächendeckenden Einsatz von CCS angesehen[16].

Tatsächlich nutzten die für Speichervorhaben relevantesten Länder ihre Befugnisse nach § 2 Abs. 5 KSpG für einen flächendeckenden Ausschluss von CCS-Vorhaben.[17] Eine größere Einfüh-

---

10 BMWi/BMU/BMBF, Entwicklungsstand und Perspektiven von CCS-Technologien in Deutschland, 19.9.2007, S. 15 ff. (https://www.bmu.de/fileadmin/bmu-import/files/pdfs/allgemein/application/pdf/kabinettbericht_ccs.pdf); *Dietrich*, in: Fischedick/Görner/Thomeczek (Hrsg.), S. 633, 633, 635, 636 m.w.N.; *Kohls/Kahle*, Klimafreundliche Kohlekraft dank CCS?, ZUR 2009, 122, 124.

11 So *Hellriegel*, CO2-Abscheidung und Ablagerung Teil 1: Anwendbarkeit und Anforderungen des geltenden Rechts, RdE 2008, 111, 113 ff. m.w.N. auch zur Gegenansicht; *Vogt*, Einordnung der CCS-Technologie, S. 66 ff. A.A. *Grünwald*, Treibhausgas – ab in die Versenkung?, 2008, S. 94. Vgl. zu dieser Diskussion auch *Dieckmann*, NVwZ 2012, 989, 991 f. m.w.N.

12 BMWi/BMU/BMBF, Entwicklungsstand und Perspektiven von CCS-Technologien in Deutschland, S. 17; *Grünwald*, Treibhausgas – ab in die Versenkung?, S. 95; *Hellriegel*, RdE 2008, 111, 116; *Vogt*, Einordnung der CCS-Technologie, S. 86 ff.

13 *Kohls/Kahle*, ZUR 2009, 122, 126 f. Vgl. BMWi/BMU/BMBF, Entwicklungsstand und Perspektiven von CCS-Technologien in Deutschland, S. 16 f.

14 Bundesregierung, Evaluierungsbericht der Bundesregierung über die Anwendung des Kohlendioxid-Speicherungsgesetzes sowie die Erfahrungen zur CCS-Technologie, S. 5; *Dietrich*, in: Fischedick/Görner/Thomeczek (Hrsg.), S. 633, 633 f., 637 f., 650 ff.; *Wolff*, UPR 2013, 298, 299 f.

15 Zu dieser Diskussion etwa *Weber*, Unvertain liability and stagnating CCS deployment in the European Union: Is it the Member State's turn?, RECIEL 2018, 153, 154, 155 m.w.N.; Optimistisch hingegen etwa *Dietrich*, in: Fischedick/Görner/Thomeczek (Hrsg.), S. 633, 650.

16 *Dieckmann*, NVwZ 2012, 989, 995; *Wolff*, UPR 2013, 298, 300, 304. Vgl. zudem acatech, CCU und CCS, S. 6; *Dietrich*, in: Fischedick/Görner/Thomeczek (Hrsg.), S. 633, 634.

17 Für Niedersachen durch § 1 Niedersächsisches Kohlendioxid-Speicherungsgesetz (NKSpG) vom 14.6.2015; für Mecklenburg-Vorpommern durch § 1 Kohlendioxid-Speicherungsausschlussgesetz Mecklenburg-Vorpommern (KSpAusschlG M-V) vom 30.5.2012; für Schleswig-Holstein durch § 2 Gesetz zur Regelung der Kohlendioxid-Speicherung in Schleswig-Holstein (KSpG SH) vom

rung von CCS in Deutschland war damit praktisch ausgeschlossen und wurde schließlich auch nicht weiter verfolgt. Seit dem Ablauf des Genehmigungsstichtags nach § 2 Abs. 2 Nr. 1 KSpG sind auch de jure neue CCS-Projekte in Deutschland ausgeschlossen.

In der Zwischenzeit wurde das KSpG nur redaktionell weiterentwickelt. Dabei wurde schon direkt zu Anfang übersehen, das KSpG beim Gesetz zur Verbesserung der Öffentlichkeitsbeteiligung und Vereinheitlichung von Planfeststellungsverfahren vom 31.5.2013 im Gesetzgebungsverfahren mit zu berücksichtigen. Hierdurch lief eine Vielzahl von Verweisen auf die durch das Planvereinheitlichungsgesetz geänderte Gesetzeslage alsbald ins Leere. Dieser gesetzgeberische Fehler wurde in der Folgezeit mangels Interesses am KSpG weder erkannt noch behoben. Erst im Rahmen des Energieleitungsausbaubeschleunigungsgesetztes vom 13.5.2019 wurde für den hiervon betroffenen § 43a EnWG der fehlerhafte Verweis aus dem KSpG erkannt und redaktionell korrigiert[18]; freilich ohne ein sonderliches Interesse für das KSpG aufzubringen, so dass einerseits andere Fehlverweise bestehen blieben und andererseits durch die Korrektur nunmehr ausdrücklich die Entbehrlichkeit des Erörterungstermins (§ 73 Abs. 6 VwVfG) nach § 43a Nr. 3 EnWG in das KSpG integriert wurde, die ursprünglich bewusst aus den Verweisen in das EnWG ausgeklammert worden war[19]. Eine Reform des KSpG ist derzeit nicht vorgesehen.[20]

Auch wenn das KSpG in seiner derzeitigen Form praktisch keine Anwendung findet und durch seine schlechte „Wartung" unnötige Unschärfen aufweist, stellt es für seinen Anwendungsbereich ein eigenständiges Regelungswerk bereit, das die Besonderheiten von CCS aufgreift. Von Anfang an erfasste der Anwendungsbereich des KSpG die dauerhafte Speicherung und den Leitungstransport. Ein anderweitiger Transport von Kohlendioxid, insbesondere per Schiff, wird im KSpG nicht geregelt, da er keine spezifischen Besonderheiten aufweist und vom allgemeinen Gefahrengutrecht ausreichend erfasst wird. Im Vordergrund des KSpG steht dabei – wie auch schon in der CCS-Richtlinie[21] – die Speicherung von Kohlendioxid mit ihren spezifischen Besonderheiten[22],

---

27.3.2014. Hierzu Bundesregierung, Evaluierungsbericht der Bundesregierung über die Anwendung des Kohlendioxid-Speicherungsgesetzes sowie die Erfahrungen zur CCS-Technologie, S. 6; *Dietrich*, in: Fischedick/Görner/Thomeczek (Hrsg.), S. 633, 634, 654 f.

18 BT-Drucksache 19/7375, S. 92.

19 *Dieckmann*, NVwZ 2012, 989, 992; *Wolff*, UPR 2013, 298, 301.

20 Bundesregierung, Evaluierungsbericht der Bundesregierung über die Anwendung des Kohlendioxid-Speicherungsgesetzes sowie die Erfahrungen zur CCS-Technologie, S. 51.

21 *Dietrich*, in: Fischedick/Görner/Thomeczek (Hrsg.), S. 633, 639; *Dixon/McCoy/Havercraft*, Legal and Regulatory Developments on CCS, International Journal of Greenhouse Gas Control 2015, 431, 437.

22 *Dietrich*, in: Fischedick/Görner/Thomeczek (Hrsg.), S. 633, 657; *Kohls/Kahle*, ZUR 2009, 122, 123 f.; *Wolff*, UPR 2013, 298, 300.

GESTERN HEUTE MORGEN

während der Leitungstransport nur am Rande aufgegriffen wird. Das Regelwerk des KSpG ist offen für verschiedene CCS-Konstellationen, seine konkrete Ausgestaltung und Schwerpunktsetzung ist jedoch Ausdruck einer Vorstellung, dass das Kohlendioxid aus großen Punktquellen, insbesondere Kraftwerken mit fossilen Energieträgern[23], abgeschieden und dann zu bestimmten Speicherstätten transportiert wird[24]. Diese Vorstellung spiegelte sich direkt prototypisch im mittlerweile eingestellten CCS-Projekt „Schwarze Pumpe" wider, in dem Kohlendioxid aus einem Braunkohlekraftwerk in Brandenburg abgeschieden und in einen Kohlendioxidforschungsspeicher bei Ketzin, ebenfalls in Brandenburg, abgelagert wurde. In dieser Konstellation stellt der Transport einen unentbehrlichen, aber nur untergeordneten Aspekt der Speicherung dar.

I. Speicherungsregime als besonderes Berg- und Abfallrecht

Die Ausgestaltung des Speicherungsregimes erweist sich dabei als Mischung von Bergrecht und Abfallrecht mit eigenen Akzenten. Da der Schwerpunkt der mit CCS verbundenen Probleme eher bei der dauerhaften Entsorgung und den damit verbundenen Umweltgefahren liegt und es gerade nicht um die zeitlich begrenzte wirtschaftliche Nutzung von bergfreien Bodenschätzen geht[25], lehnen sich die Regelungen des KSpG eher an den Regelungen zu Abfalldeponien nach §§ 34 ff. KrWG (bzw. deren Vorgängervorschriften) an.[26] Wegen der Besonderheiten der untertägigen Nutzung und der möglichen Veränderungen des Untergrunds sind aber ebenso Elemente eingeflochten, die sich eher am Bergrecht orientieren. Frühe Ansätze, das KSpG noch stärker bergrechtlichen Strukturen anzunähern, konnten sich aber letztlich nicht durchsetzen.[27] Insofern handelt es sich beim KSpG auch um besonderes Bergrecht. Einige Beispiele hierfür sollen im Folgenden erörtert werden.

1) Genehmigung von Kohlendioxidspeichern

Die Struktur der Genehmigung für Kohlendioxidspeicher zeigt große Ähnlichkeiten mit dem Abfallrecht: Es bedarf einer Planfeststellung, die die Anlage grundsätzlich dauerhaft trägt, statt die

---

23 So deutlich etwa BMWi/BMU/BMBF, Entwicklungsstand und Perspektiven von CCS-Technologien in Deutschland, S. 5 f.; *Dieckmann*, NVwZ 2012, 989, 989 f.; *Kohls/Kahle*, ZUR 2009, 122, 122 f.; *Schiffer/Thielemann*, et 1/2017, 40, 44; *Wolff*, UPR 2013, 298, 298 f.

24 So deutlich etwa noch *Schiffer/Thielemann*, et 1/2017, 40, 41.

25 Vgl. *Wolff*, UPR 2013, 298, 303 f.

26 Vgl. *Wolff*, UPR 2013, 298, 300.

27 Vgl. *Kohls/Kahle*, ZUR 2009, 122, 123 f., 127.

Speicherung von eng befristeten Betriebsplänen abhängig zu machen, § 11 Abs. 1 Satz 1 KSpG.[28] Verfahren und Voraussetzungen entsprechen eher dem modernen Umweltrecht[29] als dem Bergrecht. Allerdings zeigen sich auch Elemente, die sich stärker am Bergrecht orientieren. Insbesondere die Rechtskraft der Genehmigung ist durch § 13 Abs. 3 KSpG stark eingeschränkt, da die Genehmigungsbehörde die Genehmigung nicht nur mit Nebenbestimmungen versehen kann, sondern auch Auflagen nachträglich ergänzen oder ändern kann. Zwar ist auch für Abfalldeponien die nachträgliche Änderung von Auflagen gem. § 36 Abs. 4 Satz 3 KrWG erlaubt, Nebenbestimmungen sind in diesem Kontext jedoch nur zulässig, soweit sie zur Wahrung des Wohls der Allgemeinheit erforderlich sind und unterliegen der DepV. Demgegenüber erlaubt das KSpG Nebenbestimmungen nach einfachem pflichtgemäßen Ermessen. Diese Dynamisierung[30] erinnert eher an das Bergrecht, für das nach § 56 Abs. 1 BBergG im Rahmen gebundener Genehmigungen[31] zwar ebenfalls enge Voraussetzungen an nachträgliche Änderungen von Auflagen geknüpft sind, das jedoch schon durch die nur kurzen Zeitrahmen für die Hauptbetriebspläne (vgl. § 52 Abs. 1 Satz 1 BBergG) die Bestandskraft der Genehmigungen relativiert. Die Dynamisierung in KSpG und BBergG trägt, obgleich sie sich sehr unterschiedlicher Regelungsmechanismen bedient, der Tatsache Rechnung, dass eine untertägige Tätigkeit und ihre Interaktion mit dem Untergrund nur begrenzt vorhersehbar ist und eine dynamische Planung und Betriebsführung erfordert.[32] Hinzu kommt die besondere Dynamisierung durch den Verweis auf den Stand von Technik und Wissenschaft gem. § 13 Abs. 1 Satz 1 Nr. 4 KSpG[33], die jedoch in erster Linie den experimentellen Charakter von CCS und die Vorgaben der CCS-Richtlinie (vgl. Art. 11 Abs. 3 lit. d) und Art. 13 Abs. 2 Satz 2) aufgreift. In eine ähnliche Richtung weisen zudem die besonderen Aktualisierungspflichten aus §§ 20 Abs. 2, 21 KSpG.[34]

2) Stilllegung und Nachsorge

Die Stilllegung des Kohlendioxidspeichers zur dauerhaften Entsorgung des Kohlendioxids ist das eigentliche Ziel der Betriebsführung und die entsprechenden Regeln im KSpG haben eine dem-

---

28 *Wolff*, UPR 2013, 298, 300.

29 Vgl. *Wolff*, UPR 2013, 298, 304.

30 *Wolff*, UPR 2013, 298, 300.

31 *von Hammerstein*, in: Boldt/Weller/Kühne/von Mäßenhausen (Hrsg.), BBergG, 2. Aufl. 2016, Vorbem. §§ 50 bis 57c Rn. 13.

32 Vgl. *Piens*, in: Piens/Schulte/Graf Vitzthum (Hrsg.), BBergG, 2. Aufl. 2013, § 52 Rn. 2, 5.

33 Hierzu *Wolff*, UPR 2013, 298, 301 f.

34 Hierzu *Dietrich*, in: Fischedick/Görner/Thomeczek (Hrsg.), S. 633, 661.

entsprechend herausragende Bedeutung im Gesamtkontext. Dabei verbindet das KSpG Elemente des Abfallrechts und Elemente des Bergrechts, geht aber auch darüber hinaus und setzt eigene Akzente. Ähnlich wie für stillgelegte Abfalldeponien geht der Gesetzgeber für Kohlendioxidspeicher von einer andauernden Gefährdung der Umwelt aus, auf die die öffentliche Hand im Rahmen der Gefahrenabwehr gegebenenfalls reagieren muss. Um diesen Gefährdungen zu begegnen, ist die Stilllegung sowohl für Abfalldeponien, § 40 Abs. 2 Satz 1 Nr. 2 KrWG, als auch für Kohldioxidspeicher, § 18 KSpG, mit Nachsorgepflichten verbunden. Deren Erfüllung hat der Betreiber schon im Voraus insbesondere durch Sicherheiten nach § 232 BGB abzusichern hat, § 36 Abs. 3 KrWG bzw. § 30 Abs. 3 KSpG[35]. Während die Verantwortung des Abfalldeponiebetreibers mit dem behördlich festzustellenden Ende der Nachsorgephase erlischt[36], § 40 Abs. 5 KrWG, kann für Kohlendioxidspeicher die Verantwortung nach frühestens 40 Jahren auf die öffentliche Hand übertragen werden, § 31 KSpG, wobei der Betreiber hierfür einen Nachsorgebeitrag zu leisten hat, der die vorhersehbaren Kosten der nächsten 30 Jahre abdeckt, § 31 Abs. 2 Satz 1, Abs. 4 KSpG. Insofern geht die Verpflichtung aus dem KSpG deutlich über die Pflichten aus dem KrWG hinaus.[37]

Demgegenüber ist im Bergrecht der Abschluss des Bergbaubetriebs darauf gerichtet, mögliche Gefahren für die Zukunft zu vermeiden, vgl. § 55 Abs. 2 Nr. 1 und 2 BBergG, und beendet die Umsetzung des Abschlussbetriebs die spezifischen bergaufsichtlichen Pflichten (während für einzelne Schadensfälle auf die Haftung der Betreiber verwiesen wird, hierzu sogleich).[38] Parallelen zum Bergrecht ergeben sich eher aus der Ausgestaltung des Verfahrens. Während nämlich die Stilllegung einer Abfalldeponie den eigentlichen Betrieb beendet und so die Betriebspflichten in der Nachsorgephase begrenzt, wofür gem. § 40 Abs. 1 KrWG eine Anzeige an die Behörde ausreicht, sind mit der Umstellung des Betriebs eines Kohlendioxidspeichers von der Einspeisung auf die dauerhafte Speicherung eigenständige und dauerhafte Maßnahmen vor dem Hintergrund verbesserter Kenntnisse über den Untergrund verbunden.[39] Die Stilllegung bedarf dementsprechend einer – durch Art. 17 CCS-Richtlinie vorgegebenen – eigenständigen Genehmigung gem. § 17 Abs. 1 KSpG, für die die Sicherheit der dauerhaften Speicherung gewährleistet sein muss. Dies entspricht im Wesentlichen dem Abschlussbetriebsplan des Bergrechts gem. §§ 51 Abs. 1

---

35 Hierzu *Dietrich*, in: Fischedick/Görner/Thomeczek (Hrsg.), S. 633, 663.

36 *Klages*, in: Giesberts/Reinhardt (Hrsg.), BeckOK Umweltrecht, 52. Edition 2019, KrWG § 40 Rn. 26.

37 Vgl. *Wolff*, UPR 2013, 298, 303 f.

38 *von Hammerstein*, in: Boldt/Weller/Kühne/von Mäßenhausen, § 53 Rn. 2 Ausführlich und kritisch hierzu auch *Bethge/Elgeti/Brück von Oertzen*, Zwischen Berg- und Ordnungsrecht – Regelungsbedarf für den Altbergbau, in diesem Band.

39 *Dieckmann*, NVwZ 2012, 989, 993 f. Vgl. *Dietrich*, in: Fischedick/Görner/Thomeczek (Hrsg.), S. 633, 662.

Satz 1, 53 BBergG. Insofern übernimmt das KSpG für die Stilllegung das mehrstufige Genehmigungsmodell des BBergG.

Eine Rekultivierung bzw. Wiedernutzbarmachung sieht das KSpG im Rahmen der Stilllegung anders als im Abfall- und Bergrecht (§ 40 Abs. 2 Satz 1 Nr. 1 KrWG bzw. § 55 Abs. 2 Nr. 2 BBergG) freilich nicht vor, da die dauerhafte Speicherung des Kohlendioxids ja gerade nicht mit einer Veränderung der Umwelt an der Oberfläche einhergehen soll, während der Speicher selbst gerade dauerhaft verbleiben soll.

3) Haftung für Schäden

Besonders auffällig ist die Anlehnung des KSpG an das Bergrecht im Bereich der Haftung für Schäden, insbesondere hinsichtlich der Kausalitätsvermutung zu Gunsten des Geschädigten gem. § 29 Abs. 2 Satz 1 und 2 KSpG. Zwar lehnt sich das KSpG in der konkreten Formulierung der Kausalitätsvermutung an der entsprechenden Regelung des § 6 Abs. 1 UmweltHG an und verweist im Übrigen auf das UmweltHG, § 29 Abs. 4 KSpG. Materiell ist die Haftung nach dem KSpG jedoch deutlich schärfer[40], da sie für einen Ausschluss der Kausalitätsvermutung gem. § 29 Abs. 2 Satz 3 KSpG neben einem bestimmungsgemäßen Betrieb (vgl. § 6 Abs. 2 UmweltHG) zusätzlich parallel zum Bergrecht (§ 120 Abs. 1 Satz 2 BBergG)[41] das beweisbare Vorliegen einer geeigneten Alternativkausalität verlangt. Die diesbezüglichen (abschließenden[42]) Tatbestände des § 120 Abs. 1 Satz 2 BBergG dienen insoweit sogar ausdrücklich als Fallbeispiele, § 29 Abs. 1 Satz 3 KSpG. Die materielle Parallelität zwischen KSpG und BBergG[43] ist folgerichtig, da in beiden Fällen Geschädigte im Hinblick auf untertägige Dynamiken einer erschwerten Beweisbarkeit trotz typischer Schadenszusammenhänge gegenüberstehen.[44] Auch die gegenüber dem BBergG offeneren Tatbestände im KSpG sind insoweit konsequent, da für CCS weder hinsichtlich der Schadensbildung noch hinsichtlich möglicher Alternativkausalitäten ausreichend Erfahrungen vorliegen, die sich in scharfen Tatbeständen hätten vertypen lassen.

Deutliche Parallelen zeigen sich ferner hinsichtlich der dauerhaften Absicherung der Haftung für Schäden. Das KSpG erreicht dies durch die dauerhafte Übertragung der Verantwortlichkeit auch

---

40 *Dieckmann*, NVwZ 2012, 989, 994; *Wolff*, UPR 2013, 298, 302.
41 Hierzu etwa *Schubert*, in: Boldt/Weller/Kühne/von Mäßenhausen, § 120 Rn. 28 ff.
42 *Schubert*, in: Boldt/Weller/Kühne/von Mäßenhausen, § 120 Rn. 28.
43 Vgl. *Dietrich*, in: Fischedick/Görner/Thomeczek (Hrsg.), S. 633, 662.
44 Vgl. zum Bergrecht *Schubert*, in: Boldt/Weller/Kühne/von Mäßenhausen, § 120 Rn. 7 f.

hinsichtlich der Schäden an das entsprechende Land gem. § 31 Abs. 1 KSpG nach frühestens 40 Jahren[45], während im Bergschadensrecht die privatrechtliche Bergschadensausfallkasse, die für den Fall ihrer Untauglichkeit durch die Ermächtigung zur Einrichtung einer öffentlich-rechtlichen Ausfallkasse gem. § 122 BBergG flankiert wird, die dauerhafte Haftung sicherstellt[46]. Auch hier sind sowohl Parallelen als auch Abweichung konsequent: Durch Veränderungen im Untergrund – durch CCS wie auch durch untertägigen Bergbau – hervorgerufene Schäden können mit erheblicher Verspätung eintreten; für den Bergbau hat sich hierfür im Kontext eines etablierten und zahlungsfähigen Unternehmertums ein leistungsfähiger Mechanismus entwickelt, der sich aus den wirtschaftlichen Gewinnen der Bergbaubetriebe speist, während CCS letztlich allein öffentlichen Zwecken dient und nicht auf etablierte wirtschaftliche Strukturen zurückgreifen kann.

4) Konflikte in der untertägigen Nutzung

Konkrete Nutzungskonflikte, insbesondere mit bergbaulicher Rohstoffgewinnung, sind im KSpG im Wesentlichen durch den Erlaubnistatbestand für Genehmigungen geregelt, § 13 Abs. 1 Satz 2 KSpG i. V. m. § 7 Abs. 1 Satz 2 Nr. 3 KSpG; diese Regelung entspricht im Wesentlichen den entsprechenden Erlaubnistatbeständen des Bergrechts, § 55 Abs. 1 Satz 1 Nr. 4 und 8 BBergG.[47] Die Regelungen des KSpG gehen allerdings mit der ausdrücklichen Berücksichtigung auch anderer untertägiger Nutzungen (z. B. Geothermie) über die bergrechtlichen Genehmigungstatbestände hinaus, die entsprechende Nutzungen allenfalls unter engen Voraussetzungen als Gemeinschäden gem. § 55 Abs. 1 Nr. 9 BBergG[48] oder über § 48 Abs. 2 BBergG[49] als entgegenstehendes überwiegendes öffentliches Interesse erfassen können.

Über die Regelung konkreter Nutzungskonflikte hinaus, umfasst das KSpG auch raumplanerische Elemente[50], die sich im Bergrecht allenfalls rudimentär wiederfinden. So sind bei der Genehmigung von CCS-Speichern ausdrücklich und unabhängig vom ROG Ziele der Raumordnung zu beachten sowie Grundsätze und sonstige Erfordernisse der Raumordnung zu berücksichtigen[51], § 13 Abs. 1 Satz 3 KSpG, während im Bergrecht die Raumordnung jenseits des ROG allenfalls über

---

45 Hierzu *Dietrich*, in: Fischedick/Görner/Thomeczek (Hrsg.), S. 633, 663 f.; *Wolff*, UPR 2013, 298, 302.
46 Hierzu etwa *von Mäßenhausen*, in: Boldt/Weller/Kühne/von Mäßenhausen, § 122 Rn. 1 ff.
47 *Hellriegel*, Rechtsrahmen für eine Raumordnung zur Steuerung unterirdischer Nutzung, NVwZ 2013, 111, 114 f.
48 Hierzu *von Mäßenhausen*, in: Boldt/Weller/Kühne/von Mäßenhausen, § 55 Rn. 98 ff.
49 Hierzu *von Mäßenhausen*, in: Boldt/Weller/Kühne/von Mäßenhausen, § 55 Rn. 115.
50 Hierzu etwa acatech, CCU und CCS, S. 36; *Hellriegel*, NVwZ 2013, 111, 114 f.
51 *Hellriegel*, NVwZ 2013, 111, 115.

§ 48 Abs. 2 BBergG in die Genehmigung einfließt[52] und im Abfallrecht jenseits des ROG die Raumordnung gem. § 15 Abs. 2 Nr. 5 KrWG in das allgemeine Pflichtprogramm der Abfallbeseitigung einfließt. Zudem erlaubt § 2 Abs. 5 KSpG nicht zuletzt wegen der möglichen großflächigen und dauerhaften Beeinträchtigungen von Umwelt und Untergrundnutzung den Ländern die räumliche Gestaltung durch die Bestimmung (oder Sperrung) von für CCS vorgesehenen Gebieten.[53] Der Eingang planerischer Element in das KSpG zur Bewältigung übergeordneter Nutzungskonflikte geht zwar deutlich über das Bergrecht hinaus, stellt aber nicht notwendig einen Bruch mit den bergrechtlichen Grundstrukturen dar. Vielmehr kann man ihn auch als Anstoß verstehen, angesichts neuer Nutzungsmöglichkeiten des Untergrunds dessen stärkere planerische Erfassung und Gestaltung in den Blick zu nehmen.[54]

II. Transport- und Exportregime

Die Regelungen zum Leitungstransport von Kohlendioxid für CCS[55] setzen sich aus den spezifischen Regelungen des Transportkapitels und allgemeinen Regelungen für CCS-Anlagen zusammen. Zusätzlich sind die Vorgaben zur Ausfuhr von Abfällen nach der Abfallverbringungsverordnung (EG) Nr. 1013/2006 zu beachten, die nach ihrer Änderung durch die CCS-Richtlinie gem. Art. 1 Abs. 3 lit. h) nun ausdrücklich auch die Verbringung von Kohlendioxid für CCS erfasst.

Das Kapitel zum Leitungstransport von Kohlendioxid umfasst allein den § 4 KSpG. In § 4 Abs. 1 und 2 KSpG wird das Genehmigungsverfahren als (UVP-pflichtige, siehe Nr. 19.10 Anlage 1 UVPG) Planfeststellung nach §§ 72 ff. BVwVfG mit eigenen Modifikationen und einzelnen Verweisen in das Energieleitungsrecht des EnWG geregelt. Für wesentliche Änderungen an Leitungen ist auch eine Plangenehmigung nach den gleichen Regelungen wie für Speicher[56] möglich (die in den weiteren Voraussetzungen wiederum dem § 74 Abs. 1 Satz 1 BVwVfG entsprechen), § 4 Abs. 2 Satz 2 KSpG i. V. m. § 11 Abs. 2 KSpG. Die Besonderheiten im Planfeststellungsverfahren für Kohlendioxidleitungen beschränken sich im Wesentlichen auf die besonders frühe Beteiligung der Öffentlichkeit gem. § 4 Abs. 1 KSpG, die durch die in Bezug genommenen (oft verfahrensbe-

---

52 *von Mäßenhausen*, in: Boldt/Weller/Kühne/von Mäßenhausen, § 55 Rn. 117.
53 *Hellriegel*, NVwZ 2013, 111, 114. Vgl. im Hinblick auf die CCS-Richtlinie *Wolff*, UPR 2013, 298, 302.
54 Vgl. etwa *Hellriegel*, NVwZ 2013, 111, 115 f. Vgl. auch *Bartel/Janssen*, Raumplanung im Untergrund unter besonderer Berücksichtigung des Umweltschutzes, NuR 2016, 237.
55 Hierzu *Dietrich*, in: Fischedick/Görner/Thomeczek (Hrsg.), S. 633, 656 f.
56 Vgl. hierzu *Dieckmann*, NVwZ 2012, 989, 993.

schleunigenden) Regelungen des EnWG ergänzt, aber nicht konterkariert werden soll. Das Genehmigungsregime der Absätze 1 und 2 wird durch § 4 Abs. 4 KSpG ergänzt, der (auch nachträgliche) Auflagen, soweit diese zum Wohl der Allgemeinheit bzw. zur Einhaltung gesetzlicher Vorschriften erforderlich sind, vorsieht. § 4 Abs. 5 KSpG gestattet die Enteignung für Kohlendioxidleitungen, wobei sich die enteignungsrechtliche Vorwirkung der Planfeststellung aus § 4 Abs. 4 Satz 4 KSpG i. V. m. § 15 Abs. 2 und 3 Satz 2 und 3 KSpG ergibt. § 4 Abs. 3 Satz 1 KSpG verweist für Vorarbeiten, Veränderungssperren, Vorkaufsrechte und vorzeitige Besitzeinweisungen auf die entsprechenden Regelungen des EnWG. § 4 Abs. 3 Satz 2 KSpG verweist im Hinblick auf die Sicherheitsanforderungen an Kohlendioxidleitungen auf den § 49 EnWG; ausgespart wird dabei neben einem Bezug auf Elektrizität und einer Verordnungsermächtigung eine Detailregelung zur Auskunftspflicht, die in § 4 Abs. 3 Satz 3 KSpG im Einklang mit § 28 KSpG eigenständig ausgestaltet ist. Schließlich enthält § 4 Abs. 6 KSpG eine Verordnungsermächtigung zur Leitungssicherheit und zu Details des Planfeststellungsverfahrens, die jedoch nie genutzt wurde.

Die allgemeinen Regeln des KSpG beziehen sich teilweise doch nur auf die Speicherung, so dass nur einzelne Regelungen aus dem allgemeinen KSpG-Regime auch auf den Transport anwendbar sind. So gilt die die besondere Haftungsregel des § 29 KSpG einschließlich der Kausalitätsvermutung für alle Anlagen nach dem KSpG und somit auch für Kohlendioxidleitungen. Die weitere Ausgestaltung des Haftungsregimes hinsichtlich der Deckungsvorsorge nach § 30 KSpG und der Übertragung der Verantwortung nach § 31 KSpG bezieht sich hingegen nur auf Betreiber von Speicheranlagen. § 33 KSpG verlangt den diskriminierungsfreien Zugang und Anschluss durch Dritte ausdrücklich auch zu Kohlendioxidnetzen, was zwar nicht weiter legaldefiniert wird, sich aber jedenfalls auf alle Kohlendioxidleitungen bezieht, vgl. Art. 3 Nr. 22 CCS-Richtlinie. Die entsprechenden Betreiberpflichten gehen jedoch für Leitungen allenfalls unwesentlich über die allgemeinen wettbewerbsrechtlichen Pflichten von Infrastrukturbetreibern (vgl. § 19 Abs. 2 Nr. 4 GWB) hinaus und beziehen sich nicht auf die spezifischen Herausforderungen eines Kohlendioxidleitungsnetzes, zumal auch die entsprechende Verordnungsermächtigung in § 33 Abs. 4 KSpG nie genutzt wurde. Allerdings unterstellen §§ 34, 35 KSpG die Vorgaben aus § 33 KSpG einem eigenen Aufsichts- und Rechtskontrollregime über die BNetzA und die ordentliche Gerichtsbarkeit (insbesondere das OLG Düsseldorf[57]). Jenseits davon besteht kein eigenes Aufsichtsregime für Kohlendioxidleitungen; § 28 KSpG gilt nur für Kohlendioxidspeicher.

57 Vgl. *Boos*, in: Danner/Theobald, 102. EL 2019, EnWG § 75 Rn. 63.

Für den grenzüberschreitenden Transport von Kohlendioxid bzw. die Einspeisung von Kohlendioxid in ein Leitungsnetz für den grenzüberschreitenden Transport (insbesondere wenn das Netz mangels inländischer Kohlendioxidspeicher allein dem grenzüberschreitenden Transport dient) gilt die Abfallverbringungsverordnung, die etwa für den unionsinternen Export gem. ihrem Art. 4 die Notifizierung bei der zuständigen Behörde und gem. ihren Art. 9 ff. die Erlaubnis durch die zuständigen Behörden in Deutschland und dem Empfängerland (sowie weitere Vorgaben) vorsieht. Für den Bau von Leitungen für den Export von Kohlendioxid ist zudem nach § 4 Abs. 2 Satz 3 KSpG sicherzustellen, dass die Zielspeicher den Anforderungen der CCS-Richtlinie entsprechen.

Insgesamt besteht das Transportregime im Wesentlichen aus Verweisen in andere Teile des KSpG sowie des Energieleitungsrechts mit einzelnen Modifikationen.[58] Regelungen, die die besonderen Herausforderungen beim Kohlendioxidtransport und beim Aufbau entsprechender Leitungsnetze aufgreifen, finden sich allenfalls sporadisch. Insbesondere in den allgemeinen Regelungen wird deutlich, dass sich das Transportregime dem Speicherungsregime unterordnet. Zwar wurde schon früh die Bedeutung der Infrastruktur und entsprechender Regulierungsinstrumente, insbesondere im Hinblick auf Bundesplanungsrecht, gesehen und diskutiert[59], die weitere Diskussion bei der Entstehung des KSpG hat diesen Aspekt jedoch weitgehend aus den Augen verloren.

C. Entwicklung und Stand der Diskussion zur Kohlendioxidspeicherung

Die Diskussion zu CCS hat sich – in Deutschland weitgehend unbemerkt – in den Jahren seit den ersten Überlegungen von dem ursprünglichen Leitbild, den Kohlendioxidausstoß großer Punktquellen wie insbesondere Kohlekraftwerke durch CCS zu reduzieren und das jeweilige Kohlendioxid in geeigneten und möglichst nahen Kohlendioxidspeichern zu entsorgen, deutlich fortentwickelt.[60] Auch wenn diese Anwendungskonstellationen weiterhin diskutiert werden, haben sich die in den Blick genommenen Szenarien demgegenüber sowohl verbreitert als auch verschoben. Sehr grob lassen sich hinter diesen Entwicklungen zwei Trends erkennen.

---

58 *Wolff*, UPR 2013, 298, 301.
59 BMWi/BMU/BMBF, Entwicklungsstand und Perspektiven von CCS-Technologien in Deutschland, S. 8.
60 Vgl. Bundesregierung, Evaluierungsbericht der Bundesregierung über die Anwendung des Kohlendioxid-Speicherungsgesetzes sowie die Erfahrungen zur CCS-Technologie, S. 44, 49; acatech, CCU und CCS, S. 6.

Zum einen erscheinen Speicher an Land zunehmend unattraktiv. Bei vielen geologischen Formationen zeigen sich technische Probleme und vor allem stellen sich auch Akzeptanzfragen bei der betroffenen Bevölkerung.[61] Die Folgen eines kaum sicher auszuschließenden Lecks oder unerwarteter Erdbewegungen aufgrund der Speicherung erscheinen vielen insbesondere in bewohnten Gebieten als zu hohes Risiko.[62] Deutschland erscheint mit seiner grundsätzlich ablehnenden Haltung insofern weniger als Ausnahmeerscheinung und eher wie ein Vorreiter. Demgegenüber rücken jedenfalls im europäischen Kontext zunehmend Offshore-Speicher[63], insbesondere im Zusammenhang mit erschöpften Gasfeldern, in den Vordergrund.[64] Auch schon zu Beginn der CCS-Diskussion waren Offshore-Kohlendioxidspeicher im Blickfeld[65], die Kosten dieses Ansatzes[66] rückten ihn damals jedoch eher in den Hintergrund. Verstärkt wird dieser Trend zu Offshore-Konzepten zudem durch die Erfahrungen mit bestehenden Anlagen[67] und die Überlegung, bestehende Infrastrukturen und Kompetenzen für die Erdgas- und Erdölgewinnung im Offshore-Bereich nun auch in der Dekarbonisierung zu nutzen[68].

Zum anderen tritt die starke Verknüpfung zwischen fossilen Energieträgern und CCS immer stärker in den Hintergrund. Dies hat mehrere Gründe. Für die flächendeckende Dekarbonisierung der Energieversorgung erscheinen erneuerbare Energien als vorzugswürdige Alternative[69], während Teile von Bevölkerung und Politik den Einsatz von CCS gerade für den Erhalt der fossilen Energie-

---

61 Bundesregierung, Evaluierungsbericht der Bundesregierung über die Anwendung des Kohlendioxid-Speicherungsgesetzes sowie die Erfahrungen zur CCS-Technologie, S. 6, 20, 28, 49; acatech, CCU und CCS, S. 48 ff.; *Dietrich*, in: Fischedick/Görner/Thomeczek (Hrsg.), S. 633, 634; *Dütschke/Wohlfahrt u. a.*, International Journal of Greenhouse Gas Control 2016, 149, 149; *Millligan*, Marine Policy 2014, 162, 162; Triple/Ricardo-AEA/TNO, Study to support the review and evaluation of Directive 2009/31/EC on the geological storage of carbon dioxide (CCS Directive), 2015, S. 27.

62 Vgl. acatech, CCU und CCS, S. 48 ff. m. w. N.; *Oltra/Upham u. a.*, Energy & Environment 2012, 227, 237.

63 Vgl. *Millligan*, Marine Policy 2014, 162.

64 Skeptisch hingegen gegenüber einer deutlich höheren Akzeptanz von Offshore-Speichern *Schumann/Duetschke/Pietzner*, Energy Procedia 2014, 7096.

65 Etwa North Sea Basin Task Force, Storing CO2 under the North Sea Basin, 2007 (https://www.regjeringen.no/en/dokumenter/Storing-CO2-under-the-North-Sea-Basin/id473307/).

66 Vgl. Kommission, Accompanying document to the proposal for a directive of the European Parliament and of the Council on the geological storage of carbon dioxide, 23.1.2008, Rn. 293 (Commission Staff Working Document COM(2008) XXX).

67 Insbesondere Sleipner in Norwegen; hierzu etwa Bundesregierung, Evaluierungsbericht der Bundesregierung über die Anwendung des Kohlendioxid-Speicherungsgesetzes sowie die Erfahrungen zur CCS-Technologie, S. 23.

68 Vgl. auch *Oltra/Upham u. a.*, Energy & Environment 2012, 227, 240, 241 in Bezug auf den Zusammenhang zwischen Akzeptanz und Erfahrungen mit fossilen Energieträgern.

69 Vgl. acatech, CCU und CCS, S. 49; *Dütschke/Wohlfahrt u. a.*, International Journal of Greenhouse Gas Control 2016, 149, 150.

nutzung ablehnen[70]. CCS wird nun vermehrt in Kontexten von nur schwer dekarbonisierbaren Wirtschaftszweigen und Aspekten der Energieerzeugung[71] sowie im Bereich negativer Emissionen, insbesondere durch den Einsatz von Biomasse und Biogasen, die bei ihrer industriellen Anwendung über CCS dekarbonisiert werden und so der Atmosphäre bilanziell Kohlendioxid entziehen (BECCS = Bio-Energy with CCS)[72], diskutiert. Soweit diese Diskussion noch fossile Energieträger in Zusammenhang mit CCS bringt, bezieht sich dies in der Regel auf „blauen" Wasserstoff, der aus Erdgas als ohnehin schon weniger treibhausgasintensiven fossilen Energieträger mit CCS gewonnen wird, dann in dekarbonisierten Industrieprozessen und schwer dekarbonisierbaren Energiebereichen (Verkehr, Wärme, Reserveenergie zum Ausgleich volatiler erneuerbarer Energien in der Stromerzeugung) eingesetzt werden kann und zumindest als Brückentechnologie den Aufbau einer „grünen" Wasserstoffwirtschaft begleiten und beschleunigen soll.[73]

Beispielhaft zeigt sich diese Entwicklung in Szenarien und Planungen, die sich auf das Nordseebecken beziehen. In den Niederlanden[74], dem UK[75] und vor allem Norwegen[76] wurden und werden Pläne geschmiedet, die zuvor bzw. bisher zur Gasgewinnung genutzten Offshore-Gasfelder nun intensiv für CCS zu nutzen. Hierfür sollen spiegelbildlich zum bisherigen Gastransport Koh-

---

70 Vgl. Fn. 7.

71 Bundesregierung, Evaluierungsbericht der Bundesregierung über die Anwendung des Kohlendioxid-Speicherungsgesetzes sowie die Erfahrungen zur CCS-Technologie, S. 44 ff., 50; acatech, CCU und CCS; *Dütschke/Wohlfahrt u.a.*, International Journal of Greenhouse Gas Control 2016, 149, 151.

72 Hierzu etwa Bundesregierung, Evaluierungsbericht der Bundesregierung über die Anwendung des Kohlendioxid-Speicherungsgesetzes sowie die Erfahrungen zur CCS-Technologie, S. 4, 48 durchaus skeptisch; *Arnold*, CCS und Biomasse, in: Fischedick/Görner/Thomeczek (Hrsg.), CO2: Abtrennung, Speicherung, Nutzung, 2015, S. 483; *Dütschke/Wohlfahrt u.a.*, International Journal of Greenhouse Gas Control 2016, 149, 150.

73 Etwa Equinor/OGE, H2morrow – Potenzial von Wasserstoff für eine dekarbonisierte Industrie, 2019 (https://www.open-grid-europe.com/cps/rde/xbcr/oge-internet/H2morrow_Potenziale%20von%20Wasserstoff%20f%c3%bcr%20eine%20dekarboni sierte%20Industrie_Kurzbericht_FINAL.pdf); *Sadler/Solgaard Anderson/Sperrink/Cargill/Sjøvoll/Åsen/Finnesand/Melien/Thorsen/Hagesæther/Ringrose/Nazarian/Hellvik Kvadsheim*, H21 North of England, 23.11.2018, S. 334 ff. (https://www.h21.green/wp-content/uploads/2019/01/H21-NoE-PRINT-PDF-FINAL-1.pdf). Vgl. auch zum Forschungsprojekt ELEGANCY https://www.sintef.no/elegancy (zuletzt abgerufen am 13.1.2020).

74 Etwa *Heffron/Downes/Bysveen/Brakstad/Mikunda/Neele*, Ownership, risk and the law for a CO2 transport network for carbon capture and storage in the European Union, Journal of Energy and Natural Resources Law 2018, 433; *Ros/Read/Uilenreef/Limbeek*, Start of a CO2 hub in Rotterdam: connecting CCS and CCU, Energy Procedia 2014, 2691.

75 Etwa *Sadler/Solgaard Anderson u.a.*, H21 North of England, S. 334 ff. Vgl. zudem *Millligan*, Marine Policy 2014, 162.

76 Insbesondere das Northern Lights Projekt, siehe hierzu https://northernlightsccs.eu/ (zuletzt abgerufen am 13.1.2020). Vgl. zudem Bundesregierung, Evaluierungsbericht der Bundesregierung über die Anwendung des Kohlendioxid-Speicherungsgesetzes sowie die Erfahrungen zur CCS-Technologie, S. 23.

lendioxidströme aus verschiedenen Teilen des Landes und dem Ausland über zentrale Hubs an den Küsten zu den entsprechenden Feldern transportiert werden.[77]

Die neuen Ansätze gehen auch mit neuen Herausforderungen einher, die regulatorisch aufzufangen sind. Statt eines allenfalls sternförmigen Transports von einzelnen Kohlendioxidquellen zu einzelnen Speichern, bedarf es für die neuen Ansätze eines komplexen Netzes. Dies stellt stärker den (grenzüberschreitenden) Transport und die Koordinierung unterschiedlicher Kohlendioxidströme ins Zentrum der Betrachtung.[78] Für diese Ansätze reicht es nicht mehr aus, die Kohlendioxidströme aus einer überschaubaren Zahl von Quellen, die sich zudem eher ähnlich sind, für den jeweiligen Speicher im Blick zu behalten, zu sammeln und auf ihre Injizierbarkeit zu überprüfen, § 24 KSpG. Vielmehr müssen nun Kohlendioxidströme aus einer unüberschaubaren Vielzahl unterschiedlicher Quellen gesammelt und miteinander in Einklang gebracht werden.

Insbesondere für Deutschland verschiebt sich durch die neuen Ansätze dies Diskussion zu CCS. In der aktuellen Diskussion spielt die Speicherung an Land in Deutschland selbst keine Rolle mehr. Die Regeln zur Speicherung als besonderes Bergrecht sind in diesem Kontext ebenso wenig relevant wie der aktuelle rechtliche Ausschluss jeder zukünftigen Speicherung in Deutschland. CCS-Recht ist für Deutschland insofern nur noch das Recht des Transports und des Exports von Kohlendioxid. Eine rechtswissenschaftliche Diskussion, die diesem neuen Kontext Rechnung trägt, muss dementsprechend den rechtlichen Rahmen für Transport, Kohlendioxidnetzwerke und Export vor dem Hintergrund erheblicher Herausforderungen in den Fokus rücken, und kann die klassischen berg- und abfallrechtlich ausgerichteten Diskussionen zur Speicherung des Kohlendioxids beiseitelassen.

D. Anpassungsbedarf

Es kann bei diesem Befund nicht überraschen, dass die derzeitige Rechtslage im Bereich von Transport, Netzwirtschaft und Export von Kohlendioxid für CCS den tatsächlichen Herausforderungen nicht gerecht wird. Der ursprüngliche Fokus auf die abfall- und bergrechtlichen Aspekte

---

[77] Vgl. Bundesregierung, Evaluierungsbericht der Bundesregierung über die Anwendung des Kohlendioxid-Speicherungsgesetzes sowie die Erfahrungen zur CCS-Technologie, S. 10 f.
[78] Vgl. *Heffron/Downes u. a.*, Journal of Energy and Natural Resources Law 2018, 433; *Henriksen/Ombudstvedt*, Cross-Border Transportation, Energy Procedia 2017, 7443.

der Speicherung hat die transportrelevanten Aspekte eher vernachlässigt. Die gesetzgeberische Untätigkeit in der Zwischenzeit und die Konzentration auf die Verhinderung der Speicherung trotz der zunehmend transportbezogenen Herausforderungen moderner CCS-Konzepte, hat dieses Ungleichgewicht eher verschärft. Eine lernende Anpassung der experimentellen Gesetzgebung fand jedenfalls nicht statt.

Entgegen des expliziten Unwillen der Bundesregierung, Defizite des KSpG in absehbarer Zeit durch eine Gesetzesänderung anzugehen[79], sollen hier einzelne zentrale Regelungsaspekte angesprochen werden, für die eine Anpassung und Weiterentwicklung des KSpG geboten ist, um für Deutschland auch ohne eigene Speicherung eine wirksame Anbindung an CCS zu ermöglichen.

I. Angleichung und Modernisierung des Verfahrensrechts

Das offensichtlichste Regelungsbedürfnis ergibt sich hinsichtlich der verfehlten Verweise in § 4 Abs. 2 EnWG. Angesichts der außergewöhnlichen Änderungshistorie[80] bleibt es unklar, wie dynamisch die Verweise zu verstehen sind. Naheliegend, aber keineswegs zwingend erscheint es, den pauschalen Verweis auf das Planfeststellungsverfahren nach §§ 72 ff. BVwVfG als dynamischen Verweis zu verstehen und hinsichtlich der punktuellen Verweise ins EnWG die Änderungen im EnWG nachzuvollziehen, soweit die neuen Regelungen den alten Regelungen materiell entsprechen. Der Verweis auf § 43a EnWG erfasste ursprünglich den gesamten § 43a EnWG und sparte allein die Regelung zur Verzichtbarkeit des Erörterungstermins aus.[81] Durch das Planvereinheitlichungsgesetz wurde eine Vielzahl von Sonderregelungen des § 43a EnWG verallgemeinert und in das BVwVfG übernommen. Der Wegfall von Regelungen im § 43a EnWG führte dazu, dass der Verweis aus dem KSpG nicht mehr funktionierte: Der Erörterungstermin war nunmehr in einer neuen Nummer geregelt, die vom Verweis im KSpG erfasst war, und andere Nummern, auf die verwiesen wurden, waren weggefallen. Bei der jüngsten Reform des § 43a EnWG wurde wie bereits dargestellt auch das KSpG insofern korrigiert, dass es nun auf den gesamten § 43a EnWG verweist, also jetzt doch und ohne jede politische Entscheidung in der Sache die Möglichkeit für den Wegfall des Erörterungstermins auch für Kohlendioxidleitung entgegen § 73 Abs. 6 BVwVfG enthält. Der Ver-

---

79 Bundesregierung, Evaluierungsbericht der Bundesregierung über die Anwendung des Kohlendioxid-Speicherungsgesetzes sowie die Erfahrungen zur CCS-Technologie, S. 51.
80 Hierzu oben unter B. am Anfang.
81 Vgl. *Wolff*, UPR 2013, 298, 301.

weis auf § 43b EnWG bezog sich ursprünglich auf die Rechtswirkung von Plangenehmigungen (die vom Planvereinheitlichungsgesetz in § 74 Abs. 6 Satz 2 1. Halbsatz BVwVfG übernommen wurde), die Koordinierung bei länderübergreifenden Vorhaben (die unter neuer und nicht mehr in den Verweis fallenden Nummerierung im § 43b EnWG beibehalten wurde) und die Anordnung der Rechtsbehelfsbelehrung bei Zustellung des Planfeststellungsbeschlusses (was jedoch wegen der allgemeinen Rechtsbehelfsbelehrungspflicht nach § 37 Abs. 6 Satz 1 BVwVfG, die angesichts des Hintergrunds der Änderung offenbar auch in die §§ 72 ff. BVwVfG inkorporiert sein soll, aufgehoben wurde[82]). Hinsichtlich des Verweises auf § 43e EnWG ist zu beachten, dass in der Zwischenzeit der Absatz 4 weggefallen ist, der sich auf die Folgen von Abwägungsmängeln bezieht und sich nun in § 75 Abs. 1a BVwVfG, der für das EnWG durch § 43c EnWG (und für das KSpG durch den Verweis auf §§ 72 ff. BVwVfG) erfasst bleibt, wiederfindet. Da sich im Ergebnis materiell keine relevanten Änderungen für die von den Verweisen betroffenen Regelungen ergeben, hätte eine Anpassung des § 4 Abs. 2 KSpG kaum inhaltliche Folgen. Sie könnte aber die Rechtsklarheit der Regelung deutlich verbessern, Unsicherheiten bezüglich der Verweisstruktur beseitigen und dem Gesetzgeber eine Gelegenheit bieten, sich einerseits mit dem legislativen „Schluckauf" hinsichtlich des Erörterungstermins und andererseits mit auch materiellen Modernisierungen zu beschäftigen.

Für die Zukunft von CCS in Deutschland ist dann auch relevanter, inwieweit sich das Verfahren zur Genehmigung von Kohlendioxidleitungen materiell modernisieren lässt. In den letzten Jahren hat sich eine intensive Diskussion entwickelt, wie sich allgemein das Planfeststellungsverfahren angesichts verzögerter Infrastrukturprojekte beschleunigen lässt, ohne die öffentliche Akzeptanz und den Rechtsschutz übermäßig zu strapazieren. Diese Diskussion hat auch rechtliche Neuerungen hervorgebracht, die sich nicht ausschließlich im vom KSpG in Bezug genommenen Planfeststellungsverfahrensrecht des BVwVfG wiederfindet. Es erscheint lohnenswert, zu überprüfen, inwieweit diese und zukünftige Neuerungen auch für das KSpG sinnvolle Ergänzungen bereithalten. Dies erscheint sogar besonders dringlich, da gerade für Kohlendioxidleitungen langwierige Verfahren zu erwarten sind[83], zumal sich Kohlendioxidleitungen im Störfall ganz anders als traditionelle Gasleitungen verhalten[84] und es bei Planern, Verwaltung und Justiz an Erfahrung zur Berücksichtigung dieser Besonderheiten fehlt[85], was Projekte auf jeder Stufe des Verfahrens ver-

---

82 *Missling*, in: Danner/Theobald, EnWG § 43b Rn. 52.

83 Vgl. *Kohls/Kahle*, ZUR 2009, 122, 125.

84 Bundesregierung, Evaluierungsbericht der Bundesregierung über die Anwendung des Kohlendioxid-Speicherungsgesetzes sowie die Erfahrungen zur CCS-Technologie, S. 10, 35 f. jeweils m. w. N.

85 Vgl. Triple/Ricardo-AEA/TNO, Review and evaluation of CCS Directive, S. 126.

zögern kann. Insbesondere das Konzept des Projektmanagers nach § 43 g EnWG, das erst im Laufe der Gesetzgebung zum KSpG in das EnWG eingeführt wurde und sich hier durchaus praktisch bewährt hat[86], könnte für Kohlendioxidleitungen interessant sein, da es einen zentralisierten Erfahrungsaufbau bei den sich spezialisierenden Projektmanagern begünstigt. Auch ließe es sich angesichts der drohenden Projektdauer und der vor dem Hintergrund öffentlicher Vorbehalte erhöhten Transparenz- und Abwägungsinteressen überlegen, für Kohlendioxidleitungen – ähnlich wie es für „Stromautobahnen" ausgestaltet ist und wie es auch schon einmal diskutiert wurde[87] – planerische Elemente zu stärken.

Darüber hinaus sind auch Entwicklungsmöglichkeiten jenseits des Gesetzestexts im Blick zu behalten, um die Sicherheit und Geschwindigkeit im Planfeststellungsverfahren für Kohlendioxidleitungen zu verbessern. So lassen sich durch Standardisierungsbemühungen[88] die technischen Erfahrungen aus dem EOR-Bereich sowie die neuesten wissenschaftlichen Erkenntnisse auf die besondere Situation in Deutschland und Europa, die spezifischen technischen Herausforderungen für CCS[89], die hiesigen Erwartungen an Sicherheit und Umweltschutz sowie den spezifischen Regelungskontext hier übertragen. Solche Standardisierungen können den Zugriff von bisher insoweit noch unerfahrenen Teilnehmern am Genehmigungsverfahren auf die bestehenden Erfahrungen und Kenntnisse deutlich vereinfachen und auch bereits erprobte Beschleunigungsmethoden miteinbeziehen und zugänglich machen.

II. Sicherheitsvorgaben

Auf gesetzlicher Ebene entsprechen die Regelungen zur Sicherheit von Kohlendioxidleitungen allein schon aufgrund des direkten Verweises den Regelungen für Gasleitungen. Insofern besteht kein Handlungsbedarf. Allerdings fehlt es für Kohlendioxidleitungen an einer Operationalisierung der nur allgemeinen Sicherheitsanforderungen. Eine entsprechende Verordnung fehlt. Betreiber könnten sich zwar an den entsprechenden Verordnungen zu Erdgasfernleitungen (GasHDrLtgV)

---

86 *Appel/Eding*, Der Projektmanager nach § 43 g EnWG und § 29 NABEG, EnWZ 2017, 392, 392 f. Vgl. *Pielow*, in: Säcker (Hrsg.), Berliner Kommentar, 4. Aufl. 2019, EnWG § 43 g Rn. 1.

87 BMWi/BMU/BMBF, Entwicklungsstand und Perspektiven von CCS-Technologien in Deutschland, S. 8; *Kohls/Kahle*, ZUR 2009, 122, 125.

88 Hierzu etwa acatech, CCU und CCS, S. 37 f.

89 Hierzu etwa Bundesregierung, Evaluierungsbericht der Bundesregierung über die Anwendung des Kohlendioxid-Speicherungsgesetzes sowie die Erfahrungen zur CCS-Technologie, S. 10.

und anderen Fernleitungen (RohrFLtgV) orientieren, verbindlich sind diese angesichts der Spezialgesetzgebung einschließlich spezieller Verordnungsermächtigung für CCS im KSpG jedoch nicht. Auch fehlt es noch an klaren technischen Standards, insbesondere durch den DVGW. Das unklare Verfahren und die fehlende Ausgestaltung von Sicherheitsdetails belasten etwaige Verfahren mit zusätzlichen Unsicherheiten und Unklarheiten und würden weitere Verzögerungen provozieren. Während diese Belastungen hinsichtlich der technischen Standardisierung für neuartige Technologien jedenfalls für eine Weile nicht zu vermeiden sind, steht es dem Verordnungsgeber jederzeit frei, den rechtlichen Rahmen der Leitungssicherheit auszugestalten und etwaigen Betreibern so sichere Leitplanken zu vermitteln.

III. Koordinierung von Kohlendioxidströmen

In einem Transportnetz besteht ein hoher Bedarf, die unterschiedlichen Kohlendioxidströme zu koordinieren.[90] Je nach Quelle und Abscheidungsverfahren können Kohlendioxidströme unterschiedliche Beschaffenheiten und Reststoffe aufweisen, die unterschiedliche Anforderungen an die Transportinfrastruktur und den Speicher stellen (und sogar miteinander reagieren und so das Transportnetz und die Speicher gefährden können).[91] Unterschiedliche Methoden und Spezifikationen für den Transport können zudem mit zusätzlichem Aufwand verbunden sein, wenn der Kohlendioxidstrom für einen Übergang in ein anderes Transportnetz bearbeitet werden muss.

Dem hohen Koordinierungsbedarf steht keine Regelung im KSpG gegenüber, die die Beschaffenheit der Kohlendioxidströme im Transportnetz betrifft. Obwohl Art. 12 der CCS-Richtlinie ausdrücklich auch Anforderungen hinsichtlich der Transportinfrastruktur vorschreibt[92], findet sich allein in § 24 KSpG, der die Injektion in einen Speicher regelt, eine Regelung zu Kohlendioxidströmen. Zwar lassen sich die allgemeinen Anforderungen aus § 24 Abs. 1 Nr. 1, 2 und 4 KSpG (möglichst hoher Kohlendioxidanteil, Verbot von nicht zwangsläufigen Beimengungen und Abfällen) auch auf die Kohlendioxideinspeisungen im Transportnetz übertragen. Es finden sich jedoch

---

90 Vgl. Bundesregierung, Evaluierungsbericht der Bundesregierung über die Anwendung des Kohlendioxid-Speicherungsgesetzes sowie die Erfahrungen zur CCS-Technologie, S. 10 f.; Triple/Ricardo-AEA/TNO, Review and evaluation of CCS Directive, S. 48.
91 Vgl. etwa Kommission, Implementation of Directive 2009/31/EC on the Geological Storage of Carbon Dioxide – Guidance Document 2, 2011, S. 67 ff.; acatech, CCU und CCS, S. 22; *Rütters/Stadler/Bäßler/Bettge/Jeschke/Kather/Lempp/Lubenau/Ostertag-Henning/Schmitz/Schütz/Waldmann*, Towards an optimization of the CO2 stream composition—A whole-chain approach, International Journal of Greenhouse Gas Control 2016, 682.
92 Vgl. auch Kommission, CCS Guidance Document CO2 Stream.

keine Vorgaben im KSpG, die Netzverträglichkeit und Interoperabilität von Kohlendioxidströmen sicherstellen oder auch nur auf eine entsprechende Koordinierung hinwirken.

Nach dem derzeitigen Rechtsstand liegt es allein an den Betreibern der jeweiligen Transportinfrastruktur, in den Grenzen des § 33 KSpG Anforderungen an die Beschaffenheit des Kohlendioxidstroms zu stellen. Die Interoperabilität zwischen verschiedenen Transportwegen und –netzen sowie Speichern ist bi- oder multilateralen Absprachen der Beteiligten überlassen. Zudem können auch in diesem Kontext Standardisierungsbemühungen eine wichtige Rolle einnehmen. Zwar lässt sich – insbesondere anfänglich – auch unter diesen Bedingungen ein Rahmen für ein einheitliches und leistungsfähiges Transportnetz für CCS herstellen. Langfristig allerdings könnte sich dieser Ansatz angesichts unterschiedlicher (und ggf. sogar widerstreitender) Interessen, des Aufwands für die (regelmäßig fremdnützige) Koordinierung und einer Vielzahl von Unsicherheiten hinsichtlich der zukünftigen Entwicklung (neue Techniken, neue Akteure, neue Regulierungen) als nicht tragfähig erweisen. Um in angemessener Zeit ein möglichst wirksames Transportnetz für Kohlendioxid zu unterstützten, erscheint dann ein rechtlicher Rahmen zur Absicherung von Netzverträglichkeit und Interoperabilität geboten. Hierfür ist eine Vielzahl von sehr unterschiedlichen Ansätzen denkbar. Eine erste Orientierung können die entsprechenden Regelungen für das Erdgasfernleitungsnetz bieten. Ob und inwieweit dieses engmaschige Koordinierungs- und Regulierungsregime auch auf Kohlendioxidströme Anwendung finden soll, bedarf jedoch angesichts der unterschiedlichen Marktsituation, der hohen wirtschaftlichen Leistungsfähigkeit der Gaswirtschaft und der eigenen Herausforderungen eines Kohlendioxidnetzwerks noch einer intensiven Diskussion. Letztlich ist es wohl wünschenswert, diese Diskussion auf europäischer Ebene zu führen und einen unionsrechtlichen Rahmen zu entwerfen, da jedenfalls aus deutscher Perspektive das Transportnetz auf den grenzüberschreitenden Transport ausgerichtet sein würde. Doch bieten sich schon im Vorfeld nationale Regelungen zur Koordinierung an: Die Koordinierung der inländischen Situation erleichtert die Koordinierung mit dem Ausland und kann zudem eine unionsrechtliche Initiative durch entsprechende Regelungsmodelle und diesbezügliche Erfahrungen vorbereiten.

IV. Haftung für Leitungen

Einen Randaspekt betrifft das Haftungsregime auch für Kohlendioxidleitungen gem. § 29 KSpG. Soweit dieses strukturell dem UmweltHG entspricht, ist es angemessen. Für die erweiterte Kausalitätsvermutung nach § 29 Abs. 2 Satz 3 KSpG, die mögliche Kausalitätsalternativen für die Widerlegung der Vermutung verlangt, fehlt bei Leitungen jedoch eine tragfähige Begründung. Zwar ist es schon unsicher, ob sich für Schäden durch den Leitungsbetrieb überhaupt Konstellationen denken lassen, für die überhaupt eine Haftung nach § 29 Abs. 2 Satz 1 KSpG in Betracht kommt, ohne dass die Kausalität sich ohnehin sicher nachvollziehen ließe. Gleichwohl stellt diese weite Kausalitätsvermutung für Leitungsanlagen einen bergrechtlichen Fremdkörper dar, der die Leitungsbetreiber grundlos mit zusätzlichen Risiken belastet. Will man der Eigenständigkeit der Transportregimes im KSpG sinnvoll Rechnung tragen, sollte die zusätzliche Haftungsverschärfung auf Speicheranlagen beschränkt bleiben.

V. Exportbeschränkungen (London Protocol)

Aufgrund der Abfallverbringungsverordnung bedarf der Export von Kohlendioxid schon innerhalb der Union der Genehmigung durch die zuständigen Behörden in Deutschland und im aufnehmenden Mitgliedstaat. Diese Genehmigung muss für Kohlendioxid zur Offshore-Speicherung derzeit jedoch gem. Art. 11 Abs. 1 lit. f) der Abfallverbringungsverordnung versagt werden, da Art. 6 des 1996 London Protocol to the Convention on the Prevention of Marine Pollution by Dumping of Wastes and Other Matter, das aufgrund seiner rechtswirksamen Ergänzung aus 2006 sicher auch Kohlendioxid für Offshore-CCS erfasst (vgl. Art. 1 Nr. 8 des Annex 1) und in dieser Form auch für Deutschland gilt, jeden Export von Abfall zur Entsorgung im Meer verbietet[93]. Dieses Exportverbot stellt zwar offenkundig eine Einschränkung des Warenverkehrs mit Kohlendioxid als Abfall[94] dar, diese ist jedoch im Rahmen des Umweltschutzes parallel zum abfallrechtlichen Prinzip der Entsorgungsnähe[95] gerechtfertigt, zumal Umweltschutz und Warenverkehrsfreiheit in der Abfallverbringungsordnung durch den Unionsgesetzgeber selbst unter Berücksichtigung der Herausforderungen des internationalen Abfallrechts abgewogen wurde. In Deutschland ist derzeit also nicht nur die „klassische" Speicherung von Kohlendioxid rechtlich verboten, sondern auch der „moderne" Export von Kohlendioxid zur Speicherung in Offshore-Speichern im Nordseebecken.

---

93 *Dixon/McCoy/Havercraft*, International Journal of Greenhouse Gas Control 2015, 431, 434 f.; *Garrett/McCoy*, Carbon capture and storage and the London Protocol: recent efforts to enable transboundary CO2 transfer, Energy Procedia 2013, 7747, 7747; *Henriksen/Ombudstvedt*, Energy Procedia 2017, 7443, 7444 f.
94 Zu Abfall als Ware siehe EuGH, Urt. v. 9.7.1992 – C-2/90 – Rn. 28.
95 Vgl. EuGH, Urt. v. 9.7.1992 – C-2/90 – Rn. 34 ff.

Gleichwohl lässt sich die Rechtslage so gestalten, dass der Export von Kohlendioxid ermöglicht wird. Denn bereits am 30.10.2009 hatten die Vertragsparteien des London Protocol eine Änderung des Art. 6 beschlossen, die unter engen Voraussetzungen den Export von Kohlendioxid für Off-shore-CCS ermöglicht.[96] Diese Änderung wurde jedoch niemals wirksam, da es an ausreichend Ratifikationen mangelte.[97] Auch Deutschland ratifizierte die Änderung nie. Am 11.10.2019 beschlossen die Vertragsparteien jedoch zusätzlich, dass die Änderung aus 2009 auch provisorisch angewendet[98] werden kann.[99] Deutschland kann nun also auch einseitig die provisorische Anwendung erklären und mit entsprechenden Abkommen mit dem Zielstaat, insbesondere mit den Niederlanden, die rechtliche Grundlage für einen völkerrechtlich erlaubten und daher auch nach der Abfallverbringungsverordnung zu gestattenden Export für Kohlendioxid für Offshore-CCS legen. Ob Deutschland sich auf diese Weise die Tür für CCS offenhalten will, ist letztlich eine politische Entscheidung, die aber eine ehrliche Diskussion statt bloßen Schweigens verdient.

E. Fazit

Nach dem heutigen Stand ist eine Kohlendioxidspeicherung in Deutschland rechtlich ausgeschlossen und auch politisch für absehbare Zeit kaum zu realisieren. Dies hat jedoch nicht zur Folge, dass sich Diskussionen zum Thema CCS nicht lohnen würden. Auf internationaler Ebene haben sich in den letzten Jahren Paradigmenwechsel ergeben, die für Deutschland ohnehin den Export und den Transport von Kohlendioxid aus einer Vielzahl von Kohlendioxidquellen stärker in den Fokus rücken. Um diese Ansätze ernsthaft weiterverfolgen zu können, fehlt jedoch ein adäquater Rechtsrahmen: Neben dem derzeitigem Exportverbot für Kohlendioxid für Offshore-CCS zeitigt der derzeitige Rechtsrahmen, der mit berg- und abfallrechtlicher Orientierung die

---

96 Hierzu etwa *Dixon/McCoy/Havercraft*, International Journal of Greenhouse Gas Control 2015, 431, 435; *Garrett/McCoy*, Energy Procedia 2013, 7747, 7747; *Henriksen/Ombudstvedt*, Energy Procedia 2017, 7443, 7445.

97 Hierzu etwa *Dixon/McCoy/Havercraft*, International Journal of Greenhouse Gas Control 2015, 431, 435 f.; *Garrett/McCoy*, Energy Procedia 2013, 7747, 7747 f.; *Henriksen/Ombudstvedt*, Energy Procedia 2017, 7443, 7445.

98 Hierzu im Vorfeld etwa *Garrett/McCoy*, Energy Procedia 2013, 7747, 7751; *Henriksen/Ombudstvedt*, Energy Procedia 2017, 7443, 7449 f.

99 Hierzu *Bankes,* Provisional Application of an Amendment to the London Protocol to Facilitate Collaborative CCS Projects, 11.12.2019 (https://site.uit.no/jclos/2019/12/11/provisional-application-of-an-amendment-to-the-london-protocol-to-facilitate-collaborative-ccs-projects/). Siehe auch die Pressemitteilung der IMO vom 11.10.2019, http://www.imo.org/en/MediaCentre/MeetingSummaries/LCLP/Pages/LC-41-LP-14-.aspx (zuletzt abgerufen am 11.1.2020).

Speicherung ins Zentrum stellt, im Transportbereich unnötige Hürden (z. B. unklare Verweise oder ein unpassendes Haftungsregime) und fehlende rechtliche Ausgestaltungen zu drängenden Herausforderungen (z. B. zur Leitungssicherheit oder zur Koordinierung von Kohlendioxidströmen in einem Transportnetz). Es fehlt angesichts der weitgehenden Vermeidung des CCS-Themas in Deutschland sogar eine angemessene und breite Diskussion zu einem solchen Rechtsrahmen.

Ob CCS in Deutschland durch den Export ins Ausland, insbesondere für Offshore-CCS, politisch machbar und praktisch umsetzbar ist, lässt sich heute nicht absehen. Jedenfalls erscheint dies nicht ausgeschlossen, zumal viele Einwände gegen die klassischen CCS-Modelle in den heutigen Szenarien nicht mehr verfangen oder an Überzeugungskraft verlieren. Um zu vermeiden, dass sich (angesichts langer Anlaufzeiten für CCS-Projekte) Möglichkeiten für wirksames CCS in der Zukunft ohne eine politische Debatte, die die aktuellen Konzepte und Herausforderungen berücksichtigt, verschließen, lassen sich aber schon heute die rechtlichen Rahmenbedingungen weiterentwickeln und entsprechende Diskussionen anstoßen und vorbereiten. Dabei zeigt sich, dass sich bestimmte rechtliche Probleme, wie etwa die verworrenen Verweise des Art. 4 Abs. 2 KSpG, sofort und ohne weite Folgen beseitigen lassen. Bei anderen Rechtsproblemen stellen sich politische Entscheidungen in der Sache, insbesondere bei der provisorischen Anwendung der letzten Änderung des London Protocols, die aber auch als solche identifiziert werden müssen, um sie sinnvoll zu diskutieren. Andere rechtliche Probleme wiederum sind mit erheblichen Herausforderungen verbunden, die einer intensiven Auseinandersetzung unter den Vorzeichen des Leitungsrechts bedürfen, etwa zur Beschleunigung des Genehmigungsverfahrens für Kohlendioxidleitungen oder zur Koordinierung von Kohlendioxidströmen. Um der Gefahr zu begegnen, dass gerade für diese komplexeren Problemstellungen eine ausreichende Vorbereitung möglicher zukünftiger politischer Weichenstellungen fehlt, können schon heute entsprechende Diskussionen angestoßen werden. Die in diesem Beitrag genannten Punkte können hierzu vielleicht einen Beitrag leisten, sind aber sicherlich nicht abschließend.

Der derzeitige (weitgehende) Stillstand der Diskussion zu CCS auf Grundlage veralteter Konzepte wird all dem sicherlich nicht gerecht.

Zwischen Berg- und Ordnungsrecht – Regelungsbedarf für den Altbergbau?

Nadine Bethge, Till Elgeti und Martin Brück von Oertzen

Am 21.12.2018 wurde im Bergwerk Prosper-Haniel in Bottrop das letzte Stück Steinkohle gefördert. Damit schloss das letzte Steinkohlebergwerk in Nordrhein-Westfalen, nachdem im gesamten Bundesland seit Jahrhunderten Bergbau betrieben worden war. Bereits in der Römerzeit können erste Bergbautätigkeiten nachgewiesen werden.[1] In Herzogenrath bei Aachen wurde bereits im Jahre 1113 Steinkohle gefördert. Bergbau wurde in vielen Teilen des Landes wie dem Ruhrrevier, Aachener Revier, Oberbergischen Land, im Sieger- und Sauerland, dem Bergischen Land und dem südlichen Münsterland betrieben. Nicht nur Steinkohle, sondern auch Metallerze, Steinsalz und andere primäre Rohstoffe wurden untertägig gewonnen. Anfangs fand der Abbau mit einfachen Mitteln nah an der Oberfläche statt. Der technische Fortschritt, wie beispielsweise die Erfindung der maschinellen Entwässerung, führte dazu, dass in immer tiefere Schichten vorgedrungen wurde. So wurde beispielsweise in Ibbenbüren eine Teufe von 1.600 m erreicht.[2]

Innerhalb des Landesgebietes wurden über die Jahrhunderte mehrere tausend Groß-, Klein- und Kleinstbergwerke betrieben. Die allermeisten von ihnen wurden inzwischen aufgegeben. Die bergbaulichen Tätigkeiten haben maßgeblich zur Entwicklung der betroffenen Regionen beigetragen. Jedoch hinterließen sie unter und über Tage Spuren. Der jahrhundertelange und teilweise jahrhundertealte Bergbau hat zu schwerwiegenden Folgen an der Oberfläche geführt. Der Grund hierfür sind u.a. aus heutiger Sicht unzureichende und veraltete Absicherungen der verlassenen Grubenbaue sowie die fehlende oder lückenhafte Dokumentation des Bergbaus und der Sicherungsmaßnahmen. Gemessen an aktuell geltenden Maßstäben, wurden in der Vergangenheit keine ausreichenden Sicherungsmaßnahmen durchgeführt. So wurde es etwa als ausreichend erachtet, eine Vollverfüllung mit Lockermassen durchzuführen. Diese Lockermassen stellen jedoch eine eigene Gefahrenquelle dar, da sie unkalkulierbar in Bewegung geraten können. Zudem geht das Wissen um den alten Bergbau und seine Hinterlassenschaften immer weiter verloren.[3] Hierbei ist zu berücksichtigen, dass Bergbau bereits zu Zeiten stattfand, in denen noch keine Dokumentation erfolgte. Zudem sind viele einstmals vorhandene Dokumente im Verlauf der Zeit – z.B. durch Kriegseinwirkungen – verloren gegangen.

---

1 *Neumann*, Risikomanagementsysteme für tagesbruchrelevante und erheblich schadensrelevante Hinterlassenschaften des Bergbaus in Nordrhein-Westfalen aus markscheiderisch-geotechnischer Sicht, 2018, S. 1.
2 Antwort der Landesregierung auf die Große Anfrage 1 der Fraktion BÜNDNIS 90/DIE GRÜNEN, 7.12.2017, S. 2 ff. (LT-Drucksache 17/1407).
3 LT-Drucksache 17/1407, S. 2 ff.

So kam es beispielsweise Ende 2013 zu massiven Verkehrsbehinderungen am Essener Hauptbahnhof. Bei Bauarbeiten im Bereich des Hauptbahnhofs wurde in einer Tiefe von ca. 16 m ein alter Stollen erbohrt, der nicht genügend Überdeckung aufwies. Aufgrund der Erkundung und Sicherung der Stelle kam es zu erheblichen Beeinträchtigungen des Bahnverkehrs. In Rahmen der Recherche und Erkundung stellte sich heraus, dass der alte Stollen in der zweiten Hälfte des 18. Jahrhunderts angelegt worden war. Der Eigentümer des alten Stollens ließ sich trotz intensiver Recherche nicht mehr ermitteln. Es konnte nicht festgestellt werden, wann und von wem der alte Stollen erstellt und betrieben wurde. Selbst eine Aussage bezüglich der Rechtmäßigkeit dieses Grubenbaus war nicht möglich.[4]

Im Juli 2009 stürzte nach starken Regenfällen auf der Autobahn 45 zwischen Olpe und Freudenberg ein ehemaliger Bergbauschacht aus dem Jahre 1909 ein. Es entstand ein Loch mit einem Durchmesser von 1,5 m und einer Tiefe von 11 m.[5] Dies sollte nicht der einzige Tagesbruch auf der Autobahn bleiben. Anfang 2012 kam es ebenfalls zu einem Tagesbruch, durch den ein fünf mal drei Meter großes Loch mit drei Metern Tiefe entstand. Hierbei handelte es sich um einen Grubenbau der Zeche „Gottessegen", in der seit 1860 Kohle abgebaut worden war. An der betroffenen Stelle war parallel auch noch Erz abgebaut worden.[6]

Am 12.2.2004 kam es am Rosterberg in Siegen zu einem Tagesbruch, der auch Wohnhäuser erheblich beschädigte. Er wurde als „Siegener Loch" bezeichnet. Bereits im 17. Jahrhundert war in diesem Gebiet Erz abgebaut worden. Die betroffene Grube war schon im Jahre 1900 endgültig geschlossen worden. Seit dem Jahr 2000 wurden an der Grube Sicherungsmaßnahmen durchgeführt, die den Tagesbruch jedoch nicht verhindert haben.[7]

Im Jahr 2000 stürzte in Wattenscheid der 1905 stillgelegte Schacht 4 der Zeche „Vereinigte Maria Anna Steinbank" ein. Der Schacht war zuletzt 1991 durch eine Betonfüllung gesichert worden. Es entstand ein Krater mit einer Größe von 500 m² und einer Tiefe von rund 15 m. Er riss drei Garagen und mehrere Autos mit sich. In der nachfolgenden Zeit brach noch ein ähnlich großer zweiter Krater auf. Der S-Bahn-Verkehr zwischen Bochum und Essen musste aufgrund dieses Tagesbruchs unterbrochen werden.[8]

---

4 Vgl. Ausschussprotokoll Apr 16/41 und Vorlage 16/1479.
5 WAZ, 25.7.2009, „Tagesbruch verursacht Loch auf der A 45".
6 WR, 19.1.2012, „Alte Zeche Gottessegen ist Schuld am Tagesbruch in Dortmund auf der A 45".
7 https://de.wikipedia.org/wiki/Siegener_Loch (Stand 23.8.2019).
8 Die Welt, 4.1.2000, „Garagen und Autos stürzen in Loch von Wattenscheid".

Durchschnittlich werden jährlich 120 Tagesbrüche als Gefahrenstellen gemeldet. Die Beispiele zeigen, welch erhebliches Gefährdungspotential von stillgelegten Grubenbauen ausgeht. Die Auswirkungen des Bergbaus gehen damit ganz erheblich über die Zeit des Abbaus hinaus.[9] Die Eintrittswahrscheinlichkeit für einen Tagesbruch erhöht sich zudem erosionsbedingt ständig. Auch durch Änderung von Grubenwasserständen in den stillgelegten Bergbaurevieren wird die Tagesbruchgefahr zusätzlich beeinträchtigt.[10]

Vor diesem Hintergrund stellt sich die Frage, ob nach der aktuellen Rechtslage ausreichend Handlungsoptionen zur Begegnung der aus dem Altbergbau resultierenden, erheblichen Gefahren bestehen.

A. Aktuelle Rechtslage

I. Zuständigkeit

1) Bundesberggesetz

Das Bundesberggesetz (BBergG) regelt das Aufsuchen, Gewinnen und Aufbereiten von Bodenschätzen. Diese Tätigkeiten unterliegen der Aufsicht der Bergbehörde (Bergaufsicht). Dabei sind Bodenschätze gemäß § 3 Abs. 1 BBergG mit Ausnahme von Wasser alle mineralischen Rohstoffe in festem oder flüssigen Zustand und Gase, die in natürlichen Ablagerungen oder Ansammlungen (Lagerstätten) in oder auf der Erde, auf dem Meeresgrund, im Meeresgrund oder im Meerwasser vorkommen. Die sog. „grundeigenen Bodenschätze" stehen im Eigentum des Grundeigentümers (§ 3 Abs. 2 Satz 1 BBergG). Demgegenüber erstreckt sich das Eigentum an einem Grundstück nicht auch auf die sog. „bergfreien Bodenschätze" (§ 3 Abs. 2 Satz 2 BBergG). Das Verhältnis von Bergbauberechtigtem und Grundeigentümer wird dem berggesetzlichen Sonderregime der §§ 6 ff. BBergG unterworfen und zugleich dem allgemeinen Regelungssystem der §§ 903 ff. Bürgerliches Gesetzbuch (BGB) weitgehend entzogen. Das BBergG bestimmt in § 3 Abs. 3 BBergG, welche der dort aufgeführten Bodenschätze „bergfrei" sind, also nicht im Eigentum des Grundeigentümers stehen, in dessen Grundstück sie sich befinden.

---

9 LT-Drucksache 17/1407, S. 2 ff.
10 *Neumann*, Risikomanagementsysteme, S. 1.

Während des aktiven Betriebs unterliegen bergbauliche Betriebe den Regelungen des Bundesberggesetzes (Bergrecht). Sie dürfen nur auf Grundlage von Betriebsplänen gemäß §§ 50 ff. BBergG errichtet, geführt und eingestellt werden. Die Bergaufsicht endet gemäß § 69 Abs. 2 BBergG nach der Durchführung des Abschlussbetriebsplans (§ 53 BBergG) oder entsprechender Anordnung der zuständigen Behörde (§ 71 Abs. 3 BBergG) zu dem Zeitpunkt, in dem nach allgemeiner Erfahrung nicht mehr damit zu rechnen ist, dass durch den Betrieb Gefahren für Leben und Gesundheit Dritter, für andere Bergbaubetriebe und für Lagerstätten, deren Schutz im öffentlichen Interesse liegt, oder gemeinschädliche Einwirkungen eintreten werden. Nach Ende der Bergaufsicht im Sinne des § 69 Abs. 2 BBergG endet auch der Anwendungsbereich des Bundesberggesetzes. Dies gilt auch dann, wenn nach dem Ende der Bergaufsicht Gefahren von den Hinterlassenschaften des Bergbaus ausgehen. Das Bundesberggesetz findet auch in diesem Fall keine Anwendung. Ferner gilt das Bundesberggesetz gem. § 169 Abs. 2 BBergG auch nicht für Bergbaubetriebe, die bei Inkrafttreten des Gesetzes endgültig eingestellt[11] waren.[12] Und zwar auch dann, wenn von den Hinterlassenschaften der eingestellten Betriebe Gefahren ausgehen. Die Abwehr von Gefahren, die von diesen „verlassenen Grubenbauen" ausgehen, ist daher kein Regelungsgenstand des Bundesberggesetzes.

2) Ordnungsbehördengesetz

In Nordrhein-Westfalen ist die Bezirksregierung Arnsberg, Abteilung Bergbau und Energie in NRW, gemäß § 48 Abs. 3 des Ordnungsbehördengesetzes (OBG NRW) als Bergbehörde NRW landesweit zuständig für „Maßnahmen zur Abwehr von Gefahren aus verlassenen Grubenbauen, die nicht mehr der Bergaufsicht unterliegen".[13] Was unter Grubenbauen zu verstehen ist, ist weder im OBG NRW, noch im BBergG legaldefiniert. In Anlehnung an die Vorschrift des § 47 Abs. 1 BBergG

---

11 Zum nicht legaldefinierten Begriff „endgültig eingestellt" i. S. d. § 169 Abs. 2 BBergG siehe die umfassende Darstellung bei *Predeick*, Ordnungsrechtliche Verantwortlichkeit für bergbauliche Anlagen – dargestellt am Beispiel stillgelegter Grubenbaue, 2002, S. 61 ff.

12 Der VGH Mannheim hat mit seinem Urteil vom 29.3.2000 klargestellt, dass auch berggesetzliche Vorschriften, die vor dem Inkrafttreten des BBergG anwendbar waren – in Nordrhein-Westfalen also das ABG –, „nach der Einstellung des Bergwerkbetriebes jedenfalls nach der Entlassung aus der Bergaufsicht nicht mehr in Betracht" kommen, und spezielle bergrechtliche Vorschriften, die auch dazu ermächtigen, den ehemaligen Betreiber zur Vornahme von Gefahrenabwehrmaßnahmen zu verpflichten, nicht bestehen. VGH Mannheim, NVwZ-RR 2000, 589.

13 *Elgeti*, Haftungsrisiken der öffentlichen Hand bei verlassenen Grubenbauen und Tagesöffnungen, bergbau 2012, 250; *Elgeti/Fock*, Gefahr und Risiko als Begriffe im Altbergbau, NuR 2018, 369, 370.

werden unter Grubenbauen „unter Tage errichtete Baue" verstanden, die für die untertägige Aufsuchung oder Gewinnung bergfreier oder grundeigener Bodenschätze benutzt werden. Die Grubenbaue werden in verlassene Tagesöffnungen (Schächte, Lichtlöcher, Stollenmundlöcher) und Hohlräume (z. B. Gewinnungshohlräume, Stollen, Strecken) unterteilt.[14]

Diese Grubenbaue dürfen nach § 48 Abs. 3 OBG NRW nicht mehr der Bergaufsicht unterliegen. Dies setzt aber voraus, dass es sich um Grubenbaue handelt, die früher unter Bergaufsicht gestanden haben oder hätten stehen müssen.[15] Man spricht bei dieser Art von Grubenbauen auch von *Altbergbau*. Unter den Altbergbau fällt auch der sog. Ur-Altbergbau. Von Ur-Altbergbau spricht man, wenn der Abbau zu einem Zeitpunkt vorgenommen wurde, in dem noch keine Dokumentation erfolgte.

Bei der Abwehr von Gefahren des Altbergbaus handelt es sich somit um einen Bereich des Ordnungsrechts. Mit der Zuständigkeitsvorschrift des § 48 Abs. 3 OBG NRW sollte für Nordrhein-Westfalen sichergestellt werden, dass die zur Abwehr bergbautypischer Gefahren aus stillgelegten Bergbaubetrieben erforderlichen Maßnahmen von der dafür geschaffenen Fachbehörde angeordnet werden, auch nachdem die Bergaufsicht beendet ist.[16] Dies spiegelte sich auch in den inzwischen aufgehobenen Richtlinien des Landesoberbergamts NRW für die Durchführung von Sicherungsmaßnahmen zum Schutz vor Gefahren aus verlassenen Grubenbauen wider.[17] Vor Einführung dieser Regelung in das OBG NRW oblag auch die Abwehr von Gefahren aus verlassenen Grubenbauen den örtlich zuständigen Ordnungsbehörden. Diese waren aber nicht in der Lage, technisch geeignete Maßnahmen zu treffen, um Gefahren aus verlassenen Grubenbauen abzuwehren.[18]

Die Bergbehörde NRW ist also erst dann wieder zuständig, wenn von einer Hinterlassenschaft des Bergbaus, die zum Zeitpunkt der Beendigung der Bergaufsicht als frei von Gefahren gesehen wurde, erneut eine Gefahr ausgeht. Zwischen Beendigung der Bergaufsicht und Entstehung dieses Ereignisses, das dann als konkrete oder gegenwärtige Gefahr abzuwehren ist, bestehen für Hinterlassenschaften des Bergbaus keine besonderen gesetzlichen Regelungen.[19]

---

14 *Neumann*, Risikomanagementsysteme, S. 16.
15 *Elgeti/Fock*, NuR, 2018, 369, 370.
16 So ausdrücklich *Boldt/Weller*, BBergG, 1. Aufl. 1984, § 69 Rn. 22 (zu § 48 Abs. 5 OBG a. F.).
17 Richtlinien vom 21.10.1985 (SBl. Abschnitt A 2.26).
18 *Neumann*, Risikomanagementsysteme, S. 17.
19 *Neumann*, Risikomanagementsysteme, S. 16.

3) Ergebnis

Zusammengefasst unterliegt also der aktive Betrieb dem (bundesgesetzlichen) Bergrecht und der Aufsicht der Bergbehörde. Nach Beendigung des Betriebes gem. § 69 BBergG bestehen keine besonderen rechtlichen Regelungen und keine besondere Aufsicht. Erst wenn konkrete oder gegenwärtige Gefahren von den bergbaulichen Hinterlassenschaften ausgehen, ist die Bergbehörde – dann als Sonderordnungsbehörde – wieder zuständig und handelt nach den (landesrechtlichen) Regelungen des OBG NRW.

II. Befugnisse

Das Tätigwerden der Bergbehörde im Bereich des Altbergbaus richtet sich allein nach den Vorschriften des allgemeinen Ordnungsrechts. Daneben ist eine Anwendung des Bergrechts ausgeschlossen.[20] Die Handlungsmöglichkeiten der Bergbehörde NRW orientieren sich daher an der Generalklausel des § 14 OBG NRW. Danach kann die Bergbehörde NRW „die notwendigen Maßnahmen treffen, um eine im einzelnen Falle bestehende Gefahr für die öffentliche Sicherheit oder Ordnung (Gefahr) abzuwehren". Sofern von einem verlassenen Grubenbau eine konkrete Gefahr ausgeht, erfolgt die Abwehr der Gefahr aufgrund der allgemeinen Gefahrenabwehrnorm des § 14 OBG NRW. Dies ist etwa bei einer hinreichenden Wahrscheinlichkeit eines Tagesbruchs der Fall. Von der Bergbehörde NRW wird dann der Verantwortliche gem. §§ 17 und 18 OBG NRW ermittelt. Ihm gegenüber verfügt die Behörde dann die Beseitigung der Gefahr. Verantwortlicher kann beispielsweise der (ehemalige) Bergwerksbetreiber, der (ehemalige) Bergwerkseigentümer oder der Grundstückseigentümer sein.[21] Diese können bei Vorliegen der Voraussetzungen allein oder kumulativ in Anspruch genommen werden.

Teilweise kann jedoch kein verantwortlicher Akteur mehr festgestellt werden. In diesen Fällen handelt es sich insbesondere um Altbergbau in bereits erloschenen Bergbauberechtigungen ohne Rechtsnachfolge und um nicht dokumentierten Altbergbau (widerrechtlich geführter oder Ur-Altbergbau).[22] In diesen Fällen führt die Bergbehörde NRW die erforderlichen Maßnahmen in eigener

---

20 Die §§ 69 ff. BBergG, die zum Einschreiten bei Gefahren für Dritte oder für Mitarbeiter des Bergbauunternehmens ermächtigen, sind nur anwendbar, solange die Bergaufsicht besteht.
21 LT-Drucksache 17/1407, S. 59.
22 LT-Drucksache 17/1407, S. 4.

Verantwortung durch. Es obliegt dann der Bergbehörde NRW als Gefahrenabwehrbehörde, die konkrete Gefahr für die öffentliche Sicherheit und Ordnung abzuwehren. Sie führt dann die erforderlichen Sicherungsmaßnahmen selbst durch.

1) Konkrete Gefahr

Voraussetzung für ein ordnungsbehördliches Tätigwerden ist dabei stets das Vorliegen einer *konkreten Gefahr*. Der Begriff der Gefahr ist gesetzlich nicht geregelt, wurde aber von der Rechtsprechung mittlerweile definiert als eine Lage, die bei ungehindertem Ablauf des Geschehens mit hinreichender Wahrscheinlichkeit zu einem Schaden für die Schutzgüter der öffentlichen Sicherheit und Ordnung führen wird.[23] Schaden ist eine Verletzung von unter die öffentliche Sicherheit und Ordnung fallenden Normen, Rechten und Rechtsgütern.[24] Zu den Schutzgütern der öffentlichen Sicherheit zählen das Leben, die Gesundheit und die körperliche Unversehrtheit des Einzelnen sowie das Eigentum.[25] In aller Regel ist weitere Voraussetzung für ordnungsbehördliche Anordnungen auf der Grundlage des § 14 OBG NRW, dass – soweit sich eine Gefahr noch nicht in einem Schaden manifestiert hat – eine *konkrete* Gefahr vorliegt. Diese Voraussetzung spiegelt sich in § 14 OBG NRW durch die Formulierung „im einzelnen Falle bestehende Gefahr" wider.

Die Gefahr ist *konkret*, wenn ein Zustand bei ungehindertem Ablauf des Geschehens in überschaubarer Zukunft mit hinreichender Wahrscheinlichkeit zu einem Schaden führen würde.[26] Bei einer konkreten Gefahr muss sich die Schadenswahrscheinlichkeit aus einem konkreten Sachverhalt ableiten lassen. Die Beurteilung des Vorliegens einer hinreichenden Wahrscheinlichkeit des Schadenseintritts beruht auf einer Prognose, bei der einerseits nicht die Gewissheit des Schadenseintritts bestehen muss, andererseits dessen bloße Möglichkeit nicht ausreicht.[27] Die Prognose ist regelmäßig auf der Grundlage wissenschaftlicher Erkenntnisse oder des Erfahrungswissens und der sonstigen im Zeitpunkt der behördlichen Entscheidung zur Verfügung stehenden Erkenntnis-

---

23 St. Rspr., vgl. BVerwGE 116, 347 ff.; OVG Münster, ZfB 1990, 230; *Drews/Wacke/Vogel/Martens*, Gefahrenabwehr, 9. Aufl. 1986, S. 220; *Denninger*, in: Lisken/Denninger (Hrsg.), PolR-HdB, 6. Aufl. 2018, Rn. E29.
24 *Götz/Geis*, Allgemeines Polizei- und Ordnungsrecht, 16. Aufl. 2017, Rn. 141; *Denninger*, in: Lisken/Denninger, Rn. E30.
25 OVG Münster, ZfB 1995, 322.
26 OVG Münster, ZfB 1995, 322.
27 OVG Münster, ZfB 1995, 322.

möglichkeiten zu treffen.[28] Dabei muss hinsichtlich des Grades der Eintrittswahrscheinlichkeit des Schadens differenziert werden nach dem Rang des bedrohten Rechtsgutes und dem Ausmaß des zu befürchtenden Schadens. Je größer und folgenschwerer der zu erwartende Schaden ist, desto weniger sicher muss die Schadensprognose sein, also die Anforderungen, die an die Wahrscheinlichkeit des Schadenseintritts gestellt werden können. Weiter ist von Bedeutung, wie sicher die der Prognose zugrunde liegenden Erfahrungssätze sind, und in welcher zeitlichen Nähe ein möglicher Schadenseintritt liegt. Die Vorhersagbarkeit darüber, wie sich zukünftige Ereignisse insbesondere bei komplexen Sachverhalten entwickeln werden, also ob, wann und wo ein Schaden möglicherweise eintreten wird, ist jedoch begrenzt.[29]

Nicht oder nur unzureichend gesicherte Schächte und Hohlräume des tagesnahen Bergbaus stellen eine ständige Gefährdungslage dar. In Abhängigkeit von der Lage der Schachtöffnung und der tagesnahen Hohlräume können aus dieser Gefährdung konkrete Gefahren entstehen. Sofern vom untertägigen Bergbau eine konkrete Gefahr ausgeht, kann die Bergbehörde NRW als Sonderordnungsbehörde die erforderlichen Maßnahmen nach § 14 OBG NRW anordnen. In diesem Fall gewährleisten die gesetzlichen Befugnisse eine effektive Gefahrenabwehr.[30]

2) Latente Gefahr

Kennzeichnend für die von den Behörden vorgefundenen Situationen bei verlassenen Grubenbauen ist jedoch häufig die Unkenntnis über ihre Sicherung. Alte Bergwerksschächte weisen nicht zwangsläufig bereits von außen erkennbare Auffälligkeiten, wie etwa Senkungen im Umfeld des Schachtauges, auf. Ungewissheiten können sich bei bisher unbekannten und nicht erfassten Schächten, aber auch bei erfassten Schächten ergeben. Denn bei erfassten Schächten sind Aufzeichnungen (z. B. Grubenbilder) zwar vorhanden, diese können jedoch unvollständig, ungenau oder unlesbar sein.

Für die Bewertung von Gefahrensituationen als Folge des tagesnahen Bergbaus bzw. bei Schächten nutzt die Rechtsprechung die Rechtsfigur der *„latenten Gefahr"*. Eine Gefahr ist dann latent, wenn eine Situation vorliegt, die aktuell noch nicht gefährlich ist, die aber dann zu einer Gefahr

---

28 So ausdrücklich OVG Münster, ZfB 1990, 230.

29 *Röhring*, Die zeitliche Komponente der Begriffe Gefahr und Gefahrenabwehr und ihre Konkretisierung bei Grundwasserverunreinigungen, DVBl. 2000, 1658.

30 LT-Drucksache 17/1407, S. 59.

wird, wenn weitere Umstände hinzutreten. Durch das Hinzutreten weiterer Umstände kann sich aus der latenten Gefahr eine konkrete Gefahr oder ein Schaden entwickeln. Liegt jedoch nur eine latente Gefahr vor, ermächtigt dies die zuständige Behörde nicht zu einem Einschreiten nach § 14 OBG NRW.[31] In diesen Fällen kommt lediglich eine Gefahrerforschung nach § 24 des Verwaltungsverfahrensgesetzes für das Land Nordrhein-Westfalen (VwVfG NRW) in Betracht. Die Befugnisse der Behörde sind bei der Gefahrerforschung sehr eingeschränkt.

Es obliegt der Ordnungsbehörde, die vorgefundene Situation zu prüfen und zu bewerten, ob eine Gefahr für die öffentliche Sicherheit und Ordnung im einzelnen Falle – also eine konkrete Gefahr – vorliegt oder (noch) nicht.

Wird ein Tagesbruch von nicht unerheblichem Ausmaß angetroffen, kann das Vorliegen einer konkreten und gegenwärtigen Gefahr ohne weiteres angenommen werden. Dies war in den oben genannten Vorfällen in Siegen, auf der Autobahn 45 und in Wattenscheid der Fall. Hier hat sich die latente Gefahr bereits in einen Schaden umgewandelt. Durch den Schaden, also den Tagesbruch, besteht erneut eine konkrete und gegenwärtige Gefahr. Die Bergbehörde NRW ist nach § 14 OBG NRW befugt, die erforderlichen Maßnahmen zur Abwehr dieser Gefahr zu ergreifen.

Die Beurteilung der Situation kann sich aber auch schwieriger gestalten. Dies ist beispielsweise dann der Fall, wenn die Bergbehörde NRW Kenntnis von einem Schacht erhält, der nachweislich in der Vergangenheit verfüllt und gesichert wurde, für den aber keine Unterlagen vorliegen. Ob von diesem Schacht eine konkrete Gefahr ausgeht, lässt sich von außen nicht ohne weiteres beurteilen. Eine konkrete Gefahr könnte möglicherweise angenommen werden, wenn Erkenntnisse darüber vorliegen, dass umliegende Schächte zur gleichen Zeit nachweislich unsachgemäß mit Lockermassen verfüllt wurden. Doch selbst mit diesen Informationen lässt sich nicht immer sicher beurteilen, ob eine konkrete Gefahr vorliegt.[32] Noch schwieriger wird die Situation, wenn der Bergbehörde NRW keine weitergehenden Informationen über die Art und Weise der Verfüllung und Abdeckung eines Schachtes vorliegen. Eine abschließende und sichere Beurteilung des Vorliegens einer Gefahr ist daher regelmäßig kaum möglich.

Das Oberverwaltungsgericht Münster hat sich in einer Reihe von Entscheidungen[33] mit Gefahren aus dem Bereich der oberflächennahen Eingriffe im Rahmen eines Bergbaubetriebes befasst und

---

31 *Elgeti/Fock*, NuR 2018, 369, 371.
32 *Kirchner/Kremer*, Störerhaftung bei verlassenen Grubenbauten, ZfB 1990, 5.
33 OVG Münster, ZfB 1995, 322; ZfB 1990, 230; NVwZ-RR 2008, 437.

wiederholt ausgeführt, dass von solchen oberflächennahen bergbaulichen Eingriffen stets eine latente Gefährdung ausgehe, da die Betriebshandlungen des Bergbaus von vornherein eine im Verhältnis zum Normalmaß erhöhte Gefahrentendenz aufwiesen, die sich vor allem auch bei verlassenen Grubenbauen auswirken könnten,[34] jedenfalls soweit diese nicht dem Stand der Technik entsprechend abgesichert werden.[35] Den Gefahren aus dem oberflächennahen Bergbau sei eigen, dass sie plötzlich und ohne Vorwarnungen zu einem Schaden führen könnten. Der eintretende Schaden beim Auftreten von Tagesbrüchen könne sehr hoch sein und überragende Rechtsgüter wie Leib, Leben und Gesundheit betreffen, die Anforderungen an die Konkretisierung der Gefahr dürften daher nicht zu hoch angesetzt werden.[36]

Ohne es im direkten Zusammenhang zu nennen, beschreibt das Oberverwaltungsgericht Münster in der Entscheidung vom 13.9.1995 die Kategorie der latenten Gefahr. Denn der latenten Gefahr ist eigen, dass eine konkrete Gefahr nur nach einen Übergangszeitraum auftritt oder – je nach Einzelfall – das Stadium der konkreten Gefahr durch ein direktes Umschlagen von der latenten Gefahr in einen Schaden gar nicht eintritt. In dem konkret zu entscheidenden Fall ging es um Gefahren aus einem am Anfang des 19. Jahrhunderts abgeteuften Maschinenschacht der Zeche Caroline. Dieser war nicht ordnungsgemäß verfüllt worden. Das Oberverwaltungsgericht sah in dem konkreten Fall weitere Umstände, die hinzugetreten waren, damit sich die latente Gefahr zu einer konkreten Gefahr nach § 14 OBG entwickelte. Die Füllsäule im Schacht bestand im Wesentlichen aus unter Wassereinfluss stehenden Lockermassen, was bereits um die Jahrhundertwende zu einem Tagesbruch geführt hatte. Zudem war es im Zusammenhang mit Bohrungen zu einen Nachbruch gekommen. Das Gericht erachtete daher ein ordnungsrechtliches Einschreiten auf der Grundlage des § 14 OBG NRW als rechtmäßig.[37]

Demgegenüber hat das Oberverwaltungsgericht Münster in einer Entscheidung vom 6.11.1989 die getroffene ordnungsbehördliche Anordnung als rechtswidrig eingestuft. In diesem Fall habe zum Zeitpunkt des Erlasses der Ordnungsverfügung nicht festgestanden, dass eine Gefahr für die öffentliche Sicherheit oder Ordnung vorliegt. In dem der Entscheidung zugrunde liegenden Fall

---

34 OVG Münster, Urt. v. 26.9.1996 – 21 A 7041/95; ZfB 1995, 322; ZfB 1990, 230; Urt. v. 29.3.1984 – 12 A 2194/82; vgl. dazu *Kirchner/Kremer*, ZfB 1990, 5.
35 OVG Münster, ZfB 1995, 322.
36 OVG Münster, ZfB 1995, 322.
37 OVG Münster, ZfB 1995, 322.

ging es um den Schacht einer Zeche, die Ende 1925 stillgelegt wurde, deren Schacht im Jahre 1926 mit einem eisenarmen Betondeckel in 5,20 m Tiefe abgedeckt und im Jahre 1931 verfüllt wurde. Das zuständige Bergamt hatte für den Schacht angeordnet, in der Abdeckplatte eine näher beschriebene Kontroll- und Nachfüllöffnung anzubringen und angetroffene Hohlräume zu verfüllen. Das Bergamt stützte sich bei der Ordnungsverfügung auf eine eingeholte gutachterliche Stellungnahme zu der Frage, inwieweit die Tagesoberfläche im Bereich des besagten Schachtes gefährdet ist. Ergebnis dieses Gutachtens war, dass über die Ausführung der Schachtabdeckung keine vollständigen Angaben vorlagen, über den heutigen Füllstand nichts bekannt sei und Angaben über die Sicherung an den Anschlägen ebenfalls nicht vorhanden seien. Für den Schachtkopf wäre ein Standsicherheitsnachweis zu führen, wofür ein Durchbohren der Abdeckplatte von einer Sicherheitsbühne aus in Betracht käme. Diese Bohrung sollte Aufschluss über eine vorhandene Bewehrung geben, wobei zugleich auch der Füllstand hätte erkundet werden können. Das Oberverwaltungsgericht hat diese Erkenntnisse über das Vorliegen einer Gefahr nicht als ausreichende Grundlage für den durch das Bergamt gezogenen Schluss, es liege eine zum Erlass der Anordnung notwendige Gefahr vor, angesehen.[38]

Auch wenn die Rechtsprechung der besonderen Situation im Altbergbau durchaus Rechnung trägt, muss sich doch die – dem Altbergbau immer beiwohnende – latente Gefahr, zu einem gewissen Grad konkretisiert haben. Erst dann ist die Behörde befugt, Anordnungen nach § 14 OBG NRW zu treffen.

Gefahren, die von verlassenen Grubenbauen ausgehen, werden zunehmend festgestellt, denn die Erosion schreitet fort. Dadurch wird die frühzeitige Beseitigung möglicher Gefahrenquellen immer drängender. Diese Gefahrenquellen sollten beseitigt werden, bevor eine konkrete, unmittelbare Gefahr oder gar ein Schaden eingetreten ist. In den Fällen, in denen keine konkrete Gefahr vorliegt, besteht aber ein gesetzliches Regelungsdefizit. Denn in diesen Fällen sind Maßnahmen nach dem Bundesberggesetz nicht mehr möglich, da die Bergaufsicht beendet ist und es sich um Altbergbau handelt. Das OBG NRW ist jedoch erst anwendbar, wenn eine konkrete Gefahr besteht. Es gilt, diese Regelungslücke zu schließen.

---

38 OVG Münster, ZfB 1990, 230.

B. Regelungsdefizite

Die Eingriffsbefugnisse des OBG NRW beziehen sich im Schwerpunkt auf die Abwehr von konkreten Gefahren. Demgegenüber bestehen weniger weitreichende Befugnisse zum Tätigkeitwerden zur Gefahrenvorsorge. Hier zeigen sich mehrere Problemstellungen.

I. Informationsdefizit

Zum einen sind die der Bergbehörde NRW vorliegenden Informationen oft nicht ausreichend, um die Gefahrenlage zutreffend beurteilen zu können. Die Bergbehörde NRW hat bisher nur einen eingeschränkten Überblick über die tatsächliche Gefährdungssituation in den Altbergbauregionen des Landes Nordrhein-Westfalen, da ihr nicht alle Informationen über verlassene Grubenbaue und durchgeführte Maßnahmen zur Untersuchung und Sicherung tagesbruchverursachender Hinterlassenschaften des Altbergbaus vorliegen. Fehlerhafte Darstellungen der bergbaubedingten Gefährdungssituation bei der Beantwortung grundstücksbezogener Auskünfte oder bei der Erarbeitung von Stellungnahmen als Träger öffentlicher Belange in Planungsverfahren und Fehlentscheidungen bei der Planung präventiver Untersuchungs- und Sicherungsmaßnahmen im Rahmen des Risikomanagements Altbergbau sind daher nicht auszuschließen. Bergbau fand bereits zu einer Zeit statt, in der oft noch keine Dokumentation des Bergbaus erfolgte. Zudem sind über die Jahrhunderte viele Unterlagen verloren gegangen.[39] Dieser eingeschränkte Überblick zeigte sich auch beim genannten Beispiel des Essener Hauptbahnhofs. Obwohl der Bergbehörde NRW durchaus umfangreiche Informationen und Karten zu dem Gebiet und den dort befindlichen Zechen vorlagen, war der betroffene Stollen nicht bekannt.

Derzeit gibt es keine rechtliche Verpflichtung Dritter, der Bergbehörde NRW den Bestand oder das Auffinden von verlassenen Grubenbauen und durchgeführte Untersuchungs- und ggf. Sicherungsmaßnahmen anzuzeigen und daraus gewonnene Erkenntnisse bzw. Ergebnisse solcher Maßnahmen mitzuteilen. Erst bei Vorliegen einer konkreten Gefahr für konkrete Rechtsgüter oder bei hinzukommenden gefahrverursachenden Tätigkeiten (z. B. Errichten von Gebäuden) können sich indirekt Anzeige- und Meldepflichten ergeben, da ansonsten Straftatbestände verwirklicht werden könnten (z. B. Unterlassene Hilfeleistung, § 323c StGB; Baugefährdung, § 319 StGB; Gefährliche Eingriffe in den Straßenverkehr und Bahnverkehr, §§ 315, 315c StGB). Die Anzeigen und

---

39 LT-Drucksache 17/1407, S. 60.

Meldungen sind jedoch nicht zwangsläufig gegenüber der Bergbehörde NRW abzugeben und müssen der Bergbehörde NRW auch nicht unbedingt von anderen Behörden mitgeteilt werden.

Von zahlreichen Altbergbaugesellschaften und teilweise von anderen betroffenen Dritten wird die Bergbehörde NRW über geplante Untersuchungs- und Sicherungsmaßnahmen vorab schriftlich in Kenntnis gesetzt. Eine rechtliche Verpflichtung hierzu besteht allerdings nicht. Häufig werden auch Mitarbeiter der Bergbehörde NRW zu Baustellenterminen der Altbergbaugesellschaften beratend hinzugezogen. Nach Durchführung dieser Untersuchungs- und Sicherungsmaßnahmen erhält die Bergbehörde NRW ein Exemplar des Abschlussberichts. Die daraus resultierenden Erkenntnisse fließen in die bergbehördlichen Informationssysteme ein und stehen damit der Behörde bei der Beantwortung grundstücksbezogener Auskünfte oder bei der Erarbeitung von Stellungnahmen als Träger öffentlicher Belange in Planungsverfahren zur Verfügung. Diese Handhabung bezieht sich aber ausschließlich auf Fälle, in denen die Altbergbaugesellschaften beteiligt sind.[40]

Neben diesen Sonderfällen und der weitgehend freiwilligen Einbeziehung der Bergbehörde NRW kann die Behörde gemäß § 24 VwVfG NRW beim Vorliegen eines Gefahrenverdachts Gefahrerforschung betreiben. Diese Möglichkeiten sind in Bezug auf die präventive Gefahrabwehr jedoch nicht weitreichend genug. Die Rechtslage zur Informationsgewinnung der Bergbehörde NRW muss darüber hinaus verbessert werden.

II. Eingriffsbefugnis

Ferner stehen der Bergbehörde NRW auch keine ausreichenden Eingriffsbefugnisse zur Verfügung. Eine Anordnung nach § 14 OBG NRW setzt stets das Vorliegen einer konkreten Gefahr voraus. Auch die Rechtsfigur der latenten Gefahr ermächtigt die Behörde nur dann zum Eingreifen, wenn eine gewisse Konkretisierung der Gefahr eingetreten ist. Gerade bei der Durchführung von Sicherungsmaßnahmen an verlassenen Grubenbauen liegt eine solche konkretisierte Gefahr jedoch oft (noch) nicht vor oder ist noch nicht erkennbar. Die Durchführung von Sicherungsmaßnahmen muss der Bergbehörde NRW nicht angezeigt werden. Eine spezialgesetzliche Verpflichtung, bei der Planung und Durchführung von Sicherungsmaßnahmen an verlassenen Grubenbauen bestimmte Standards einzuhalten, welche den Stand der Technik widerspiegeln oder die Bergbehörde NRW bei der Durchführung dieser Sicherungsmaßnahmen zu beteiligen, besteht

---

40 LT-Drucksache 17/1407, S. 23 ff.

nicht.[41] Gerade im Bereich des Altbergbaus erfordert die Durchführung von Sicherungsmaßnahmen aber besondere Fachkenntnis.

Altbergbaugesellschaften sichern verlassene Grubenbaue derzeit in eigener Verantwortung im Rahmen der ihnen obliegenden Verkehrssicherungspflicht. Hierbei werden in der Regel technische Standards eingehalten. Zudem erfolgt ein ständiger fachlicher Austausch zwischen der Bergbehörde NRW und den Altbergbaugesellschaften. Beginn und das Ende von Sicherungsmaßnahmen werden der Bergbehörde NRW von den Altbergbaugesellschaften regelmäßig schriftlich angezeigt und ein Abschlussbericht (Sachverständigengutachten) übermittelt. In Einzelfällen wird die Bergbehörde NRW in die Durchführung der Sicherungsmaßnahmen sogar mit einbezogen. Dieses Verfahren wird aber auf freiwilliger Basis[42] von den Altbergbaugesellschaften durchgeführt. Eine direkte rechtliche Verpflichtung hierzu besteht nicht.[43]

Die Sicherung altbergbaulicher Hinterlassenschaften erfolgt jedoch nicht nur durch die Altbergbaugesellschaften, sondern immer wieder auch durch unerfahrene Dritte im Rahmen von Einzelmaßnahmen (z. B. eigener Hausbau). Diese setzen zum Teil Verfahren ein, die für den entsprechenden Zweck unzureichend oder unter Nachhaltigkeitsaspekten fragwürdig sind. Zudem können durch unzureichende Sicherungsmaßnahmen selbst neue Gefahren geschaffen werden.

Statt den Eintritt einer Gefahrensituation abzuwarten oder sich auf die freiwillige Kooperation zu verlassen, wäre es sinnvoll, bereits für die Durchführung der Sicherungsmaßnahmen technische Standards verbindlich festzulegen und bei der Durchführung zu überprüfen, ob sie ordnungsgemäß erfolgen. Zur effektiven Abwehr solcher Gefahren aus dem Altbergbau erscheint es angezeigt, der Bergbehörde NRW auch in Bezug auf die Abwehr von latenten Gefahren und zur Gefahrprävention umfassendere Eingriffsbefugnisse einzuräumen.

III. Verbesserte Information

Schließlich besteht Potential bei der Weitergabe der vorhandenen und neu gewonnenen Informationen. Sinnvoll wäre die Einrichtung eines Katasters oder Datenbank, welche/s Grundlage

---

41 LT-Drucksache 17/1407, S. 60 f.

42 Bzw. zur Erfüllung der ihnen obliegenden Verkehrssicherungspflicht.

43 LT-Drucksache 17/1407, S. 60 f. Die Altbergbaugesellschaften sind nur indirekt zu einem Verfahren dieser Art verpflichtet, da ihnen die Verkehrssicherungspflicht obliegt. Aus dieser ergeben sich aber keine konkreten Beteiligungspflichten, denn es obliegt den Altbergbaugesellschaften zu entscheiden, wie sie der Verkehrssicherungspflicht nachkommen.

für die Beantwortung grundstücksbezogener Auskünfte, bei der Erarbeitung von Stellungnahmen als Träger öffentlicher Belange in Planungsverfahren und bei Planung präventiver Untersuchungs- und Sicherungsmaßnahmen im Rahmen des inzwischen etablierten Risikomanagements Altbergbau[44] ist. Zudem könnte durch die Einrichtung einer öffentlichen Informationsplattform über die bergbaulichen Verhältnisse im Land Nordrhein-Westfalen mehr Transparenz geschaffen werden.

Bereits jetzt verfügt die Bergbehörde NRW über ein Geoinformationssystem einschließlich Datenbank (Bergbauinformationssystem – BIS oder WebBIS). Dieses wurde auf der Grundlage der bisher verfügbaren Informationen und Unterlagen erstellt. Es wurde zudem ein Portal über die Gefährdungspotenziale des Untergrundes in Nordrhein-Westfalen, das Fachinformationssystem Gefährdungspotenziale des Untergrundes in NRW (FIS GDU), erstellt. Dieses existiert in einer Behördenversion und in einer Version für die Allgemeinheit. Die erfassten Flächen des tages- und oberflächennahen Bergbaus werden im Sinne einer „Worst-Case-Betrachtung" mit einem angemessenen Sicherheitspuffer im FIS GDU verwendet. Die digital erfassten Flächen des tages- und oberflächennahen Bergbaus stellen somit einen generalisierten Sekundärdatenbestand dar. Zur Beantwortung von grundstücksbezogenen Anfragen oder der Auswertung von gemeldeten Tagesbrüchen und Gebäudeschäden wird jedoch nicht auf das FIS GDU zurückgegriffen, sondern auf den Primärdatenbestand (Grubenbilder etc.).[45]

Es besteht Potential, diese Systeme auszubauen und durch eine verbesserte Informationsbasis zu optimieren.

IV. Gesetzliche Regelung

Entsprechend der Antwort auf die Große Anfrage beabsichtigt das Land Nordrhein-Westfalen die hier aufgeworfenen Fragen weitergehend gutachterlich zu untersuchen.[46] Ziel ist es festzustellen, ob und in welchem Umfang gesetzliche Neuregelungen erforderlich sind.

---

44 Ausführlich zum Risikomanagement der Bergbehörde und der sogenannten Altgesellschaften siehe *Neumann*, Risikomanagementsysteme; *Elgeti*, bergbau 2012, 250.
45 LT-Drucksache 17/1407, S. 12 f, 34.
46 LT-Drucksache 17/1407, S. 61.

C. Fazit

Der aktive Betrieb von Bergbaubetrieben unterliegt dem (bundesgesetzlichen) Bergrecht und der Aufsicht der Bergbehörde. Nach Beendigung des Betriebes gem. § 69 BBergG bestehen keine besonderen rechtlichen Regelungen und keine besondere Aufsicht. Erst wenn konkrete oder gegenwärtige Gefahren von den bergbaulichen Hinterlassenschaften ausgehen, ist die Bergbehörde NRW wieder zuständig.

Die Bergbehörde NRW ist gemäß § 48 Abs. 3 OBG NRW zuständig für Maßnahmen zur Abwehr von Gefahren aus verlassenen Grubenbauen, die nicht mehr der Bergaufsicht unterliegen, sog. Altbergbau. Bei der Abwehr von Gefahren des Altbergbaus handelt es sich somit um einen Bereich des Ordnungsrechts. Maßgeblich sind daher die Vorschriften des allgemeinen Ordnungsrechts. Die Eingriffsbefugnisse des OBG NRW beziehen sich im Schwerpunkt auf die Abwehr von konkreten Gefahren. Kennzeichnend für die von der Behörde vorgefundene Situation bei verlassenen Grubenbauen ist jedoch häufig die Unkenntnis über ihre Sicherung. Hier fehlt es oft an hinreichenden Anhaltspunkten zur Annahme einer konkreten Gefahr, so dass eine bloße Gefahrenvorsorge vorliegt. Im Bereich der Gefahrenvorsorge bestehen weniger weitreichende Befugnisse zum Tätigkeitwerden. Dies kann zu einer Minderung der Effektivität der Gefahrenabwehr führen. Hier besteht Verbesserungspotential.

Öffentlich-rechtliche Anforderungen an tiefe Geothermiekraftwerke unter besonderer Berücksichtigung des Bergrechts

Joyce von Marschall

A. Vorbemerkungen

Es besteht kein Zweifel daran, dass die Energiewende notwendig ist. Dies ist einerseits vor dem Hintergrund des Atomausstiegs bis spätestens 2022[1] und andererseits vor dem Hintergrund des von der „*Kohlekommission*"[2] empfohlenen Kohleausstiegs bis spätestens 2038[3] zu sehen. Geothermie (auch als *Erdwärme* bezeichnet) kann hierzu ihren Beitrag leisten.[4] Noch fristet die Geothermie ein Schattendasein, sollte aber endlich aus ihrem Prinzessinnenschlaf geweckt werden. Dabei spielen insbesondere die für die Realisierung eines Geothermievorhabens relevanten bergrechtlichen Anforderungen eine wichtige Rolle und können maßgeblich den Erfolg des Projekts beeinflussen. Das Bergrecht selbst hat in den vergangenen Jahren einen „*Bedeutungswandel*" erfahren, weg von der prägenden Rolle des Kohlebergbaus hin zu erneuerbaren Energieprojekten wie der Geothermie.[5]

I. Begriff der Geothermie und Potential

Geothermie ist die im zugänglichen Teil der Erdkruste gespeicherte Wärme.[6] Sie umfasst die in der Erde gespeicherte Energie, soweit sie entzogen und genutzt werden kann. Sie steht generell überall und jederzeit zur Verfügung; bei sachgerechter Nutzung ist Erdwärme praktisch unerschöpflich.[7] Geothermie zählt zu den erneuerbaren Energien (vgl. § 3 Nr. 21 lit. d) Erneuerbare-Energien-

---

1 Vgl. § 7 Abs. 1a i.V.m. Anlage 3 Gesetz über die friedliche Verwendung der Kernenergie und den Schutz gegen ihre Gefahren (Atomgesetz, nachfolgend *AtG*) in der Fassung der Bekanntmachung vom 15.7.1985 (BGBl. I S. 1565), zuletzt geändert am 10.7.2018 (BGBl. I S. 1122 i.V.m. Bekanntmachung vom 11.7.2018, BGBl. I S. 1124).

2 = Kommission „*Wachstum, Strukturwandel und Beschäftigung*".

3 Siehe Kommission „Wachstum, Strukturwandel und Beschäftigung", Abschlussbericht, 1/2019, S. 64, (https://www.bmwi.de/Redaktion/DE/Downloads/A/abschlussbericht-kommission-wachstum-strukturwandel-und-beschaeftigung.pdf?__blob=publicationFile).

4 Siehe hierzu u.a. Empfehlungen in Kommission „Wachstum, Strukturwandel und Beschäftigung", Abschlussbericht, S. 68, 90, 91, 94, 137.

5 *Weiss*, in: Danner/Theobald (Hrsg.), Energierecht, 100. EL, Dezember 2018, Kap. 137: Das Bergrecht und seine energiewirtschaftlichen Bezüge Rn. 6 m. w. N.

6 Lexikon der Geothermie, Homepage des Bundesverbandes Geothermie, abrufbar unter: https://www.geothermie.de/bibliothek/lexikon-der-geothermie/g/geothermie.html (Abruf: 22.8.2019). Vgl. auch Definition der „*Geothermischen Energie*" in der VDI-Richtlinie 4640, Blatt 1: „*Erdwärme ist die in Form von Wärme gespeicherte Energie unterhalb der Oberfläche der festen Erde.*"

7 Leibniz-Institut für Angewandte Geophysik (nachfolgend *LIAG*) (Hrsg.), Tiefe Geothermie – Grundlagen und Nutzungsmöglichkeiten in Deutschland, 4. Aufl. 1/2016, S. 5 (https://www.geotis.de/homepage/sitecontent/info/publication_data/public_relations/public_relations_data/LIAG_Broschuere_Tiefe_Geothermie.pdf).

Gesetz[8], § 2 Abs. 1 Nr. 1 Erneuerbare-Energien-Wärmegesetz[9]). Ein großer Vorteil ist, dass Erdwärme – anders als andere erneuerbare Energien – witterungs-, tageszeit- und saisonunabhängig erzeugt werden kann. Sie ist damit grundlastfähig.[10] Erdwärme kann zum einen direkt genutzt werden, etwa zum Heizen und Kühlen im Wärmemarkt, zum anderen findet Erdwärme bei der Erzeugung von elektrischem Strom oder in einer Kraft-Wärme-Kopplung Verwendung. Hinzu kommt, dass Geothermievorhaben auf relativ geringer Fläche realisiert werden können, anders als beispielsweise Windenergie- oder Solarenergieprojekte.[11]

II. Abgrenzung oberflächennahe und tiefe Geothermie und jeweilige Einsatzmöglichkeiten

Bei Geothermie wird grundsätzlich zwischen der oberflächennahen und der tiefen Geothermie unterschieden. Bei der oberflächennahen Geothermie wird die geothermische Energie dem oberflächennahen Bereich der Erde (meistens bis 150 m, max. bis 400 m Tiefe) entzogen.[12] Eine energetische Nutzung ist hier nur mit Wärmepumpen möglich.[13] Die tiefe Geothermie umfasst Systeme, bei denen die geothermische Energie über Tiefbohrungen erschlossen wird und deren Energie dann direkt (d.h. ohne Niveauanhebung) genutzt werden kann.[14] Die Temperatur nimmt durchschnittlich um 3 °C pro 100 m zu.[15] In Deutschland muss vergleichsweise tief gebohrt werden (bis zu 4.000 m), um auf hohe Temperaturen zu stoßen.[16] Von tiefer Geothermie im eigentli-

8 Gesetz für den Ausbau erneuerbarer Energien (nachfolgend *EEG*) vom 21.7.2014 (BGBl. I S. 1066), zuletzt geändert am 13.5.2019 (BGBl. I S. 706).
9 Gesetz zur Förderung Erneuerbarer Energien im Wärmebereich (nachfolgend *EEWärmeG*) vom 7.8.2008 (BGBl. I S. 1658), zuletzt geändert am 20.10.2015 (BGBl. I S. 1722).
10 *Große*, Strom und Wärme aus der Tiefe – Zur Genehmigung und Förderung tiefengeothermischer Anlagen, ZUR 2009, 535.
11 *Reif*, in: Säcker (Hrsg.), Berliner Kommentar zum Energierecht, Band 6, 4. Aufl. 2018, § 45 EEG Rn. 2; *Große*, Zu den Genehmigungsvoraussetzungen für geothermische Anlagen, NVwZ 2004, 809.
12 LIAG, Tiefe Geothermie, S. 8 unter Hinweis auf VDI-Richtlinie 4640.
13 Landesforschungszentrum Geothermie Baden-Württemberg (nachfolgend *LFZG*), Handlungsleitfaden Tiefe Geothermie, 10/2017, S. 11 (https://www.tiefegeothermie.de/sites/tiefegeothermie.de/files/dokumente/2017%20LFZG%20Handlungsleitfaden%20Tiefe%20Geothermie.pdf).
14 LIAG, Tiefe Geothermie, S. 9; LFZG, Tiefe Geothermie, S. 11.
15 LFZG, Tiefe Geothermie, S. 11.
16 Bayerisches Staatsministerium für Wirtschaft, Infrastruktur, Verkehr und Technologie (nachfolgend *BayStMWi*), Bayerischer Geothermieatlas – Hydrothermale Energiegewinnung, 12/2012, S. 8 (https://www.stmwi.bayern.de/fileadmin/user_upload/stmwi/Publikationen/2013/Bayerischer_Geothermieatlas_2013.pdf); *Guckelberger*, Tiefengeothermie – manchmal eine umstrittene Energieform, NuR 2015, 217, 218 m.w.N.

chen Sinn wird in der Regel erst bei Tiefen von über 1.000 m und bei Temperaturen von über 60 °C gesprochen.[17] Für die Stromerzeugung eignet sich nur die tiefe Geothermie, da Voraussetzung für die geothermische Stromerzeugung ausreichend hohe Temperaturen (> 80 °C)[18] und Ergiebigkeiten sind.[19]

Im Bereich der tiefen Geothermie werden hydrothermale Systeme und petrothermale Systeme eingesetzt. Bei der hydrothermalen Geothermie wird vorwiegend die Energie des im Untergrund enthaltenen warmen bis heißen Wassers genutzt, bei der petrothermalen Geothermie hingegen die im Gestein gespeicherte Energie. Das hydrothermale Verfahren ist bisher am verbreitetsten und erschließt Heißwasser-Reservoire im tieferen Untergrund mit Temperaturen von ca. 40 bis über 100 °C.[20] Diese werden üblicherweise mit zwei Bohrungen („*Dublette*") erschlossen, über die das heiße Wasser gefördert und nach der Abkühlung wieder in einen „*Aquifer*" (Grundwasserleiter) reinjiziert wird. Bei der petrothermalen Energiegewinnung hingegen wird die im Gestein gespeicherte Energie genutzt.[21] In heißen, trockenen oder nur gering durchlässigen Tiefengesteinen wird durch die Erzeugung künstlicher Risse oder durch das Aufweiten natürlicher Rissflächen eine hydraulische Verbindung zwischen mindestens zwei Bohrungen hergestellt.[22] Die Risse dienen als Wärmetauschflächen, so dass kühles Wasser in einer Bohrung verpresst und in den anderen Bohrungen als Heißwasser wieder gefördert werden kann.

III. Aktueller Stand der Geothermie in Deutschland und Förderungsregime

Mit der Aufnahme der Erdwärme in das Bundesberggesetz[23] verfolgte der Gesetzgeber ursprünglich das Ziel, die Nutzung der kostengünstigen und umweltfreundlichen Form der Energiegewinnung zur fördern.[24] Im Jahr 2017 betrug der Anteil des durch Geothermie erzeugten Stroms im

---

17 *Denecke/Dondrup*, Rechtsfragen der Geothermie – Voraussetzungen der Genehmigung und vergaberechtliche Aspekte, ZfBR-Beil. 2012, 25; LIAG, Tiefe Geothermie, S. 9.
18 Nach dem LIAG sind sogar 100 °C aufwärts erforderlich, Tiefe Geothermie, S. 9; ebenso LFZG, Tiefe Geothermie, S. 12, 14.
19 BayStMWi, Bayerischer Geothermieatlas, S. 9.
20 BayStMWi, Bayerischer Geothermieatlas, S. 10.
21 LIAG, Tiefe Geothermie, S. 9.
22 BayStMWi, Bayerischer Geothermieatlas, S. 10.
23 Bundesberggesetz (nachfolgend *BBergG*) vom 13.8.1980 (BGBl. I S. 1310), zuletzt geändert am 20.7.2017 (BGBl. I S. 2808).
24 BT-Drs. 8/1315, S. 173.

Verhältnis zum gesamten deutschen Stromverbrauch dennoch nur 0,027 %.[25] Erzeugt wurden 163 GWh; installiert waren 38 MW. Vor diesem Hintergrund bescheinigt das Bundesministeriums für Wirtschaft und Energie (nachfolgend *BMWi*) der Geothermie sowohl hinsichtlich des Zubaus als auch bei der Stromerzeugung aus erneuerbaren Energien lediglich eine sehr geringe Rolle.[26] Im Durchschnitt der letzten Jahre wird pro Jahr etwa ein Geothermievorhaben realisiert. Die Gründe hierfür liegen insbesondere in den hohen Investitionskosten[27] und in dem Fündigkeitsrisiko[28]. Trotz ihrer Vorteile ist somit noch viel Forschungs- und Entwicklungsarbeit bei der Geothermie zu leisten[29], insbesondere um neue Technologien zu entwickeln, das Fündigkeitsrisiko und die Kosten zu reduzieren und weiteres geothermisches Potential schneller erschließen zu können.[30]

Hinzu kommt, dass der Gesetzgeber zwar einen finanziellen Anreiz für Geothermie geschaffen hat, dieser aber in Anbetracht der langen Realisierungsdauer von Geothermievorhaben offensichtlich nur beschränkt wirkt. Gemäß § 45 Abs. 1 EEG beträgt der anzulegende Wert für Strom aus Geothermie 25,20 Cent pro Kilowattstunde. Allerdings unterliegt die Förderung einer jährlichen Degression von 5 % ab dem Jahr 2021 (vgl. § 45 Abs. 2 EEG). Dass der Gesetzgeber eine finanzielle Förderung für die Geothermie vorgesehen hat, ist mit dem anerkannten großen Potential der Geothermie und der notwendigen Nutzbarmachung zu begründen.[31] Gesetzgeberisches Ziel war es, verlässliche gesetzliche Rahmenbedingungen für Investoren zu schaffen.[32] Bei künftigen Geothermievorhaben zur Stromproduktion wird der finanzielle Anreiz überschaubar sein. Denn bei solchen Projekten beträgt die Realisierungsdauer mindestens sieben Jahre, wodurch die Degression die Erträge nicht unerheblich einschränkt.[33] Dem gegenüber steht der hohe Investitionsbedarf: Bis zum Abschluss der Bohrungen fallen über 50 % der gesamten Investitionen an.[34] Problematisch ist, dass solch erhebliche Investitionen bereits zu einem Zeitpunkt erforderlich sind, in dem noch

---

25 Energiedaten des BMWi, Stand: 16.1.2019, abrufbar unter https://www.bmwi.de/Redaktion/DE/Artikel/Energie/energiedaten-gesamtausgabe.html (Abruf: 17.7.2019).
26 BMWi, EEG-Erfahrungsbericht zum EEG 2017, 6/2018, S. 7 (https://www.erneuerbare-energien.de/EE/Redaktion/DE/Downloads/bmwi_de/eeg-erfahrungsbericht.html).
27 *Reif*, in: Berliner Kommentar, § 45 EEG, Rn. 31 f.
28 LIAG, Tiefe Geothermie, S. 17: „*Das Fündigkeitsrisiko bei geothermischen Bohrungen ist das Risiko, ein geothermisches Reservoir mit einer (oder mehreren) Bohrung(en) in nicht ausreichender Quantität oder Qualität zu erschließen.*"
29 *Guckelberger*, NuR 2015, 217.
30 Vgl. LIAG, Tiefe Geothermie, S. 6.
31 BT-Drs. 14/2341, S. 7.
32 BT-Drs. 14/2341, S. 9.
33 *Reif*, in: Berliner Kommentar, § 45 EEG Rn. 12 m. w. N.
34 *Reif*, in: Berliner Kommentar, § 45 EEG Rn. 12 m. w. N.

gar nicht feststeht, ob überhaupt bzw. in hinreichendem Maße Erdwärme gefördert werden kann, um Strom zu produzieren und ein wirtschaftliches Geothermiekraftwerk betreiben zu können.[35] Erst nach Abschluss der Bohrungen kann geklärt werden, ob das Projekt realisiert werden kann, und wenn ja, unter welchen Voraussetzungen. Durch die jährliche Degression besteht für einen Projektentwickler, der aktuell noch nicht bzw. nicht weit in der Projektentwicklung vorangeschritten ist, ein möglicherweise zu geringer finanzieller Anreiz, in Vorleistung zu gehen. Wenn die Geothermie mittelfristig im Strommix eine Rolle spielen soll, ist ein Umdenken des Gesetzgebers hinsichtlich der Regelung zur Degression dringend erforderlich.[36]

Darüber hinaus hat der Gesetzgeber 2014 den ehemals in § 28 Abs. 2 EEG 2012 geregelten Petrothermalbonus ersatzlos gestrichen.[37] Begründet wurde die Streichung damit, dass sich petrothermale Vorhaben noch im Forschungsstadium befänden.[38] Mit der Realisierung von wirtschaftlichen petrothermalen Vorhaben und einer damit einhergehenden Nutzung des petrothermalen Bonus sei kurz- bis mittelfristig nicht zu rechnen, da die Kostenrisiken aufgrund des Forschungscharakters der Vorhaben noch recht hoch sind. Die Streichung wird keinesfalls dazu führen, dass sich dieses System zeitnah etablieren kann. Vielmehr ist davon auszugehen, dass offensichtlich vorhandenes Potential auch weiterhin nicht genutzt wird. Die Auffassung, dass der Gesetzgeber durch die gesetzlichen Regelungen die *„Geothermie faktisch zu Grabe trägt"*,[39] wird hier nur beschränkt geteilt, da die Streichung nur petrothermale, nicht aber hydrothermale Vorhaben betrifft. Insoweit besteht weiterhin ein finanzieller Anreiz, hydrothermale Vorhaben umzusetzen.

Festzustellen ist also, dass der Geothermie bereits seit Jahren ein erhebliches Potential bei der Erreichung der Ziele der Energiewende zugeschrieben wird[40], ohne dass dieses Potential bisher nennenswert realisiert wurde. Dies mag – über die Frage der EEG-Förderung hinaus – sicherlich an den hohen Investitionskosten und dem Fündigkeitsrisiko liegen.[41] Die Geothermie ist auch

---

[35] *Denecke/Dondrup*, ZfBR-Beil. 2012, 25, 27.
[36] In diese Richtung auch *Reif*, in: Berliner Kommentar, § 45 EEG Rn. 37, 41. Zu der Hürde siehe auch gec-co Global Engineering & Consulting-Company GmbH (nachfolgend *gec-co*), Vorbereitung und Begleitung bei der Erstellung eines Erfahrungsberichts gemäß § 97 Erneuerbare-Energien-Gesetz, Teilvorhaben II b): Geothermie, Zwischenbericht, 2/2018 (https://www.erneuerbare-energien.de/EE/Redaktion/DE/Downloads/bmwi_de/bericht-eeg-3-geothermie.pdf?__blob=publicationFile&v=7).
[37] Siehe hierzu noch *Bönning*, in: Reshöft/Schäfermeier (Hrsg.), EEG Kommentar, 4. Aufl. 2014, § 28 Rn. 12.
[38] BT-Drs. 18/1304, S. 144.
[39] *Reif*, in: Berliner Kommentar, § 45 EEG Rn. 45.
[40] Siehe u. a. *Große*, NVwZ 2004, 809.
[41] *Denecke/Dondrup*, ZfBR-Beil. 2012, 25; *Guckelberger*, NuR 2015, 217, 218.

zunehmend Akzeptanzproblemen seitens der Bürger ausgesetzt.[42] Darüber hinaus wird aus öffentlich-rechtlicher Sicht eine Vielzahl an Vorgaben an Geothermievorhaben gestellt. Das Zulassungsregime kann mit Fug und Recht als komplex, wenn nicht sogar als kompliziert bezeichnet werden.[43] Dies schlägt sich darin nieder, dass für eine Geothermieanlage – anders als für eine Anlage nach dem Bundesimmissionsschutzgesetz[44] (nachfolgend *BImSchG*) – nicht nur ein Bescheid, sondern im Zuge der Projektentwicklung und des Baus der Anlage viele verschiedene Genehmigungen bei den jeweils zuständigen Behörden einzuholen sind.[45] Damit geht nicht nur ein Verzögerungs-, sondern auch ein mögliches Umsetzungsrisiko einher. Soll das Potential der Geothermie genutzt werden, ist es an dem Gesetzgeber die bisher geltenden Rahmenbedingungen zu optimieren. Die Verfasserin ist der Ansicht, dass der Gesetzgeber über das Steuerungsinstrument der EEG-Förderung spezifisch auf die weitere Entwicklung der Geothermie in Deutschland einwirken sollte, beispielsweise über die Anpassung der Degression und die Wiederaufnahme des Petrothermalbonus.

Die Untersuchung im Folgenden beschäftigt sich mit den öffentlich-rechtlichen Anforderungen an die Zulassung von Geothermiekraftwerken. Dabei spielt das Bergrecht im Wandel der Zeit eine wesentliche Rolle, das im Falle eines Geothermievorhabens stark mit anderen öffentlich-rechtlichen Anforderungen verwoben ist.

B. Öffentlich-rechtliche Anforderungen an Geothermiekraftwerke

Wie eingangs dargestellt, kann Erdwärme verschiedenartig eingesetzt werden. Die folgende Darstellung der öffentlich-rechtlichen Anforderungen wird sich auf die Realisierung eines gewerblich betriebenen tiefen Geothermiekraftwerks beschränken, in welchem durch Erdwärme Strom erzeugt wird. Die öffentlich-rechtlichen Zulassungsanforderungen an ein solches Geothermie-

---

42 Hierzu ausführlich *Guckelberger*, NuR 2015, 217, 218 f. u. a. unter Hinweis auf Ministerium für Wirtschaft, Klimaschutz, Energie und Landesplanung Rheinland-Pfalz, Mediation Tiefe Geothermie Vorderpfalz, 3/2014, S. 7 f. (https://mwvlw.rlp.de/fileadmin/ mwkel/Abteilung_4/8404/GEO_140319_SRP_20Seiter.pdf); siehe auch gec-co, Zwischenbericht Geothermie 2018, S. 67 f.

43 *Guckelberger*, NuR 2015, 217, 233. Zum Zulassungsrecht tiefengeothermischer Anlagen u. a. *Große*, ZUR 2009, 535; *Große*, NVwZ 2004, 809.

44 Gesetz zum Schutz vor schädlichen Umwelteinwirkungen durch Luftverunreinigungen, Geräusche, Erschütterungen und ähnliche Vorgänge in der Fassung der Bekanntmachung vom 17.5.2013 (BGBl. I S. 1274), zuletzt geändert am 18.4.2019 (BGBl. I S. 432).

45 Siehe hierzu u. a. Übersicht in BayStMWi, Bayerischen Geothermieatlas, S. 90 f.; LFZG, Tiefe Geothermie, S. 6.

kraftwerk sind umfangreich und komplex. Dies ist darauf zurückzuführen, dass nicht nur bergrechtliche (dazu Ziffer I.), sondern darüber hinaus eine Mehrzahl weiterer öffentlich-rechtlicher Anforderungen (dazu Ziffer II.) einzuhalten sind. Insoweit unterscheidet sich der Zulassungsprozess erheblich von Zulassungsverfahren nach Immissionsschutzrecht oder Baurecht. Demzufolge haben Geothermievorhaben in Deutschland im Vergleich zu anderen, weiter verbreiteten, Erneuerbare-Energie-Projekten zulassungsrechtlich Nachteile:[46] Onshore-Windparks benötigen in der Regel „nur" eine BImSchG-Genehmigung, welche Konzentrationswirkung hat; für Photovoltaik-Anlagen genügt eine Baugenehmigung. Hiervon ist das komplexe Genehmigungsverfahren der verschiedenen Projektphasen eines Geothermievorhabens weit entfernt. Es sollen in diesem Zusammenhang auch Vorschläge unterbreitet werden, an welchen Stellschrauben – über die Vergütungsthematik nach EEG hinaus (siehe oben) – gedreht werden könnte, um die Realisierungswahrscheinlichkeit von Geothermievorhaben zu erhöhen bzw. die Realisierungsdauer zu verkürzen.

I. Bergrechtliche Anforderungen an Tiefengeothermie

Erdwärme und die im Zusammenhang mit ihrer Gewinnung auftretenden anderen Energien gelten aufgrund der Fiktion in § 3 Abs. 3 Nr. 2 lit. b) BBergG als bergfreier Bodenschatz. Die Zulassung des untertägigen Betriebes eines Geothermiekraftwerks zur Erzeugung von Strom und der Einspeisung in das Versorgungsnetz beurteilt sich damit nach dem Bergrecht, vgl. § 2 Abs. 1 Nr. 1 BBergG. Für die Aufsuchung und Förderung von Erdwärme sind Bergbauberechtigungen gem. §§ 6 ff. BBergG erforderlich (dazu unter Ziffer 1.). Über die Bergbauberechtigungen hinaus sind für die tatsächliche Durchführung der Aufsuchung bzw. Gewinnung bergrechtliche Betriebspläne nach §§ 51 ff. BBergG einzuholen (siehe Ziffer 2.).[47] Die Bergbauberechtigungen entscheiden somit über das „Ob", die Betriebspläne über das „Wie" der beantragten Tätigkeiten.[48] In diesem Zusammenhang ist auch darauf hinzuweisen, dass für die Aufsuchung bzw. die Gewinnung eine Feldes- bzw. Förderabgabe zu leisten ist. Allerdings verzichten insbesondere hinsichtlich der Förderabgabe die Mehrzahl der Bundesländer (noch) auf die Erhebung einer solchen (siehe Ziffer 3.).

---

[46] Siehe hierzu auch *Marhewka*, Das deutsche Regulierungssystem für Tiefe Geothermie, in: Böttcher (Hrsg.), Geothermie-Vorhaben – Tiefe Geothermie: Recht, Technik und Finanzierung, 2014, S. 39.

[47] Siehe hierzu u. a. *Denecke/Dondrup*, ZfBR-Beil. 2012, 25, 26 ff.; *Große*, NVwZ 2004, 809, 812.

[48] *Guckelberger*, NuR 2015, 217, 220.

1) Erfordernis von Bergbauberechtigungen

Welche Art der Bergbauberechtigung (Aufsuchungserlaubnis oder Förderbewilligung)[49] erforderlich ist, bestimmt sich nach der jeweiligen Projektphase eines Geothermievorhabens.

a) Aufsuchungserlaubnis

Bevor Erdwärme gewonnen und Strom erzeugt werden kann, muss zunächst das in Frage kommende Gebiet (nachfolgend *Aufsuchungsfeld*) dahingehend untersucht werden, ob die geologischen Voraussetzungen insbesondere für die Erzeugung von Strom vorliegen.[50] Für die Erkundungsbohrung für Erdwärme ist eine Aufsuchungserlaubnis nach § 7 BBergG erforderlich.[51] Für die Gewinnung von Erdwärme ist eine Aufsuchungserlaubnis nicht rechtlich zwingend, aber praktisch ebenfalls unabdingbar.[52] Das Aufsuchen ist die mittelbar oder unmittelbar auf die Entdeckung oder Feststellung der Ausdehnung von Bodenschätzen gerichtete Tätigkeit, § 4 Abs. 1 Satz 1 BBergG. Entscheidend ist die Art der vorgesehenen Aufsuchungstätigkeiten, unabhängig von der subjektiven Zielrichtung.[53] Es gilt ein objektiver tätigkeitsbezogener Aufsuchungsbegriff.[54] Es kommt insbesondere nicht darauf an, ob der aufgesuchte Bodenschatz später auch gewonnen werden soll. Unter der Aufsuchung von Erdwärme sind dabei alle Tätigkeiten zu verstehen, die im Zusammenhang mit der Untersuchung des Untergrundes im Hinblick auf das geothermische Potential einschließlich dem Abteufen der späteren Bohrung durchgeführt werden.[55] Die Rechtsprechung verlangt insoweit ein strukturiertes und zielgerichtetes Vorgehen.[56]

Die Entscheidung über die Erteilung einer Aufsuchungserlaubnis ist eine gebundene Entscheidung. Der Antragsteller hat bei Nichtvorliegen der in § 11 BBergG abschließend genannten Versagensgründe einen Anspruch auf Erteilung.[57] Der Behörde steht insoweit kein Ermessen zu.[58]

---

49 Vgl. § 6 BBergG; *Vitzthum/Piens*, in: Piens/Schulte/Graf Vitzthum (Hrsg.), Bundesberggesetz Kommentar, 2. Aufl. 2013, § 3 Rn. 47.
50 Siehe *Kumpf*, Anmerkung zu BVerwG Urteil vom 3.3.2011, Az.: 7 C 4/10, NVwZ 2011, 1524, 1524 m. w. N.
51 *Vitzthum/Piens*, in: Piens/Schulte/Graf Vitzthum, § 3 Rn. 47.
52 *Marhewka*, in: Böttcher (Hrsg.), S. 39, 41.
53 *Frenz*, Geothermiebohrungen: Zulassung und Haftung, NuR 2016, 603, 604.
54 *Vitzthum/Piens*, in: Piens/Schulte/Graf Vitzthum, § 4 Rn. 12.
55 LFZG, Tiefe Geothermie, S. 25.
56 BVerwG, NVwZ 2011, 1520, 1521.
57 *Franke*, in: Boldt/Weller/Kühne/von Mäßenhausen (Hrsg.), Bundesberggesetz Kommentar, 2. Aufl. 2016, § 11 Rn. 2.
58 *Denecke/Dondrup*, ZfBR-Beil. 2012, 25, 26.

Praktisch wichtige Versagensgründe sind u. a. die fehlende Glaubhaftmachung, dass die erforderlichen finanziellen Mittel zur Durchführung der Maßnahmen aufgebracht werden können (Nr. 7)[59], oder dass kein hinreichendes Arbeitsprogramm vorgelegt worden ist (Nr. 3).

Wie bereits zuvor dargestellt, stellen die hohen, vor allem zu Beginn anfallenden Investitionskosten gemessen an dem Fündigkeitsrisiko eine Schwierigkeit für die Umsetzung eines Geothermievorhabens dar. Auch aus diesem Grund hat der Versagensgrund des § 11 Nr. 7 BBergG hohe praktische Relevanz.[60] Mit der Antragstellung hat der Vorhabenträger die Finanzierbarkeit entweder durch Eigenkapital oder durch eine Finanzierungszusage nachzuweisen.[61] Allerdings kann es schwierig sein, eine unbedingte Finanzierungszusage einholen und vorlegen zu können, solange noch keine Aufsuchungserlaubnis erteilt worden ist.[62] Um Geothermievorhaben in Deutschland dennoch voranzutreiben, könnten die Behörden unter bestimmten Voraussetzungen (u. a. *Term-Sheet* mit finanzierender Bank, Bonität der Projekt- bzw. Muttergesellschaft[63]) eine bedingte Finanzierungszusage ausreichen lassen, solange hieraus eine positive Prognose über den reibungslosen Ablauf des Projektes gewonnen werden kann.[64] Andernfalls verbliebe nur der Nachweis über Eigenkapital, welchen nur wenige Antragsteller vorlegen können werden. Der weitere Ausbau von Geothermievorhaben könnte über diese Stellschraube zumindest gefördert werden. Ein anderes kann dann gelten, wenn konkurrierende Anträge vorliegen. Dann ist derjenige Konkurrent zu bevorzugen, der eine unbedingte Finanzierungszusage vorlegen kann, vgl. § 14 Abs. 2 Satz 1 BBergG.[65]

Ferner spielt der Versagensgrund unter § 11 Nr. 3 BBergG eine wichtige Rolle in der Praxis. Das mit dem schriftlichen Antrag vorzulegende Arbeitsprogramm hat die vorgesehenen Aufsuchungsarbeiten zu enthalten und darzulegen, dass diese hinsichtlich Art, Umfang und Zweck ausreichend sind und in einem angemessenen Zeitraum erfolgen. Es werden hohe Anforderungen an die

---

59 Vgl. BVerwG, NVwZ 2011, 1520, 1522; siehe auch *Denecke/Dondrup*, ZfBR-Beil. 2012, 25, 27; *Große*, ZUR 2009, 535, 538; LFZG, Tiefe Geothermie, S. 39.
60 *Denecke/Dondrup*, ZfBR-Beil. 2012, 25, 27.
61 *Franke*, in: Boldt/Weller/Kühne/von Mäßenhausen, § 11 Rn. 10.
62 *Marhewka*, in: Böttcher (Hrsg.), S. 39, 42.
63 Vgl. *Marhewka*, in: Böttcher (Hrsg.), S. 39, 43.
64 a. A.: VG Neustadt a.d. Weinstraße, Urt. v. 27.1.2010 – 5 K 417/09 – BeckRS 2010, 46686; *Franke*, in: Boldt/Weller/Kühne/von Mäßenhausen, § 11 Rn. 10.
65 Vgl. auch Ausführungen des VG Neustadt a.d. Weinstraße, Urt. v. 27.1.2010 – 5 K 417/09 – BeckRS 2010, 46686.

Vorlage eines konkreten Arbeitsprogramms gestellt, das den technischen und zeitlichen Ablauf des Projekts der Aufsuchung beschreibt.[66] Diese Anforderungen ergeben sich nach der Rechtsprechung insbesondere daraus, dass der Inhaber einer Aufsuchungserlaubnis vor allem Konkurrenten gegenüber eine privilegierte rechtliche Stellung einnimmt. Denn bei konkurrierenden genehmigungsfähigen Anträgen hat derjenige Antrag Vorrang, dessen Arbeitsprogramm den Anforderungen einer planmäßigen und sinnvollen Aufsuchung am besten Rechnung trägt (vgl. § 14 Abs. 2 BBergG). Daraus ergibt sich nach der Rechtsprechung folgendes:[67]

> *„Eine solche Privilegierung wäre aber nicht gerechtfertigt, wenn sich eine auf dem Papier überlegene, gegebenenfalls ehrgeizige Planung nicht auch in der praktischen Umsetzung bewähren müsste und der Erlaubnisnehmer nunmehr von vornherein nur noch auf eine ,durchschnittliche' Bemühung, die darüber hinaus nur schwer zu fassen wäre, verweisen könnte.“*

Schließlich kann ein Versagensgrund sein, dass das Geothermievorhaben andere Grundwassernutzungen gefährdet.[68] Das Einfallstor für solche Umweltbelange als gewichtiges öffentliches Interesse ist § 11 Nr. 10 BBergG.[69] Danach ist die Berechtigung zu versagen, wenn *„überwiegende öffentliche Interessen die Aufsuchung bzw. Gewinnung im gesamten zuzuteilenden Feld ausschließen“*. Es handelt sich hierbei um einen Auffangtatbestand. Wichtig ist dabei (auch in Abgrenzung zu § 48 Abs. 2 Nr. 1 BBergG, siehe hierzu unten unter Ziffer 2.), dass die Berechtigung nur dann versagt werden darf, wenn die öffentlichen Interessen die Aufsuchung ausschließen. Damit liegt die Schwelle des Versagensgrundes richtigerweise hoch.[70]

---

66 So auch BVerwG, NVwZ 2011, 1520, 1521: *„Durch diese Angaben soll die Behörde beurteilen können, ob die Aufsuchung sinnvoll und planmäßig durchgeführt wird. Nur so wird dem volkswirtschaftlichen Interesse Rechnung getragen, rohstoffhöffige Gebiete möglichst sachgerecht in angemessener Zeit zu untersuchen. An die beabsichtigte Aufsuchung müssen strenge Maßstäbe angelegt werden, um zu verhindern, dass durch unsachgemäße oder mangelhafte Aufsuchungsarbeiten die Erschließung von Rohstoffvorkommen blockiert und insoweit eine unproduktive Vorratshaltung betrieben wird. Eine Erlaubnis ist daher zu versagen, wenn die nach dem Stand der Untersuchungstechnik und den geologischen Erkenntnissen mögliche und für eine sachgerechte Untersuchung notwendigen Arbeiten nicht in dem notwendigen Umfang mit den entsprechenden Explorationsverfahren in einer angemessenen Zeit vorgenommen werden.“*

67 BVerwG , NVwZ 2011, 1520, 1521 f.

68 LFZG, Tiefe Geothermie, S. 39.

69 *Frenz*, in: Frenz (Hrsg.), BBergG Kommentar, 2019, Nach §§ 11–12 BBergG Rn. 17 f.; *Ludwig*, Umweltaspekte in Verfahren nach dem BBergG, ZUR 2012, 150, 151.

70 *Marhewka*, in: Böttcher (Hrsg.), S. 39, 43.

Eine Aufsuchungserlaubnis ist auf höchstens fünf Jahre befristet zu erteilen, soll aber um jeweils drei Jahre verlängert werden, soweit das Aufsuchungsfeld trotz planmäßiger, mit der zuständigen Behörde abgestimmter Aufsuchung noch nicht ausreichend untersucht werden konnte (vgl. § 16 Abs. 4 BBergG). Es spricht viel dafür, dass ein Anspruch auf Verlängerung besteht, wenn die im Arbeitsprogramm aufgeführten Schritte zumindest weitgehend abgearbeitet wurden.[71] Das Arbeitsprogramm ist aber nicht starr oder unabänderlich. Je nachdem, ob es sich um eine unwesentliche oder wesentliche Änderung handelt, ist nach dem BVerwG ggf. eine Abstimmung mit der Behörde mit dem Ergebnis einer positiven Prognose für die Realisierung des Projektes zwingend erforderlich.[72] Auch dann kann ein Anspruch auf Verlängerung geltend gemacht werden. Unter Würdigung der wirtschaftlichen Interessen des Erlaubnisnehmers kann es nach dem BVerwG jedenfalls geboten sein, eine ersichtlich nur vorübergehend ins Stocken geratene Aufsuchung bei einem erfolgversprechenden neuen Konzept weiter zu ermöglichen.

Wird die Aufsuchungserlaubnis erteilt, gewährt sie dem Inhaber das ausschließliche Recht, in dem Aufsuchungsfeld Erdwärme aufzusuchen. Der Inhaber einer Aufsuchungserlaubnis zu gewerblichen Zwecken ist zudem auch privilegiert:[73] Nach § 12 Abs. 2 BBergG darf die von ihm beantragte Förderbewilligung neben den Gründen aus Abs. 1 nur dann versagt werden, wenn die Tatsachen, welche die Versagung rechtfertigen, erst nach Erteilung der Erlaubnis eingetreten sind. Außerdem gilt für den Fall, dass ein Dritter einen Antrag auf Erteilung einer Bewilligung für ein bestimmtes, ganz oder teilweise innerhalb eines Aufsuchungsfeldes und für einen bestimmten der Erlaubnis unterliegenden Bodenschatz gestellt hat, dass die zuständige Behörde den Inhalt eines solchen Antrages dem Inhaber einer Aufsuchungserlaubnis mitzuteilen hat (vgl. § 14 Abs. 1 Satz 1 BBergG). Der Inhaber der Aufsuchungserlaubnis hat dann die Möglichkeit, innerhalb von drei Monaten nach Zugang der Mitteilung ebenfalls einen Antrag auf Erteilung einer Bewilligung zu stellen. Dieser Antrag hat dann Vorrang vor allen übrigen Anträgen auf Erteilung einer Bewilligung für denselben Bodenschatz (vgl. § 14 Abs. 1 Satz 1 BBergG).

Die Größe des Aufsuchungsfeldes richtet sich grundsätzlich nach dem gestellten Antrag.[74] Von dem Antrag kann abgewichen werden, wenn dies zum Beispiel zur Vermeidung einer Monopol-

---

71 *Denecke/Dondrup*, ZfBR-Beil. 2012, 25, 27; vgl. auch *Kumpf*, NVwZ 2011, 1520, 1524, 1524.
72 BVerwG, NVwZ 2011, 1520, 1522.
73 *Frenz*, NuR 2016, 603, 605.
74 *Guckelberger*, NuR 2015, 217, 220.

stellung erforderlich ist (siehe § 16 Abs. 2 BBergG). Zur Feldesgröße wurden folgende Maßstäbe in der Praxis entwickelt: Das Feld muss einerseits so groß sein, dass Erdwärme in ausreichender Menge gewonnen werden kann; andererseits darf die Größe nicht so bemessen sein, dass konkurrierende Aufsuchung- und Gewinnungsinteressen längerfristig verhindert werden. Auf dieser Grundlage werden Erlaubnisfelder für die Aufsuchung von Geothermie in der Praxis zwischen 50 km² und 250 km² bemessen.[75]

b) Förderbewilligung

Die Bewilligung gestattet die Gewinnung des bergfreien Bodenschatzes samt Eigentumserwerb (sog. Aneignungsrecht).[76] Die Gewinnung ist damit weitergehend als die Aufsuchung und ist Voraussetzung für die eigentliche Nutzung von Erdwärme und den langfristigen Betrieb eines Geothermiekraftwerks.[77] Alle Tätigkeiten im Zusammenhang mit der späteren, i. d. R. kommerziellen Förderung der Erdwärme, gelten als Gewinnung. Fördertests, die im Rahmen der Aufsuchung oder zur Beurteilung der Leistungsfähigkeit der Bohrungen sowie der thermischen und hydraulischen Reichweite durchgeführt werden, sind ausgenommen.[78]

Eine Förderbewilligung ist auf Grundlage des § 12 BBergG zu erteilen, wenn die darin aufgeführten Versagungsgründe nicht einschlägig sind. Insbesondere findet auch hier die Regelung des § 11 Nr. 10 BBergG Anwendung, wonach überwiegende öffentliche Interessen die Gewinnung des Bodenschatzes im gesamten zuzuteilenden Feld ausschließen (siehe zuvor).[79] Liegt kein Versagungsgrund vor, hat der Antragsteller ebenfalls einen Anspruch auf Erlass der Bewilligung (siehe hierzu zuvor).

Die Bewilligung wird nach § 16 Abs. 5 BBergG für eine der Durchführung der Gewinnung im Einzelfall angemessenen Frist erteilt oder verliehen. 50 Jahre sollen nur dann überschritten werden, soweit dies mit Rücksicht auf die für die Gewinnung üblicherweise erforderlichen Investitionen notwendig ist.[80] In Anbetracht der erheblichen Investitionskosten für Geothermievorhaben empfiehlt es sich, die Frist von 50 Jahren nach Satz 2 voll auszuschöpfen. Eine Verlängerung bis

---

75 *Vitzthum/Piens*, in: Piens/Schulte/Graf Vitzthum, § 16 Rn. 11; *Große*, ZUR 2009, 535, 538.
76 *Guckelberger*, NuR 2015, 217, 220.
77 *Denecke/Dondrup*, ZfBR-Beil. 2012, 25, 27.
78 LFZG, Tiefe Geothermie, S. 25.
79 *Guckelberger*, NuR 2015, 217, 220.
80 Geothermieanlagen haben in der Regel eine Laufzeit von 30–50 Jahren, vgl. LFZG, Tiefe Geothermie, S. 7.

zur voraussichtlichen Erschöpfung des Vorkommens bei ordnungs- und planmäßiger Gewinnung ist ferner zulässig.

Bewilligungsfelder sind deutlich kleiner als Aufsuchungsfelder (siehe oben).[81] Hintergrund ist, dass Bewilligungen das Ergebnis der durchgeführten Aufsuchung sind, das Bewilligungsfeld also klar bestimmbar ist und Geothermiekraftwerke zudem eine relativ lange Laufzeit haben können. Um andere Geothermievorhaben nicht dauerhaft auszuschließen, sind diese, soweit möglich und erforderlich, räumlich einzugrenzen.[82]

Mit Blick auf die Degression der EEG-Förderung und zur Vermeidung von Verzögerungen ist es geboten, dass Vorhabenträger bei Fündigkeit im Rahmen der Aufsuchung so schnell wie möglich einen Antrag auf Erteilung der Förderbewilligung stellen können, der auch positiv zu bescheiden ist. Entscheidend wird dabei sein, dass das Bewilligungsfeld entsprechend eingegrenzt werden kann. Bei den Behörden besteht eine gewisse Unsicherheit darüber, ob eine Förderbewilligung nach Abschluss der ersten Bohrung erteilt werden kann. Hiergegen sprechen aber keine zwingenden rechtlichen Gründe. Solange kein Versagensgrund nach § 12 BBergG gegeben ist, kann eine Bewilligung – ggf. versehen mit Nebenbestimmungen – erteilt werden. Der Vorteil an einem solchen Vorgehen kann sein, dass eine gewisse Beschleunigungswirkung eintritt und das Geothermievorhaben schneller realisiert werden kann. Wichtig ist in diesem Zusammenhang, dass eine enge Abstimmung zwischen den Projektbeteiligten und den Behörden gegeben ist, zumal die Behörde eine Förderbewilligung im Falle einer ausgeübten Aufsuchungserlaubnis aus Gründen des § 12 Abs. 1 BBergG nur dann versagen darf, wenn die Tatsachen, die die Versagung rechtfertigen, erst nach Erteilung der Erlaubnis eingetreten sind (vgl. § 12 Abs. 2 BBergG, siehe zuvor). Versagensgründe, die bereits bei der Erteilung der Aufsuchungserlaubnis bestanden, sind präkludiert.[83] Diese Regelung hat den Hintergrund, dass der Erlaubnisinhaber bis zur Entdeckung der Bodenschätze – im Falle von Geothermie erhebliche – finanzielle Aufwendungen getätigt hat und damit einem besonderen Schutz unterstellt ist.[84] Eine nachträgliche Veränderung der Tatsachengrundlage könnte die finanzielle Leistungsfähigkeit des Antragstellers sein oder die Beurteilung seiner Zuverlässigkeit.[85]

---

81 *Vitzthum/Piens*, in: Piens/Schulte/Graf Vitzthum, § 16 Rn. 11; *Große*, ZUR 2009, 535, 538.
82 *Denecke/Dondrup*, ZfBR-Beil. 2012, 25, 26.
83 *Franke*, in: Boldt/Weller/Kühne/von Mäßenhausen, § 12 Rn. 9.
84 Vgl. BT-Drs. 8/1315, S. 88.
85 *Franke*, in: Boldt/Weller/Kühne/von Mäßenhausen, § 12 Rn. 10.

GESTERN HEUTE MORGEN

2) Betriebspläne

Für die konkrete Umsetzung von Aufsuchung und Gewinnung von Erdwärme bedarf es über die Bergbauberechtigungen hinaus der Zulassung von Betriebsplänen. Da sowohl die Aufsuchung als auch die Gewinnung von Erdwärme zur gewerblichen Produktion von Strom und Einspeisung in das Verteilnetz dem BBergG unterfällt, ist eine Betriebsplanpflicht gegeben, vgl. § 51 Abs. 1 BBergG.

Das Gesetz sieht verschiedene Betriebspläne vor: Den Hauptbetriebsplan, den Rahmenbetriebsplan, den Sonderbetriebsplan, den Abschlussbetriebsplan und den gemeinschaftlichen Betriebsplan. Für die Phase der Aufsuchung sind in der Regel Sonderbetriebspläne aufzustellen.[86] Für den Gewinnungsbetrieb ist sodann ein Hauptbetriebsplan für die technischen Einrichtungen zum Gewinn von Erdwärme erforderlich.[87] Der Hauptbetriebsplan ist für einen in der Regel zwei Jahre nicht überschreitenden Zeitraum aufzustellen, § 52 Abs. 1 Satz 1 BBergG.

Darüber hinaus kann bei Geothermievorhaben der Rahmenbetriebsplan eine Rolle spielen. Ein Rahmenbetriebsplan beschreibt das Vorhaben nicht in seinen Einzelheiten, sondern gibt den Rahmen wieder, in dem das Vorhaben in Zukunft durchgeführt werden soll. Grundsätzlich kann der Vorhabenträger darüber entscheiden, ob ein Rahmenbetriebsplan aufgestellt werden soll. Ein anderes gilt aber dann, wenn die Bergbehörde die Aufstellung eines Rahmenbetriebsplans nach § 52 Abs. 2 BBergG verlangt (*„fakultativer Rahmenbetriebsplan"*) oder das Vorhaben UVP-pflichtig ist (§ 52 Abs. 2a BBergG, *„obligatorischer Rahmenbetriebsplan"*;[88] siehe zur UVP-Pflicht sogleich unter Ziffer II.1).[89] Dann ist ein Planfeststellungsverfahren erforderlich, das zwingend einhergeht mit der Aufstellung eines Rahmenbetriebsplans.

Es wird immer wieder diskutiert, ob bei Geothermievorhaben die Betriebsplanpflicht zur Verfahrensvereinfachung generell entfallen sollte.[90] Ausgangspunkt dieser Überlegungen ist, dass Betriebspläne der Behörde grundsätzlich die Möglichkeit geben sollen, solche betrieblichen Tätigkeiten zu überwachen, die sich durch eine gewisse Dynamik und räumliche Fortentwick-

---

86 Vgl. *Tschauder/Hübner/Auer*, in: Bauer/Freeden/Jacobi/Neu (Hrsg.), Handbuch Tiefe Geothermie, 2014, S. 507, 521; siehe auch BayStMWi, Bayerischer Geothermieatlas, S. 90: z.B. Sonderbetriebsplan für die Herstellung des Sammelbohrplatzes oder des Bohrplatzes, Sonderbetriebsplan für das Niederbringen der Bohrungen.
87 BayStMWi, Bayerischer Geothermieatlas, S. 91.
88 Zu den verfahrensrechtlichen Besonderheiten siehe *von Hammerstein*, in: Boldt/Weller/Kühne/von Mäßenhausen, § 52 Rn. 55 ff.
89 *Tschauder/Hübner/Auer*, in: Bauer/Freeden/Jacobi/Neu (Hrsg.), S. 507, 514.
90 *Große*, ZUR 2009, 535, 539; *Marhewka*, in: Böttcher (Hrsg.), S. 39, 47.

lung bzw. räumliche Betriebsverschiebung auszeichnet,[91] wie z. B. bei dem Abbau von Kohle. Diese Dynamik gibt es bei Geothermie wohl nicht; der Betrieb geothermischer Anlagen ist eher „*statisch*".[92] Durch die Mehrzahl der für ein Geothermievorhaben notwendigen Genehmigungen wäre das Vorhaben auch ohne Betriebsplan nicht der öffentlich-rechtlichen Kontrolle entzogen. Im Ergebnis spricht sich die herrschende Meinung zu Recht gegen den vollständigen Verzicht auf die Zulassung von Betriebsplänen aus. Denn der Betriebsplan gibt die Möglichkeit, die Entwicklung und die Auswirkungen des Gewinnungsbetriebes laufend anhand der jeweils geplanten Arbeitsschritte zu überprüfen.[93] Dies ist auch aus Blick des Vorhabenträgers stets im Auge zu behalten. Denn im Falle nachteiliger Veränderung des Untergrundes kann sich eine – ggf. nicht unerhebliche – Haftung des Vorhabenträgers ergeben. Die Betriebsplanpflicht reduziert somit auch das Risiko für den Vorhabenträger (und gegebenenfalls auch für weitere Investoren).[94] Für Fälle geringer Gefährlichkeit und Bedeutung weist der Gesetzgeber darauf hin, dass § 51 Abs. 3 BBergG die Möglichkeit zur Befreiung von der Betriebsplanpflicht vorsieht. Dies soll ausreichend Flexibilität bieten, um den einzelnen Anforderungen Rechnung zu tragen.[95] Diese Befreiung wurde in der Vergangenheit teilweise bei sehr kleinräumigen Erkundungsmaßnahmen in Anspruch genommen.[96]

Die Betriebspläne müssen gem. § 52 Abs. 4 Satz 1 BBergG eine Darstellung des Umfanges, der technischen Durchführung und der Dauer des beabsichtigten Vorhabens sowie den Nachweis enthalten, dass die in § 55 Abs. 1 Satz 1 Nr. 1 und 3 bis 13 BBergG bezeichneten Zulassungsvoraussetzungen erfüllt sind. Ebenso wie bei den Bergbauberechtigungen hat der Antragsteller einen Rechtsanspruch auf die Zulassung des Betriebsplans, sollte keiner der in § 55 BBergG gesetzlich geregelten Versagensgründe vorliegen.[97] Nach § 55 Abs. 1 Nr. 9 BBergG dürfen von der Aufsuchung und Gewinnung keine gemeinschädlichen Einwirkungen zu erwarten sein. Nach der Rechtsprechung ist dies dann der Fall, wenn der Betrieb eine ganz erhebliche Gefahrenquelle überschreitet, also ein Schaden solchen Umfangs droht, dass er sich auf das Allgemeinwohl aus-

---

91 BT-Drs. 16/13128, S. 16.
92 BT-Drs. 16/13128, S. 16.
93 Vgl. auch BT-Drs. 16/13128, S. 16: „*Der Betriebsplan dient der fortlaufenden behördlichen Kontrolle und Genehmigung der bergrechtlichen Tätigkeit.*"
94 *Große*, ZUR 2009, 535, 539; *Marhewka*, in: Böttcher (Hrsg.), S. 39, 47.
95 BT-Drs. 16/13128, S. 16.
96 *Tschauder/Hübner/Auer*, in: Bauer/Freeden/Jacobi/Neu (Hrsg.), S. 507, 513.
97 *Große*, ZUR 2009, 535, 538.

wirkt.[98] In der Literatur wird davon ausgegangen, dass die Schwelle zu der Gemeinschädlichkeit im Falle eines Geothermievorhabens in der Regel nicht überschritten sein wird.[99]

Darüber hinaus kann die Behörde auf Ebene des Betriebsplans die Aufsuchung bzw. Bewilligung beschränken oder untersagen, soweit ihr – unbeschadet anderer öffentlich-rechtlicher Vorschriften – überwiegende öffentliche Interessen entgegenstehen, vgl. § 48 Abs. 2 Satz 1 BBergG. Diese Norm ist als *„allgemeine Öffnungsklausel"*[100] Einfallstor zur Prüfung weiterer öffentlich-rechtlicher Vorschriften (siehe hierzu sogleich unter Ziffer II), sofern diese für den Betriebsplan relevant sind[101], ohne dass dem Betriebsplan dabei eine Konzentrationswirkung zukäme.

3) Feldes- und Förderabgabe

Für die weitere Entwicklung von Geothermievorhaben in Deutschland wird auch wichtig sein, ob und in welchem Umfang Feldes- und Förderabgaben erhoben werden.

Nach § 30 Abs. 1 BBergG hat der Inhaber einer Aufsuchungserlaubnis zu gewerblichen Zwecken jährlich eine Feldesabgabe zu entrichten. Die Feldesabgabe beträgt nach § 30 Abs. 3 BBergG im ersten Jahr nach der Erteilung fünf Euro je angefangenen Quadratkilometer und erhöht sich für jedes folgende Jahr um weitere fünf Euro bis zum Höchstbetrag von fünfundzwanzig Euro je angefangenen Quadratkilometer. Jedoch sind auf die Feldesabgabe die im Erlaubnisfeld in dem jeweiligen Jahr für die Aufsuchung gemachten Aufwendungen anzurechnen, § 30 Abs. 3 Satz 2 BBergG. In Anbetracht der hohen finanziellen Aufwendungen für die Aufsuchungsarbeiten wird die tatsächlich abzuführende Feldesabgabe i. d. R. recht gering ausfallen.

Der Inhaber einer Förderbewilligung hat jedoch später für die innerhalb des jeweiligen Jahres aus dem Bewilligungsfeld gewonnenen oder mitgewonnenen bergfreien Bodenschätze eine jährliche Förderabgabe zu entrichten, § 31 Abs. 1 Satz 1 BBergG. Die Förderabgabe beträgt nach § 31 Abs. 2 BBergG 10 % des Marktwertes der gewonnenen Bodenschätze. Für Bodenschätze, die keinen Marktwert haben, stellt die zuständige Behörde nach Anhörung sachverständiger Stellen den für die Förderabgabe zugrunde zu legenden Wert fest.

---

98 *Guckelberger*, NuR 2015, 217, 222 m. w. N.

99 *Guckelberger*, NuR 2015, 217, 222 m. w. N.

100 *Kühne*, in: Boldt/Weller/Kühne/von Mäßenhausen, § 48 Rn. 45.

101 Übersicht der anerkannten „öffentlichen Interessen" i. S. d. § 48 Abs. 2 BBergG – siehe *Kühne*, in: Boldt/Weller/Kühne/von Mäßenhausen, § 48 Rn. 52 ff.

Eine Mehrzahl von Bundesländern haben von der Möglichkeit Gebrauch gemacht (§ 32 BBergG), durch Rechtsverordnung für einen bestimmten Zeitraum für Aufsuchungserlaubnisse und/oder Förderbewilligungen für Geothermievorhaben von der Feldes- und Förderabgabe zu befreien.[102] Manche Länder haben in der Vergangenheit entsprechende Befreiungsregelungen getroffen, die bisher noch nicht verlängert oder geändert worden sind.[103] Um Geothermievorhaben zu etablieren, sollten die jeweiligen Landesgesetzgeber weiterhin von den Befreiungsmöglichkeiten Gebrauch machen, um durch die Erhebung vor allem von Förderabgaben die wirtschaftlichen Anreize nicht noch weiter zu verringern.

II. Weitere öffentlich-rechtliche Anforderungen an Tiefengeothermie

Wie zuvor dargestellt, sind für Geothermievorhaben eine Mehrzahl von weiteren öffentlich-rechtlichen Anforderungen einzuhalten, die zum Teil nicht von der Konzentrationswirkung der bergrechtlichen Zulassungen erfasst sind. Der Vollständigkeit halber wird im Folgenden auf umweltrechtliche (dazu unter Ziffer 1.) und wasserrechtlichen Bestimmungen (dazu unter Ziffer 2.) eingegangen. Ferner wird kurz dargestellt, dass es grundsätzlich einer Baugenehmigung bedarf, um das oberirdische Kraftwerk errichten zu können (dazu unter Ziffer 3.). Schließlich wird auf die

---

102 Baden-Württemberg: Keine Feldes- und Förderabgabe bis 31.12.2020, vgl. §§ 11 Abs. 2, 21 Verordnung des Umweltministeriums über Feldes- und Förderabgabe vom 11.12.2006; Brandenburg: Keine Feldes- und Förderabgabe bis 31.12.2025, vgl. §§ 10 Abs. 2, 12 Verordnung über die Feldes- und Förderabgabe im Land Brandenburg vom 11.12.2015; Hamburg: Keine Förderabgabe, Befreiung gem. § 21 der Verordnung über Feldes- und Förderabgabe vom 22.4.2014 (nach Satz 1 bis 31.12.2014, nach Satz 2 jeweils Verlängerung bis zu einer neuen Regelung, welche bisher nicht getroffen ist); Hessen: Keine Förderabgabe bis 31.12.2019, vgl. § 22 Hessische Verordnung über Feldes- und Förderabgaben vom 31.12.2004; Niedersachsen: Keine Förderabgabe bis 31.12.2020, Befreiung gem. § 21 Niedersächsische Feldes- und Förderabgabe-Verordnung vom 10.12.2010; Nordrhein-Westfalen: Keine Feldesabgabe bis 31.12.2025 und keine Förderabgabe, vgl. §§ 9 Abs. 3 und 4, 13 Abs. 1 Verordnung über Feldes- und Förderabgabe vom 16.5.2018; Rheinland-Pfalz: Keine Förderabgabe, vgl. § 18 Landesverordnung über Feldes- und Förderabgaben vom 23.9.1986 (nach Satz 1 bis 31.12.2014, nach Satz 2 jeweils Verlängerung bis zu einer neuen Regelung, welche bisher nicht getroffen ist); Sachsen: Keine Feldes- und Förderabgabe bis 31.12.2020, vgl. § 16 Verordnung des Sächsischen Staatsministeriums für Wirtschaft, Arbeit und Verkehr über Feldes- und Förderabgaben vom 21.7.1997; Thüringen: Keine Feldes- und Förderabgabe bis 31.12.2020, vgl. § 20 Thüringer Verordnung über die Feldes- und Förderabgabe vom 23.8.2005.
103 Bayern: Keine Förderabgabe bis 2005, vgl. § 13 Bayerischen Verordnung über Feldes- und Förderabgaben vom 22.12.1998; Bremen: Keine Förderabgabe bis 2015, vgl. § 21 Bremische Verordnung über die Feldes- und Förderabgabe vom 10.5.2012; Mecklenburg-Vorpommern: Keine Feldes- und Förderabgabe bis 31.12.2017, vgl. §§ 13, 28 Verordnung über die Feldes- und Förderabgabe; Sachsen-Anhalt: Keine Förderabgabe bis 31.12.2018, vgl. § 15 Verordnung über Feldes- und Förderabgabe vom 18.11.1996; Schleswig-Holstein: Keine Förderabgabe bis 31.12.2017, vgl. § 21 Landesverordnung über die Feldes- und Förderabgabe vom 11.12.2012.

aktuelle Diskussion zu etwaigen Einschränkungen von Geothermievorhaben durch die Standortsuche für Atomendlagerstätten verwiesen (dazu unter Ziffer 4.). Die vorgenannten öffentlich-rechtlichen Anforderungen sind nicht abschließend, ggf. können im Einzelfall weitere Bestimmungen aus Fachgesetzen einschlägig sein.

1) Umweltrechtliche Anforderungen

Selbstverständlich unterliegt ein komplexes Vorhaben wie ein Geothermievorhaben umfangreichen umweltrechtlichen Anforderungen, die hier nicht im Einzelnen dargestellt werden können. Festzustellen ist jedenfalls, dass in der Praxis eine gewisse Unsicherheit darüber besteht, inwiefern für diese Art von Vorhaben Vorgaben durch das sog. *„Fracking-Gesetz"* relevant sind (dazu unter lit. a)). Umweltrechtlich relevant ist zudem die Antwort auf die Frage, ob für ein Geothermiekraftwerk möglicherweise eine Umweltverträglichkeitsprüfung (nachfolgend *UVP*) durchzuführen ist, welche mit weiteren Verfahrensschritten einhergeht (dazu unter lit b)).

a) Fracking

Zum 11.2.2017 ist das sogenannte *„Fracking-Gesetz"*[104] in Kraft getreten. Dadurch wurden u. a. wasserrechtliche Bestimmungen geändert. Insbesondere wurde § 9 Abs. 2 Wasserhaushaltsgesetz (nachfolgend *WHG*)[105] dahingehend ergänzt, dass das Aufbrechen von Gesteinen unter hydraulischem Druck zur Aufsuchung oder Gewinnung von Erdgas, Erdöl oder Erdwärme, einschließlich der zugehörigen Tiefbohrungen, als wasserrechtliche Benutzung zu qualifizieren ist (siehe hierzu sogleich).

In der praktischen Anwendung zeigen sich erhebliche Unsicherheiten, inwieweit die Fracking-Gesetzgebung Anwendung auf Geothermievorhaben findet. Denn das Gesetz bezieht sich – mit Ausnahme seines Titels – nicht ausdrücklich auf die Bezeichnung des *„Frackings"*, sondern nimmt Bezug auf das *„Aufbrechen von Gesteinen"*. Es wird zum Teil davon ausgegangen, dass zumindest petrothermale Verfahren dem Anwendungsbereich des Frackings unterfallen, wenn mindestens zwei Bohrungen durchgeführt werden, wodurch gezielt Risse erzeugt werden (*Fracs*)

---

104 Gesetz zur Änderung wasser- und naturschutzrechtlicher Vorschriften zur Untersagung und zur Risikominimierung bei den Verfahren der Fracking-Technologie vom 4.8.2016 (BGBl. I S. 1972).

105 Gesetz zur Ordnung des Wasserhaushalts vom 31.7.2009, zuletzt geändert am 4.12.2018.

und so im Gestein eine wasserdurchlässige Verbindung hergestellt wird.[106] Eine allgemeine Aussage, wann ein Geothermievorhaben dem Fracking unterfällt, kann nicht getroffen werden. Vielmehr ist eine Einzelfallbeurteilung durchzuführen, um welche Art von Gestein es sich handelt und welche Technologie verwendet wird. Die im Zuge der Fracking-Gesetzgebung erlassenen Normen dürfen jedenfalls nicht so restriktiv angewendet werden, dass diese ein allgemeines Hindernis für Geothermievorhaben darstellt.[107]

b) Umweltverträglichkeitsprüfung

Für Geothermiekraftwerke besteht unter gewissen Voraussetzungen eine Pflicht zur Durchführung einer UVP. Ist eine UVP durchzuführen, geht dies einher mit der Aufstellung eines Rahmenbetriebsplans, für dessen Zulassung wiederum ein Planfeststellungsverfahren durchzuführen ist.[108] Planfeststellungsbehörde und Anhörungsbehörde ist gem. § 57a Abs. 1 Satz 2 BBergG die zuständige Bergbehörde.

Nach Nr. 15.1 Anlage 1 (Liste „*UVP-pflichtige Vorhaben*") UVPG richtet sich die UVP-Pflicht für bergbauliche Vorhaben, einschließlich der zu ihrer Durchführung erforderlichen betriebsplanpflichtigen Maßnahmen dieser Anlage, ausschließlich nach Maßgabe der aufgrund des § 57c Nr. 1 BBergG erlassenen Rechtsverordnung, also in der Verordnung über die Umweltverträglichkeitsprüfung bergbaulicher Vorhaben (nachfolgend *UVP-V Bergbau*).[109] Eine UVP-Pflicht kommt nach den § 1 Nr. 8–10 UVP-V Bergbau in Betracht. Demnach sind Tiefbohrungen ab 1.000 m Teufe zur Gewinnung von Erdwärme in ausgewiesenen Naturschutzgebieten oder in Natura 2000-Gebieten UVP-pflichtig (Nr. 8). Ferner sind solche Tiefbohrungen sowohl zur Aufsuchung als auch Gewinnung von Erdwärme UVP-pflichtig, bei denen Gestein unter hydraulischen Druck aufgebrochen wird (siehe hierzu bereits zuvor), es sei denn, es werden keine wassergefährdenden Gemische eingesetzt und das Vorhaben liegt nicht in einer Erdbebenzone 1–3 (Nummer 8a). Darüber hinaus kann ein Geothermiekraftwerk auch dann UVP-pflichtig sein, wenn es nach Maßgabe der Anlage 1 (Liste „*UVP-Vorhaben*") UVPG einer UVP bedarf (Nr. 9). Dies ist dann der Fall, wenn Grundwasser

---

106 *Frenz*, NuR 2016, 603, 604.

107 Wohl a. A. *Hasche*, in: Giesberts/Reinhardt (Hrsg.), BeckOK Umweltrecht, 53. Edition (Stand: 1.12.2017), WHG § 9 Rn. 21e für eine weite Auslegung der Tatbestandsmerkmale, unabhängig von einer potentiellen Gefährdung des Wassers.

108 Vgl. § 52 Abs. 2a BBergG.

109 Verordnung über die Umweltverträglichkeitsprüfung bergbaulicher Vorhaben vom 13.7.1990, zuletzt geändert am 20.7.2017 (BGBl. I S. 2808). Die UVP-V Bergbau gründet auf § 57c BBergG.

entnommen, zutage gefördert oder zutage geleitet wird, wobei ein bestimmtes jährliches Volumen erreicht werden muss. Eine Vorprüfung[110] bzw. eine unbedingte UVP-Pflicht hängt grundsätzlich von dem jeweiligen Fördervolumen ab. Nach § 1 Nr. 10 UVP-V Bergbau ist bei nicht von den Nrn. 1–9 erfassten Tiefbohrungen ab 1000 m Teufe eine allgemeine Vorprüfung bzw. eine standortbezogene Vorprüfung durchzuführen.

2) Wasserrechtliche Anforderungen

Für Geothermiekraftwerke sind in der Regel über die Bergbauberechtigungen und Betriebspläne hinaus auch wasserrechtliche Gestattungen einzuholen, vgl. auch § 127 Abs. 2 BBergG.[111] Ausgangspunkt der Beurteilung ist, ob es sich um eine erlaubnis- bzw. bewilligungspflichtige Benutzung eines Gewässers handelt, vgl. §§ 8 Abs. 1, 9 WHG.

Erdwärme kann nur mit Hilfe des Wärmeträgers Wasser und Bohrungen gewonnen werden.[112] Abhängig von der technischen Umsetzung ist im Einzelfall zu beurteilen, ob eine wasserrechtliche Erlaubnis oder Bewilligung erforderlich ist.[113] Auch wenn die Gewinnung von Erdwärme nicht den Tatbestandsmerkmalen des § 9 Abs. 1 WHG („*echte Benutzungstatbestände*") unterfällt, kann sie zumindest die Voraussetzungen der fiktiven Benutzungstatbestände nach § 9 Abs. 2 WHG erfüllen.[114] Die Tiefbohrung ist tatbestandlich jedenfalls dann als Benutzung des Gewässers zu bewerten, wenn sie im Zusammenhang mit dem Aufbrechen von Gestein zur Aufsuchung oder Gewinnung von Erdwärme steht,[115] vgl. § 9 Abs. 2 Nr. 3 WHG.

Sieht der bergrechtliche Betriebsplan die Benutzung von Gewässern vor, entscheidet nach § 19 Abs. 2 WHG die Bergbehörde über die Erteilung einer wasserrechtlichen Erlaubnis. Der bergrecht-

---

110 Vgl. § 3c Satz 1 und 2 Gesetz über die Umweltverträglichkeitsprüfung (nachfolgend *UVPG*) in der Fassung der Bekanntmachung vom 24.2.2010 (BGBl. I S. 94), zuletzt geändert durch Art. 22 des Gesetzes zur Beschleunigung des Energieleitungsausbaus vom 13.5.2019 (BGBl. I S. 706).

111 LFZG, Tiefe Geothermie, S. 49, 66; *Denecke/Dondrup*, ZfBR-Beil. 2012, 25, 28; *Weiss*, in: Danner/Theobald, Kap. 137: Das Bergrecht und seine energiewirtschaftlichen Bezüge Rn. 170.

112 *Denecke/Dondrup*, ZfBR-Beil. 2012, 25, 29; VGH Kassel, ZUR 2012, 631.

113 Zu den unterschiedlichen technischen Umsetzungsmöglichkeiten und der Einordnung innerhalb des WHG siehe *Marhewka*, in: Böttcher (Hrsg.), S. 39, 49.

114 Zu den fiktiven Benutzungstatbeständen *Häberle*, in: Erbs/Kohlhaas (Hrsg.), Strafrechtliche Nebengesetze, 224. EL 2019, WHG § 9 Rn. 10.

115 *Hasche*, in: BeckOK Umweltrecht, WHG § 9 Rn. 21 g.

liche Betriebsplan hat aber keine Konzentrationswirkung.[116] Wird der Betriebsplan im Wege der Planfeststellung erlassen, ist die Bergbehörde nach § 19 Abs. 1 BBergG zuständig.[117] Nach § 19 Abs. 3 BBergG ist die Entscheidung der hierfür zuständigen Bergbehörde im Einvernehmen mit der zuständigen Wasserbehörde zu treffen. Somit hat die Wasserbehörde ein Vetorecht.[118]

Im Unterschied zur Aufsuchungserlaubnis und Gewinnungsbewilligung hat der Vorhabenträger keinen Anspruch auf die Erteilung einer wasserrechtlichen Erlaubnis oder Bewilligung. Es handelt sich um ein repressives Verbot mit Befreiungsvorbehalt.[119] Vor diesem Hintergrund zeigt sich in der Zulassungspraxis von Geothermiekraftwerken, dass die Einholung etwaiger wasserrechtlicher Gestattungen problematisch sein kann. Um einen gewissen Gleichlauf zwischen den unterschiedlichen öffentlich-rechtlichen Gestattungen zu gewährleisten, sind andere positive Entscheidungen (wie Aufsuchungserlaubnis und Gewinnungsbewilligung) im Zulassungsverfahren nach WHG zwingend zu berücksichtigen. Gerade weil die Bergbehörde das gesamte materielle und formelle Wasserrecht zu beachten hat[120], sollte das Vorliegen anderer Zulassungen für ein Geothermievorhaben ein starkes Indiz für die Erteilung einer wasserrechtlichen Erlaubnis bzw. Bewilligung sein. Ein anderes gilt dann, wenn ein zwingender Versagungsgrund nach §§ 12 Abs. 1, 13a Abs. 1 WHG einschlägig ist.

3) Baugenehmigung für oberirdisches Kraftwerk

Über die notwendigen bergrechtlichen und wasserrechtlichen Bescheide hinaus ist für den oberirdischen Bestandteil, also das Kraftwerk selbst, eine Baugenehmigung einzuholen.[121] Im Rahmen des Baugenehmigungsverfahrens wird keine Aussage über die Gewinnungsphase und somit keine Entscheidung über die Grundwasserentnahme im Zuge der Erdwärmegewinnung und die mögliche UVP-Pflicht getroffen (siehe hierzu zuvor).[122] Die Baugenehmigung beschränkt sich vielmehr auf die Genehmigung der oberirdischen Anlageteile und setzt für den Beginn der Gewinnungsphase das Vorliegen eines gesonderten bergrechtlichen Betriebsplans voraus.

---

116 *Schenk*, in: Sieder/Zeitler/Dahme/Knopp (Hrsg.), WHG AbwAG Kommentar, 52. EL 2018, WHG § 19 Rn. 29.

117 *Giesberts*, in: BeckOK Umweltrecht, WHG § 19 Rn. 17.

118 *Guckelberger*, NuR 2015, 217, 223.

119 *Knopp*, in: Sieder/Zeitler/Dahme/Knopp, WHG § 12 Rn. 10.

120 *Giesberts*, in: BeckOK Umweltrecht, WHG § 19 Rn. 18.

121 VG Neustadt a.d. Weinstraße, Urt. v. 30.6.2011 – 4 K 61/11 – BeckRS 2011, 52848; *Fehling*, in: Schneider/Theobald (Hrsg.), Recht der Energiewirtschaft, 4. Aufl. 2013, § 8: Zulassung von Erzeugungsanlagen, S. 409, Rn. 200.

122 VGH München, Beschl. v. 8.12.2014 – 1 ZB 14.55 – BeckRS 2014, 59699.

Es ist darauf hinzuweisen, dass je nach Größe und Umfang eines Geothermievorhabens vorab ein Raumordnungsverfahren nach dem jeweils einschlägigen Landesplanungsgesetz erforderlich sein könnte.[123] Dies wird aber nur in Ausnahmefällen notwendig sein, nämlich wenn das Vorhaben als „*raumbedeutsam*" i. S. d. § 3 Abs. 1 Nr. 6 ROG[124] eingestuft wird. Diese Schwelle wird in aller Regel nicht überschritten sein, so dass eine Baugenehmigung ausreichend sein wird.

Die bauplanungsrechtliche Zulässigkeit eines Geothermiekraftwerks bestimmt sich nach seiner Lage im Raum und den entsprechenden rechtlichen Vorgaben (vgl. §§ 30 ff. BauGB[125]). Geothermievorhaben sollen häufig im sogenannten Außenbereich (siehe § 35 BauGB) errichtet werden. Grundsätzlich ist der Außenbereich von Bebauung freizuhalten; nur in den gesetzlich geregelten Ausnahmefällen kann eine Bebauung zulässig sein. Zutreffend wird vertreten, dass ein Geothermiekraftwerk die Privilegierung des § 35 Abs. 1 Nr. 3 BauGB in Anspruch nehmen und damit im Außenbereich realisiert werden kann, auch wenn diese Art von Vorhaben nicht ausdrücklich in dem Katalog des § 35 Abs. 1 BauGB aufgeführt ist.[126] Demnach ist ein Vorhaben im Außenbereich zulässig, wenn öffentliche Belange i. S. d. § 35 Abs. 3 BauGB nicht entgegenstehen, die Erschließung gesichert ist und das Vorhaben der öffentlichen Versorgung u. a. mit Elektrizität und Wärme dient. Das VG Karlsruhe hat die erforderliche besondere Ortsgebundenheit unter Berücksichtigung der Rechtsprechung des BVerwG[127] bejaht. Die Ortsgebundenheit ergibt sich aus den besonderen geologischen und tektonischen Anforderungen, welche die Standortwahl begrenzen.[128] Sollte man annehmen, dass Geothermievorhaben nicht privilegiert zugelassen werden können,

---

123 LFZG, Tiefe Geothermie, S. 49.

124 Raumordnungsgesetz (nachfolgend *ROG*) vom 22.12.2008 (BGBl. I S. 2986), zuletzt geändert am 20.7.2017 (BGBl. I S. 2808).

125 Baugesetzbuch (nachfolgend *BauGB*) in der Fassung der Bekanntmachung vom 3.11.2017 (BGBl. I S. 3634), zuletzt geändert am 30.6.2017 (BGBl. I S. 2193).

126 *Busse/Kraus*, in: Simon/Busse, Bayerische Bauordnung, 133. EL 2019, 60: Bauplanungsrechtliche Beurteilung von Anlagen zur Nutzung erneuerbarer Energien, Ziffer 2.3.1; *Denecke/Dondrup*, ZfBR-Beil. 2012, 25, 30; *Söfker*, in: Ernst/Zinkahn/Bielenberg/Krautzberger (Hrsg.), Baugesetzbuch Kommentar, 133. EL 2019, § 35 Rn. 53; a. A. *Große*, ZUR 2009, 535, 540; *Lülsdorf*, in: Danner/Theobald, EEG 2014 § 48 Rn. 49; *Marhewka*, in: Böttcher (Hrsg.), S. 38, 54 f.; *Wustlich*, in: Müller/Oschmann/Wustlich (Hrsg.), Erneuerbare-Energien-Wärmegesetz, 2010, § 5 Anteil Erneuerbarer Energien, Anlage (zu den §§ 5, 7, 10 und 15): Anforderungen an die Nutzung von Erneuerbaren Energien, Abwärme und Kraft-Wärme-Kopplung sowie an Energieeinsparmaßnahmen und Wärmenetze Rn. 165.

127 VG Karlsruhe, EnWZ 2014, 37, 39, Rn. 35: „*Ortsgebunden i. S. v. § 35 I Nr. 3 BauGB ist ein Gewerbe nur dann, wenn es nach seinem Gegenstand und seinem Wesen ausschließlich an der fraglichen Stelle betrieben werden kann. Hierfür genügt nicht, dass sich der Standort aus Gründen der Rentabilität anbietet oder gar aufdrängt. Erforderlich ist vielmehr, dass der Betrieb auf die geographische oder die geologische Eigenart der Stelle angewiesen ist, weil er an einem anderen Ort seinen Zweck verfehlen würde (vgl. BVerwG, Urt. v. 5.7.1974 – BVerwG 4 C 76.71).*"

128 VG Karlsruhe, EnWZ 2014, 37, 39, Rn. 36.

besteht noch die Möglichkeit einer Einzelfallzulassung nach § 35 Abs. 2 BauGB unter den Voraussetzungen, dass die Ausführung oder Benutzung öffentliche Belange nicht beeinträchtigt und die Erschließung gesichert ist. Die Zulassungsschwelle liegt hier aber höher, weil der Ausnahmetatbestand und die Grundkonzeption des Außenbereichs nicht ausgehöhlt werden sollen.

4) Weitere Zulassungsvoraussetzung durch Bestimmungen des Standortauswahlgesetzes

Durch das im Jahr 2017 novellierte Standortauswahlgesetzes[129] hat sich für Geothermiekraftwerke eine weitere öffentlich-rechtliche Anforderung ergeben. Der Bund ist dafür zuständig, ein Endlager für radioaktive Abfälle zu errichten.[130] Diese Aufgabe ist in dem Standortauswahlgesetz konkretisiert und wurde an die Bundesgesellschaft für Endlagerung übertragen.[131] Auf Grundlage des Standortauswahlgesetzes (nachfolgend *StandAG*) soll bis zum Jahr 2031 ein Standort für die Endlagerung von im Inland verursachten hochradioaktiven Abfälle gefunden werden (vgl. § 1 Abs. 5 Satz 2 StandAG). Die Standortlagersuche soll sich in drei Suchphasen vollziehen, die jeweils mit Festlegungen durch den Gesetzgeber abgeschlossen werden sollen (vgl. §§ 15 Abs. 3, 17 Abs. 2 Satz 4, 20 Abs. 2 StandAG).[132] Aktueller Stand ist, dass das Standortauswahlverfahren von einer „*weißen Landkarte*" startet, heißt also, dass alle Gebiete in Deutschland auf ihre Tauglichkeit hin untersucht werden.[133] Auf dieser Grundlage werden erste Teilgebiete ermittelt (= 1. Phase). In der 2. Phase werden übertägige Erkundungen durchgeführt, schließlich wird in der 3. Phase untertägig erkundet. Auf dieser Grundlage werden der Bundestag und der Bundesrat dann über den Standort per Gesetz entscheiden.

In der Literatur wird diskutiert, ob das StandAG für Vorhaben wie die Geothermie einen „*faktischen normativen Vorhabenstop*" darstellen wird.[134] Geothermievorhaben könnten zu der End-

---

[129] Gesetz zur Suche und Auswahl eines Standortes für ein Endlager für hochradioaktive Abfälle vom 5.5.2017 (BGBl. I S. 1074), zuletzt geändert am 20.7.2017 (BGBl. I S. 2808).

[130] § 9a Abs. 3 AtG; siehe hierzu u. a. *Ohlenforst*, Geothermie und atomare Endlagerung – das Standortauswahlgesetz in der Diskussion, ZNER 2018, 309.

[131] Siehe auch Homepage des BGE, abrufbar unter https://www.bge.de/de/bge/aufgaben/ (Abruf: 8.3.2019).

[132] Siehe zum neuen StandAG ausführlich u. a. *Frenz*, Vorhabensperre durch das Standortauswahlgesetz, DVBl. 2018, 285; *Weiss*, Veränderungssperren zur Sicherung eines Endlagerstandortes für radioaktive Abfälle – Zur Auslegung und grundrechtlichen Bewertung von § 21 Standortauswahlgesetz, DVBl. 2018, 1204; *Wollenteit*, Das neue Standortauswahlgesetz: Gesetzliche Standortfestlegung, Rechtsschutz und Standortsicherung, NuR 2018, 818.

[133] Seite des Bundesamtes für kerntechnische Entsorgungssicherheit (nachfolgend *BfE*) zum Standortauswahlverfahren, abrufbar unter: https://www.bfe.bund.de/DE/soa/standortauswahlverfahren/standortauswahlverfahren_node.html (Abruf: 3.9.2019).

[134] *Frenz*, DVBl. 2018, 285; a. A. *Weiss*, DVBl. 2018, 1204, 1204 ff.

lagersuche möglicherweise in einem Nutzungskonflikt stehen. Nach § 21 StandAG können schon frühzeitig Gebiete, die als bestmöglich sicherer Standort für die Endlagerung in Betracht kommen, vor Veränderungen geschützt werden. Dies hat zur Folge, dass Vorhaben (wie auch die Geothermie), welche die Eignung des Gebietes als Endlagerstandort beeinträchtigen könnten, möglicherweise ausgeschlossen werden. Vorhaben in Teufen von mehr als 100 m nach den Bestimmungen des BBergG, in denen in einer Teufe von 300 bis 1.500 m unter der Geländeoberkante stratiforme Steinsalz- oder Tonsteinformationen mit einer Mächtigkeit von mindestens 100 m, Salzformationen in steiler Lagerung oder Kristallingesteinsformationen mit einer vertikalen Ausdehnung von mindestens 100 m vorhanden sind oder erwartet werden können, werden nur dann zugelassen, wenn die Voraussetzungen unter § 21 Abs. 2 Satz 1 Nr. 1–5 StandAG gegeben sind. Über die Zulassung der zuvor genannten Vorhaben entscheidet die zuständige Behörde im Einvernehmen mit dem Bundesamt für kerntechnische Entsorgungssicherheit (nachfolgend *BfE*). Stimmen in der Literatur sprechen sich dafür aus, dass diese Vorschriften restriktiv auszulegen sind, um insbesondere Geothermievorhaben nicht gänzlich zu blockieren.[135]

In der Tat wäre es problematisch, wenn das BfE sein Einvernehmen für Geothermievorhaben pauschal nicht erteilen würde. Die derzeitige Praxis zeigt aber, dass bisher keine Blockadewirkung der Regelungen des StandAG zu befürchten ist. Beim BfE lagen zum 2.9.2019 1.425 Anträge auf Erteilung des Einvernehmens vor; in 1.287 Fällen wurde bereits die Zustimmung erteilt, in keinem Fall wurde das Einvernehmen abgelehnt.[136] Somit besteht aktuell kein Anlass zur Sorge, dass durch die Regelungen des StandAG Geothermievorhaben pauschal blockiert werden.

C. Zusammenfassung und Ausblick

Geothermie kann und sollte ihren Beitrag zur Energiewende leisten. Noch sind insbesondere die finanziellen Risiken für Vorhabenträger sehr hoch, wodurch bislang lediglich eine überschaubare Anzahl von Geothermievorhaben realisiert wurden und das vorhandene Potential der Geothermie nicht hinreichend genutzt wird. Um diesen Umstand zu ändern, sollte der Gesetzgeber einerseits (finanzielle) Anreize für solche Art Vorhaben beibehalten bzw. ausweiten, andererseits sollten

---

135 *Frenz*, DVBl. 2018, 285.
136 Siehe Homepage des BfE zu Einvernehmenserklärungen nach § 21 StandAG (Stand: 2.9.2019), abrufbar unter: https://www.bfe.bund.de/DE/soa/standortsicherung/einvernehmenserklaerung/einvernehmenserklaerung_node.html (Abruf: 4.9.2019).

keine neuen zusätzlichen rechtlichen Hürden geschaffen werden, die eine Projektrealisierung behindern. Darüber hinaus sollten die zuständigen Zulassungsbehörden die ohnehin schon komplexen Genehmigungsverfahren für Geothermiekraftwerke möglichst vereinfacht und konzentriert durchführen, um insbesondere die Umsetzungsdauer zu reduzieren und die Realisierungswahrscheinlichkeit zu erhöhen.

GESTERN HEUTE MORGEN

Abschied von der Kohle

Michael Neupert

Das Ende des aktiven Steinkohlenabbaus in der Bundesrepublik Deutschland wirft nicht nur genehmigungsrechtliche Fragen auf, sondern leitet auch das Ende einer Ära zivilistischer Rechtsprechung des Oberlandesgerichts Hamm ein, welches mit der vorliegenden Festgabe gewürdigt wird. Als Berufungsgericht für eine ausgedehnte und lange Zeit vom Bergbau im wirtschaftlichen wie tatsächlichen Sinne gestaltete Region hat es das Bergschadensrecht maßgeblich mitgeprägt. Die Rechtsprechung der Senate ist oft genug referiert worden, deshalb soll es an dieser Stelle um zivilrechtliche Fragen gehen, die durch den Abschluss der Gewinnung verstärkt ins Blickfeld geraten.

A. Aktivlegitimation von Grundstückserwerbern

Die erste betrifft das in der Praxis immer wieder auftauchende Problem, dass Grundstücksübertragungsverträge keine Abtretung von Bergschadensersatzansprüchen regeln. Während der Zeit des aktiven Steinkohlenabbaus ergaben sich daraus jedenfalls dann eher geringere rechtliche Probleme, wenn der neue Grundstückseigentümer den nicht juristisch, aber doch pragmatisch wirksamen Umstand für sich ins Feld führen konnte, seine Immobilie unterliege laufenden Einwirkungen. Dass ein konkreter Bergschaden nicht auf aktuellen, sondern älteren Bergbautätigkeiten vor einem Eigentumswechsel beruht, ist aus Sicht eines Bergbauunternehmers häufig nur schwer nachzuweisen. Dieser Weg verschließt sich mit dem Ende des aktiven Bergbaus, und dann ist die Aktivlegitimation problematisch, falls eine Zession von Ansprüchen fehlt. Wirtschaftlich ist dies im Ergebnis unschädlich, wenn Bergschadensersatzansprüche schon gegenüber dem Veräußerer erfüllt worden sind. Die Ansprüche sind dann erloschen, so dass eine Abtretung ohnehin ins Leere ginge.

I. Untergang von Schadensersatzansprüchen

Um erhebliche Beträge kann es aber gehen, wenn vermutete Bergschadensersatzansprüche noch nicht befriedigt worden sind, weil deren rechtliche Existenz ohne Abtretung ins Wanken gerät. Nach der Rechtsprechung des Bundesgerichtshofs gehen Ansprüche auf Naturalrestitution von Gebäudeschäden nämlich unter, falls sie nicht spätestens mit der Übereignung abgetreten werden. Denn, so der Gerichtshof, als subjektive Rechte können Schadensersatzansprüche nur ihrem Inhaber gegenüber erfüllt werden, und dies ist nur möglich, wenn der Anspruchsinhaber über das

391

Bezugsobjekt des Schadensersatzanspruches verfügen darf. Mit dem Eigentumswechsel geht diese Möglichkeit verloren, und damit erlischt der Schadensersatzanspruch (§ 275 Abs. 1 BGB),[1] weil das durch § 249 Abs. 2 Satz 1 BGB geschützte Integritätsinteresse des Geschädigten nicht mehr gewahrt werden kann.[2]

Ursprünglich hatte der Bundesgerichtshof sogar noch strenger argumentiert, dass nicht einmal eine Abtretung des Schadensersatzanspruchs helfe, weil der Schädiger keine Rechtsgüter des Zessionars verletzt habe und jene des von der Schädigung nicht betroffenen Zedenten nach dem Gläubigerwechsel durch die Erfüllung des Schadensersatzanspruchs nicht geschützt würden.[3] Diese Position ist mit dem Argument abgeschwächt worden, dass ein Rechtsnachfolgetatbestand – gleich ob Einzel- oder Gesamtrechtsnachfolge – auch das Herstellungsinteresse transportieren könne. Der Schadensersatzanspruch bleibt demnach erhalten, wenn er spätestens mit Wirksamwerden des dinglichen Rechtsgeschäfts an den Grundstückserwerber abgetreten wird.[4] Auch in dieser Form kann diese Rechtsprechung schon deshalb die Durchsetzung vermuteter Ansprüche erschweren, weil eine Abtretungskette nachgewiesen werden muss, falls mehrere Eigentumswechsel stattgefunden haben.[5] Mit Blick auf die teils langen Zeiträume bergbaulicher Tätigkeit spielt immer wieder einmal eine Rolle, dass ein Anspruchsteller zwar für seinen eigenen Erwerb die Abtretung vom unmittelbaren Vorgänger im Eigentum nachweisen kann, aber nicht dessen Berechtigung an Bergschadensersatzansprüchen, die nicht während seiner Eigentumszeit entstanden sind.

II. Verwendungsfreiheit des Gläubigers

Ohne näheren Bezug zum Bergschadensrecht, aber natürlich mit Relevanz auch für dieses Rechtsgebiet kritisieren rechtswissenschaftliche Autoren die eben dargestellte Rechtsprechung als Verstoß gegen den Grundsatz der Verwendungsfreiheit von Schadensersatz. Wenn der Gläubiger vor Veräußerung des beschädigten Objekts Geldersatz verlangen und frei darüber entscheiden könne, ob er den Betrag verwende, um den Schaden zu beseitigen, dürfe die Reihenfolge keine Rolle

---

1 BGHZ 81, 385, 390.
2 BGH, NJW 1993, 1793, 1794.
3 BGHZ 81, 385, 392; BGHZ 147, 320, 323.
4 BGHZ 147, 320, 323 f.; BGH, NJW-RR 2002, 736.
5 BGHZ 147, 320, 325.

spielen.[6] Das ist allerdings eine petitio principii, denn ob die Reihenfolge eine Rolle spielt, ist eben die zu klärende Frage, und diese lässt sich nicht ohne weiteres verneinen. Jedenfalls bei Immobilien sind Geldersatz und Naturalrestitution keineswegs selbstverständlich gleichwertig. Anders als bei beschädigten austauschbaren Sachen, bei denen der Schadensersatz auch dazu verwendet werden mag, eine andere als Ersatz zu erwerben,[7] geht es bei Immobilien nicht um mehr oder weniger „von der Stange" verfügbare Objekte.[8] Man vergleicht sie nicht allein anhand von Stockwerken, Zimmern und Sanitärausstattung, und regelmäßig können Geschädigte nicht anstelle von Reparaturen genauso gut ein Ersatzhaus erwerben, das von Lage über Wohnkomfort und Kelleraufteilung bis zur Verkehrsanbindung und der nahegelegenen Grundschule mit der beschädigten Immobilie quasi-identisch ist. Bekanntlich und durch vielfache Erfahrung ganz unabhängig vom Bergbau belegt ist vor allem die Lage eines Anwesens ein wichtiger wertbestimmender Faktor, der andere Gesichtspunkte wie die Ausstattung und den Erhaltungszustand zum Teil sogar deutlich relativieren kann.

Aber auch losgelöst von dieser immobilienspezifischen Überlegung ließe sich mit einer ungleichen Behandlung gleicher Situationen nur argumentieren, wenn es wirklich das Gleiche wäre, einen Schadensersatz vor oder nach Veräußerung einer Sache zu fordern, und das ist diskutabel. Der handgreifliche Unterschied liegt in genau dem Umstand, auf welchen der Bundesgerichtshof abstellt: Nach Veräußerung einer beschädigten Immobilie hat der Gläubiger eben keine Verwendungsfreiheit mehr, denn er ist aus tatsächlichen Gründen an einer freien Entscheidung darüber gehindert, ob er einen Geldbetrag zur Wiederherstellung der beschädigten Sache einsetzt. Der Gläubiger kann faktisch nicht reparieren, was ihm nicht mehr gehört. Seine Verwendungsfreiheit übt der Gläubiger in diesem Fall letztlich aus, indem er den Anspruch weder geltend macht noch abtritt. Das mag einem unbeteiligten Betrachter kontraintuitiv erscheinen, kann aber im konkreten Einzelfall gute Gründe haben, etwa eine Reduktion des Kaufpreises, wenn der Erwerber ohnehin grundlegende Umbauten plant oder sich imstande sieht, Schäden durch Eigenleistung zu beheben. Und auch wenn es solche Gründe nicht gibt, bedeutet Verwendungsfreiheit nicht, vor den wirtschaftlichen Folgen einer Nachlässigkeit geschützt zu werden.

---

6 *Oetker*, in: Münchener Kommentar zum BGB, 8. Aufl. 2019, § 249 Rn. 367 ff., § 251 Rn. 15.

7 *Knerr*, Schadensersatz wegen Beschädigung oder Zerstörung von Sachen, in: Geigel, Der Haftpflichtprozess, 28. Aufl. 2020, 1. Teil 3. Kap. Nr. 6, Rn. 71.

8 In diese Richtung BGH, NJW 1993, 1793, 1794.

Die vermeintlich zu schützende Verwendungsfreiheit reduziert sich also auf die vermeintliche Ungerechtigkeit, dass der Gläubiger in dem einen Fall Geld erhält und in dem anderen womöglich nicht. Jenseits der Schwierigkeit, die damit verbunden ist, Gerechtigkeit zu erkennen, kann dies kein juristisches Argument sein, denn genauso wie der Gläubiger ein Interesse an einer Geldzahlung hat, hat der Schuldner eines daran, nicht zu zahlen. Keines von beiden überwiegt a priori, wenn man nicht der Unterstellung folgt, der Gläubiger müsse „eigentlich" auch nach Veräußerung zur Naturalrestitution verpflichtet sein. Ohnehin steht der vormalige Eigentümer nach Verlust des Anspruchs auf Naturalrestitution bzw. den Kostenausgleich nicht rechtlich alleingelassen da. Er wird durch § 251 Abs. 1 BGB geschützt, allerdings nicht mehr im Integritäts-, sondern im Wertinteresse.

III. Wertausgleich statt Schadensersatz

Diese Vorschrift richtet sich auf Wertersatz und damit auf das, was dem Geschädigten nach Weggabe der beschädigten Immobilie an wirtschaftlichem Nachteil verblieben ist. Ob sich dieser Nachteil in Höhe der ungefähren Wiederherstellungskosten bewegt, wie die Rechtsprechung mitunter festhält,[9] wird nur im Einzelfall feststellbar sein. Aus genereller dogmatischer Sicht können der zur Naturalrestitution erforderliche Geldbetrag und der Kompensationsanspruch aus § 251 Abs. 1 BGB nicht identisch sein;[10] wäre es anders, wäre die differenzierte Regelung des Schadensrechtes nicht nachvollziehbar. Auch muss der Vermögenswert eines Hausgrundstücks keineswegs durch einen Anspruch auf Naturalrestitution geprägt sein, der zudem nicht Gegenstand der Kaufpreisfindung war und damit den vom Erwerber erworbenen Vermögenswert offenbar gerade nicht unmittelbar kennzeichnet. In nicht wenigen Fällen geht es in der Bergschadenspraxis um vergleichsweise so geringe Schadenssummen, dass die betreffenden Schäden bei älteren Bestandsimmobilien nicht von vornherein als kaufpreisrelevant erscheinen. Wertbestimmend ist bei vielen älteren Gebäuden weniger die Frage, ob zum Beispiel Fliesen oder Wände kleinere Risse haben. Bei größeren Bergschäden ist dies ggf. anders, aber das kann nur im Einzelfall angemessen beurteilt werden und setzt nicht nur eine Aufklärung der Bergschadenssituation voraus, sondern auch des konkreten Verkaufsvorgangs einschließlich der preisbildenden Faktoren und des Kauf-

---

9 So BGH, NJW-RR 2002, 736, 737; BGH, NJW 1993, 1793, 1794.
10 *Oetker*, in: Münchener Kommentar BGB, § 251 Rn. 14.

preises. Ansonsten läuft die vermeintlich gestörte Verwendungsfreiheit auf eine Art fiktiver Schadensabrechnung hinaus.

IV. Nachträgliche Abtretung

Natürlich kann man aber nicht unterstellen, dass Gläubiger in allen Fällen bewusst darüber entscheiden, Bergschadensersatzansprüche weder geltend zu machen noch an einen Erwerber abzutreten. In der Rechtspraxis begegnen immer wieder Fälle, in denen die vorsorgliche oder auch veranlasste Abtretung schlicht vergessen worden ist. Dies kann angesichts der oben referierten Rechtsprechung zum unbeabsichtigten Verlust von Schadensersatzansprüchen führen und hat das Deutsche Notarinstitut veranlasst, ein Wiederaufleben des Integritätsinteresses in dem Moment anzunehmen, in dem sich Eigentum und Schadensersatzanspruch durch eine nachträgliche Abtretung, also nach Eigentumsübergang, wieder in einer Person vereinigten. Es liege nur eine vorübergehende Unmöglichkeit vor, nach deren Wegfall eine Schadensberechnung im Sinne des § 249 BGB wieder möglich sei.[11]

Darüber nachzudenken, welche Gründe das Institut zu dieser Überlegung motiviert haben könnten, führt in einer rechtsdogmatischen Betrachtung nicht weiter. Diese setzt dabei an, dass es nicht lediglich um die Berechnung eines Schadensersatzanspruchs geht, die ohne weiteres unabhängig vom Eigentumswechsel möglich ist. Die Schadensbeseitigungskosten sind davor und danach gleich und können regelmäßig gutachterlich völlig unabhängig davon bestimmt werden, wer an der Immobilie berechtigt ist. Um ein Berechnungsproblem handelt es sich typischerweise gerade nicht. Zudem überzeugt die Annahme eines temporären Hindernisses nicht, denn dessen vorübergehender Charakter zeigt sich nur, falls sich Veräußerer und Erwerber über eine nachträgliche Abtretung verständigen – was keine Selbstverständlichkeit ist, denn zwischen Veräußerung des Grundbesitzes und Bemerken der unterbliebenen Abtretung liegen in der Praxis teils Jahre. Und selbst wenn der Abtretungsmangel entdeckt wird, bedeutet dies nicht, dass die Parteien sich verständigen können.

Vor allem aber besteht ein einmal untergegangener Anspruch nicht mehr und kann damit auch nicht abgetreten werden.[12] Anders als etwa in den Fällen der Drittschadensliquidation fallen

---

11 DNotI-Report 2017, 33, 35.
12 *Roth/Kiesinger*, in: Münchener Kommentar BGB, § 398 Rn. 27.

nicht die rechtliche Anspruchsinhaberschaft und der wirtschaftlich Berechtigte auseinander; der Anspruch existiert schlicht nicht mehr. Das steht der vom Deutschen Notarinstitut vertretenen Rechtsauffassung nicht nur grundlegend entgegen, sondern zeigt auch deren Zirkelhaftigkeit. Das Integritätsinteresse lebt in der Argumentation nur deshalb auf, weil ein Schadensersatzanspruch sich mit dem neuen Eigentum treffe, wobei der Anspruch allerdings nur unter der Voraussetzung aufzuleben vermag, dass er selbst genau dieses Integritätsinteresse begründet, denn Rechtsgüter des Erwerbers sind ja nicht beschädigt worden. Deshalb überzeugt an dieser quasi-transzendentalen Argumentation bereits die Prämisse nicht: Der Käufer hat eine beschädigte Immobilie erworben und ist damit von vorneherein in keinem Integritätsinteresse gestört; der Veräußerer hat sein Integritätsinteresse nicht verfolgt. Dass dies nicht gewollt war, ändert an dieser Interessenlage nichts, sondern an einer anderen – der Sachverhalt begründet ggf. die Frage nach einer Notarhaftung. Es gibt ja keinen Hinderungsgrund, erst recht keinen vom Gläubiger beeinflussbaren, den Schadensersatzanspruch mit Veräußerung abzutreten.

B. Unentdeckte Schäden

Ebenfalls drängender wird mit dem Ende des aktiven Steinkohlenabbaus die Frage, wie rechtlich mit bis dato unentdeckten Bergschäden umzugehen ist. Spätestens mit der Einstellung des Abbaubetriebes ist eine zeitliche Markierung gesetzt, ab welcher die kenntnisunabhängige Verjährung sicher nachvollzogen werden kann. Diese setzt zehn Jahre nach Entstehung des Schadensersatzanspruchs ein (§ 199 Abs. 3 Satz 1 Nr. 1 BGB), also ab dem Moment, in dem ein Bergschaden an der Tagesoberfläche auftritt und damit den Tatbestand des § 114 Abs. 1 BBergG durch das Vorliegen einer Substanzbeschädigung ausfüllt.[13] Die untertägige Abbauhandlung für sich genommen löst die drei Jahrzehnte dauernde Verjährungsfrist aus (§ 199 Abs. 3 Satz 1 Nr. 2 BGB).

I. Schadenseinheit

In der Regel treten schadensrelevante Bodenbewegungen des tiefen Steinkohlenabbaus im Ruhrgebiet größtenteils innerhalb einiger Monate nach der Abbauhandlung ein und klingen innerhalb

---

13 BGH, NJW 1972, 1714; *Boldt/Weller*, Bundesberggesetz, 1. Aufl. 1984, § 170 Rn. 3 unter Verweis auf RG, ZfB 1936, 168; *Konrad*, Das Bergschadensrecht im System der verschuldensunabhängigen Haftung, 2012, S. 110.

weniger Jahre auf ein nicht mehr schadensträchtiges Maß ab. Das kann in anderen Bergbauzweigen und Regionen anders sein, legt aber hier die Argumentation nahe, dass ein Bergschaden spätestens innerhalb einiger Jahre nach dem Steinkohlenabbau entstanden sein muss, sofern nicht im Einzelfall geologische Besonderheiten vorliegen. Für die zehnjährige Frist kommt es dabei insbesondere nicht auf die Kenntnis vom Schaden an, es verjähren auch unentdeckte Bergschäden.[14]

In Bezug auf eingetretene, aber unentdeckte Bergschäden kann außerdem der Grundsatz der Schadenseinheit relevant sein. Schadenseinheit bedeutet, dass der gesamte aus einer einheitlichen Verursachungshandlung entstehende wirtschaftliche Schaden einschließlich sämtlicher Teilschäden und Schadensfolgen rechtlich als Gesamtheit anzusehen ist. In Abgrenzung dazu begründen verschiedene nebeneinander tretende Verursachungshandlungen keine Schadenseinheit.[15] Wann in zeitlicher Hinsicht die einzelnen Schadensfolgen eintreten, spielt verjährungsrechtlich keine Rolle, wenn sie sich als Weiterentwicklung des ursprünglichen Geschehens darstellen und mit ihrem Auftreten bereits bei Entstehen der ersten Schadensfolge gerechnet werden konnte.[16] Die Schadenseinheit begründet sich aus der allgemeinen Kenntnis des Geschädigten vom Schadenseintritt und dem Umstand, dass die später eintretenden Folgezustände absehbar waren, wobei es nicht auf die subjektive Sicht des Geschädigten ankommt, sondern auf die eines objektiven Betrachters.[17]

Diese Grundsätze gelten auch für das Bergschadensrecht. Einen einheitlichen Schaden nimmt man in diesem Kontext an, wenn zeitversetzt eintretende Schadensfolgen auf ein und dieselbe Abbau- bzw. Betriebshandlung zurückgehen[18] und der Folgeschaden aus fachmännischer Sicht vorhersehbar war. Was genau Vorhersehbarkeit im Kontext des Bergschadensrechtes bedeutet, hat die Rechtsprechung bislang nicht im Einzelnen geklärt.[19] Allerdings fordern Rechtsprechung und Literaturstimmen mitunter ein gegenüber dem allgemeinen Schadensrecht abgesenktes Maß an vereinheitlichender Zusammenfassung, weil das Risiko von Spätschäden für Bergbaubetroffene

14 *Schubert*, Verjährung im Bergschadensrecht, ZfB 2014, 28, 31.
15 In diesem Sinne *Grothe*, in: Münchener Kommentar BGB, § 199 Rn. 10.
16 *Grothe*, in: Münchener Kommentar BGB, § 199 Rn. 9 m. w. N.
17 *Schubert*, in: Boldt/Weller/Kühne/v. Mäßenhausen (Hrsg.), Bundesberggesetz, 2. Aufl. 2015, § 117 Rn. 151 („Fachkreise"); BGH, NJW 2000, 861, 862; OLG Frankfurt, BeckRS 2012, 08332; OLG Düsseldorf, BeckRS 2010, 00652. Zum Ganzen auch *Finke*, Die Verjährung von Bergschadensersatzansprüchen, ZfB 1996, 197, 203 ff.
18 BGHZ 59, 151; OLG Hamm, BeckRS 2010, 13358; *Schürken/Finke*, Bewertung von Bergschäden, 3. Aufl. 2008, S. 123 f.; *Schubert*, in: Boldt/Weller/Kühne/v. Mäßenhausen, § 117 Rn. 150; *Konrad*, Bergschadensrecht, S. 110 f.
19 *Schubert*, ZfB 2014, 28, 33.

wegen der komplexen technischen Zusammenhänge und der für sie fehlenden unmittelbaren Wahrnehmbarkeit untertägigen Bergbaus schwer einzuschätzen sei.[20] So oder so gilt aber der Grundsatz der Schadenseinheit auch im Bergschadensrecht.

II. Einbindung von Beratern

In nicht wenigen Fällen dürfte der Grundsatz der Schadenseinheit bei genauer Betrachtung auch deshalb eine Rolle spielen, weil die betroffenen Grundstückseigentümer Regulierungen von Bergschäden nicht alleine, sondern unter Einbindung von bergbaufachlichen Beratern und Rechtsanwälten angestellt haben. Denn wer als Anspruchsinhaber einen Dritten damit betraut, die zur Verfolgung eines Anspruchs erforderlichen Tatsachen festzustellen oder ihn anderweitig mit Aufgaben in eigener Verantwortung beauftragt, muss sich dessen Wissen analog § 166 Abs. 1 BGB zurechnen lassen, und zwar auch dessen grob fahrlässige Unkenntnis.[21] Wann grob fahrlässige Unkenntnis eines fachkundigen Beraters vorliegt, ist auf Grundlage der eher restriktiven Rechtsprechung nur schwer abstrakt zu formulieren;[22] nennenswert über die Formel von einem ungewöhnlich schwerwiegenden Abweichen von der erforderlichen Sorgfalt gehen die Aussagen nicht hinaus. Ob diese Schwelle überschritten ist, muss im Einzelfall bewertet werden und läuft im Kern auf die Frage hinaus, ob ein fachkundiger Unterstützer grob fahrlässig handelt, wenn er angesichts eines von ihm festgestellten Bergschadens, auf den sein Auftrag sich zunächst beschränken mag, die Suche nach weiteren nicht zumindest empfiehlt.

Von diesem Punkt abgesehen geht es bei der Verjährung eines einheitlichen Schadens allerdings nicht um Kenntnis oder fahrlässige Unkenntnis von einem Schadensbild, sondern um das juristische Wissen um die Rechtsfolge. Ein Rechtsberater weiß, dass ein Schaden einheitlich verjähren kann. In der Konsequenz kann der Bergbauunternehmer eine Schadenseinheit spätestens bei einer Regulierung nach der letzten Abbauhandlung darlegen[23] und können entstandene, aber vom Grundstückseigentümer bzw. seinen fachlichen Beratern unentdeckte Bergschäden verjähren.

---

20 *Finke*, ZfB 1996, 197, 201, 204; *Schürken/Finke*, Bewertung von Bergschäden, S. 124 ff.

21 BGH, NJW 2013, 448, 449 Rn. 19 m.w.N. aus der Rechtsprechung; *Piekenbrock*, in: Gsell u.a., beck-online.Grosskommentar, Stand 1.8.2019, § 199 BGB Rn. 115. Mit Blick auf beauftragte Rechtsanwälte auch BGH NJW-RR 2019, 116, 117 Rn. 13.

22 Siehe *Piekenbrock*, in: Gsell/Krüger/Lorenz/Reimann (Hrsg.), BeckOGK Zivilrecht, Stand 1.2.2020, BGB § 199 Rn. 124 ff.

23 Wie hier *Finke*, ZfB 1996, 197, 208.

C. Grenzen zeitlicher Haftungsausdehnung

Dies führt zu der Überlegung, dem Verjährungsrisiko mit einer Feststellungsklage zu begegnen, um die Verjährungsgefahr mit Blick auf § 197 Abs. 1 Nr. 3 BGB zu beseitigen. Zu diesem Zweck kann das von § 256 Abs. 1 ZPO geforderte besondere Feststellungsinteresse vorliegen.[24] Ein zulässig gestellter Feststellungsantrag ist begründet, wenn die sachlich-rechtlichen Voraussetzungen des Schadensersatzanspruchs vorliegen, also insbesondere ein haftungsrechtlich relevanter Eingriff in ein geschütztes Rechtsgut des Geschädigten gegeben ist, der zu den für die Zukunft befürchteten Schäden führen kann.[25] Anders als in normalen Schadensersatzfällen mit drohenden zukünftigen Schäden, deren Eintritt und Umfang nicht hinreichend klar sein mögen, um Leistungsklage zu erheben, stellt sich die Rechtslage im Bergschadensrecht allerdings unübersichtlicher dar. Hinter dem Begehren, die Haftung für eventuelle Zukunftsschäden festzustellen, verbergen sich nämlich verschiedene Fallkonstellationen, für die eine solche Feststellung nicht in Betracht kommt, weil entweder bereits ein Feststellungsinteresse oder jedenfalls der materiell-rechtliche Anspruch fehlt, dessen Durchsetzbarkeit festgestellt werden soll. Der Umfang eines möglicherweise noch bestehenden Feststellungsanspruchs ist daher in vielen Fällen schwieriger zu bestimmen, als es Grundstückseigentümern scheinen mag, die angesichts des Abbauendes von ihnen vermutete Bergschadensansprüche für längere Zeit juristisch sichern möchten.

I. Abgeschlossene Regulierungen

Zunächst begegnen in der Praxis Fälle, in welchen Grundstückseigentümer nach erfolgter einvernehmlicher Bergschadensregulierung eine Ergänzung hinsichtlich einer Haftung für zukünftige Schäden wünschen. Regelmäßig wird für ein Feststellungsbegehren in solchen Fällen kein Raum sein. Der Bundesgerichtshof hat zwar in einigen Fällen ein Feststellungsinteresse im Sinne des § 256 Abs. 1 ZPO mit dem Argument bejaht, trotz abgeschlossener Schadensentwicklung sei unklar, wie und mit welchem Aufwand der Schaden behoben werden könne.[26] Nach erfolgter Regulierung haben Grundstückseigentümer jedoch kein rechtliches Interesse mehr an der Fest-

---

24 Siehe nur BGH, NJW-RR 2010, 750 m.w.N. aus der Rechtsprechung; *Becker-Eberhard*, in: Münchener Kommentar zur ZPO, 5. Aufl. 2016, § 256 Rn. 44 m.w.N.
25 BGH, NJW 2001, 1431, 1432. Spezifisch zu Bergschäden siehe etwa OLG Hamm, BeckRS 2010, 13358.
26 BGH, NJW-RR 2008, 1520; BGH, NJW 1984, 1552, 1554. Anders Fälle, in denen der Geschädigte den Umfang des einheitlichen Schadens nicht erkennt, BGH, WM 1970, 591, 592.

stellung einer Haftung in Bezug auf den regulierten Bergschaden, denn ein entsprechender Anspruch ist im Umfang der Regulierung materiell-rechtlich erloschen (§ 362 Abs. 1 BGB).

Insbesondere mögliche Weiterentwicklungen bereits regulierter Bergschäden wie die Weiterung bereits bestehender Mauerwerksrisse oder ein infolge eines solchen Risses auftretender Feuchtigkeitsschaden können davon betroffen sein. Prinzipiell können derartige Phänomene ein Feststellungsinteresse begründen, denn das von § 256 Abs. 1 ZPO geforderte besondere Feststellungsinteresse liegt vor, wenn dem Recht oder der Rechtslage des Klägers eine gegenwärtige Gefahr oder Unsicherheit droht und ein Feststellungsurteil geeignet wäre, diese Gefahr zu beseitigen.[27] Indes liegt es nach einer Bergschadensregulierung anders: Sofern Naturalrestitution durchgeführt wurde, ist der betreffende Schaden nicht mehr vorhanden und kann sich nicht mehr weiterentwickeln. Und hat der Grundstückseigentümer den für die Naturalrestitution erforderlichen Geldbetrag erhalten, erwächst daraus auch deshalb seine Obliegenheit, das Geld für die Schadensbeseitigung einzusetzen, um eine nachteilige Weiterentwicklung des Schadensbildes zu verhindern. Einen durch gerichtliche Feststellung abzusichernden zukünftigen Teil des Bergschadensersatzanspruchs gibt es deshalb nicht. Ein theoretischer Restanspruch besteht in Bezug auf bereits regulierte Bergschäden auch hinsichtlich einer Schadensweiterentwicklung auch dann nicht, wenn keine abschließende Schadensregulierung vorliegt, welche Zukunftsschäden von vornherein ausschließt.

II. Hypothetische Zukunftsschäden

Nicht selten begegnet mit dem Ende des aktiven Steinkohlenabbaus die aus verschiedenen Quellen gespeiste Befürchtung, es könne auf unabsehbare Zeit zu Bergschäden kommen. Dann geht es um noch nicht eingetretene Schäden, welche die Bergbaubetroffenen aber für theoretisch denkbar halten. Feststellungsfähig sind indes grundsätzlich nur gegenwärtige Rechtsverhältnisse.[28] Die Klage auf Feststellung eines möglicherweise erst noch entstehenden Rechtsverhältnisses ist unzulässig,[29] die „künftige Entwicklung eines in der Gegenwart bestehenden Rechtsverhältnisses ist

---

27 *Becker-Eberhard*, in: Münchener Kommentar ZPO, § 256 Rn. 39; *Foerste*, in: Musielak/Voit (Hrsg.), Zivilprozessordnung mit GVG, 15. Aufl. 2018, § 256 Rn. 8.

28 BGHZ 37, 137, 144 f.

29 BGHZ 120, 239, 253; BGH, NJW-RR 2001, 957; OLG Brandenburg, NJW-RR 2002, 578; OLG Koblenz, VersR 2010, 1358, 1360; dem folgend *Greger*, in: Zöller, Zivilprozessordnung, 32. Aufl. 2018, § 256 Rn. 3a.

dem unsicheren Entstehen eines Rechtsverhältnisses in der Zukunft nicht gleichzustellen (...)".[30] Dies gilt auch bei Schadensersatzansprüchen; hier besteht zwar ein Feststellungsinteresse zur Hemmung der Verjährung sogar in Bezug auf unwahrscheinliche Schadensfolgen, aber auch insoweit verlangt die Rechtsprechung, dass die Verletzung eines absoluten Rechtsguts bereits stattgefunden hat. Der Sache nach kann also auch hier nur ein gegenwärtiges Rechtsverhältnis festgestellt werden[31] und zulässiger Gegenstand einer Feststellungsklage nur eine konkrete Haftung sein; abstrakte Rechtsfragen eröffnen die Feststellungsklage nicht.[32] Sie liefen im Bergschadensrecht ohnehin meist auf eine bloße Wiedergabe der §§ 114 ff. BBergG hinaus und hätten damit keinen praktischen Nutzen.

Auch folgt die Zulässigkeit einer Feststellungsklage nicht daraus, dass es in der Vergangenheit zu Bergschäden an einer Besitzung gekommen sein mag. Denn dieses Argument eignet sich nur, um darzulegen, dass ein Gebäude überhaupt bergbaulichen Einwirkungen unterliegt, dass also die allgemeinen Rechtsfolgen eingreifen, die damit verbunden sind. Nicht hingegen eignet sich ein in der Vergangenheit aufgetretener Bergschaden, um die Schadensersatzpflicht wegen eines hypothetischen anderen Schadens in der Zukunft zu begründen. Denn ob ein solcher hypothetischer Schaden bergbaubedingt wäre, steht nicht fest, und ohnehin gibt es für hypothetische Schäden keinen Schadensersatz.[33] Deshalb liefe ein solches Feststellungsbegehren auf eine Haftung für die bloße Existenz des Bergbaus auch ohne den von § 114 BBergG geforderten Sachsubstanzschaden hinaus. Das hat die Rechtsprechung ausdrücklich im Hinblick auf Schadensersatzforderungen wegen der Lage einer Besitzung im Bergbaugebiet abgelehnt: Wegen drohender Bergschäden entsteht kein Anspruch aus § 114 Abs. 1 BBergG.[34]

III. Unentdeckte Bergschäden

Wiederum eine andere Stoßrichtung haben Feststellungsbegehren, welche aus der Überlegung Bergbaubetroffener entstehen, an ihrem Grundeigentum könnten Bergschäden vorliegen, welche

---

30 BGHZ 37, 137, 145.

31 BGH, MDR 2007, 792; BGH, NJW 2001, 1431, 1432; BGH, NJW-RR 1988, 445; dem folgend *Greger*, in: Zöller, § 256 Rn. 9.

32 Siehe nur *Becker-Eberhard*, in: Münchener Kommentar ZPO, § 256 Rn. 22 f.

33 Siehe in diesem Zusammenhang *Ehricke*, Zum Ersatz des merkantilen Minderwerts von unterbauten Grundstücken im Bergschadensrecht, ZfB 2006, 130, 134, wonach sich das Verlangen nach Schadensersatz wegen möglicher zukünftiger Bergschäden auf einen dem geltenden deutschen Schadensersatzrecht fremden Posten richte.

34 *Konrad*, Bergschadensrecht, S. 76 f. nach ausführlicher Begründung.

sie noch nicht entdeckt haben. Hier geht es rechtlich um zwei verschiedene Konstellationen. Zum einen kann der als theoretisch behauptete Bergschaden in Wahrheit nicht existieren. Dann handelt es sich um einen hypothetischen und deshalb nicht feststellungsfähigen Schaden (siehe oben II.). Zum anderen kann es sich um einen unerkannten, aber tatsächlich existierenden Bergschaden handeln. Dann ist der konkrete Bergschadensersatzanspruch entstanden, so dass ein gegenwärtiges und damit feststellungsfähiges Rechtsverhältnis besteht. In diesem Fall kann eine Feststellungsklage zulässig sein, sofern man ein Feststellungsinteresse bejaht.

Allerdings müssen Grundstückseigentümer substantiiert darlegen und beweisen, dass das festzustellende Rechtsverhältnis gegenwärtig existiert. Dies setzt den Nachweis einer Rechtsgutsverletzung voraus, welche potentiell zu einem Schaden führen könnte. Auch insoweit gilt, dass die Lage eines Gebäudes im Bergschadensgebiet allein noch keine Rechtsgutsverletzung darstellt (siehe oben II.). Deshalb genügt insbesondere der Vortrag nicht, an einer Immobilie seien in der Vergangenheit Bergschäden aufgetreten. Es gibt, sofern nicht der Untergrund individuelle Besonderheiten aufweist, keine gesteigerte Wahrscheinlichkeit dafür, dass Bergschäden aus der Vergangenheit mit weiteren Bergschäden in der Zukunft einhergehen. Dass es an manchen Immobilien während des aktiven Bergbaus immer wieder zu Bergschäden gekommen ist, liegt nicht an den bereits eingetretenen Bergschäden, sondern an der Lage im Bergbaugebiet. Beurteilte man dies anders, ließe sich die gesetzliche Verjährung allein mit dem Vortrag erheblich ausweiten, theoretisch könne irgendwo ein Bergschaden an einer Besitzung existieren, und dies widerspräche der gesetzlichen Entscheidung, das Risiko unentdeckter Schäden nach Ablauf der Verjährungsfristen grundsätzlich dem Geschädigten aufzuerlegen. Der Sache nach würde dann contra legem auf dem Umweg über ein Feststellungsbegehren eine 30-jährige Verjährungsfrist für Bergschäden eingeführt.

In Einzelfällen lässt die Rechtsprechung Feststellungsklagen zwar auch dann zu, wenn die Schadensentwicklung noch nicht abgeschlossen ist und der Geschädigte seinen Anspruch sinnvollerweise erst nach Abschluss seiner Entwicklung beziffern kann.[35] Dies ist aber etwas anderes als der Wunsch, innerhalb der Verjährungsfrist nicht nach Bergschäden suchen zu müssen. Die Feststellungsklage ist nicht dazu da, theoretische Vorgänge mit dem einzigen Ziel abzusichern, die Verjährung zu durchbrechen. Denn genau wie alle Geschädigten ein legitimes Interesse an einem

---

35 BGH, NVwZ 1987, 733; BGH, NJW-RR 2016, 759 Rn. 6.

möglichst langen Verjährungslauf haben, steht Schädigern ein legitimes Interesse daran zur Seite, nach Ablauf der gesetzlichen Verjährungsfristen Rechtssicherheit zu haben. Um den gesetzlichen Verjährungslauf als solchen zu durchbrechen und nicht – wie im Fall der Schadenseinheit – mit Blick auf mögliche Weiterungen eines bereits eingetretenen Bergschadens, fehlt ein Feststellungsinteresse.

IV. Bereits verjährte Ansprüche

An der Feststellung bereits verjährter Ansprüche besteht ebenfalls kein Interesse im Sinne des § 256 Abs. 1 ZPO. Jedenfalls wäre eine Klage auf Feststellung der Haftung nicht begründet, weil eine solche Haftung im Umfang eingetretener Verjährung nicht besteht. Das kann auch nach kurz zuvor erfolgten Regulierungen der Fall sein, denn diese hemmen nicht in jedem Fall eine laufende Verjährung und helfen auch nicht über eine bereits eingetretene hinweg. Zahlungen führen nicht etwa automatisch zu einem Neubeginn der Verjährung gemäß § 212 Abs. 1 Nr. 1 BGB, weil dafür ein Vertrauenstatbestand entstehen muss, welcher dem Gläubiger eines Schadensersatzanspruches unzweifelhaft vermittelt, dass sich der Schuldner nicht auf Verjährung berufen werde. Das setzt zwar kein ausdrückliches Negieren der Verjährung voraus, aber Angebote aus Kulanz oder zur gütlichen Beilegung eines Streits genügen nicht schon.[36] Und ob eine Verjährungshemmung gemäß § 203 BGB eingetreten ist, wird sich nur im Einzelfall klären lassen – diese Vorschrift greift zugunsten der Gläubiger weit aus,[37] sie setzt jedoch voraus, dass über Schadenspositionen verhandelt worden ist.

Da vom Bergbau betroffene Grundstückseigentümer in vielen Fällen wegen in der Vergangenheit erfolgter Regulierungen Kenntnis von Schaden und Schädiger haben, kann der Kreis noch unverjährter Ansprüche also kleiner sein als vermutet.[38] Dies gilt erst recht unter dem Gesichtspunkt, dass Grundstückseigentümer sich ggf. die Kenntnis der von ihnen eingeschalteten Berater zurechnen und eine Schadenseinheit entgegenhalten lassen müssen (siehe oben B. II.).

---

36 BGH, NJW 2012, 3229, 3230 m. w. N. aus der Rechtsprechung; *Grothe*, in: Münchener Kommentar BGB, § 212 Rn. 6.
37 Siehe nur *Grothe*, in: Münchener Kommentar BGB, § 203 Rn. 5 f. m. w. N. In diesem Sinne auch LG Saarbrücken, Beschl. v. 9.1.2017 – 4 O 207/16, S. 16.
38 Siehe beispielsweise LG Essen, Urt. v. 26.9.2019 – 4 O 39/19.

D. Schluss

Ein vollständiger judikativer Abgang des Bergschadensrechts steht dem Oberlandesgericht Hamm wohl bis auf weiteres nicht bevor. Einige Grundsatzfragen mögen noch zur Klärung anstehen, und ohnehin hat sich der Bergbau als juristisch langlebig erwiesen. Dauerhafte Gefahren über Jahrzehnte sind vom tiefen Steinkohlenabbau zwar nicht zu erwarten, anders als ggf. vom oberflächennahen Abbau, der in einigen Teilen insbesondere des südlichen Ruhrgebiets auch heute noch zu Schwierigkeiten führen kann. Auch seit langem abgeschlossener Bergbau wirft aber immer wieder, durchaus auch zur Überraschung der Beteiligten, ungeklärte Rechtsfragen auf. Für die zahlreichen Bergschadensfälle innerhalb des juristischen Normalbereichs und die damit befassten Juristen bedeutet die Einstellung des aktiven Steinkohlenabbaus allerdings, um den Titel einer bildmächtigen filmischen Dokumentation aufzugreifen, auch am Schreibtisch und im Gerichtssaal den Abschied von der Kohle.

Kohleausstieg und Wiedernutzbarmachung der Oberfläche im Braunkohletagebau

Johann-Christian Pielow

A. Einleitung: Drohende Finanzierungslücke

Im Zuge der bergrechtlichen Betriebsplanzulassung haben Bergbautreibende u. a. nachzuweisen, die erforderliche Vorsorge zur Wiedernutzbarmachung der Oberfläche in dem nach den Umständen gebotenen Ausmaß getroffen zu haben (§ 55 Abs. 1 Satz 1 Nr. 7 BBergG). Als Wiedernutzbarmachung definiert § 4 Abs. 4 BBergG die ordnungsgemäße Gestaltung der vom Bergbau in Anspruch genommenen Oberfläche unter Beachtung des öffentlichen Interesses. Namentlich trifft diese Pflicht die Betreiber von großflächigen Tagebauen, wie sie im Braunkohleabbau üblich sind. Dies umfasst die Pflicht zu entsprechender finanzieller Vorsorge schon während des laufenden Abbaubetriebs und für die sich jeweils anschließenden Rekultivierungsmaßnahmen. Die finanzielle Absicherung der Wiedernutzbarmachung der vom Bergbau in Anspruch genommenen Flächen vollzieht sich gewöhnlich im Braun- wie auch im Steinkohlebergbau über die sukzessive Bildung von *Rückstellungen* nach Vorgaben des Handels- und Bilanzrechts.

Die mit der Rückstellungsbildung schon während der Gewinnungsphase im Tagebau verbundene Philosophie setzt, wie auch die Kommission „Wachstum, Strukturwandel und Beschäftigung" (WSB-Kommission) hervorhob[1], die vollständige Erfüllung und Durchführung des Bergbauvorhabens voraus. Kommt es jedoch aufgrund besonderer Umstände, wie mit dem regierungsamtlich beschlossenen Ausstieg aus der Kohleverstromung absehbar, zu einer vorzeitigen Stilllegung eben auch von Braunkohlekraftwerken, so wirkt sich dies unmittelbar auf die diese beliefernden und ihnen angrenzende Tagebaue aus. Schließlich ist die dort gewonnene Braunkohle nicht anderweitig absetzbar und ist entsprechend die vorfristige Beendigung auch der betreffenden Tagebaue unausweichlich. In diesem Fall ist für jeden betroffenen Tagebau zu überprüfen, ob eine vollständige Erfüllung der Verpflichtungen des Bergbautreibenden zur Wiedernutzbarmachung durch Bereitstellung der bis zu diesem Zeitpunkt gebildeten Rücklagen noch gewährleistet werden kann.[2] Zu besorgen ist mit anderen Worten eine *Finanzierungslücke* dergestalt, dass die vom Unternehmer gebildeten Rückstellungen für die vollständige Rekultivierung nicht hinreichen und stattdessen die Ausfallhaftung der öffentlichen Hand und damit des Steuerzahlers

---

1 S. WSB-Kommission, Abschlussbericht, Januar 2019, S. 40 f. (https://www.bmwi.de/Redaktion/DE/Downloads/A/abschluss bericht-kommission-wachstum-strukturwandel-und-beschaeftigung.pdf?__blob=publicationFile).

2 Ebda., S. 41.

droht. Ob und ggfs. wie dieser Gefahr im Zuge des „Kohleausstiegs" entgegengewirkt werden kann, ist Gegenstand dieses Beitrags.[3]

B. Verhandlungsstand zum „Kohleausstieg"

Das Ausgangsproblem wurde in den Verhandlungen über den Ausstieg aus der Kohleverstromung in Deutschland durchaus gesehen. Abschließend und mit Wirkung für alle Braunkohletagebaue im Rheinischen, Lausitzer und Mitteldeutschen Revier gelöst wurde es dort (Stand: Februar 2020) hingegen nicht.

I. Empfehlung WSB-Kommission

Die WSB-Kommission thematisierte die „Diskrepanz" zwischen dem für vielfältige Maßnahmen zur Wiedernutzbarmachung der Oberfläche im Braunkohletagebau und dem dafür über einen langen Zeitraum tatsächlich erforderlichen Finanzbedarf. Die vorzeitige Stilllegung von Kohlekraftwerken gehe mit einer Verkürzung der bisher geplanten Laufzeiten und einer gegebenenfalls erforderlichen Verkleinerung von Braunkohletagebauen einher. Eine beschleunigte Beendigung der Kohleverstromung könne deshalb zu Zusatzkosten für die Betreiber von Braunkohletagebauen führen. Wenn Tagebaue deutlich verkleinert würden, sei nicht gesichert, dass die bisherigen Rückstellungen ausreichen, um die Wiedernutzbarmachung vollständig zu finanzieren. Außerdem fielen die Kosten zeitlich früher an, würden mithin in einem geringeren Umfang abgezinst und müssten die notwendigen Mittel über kürzere Zeiträume angesammelt werden.[4]

Daran anknüpfend, empfahl die Kommission im Wesentlichen:

- die Anpassung der bergrechtlichen Genehmigungen zum Braunkohleabbau, tunlichst unter Ausnutzung möglicher Verfahrensbeschleunigungen und unter Vermeidung eines Stillstands

---

3 Er beruht auf einer rechtsgutachterlichen Stellungnahme des Verf. in: Tudeshki (Mining Technology Consulting, TU Clausthal, Hauptauftragnehmer), Gutachten „Vorsorge für die Wiedernutzbarmachung der Oberfläche im Lausitzer Braunkohlebergbau" für das Landesamt für Bergbau, Geologie und Rohstoffe des Landes Brandenburg, Okt. 2018, Teil B (https://lbgr.brandenburg.de/media_fast/4055/Gutachten%20R%C3%BCckstellungen.pdf).
4 WSB-Kommission, Abschlussbericht, S. 41, 71.

der Tagebaue einschließlich der Wiedernutzbarmachung respektive mittels Schaffung durchgehender Planungssicherheit;

■ den Verzicht auf neue Braunkohletagebaue zur energetischen Nutzung;

■ die Verpflichtung der Tagebaubetreiber zur Transparenz über die derzeitigen Jahresabschlüsse hinaus und dazu, ob und inwieweit die künftigen Zahlungen für Wiedernutzbarmachung und Stilllegung nicht nur gedeckt, sondern zum benötigten Zeitpunkt auch liquide vorliegen;

■ darüber hinaus solle eine staatliche Behörde ein Auskunftsrecht erhalten.[5]

Die Folgekosten des Kohleabbaus müsse nach dem BBergG jedenfalls der Unternehmer tragen. Wenn Entschädigungen oder Stilllegungsprämien gezahlt würden, müssten die Braunkohleunternehmen diese Zahlungen verwenden, um jene abzudecken. Dazu sollten die Länder bei der Zulassung von neuen Betriebsplänen die Möglichkeit von insolvenzfesten Sicherheitsleistungen (§ 56 Abs. 2 BBergG) ausschöpfen, sofern kein Konzernhaftungsverbund vorliegt.

Flankiert wurden diese Vorschläge bekanntlich durch weiterreichende Empfehlungen zur Entwicklung der betroffenen Braunkohlereviere zu „zukunftsfähigen Energieregionen", u.a. mittels Förderung ihrer Technologiekompetenz und Innovationsfähigkeit sowie des Einsatzes von erneuerbaren Energien, Speichern und grünem Wasserstoff (*power to gas*) als Zukunftstechnologien.[6]

II. Umsetzung in der Ausstiegsgesetzgebung?

Die Empfehlungen der WSB-Kommission wurden zwar (fast) einstimmig verabschiedet; sie sind jedoch damit nicht in Stein gemeißelt. Guter demokratie- und rechtsstaatlicher Ordnung entsprechend (Stichworte auch: Gesetzes-, Parlaments- und Wesentlichkeitsvorbehalt[7]) hat über die praktische Umsetzung derart weitreichender Empfehlungen *allein* der Gesetzgeber zu entscheiden und interessiert deshalb, welche Aussagen zur Finanzierung der Rekultivierung im Braunkohletagebau in den dazu zum Redaktionsschluss dieses Bandes vorliegenden Gesetzesentwürfen enthalten sind.

---

5 WSB-Kommission, Abschlussbericht, S. 71 f.

6 WSB-Kommission, Abschlussbericht, S. 73 ff.

7 S. grundlegend u. a. BVerfGE 47, 46.

1) Kohleausstiegs- mit Kohleverstromungsbeendigungsgesetz

Das vom Bundeskabinett nach der Bund-Länder-Einigung zum Kohleausstieg vom 15.1.2020 am 29.1.2020 beschlossene und als „besonders eilbedürftig" – und wohl auch, worauf verschiedentliche handwerkliche Mängel schließen lassen, besonders eilig formuliert – in die parlamentarische Beratung eingebrachte Artikelgesetz zum Kohleausstieg („Kohleausstiegsgesetz")[8] enthält in seinem Kern (Artikel 1) und neben Änderungen übriger Gesetze (TEHG, EStG, EnWG[9], KWKG u. a.) sowie dem beihilferechtlichen Vorbehalt in Art. 9 (eine Entscheidung des EU-Kommission steht dazu noch aus) das „Kohleverstromungsbeendigungsgesetz – KVBG". Es regelt die „schrittweise und möglichst stetige" Reduzierung und Beendigung der *Stein*kohleverstromung prinzipiell, vorerst bis 2027, im Wege spezieller Ausschreibungen (§§ 5 ff. KVBG-E). Dagegen soll nach Teil 5 des Gesetzes (§§ 40 ff. KVBG-E) die endgültige oder auch nur vorläufige Stilllegung[10] von Braunkohle(erzeugungs-)anlagen[11] *allein*, insofern abweichend von der Empfehlung der WSB-Kommission, die dies auch für Steinkohleanlagen vorsah[12], auf dem *Verhandlungswege*, freilich mit späterer gesetzlicher Fixierung des Ergebnisses, entschieden werden. Begründet wird diese Ungleichbehandlung, über deren sachliche Rechtfertigung bei Redaktionsschluss zu diesem Band noch heftig gestritten wurde[13], durchaus vage mit der „rechtlichen, politischen, technischen Kom-

---

8 S. Entwurf eines Gesetzes zur Reduzierung und Beendigung der Kohleverstromung und zur Änderung weiterer Gesetze (Kohleausstiegsgesetz) in BR-Drs. 51/20 v. 31.1.2020; nachfolgend auch BT-Drs. 19/17342 v. 24.2.2020. Dazu im Vorfeld etwa *Rodi*, Kohleausstieg – Bewertung der Instrumentendebatte aus juristischer und rechtspolitischer Sicht, EnWZ 2017, 195.

9 Änderungen im EnWG gelten tw. zugleich der Umsetzung der VO (EU) 2019/941 vom 5.6.2019 über die Risikovorsorge im Elektrizitätssektor und zur Aufhebung der Richtlinie 2005/89/EG (ABl. EU Nr. L 158, S. 1).

10 Im letzteren Fall durch Überführung in eine Sicherheitsbereitschaft, soweit dies gem. Anlage 2 i. V. m. § 13g Abs. 5 und 7 EnWG vorgesehen ist und gegen Vergütung gem. Anlage 3 KVBG-E; die Vorgaben zur Braunkohlereserve nach § 13g EnWG bleiben, wie auch aus § 45 KVBG-E folgt, daneben unberührt. Zur möglichen Unvereinbarkeit mit Vorgaben zu Kapazitätsmechanismen nach der neuen Strombinnenmarktrichtlinie (EU) 2019/243 *Pielow*, Das EU-Winterpaket und die Energiepolitik der Mitgliedstaaten, RdE 2019, 421, 428.

11 S. zur Begriffsdefinition § 3 Nr. 9 KVBG-E.

12 WSB-Kommission, Abschlussbericht, S. 63.

13 Moniert wird namentlich eine Abhängigkeit der Stilllegung von Steinkohlekraftwerken vom Gang der Verhandlungen mit Braunkohlekraftwerks- und Tagebaubetreibern: Je langsamer die bislang noch nicht verbindlich verhandelten Stilllegungen von Braunkohlekraftwerken erfolgen, desto schneller müssten Steinkohlekraftwerke vom Netz, um die angestrebten Emissionsreduktionen zu erzielen, worin eine Art Ausfallbürgschaft der Stein- für die Braunkohle gesehen wird. In diesem Sinne etwa Stellungnahme des Ministeriums für Wirtschaft, Innovation, Digitalisierung und Energie (MWIDE) NRW u. a. v. Februar 2020 zur Länder- und Verbändeanhörung zum Kohleausstiegsgesetz, S. 2 (https://um.baden-wuerttemberg.de/fileadmin/redaktion/m-um/intern/ Dateien/Dokumente/2_Presse_und_Service/Pressemitteilungen/2020/200214-Ministerbrief-an-Bundeswirtschaftsminister-Altmaier.pdf).

plexität der Reduzierung und Beendigung der Braunkohleverstromung", insbesondere wegen des „Zusammenhangs zwischen den Braunkohlekraftwerken und Tagebausystemen".[14] Dazu habe die Bundesregierung bereits „intensive und konstruktive Gespräche mit den Braunkohleunternehmen geführt" und hierbei „wertvolle Informationen gewonnen, wie die gesicherte schrittweise Reduzierung und Beendigung der Braunkohleverstromung im Lichte rechtlicher Vorgaben und de(r) Allgemeininteressen möglichst energiewirtschaftlich, umwelt- und sozialpolitisch sinnvoll umgesetzt werden kann."[15]

Vor dem Hintergrund dieser Gespräche und der Bund-Länder-Einigung vom 15.1.2020 ermächtigt § 43 KVBG-E die *Bundesregierung*[16], mit den Betreibern von Braunkohleanlagen „und weiteren, von der Reduzierung und Beendigung der Braunkohleverstromung unmittelbar betroffenen Braunkohletagebauunternehmen" einen öffentlich-rechtlichen Vertrag mit Zustimmung des Bundestages zu schließen. Statt eines Vertrags nach §§ 54 ff. VwVfG soll „als Minus" auch ein rechtlich unverbindliches, aber einvernehmliches und später gesetzlich zu fixierendes Übereinkommen möglich sein.[17] § 43 Abs. 2 KVBG-E enthält Vorgaben für die konkrete Vertragsgestaltung: Neben Modalitäten der Stilllegungen zu den zuvor schon „in intensiven Gesprächen" mit Kraftwerks- und Tagebaubetreibern vor-evaluierten Stilllegungszeitpunkten (s. dazu Anlage 2 KVBG-E, noch nicht verbindlich) sind namentlich Entschädigungen (für endgültige Stilllegungen bis 2030) „in Höhe von 2,6 Mrd. Euro für Braunkohleanlagen im Rheinland und in Höhe von 1,75 Mrd. Euro für die Braunkohleanlagen in der Lausitz", also von insgesamt 4,35 Mrd. Euro, vorzusehen und die Auszahlung in gleich großen Jahrestranchen zu regeln. Die Entschädigung soll der Abgeltung wirtschaftlicher Nachteile aufgrund des vorzeitigen Braunkohleausstiegs im Hinblick auf Bergbauverpflichtungen, notwendige Umstellungen, Personalrestrukturierungen und Stromvermarktung dienen. *Zugleich* sollen die Entschädigungsbeträge „für die Deckung der Kosten der Rekultivierung und Wiedernutzbarmachung der Tagebaue und aller Tagebaufolgekosten" verwendet werden, und bestimmt § 43 Abs. 2 Nr. 5 KVBG-E explizit:

14 Zum Thema „Vereinbarkeit mit nationalem Verfassungsrecht" enthält die Gesetzesbegründung bislang nur einen „Platzhalter Regelungen Braunkohle", s. BR-Drs. 51/20, S. 90 und BT-Drs. 19/17342, S. 87.
15 Zitate aus Entwurfsbegründung in BR-Drs. 51/20, S. 84.
16 Dieser Ermächtigung bedarf es wohl, weil nach allg. Kompetenzregeln (Art. 30, 83 f. GG) sonst die (Kohle-)Länder zuständig wären.
17 So die Entwurfsbegründung in BR-Drs. 51/20 v. 31.1.2020, S. 150.

> *„Sofern kein werthaltiger Konzernhaftungsverbund vorliegt, sollen in Abstimmung mit den zuständigen Behörden der Länder geeignete Maßnahmen festgelegt werden, um zu verhindern, dass die ausgezahlten Entschädigungen abfließen, sondern – soweit erforderlich – für die Wiedernutzbarmachung und Rekultivierung der Tagebaue und aller Tagebaufolgekosten gesichert werden auch gegenüber etwaigen Rechtsnachfolgern.“*

Knapp auf den Nenner gebracht, heißt all dies: Etwaige Mehraufwendungen für die Wiedernutzbarmachung der Oberfläche sind, sofern die bisherigen Rückstellungen nicht „werthaltig" genug sind und deshalb für die Finanzierung einer infolge Ausstieg beschleunigten Rekultivierung nicht hinreichen, in die Entschädigungen entweder für bzw. über die Kraftwerksbetreiber (im Konzernverbund) oder direkt an Tagebaubetreiber einzupreisen. Dem Gesetzeswortlaut nach muss dies auch dann gelten, sollte sich herausstellen, dass die unter bisherigen Annahmen zu Umfang und Dauer des Abbaubetriebs gebildeten unternehmerischen Rückstellungen schon für die anfänglich konzipierte Wiedernutzbarmachung nicht ausreichen. Ferner soll bergbehördlich gesichert werden, dass die bereitstehenden Beträge auch tatsächlich für die Wiedernutzbarmachung verwandt und nicht anderweitig verausgabt werden.

Sofern schließlich ein öffentlich-rechtlicher Vertrag im besagten Sinne nicht bereits bis zum 30.6.2020 (bis dahin soll das Kohleausstiegsgesetz in Kraft getreten sein) zustande kommt, soll die Bundesregierung gemäß § 43 KVBG-E die Reduzierung und Beendigung der Braunkohleverstromung per *Rechtsverordnung* und mit nahezu gleichem Inhalt, wie er für die vertragliche Lösung vorgesehen ist, ordnungsrechtlich anordnen können – dann freilich auch wohl (als Druckmittel) mit möglichen früheren Stilllegungsterminen, als in Anlage 2 genannt.

2) Strukturstärkungsgesetz Kohleregionen

Flankiert werden soll das Kohleausstiegsgesetz durch das Strukturstärkungsgesetz Kohleregionen, dessen Entwurf dem Kohleausstiegsgesetz zeitlich vorausging.[18] Es soll einen verbindlichen Rechtsrahmen für die strukturpolitische Unterstützung der Regionen schaffen, konkret zwecks Ausgleichs unterschiedlicher Wirtschaftskraft zur Förderung des wirtschaftlichen Wachstums in den Braunkohlerevieren, insbesondere durch Gewährung finanzieller Hilfen für Investitionen und weitere Maßnahmen bis 2038. Diese Maßnahmen mit einem vorläufigen Gesamtvolumen von bis

---

18 BR-Drs. 400/19 v. 30.8.2019; später BT-Drs. 19/13398 v. 23.9.2019.

zu 40 Mrd. Euro sollen nach § 4 des Investitionsgesetzes Kohleregionen (InvKG)[19] in näher bestimmten Förderbereichen realisiert werden, die im Einklang mit dem Gesetzeszweck insbesondere den Auf- und Ausbau von öffentlichen sowie wirtschaftsnahen *Infrastrukturen* betreffen, bspw. Verkehrswege und -mittel, Breitband- und Mobilfunk- sowie die touristische Infrastruktur.

Von Bedeutung für die finanzielle Vorsorge zur und die spätere Realisierung der Wiedernutzbarmachung der Oberfläche von Tagebauen sind diese Fördermechanismen insofern, als zwischen beiden Ebenen sachliche Schnittmengen oder zumindest Nähebeziehungen bestehen: Vorgesehen sind Strukturförderungen etwa auch zur energetischen Sanierung von infolge des Ausstiegs aus der Braunkohleverstromung zur Verfügung stehenden Gebäuden zur Nachnutzung (§ 4 Abs. 1 Nr. 1 InvKG), zur Bodensanierung (Nr. 8) oder zum Naturschutz und zur Landschaftspflege, und zwar „insbesondere" für „Maßnahmen zur Renaturierung und Umgestaltung ehemaliger Tagebauflächen sowie zu deren Aufforstung" (Nr. 9). Es kann dann mitunter fraglich erscheinen, ob und ggfs. inwieweit diese themenverwandten Maßnahmen nur ergänzend *neben* oder womöglich sogar *an die Stelle* von Maßnahmen zur Wiedernutzbarmachung durch die Tagebaubetreiber treten sollen. Im letzteren Fall käme es neben den noch zu verhandelnden Entschädigungen nach dem Entwurf zum KVBG zu *Quersubventionen* der Tagebauunternehmen bzw. stellt sich insoweit umso mehr die Frage nach der Abgrenzung der (Verursacher-)Haftung des Braunkohlebergbaus gegenüber einer Mit- oder Folgeverantwortung der öffentlichen Hand.

C. Vorsorge für die Wiedernutzbarmachung

Vor dem Hintergrund der skizzierten Beratungen zur Umsetzung des Kohleausstiegs einerseits und andererseits des eingangs geschilderten Problems einer dadurch womöglich entstehenden Deckungslücke soll nunmehr das System der v. a. finanziellen Vorsorge für die Wiedernutzbarmachung der Oberfläche von Braunkohletagebauen in den Blick genommen werden.

I. Grundpflichten

Nach § 55 Abs. 1 Nr. 6 BBergG hängt die Zulassung bergbaulicher Betriebspläne, auf die nach Erfüllung aller Voraussetzungen ein Rechtsanspruch („… ist zu erteilen") besteht, u. a. davon ab,

---

19 = Artikel 1 des Entwurfs zum Strukturstärkungsgesetz.

dass der Unternehmer „die erforderliche Vorsorge zur Wiedernutzbarmachung der Oberfläche in dem nach den Umständen gebotenen Ausmaß getroffen" und dies im Betriebsplan entsprechend dokumentiert hat. Damit die in Anspruch genommenen Flächen nach Beendigung der bergbaulichen Tätigkeiten wieder für andere Nutzungen zur Verfügung stehen, zählte es schon nach den früheren Berggesetzen der Länder zu den Aufgaben der Bergbehörde, für die Ordnung und Sicherung der Oberflächennutzung und Gestaltung der Landschaft nach dem Abbau zu sorgen.[20] Diese aus heutiger (Umweltschutz-)Sicht fortschrittliche Gesetzgebung wurde mit dem BBergG fortentwickelt.[21] Die hohe Bedeutung der Wiedernutzbarmachung wird schon in der Umschreibung des Geltungsbereichs des Gesetzes (§ 2 Abs. 1 Nr. 2) deutlich und gilt sie als „integrierter Teil bergbaulicher Tätigkeit insbesondere im Hinblick auf die Erfordernisse eines modernen Umweltschutzes".[22]

1) Rollierendes System

Wenn zudem in § 2 Abs. 1 Nr. 2 BBergG ferner vom Wiedernutzbarmachen „während und nach der Aufsuchung, Gewinnung und Aufbereitung" die Rede ist, wird damit zugleich der *Zeitfaktor* im „rollierenden" System der Oberflächenbereinigung beschrieben. Klargestellt werden soll,

> *„dass eine ordnungsgemäße Wiedernutzbarmachung nicht erst nach Beendigung der Aufsuchung oder Gewinnung einsetzen kann, sondern schon während des Abbaus bestimmte Vorkehrungen (z.B. zweckentsprechende Verfüllung abgebauter Teile, Schutz der Muttererde) zu treffen sind, damit der Zweck, dem die in Anspruch genommenen Flächen nach dem Abbau nutzbar gemacht werden sollen, erreicht werden kann."[23]*

2) Auch finanzielle Vorsorge nach dem Verursacherprinzip

Dass der Bergbautreibende gerade auch finanzielle Vorsorge für die einzelnen Phasen der Wiedernutzbarmachung zu treffen hat, folgt pragmatisch schon daraus, dass er die entsprechenden Kos-

---

20 S. bspw. noch § 196 Abs. 2 Allg. BergG für die Preußischen Staaten.
21 Wie hier *von Mäßenhausen*, in: Boldt/Weller/Kühne/von Mäßenhausen (Hrsg.), BBergG, 2. Aufl. 2015, § 55 Rn. 87 m.w.N.
22 S. die Begründung zum BBergG in BT-Drs. 8/1315, S. 76, sowie nochmals *von Mäßenhausen*, wie vor.
23 So die Gesetzesbegründung in BT-Drs. 8/1315, S. 76.

ten gerade nach Einstellung der Gewinnung von Bodenschätzen und damit auch der Generierung weiterer Unternehmensgewinne zu tragen hat.[24] Spätestens mit Abschluss eines Hauptbetriebsplans muss die Wiedernutzbarmachung der Oberfläche deshalb schließlich auch „sichergestellt sein", § 55 Abs. 2 Nr. 2 BBergG. Die Pflicht zur finanziellen Vorsorge mag man, wie die Pflicht zur Wiederaufbereitung insgesamt, auch dem Verursacherprinzip als zentraler Maxime des nationalen, europäischen wie auch des internationalen Umweltschutzrechts entnehmen. Grundgedanke ist, dass derjenige, der Umweltbelastungen verursacht, die Kosten ihrer Beseitigung zu tragen hat (*the polluter pays*). Eng verbunden ist das Verursacherprinzip mit dem *Vorsorgeprinzip* (s. zu beidem nur Art. 191 Abs. 2 Satz 2 AEUV), da mit der Indienstnahme der „Verschmutzer" zur Kostentragung jene auch zur Verringerung oder gar Vermeidung von Umweltbelastungen angeregt werden sollen.[25] Hergeleitet wurde beides auch schon aus dem Prinzip der Menschenwürde (Art. 1 Abs. 1 GG): Das mit Eigenverantwortung ausgestattete, autonom handelnde Individuum habe stets für die Folgen seines Tuns einzustehen; von diesem Verursachungszusammenhang losgelöste Kostenzuweisungen resp. unterbleibende Internalisierungen dieser Kosten liefen auf eine „Monetarisierung gemeinwohlschädlicher Auswirkungen", m. a. W. auf eine Sozialisierung der Kosten des belastenden Verhaltens Einzelner hinaus.[26]

Verursacher- und Vorsorgeprinzip wirken freilich nicht aus sich heraus („als solches nicht operationell"[27]) und schon gar nicht absolut. Die Bestimmung des Ausmaßes, der Berechnung und der Verteilung der zu tragenden Kosten bedarf vielmehr inhaltlicher Konkretisierung und hat dies anhand des jeweils einschlägigen rechtlichen Rahmens zu geschehen. Damit bemisst sich die Verursacherhaftung von Bergbautreibenden insbesondere nach dem dazu bestehenden Programm des BBergG und sind auch Art und Umfang der Vorsorge für die Wiedernutzbarmachung ehemaliger Braunkohletagebaue entsprechend „inhärent" zu erschließen.

---

24 Statt aller *Jäkel*, Die Sicherheitsleistung zur Sicherstellung der Vorsorge für die Wiedernutzbarmachung der Oberfläche im Bergrecht, 2017, S. 99; *Spieth/Hellermann*, Zur erforderlichen Vorsorge für die Wiedernutzbarmachung im Braunkohlenbergbau, ZfBR 2017, 18, 20.

25 S. insgesamt nur *Epiney*, in: Landmann/Rohmer (Hrsg.), Umweltrecht, 91. EL 2019, Art. 191 AEUV Rn. 38 m. w. N.

26 *Frenz*, Ersatzzahlungsnachlässe spezifisch für Windräder?, UPR 2016, 329, 332; *ders.*, Fonds für atomare Folgelasten und Beihilfenverbot, EWS 2016, 212, 214.

27 *Epiney*, wie vor, Rn. 39.

II. Ausmaß finanzieller Vorsorge

Der Unternehmer muss dafür Sorge tragen, dass die für die Wiedernutzbarmachung nach Einstellung des jeweiligen Bergbauabschnitts ursächlich anfallenden Kosten auch tatsächlich von ihm getragen werden.[28] Und er muss dies schon „vorsorglich" tun, weil mit Einstellung des Abbaus von Bodenschätzen auch deren Absatz endet und kein unternehmerischer Erlös mehr generiert werden kann. Allerdings ist die Pflicht gerade zur *finanziellen* Vorsorge für die Wiedernutzbarmachung im BBergG – im Unterschied zu einschlägigen Regelungen in anderen Gesetzen, z. B. in § 13 AtG zur obligatorischen Deckungsvorsorge für atomrechtliche Schadensersatzpflichten – weder explizit benannt geschweige denn im Detail vorgegeben. Umfang sowie Art und Weise der der gebotenen finanziellen Vorsorge sind mithin im Wege der Auslegung zu ermitteln.

1) „Erforderliche" Vorsorge

„Erforderliche" Vorsorge bedeutet, dass die Wiedernutzbarmachung nicht nur technisch und physisch umsetzbar, sondern auch in wirtschaftlicher Hinsicht effektiv sein muss. Welcher Maßnahmen es konkret zur Wiederaufbereitung der vom Unternehmer in Anspruch genommenen Flächen bedarf, ergibt sich zuvörderst aus den dem Abbaubetrieb zugrundeliegenden braunkohlen- und betriebsplanerischen Festlegungen, ferner aus sonstigen, insbes. etwa wasser-, boden- sowie natur- und landschaftsschutzrechtlichen Anforderungen an die Wiedernutzbarmachung.[29] Gegenständlich reicht das Spektrum von Abschlussverkippungen und der Wiedernutzbarmachung von Kippenflächen über die Gestaltung von Bergbaufolgelandschaften für diverse Nachnutzungen (Land-/Forstwirtschaft, Naherholung u. a. m.) unter Herstellung eines leistungsfähigen Naturhaushalts bis zur Gestaltung von Wasser- und Uferflächen, dem Ersatz für unterbrochene Verkehrswege und Versorgungsleitungen sowie zum Rück- oder Umbau bergbaueigener baulicher wie technischer Anlagen.

Speziell zur finanziellen Vorsorge für jenes Maßnahmebündel findet sich im insoweit auffallend rar gesäten bergrechtlichen Schrifttum der Hinweis, dass diese „hinreichend" sein müsse – und

---

28 *Spieth/Hellermann*, ZfBR 2017, 18, 20.

29 Daneben können gemäß § 66 Satz 1 Nr. 8 i. V. m. § 68 BBergG die Bundesländer Maßnahmen zur Wiedernutzbarmachung per Rechtsverordnung und in Fortführung der Allg. Bundesbergverordnung (ABBergV) weiter ausgestalten, wovon jedoch, jedenfalls im hier interessierenden Kontext und soweit ersichtlich, kein Gebrauch gemacht wurde.

zwar dahingehend, dass die nach der bergrechtlichen Betriebsplanung vorgesehenen Maßnahmen schlussendlich auch realisiert werden können.[30] Die finanziellen Vorkehrungen haben m.a.W. insbesondere zu gewährleisten, dass zum Beginn der jeweiligen Wiedernutzbarmachungsphase diejenigen Finanzmittel gerade auch *liquide* zur Verfügung stehen, derer es bedarf, um die in der Betriebsplanung näher umrissenen Maßnahmen der Wiedernutzbarmachung – quantitativ wie qualitativ zur Gänze – umzusetzen.

In *zeitlicher* Hinsicht und auch der Höhe nach ist die erforderliche Vor- und dann auch Nachsorge für die Wiedernutzbarmachung der Oberfläche nicht begrenzt. Mit dem BVerwG soll eine Haftungsgrenze unter Verhältnismäßigkeitsaspekten erst dann erreicht sein, wenn das nach dem Verursacherprinzip maßgebliche Zurechnungskriterium der Ausübung einer gefahrgeneigten Tätigkeit nicht mehr trägt. Mit anderen Worten erfasst die Vorsorgeverantwortung des Bergbautreibenden, noch dazu unabhängig von der „wirtschaftlichen Vertretbarkeit", *sämtliche* Risiken, die ursächlich und typischerweise aus der Bergbautätigkeit erwachsen. Solche Risiken können sich auch über die für den Bergbau eigentlich in Anspruch genommenen Flächen hinaus auswirken, bspw. hinsichtlich eines notwendigen und weiterreichenden Hochwasserschutzes.[31]

2) Prognostisch „im nach den Umständen gebotenen Ausmaß"

Eine „Vorsorge" ist andererseits stets in die Zukunft gerichtet und daher notwendig prognostischer Natur.[32] Dies klingt auch in § 55 Abs. 1 Satz 1 Nr. 7 BBergG an, wenn danach im Betriebsplanverfahren die Vorsorge – nur – „in dem nach den (*scil.*: jeweiligen) Umständen gebotenen Ausmaß" verlangt wird. Prognoseentscheidungen sind immer mit Unsicherheit behaftet und kann eine Vorsorge resp. Planung immer nur so gut sein, wie sich die Annahmen, auf denen sie beruht, letztlich als richtig erweisen. Insbesondere gilt dies für Finanzplanungen, da diese neben „technischen" Vorabfestlegungen (wie hier zu konkreten Wiederaufbereitungsmaßnahmen) etwa auch zukünftige Markt-, Preis- und Zinsentwicklungen zu berücksichtigen haben.

---

30 So *Spieth/Hellermann*, wie vor.

31 BVerwGE 151, 156 Ls. 2 und Rn. 42 – Grubenwasseraustritt im Fall Meggen. Die gegen diese Entscheidung erhobene Verfassungsbeschwerde hat das BVerfG mit Beschl. v. 26.3.2017 – 1 BvR 796/15 – nicht zur Entscheidung angenommen; ferner BVerwG, UPR 2010, 389. Zum Ganzen *Frenz*, u.a., Das BBergG mit rein nationalem, ausschließlichen Rohstoffversorgungszweck, UPR 2017, 174.

32 Zum Charakter der Betriebsplanzulassung als Prognoseentscheidung s. OVG Saarlouis, ZfBR 2001, 287, 291.

Zur Frage, ob und ggfs. inwieweit die finanzielle Vorsorge für die Wiedernutzbarmachung auch solche in der Zukunft und *außerhalb* des eigentlichen Abbaubetriebs liegenden Begleitumstände – zu denen etwa der nunmehr Gestalt annehmende vorzeitige Ausstieg aus der Kohleverstromung oder auch die Entwicklung der (Kohle-)Strompreise am Großhandelsmarkt infolge u. a. des Emissionshandels zählen – zu berücksichtigen hat, herrscht im bergrechtlichen Schrifttum, sofern dies bislang überhaupt thematisiert wurde, Unsicherheit.[33] Praktisch betrachtet, ist dieses Problem eher nur akademischer Natur: Angesichts der „rollierenden" Wiedernutzbarmachung von Braunkohletagebauen (s. o. I.1) sind Veränderungen von Rahmenbedingungen des Abbaus schlechterdings immer nur für bevorstehende Phasen der Wiedernutzbarmachung zu berücksichtigen. Soweit überhaupt absehbar, sind sie jedenfalls in den grundsätzlich alle zwei Jahre und damit in kurzen Intervallen zu erneuernden Hauptbetriebsplänen abzubilden. Bei der Planzulassung, die die Prüfung des Vorsorgekonzepts umfasst, hat sich die Bergbehörde des Weiteren und im Zuge ihrer *Amtsermittlung* (§ 24 VwGO) auf u. U. dem Beweis zugängliche *tatsächliche* Umstände zu beschränken; sie darf m.a.W. nicht „spekulieren" oder dies vom Unternehmer verlangen.

Für die geänderte Situation aufgrund eines „Kohleausstiegs" heißt dies: Dessen Folgen konnten jedenfalls noch nicht vor dessen Inangriffnahme durch den Gesetzgeber (o. B.II.) berücksichtigt werden bzw. hätten diesbezügliche Anordnungen der Bergbehörde sogar dem Gewaltenteilungsprinzip widersprochen: Eine Anspannung der Pflichten zur finanziellen Vorsorge für die – dann entsprechend beschleunigte – Wiedernutzbarmachung wäre einer Vorwegnahme der Folgen des Ausstiegs gleichgekommen. Wegen der damit einhergehenden Grundrechtseingriffe auf Seiten von Kraftwerks- wie Tagebaubetreibern ist aus Gründen der „Wesentlichkeit" darüber allein vom *Gesetzgeber* zu entscheiden. Schon deshalb konnten bisherige Vorsorgekonzepte im Braunkohletagebau mögliche Folgen eines Kohleausstiegs noch nicht berücksichtigen – womit sich umso mehr die Frage ihrer nunmehr „erforderlichen" Nachjustierung stellt.

III. Instrumente finanzieller Vorsorge

Auch in methodisch-instrumentaler Hinsicht sind dem BBergG keine expliziten Hinweise zum „Wie" und zum „Inwieweit" der finanziellen Vorsorge für die Wiedernutzbarmachung zu entnehmen.

---

33 S. einerseits und verneinend *Spieth/Hellermann*, ZfBR 2017, 18, 23 für die Situation etwa in Betracht zu ziehender nachträglicher Betriebsplanänderungen; andererseits *Jäkel*, Die Sicherheitsleistung, S. 100.

1) Allgemeines

Üblicherweise vollzieht sich „Finanzvorsorge" in sämtlichen Lebensbereichen schlicht durch Bildung von Sparguthaben, sonstigem Anlagevermögen (Aktien, Immobilien) und/oder durch Einholung von Einstandsgarantien, namentlich Bürgschaften Dritter, z. B. von Banken und Versicherungen. Ferner kommt der Abschluss spezieller (Vorsorge-)Versicherungen in Betracht; sie jedenfalls sind beispielhaft in § 56 Abs. 2 Satz 2 BBergG erwähnt. Ergänzend ist an die in § 232 BGB allgemein aufgelisteten „Sicherheitsleistungen" zu denken, etwa an Verpfändungen oder die Bestellung von Schiffshypotheken.

Für die finanzielle Vorsorge zur Entsorgung *bergbaulicher Abfälle* nach § 2 Abs. 2 Nr. 7 KrWG sieht § 22a Abs. 3 Satz 4 i. V. m. Anhang 7 ABBergV obligatorische Sicherheitsleistungen vor, und zwar „anstelle der in § 232 BGB bestimmten Sicherheitsleistungen" sowie als „gleichwertige Sicherheiten" und wiederum regelbeispielhaft („insbesondere") die Beibringung einer Konzernbürgschaft, einer Garantie oder eines sonstigen Zahlungsversprechens eines Kreditinstituts oder „handelsrechtlich zu bildende betriebliche Rückstellungen". Über die Abfallentsorgung im Bergbau kommen diese Sicherheitsleistungen auch für die Finanzvorsorge zur Wiedernutzbarmachung der Oberfläche in Betracht.

2) Speziell: Rückstellungen

In der Praxis jedenfalls des Stein- und Braunkohlebergbaus wird gewöhnlich von den zuletzt genannten Rückstellungen Gebrauch gemacht – und von den Bergbehörden als „hinreichend" konsentiert.[34]

a) Bildung nach Bilanzrecht

Rückstellungen werden, obligatorisch für Kaufleute bzw. Handelsgewerbe (§§ 1 ff. HGB), nach § 249 Abs. 1 Satz 1 HGB u. a. „für ungewisse Verbindlichkeiten" in der Zukunft sowie nach festgelegten Abzinsungsregelungen, Annahmen zu spezifischen Teuerungsraten und Erhöhungen von Personalkosten bilanziell ausgewiesen. Unter Verbindlichkeiten fallen auch künftige öffentlich-rechtliche (Zahlungs-)Pflichten[35] wie eben jene zur finanziellen Vorsorge für die Wiedernutzbar-

---

34 S.a. WSB-Kommission, Abschlussbericht, S. 40.
35 *Ballwieser*, in: Münchener Kommentar zum HGB, Bd. 4, 4. Aufl. 2020, § 249 Rn. 11.

machung von Bergbaustandorten. Das Handels- und Bilanzrecht trägt der Besonderheit der sukzessive voranschreitenden Abbauaktivität bzw. Wiedernutzbarmachung Rechnung: Die Verpflichtung zur Rückstellung ist in dem Maße verursacht, in dem der Abbau erfolgt oder die sonstige Nutzung fortgeschritten ist. Entsprechend wird die Verpflichtung ratierlich mittels sog. („unechter") Ansammlungsrückstellungen eingelöst. Es wird m.a.W. nicht die gesamte Rückbauverpflichtung, sondern entsprechend dem „rollierenden" System nur der auf den jeweils erfolgenden Abbau im Betriebsjahr entfallende Anteil der Wiedernutzbarmachung berücksichtigt.[36]

Die Höhe der Rückstellungen ist nach vernünftiger kaufmännischer Beurteilung anzusetzen, § 253 Abs. 1 Satz 2 2. Fall HGB. Dies umfasst die zu erwartenden Kosten. Die Passivierung hat zu erfolgen, sobald sich der Rückstellungsgrund am Bilanzstichtag realisiert hat, also im Falle des Braunkohletagebaus mit der die Wiedernutzbarmachung erforderlich machenden Nutzung der jeweiligen Oberfläche. Die zu erwartenden Kosten für die Wiedernutzbarmachung der noch nicht in Anspruch genommenen Abbaufläche(n) sind dementsprechend (noch) nicht mit anzusetzen.

b) Begrenzte Sicherungswirkung

Als rein bilanzrechtliche Posten können Rückstellungen deshalb nur so weit im Rahmen der Vorsorgepflichten berücksichtigt bzw. als gerade auch dem Gebot „erforderlicher" Vorsorge genügend anerkannt werden, wie ihre bilanzrechtliche Funktion reicht. Ihre Bilanzierung dient der Transparenz über die tatsächliche wirtschaftliche Gesamtlage des Unternehmers und der Kapitalerhaltung. Allerdings handelt es sich eben nur um passive bilanzrechtliche Posten, die das Nettovermögen reduzieren. Kann ihnen rechnerisch kein Eigenvermögen gegenübergestellt werden, ist das Unternehmen als überschuldet anzusehen. Anderenfalls erlaubt die Bildung von Rückstellungen die Feststellung, dass der Unternehmer zum Bilanzstichtag nicht überschuldet ist und die Wiedernutzbarmachung nach aktuellem Stand leisten kann. Indes stehen bilanziellen Rückstellungen schon einmal keine konkreten Vermögenswerte gegenüber. Sie haben m.a.W. nur bedingte Aussagekraft hinsichtlich der tatsächlichen Verfügbarkeit liquiden Vermögens. Insofern können Unsicherheiten dahingehend verbleiben, ob der Unternehmer die Kosten der Wiedernutzbarmachung zum Zeitpunkt ihrer Realisierung auch tatsächlich wird bestreiten können. Nachteilhaft wirkt

---

36 *Bertram*, in: Haufe HGB Bilanzkommentar, 9. Aufl. 2018, § 249 HGB Rn. 287; zur Unterscheidung zwischen echten und unechten Ansammlungsrückstellungen *Schubert/Andrejewski*, in: Beck'scher Bilanz-Kommentar, 12. Aufl. 2020, § 253 HGB Rn. 164 f. Wegen Einzelheiten zur Methodik im Fall der Lausitzer Tagebaue s. *Pielow*, in: Tudeshki, Gutachten, Teil B, insbes. S. 70 ff.

dies namentlich im Fall späterer Überschuldung oder sogar der Insolvenz des Unternehmers im Zeitpunkt der Wiedernutzbarmachung. Rückstellungen sind m. a. W. *nicht insolvenzfest.*

Für den vorliegenden Kontext kommt erschwerend hinzu: Bilanzielle Rückstellungen bilden nicht alle Risiken für die Leistungsfähigkeit des Unternehmers in der Zukunft ab, s.a. oben II.2). Mögliche Änderungen der (gesamt-)wirtschaftlichen, technischen oder rechtlichen Rahmenbedingungen, die zu einem geänderten zeitlichen Verlauf von Abbau wie entsprechend auch von Wiedernutzbarmachungsaktivitäten oder sogar zu einer vorzeitigen Beendigung des Kohleabbaus führen können, sind schon mangels hinreichender Konkretisierung bzw. Vorhersehbarkeit nicht ohne Weiteres zu bilanzieren.[37]

IV. Zwischenfazit

Nach allem stellen im Braunkohletagebau übliche bilanzielle Rückstellungen aufgrund ihrer begrenzten Sicherungsfunktion ein nur eingeschränktes Mittel zur finanziellen Vorsorge der Wiedernutzbarmachung nach § 55 Abs. 1 Nr. 7 BBergG dar. Jedoch vermitteln sie einen Überblick zu den Bilanzpositionen und damit zur finanziellen Gesamtverfassung und zur – derzeitigen – Leistungsfähigkeit eines Unternehmens. Insbesondere können aus Quantität und Qualität der Rückstellungen Rückschlüsse auf die Erforderlichkeit einer eventuellen Sicherheitsleistung nach § 56 Abs. 2 Satz 1 BBergG gezogen werden; darauf wird zurückzukommen sein.

D. Folgen im Fall des „Kohleausstiegs"

Gerade weil Rückstellungen nicht zwingend auch Veränderungen von technischen, ökonomischen oder politischen Rahmenbedingungen des Bergbaubetriebs abbilden, stellt sich die Frage, wie es im Fall eines gesetzlich angeordneten und sukzessiven Ausstiegs speziell aus der Braunkohleverstromung um die finanzielle Vorsorge zur Wiedernutzbarmachung von Braunkohletagebauen bestellt ist. Dazu sei noch einmal betont, dass (Ansammlungs-)Rückstellungen der vorbezeichneten Art lediglich auf bilanz- und steuerrechtlichen Vorgaben beruhen. „Die Sicherung der

---

[37] Ebenso im atomrechtlichen Kontext: Abschlussbericht der Kommission zur Überprüfung der Finanzierung des Kernenergieausstiegs (KFK) v. 27.4.2016, S. 15.

monetären Fähigkeit eines Unternehmens zur Umsetzung von Maßnahmen zur Gestaltung der durch den Bergbau in Anspruch genommenen Fläche wird hierdurch nicht gewährleistet."[38] Auch setzt die mit der Bildung und dem Verbrauch von Rückstellungen verbundene Philosophie die vollständige Erfüllung eines Bergbauvorhabens nach dem genehmigten Betriebsplan voraus. Der Aufschluss, der Regelbetrieb und der Abschluss der bergbaulichen Tätigkeiten müssen im Rahmen eines geordneten Betriebs erfolgen.

> *Dies bedeutet, dass bei einer frühzeitigen Beendigung bzw. Stilllegung eines geplanten Projektes keine vollständige Erfüllung der Verpflichtungen des Unternehmers zur Folgelandschaftsgestaltung durch Verbrauch der bis zu diesem Zeitpunkt gebildeten Rückstellungen gewährleistet werden kann.*[39]

Vor diesem Hintergrund ist zu prüfen, ob und wie bergrechtlich eine Nachsteuerung des Vorsorgekonzepts betroffener Braunkohletagebaubetreiber erfolgen kann und welche Instrumente sich dazu anbieten (s. sogleich I. und II.). Zu beachten sind ferner Ermessens- bzw. materiell- und verfassungsrechtliche Grenzen bei der Ausgestaltung des Vorsorgekonzepts (s. III.). Schließlich kann auch in einem öffentlich-rechtlichen (Austausch-)Vertrag, wie ihn § 43 KVBG-E vorsieht, nur vereinbart werden, was auch Gegenstand eines – nach pflichtgemäßem Ermessen erlassenen – Verwaltungsakts sein könnte, vgl. § 54 Satz 2 VwVfG. Dabei ist auch von Bedeutung, wie es sich in Bezug auf etwaige Entschädigungen resp. sonstige „Mitfinanzierungen" seitens der öffentlichen Hand verhält.

I. Anpassungen vor allem im Betriebsplanverfahren

Wie gesagt, bedarf die „erforderliche Vorsorge" zur Wiedernutzbarmachung von Tagebauflächen der behördlichen Überprüfung im bergrechtlichen Betriebsplanverfahren (§ 55 Abs. 2 Satz 1 Nr. 7 BBergG).[40] Dementsprechend empfehlen sich auch Änderungen und Ergänzungen des Vorsorge-

---

38 *Tudeshki*, in: Tudeshki (Hauptauftragnehmer), Vorsorge für die Wiedernutzbarmachung der Oberfläche im Lausitzer Braunkohlebergbau, Teil A, S. 7.

39 Ebda.

40 Die Bergbehörden können sich, da es sich bei den deutschen Tagebaubetreibern um Kapitalgesellschaften handelt, insoweit insbesondere auf obligatorische Prüfungen der Jahresabschlüsse (gem. § 264 i. V. m. § 316 HGB) durch unabhängige Wirtschaftsprüfer stützen.

konzepts, einschließlich der finanziellen Vorsorge, in diesem Verfahren, und zwar insbesondere im Rahmen der regelmäßig alle zwei Jahre zu erneuernden *Haupt*betriebspläne.

In Betracht kommen daneben bzw. zuvörderst entsprechende Festlegungen bereits im Kohleausstiegs- bzw. Kohleverstromungsbeendigungsgesetz, wie dies u. a. mit dem Wunsch nach obligatorischen Sicherheitsleistungen durch die Tagebaubetreiber u. a. von der Kommission Wachstum-Strukturwandel-Beschäftigung gefordert wurde (s. o. B. I.). Die vorliegenden Gesetzesentwürfe enthalten (bislang) keinerlei zwingende Vorgaben in diese Richtung. Vielmehr machen sie, wie oben (B.II.1) ausgeführt, auch das weitere Vorsorgekonzept im Braunkohlebergbau von öffentlich-rechtlichen Vereinbarungen zwischen der Bundesregierung und den Kraftwerks- und/oder Tagebaubetreibern und mit Wirkung auch für deren Rechtsnachfolger abhängig. In ihnen sollen dann freilich „geeignete Maßnahmen" festgelegt werden, um zu gewährleisten, dass die gleichfalls noch zu verhandelnden Entschädigungen tatsächlich und erforderlichenfalls auch für die Wiedernutzbarmachung von Tagebauflächen und aller Tagebaufolgekosten eingesetzt werden. Dies soll in „Abstimmung mit den zuständigen Behörden der Länder" erfolgen und konkretisiert dazu die Gesetzesbegründung, dass in Abstimmung speziell mit den (Landes-)Bergämtern zu regeln sei,

> inwieweit die Länder bei der Zulassung von neuen Betriebsplänen nach dem Bundesbergge-
> setz die Möglichkeit von insolvenzfesten Sicherheitsleistungen, wie beispielsweise insolvenz-
> festen Vorsorgevereinbarungen, ausschöpfen, oder ein werthaltiger Konzernhaftungsverbund
> vorliegt.[41]

Damit offeriert der Gesetzgeber einerseits einen hinreichend flexiblen und den Besonderheiten des jeweiligen Tagebaubetriebs Rechnung tragenden vertraglichen Gestaltungsspielraum, in dem „Sicherheitsleistungen" (gemeint sind offensichtlich jene i. S. d. § 56 Abs. 2 BBergG, dazu s. u. II.) nur als *eine* unter mehreren denkbaren Maßnahmen erscheinen. Andererseits wird klar auf das bergrechtliche Betriebsplanverfahren, insbesondere auf die Zulassung neuer Betriebspläne abgehoben. Nach einer Verabschiedung des Kohleausstiegsgesetzes und dem Abschluss öffentlich-rechtlicher Verträge mit den Braunkohleanlagen-/-tagebaubetreibern wird es der – sicher auch zeitaufwendigen – Anpassung der den einzelnen Tagebauen zugrundeliegenden Betriebspläne bedürfen. Daneben werden (gleichfalls zeitintensive) Anpassungen der die bergrechtliche Betriebs-

---

41 BT-Drs. 19/17342, S. 140.

planung raumordnungsrechtlich steuernden Braunkohlepläne der Länder vorzunehmen sein; auf diese sei hier nicht näher eingegangen.[42]

Als Nachsteuerungs- bzw. Korrekturmechanismen zu den Vorsorgekonzepten der Tagebaubetreiber bieten sich an und ließen sich diese auch (deklaratorisch) in öffentlich-rechtlichen Vereinbarungen i. S. d. § 42 KVBG-E umreißen bzw. je nach Lage des einzelnen betroffenen Tagebaus näher bestimmen:

1) Korrekturen bestehender Betriebspläne

Sofern an Stelle neuer (Haupt-)Betriebspläne bereits *bestehende* Haupt- oder auch Rahmenbetriebspläne modifiziert werden sollen, kommen – einseitig-hoheitlich – nur nachträgliche Auflagen nach § 56 Abs. 1 Satz 2 sowie u. U. auch allgemeine Anordnungen gemäß § 71 BBergG in Betracht.

§ 56 Abs. 1 Satz 2 BBergG gestattet der Bergbehörde die nachträgliche Aufnahme, Änderung oder Ergänzung von Auflagen in bestehenden Betriebsplänen, soweit diese zur Sicherstellung der Voraussetzungen für die Zulassung von Betriebsplänen nach § 55 Abs. 1 Satz 1 Nrn. 2 bis 13 (also auch nach Nr. 7 für die Vorsorge zur Wiedernutzbarmachung) erforderlich sind. Allerdings steht dies unter dem Vorbehalt erstens der „wirtschaftlichen Vertretbarkeit" für den Unternehmer sowie zweitens der technischen „Erfüllbarkeit". Darin wie im Gebot der „Erforderlichkeit" manifestieren sich grundrechtliche bzw. aus dem Verhältnismäßigkeitsprinzip folgende Grenzen nachträglicher Planänderungen durch die Bergbehörde.[43]

Das Erfordernis „wirtschaftlicher Vertretbarkeit" nachträglicher Auflagen soll die Rentabilität des Unternehmens schützen. Geboten sind freilich einzelfallbezogene Abwägungen zwischen der wirtschaftlichen Belastung des Unternehmens und den betroffenen, häufig öffentlichen Interessen, deren Schutz die Auflage dient.[44] Eine Grenze besteht dort, wo nachträgliche Auflagen die Existenz des Unternehmens oder die betriebswirtschaftlich sinnvolle Fortsetzung der mit dem Betriebsplan zugelassenen bergbaulichen Tätigkeit gefährden.[45]

---

[42] Hinweise dazu etwa bei *Franßen/Schomerus*, Klimaschutz und die rechtliche Zulässigkeit der Stilllegung von Braun- und Steinkohlekraftwerken, 13.12.2018, bei Fn. 593.

[43] So auch *von Hammerstein*, in: Boldt/Weller/Kühne/von Mäßenhausen, BBergG, § 55 Rn. 16.

[44] *Frenz*, Erdbebenähnliche Erschütterungen und weiterer Steinkohlenabbau, WiVerw 2009, 77, 82; *Piens*, in: Piens/Schulte/Graf Vitzthum (Hrsg.), BBergG, 2. Aufl. 2013, § 56 Rn. 251.

[45] S. zu allem *von Hammerstein*, in: Boldt/Weller/Kühne/von Mäßenhausen, BBergG, § 56 Rn. 17 f. m. w. N.

Modifizierungen speziell des (Plan-)Konzepts zur finanziellen Vorsorge für die Wiedernutzbarmachung in einem noch laufenden Betriebsplan, für das ja entsprechende unternehmerische Dispositionen (Bildung von Rückstellungen) bereits getroffen wurden und wozu auch Vertrauensschutzaspekte greifen, werden als unverhältnismäßig respektive ermessensfehlerhaft anzusehen sein.[46]

Gegenüber *Anordnungen nach § 71 BBergG* entfaltet bei bestehenden Betriebsplänen die speziellere Ermächtigung zu nachträglichen Auflagen nach § 56 Abs. 1 BBergG eine Sperrwirkung.[47] Für ein Vorgehen im Zuge der allgemeinen Bergaufsicht ist daneben nur Raum, soweit dies zum Schutz von Leben, Gesundheit und Sachgütern Beschäftigter oder Dritter erforderlich ist, § 71 Abs. 1 Satz 1 BBergG.[48]

Unbenommen ist es der Bergbehörde, auf eine – *freiwillige* – Änderung geltender Betriebspläne durch den Unternehmer hinzuwirken.[49] Allerdings folgt die Planänderung, wie sich aus § 54 Abs. 1 und § 56 Abs. 3 BBergG ergibt, den gleichen (Verfahrens-)Regeln wie die Zulassung eines neuen Betriebsplans.[50] Praktisch und im Interesse nachhaltiger Absicherung der Folgefinanzierung der Wiedernutzbarmachung ist deshalb eher gleich an einen neuen Plan zu denken. Da Hauptbetriebspläne regelmäßig alle zwei Jahre zu erneuern sind, griffen bloße Änderungen der bestehenden Betriebspläne schon zeitlich zu kurz.

Zu denken wäre noch an einen partiellen oder gänzlichen Widerruf eines bestehenden Hauptbetriebsplans nach § 5 BBergG i. V. m. § 49 Abs. 2 Nr. 3 VwVfG. Dieser würde indes das bereits bestehende Vorsorgekonzept in Bezug auf die bisherige Rückstellungspraxis „destruktiv" zunichtemachen, ohne, worauf es vorliegend ankommt, „konstruktiv" ein nachgebessertes Konzept zur finanziellen Vorsorge für die Wiedernutzbarmachung an deren Stelle zu setzen.

2) Neue oder geänderte Betriebspläne

Es spricht nach dem Vorhergesagten alles dafür, nach bergbehördlicher Prüfung als „erforderlich" i. S. d. § 55 Abs. 1 Satz 1 Nr. 7 BBergG erachtete Anpassungen des Vorsorgekonzepts für die Wiedernutzbarmachung im für den betreffenden Tagebau jeweils nachfolgenden Hauptbetriebsplan

---

46 So *Spieth/Hellermann*, ZfBR 2017, 18, 21.
47 Eingehend *Keienburg*, in: Boldt/Weller/Kühling/von Mäßenhausen, BBergG, § 71 Rn. 4 f.; s.a. *von Hammerstein*, ebda., § 56 Rn. 24.
48 S. zum Verhältnis zwischen § 56 Abs. 1 und § 71 BBergG auch BVerwGE 151, 156, Rn. 38 ff.
49 Dazu *von Hammerstein*, in: Boldt/Weller/Kühling/von Mäßenhausen, BBergG, § 52 Rn. 112.
50 Ebda., § 54 Rn. 2.

zu regeln und sukzessiv, d. h. alle zwei Jahre (s. § 52 Abs. 1 Satz 1 BBergG), darin fortzuschreiben. Eher noch ist daran zu denken, ein modifiziertes Konzept zur Finanzvorsorge für die Wiedernutzbarkeit zum Gegenstand eines neuen oder entsprechend und nach den vorgenannten Vorgaben (für die Zukunft) abzuändernden, im Fall von Braunkohletagebauen ferner obligatorischen *Rahmenbetriebsplans*[51] zu machen. In Betracht kommt ferner ein eigener *Sonderbetriebsplan* gemäß § 52 Abs. 2 Nr. 2 BBergG. In ihm könnte das Vorsorgekonzept für die Wiedernutzbarmachung losgelöst vom sonstigen Abbaubetrieb geregelt bzw. unabhängig davon modifiziert werden. Ein Rahmen- oder auch Sonderbetriebsplan würde dieses dann auch über die für Hauptbetriebspläne geltenden zeitlichen Restriktionen hinaus festlegen bzw. entsprechend längerfristig absichern können.

Für die Zulassung eines neuen oder (nach dem eben Gesagten) abzuändernden Betriebsplans bieten sich für die bergbehördliche Lenkung der Vorsorge zur Wiedernutzbarmachung folgende Gestaltungsoptionen an, über die wiederum auch unter Aspekten der Eingriffs- bzw. Grundrechtsrelevanz und der Verhältnismäßigkeit zu entscheiden ist.

a) Informales / konsensuales Verwaltungshandeln

Kaum oder gar nicht eingriffsrelevant gerät das Verwaltungshandeln, sofern die Bergbehörde im informalen Austausch mit dem Vorhabenträger und im Sinne des § 25 Abs. 1 und 2 VwVfG, eventuell schon im Vorfeld des Antrags auf Planzulassung, sonst im Zuge der gebotenen Antragserörterung auf *freiwillige* Modifizierungen des Vorsorgekonzepts hinwirkt. Ohnehin obliegt die Ausarbeitung von Betriebsplänen (bzw. deren Änderung) originär dem Bergbauunternehmer und hat zuvörderst auch dieser über die Fortschreibung des Vorsorgekonzepts zu befinden. Dazu bieten sich planergänzende *konsensuale* Absprachen mit der Bergbehörde bzw. ihrem Trägergemeinwesen, also dem betreffenden (Braunkohle-)Land und dem Vorhabenträger, an – auch und gerade in Gestalt öffentlich-rechtlicher Verträge und unter Beachtung der Vorgaben in den §§ 54 ff., u. a. zum Koppelungsverbot in § 56 Abs. 1 VwVfG. Dies korreliert mit den in § 43 KVBG-E ohnehin vorgegebenen öffentlich-rechtlichen Vereinbarungen und eröffnet sich insofern die Möglichkeit zu *integrativen* „Ausstiegsverträgen" zwischen den Kohleländern und Kraftwerks- bzw. mit diesen verbundenen Tagebaubetreibern.

---

51 Obligatorisch gem. § 52 Abs. 2a BBergG i. V. m. § 1 Satz 1 Nr. 1 b) der VO zur UVP-Pflicht bergbaulicher Vorhaben.

b) Nebenbestimmungen

Erforderlichenfalls kann die Behörde die Planzulassung oder -änderung über § 5 BBergG mit Nebenbestimmungen, insbes. mit Auflagen und/oder Bedingungen, i. S. d. § 36 VwVfG versehen, um die Anspannung des Vorsorgekonzepts auch rechtlich noch „nachhaltiger" auszugestalten bzw. in Bezug auf spätere, u. U. auch gerichtliche Vollzugskontrollen abzusichern. Nebenbestimmungen, insbesondere (aufschiebende) Bedingungen i. S. d. § 36 Abs. 2 Nr. 1 VwVfG erlauben abschließende Sachentscheidungen, obwohl noch nicht alle Zulassungsvoraussetzungen erfüllt oder nachgewiesen sind. Auch bildet die Ausstattung einer Betriebsplanzulassung mit Nebenbestimmungen zum Vorsorgekonzept für die Wiedernutzbarmachung ein milderes Mittel als die ansonsten und schlimmstenfalls angezeigte Versagung der Planzulassung aufgrund eines womöglich nicht hinreichenden Vorsorgekonzepts i. S. d. § 55 Abs. 1 Satz 1 Nr. 7 BBergG.[52]

II. Speziell: Anordnung von Sicherheitsleistungen?

Eine besondere und spezialgesetzlich zugelassene Art der Nebenbestimmung (s. a. § 36 Abs. 1 VwVfG mit beiden Alternativen) bzw. einer (aufschiebenden) Bedingung i. S. d. § 36 Abs. 2 Nr. 2 VwVfG bildet die einseitig-hoheitliche Anordnung einer „Sicherheitsleistung" gemäß § 56 Abs. 2 Satz 1 BBergG. Wie ausgeführt, wurden die dahingehenden Verpflichtungen von Tagebaubetreibern mit Blick auf infolge eines (vorzeitigen) Ausstiegs aus der Kohleverstromung notwendig anzupassende Konzepte zur finanziellen Vorsorge für die Wiedernutzbarmachung (respektive in Sorge um einen Haftungsausfall seitens der betreffenden Unternehmen) sowohl in der „Kohlekommission" wie auch in der Begründung zum Kohleausstiegsgesetz thematisiert. Weitergehenden Forderungen nach Änderung auch des § 56 Abs. 2 BBergG im Sinne einer *generellen Verpflichtung* zur Anordnung von Sicherheitsleistungen wurde bislang nicht entsprochen. Insofern bleibt es einstweilen bei der Entscheidung der jeweils zuständigen Bergbehörde darüber im pflichtgemäßen Ermessen („kann").

1) Sinn und Zweck / Anwendungsbereich

Als eigenständiges bergrechtliches Aufsichtsinstrument bezweckt die Auferlegung von Sicherheitsleistungen die – gesonderte – finanzielle Absicherung der Erfüllung der von der Ermächti-

---

52 S. dazu allgemein und im besagten Sinne *Tiedemann*, in: BeckOK VwVfG, 46. Edition 2020, § 36 Rn. 12, angelehnt an OVG Münster, Beschl. v. 6.10.2016 – 4 A 2188/13 – Rn. 19, juris.

gung in Bezug genommenen Voraussetzungen für die Planzulassung. Letztlich dient sie der Abdeckung von Kosten, die der öffentlichen Hand im Fall ansonsten notwendiger Ersatzvornahmen, namentlich wegen Nichterfüllung von Wiedernutzbarmachungspflichten des Bergbauunternehmers, entstehen würden.[53] Zugleich trägt § 56 Abs. 2 Satz 1 BBergG dem Verhältnismäßigkeitsgrundsatz Rechnung: Sofern die beantragte Planzulassung ansonsten versagt werden müsste, soll die Bergbehörde prüfen, ob und inwieweit Versagungsgründe durch die weniger eingriffsintensive Leistung einer Sicherheit ausgeräumt werden können.[54]

Die Anordnung von Sicherheitsleistungen kommt in Bezug auf neue, zu verlängernde bzw. zu ändernde (s. o.) Rahmen- und Haupt- ebenso wie bei Sonder- und Abschlussbetriebsplänen in Betracht. Der Umstand, dass frühere Haupt- bzw. fortgeltende Rahmenbetriebspläne noch ohne Sicherheitsleistungen zugelassen wurden, verhindert nicht Anordnungen dieser Art in nachfolgenden (insbes. Haupt-)Betriebsplänen.[55]

2) Sicherungsgegenstand: Auch künftige Pflichten

Nach überzeugender Ansicht dienen Sicherheiten i. S. d. § 56 Abs. 2 BBergG nicht nur der Absicherung der Zulassungsvoraussetzungen für die i. d. R. nur zweijährige Laufzeit insbesondere von Hauptbetriebsplänen, sondern können sie auch zeitlich darüber hinaus reichende Pflichten des Unternehmers betreffen.[56] Gerade im Fall der nach den Umständen gebotenen Vorsorge für die Wiedernutzbarmachung können Betreiberpflichten auch für die Zukunft abzusichern sein. Die zur Finanzierung der Wiedernutzbarmachung aufzubringenden Mittel müssen nach dem beschriebenen „rollierenden System" der Wiedernutzbarmachung gerade erst in – künftigen – Zeitpunkten bzw. nach sukzessiver Beendigung einzelner Abbauphasen (s. o. C.I.1) liquide zur Verfügung stehen und muss das Vorsorgekonzept über den konkreten Planzeitraum hinaus praktisch die gesamte Lebensdauer des Abbaubetriebs einschließlich seiner Rekultivierung erfassen.

---

53 *Piens*, in: Piens/Schulte/Graf Vitzthum, BBergG, § 56 Rn. 259.
54 Ebda., Rn. 258.
55 Überzeugend trotz des von Rahmenbetriebsplänen ausgehenden, indes nur abstrakten und nicht die konkrete Abbaugenehmigung betreffenden Vertrauensschutzes OVG Weimar, ZfBR 2011, 247, Rn. 43.
56 So *von Hammerstein*, in: Boldt/Weller/Kühne/von Mäßenhausen, BBergG, § 56 Rn. 30 ff.; relativierend *Spieth/Hellermann*, ZfBR 2017, 18, 21 f.; a. A. *Piens*, in: Pins/Schulte/Graf Vitzthum, BBergG, § 56 Rn. 258.

3) Sicherungsgrund: „Erforderlichkeit"

Die Planzulassung kann nur dann von einer Sicherheitsleistung abhängig gemacht werden, soweit dies „erforderlich" ist, um die Erfüllung der in § 55 Abs. 1 Satz 1 Nr. 3 bis 13 BBergG und (für Abschlussbetriebspläne) in dessen Absatz 2 genannten Voraussetzungen zu sichern. Zu diesem zentralen Kriterium der Norm ist instanzgerichtlich umstritten, ob es auf der Tatbestands- oder der Rechtsfolgenseite (Ermessenseröffnung) des § 56 Abs. 2 Satz 1 BBergG zu verorten ist und welche Auswirkung dies auf die gerichtliche Überprüfbarkeit hat.[57] Richtigerweise hat man es als Konkretisierung des Verhältnismäßigkeitsprinzips aufzufassen.[58] Die Erforderlichkeit einer Anordnung von Sicherheiten wird schon deshalb, also als gesetzliche und auch grundrechtlich (Art. 12, 14 GG) vermittelte äußere Grenze des der Bergbehörde eingeräumten Ermessens, vollständiger gerichtlicher Überprüfung unterliegen[59] – ohne dass Raum für eine irgendwie geartete Einschätzungsprärogative der Bergbehörde verbliebe.[60] Dafür spricht auch, dass der bergrechtlichen Betriebs- im Unterschied zur (klassischen) Fachplanung bei öffentlichen Infrastrukturen (z. B. Energieleitungen nach §§ 43 ff. EnWG) ein wie immer geartetes „Planungsermessen" der Behörde fremd ist.[61]

a) Regel-Ausnahme-Verhältnis

Als Ausdruck des u. a. grundrechtlich geforderten Verhältnismäßigkeitsprinzips postuliert das Merkmal „Erforderlichkeit" zugleich die *Nachrangigkeit* behördlich verordneter Sicherheitsleistungen[62]: Als Regelfall sieht das BBergG die Pflicht zur „normalen" Vorsorge für die Wiedernutzbarmachung im Rahmen der Betriebsplanzulassung, und das heißt: eigeninitiativ durch den Unternehmer (§ 55 Abs. 1 Satz 1 Nr. 7 BBergG), vor. Daneben oder an deren Stelle greift § 56 Abs. 2 BBergG, ebenso wie schon die „nachträgliche" Aufnahme, Änderung oder Ergänzung von Aufla-

---

57 Im erstgenannten Sinn OVG Magdeburg, ZfBR 2017, 276, Rn. 42; dagegen OVG Weimar, ZfBR 2011, 247, Rn. 43 f.

58 Zutreffend VG Halle, ZfBR 2015, 281, Rn. 23, 25.

59 So wohl auch *von Hammerstein*, in: Boldt/Weller/Kühne/von Mäßenhausen, BBergG, § 56 Rn. 30; *Piens*, in: Piens/Schulte/Graf Vitzthum, BBergG, § 56 Rn. 256.

60 Näher zum Ganzen *Pielow*, in: Tudeshki, Gutachten, Teil B, S. 15 ff.; allgemein zu verfassungsrechtlichen Grenzen des Ermessens: *Jestaedt*, Maßstäbe des Verwaltungshandelns, in: Ehlers/Pünder (Hrsg.), Allgemeines Verwaltungsrecht, 15. Aufl. 2015, § 11 Rn. 63; *Maurer/Waldhoff*, Allgemeines Verwaltungsrecht, 19. Aufl. 2017, § 10 Rn. 50.

61 OVG Lüneburg, ZfBR 2005, 34, Rn. 14, unter Bezug auf BVerwGE 81, 329 – Moers-Kapellen; ausführlich auch *Keienburg*, in: Boldt/Weller/Kühling/von Mäßenhausen, BBergG, § 57a Rn. 30, 39, 53.

62 Im Erg. ebenso *Spieth/Hellermann*, ZfBR 2017, 18, 24 f.

gen gem. Abs. 1, nur subsidiär und im „erforderlichen" Fall. Damit bleibt die Ermessensnorm hinter Vorgaben zu Sicherheitsleistungen in anderen Bereichen zurück: So sehen die §§ 36 Abs. 3 KrWG bzw. § 18 DepV für Betreiberpflichten bei Abfalldeponien sowie allgemeiner noch die §§ 12 Abs. 1 Satz 2 bzw. 17 Abs. 4a BImSchG eine Auferlegung von Sicherheitsleistungen entweder als Regelfall („soll") oder sogar zwingend vor. Von einer entsprechenden „Verschärfung" des § 56 Abs. 2 BBergG sah der Gesetzgeber, wie oben ausgeführt, bislang ab und bleibt es insoweit beim (subsidiären) Regel-Ausnahme-Verhältnis zwischen der „normalen" Vorsorge des Unternehmers (namentlich durch Bildung von Rückstellungen) und der – dann entsprechend begründungsbedürftigen – Auferlegung von Sicherheitsleistungen. Gestützt wird dies durch die Entstehungsgeschichte zu § 56 BBergG: Speziell in Bezug auf die Vorsorge zur Wiedernutzbarmachung sollte dort ursprünglich die Planzulassung *zwingend* von der Leistung einer Sicherheit abhängig gemacht und der Behörde kein Ermessen eingeräumt werden. [63] Dies ging – bislang – gerade nicht in die Gesetzesfassung ein.

Eine generalisierte Pflicht zur Auferlegung besonderer Sicherheitsleistungen ist auch nicht aus dem Gedanken der Verursacherhaftung und einer ihrer Durchsetzung dienenden allgemeinen Sicherstellungs- oder *Gewährleistungsverantwortung* des Staates herzuleiten. Dies wird gelegentlich unter Hinweis auf grundrechtliche Schutzpflichten in Art. 2 Abs. 1, 14 und 20a GG wie auf die gebotene Schonung öffentlicher Haushalte vertreten.[64] Zwar ist der Staat durchaus und haushaltsrechtlich, konkret nach den Grundsätzen der Wirtschaftlichkeit und Sparsamkeit allen Staatshandelns[65], zur Schonung öffentlicher Finanzen angehalten. Weder hieraus noch aus den der Verfassung entlehnten objektiven Schutz- oder Gewährleistungspflichten lässt sich jedoch die Notwendigkeit zu einer – vorrangigen – Zwangsauferlegung von Sicherheitsleistungen generieren. Dazu sind die genannten Prinzipien wie schon das Verursacherprinzip (s. o. C.I.2) viel zu abstrakt bzw. bedürfen sie ihrerseits erst noch der Konturierung durch die Legislative, der insofern über weiten Gestaltungsspielraum verfügt.[66] Erst recht ist es verfehlt, aus der Parallelwertung anhand rigiderer Befugnisse zur Anordnung von Sicherheiten in *anderen* Gesetzen (neben dem schon

---

63 BT-Drs. 8/1315, S. 26 (dort noch zu § 55 Abs. 2) mit Begründung auf S. 112; dagegen Beschlussempfehlung des BT-Wirtschaftsausschusses in BT-Drs. 8/3965, S. 138.
64 S. etwa Forum Ökologisch-Soziale Marktwirtschaft/Institute for Advanced Sustainability Studies e. V., Finanzielle Vorsorge im Braunkohlebereich (unter jur. Beratung durch *C. Ziehm*), 2016, S. 47.
65 § 7 Abs. 1 Satz 1 BHO, entsprechend jew. § 7 Abs. 1 LHO Brandenburg/NRW/Sachsen und Sachsen-Anhalt.
66 S. nur BVerfGE 118, 79, 110 – Emissionshandel; BVerfGE 127, 293, Ls. 4a und Rn. 122 – Käfighaltung; BVerfGE 128, 1, Rn. 132 ff. – Gentechnikgesetz.

genannten Abfall- und Immissionsschutzrecht etwa auch nach § 35 Abs. 5 Satz 3 BauGB) auf entsprechend intensive Pflichten auch nach dem BBergG und zudem „aus Gründen des Art. 3 Abs. 1 GG" zu schließen.[67] In Bezug auf Gleich- oder Ungleichbehandlungen besteht ebenso eine, freilich sachlich zu rechtfertigende Einschätzungsprärogative des Gesetzgebers und darf dieser u. a. nach Sachgebieten typisieren.[68] Wenn nach den bisherigen Beratungen zum Kohleausstiegsgesetz von einer Verschärfung der Ermächtigung in § 56 Abs. 2 Satz 1 BBergG abgesehen wurde, sprechen dafür schon angeführte (o. sub I.) Gründe der handlungs- und formenbezogenen Flexibilität.

b) Auslegung im Einzelfall

Wann aber ist, so fragt sich entscheidend und mit Blick auf einen vorzeitigen Ausstieg aus der Kohleverstromung, die Anordnung einer Sicherheitsleistung „erforderlich"? Dies ist anhand des Normzwecks des § 56 Abs. 2 Satz 1 BBergG (s. o. 1) individuell für jeden Bergbaubetrieb zu erschließen. Neben der Sicherung der Wiedernutzbarmachung der Oberfläche an und für sich (die an und für sich aber schon von den Betriebsplanpflichten in § 55 BBergG erfasst wird) geht es der bergrechtlichen Ermächtigung, wie auch Sicherheitsleistungen nach anderen Gesetzen[69], vor allem darum, deren Finanzierung gerade durch den verantwortlichen Unternehmer zu gewährleisten und somit einer „Ausfallhaftung" der öffentlichen Hand entgegenzuwirken.[70]

Anerkanntermaßen ist, obwohl § 56 Abs. 2 Satz 1 BBergG als *Ausnahme*norm (s. soeben a) recht eigentlich eine enge Auslegung gebietet, es andererseits aber um die möglichst effiziente Gewährleistung der Einhaltung von Wiedernutzbarmachungspflichten und ihrer Finanzierung in der Zukunft geht, insoweit ein *weiter Maßstab* anzulegen: Schon die Begründung zum BBergG führte aus, dass es nach Sinn und Zweck nicht nur auf Zweifel an der Wirtschaftskraft in der Person des Bergbautreibenden ankomme. Die Erforderlichkeit der Erhebung einer Sicherheit könne vielmehr schon dann gegeben sein, sobald sich Zweifel an der Pflichterfüllung „aus allgemeinen Erfahrun-

---

67 So aber Forum Ökologisch-Soziale Marktwirtschaft/Institute for Advanced Sustainability Studies e. V., Finanzielle Vorsorge im Braunkohlebereich, 2016, S. 47.

68 Dazu mit zahlr. Nachw. aus der Rspr. *Kischel*, in: BeckOK Grundgesetz, 42. Edition 2019, Art. 3 Rn. 15 ff., 53 ff.

69 S. z. B. für Sicherheiten nach § 35 Abs. 5 Satz 3 BauGB *Scheidler*, Errichtung und Betrieb von Windkraftanlagen aus öffentlich-rechtlicher Sicht, WiVerw 2011, 117, 179.

70 *von Hammerstein*, in: Boldt/Weller/Kühne/von Mäßenhausen, BBergG, § 56 Rn. 34, im Anschluss an *Keienburg*, Bergrechtliche Sicherheitsleistungen gemäß § 56 Abs. 2 BBergG, ZfBR 2013, 243, 244; auch *von Mäßenhausen*, in: Boldt/Weller/Kühne/von Mäßenhausen, BBergG, § 55 Rn. 32, 34; ferner Jäkel, Die Sicherheitsleistung, S. 58.

gen, aus der wirtschaftlichen Gesamtsituation oder aus anderen Gesichtspunkten ergeben"[71]. Diese Sichtweise hat die Rechtsprechung zu § 56 BBergG[72] wie auch zu Sicherheitsleistungen nach anderen Gesetzen[73] übernommen und bezieht sich etwa auch das „Merkblatt Sicherheitsleistungen" des Sächsischen Oberbergamts als ermessensleitende Direktive darauf.[74]

Jedenfalls sollen bereits latente Zweifel an der in Zukunft, und d. h.: zu Beginn der jeweils maßgeblichen Wiedernutzbarmachungsphase gegebenen Liquidität des Bergbautreibenden die „Erforderlichkeit" einer Sicherheitsleistung begründen. Erst recht gilt dies im Fall der bereits gegebenen oder der drohenden Überschuldung und noch mehr bei gegebenem Insolvenzrisiko.[75] Hierzu wird auch auf (schlechte) Erfahrungen mit an und für sich „vitalen" Unternehmen infolge vergangener Finanz- und Wirtschaftskrisen verwiesen.[76] Auch werden typische „systemische" Risiken besonders spezialisierter Bergbaubetriebe wie namentlich der vom Absatz (allein) in verbundenen Kohlekraftwerken abhängigen Braunkohletagebaue zu berücksichtigen sein.

Immerhin indizielle Wirkung kommt in diesem Kontext den in Kohlebergwerken üblichen bilanziellen *Rückstellungen* (s. o. C.III.2) zu. Sie selbst scheiden als Sicherheiten i. S. d. § 56 Abs. 2 Satz 1 BBergG aus, schon weil sie keinen Aufschluss über die im künftigen Zeitpunkt der Wiedernutzbarmachung tatsächlich vorhandene Liquidität des Unternehmens vermitteln und weil sie nicht „insolvenzfest" sind.[77] Sie können aber, gegebenenfalls mit bisherigen Erfahrungen zur ordnungsgemäßen Verwendung der betreffenden Mittel im Zuge früherer Wiedernutzbarmachungsphasen, Aufschluss jedenfalls zur (gegenwärtigen) wirtschaftlichen Verfassung des Unternehmens vermitteln bzw. als Gradmesser für etwa drohende Überschuldungen dienen. Ein vitaler und mit ausreichenden liquiden Mitteln ausgestatteter Unternehmer erscheint als sicherer Schuldner, insbesondere wenn die Rückstellungen für die Wiedernutzbarmachung in Relation zu sonstigem Ver-

---

71 BT-Drs. 8/1315, S. 112.

72 S. insbes. OVG Magdeburg, ZfBR 2017, 276, Rn. 45; OVG Weimar, ZfBR 2011, 247, 255 (Rn. 50); VG Halle, ZfBR 2010, 33, 37 – alle zit. n. juris.

73 S. nur BVerwGE 131, 11, Rn. 21 ff. zur Sicherheitsleistung nach § 17 Abs. 4a S. 1 BImSchG i. d. F. v. 9.12.2006; aus der Lit. ferner *Keienburg*, ZfBR 2013, 243, 244 f.; Piens, in: Piens/Schulte/Graf Vitzthum, § 56 Rn. 267.

74 Sächsisches Oberbergamt, Merkblatt zur Erhebung und Verwertung von Sicherheitsleistungen gem. § 56 Abs. 2 BBergG, Juni 2019, S. 3

75 *von Hammerstein*, in: Boldt/Weller/Kühne/von Mäßenhausen, § 56 Rn 34 mit BVerwGE 131, 11, Rn. 21 f. (zu § 17 Abs. 4a Satz 1 BImSchG i. d. F. v. 9.12.2006).

76 Ebda., im Anschluss an VG Halle, ZfBR 2010, 33, 42.

77 Deutlich dazu in abfallrechtlichem Kontext BVerwGE 131, 251, Rn. 18.

mögen und Verbindlichkeiten geringem Gewicht sind; Sicherheiten werden in diesem Fall nicht erforderlich sein.[78] Gelingen Rückstellungen für die Wiedernutzbarmachung dagegen nur knapp oder machen sie einen wesentlichen Teil der Gesamtbilanz aus, erscheint das Unternehmen anfällig für wirtschaftliche Schieflagen, wie sie sich v. a. infolge anfangs nicht kalkulierter Mehrkosten für die Rekultivierung ergeben können. Sicherheitsleistungen erscheinen dann zwingend.

c) Konsequenzen

Die vorzeitige, „anlagenscharf" indes noch vertraglich zu präzisierende (s. o. B.II.1) Stilllegung von Braunkohlekraftwerken wird regelmäßig, d. h. sofern existierende Betriebe nicht ohnehin innerhalb kurzer Zeit auslaufen[79], die noch verbleibenden Gewinnungsphasen der jeweils vorgelagerten Tagebaue verkürzen. Je nach verbleibender Betriebsdauer weisen die bislang und sukzessiv gebildeten (Ansammlungs-)Rückstellungen dann ein Defizit zwischen den zum nominal bestimmten Zeitpunkt der Rekultivierung erforderlichen Finanzmitteln und den tatsächlich zu einem früheren Zeitpunkt erforderlichen bzw. verfügbarem Barwert aus. Das Finanzdefizit wird umso höher ausfallen, je länger die Lebensdauer des Tagebaus bislang veranschlagt war bzw. je schneller im Fall des „Ausstiegs" die Auskohlung resp. die Gewinnungsphase tatsächlich endet.[80]

Ein Defizit gleicht m.a.W. dann nicht dem anderen und verbietet sich schon aus Verhältnismäßigkeitsgründen ein Automatismus in Bezug auf Sicherheitsleistungen. Vielmehr wird „tagebauscharf" zu prüfen sein, ob unter Zugrundelegung der unter b) genannten Kriterien – namentlich nach dem Verhältnis zwischen ursprünglich geplanter und voraussichtlich tatsächlich verbleibender Betriebsdauer wie nach dem bisherigen Finanz- und Rückstellungsgebaren des Betreibers – von § 56 Abs. 1 Satz 1 BBergG „erforderlich" Gebrauch zu machen ist oder nicht. Verneint wird dies nach den Vorstellungen der WSB-Kommission wie des Ausstiegsgesetzgebers für Fälle eines „werthaltigen Konzernhaftungsverbundes".[81] Damit wird, obwohl keine Erläuterungen dazu erfolgen, offenbar auf die Regeln über Beherrschungs- und Gewinnabführungsverträge in den §§ 291, 302 ff. AktG und danach etwa denkbare Patronatserklärungen abgehoben, wie sie unter den deutschen Tagebaubetreibern am ehesten bei der *RWE AG* vorliegen dürften. Hinzuweisen ist freilich auch darauf, dass es den Beteiligten unbenommen ist, anstatt nach § 56 Abs. 2 Satz 1

---

78 *von Hammerstein*, in: Boldt/Weller/Kühne/von Mäßenhausen, BBergG, § 56 Rn. 34.

79 Bspw. im Fall des Lausitzer Tagebaus Jänschwalde vorauss. schon 2023, s. WSB-Kommission, Abschlussbericht, S. 47.

80 S. entsprechend ebda., S. 40.

81 S. o. B.II.1) und WSB-Kommission, Abschlussbericht, S. 72.

BBergG einseitig-hoheitlich über Sicherheitsleistungen auch *einvernehmlich* und womöglich schon in öffentlich-rechtlichen Vereinbarungen nach § 43 KVBG-E zu entscheiden.

Es kann womöglich auch und des Weiteren die *wirtschaftliche Gesamtlage* der Braunkohleverstromung mit den davon abhängigen und entsprechend *systemischen Risiken* unterliegenden Tagebauen in den Blick zu nehmen sein. Dies jedenfalls, sollte sich die bekanntlich ohnehin schon angespannte Wettbewerbslage für fossil erzeugte Elektrizität im Stromgroßhandel und/oder aufgrund möglicher weiterer Belastungen im Zuge des EU-Emissionshandels weiter zuspitzen (Stichwort auch: zunehmende Kraftwerksstilllegungen nach § 13b EnWG[82]). Nicht von ungefähr wurde in der Ausstiegsdebatte wiederholt auch angeführt, dass sich ein vorzeitiger Ausstieg aus der Kohleverstromung wie „von selbst" und nur infolge der Wettbewerbs- und Preisentwicklung an den Strombörsen ergeben könne.[83] Angesichts auch der gerichtlich voll überprüfbaren Erforderlichkeit von Sicherheitsleistungen (s. o. sub 3) dürften insoweit freilich hinreichend deutliche Prognosen zu fordern sein.

4) Rechtsfolge: Ermessen

Die Auferlegung von Sicherheitsleistungen unterliegt sodann dem pflichtgemäßen Ermessen der zuständigen Bergaufsicht. Deren Entschließungsermessen über das „Ob" entsprechender Anordnungen hängt maßgeblich von der soeben skizzierten Einschätzung der „Erforderlichkeit" besonderer Sicherheiten ab.[84] Im Rahmen des Auswahl- oder Gestaltungsermessens ist über die Art und Weise der Sicherheit wie über deren Höhe zu befinden.[85]

a) Arten von Sicherheitsleistungen

Die Bergbehörde kann grundsätzlich jede geeignete Sicherheitsleistung zulassen oder auch ablehnen.[86] Sie ist nicht an die Typologie und Vorgaben in den §§ 232 ff. BGB gebunden und enthält § 56 Abs. 2 Satz 2 BBergG Mindestanforderungen nur für Sicherheiten durch in Deutschland zugelassene Versicherer. Ermessensleitend sind die Verwertungssicherheit bzw. das Interesse der

---

82 S. dazu die stets aktuelle „Kraftwerksstilllegungsanzeigenliste" (mit Aufrechterhaltung „systemrelevanter" Kraftwerke) der BNetzA unter www.bnetza.de sowie BNetzA/BKartA, Monitoringbericht 2019, 30.1.2020, S. 72 ff.

83 S. z. B. Interview mit *R. M. Schmitz* (CEO RWE AG) in: VDI Nachrichten (online) v. 5. 7.2019.

84 S. entsprechend Sächsisches Oberbergamt, Merkblatt Sicherheitsleistungen.

85 S. allg. *Jestaedt,* in Ehlers/Pünder (Hrsg.), § 11 Rn. 57.

86 St. Rspr., s. z. B. OVG Magdeburg, ZfBR 2017, 276, Rn. 54; s. a. schon BT-Drs. 8/1315, S. 112; ferner *von Hammerstein,* in: Boldt/Weller/Kühne/von Mäßenhausen, BBergG, § 56 Rn. 38; näher auch *Pielow,* in: Tudeshki, Gutachten, Teil B, S. 22 ff. m. w. N.

Behörde, die Sicherheitsleistung erforderlichenfalls mit einem angemessenen Verwaltungsaufwand in Anspruch nehmen zu können, andererseits die wirtschaftlichen Interessen des Bergbauunternehmers, namentlich hinsichtlich der Kosten für die Stellung der Sicherheit.

Neben Versicherungen und den in § 232 BGB genannten Sicherungsmitteln in Betracht kommen (sonstige) Bürgschaften und Patronatserklärungen.[87] Letztere bilden spezielle Ausprägungen eines Haftungsverbunds im Konzern (s. o. 3) c) und wollen, wie gesagt, sowohl die WSB-Kommission als auch die Bundesregierung mit dem Entwurf zum KVBG in diesem Fall, hinreichende „Werthaltigkeit" des Verbundes vorausgesetzt[88], keine eigenen Sicherheitsleistungen verlangen. Nach § 56 Abs. 2 Satz 1 BBergG ist dies andererseits nicht ausgeschlossen.[89]

b) „Gewillkürte" Sicherheiten und Kombinationslösungen

Angesichts des breit gesteckten Ermessens sind schließlich auch „pragmatische Lösungen" denkbar[90] – und im Einzelfall aus Gründen der Verhältnismäßigkeit bzw. geringerer (Grundrechts-)Eingriffsintensität sogar geboten. Dazu sei noch einmal betont, dass es zur weiteren Absicherung der finanziellen Vorsorge für die Wiedernutzbarmachung nicht zwingend des einseitig-hoheitlichen Vorgehens nach § 56 Abs. 2 Satz 1 BBergG bedarf bzw. dass auch „gewillkürte" Kombinationslösungen mit Sicherheiten nach dieser Vorschrift denkbar sind. Insbesondere lassen sich solche Modelle auch *vertraglich*, womöglich schon im Rahmen der nach § 43 KVBG-E vorgesehenen öffentlich-rechtlichen Vereinbarungen mit den jeweiligen Braunkohlekraftwerks- und/oder Tagebaubetreibern entwickeln.

An Modellen, wie gerade auch im Fall eines vorzeitigen „Kohleausstiegs" garantiert werden kann, dass die Folgekosten des Braunkohlebergbaus von den Betreibern getragen bzw. bisher übliche Sicherungen (Rückstellungen mittels immer neuen Investitionen in konventionelle Kraftwerke und Tagebauinfrastruktur) ersetzt werden können, fehlt es nicht. Vorgeschlagen und für besonde-

---

87 S. insgesamt *von Hammerstein*, in: Boldt/Weller/Kühne/von Mäßenhausen, BBergG, § 56 Rn. 39 m. w. N. auch aus der Instanzrechtsprechung.

88 Diesbezüglich kann sich die Bergbehörde, welche keine umfassende Bonitätsprüfung eines großen Konzerns leisten kann, an den Ratings anerkannter Ratingagenturen orientieren, s. *von Hammerstein*, wie vor, Rn. 40.

89 Gefordert werden dazu „harte" Patronatserklärungen mit uneingeschränkter Innenhaftung der Holding, so *von Hammerstein*, in: Boldt/Weller/Kühne/von Mäßenhausen, BBergG, § 56 Rn. 42 gegen VG Halle, ZfBR 2010, 33, 38. Zur Konzernhaftung in der dt. Braunkohlewirtschaft auch Forum Ökologisch-Soziale Marktwirtschaft/Institute for Advanced Sustainability Studies e. V., Finanzielle Vorsorge im Braunkohlebereich, S. 34; allg. zum Ganzen: *Koch*, Die Patronatserklärung, 2005, insbes. S. 28 ff. und 78 ff.

90 Näher *von Hammerstein*, in: Boldt/Weller/Kühne/von Mäßenhausen, BBergG, § 56 Rn. 42.

res „transparent" und „insolvenzfest" befunden werden beispielsweise und „analog zur Atomwirtschaft" öffentlich-rechtliche Fonds, die sich aus Mitteln der Tagebauunternehmen speisen, etwa mittels einer Abgabe auf die in Zukunft noch geförderte Braunkohle.[91] Das sächsische Oberbergamt entwickelte schon Ende 2017 für den Tagebau Nochten ein eigenes Kombinationsmodell aus Sicherheitsleistungen nach § 56 Abs. 2 Satz 1 BBergG und der Bildung eines vom Tagebauunternehmen getrennten Sondervermögens im Wege eines öffentlich-rechtlichen Vertrags zwischen der *LEAG AG* und dem Freistaat Sachsen.[92]

c) Höhe der Sicherheitsleistung(en)

Schließlich liegt auch die Höhe etwa erforderlicher Sicherheitsleistungen im Ermessen der Bergaufsicht.[93] Sie hat sich naheliegend an den voraussichtlichen Kosten einer bei Ausfall des Bergbautreibenden notwendigen Ersatzvornahme von Maßnahmen zur Wiedernutzbarmachung durch die öffentliche Hand zu orientieren.[94] Allerdings darf nicht sogleich die finanzielle Absicherung einer sofortigen Wiedernutzbarmachung, welche dem Unternehmer massiv Liquidität entziehen würde, gefordert werden. Vollzieht sich das zu sichernde Vorhaben, wie im „rollierenden" System der Wiedernutzbarmachung, in den im Betriebsplan zu definierenden zeitlichen und räumlichen Abschnitten, so ist auch die Höhe der Sicherheitsleistung entsprechend gestaffelt auszugestalten.[95] Daher können auch Maßnahmen ausreichen, die wie etwa in einem Fonds-Modell einen langsamen Aufbau der finanziellen Mittel vorsehen und eine Anpassung der Maßnahmen entsprechend der weiteren wirtschaftlichen und politischen Entwicklung erlauben.

Bei der vorzeitigen Stilllegung von Braunkohlekraftwerken mit den ihnen angeschlossenen Tagebauen wird andererseits auch zu berücksichtigen sein, dass die Auskohlungsphase kürzer als

---

91 Hierzu wie zu weiteren Vorschlägen DIW/Wuppertal Institut/Ecologic Institute (Hrsg.), Die Beendigung der energetischen Nutzung von Kohle in Deutschland – Ein Überblick über Zusammenhänge, Herausforderungen und Lösungsoptionen, Sept. 2018, insbes. S. 90 ff. (https://epub.wupperinst.org/frontdoor/deliver/index/docId/7231/file/7231_Kohlereader.pdf), mit Nachw. auch zu früheren Studien über die Kosten der Wiedernutzbarmachung von Tagebauen und dazu bislang gebildete Rückstellungen (bis Ende 2016 insgesamt rd. 4 Mrd. EUR).

92 S. ebda. Ausführlich dazu *Pielow*, in: Tudeshki, Gutachten, Teil B, S. 37 ff. Der Vertrag ist als „Vorsorgevereinbarung Nochten/Reichwalde" einsehbar unter https://www.oba.sachsen.de/download/Vorsorgevereinbarung_LEAG.pdf (letzter Aufruf am 20.2.20).

93 Für ein erhebliches Ermessen spricht hier auch ein Vergleich mit § 56 Abs. 1 Satz 2 Nr. 1 BBergG, wonach nachträgliche Auflagen zum Betriebsplan u. a. nur bei „wirtschaftlicher Vertretbarkeit" zulässig sind. Eine entsprechende Einschränkung enthält § 56 Abs. 2 Satz 1 BBergG gerade nicht.

94 Hierzu und zum Folgenden *von Hammerstein*, in: Boldt/Weller/Kühne/von Mäßenhausen, BBergG, § 65 Rn. 47 f.

95 S. a. *Keienburg*, ZfBR 2013, 243, 253 f.; *Spieth/Hellermann*, ZfBR, 2017, 18, 23.

ursprünglich geplant ausfallen wird und entsprechend weniger Oberfläche für den Tagebau in Anspruch genommen wird. Damit verringert sich insgesamt der Aufwand für die Wiedernutzbarmachung.

III. Gestaltungsfreiheit der Beteiligten – und Grenzen

Gleichviel ob im Rahmen des § 56 Abs. 2 Satz 1 BBergG einseitig-hoheitlich oder mittels einvernehmlich-vertraglicher Abmachungen unter den Beteiligten: Die mit der vorzeitigen Stilllegung von Braunkohlekraftwerken notwendig werdende Anpassung der finanziellen Vorsorge für die Wiedernutzbarmachung der Oberfläche in den angeschlossenen Tagebauen hat sich innerhalb materiell-, also schon genannter berg- und im Übrigen verfassungsrechtlicher Grenzen zu bewegen. Ferner ist von Interesse, wie sich Entschädigungen für Kraftwerks- und/oder Tagebaubetreiber auswirken.

1) Keine Über-/Untersicherung / Vorrang für „unternehmerische" Vorsorge

Schon aufgrund grundrechtlicher Grenzziehungen (Art. 12 Abs. 1, Art. 14 GG) im Verein mit dem Verhältnismäßigkeitsprinzip verbieten sich Überdehnungen des Vorsorgekonzepts (einschließlich denkbarer Sicherheitsleistungen[96]) in Richtung einer Übersicherung der Vorsorge. Es soll nicht mehr verlangt werden, als was geeignet, erforderlich und angemessen erscheint, um die Wiedernutzbarmachung effizient und vollständig abzusichern. Eine unverhältnismäßige Beeinträchtigung kann, was im Fall des vorzeitigen Ausstiegs aus der Braunkohleverstromung schnell relevant werden kann, auch entstehen, wenn der Unternehmer während des laufenden Betriebs in kurzer Zeit umfangreiche Sicherheiten bzw. umfangreichere als die nach bisherigem Vorsorgekonzept in Gang gesetzte Maßnahmen organisieren muss.[97]

Unter dem Aspekt der Erforderlichkeit von Anforderungen an das konkrete Vorsorgekonzept verbieten sich andererseits, was freilich (auch) schon aus dem bergrechtlichen Regime der Vorsorge zur Wiedernutzbarmachung (oben C.I. u. II.) an und für sich folgt, *Untersicherungen* im Vorsorgekonzept, bspw. durch Außerachtlassung konkret erforderlicher Maßnahmen zur Wiedernutzbarmachung bzw. ihres zeitlichen Ablaufs. Zu allem ist auf die zwar überschaubare, aber dennoch

---

96 Zu den Grenzen des Ermessens nach § 56 Abs. 2 Satz 1 BBergG s. nur OVG Magdeburg, ZfBR 2017, 276, Rn. 54 (zit. nach juris).
97 S.a. *Piens*, in: Piens/Schulte/Graf Vitzthum, BBergG, § 56 Rn. 258.

aussagekräftige Kasuistik der Instanzgerichte zur Verhältnismäßigkeit von Anordnungen zu konkreten Sicherheitsleistungen zu verweisen.[98]

Schließlich unterliegt auch das amtliche Verlangen nach konkreten Sicherungs*mitteln* dem Verhältnismäßigkeitsgebot. Nach den bis hierhin entwickelten Maßgaben dürfte freiwilligen Maßnahmen des Tagebaubetreibers bzw. *konsensualen* Vereinbarungen mit diesem zur Nachjustierung des Vorsorgekonzepts Vorrang gebühren. Dies folgt aus der Grundkonzeption der (auch finanziellen) Vorsorge zur Wiedernutzbarmachung als einer im Betriebsplan zu entwerfenden (§ 55 Abs. 1 Satz 1 Nr. 7 BBergG) und insofern originär unternehmensgesteuerten Aktivität.

2) Auswirkung von Mitfinanzierungen durch die öffentliche Hand

Im Sinne der bergrechtlich prädeterminierten Verursacherverantwortung verhält sich die Pflicht zur finanziellen Vorsorge für die Wiedernutzbarmachung streng akzessorisch zur vorausgegangenen Bergbautätigkeit. Letztere ist, im Rahmen der materiellen Vorgaben zum Vorsorgekonzept, vom Bergbautreibenden buchstäblich „zu 100 Prozent" zu kompensieren. Gleichwohl kann auch die öffentliche Hand in unterschiedlicher und zu berücksichtigender Weise in die Finanzierung der Wiedernutzbarmachung bzw. in deren Vorsorge involviert sein[99] – und gilt dies namentlich für die Situation eines vorzeitigen Ausstiegs aus der Braunkohleverstromung.

a) Insbesondere: Entschädigungen

Insbesondere fragt es sich, wie es um die Wirkung von im Entwurf zum Kohleausstiegsgesetz vorgesehenen Entschädigungen bestellt ist. Wie eingangs (o. B.II.2) ausgeführt, sollen in öffentlich-rechtlichen Vereinbarungen mit Betreibern von Braunkohlekraftwerken bzw. Tagebauen durch die vorzeitige Stilllegung dieser Anlagen bedingte Mehraufwendungen (auch) für die Wiedernutzbarmachung der Oberfläche (mit) entschädigt werden.

An und für sich erscheint das in jener Situation gebotene ambitioniertere Vorsorgekonzept (zwecks Deckung drohender Finanzierungslücken) nicht entschädigungspflichtig: Auch die Pflicht zur entsprechend zeitlich verkürzten Finanzvorsorge für die Wiedernutzbarmachung entspringt weiterhin der „100 %-igen" Verursacherhaftung des Bergbaubetreibers nach dem BBergG. Allerdings

---

98 S. bspw. zur Erforderlichkeit und Angemessenheit von Bürgschaften VG Halle, ZfBR 2015, 281, Rn. 32 und ZfBR 2010, 33, Rn. 21, 25 (zit. nach juris).
99 Allg. dazu *Pielow*, in: Tudeshki, Gutachten, Teil B, S. 2 ff.

können insoweit Vertrauensschutzaspekte und mit ihnen auch Ausgleichspflichten aufgrund unverhältnismäßiger bzw. „unzumutbarer" Inhaltsbestimmungen des Eigentums greifen.[100] Namentlich kann (wie unter 1) ausgeführt) dies der Fall sein, wenn der Unternehmer während des laufenden Betriebs in kurzer Zeit umfangreiche(re) Sicherheiten treffen muss.[101]

Gleichviel, ob eine mit Kraftwerksstilllegungen erforderliche zeitliche Straffung des Vorsorgekonzepts ausgleichspflichtig ist oder nicht: Den Beteiligten ist es vorbehaltlich EU-beihilferechtlicher Restriktionen unbenommen, jedenfalls im Zuge „gewillkürter" und in § 43 KVBG-E angelegter öffentlich-rechtlicher Vereinbarungen die Mitwirkung auch der öffentlichen Hand an der weiteren finanziellen Vorsorge für die Wiedernutzbarmachung zu regeln. Naheliegend erscheint ein solcher „Schuldbeitritt" für die spezifischen Mehrkosten, die einem jeden Tagebaubetreiber gerade infolge vorzeitiger Kraftwerksstilllegungen entstehen. Sollten sich dabei bereits *in der Vergangenheit* gebildete Rückstellungen als unzureichend erweisen, stehen einer Staatshilfe insoweit eigentlich betriebsplanungsrechtlich abschließende und verbindliche Festlegungen im Rahmen der (klaren) Verursacherhaftung nach dem BBerG im Wege. Zwingend ausgeschlossen erscheinen auch solche Hilfen freilich nicht – und erst recht dann nicht, sofern das betreffende Tagebauunternehmen sich in finanzieller Schieflage befindet oder dahin abzuleiten droht; zu erinnern ist insofern nur an die Rettung „systemrelevanter" Banken im Zuge der Finanz- und Staatsschuldenkrise(n).

Jedenfalls wird es auf die präzise Berechnung von Entschädigungen oder Ausgleichsleistungen für jeden einzelnen Tagebau ankommen. Beziehungsweise wird es noch mehr der Festlegung schon in öffentlich-rechtlichen Vereinbarungen nach § 43 KVBG-E dahingehend bedürfen, ob und inwieweit und in welcher konkreten Höhe solche Leistungen – genau und neben gewährten Entschädigungen für die eigentliche und vorzeitig gebotene Betriebseinstellung – der Unterstützung *gerade des Vorsorgekonzepts* für die Wiedernutzbarmachung zu dienen bestimmt sind. Pauschalisierte Entschädigungen verbieten sich insoweit, nicht zuletzt und wiederum aufgrund beihilferechtlicher Vorgaben. Auch können nur bei genauer Berechnung der staatlichen Bezuschussung des Vorsorgekonzepts oben genannte (unverhältnismäßige) Über- oder Untersicherungen der Wiedernutzbarmachung vermieden werden und ist auch nur auf diese (mathematische) Weise an die gesonderte Auferlegung von Sicherheitsleistungen i. S. d. § 56 Abs. 2 Satz 1 BBergG zu denken. Deren „Erforderlichkeit" dürfte sich im Fall staatlicher Beteiligung an der Finanzvorsorge allerdings aufdrängen, soll es in Übereinstimmung mit § 43 Abs. 2 Nr. 5 KVBG-E (s.a. oben B.II.1)

---

100 Grundlegend dazu wieder BVerfGE 143, 246, insbes. Rn. 291 ff., 369 ff. – Atomausstieg.
101 S.a. *Piens*, in: Piens/Schulte/Graf Vitzthum, BBergG, § 56 Rn. 258.

gerade darum gehen, sicherzustellen, dass Zuschüsse der öffentlichen Hand tatsächlich auch zweckentsprechend eingesetzt werden. Insoweit sei auch noch einmal auf mögliche Kombinationen aus vertraglicher Vereinbarung i. S. d. § 43 KVBG-E mit einseitig-hoheitlicher Flankierung durch die Auferlegung von Sicherheitsleistungen erinnert, wie sie etwa dem „Modell Nochten" der sächsischen Bergaufsicht zugrunde liegt (s. oben II.4)b).

b) Strukturhilfen für Braunkohleregionen

Schließlich wird die gebotene streng mathematisierende Abschichtung (Stichwort auch „Nettomehrkostenermittlung") staatlicher Ausgleichsleistungen für die Rekultivierung eines jeden Tagebaus von sonstigen Entschädigungen insbesondere auch Strukturhilfen der öffentlichen Hand zu berücksichtigen haben, die im Zuge des Strukturstärkungsgesetzes für die betroffenen Braunkohleregionen gewährt werden. Wie dazu unter B.II.2) ausgeführt, sind die nach jenem Gesetz zu fördernden Maßnahmen mitunter (teil-)identisch mit herkömmlichen Aufgaben des Tagebauunternehmers bei der Wiedernutzbarmachung der Oberfläche. Zu vermeiden sind insoweit *Doppelförderungen,* schon weil auch diese beihilferechtlich unzulässig erscheinen. Nicht umsonst stehen die Entwürfe sowohl zum Kohleausstiegs- wie zum Strukturstärkungsgesetz (noch) unter dem Vorbehalt der Überprüfung durch die EU-Beihilfenaufsicht.[102]

E. Zusammenfassung und Ausblick

Sofern das Kohleausstiegsgesetz kommt, wie es zum Redaktionsschluss dieses Bandes im Entwurf vorlag, wird das weitere Schicksal der finanziellen Vorsorge für die Wiedernutzbarmachung der Oberfläche von Braunkohletagebauen maßgeblich von den dazu in § 43 KVBG-E vorgesehenen öffentlich-rechtlichen Vereinbarungen abhängen. Schon darin sind verbindliche, insbesondere nach Umfang und Höhe – sowie in Abgrenzung zu Ausgleichsleistungen auch für nachgelagerte Braunkohle*kraftwerks*betreiber – hinreichend präzise Festlegungen zu staatlichen Unterstützungen für das infolge vorzeitiger Kraftwerksstilllegungen notwendig anzupassende Vorsorgekonzept in den einzelnen Tagebauen vorzunehmen. Hinsichtlich des „Wie" der Nachjustierung, etwa im

---

102 S. nochmals Art. 9 KohleausstiegsG (Entwurf), ferner etwa § 15 StrukturstärkungsG und die Begr. in BT-Drs. 19/13398, S. 36 u. ö. Für die Strukturhilfen in den Braunkohleregionen erhofft sich die Bundesregierung zudem v. a. finanzielle Unterstützung im Zuge des *Green Deals* der EU-Kommission wie auch von einer Reform des EU-Beihilferechts; zum Ganzen etwa *Frenz,* Die Beihilfenrechtskonformität von Fördermitteln, ER 2019, 193.

Zuge notwendiger zu erneuernder Hauptbetriebspläne, bieten sich unterschiedliche Gestaltungs-varianten an. Aufgrund auch verfassungsrechtlicher Anforderungen ist dabei der unternehmeri-schen Eigen- und Gestaltungsinitiative bzw. einvernehmlichen Abmachungen unter den Beteilig-ten Vorrang einzuräumen. Freilich kommen auch Kombinationen aus konsensualen bzw. vertraglichen Absprachen mit flankierenden einseitig-hoheitlichen Vorgaben, wie insbesondere der Anordnung von Sicherheitsleistungen gemäß § 56 Abs. 1 Satz 1 BBergG, in Betracht. Im Sinne hinreichender Flexibilität unter den Beteiligten und auch angesichts unterschiedlicher Rahmen-bedingungen eines jeden Tagebaus hat der Entwurfsverfasser zum Kohleausstiegsgesetz jedenfalls gut daran getan, von einer (vielfach geforderten) Anpassung der Ermächtigung in § 56 Abs. 2 BBergG – einstweilen – abzusehen.

Das mit diesem Band zu seinem 200-jährigen Bestehen geehrte *Oberlandesgericht Hamm* wird mit den hier aufgeworfenen Rechtsfragen vermutlich nicht in Berührung kommen. Schließlich wird der Rechtsweg zu den avisierten öffentlich-rechtlichen Verträgen nach § 43 KVBG-E zuvörderst zu den *Verwaltungs*gerichten gehen. Sofern sich dennoch, etwa in Bezug auf Details zu den anzu-passenden Vorsorgekonzepten, bspw. zur gesellschaftsrechtliche Ausgestaltung von Fonds-Model-len oder der (Mit-)Haftung im Konzernverbund, zivilrechtliche Streitigkeiten ergeben, wären allein die für die betreffenden Braunkohlereviere zuständigen OLG's zur Entscheidung berufen. Allerdings werden sich auch dem OLG Hamm im Zuge der weiteren deutschen Energiewende und Klimaschutzstrategie immer wieder neue Herausforderungen stellen, wie auch derzeit schon, etwa beim Ausbau erneuerbarer Energien, der Endkundenbelieferung oder rund um den Betrieb von Strom- und Gasnetzen.[103] Mit Spannung abzuwarten ist gegenwärtig der Ausgang der in Hamm zweitinstanzlich anhängigen „Klimawandelklage" eines Landwirts aus den peruanischen Anden gegen die *RWE AG* aufgrund der von ihren Stein- wie Braunkohlekraftwerken (in Deutsch-land!) ausgehenden Kohlendioxidemissionen[104] – und es ist den Richterinnen und Richtern am OLG Hamm zu allem und weiterhin erfolgreiche und wegweisende Arbeit zu wünschen!

---

103 S. nur bspw. OLG Hamm, Urt. v. 17.1.2020 – 30 U 246/18 – Einspeisung aus Biogasanlage; OLG Hamm, Urt. v. 25.1.2018 – 2 U 89/17 – Stromliefervertrag; OLG Hamm, Beschl. v. 13.3.2013 – I-11 U 145/12 – Haftung des Netzbetreibers für Überspannungs-schäden.

104 Az. 5 U 15/17; vorausgehend LG Essen, NVwZ 2017, 734. Näher etwa *Chatzinerantzis/Appel,* Haftung für den Klimawandel, NJW 2019, 881.

Kohleausstieg nach dem Vorbild des Atomausstiegs?

Herbert Posser

A. Einleitung

Die konventionelle Stromerzeugung, insbesondere aus Braunkohle, steht unter massivem Druck. Sie sieht sich klimaschutzinduzierten Forderungen nach einer alsbaldigen Beendigung ausgesetzt. Dies aufgreifend hat die Bundesregierung eine Kommission mit dem Namen „Wachstum, Strukturwandel und Beschäftigung" – vulgo: „Kohlekommission" – eingesetzt, die unter dem 26.1.2019 Vorschläge „zur schrittweisen Reduzierung und Beendigung der Kohleverstromung, einschließlich eines Abschlussdatums"[1] unterbreitet hat. Angesichts der Erfahrungen mit anderen Kommissionen, hinter deren Erkenntnissen sich die Politik „verstecken" konnte[2], steht zu erwarten, dass der Gesetzgeber[3] jene Ergebnisse weitgehend übernehmen wird. Danach ist damit zu rechnen, dass es – beginnend mit dem Rheinischen Revier – ab 2020 bis zum Jahr 2038 schrittweise und mit verschiedenen Haltepunkten zu einem Ausstieg aus der Kohleverstromung in Deutschland kommen wird.[4] Dahingehende Überlegungen sind kommissionsbegleitend im Schrifttum durch verschiedene Stellungnahmen und Auftragsarbeiten vorbereitet worden, wonach ein Ausstieg aus der Kohleverstromung analog zum Atomausstieg verfassungsrechtlich zulässig wäre.[5]

---

1 So der Koalitionsvertrag zwischen CDU, CSU und SPD zur 19. Legislaturperiode v. 18.3.2018.

2 So etwa die „Ethik-Kommission" beim Kernenergieausstieg; dazu *Büdenbender*, Rechtliche Bilanz der Energiewende 2011 im Hinblick auf den Ausstieg aus der Kernenergie, DVBl. 2017, 1449, 1451

3 Ein behördlicher Ausstieg kommt nach zutreffender Auffassung von vornherein nicht in Betracht; vgl. *Rebentisch*, Kritisches zum propagierten Kohleausstieg aus rechtlicher Sicht, in: Festschrift für Ulrich Büdenbender 2018, S. 273, 282 ff.

4 Vgl. Kommission „Wachstum, Strukturwandel und Beschäftigung", Abschlussbericht, 26.1.2019, S. 62 ff. (https://www.green peace.de/sites/www.greenpeace.de/files/publications/abschlussbericht_kommission_wachstum_strukturwandel_und_beschaefti gung_beschluss.pdf); dazu erste „Gesetzesentwürfe" von Greenpeace/ClientEarth; der „Gesetzentwurf über die Beendigung der Nutzung von Braun- und Steinkohle in Großfeuerungsanlagen" kann im Volltext abgerufen werden unter: https://www.green peace.de/sites/www.greenpeace.de/files/publications/kohleausstiegsgesetz-2.pdf (letzter Abruf: 25.7.2019); Fraktion BÜNDNIS 90/DIE GRÜNEN, Entwurf v. 7.5.2019, BT-Drs. 19/9920.

5 Paradigmatisch etwa das Gutachten der Kanzlei Becker Büttner Held (BBH), Ein Kohleausstieg nach dem Vorbild des Atomausstiegs? – Eine juristische Analyse des Urteils des Bundesverfassungsgerichts vom 6. Dezember 2016, 08/2017 (https://www. agora-energiewende.de/fileadmin2/Projekte/2015/Kohlekonsens/Agora_Rechtsgutachten-Kohlekonsens_WEB.PDF) im Auftrag der Agora Energiewende; ebenfalls parallelisierend *Schomerus/Franßen*, Klimaschutz und die rechtliche Zulässigkeit der Stilllegung von Braun- und Steinkohlekraftwerken, 8.11.2018 im Auftrag des Bundesministeriums für Umwelt, Naturschutz und nukleare Sicherheit; *Klinski*, Instrumente eines Kohleausstiegs im Lichte des EU-Rechts, EnWZ 2017, 203; *ders.*, Rechtsfragen eines „Kohleausstiegs" – Spielräume des Gesetzgebers und Entschädigungsfragen, ER 2019, 104, 104 ff.; *Ziehm*, Das Urteil des Bundesverfassungsgerichts zum Automausstieg: Konsequenzen für den Kohleausstieg, ZNER 2017, 7, 7 ff.; *Däuper/Michaels*, Ein gesetzlicher Ausstieg aus der Kohleverstromung vor dem Hintergrund des Urteils des BVerfG zum Atomausstieg, ENWZ 2017, 211, 211 ff.; *Franzius*, Rechtsprobleme des Kohleausstiegs, NVwZ 2018, 1585, 1587 ff.; *Frenz*, Kohleausstieg und Braunkohletagebau, DVBl. 2019, 467, 467 ff.; *Teßmer*, Beschränkung von Enteignungsmöglichkeiten für Braunkohletagebaue durch Klimaschutzvorgaben, 2019; kritisch dagegen *Schink*, Vier Jahrzehnte Immissionsschutzrecht, NVwZ 2017, 337, 337 ff.; *Rust*, Die Zukunft der

Die in der Literatur geäußerten Ansichten kommen – mit unterschiedlichen Details – zu dem Ergebnis, dass ein gesetzlich angeordneter Kohleausstieg auch ohne Konsens mit den Anlagenbetreibern verfassungskonform wäre. Kohlekraftwerke, die älter als 25 Jahre und „abgeschrieben" sind, könnten vom Gesetzgeber stillgelegt werden, ohne zu Entschädigungszahlungen an die Kraftwerksbetreiber verpflichtet zu sein. Kompensationsansprüche könnten aber dazu dienen, noch kürzere Laufzeiten der Kraftwerke vorzusehen. Zwar sei den Betreibern eine angemessene Umstrukturierungszeit zu gewähren. Im Regelfall des bereits abgeschriebenen Kraftwerks sei hierfür aber nur etwa ein Jahr nach Inkrafttreten des Gesetzes ausreichend, so dass erste Stilllegungen bereits im Jahr 2019 verfassungskonform denkbar seien.[6] Diese Sichtweise hält einer juristischen Prüfung nicht stand. Sie verstößt – jedenfalls[7] – gegen Art. 14 GG.

B. BVerfG-Urteil auf Kohleausstieg nicht übertragbar

Der aktuellen Debatte liegt die Prämisse zugrunde, dass sich die Antworten auf die aufgeworfenen verfassungsrechtlichen Fragen ohne weiteres aus dem BVerfG-Urteil ergäben, diese Entscheidung also gleichsam als „Blaupause" für einen Kohleausstieg dienen könne. Bereits diese Prämisse ist falsch. Die verfassungsrechtlichen Erwägungen des BVerfG sind nicht unbesehen auf den skizzierten Kohleausstieg übertragbar. Im Einzelnen:

I.   Keine Entscheidung über „Ob" des Atomausstiegs

Anders als die Befürworter eines Kohleausstiegs unausgesprochen voraussetzen möchten, hat sich das BVerfG in seinem Urteil zur 13. AtG-Novelle mit der Verfassungsmäßigkeit des *Atomausstiegs als solchem* gar nicht befasst. Gegenstand der Entscheidung war vielmehr allein diejenige

---

konventionellen Stromerzeugung zwischen Rechtsstaatsgebot, gesetzgeberischer Gestaltung und politischem Dirigismus, in: Festschrift für Ulrich Büdenbender 2018, S. 243, 243 ff.; *Rebentisch*, in: FS Büdenbender, S. 273, 285 ff.; *Moench*, Der verfassungsrechtliche Eigentumsschutz nach der Entscheidung des Bundesverfassungsgerichts zum Atomausstieg, in: Festschrift für Matthias Schmidt-Preuß 2018, S. 215, 216; *Büdenbender*, DVBl. 2017, 1449, 1456; *Kreuter-Kirchhof*, Rechtliches Gutachten zur Positionierung des Wirtschafts- und Energieministeriums NRW im Hinblick auf die Kommission „Wachstum, Strukturwandel und Beschäftigung", 2018.

6 So z. B. BBH, Kohleausstieg-Gutachten, S. 3, 21 ff.; die Kommission selbst schlägt dagegen eine einvernehmliche Regelung mit der Braunkohlewirtschaft vor, die auch Entschädigungen umfasst.

7 Neben dem Eigentum sind insbesondere die Berufsfreiheit und der Gleichbehandlungsgrundsatz betroffen; vgl. unter C.

Änderung des Atomgesetzes, die 2011 in Reaktion auf die Reaktorkatastrophe von Fukushima verabschiedet wurde und vornehmlich eine zuvor beschlossene, begrenzte Laufzeitverlängerung der deutschen Kernkraftwerke rückgängig machte, also lediglich eine Ausstiegs*modifikation*.[8]

Der grundsätzliche Ausstieg aus der Kernenergienutzung war zum Zeitpunkt der Verabschiedung dieser Novelle längst beschlossen und mit der Novelle des AtG im Jahre 2002[9] gesetzlich verankert worden. Nach einem Wechsel in der politischen Bewertung waren die seinerzeit festgelegten Reststrommengen der Kernkraftwerke im Jahr 2010 zwar noch einmal erhöht worden („Laufzeitverlängerung"),[10] ohne allerdings an dem grundsätzlichen „Ob" des Ausstiegs aus der Nutzung der Kernenergie zur gewerblichen Energieerzeugung zu rütteln. Das BVerfG-Urtel hat daran anknüpfend ausschließlich die Verfassungsmäßigkeit der kurz darauf erfolgten Aufhebung dieser Laufzeitverlängerung bewertet, nicht aber den bereits seit 2002 feststehenden Ausstieg als solchen.[11]

Das Gericht trifft zur Verfassungsmäßigkeit des grundlegenden Atomausstiegs dementsprechend keinerlei Aussage. Es stellt mit dem ausdrücklichen Hinweis auf die Vorprägung der von Art. 14 GG geschützten Nutzung des Eigentums an den Kernkraftwerken durch den Atomausstieg 2000/2002 vielmehr klar, dass diese vorgefundene Ausgangsrechtslage die nachfolgende eigentumsrechtliche Detailprüfung der 13. AtG-Novelle maßgeblich beeinflusst hat. An einer solchen, die verfassungsrechtlichen Gewichte zu Lasten der Betreiber verschiebenden Vorprägung fehlt es im Fall eines potentiellen Kohleausstiegs schon im rechtstatsächlichen Ansatz – hier ginge es um den *erstmaligen* Ausstieg.

---

8 13. Gesetz zur Änderung des Atomgesetzes v. 31.7.2011 (BGBl. I 1704).

9 Gesetz zur geordneten Beendigung der Kernenergienutzung zur gewerblichen Erzeugung von Elektrizität v. 22.4.2002 (BGBl. I 1351).

10 11. Gesetz zur Änderung des Atomgesetzes v. 8.12.2010 (BGBl. I 1814).

11 Das Gericht stellt in seinem Urteil folgerichtig ausdrücklich klar: „*Nicht Gegenstand der Verfassungsbeschwerden ist hingegen die mit dem Gesetz zur geordneten Beendigung der Kernenergienutzung zur gewerblichen Erzeugung von Elektrizität vom 22. April 2002 (BGBl I S. 1351; im Folgenden: Ausstiegsgesetz) getroffene Grundsatzentscheidung über die Beendigung der friedlichen Nutzung der Kernenergie in Deutschland. Die verfassungsrechtliche Kontrolle des angegriffenen Gesetzes setzt damit auf einer Rechtslage auf, nach der die Beendigung des Leistungsbetriebs der Kernkraftwerke nach Maßgabe der ihnen zugeteilten Elektrizitätsmengen feststand*" (BVerfGE 143, 246, 322 f.). Ebenso: „*Anders als frühere atomrechtliche Genehmigungen, die zwar seit jeher in erheblichem Umfang nachträgliche Auflagen und Einschränkungen zuließen (vgl. § 17 AtG), jedoch zeitlich nicht begrenzt waren, war bei Inkrafttreten der 13. AtG-Novelle die eigentumsrechtlich geschützte Nutzung an den Kernkraftwerken bereits dadurch geprägt, dass sie nur noch bis zum Verbrauch der 2002 zugeteilten Reststrommengen ausgeübt werden durften. Denn der Atomausstieg als solcher war bereits […] festgelegt worden. […] Damit stand bei der Verabschiedung der 13. AtG-Novelle das Auslaufen der Kernenergienutzung als solches außer Frage. Der Atomausstieg von 2000/2002 ist damit nicht Gegenstand des angegriffenen Gesetzes.*" (BVerfGE 143, 246, 328).

II. „Ob" des Atomausstiegs beruhte auf einer mit den Betreibern erzielten Verständigung

Das „Ob" des Atomausstiegs, das der Entscheidung des BVerfG vorauslag, hatte seine Grundlage vielmehr in der zwischen der Bundesregierung und den Energieversorgern geschlossenen Verständigung aus dem Jahr 2000, beruhte also letztlich auf einem Konsens.[12] Die grundlegende Bedeutung einer solchen Einigung für die verfassungsrechtliche Rechtfertigung des Eingriffs wird aber in der gegenwärtigen Debatte unterschätzt oder gleich ganz ausgeblendet. Die seinerzeitige Verständigung ist bei zutreffender Würdigung rahmensetzender Ausgangspunkt und zugleich Maßstab für die verfassungsrechtliche Prüfung; diese doppelte Bedeutung wird in den aktuellen Diskussionsbeiträgen regelmäßig verkannt.[13]

III. 13. AtG-Novelle in zweifacher Hinsicht verfassungswidrig

Noch viel weniger lässt sich dem BVerfG-Urteil entnehmen, dass ein gesetzlich angeordneter Kohleausstieg mit den Anforderungen der Verfassung vereinbar wäre. Ganz im Gegenteil: Gerade dort, wo die 13. AtG-Novelle zu Lasten der Kraftwerksbetreiber hinter den seinerzeitigen Konsens zurückfällt, d.h. nicht lediglich die Laufzeitverlängerung rückgängig macht, sondern die Nutzbarkeit der vereinbarten Reststrommengen beeinträchtigt, hat das Gericht den beschleunigten Ausstieg für unwirksam erklärt.[14] An dieser Entscheidungsformel zeigt sich die große Bedeutung der Verständigung aus 2000/2001 als Maßstab für die verfassungsgerichtliche Prüfung und markiert damit einen wesentlichen Unterschied zu einem für zulässig gehaltenen einseitigen Ausstieg aus der Kohleverstromung, bei dem es an einer solchen konsensualen Grundierung fehlt. Darüber hinaus betont das BVerfG den Investitionsschutzgedanken als besondere

---

12 Vereinbarung zwischen der Bundesregierung und den Energieversorgungsunternehmen v. 14.6.2000, abgedruckt bei *Posser/ Schmans/Müller-Dehn* (Hrsg.), Atomgesetz, 2003, Anhang Nr. 2.

13 So etwa auch im BBH, Kohleausstieg-Gutachten, S. 22 f.

14 So lautet die erste Ziffer des Tenors: *„Artikel 1 Nummer 1 Buchstabe a (§ 7 Absatz 1a Satz 1 Atomgesetz) des Dreizehnten Gesetzes zur Änderung des Atomgesetzes vom 31. Juli 2011 (Bundesgesetzblatt 2011 Seite 1704) ist nach Maßgabe der Gründe dieses Urteils unvereinbar mit Artikel 14 Absatz 1 des Grundgesetzes, soweit das Gesetz nicht eine im Wesentlichen vollständige Verstromung der den Kernkraftwerken in Anlage 3 Spalte 2 zum Atomgesetz zugewiesenen Elektrizitätsmengen sicherstellt und keinen angemessenen Ausgleich hierfür gewährt."* (BVerfGE 143, 246, 357 ff. und 382 ff.).

Ausprägung des Vertrauensschutzes, der zur tenorierten Unwirksamkeit der gesetzlichen Regelungen geführt hat.[15]

Die 13. AtG-Novelle hat sich damit unter zwei Aspekten – hinsichtlich einer unzulässigen Verkürzung der Restlaufzeiten und einem fehlenden Ausgleich für entwertete Investitionen – als verfassungswidrig erwiesen und kann schon deshalb kein Vorbild oder gar verfassungsrechtliche Rechtfertigung für die Regelung eines anderen Sachbereichs sein.

IV. Argumentation des BVerfG stützt sich auf Besonderheiten der Kernkraft – Kohleverstromung ist aber keine „Hochrisikotechnologie"

Weiter untermauert wird dieser Befund durch die explizite Klarstellung des BVerfG, dass das Atomrecht wegen des besonderen Charakters der Kernenergienutzung als (angebliche) Hochrisikotechnologie auch verfassungsrechtlich eine Sonderstellung einnimmt und sich eine Übertragung der dort angelegten verfassungsrechtlichen Wertungen auf andere Techniken der Stromerzeugung von vornherein verbietet.[16]

Hiernach ist eine Übertragung des Urteils auf andere Rechtsgebiete – wenn überhaupt – nur sehr eingeschränkt möglich und kann allenfalls dann in Betracht kommen, wenn eine vergleichbare Sonderstellung begründet werden kann. Auf die hierfür erforderlichen Merkmale von *„extremen Schadensfallrisiken"* und *„nicht geklärten Endlagerproblemen"* stellt das BVerfG in der Entscheidung gleich mehrfach ab.[17] Dies ist für das BVerfG das entscheidende Argument, warum im Falle

---

15 So heißt es im Tenor zu 2.: *„Das Dreizehnte Gesetz zur Änderung des Atomgesetzes ist insoweit mit Artikel 14 Absatz 1 Grundgesetz unvereinbar, als es keine Regelung zum Ausgleich für Investitionen vorsieht, die im berechtigten Vertrauen auf die im Jahr 2010 zusätzlich gewährten Zusatzstrommengen vorgenommen, durch dieses aber entwertet wurden."* (BVerfGE 143, 246, 248).

16 *„Es handelt sich vielmehr um unternehmerisches Eigentum mit einem besonders ausgeprägten sozialen Bezug. Einerseits diente und dient die friedliche Nutzung der Kernenergie der Energieversorgung der Bevölkerung; andererseits handelt es sich um eine Hochrisikotechnologie, die unter anderem mit extremen Schadensfallrisiken, aber auch mit bisher noch nicht geklärten Endlagerproblemen belastet ist [...] Im Hinblick auf diese Besonderheiten der Kernenergienutzung hat das BVerfG bereits in seiner Kalkar-Entscheidung betont, [...] dass dem Atomrecht eine Sonderstellung zukommt, die es rechtfertigt, von verfassungsrechtlichen Grundsätzen abzuweichen, die auf anderen Rechtsgebieten anerkannt sind. [...] Eine völlige Freistellung von ansonsten gebotenen Ausgleichsregelungen ist damit jedoch nicht verbunden."* (BVerfGE 143, 246, 351).

17 In Rede stehe *„die Beurteilung einer Hochrisikotechnologie, deren Schadensrisiken angesichts einer einerseits äußerst geringen Realisierungswahrscheinlichkeit und andererseits eines äußerst weitreichenden Ausmaßes etwaiger Schäden in besonderem Maße von einer politischen Bewertung und dabei in spezifischer Weise auch von einer öffentlichen Akzeptanz abhängig sind"*. (BVerfGE 143, 246, 325).

der Kernenergie auch einem Ereignis wie demjenigen in Fukushima ein eigenes Gewicht in der verfassungsrechtlichen Prüfung zugemessen werden konnte, obwohl es keine neuen Gefährdungen durch die Technologie in Deutschland hervorbrachte, sondern *„allein das Bewusstsein der Öffentlichkeit für diese Risiken"* änderte.[18] Für alle anderen Sachbereiche bleibt es dagegen bei folgender Aussage des Gerichts: *„Soweit hierdurch bestehende Vertrauensschutzpositionen, namentlich bestandsgeschützte Investitionen, entwertet werden, wird allein der politische Wunsch, auf geänderte Wertungen in der Bevölkerung zu reagieren, jedenfalls kurzfristige Politikwechsel oft nicht tragen."*[19]

Dies gilt auch für einen Kohleausstieg. So ist schon nicht erkennbar, dass ein über politische Wünsche interessierter Kreise hinausgehendes verändertes Bewusstsein der Öffentlichkeit für vermeintliche Risiken der Kohleverstromung nachweisbar wäre. Von der Kohlenutzung gehen auch weder extreme Schadensfallrisiken noch eine der Endlagerungsproblematik vergleichbare ungeklärte Folgenbewältigung aus. Die mit ihr verbundenen Gefahren für andere verfassungsrechtlich geschützte Rechtsgüter sind mit denjenigen der Kernkraft schlechthin nicht vergleichbar, so dass sich eine Einordnung als „Hochrisikotechnologie" i. S. d. BVerfG-Urteils schon im Ansatz verbietet.[20] Ein derart vergleichbarer *„besonders ausgeprägte[r] soziale[r] Bezug"*[21] der durch einen Kohleausstieg betroffenen Eigentumspositionen der Betreiber lässt sich auch nicht mit einem Hinweis auf *„das Weltklima"*[22] begründen. So wird auch von den Ausstiegsunterstützern darauf hingewiesen, dass sich die konkreten Folgen von Emissionen der Kohlekraftwerke im Bundesgebiet sowie ihrer Reduzierung nicht bestimmen lassen. Auch sei unstreitig, dass die Folgen nicht kausal einzelnen Kohlekraftwerken zuzuordnen sind.[23] Die gezogene Schlussfolgerung, es gebe dennoch einen starken sozialen Bezug des Betreibens der Kraftwerke, ist damit schlicht falsch: Das BVerfG hat in seiner Entscheidung die Einstufung als Hochrisikotechnologie – und insoweit die Kombination aus unklarem Schadenseintritt und potentiell großer Schadenshöhe – vorausgesetzt. Dies kann – insbesondere angesichts nicht möglicher Kausalitätsnachweise zwischen durch den Klimawandel verursachten Schäden und den einzelnen deutschen Kohlekraftwerken – nicht mit dem

---

18 BVerfGE 143, 246, 356.
19 BVerfGE 143, 246, 356.
20 Auch das BBH-Gutachten erkennt an, dass es sich bei dem Betrieb von Kohlekraftwerken nicht um Hochrisikotechnologie i.d.S. handelt, BBH, Kohleausstieg-Gutachten, S. 13.
21 BVerfGE 143, 246, 325.
22 Beispielhaft BBH, Kohleausstieg-Gutachten, S. 13.
23 BBH, Kohleausstieg-Gutachten, S. 13.

bloßen Hinweis, dass deren Emissionen für Klimaschutzthemen „*eine Rolle spielen*"[24], ersetzt werden. Die Freiheitsrechte und nahezu jedes menschliche Verhalten unterfielen anderenfalls einem allgemeinen „Klimaschutzvorbehalt" und wären beliebig beschränkbar.

C. Verfassungsprobleme eines gesetzlich angeordneten Kohleausstiegs

Ein Kohleausstiegsgesetz ist vorrangig an der Eigentumsgarantie des Art. 14 GG zu messen. Zwar sind auch die Berufsfreiheit gem. Art. 12 GG[25] und der Gleichbehandlungsgrundsatz nach Art. 3 GG[26] einschlägig, doch soll im Rahmen des hiesigen Beitrags das verfassungsrechtlich geschützte Eigentum im Vordergrund stehen.

I. Sachlicher Schutzbereich

Art. 14 Abs. 1 Satz 1 GG schützt grundsätzlich alle vermögenswerten Rechte, die dem Berechtigten von der Rechtsordnung zur privaten Nutzung und eigenen Verfügung zugeordnet sind.[27] Hierzu gehört zunächst das Eigentum im zivilrechtlichen Sinne, aber auch die Möglichkeit, dieses zu nutzen.[28]

1) Anlageneigentum und Nutzungsmöglichkeit

Der Schutzbereich umfasst insbesondere die wirtschaftliche Nutzbarkeit von Betriebsanlagen zur Gewinnerzielung. Dies hat das BVerfG in seiner Entscheidung vom 6.12.2016 ausdrücklich betont.[29] Hinsichtlich bereits errichteter Kohlekraftwerke ist daher nicht nur das Eigentum am Grundstück und an den Betriebsanlagen von Art. 14 GG geschützt, sondern auch die Möglichkeit, die Anlagen zur Stromerzeugung und damit zur Gewinnerzielung zu nutzen.

---

24 BBH, Kohleausstieg-Gutachten, S. 13.
25 BVerfGE 143, 246, 392 – Betroffenheit der Berufsfreiheit durch Totalverbot der Weiterverfolgung des bisherigen Berufs.
26 BVerfGE 113, 167, 227 – (Un-)Gleichbehandlung verschiedener Vergleichsgruppen, etwa bei zeitlicher Staffelung von Abschalt-daten einzelner Kraftwerke, in räumlicher Hinsicht zur Aufrechterhaltung regionaler Versorgungssicherheit, mit Blick auf Anla-gen der Kraft-Wärme-Kopplung oder sonstiger Anlagen wie Sektoren, die CO_2-Emissionen ausstoßen.
27 BVerfGE 112, 93, 107.
28 BVerfGE 88, 366, 377; 101, 54, 75.
29 BVerfGE 143, 246, 327.

Im Bereich der besonders im Fokus stehenden Braunkohleverstromung unterfällt auch das Eigentum an den Anlagen der Braunkohletagebaue und die Bergbauberechtigungen nach dem BBergG dem Schutzbereich von Art. 14 GG.[30] Die Braunkohlentagebaue sind mit den jeweils benachbarten Braunkohlekraftwerken in mehrfacher Hinsicht zu einem *einheitlichen Energieerzeugungssystem* verknüpft und daher wechselseitig voneinander abhängig. Jeder Eingriff, der vordergründig bei den Kraftwerken ansetzt, trifft unmittelbar auch die Tagebaue und jede Beschränkung der Tagebaue träfe umgekehrt zugleich die Kraftwerke. Die besondere gegenseitige Abhängigkeit beruht auf dem Umstand, dass der Transport von Braunkohle über größere Distanzen von vornherein unwirtschaftlich ist. Braunkohle wird daher in allen Revieren lagerstättennah verstromt. Der angeschlossene Tagebau liefert die Braunkohle dabei „just-in-time" zu dem Kraftwerk ohne Möglichkeit einer längerfristigen Lagerung. Jeder Versuch, die Braunkohlenverstromung durch einen hoheitlichen Eingriff in den Betrieb der Kraftwerke zu verringern, würde zugleich den benachbarten Tagebauen mangels alternativer Abnehmer für die Braunkohle die wirtschaftliche Grundlage entziehen. Die Kraftwerkskessel sind ferner allein auf die Eigenschaften der Braunkohle aus der jeweils angeschlossenen Lagerstätte ausgelegt, was eine Bekohlung aus anderen oder wechselnden Tagebauen – wirtschaftliche Transportkapazitäten vorausgesetzt – ebenfalls erheblich einschränkt. Aufgrund dieser existentiellen Verzahnung können Braunkohlenkraftwerke und Braunkohlentagebaue im Unterschied zu anderen industriellen Großvorhaben nie selbständig nur für sich, sondern immer nur zusammen betrieben und betrachtet werden.[31]

Für diejenigen Betreiber von Braunkohlekraftwerken, die zugleich *auch Betreiber des zugehörigen Tagebaus* sind, wirkt ein Kohleausstieg deshalb als kumulativer Grundrechtseingriff, der mehrere Eigentumspositionen vollständig entwertet. Soweit der ein Kohlekraftwerk beliefernde Tagebau einen *anderen Eigentümer/Betreiber* hat, ist zu beachten, dass sich ein Kohleausstieg auch als mittelbarer Eingriff[32] in dessen Grundrechte darstellt, denn auch dann hat die Stilllegung des Kraftwerks notwendig diejenige des Tagebaus zur Folge. Aufgrund des besonderen Vertrauens in die langfristig angelegten bergrechtlichen Planungen sind diese Eingriffe besonders schwerwiegend.

---

30 Zum eigentumsrechtlichen Schutz der Bergbauberechtigungen: BVerfGE 77, 130, 136; *Depenheuer/Froese*, in: v. Mangoldt/Klein/Starck (Hrsg.), Grundgesetz, 7. Aufl. 2018, Art. 14 Rn. 132; BVerwGE 163, 294, Rn. 25 f.

31 *Spieth/Hellermann*, Energiewende – Kohle zwischen Recht und Politik, in: Hebeler/Hofmann/Proelß/Reiff (Hrsg.), Die Zukunft der Energiewende – 32. Trier Kolloquium zum Umwelt- und Technikrecht vom 28.–29.9.2017, 2018, S. 83, 87 f.

32 Zur allgemeinen Anerkennung des modernen Eingriffsbegriffs, der unbeabsichtigte, mittelbare, tatsächliche Beeinträchtigungen erfasst: *Pieroth/Schlink/Kingreen/Poscher*, Grundrechte, 30. Aufl. 2014, Rn. 253.

Das alles gilt auch für „alte" Kraftwerke, bei denen die jeweiligen Investitionen womöglich schon abgeschrieben sind und sich amortisiert haben. Gegenläufige Vorstellungen sind offenbar von der rechtsirrigen Auffassung getragen, dass das Anlageneigentum ab einem gewissen Alter – etwa nach der betriebswirtschaftlichen Abschreibung – verfassungsrechtlich nicht mehr geschützt sei. Das ist jedoch unzutreffend. Auch „altes", abgeschriebenes oder amortisiertes Eigentum unterliegt dem Schutz von Art. 14 GG. Will der Staat dieses Eigentum durch gesetzliche Regelungen seiner Nutzbarkeit berauben, greift er deshalb zentral in das verfassungsrechtlich geschützte Anlageneigentum ein; ein eingriffsmildernder Rabatt für „Alteigentum" ist dem Grundgesetz fremd.

2) Recht am eingerichteten und ausgeübten Gewerbebetrieb

Art. 14 GG schützt zudem das Recht am eingerichteten und ausgeübten Gewerbebetrieb als selbständige Grundrechtsposition.[33] Wird ein Gewerbebetrieb im Einklang mit dem geltenden Recht und im Rahmen bestehender Genehmigungen geführt, so bildet der Betrieb als Ganzes eine eigenständige Vermögensposition, die in ihrer Gesamtheit grundrechtlichen Schutz genießt.[34] Denn die eigentliche wirtschaftliche Nutzbarkeit eines Gewerbebetriebs folgt nicht isoliert aus den einzelnen, im Eigentum des Gewerbetreibenden stehenden Gütern, sondern aus deren Zusammenwirken in einem *„in sich geschlossenen Wirtschaftskörper"*.[35] Dabei werden zwar bloße Gewinnerwartungen nicht geschützt, wohl aber die Nutzung der einzelnen Eigentumsgüter zur Gewinnerzielung.[36] Das BVerfG hat diese Frage bisher nur deshalb stets im Ergebnis offen gelassen, da jeweils ohnehin schon ein hinreichender Schutz der Nutzbarkeit von Betriebsanlagen aus Art. 14 GG bestand.[37]

---

33 BVerwGE 67, 93, 96; 143, 249, 261; BGHZ 161, 305, 312; 187, 177, 180; *Wendt*, in: Sachs (Hrsg.), Grundgesetz, 8. Aufl. 2018, Art. 14 Rn. 26; *Depenheuer/Froese*, in: v. Mangoldt/Klein/Starck, Art. 14 Rn. 133. Ausdrücklich offen gelassen von BVerfGE 123, 186, 259; 143, 246, 331 f.

34 *Wendt*, in: Sachs, Art. 14 Rn. 26.

35 *Wendt*, in: Sachs, Art. 14 Rn. 26.

36 *Depenheuer*, in: v. Mangoldt/Klein/Starck, Art. 14 Rn. 135.

37 Jüngst BVerfGE 143, 246, 331 f.: „*Mit dem Eigentumsschutz für die Betriebsgrundstücke und die Kraftwerksanlagen sowie für deren Nutzung, insbesondere in ihrer Konkretisierung durch die Reststrommengen, sind alle wesentlichen Eigentumsbelange der Beschwerdeführerinnen erfasst. Weitergehender verfassungsrechtlicher Eigentumsschutz [...] könnte ihnen auch nicht über die Rechtsfigur des eingerichteten und ausgeübten Gewerbebetriebs zuteilwerden. Der Schutz geht jedenfalls nicht weiter als der Schutz, den seine wirtschaftliche Grundlage genießt [...].*"

Im Fall eines Kohleausstiegs geht allerdings das Recht am eingerichteten und ausgeübten Gewerbebetrieb in denjenigen Fällen weiter als der Schutz des Anlageneigentums und seiner Nutzungsmöglichkeit, in denen die Kraftwerksanlage derart eng mit einem Braunkohletagebau verzahnt ist, dass aus der Beschränkung der Nutzungsmöglichkeit der einen Rückwirkungen auf den anderen folgen. Dies gilt sowohl in der Konstellation, dass der Eigentümer des Kraftwerks zugleich auch der Bergbauunternehmer ist, als auch dann, wenn der Kraftwerksinhaber seinen Betrieb so eng auf den Braunkohletagebau eines Dritten ausgerichtet hat, dass beide miteinander „stehen und fallen". Der Wert des *„in sich geschlossenen Wirtschaftskörpers"* geht in diesen Fällen über die reine Addition der Nutzung der beiden einzelnen Infrastrukturen hinaus; er liegt werterhöhend gerade in deren Verbundenheit. In der schwerwiegende Folgen nach sich ziehenden Auflösung dieser Verbundenheit liegt ein gesonderter und besonders intensiver Eingriff, der über den Schutz der Nutzbarkeit der unmittelbar betroffenen Betriebsanlagen hinausgeht.

3) Unbefristete immissionsschutzrechtliche Betriebsgenehmigungen

Schließlich sind auch die immissionsschutzrechtlichen Genehmigungen zur Errichtung und zum Betrieb von Kohlekraftwerken vom Eigentumsschutz nach Art. 14 GG erfasst. Inwieweit öffentlich-rechtliche Rechtspositionen den Schutz von Art. 14 GG genießen, ist im Einzelnen zwar umstritten. Ohne weiteres anerkannt ist dieser Schutz jedoch für solche öffentlich-rechtlichen Positionen, die auf erheblicher Eigenleistung des Grundrechtsträgers beruhen und durch eine zumindest eingeschränkte Verfügungsbefugnis gekennzeichnet sind, also etwa für Rentenansprüche.[38]

Darüber hinausgehend wird der Schutz von öffentlich-rechtlichen Genehmigungen verbreitet ebenfalls dem Schutz des Art. 14 GG unterstellt.[39] Das BVerfG hat diese Frage bisher ebenfalls stets offen gelassen.[40] In seiner Entscheidung zur 13. AtG-Novelle hat es für die *atomrechtliche* Betriebsgenehmigung entschieden, dass diese keinen eigenständigen Eigentumsschutz genieße.[41] Diesen

---

38 BVerfGE 100, 1, 32.
39 Ausführlich *Dolde*, Bestandsschutz von Altanlagen im Immissionsschutzrecht, NVwZ 1986, 873, 873 ff.; *Ossenbühl/Cornils*, Staatshaftungsrecht, 6. Aufl. 2013, S. 174 f.; *Sellner/Reidt/Ohms*, Immissionsschutzrecht und Industrieanlagen, 3. Aufl. 2006, S. 192 f.; noch weitergehend *Bryde*, in: v. Münch/Kunig (Hrsg.), Grundgesetz, 6. Aufl. 2012, Art. 14 Rn. 28, der die entsprechenden Rechte auch bereits unabhängig von der Genehmigung als gegeben ansieht.
40 BVerfGK 17, 88, 94 f.; 16, 473, 479.
41 BVerfGE 143, 246, 328 f.

fehlenden Schutz begründet das Gericht unter anderem damit, dass bei „gefährliche[n] Anlagen" die aufgrund der Genehmigung erlangte Position des Eigentümers nicht so stark sei, *„dass ihre ersatzlose Entziehung dem rechtsstaatlichen Gehalt des Grundgesetzes widersprechen würde"*.[42] Dies ist auf die Genehmigungen zum Bau und Betrieb von Kohlekraftwerken nicht übertragbar. Denn die Entscheidung des BVerfG zur Atomgesetznovelle beruht auch in diesem Punkt auf den besonderen Eigenschaften der Kernenergieerzeugung als sogenannte Hochrisikotechnologie; insoweit ist aufgrund der nicht vergleichbaren Risikostruktur bereits sehr zweifelhaft, ob es sich bei einem Kohlekraftwerk um eine „gefährliche Anlage" i.S.d. BVerfG-Urteils handelt.

Die in der öffentlichen Debatte zuweilen ohne weiteres gezogene Parallele[43] zwischen einer immissionsschutzrechtlichen Genehmigung zum Bau und Betrieb eines Kohlekraftwerks und den Ausführungen des BVerfG zur atomrechtlichen Genehmigung greift schon deshalb zu kurz. Ein Weiteres kommt hinzu: Die immissionsschutzrechtliche Genehmigung ist eine gebundene Kontrollerlaubnis, während im Kernenergierecht gem. § 7 Abs. 2 AtG ein Versagungsermessen besteht; die Genehmigungsstrukturen beider Zulassungen sind insofern nicht vergleichbar. Der Blick auf die Genehmigungsvoraussetzungen bestätigt dies: Während die Genehmigung nach dem BImSchG eine Sachgenehmigung ist, deren Erteilung keine Prüfung personengebundener Genehmigungsvoraussetzungen voraussetzt (vgl. § 6 BImSchG), sind im atomrechtlichen Genehmigungsverfahren auch umfangreiche personenbezogene Anforderungen nachzuweisen (§ 7 Abs. 2 AtG, Mischkonzession). Auch der einzuhaltende Maßstab des „Stands von Wissenschaft und Technik" im Atomrecht und derjenige des „Stands der Technik" im Immissionsschutzrecht zeigen, wie unterschiedlich der Gesetzgeber beide Energieerzeugungsarten einstuft. Das lässt sich auch historisch erklären: Während die Kernenergie eine gänzlich neue, unbekannte Technologie darstellte, konnte das BImSchG nahtlos an die (preußische) Gewerbeordnung anknüpfen und sich in deren bewährte Traditionslinien stellen. Auch das Bergrecht bestätigt diesen Befund. Dort sind öffentlich-rechtliche Genehmigungen im Zusammenhang mit dem Abbau bergfreier Bodenschätze nach ständiger Rechtsprechung des BVerfG vom Schutz des Art. 14 GG erfasst.[44] Denn der Eigentumsbegriff des Grundgesetzes beinhaltet gerade – wie ausgeführt – *„grundsätzlich alle vermögenswerten Rechte, die dem Einzelnen privatnützig zugewiesen sind"*.

---

42 BVerfGE 143, 246, 328 f.; dazu kritisch *Moench*, in: FS Schmidt-Preuß, S. 215, 239 f.
43 BBH, Kohleausstieg-Gutachten, S. 9.
44 BVerfGE 77, 130, 136 für die Aufsuchungserlaubnis nach § 7 BBergG; ebenso BGHZ 161, 305, 313; BVerwGE 163, 294, Rn. 25 f.

II. Eingriff in Form der Inhalts- und Schrankenbestimmung

Die einseitige Anordnung eines zeitlich gestaffelten Ausstiegs aus der Kohleverstromung stellt sich als Verkürzung der bisherigen Eigentümerbefugnisse im Hinblick auf die Anlagen – und damit als Eingriff in den Schutzbereich des Art. 14 GG – dar. Insoweit bestehen keine Unterschiede zwischen den in der Öffentlichkeit diskutierten unterschiedlichen Regelungsmöglichkeiten (feste Enddaten für bestehende Kraftwerke, Zuweisung von Reststrommengen oder von CO_2-Emissionsmengen, Stilllegungsauktionen). Der in einem Kohleausstieg liegende Eingriff ist dabei nach der neueren Judikatur als Inhalts- und Schrankenbestimmung zu klassifizieren.[45]

III. Rechtfertigung

1) Keine Absenkung des verfassungsrechtlichen Schutzniveaus

Art. 14 Abs. 1 Satz 2 GG bestimmt, dass Inhalt und Schranken des Eigentums durch die Gesetze bestimmt werden. Entsprechende Bestimmungen müssen verhältnismäßig sein. Zwar kommt dem Gesetzgeber bei deren Ausgestaltung ein Einschätzungs- und Beurteilungsspielraum zu. Dieser besteht aber nur im Rahmen der verfassungsmäßigen Ordnung (Art. 20 Abs. 3 GG).[46] Die Sozialbindung des Eigentums nach Art. 14 Abs. 2 GG führt dazu, dass grundsätzlich *„die Interessen der Beteiligten in einen gerechten Ausgleich und ein ausgewogenes Verhältnis"* gebracht werden müssen.[47] Dies bedeutet aber nicht, dass jedes Interesse der Allgemeinheit an einem Zugriff auf das Eigentum ohne weiteres Eingriffe rechtfertigen kann. Im Rahmen der Verhältnismäßigkeitsprüfung muss vielmehr insbesondere die Bedeutung des betroffenen vermögenswerten Guts für den Eigentümer beachtet werden. Das Wohl der Allgemeinheit, an dem sich der Gesetzgeber zu orientieren hat, ist nicht nur Grund, sondern auch Grenze für die Beschränkung der Eigentümerbefugnisse.[48]

Insbesondere wenn wie hier die Neuordnung eines Rechtsgebiets in Rede steht[49] und nach früherem Recht bestehende Nutzungsbefugnisse, von denen bereits Gebrauch gemacht wurde, entzogen

---

45 BVerfGE 143, 246, 332 f. So zutreffend auch BBH, Kohleausstieg-Gutachten, S. 11.
46 Vgl. BVerfGE 80, 244, 255; 120, 224, 241; *Sachs*, in: Sachs, Art. 20 Rn. 149; *Pieroth/Schlink/Kingreen/Poscher*, Grundrechte, Rn. 290. Dies gilt auch für das Gestaltungsermessen, das dem Gesetzgeber bei der Ausgestaltung des umweltrechtlichen Verursacherprinzips zukommt: *Rehbinder*, in: Rehbinder/Schink (Hrsg.), Grundzüge des Umweltrechts, 5. Aufl. 2018, Kap. 3 Rn. 150.
47 BVerfGE 101, 239, 259; 112, 93, 109.
48 BVerfGE 143, 246, 341.
49 BVerfGE 70, 191, 201 f.; 83, 201, 211 ff.

werden,[50] ist der gesetzgeberische Spielraum weiter eingeschränkt.[51] So verlangt die Umgestaltung individueller Rechtspositionen zunächst, dass Gründe des Gemeinwohls vorliegen, die den Vorrang vor dem berechtigten Vertrauen auf den Fortbestand eines Rechts verdienen. Überdies sind mindestens auch angemessene und zumutbare Überleitungsregelungen geboten.[52] Der Gesetzgeber ist einer strikten Verhältnismäßigkeitsprüfung unterworfen.[53]

Die in der gegenwärtigen Diskussion häufig geäußerte Einschätzung, dem Gesetzgeber komme in Bezug auf einen möglichen Kohleausstieg schon deshalb eine besonders weite Einschätzungsprärogative zu, weil es sich hierbei nicht um eine formelle Enteignung i. S. d. Art. 14 Abs. 3 GG, sondern „nur" um eine Inhalts- und Schrankenbestimmung i. S. d. Art. 14 Abs. 1 Satz 2 GG handele,[54] trifft nach alledem nicht zu. Aus Gründen des effektiven Grundrechtsschutzes verbietet es sich, den verfassungsrechtlichen Schutz einer Eigentumsposition allein unter Verweis auf eine bestimmte, rein formaljuristische Einordnung des sie beeinträchtigenden Rechtsakts aufzuweichen. Maßgeblich ist vielmehr das tatsächliche Gewicht des Eingriffs, das hier ganz erheblich wäre. Auch das BVerfG hat in seiner Entscheidung zur 13. AtG-Novelle noch einmal sehr deutlich gemacht, dass die Qualifikation eines Eingriffsakts als Inhalts- und Schrankenbestimmung nicht automatisch zu einem im Vergleich zur Enteignung verminderten Schutzniveau führt.[55]

---

50 BVerfGE 58, 300, 338; BVerfG, NJW 1998, 367.

51 Gefordert sind etwa Härteklauseln und großzügige Übergangsregelungen.

52 BVerfGE 58, 300, 351; 70, 191, 201.

53 Zusammenfassend das BVerfG: „Der Gesetzgeber darf nicht nur nach Art. 14 Abs. 1 Satz 2 GG Eigentumsrechten einen neuen Inhalt geben. Ebenso wie er neue Rechte einführen darf, kann er auch das Entstehen von Rechten, die nach bisherigem Recht möglich waren, für die Zukunft ausschließen. Die Eigentumsgarantie gebietet nicht, einmal ausgestaltete Rechtspositionen für alle Zukunft in ihrem Inhalt unangetastet zu lassen [...] Selbst die völlige Beseitigung bisher bestehender, durch die Eigentumsgarantie geschützter Rechtspositionen kann unter bestimmten Voraussetzungen zulässig sein [...]. Der Gesetzgeber unterliegt dabei jedoch besonderen verfassungsrechtlichen Schranken [...]. Der Eingriff in die nach früherem Recht entstandenen Rechte muss durch Gründe des öffentlichen Interesses unter Berücksichtigung des Grundsatzes der Verhältnismäßigkeit gerechtfertigt sein [...]. Die Gründe des öffentlichen Interesses, die für einen solchen Eingriff sprechen, müssen so schwerwiegend sein, dass sie Vorrang haben vor dem Vertrauen des Bürgers auf den Fortbestand seines Rechts, das durch den Art. 14 Abs. 1 Satz 1 GG innewohnenden Bestandsschutz gesichert wird [...]. Auch das zulässige Ausmaß des Eingriffs hängt vom Gewicht des dahinterstehenden öffentlichen Interesses ab [...]. Die völlige, übergangs- und ersatzlose Beseitigung einer Rechtsposition kann jedenfalls nur unter besonderen Voraussetzungen in Betracht kommen." (BVerfGE 143, 246, 342).

54 Etwa BBH, Kohleausstieg-Gutachten, S. 12.

55 „Der Einwand schließlich, der enge, klassische Enteignungsbegriff verkürze den Eigentumsschutz, weil er mit seiner Konzentration auf Güterbeschaffungsvorgänge den übrigen Bereich einschränkender Eigentumsregeln bis hin zu einem Eigentumsentzug der grundsätzlich entschädigungslos hinzunehmenden Inhalts- und Schrankenbestimmung öffne, wird der unterschiedlichen Wirkweise beider Institute nicht gerecht. Auch die Inhalts- und Schrankenbestimmung des Eigentums muss sich – insbesondere,

GESTERN HEUTE MORGEN

2) Angemessenheit

Im Rahmen dieser Abhandlung ist es nicht möglich, en detail auf die Verfassungskonformitätsvoraussetzungen des legitimen Zwecks, der Geeignetheit und der Erforderlichkeit einzugehen. Aus Platzgründen soll nur die Verhältnismäßigkeit im engeren Sinne erörtert werden. Die Angemessenheit einer Maßnahme setzt danach voraus, dass Beeinträchtigungen nicht außer Verhältnis zum verfolgten Zweck stehen und bei einer Gesamtbewertung ausgewogen und deshalb zumutbar sind.[56] Der angestrebte Nutzen ist dem Gewicht der Beeinträchtigungen gegenüberzustellen und abzuwägen. Hierzu kommt es auf den Rang sowie die Art und Schwere der Beeinträchtigung des betroffenen Freiheitsrechts einerseits und die Bedeutung sowie die Intensität der Gefährdung des zu schützenden Rechtsguts andererseits an.[57] Im Einzelnen:

a) Gewicht der Eigentumsbeeinträchtigungen

Die Betreiber der Kohlekraftwerke sind Inhaber unbefristeter Betriebsgenehmigungen, auf die sie im jeweiligen Genehmigungsverfahren einen Anspruch hatten. Diese geben ihnen das Recht, ihre Anlage innerhalb der durch die Genehmigung gezogenen Grenzen grundsätzlich unbegrenzt – d.h. insbesondere auch über den Amortisationszeitpunkt hinaus – zur Stromproduktion zu nutzen. In diese von Art. 14 GG geschützte Befugnis griffe ein einseitig angeordneter Kohleausstieg ein. Diese Eigentumsbeeinträchtigung wäre besonders schwerwiegend:

aa) Vollständige Beseitigung bestehender Rechtspositionen

Die Anlagenbetreiber behalten zwar ihre Grundstücke und Anlagen; diese formale Rechtsposition verliert indes vollständig ihren Wert, da das Nutzungsrecht und damit die Nutzungsmöglichkeit zum jeweiligen Abschaltdatum umfassend beseitigt wird. Ein solcher Eingriff stellt die schwerwiegendste denkbare Bestimmung von Inhalt und Schranken des Eigentums dar. In der BVerfG-Entscheidung zur 13. AtG-Novelle bewertete das BVerfG den Entzug von *„im Durchschnitt rund 12 Jahresleistungen je Kernkraftwerk"* bereits als *„enorm"*.[58] Der im Falle eines Kohleausstiegs in

---

wenn sie bestehende Eigentumsrechte zu Lasten der Betroffenen umgestaltet – als verhältnismäßig, gleichheitsgerecht und vertrauensschutzwahrend erweisen [...]. Außerdem kann auch die Inhalts- und Schrankenbestimmung ausnahmsweise zu Ausgleichspflichten führen, wenn sie sich ansonsten als verfassungswidrig erwiese [...]." (BVerfGE 143, 246, 337 f.).

56 Vgl. BVerfGE 90, 145, 173; 99, 202, 212 ff.; 105, 17, 36; 115, 320, 345 ff.; 118, 168, 195 ff.; 120, 274, 321 f.
57 BVerfGE 113, 63, 80.
58 BVerfGE 143, 246, 350.

Rede stehende Eingriff ist daran gemessen noch sehr viel gravierender: Da es anders als im Fall des beschleunigten Kernkraftausstiegs zuvor noch keinerlei zeitliche Begrenzung der Laufzeiten der Kraftwerke gab, wäre die entzogene Nutzungsmöglichkeit zeitlich in vergleichbarer Form gar nicht bestimmbar. Dem Betreiber wird das von der Rechtsordnung bislang anerkannte Recht entzogen, seine Anlage *unbefristet* bis zum Erreichen ihrer, ggf. durch Nachrüstungen verlängerbaren technisch-wirtschaftlichen Lebensdauer zu nutzen. Diese überschreitet den 12-Jahres-Zeitraum um ein Vielfaches; eine Spanne von 50 bis 60 Jahren ist keine Seltenheit.

bb) Uneingeschränkte und hohe Schutzwürdigkeit der betroffenen Eigentumspositionen

Das BVerfG hat seine Abwägungsentscheidung im Falle der 13. AtG-Novelle mit der *„mehrfach eingeschränkt*[en]" Schutzwürdigkeit der betroffenen Eigentumspositionen begründet. Es hat hierzu darauf abgestellt, dass Kernenergieanlagen ein *„unternehmerisches Eigentum mit einem besonders ausgeprägten sozialen Bezug"* seien, die im Rahmen der Laufzeitverlängerung 2010 zugewiesenen Zusatzstrommengen nicht auf einer Eigenleistung der betroffenen Unternehmen beruhten und – anders als die im Rahmen der Konsenslösung 2000 vereinbarten „Altmengen" – auch keine Kompensation für einen anderweitigen Nachteil (seinerzeit: das „Ob" des Kernenergieausstiegs) darstellen.[59] Jene Begründungsansätze sind auf die Konstellation eines Kohleausstiegs nicht übertragbar: Die betroffenen Eigentumspositionen der Betreiber sind in ihrer Schutzwürdigkeit nicht herabgesetzt. Im Gegenteil sind sie aufgrund der bisher unbefristeten Genehmigungen, auf welche die Betreiber vertraut und investiert haben, und speziell für die Braunkohlekraftwerke aufgrund ihrer engen Vermaschung mit den – von einem Ausstieg ebenfalls in ihrer Existenz betroffenen – Tagebauen sogar deutlich erhöht.

(1) Keine erhöhte Sozialpflichtigkeit

Die Schutzwürdigkeit von unter Art. 14 GG fallenden Rechtspositionen ist grundsätzlich umso größer, je mehr das Eigentum der persönlichen Freiheit des Einzelnen dient, und umso geringer, je ausgeprägter ein sozialer Bezug des Eigentums ist. Dass es sich bei den Kohlekraftwerken um Anlagen von Unternehmen handelt, führt als solches nicht zu einem sozialen Bezug. Auch Unternehmen genießen grundsätzlich uneingeschränkt den Schutz des Eigentumsgrundrechts.[60]

---

59 BVerfGE 143, 246, 350 ff.
60 BVerfGE 143, 246, 343.

457

Soweit in der öffentlichen Diskussion in diesem Zusammenhang davon ausgegangen wird, die erhöhte Sozialbindung der Kohlekraft bestehe aufgrund eines geringen personalen Bezugs, da ein Allgemeininteresse an der Stromerzeugung zur Sicherung der allgemeinen Versorgung existiere, geht dies fehl. Zwar gibt es durchaus Fälle, in denen die Nutzung und Verfügung des Eigentums die Belange anderer berührt und deshalb eingeschränkt werden kann.[61] Eine Sozialbindung der Kohlekraftwerke dergestalt, dass andere ihrer zur eigenen Freiheitssicherung bedürfen, kann im Kontext eines einseitig angeordneten Kohleausstiegs indes nicht zu Lasten der Kraftwerksbetreiber angeführt werden: Denn Ziel der Initiative ist gerade die Abschaltung und Entwertung fremden Eigentums, nicht dessen Nutzung zur Freiheitssicherung für Dritte. Es liegt vielmehr *genau umgekehrt*: Gerade wegen der Allgemeinwohldienlichkeit einer gesicherten Energieversorgung[62] – so wichtig wie das tägliche Brot[63] – ist der Gesetzgeber in seiner Gestaltungsfreiheit begrenzt. Als von der jeweiligen Politik des Gemeinwesens unabhängiges „absolutes Gemeinschaftsgut"[64] steht die Versorgungssicherheit gerade nicht dem beliebigen gestalterischen Zugriff des Gesetzgebers offen. Der Allgemeinwohlbezug der Kohleverstromung begrenzt also gerade die gesetzgeberischen Gestaltungsoptionen und erweitert sie nicht.

Das BVerfG hat in seiner Entscheidung vom 6.12.2016 zur Begründung eines besonderen sozialen Bezugs deshalb auf die Einordnung der Kernenergie als „Hochrisikotechnologie" aufgrund der besonderen Kombination aus unklarem Schadenseintritt und potentiell großer Schadenshöhe abgestellt.[65] Eine solche Technologie stellt die Kohleverstromung unstreitig nicht dar; ein Risiko von Schäden katastrophalen Ausmaßes steht hier nicht in Rede. Das fehlende Risiko schwerer Schadensfälle bei Kohlekraftwerken kann nicht durch den Hinweis auf behauptete „katastrophale Folgen" der Gesamtheit aller CO_2-Emissionen ersetzt werden.[66] Damit wird lediglich versucht, verbal an ein „Hochrisiko" anzuschließen. Insbesondere fehlt es an einer nachweisbaren Kausalität zwischen den Emissionen der deutschen Kohlekraftwerke und einer konkreten Folge des Klimawandels. Der vom BVerfG vorausgesetzte Zurechnungszusammenhang – wie im entschiedenen Fall zwischen einem Kernkraftwerk und dem *von diesem* ausgehenden Restrisiko eines schweren Schadensfalls – liegt nicht vor. Angesichts des Umstands, dass heutzutage weite Bereiche der

---

61 BVerfGE 50, 290, 340 f.
62 BVerfGE 134, 242, 337 f.; 66, 248, 258; 45, 63, 78 f.; 38, 258, 270; 30, 292, 323.
63 BVerfGE 66, 248, 258.
64 BVerfGE 30, 292, 323.
65 BVerfGE 143, 246, 351.
66 So aber BBH, Kohleausstieg-Gutachten, S. 13.

privaten – und insbesondere der privat*wirtschaftlichen* – Nutzung von verfassungsrechtlich geschützten Eigentumsgegenständen mit der Emission von Treibhausgasen einhergeht, erhielte der Gesetzgeber einen „Freibrief" zur Beschränkung oder gar Entziehung der entsprechenden Eigentumspositionen, wenn diese allein aufgrund ihres – genehmigten – Emissionsverhaltens in der Schutzwürdigkeit herabgesetzt oder gar schutzlos gestellt wären. Das Argument des Klimaschutzes würde unter diesen Voraussetzungen zur „Allzweckwaffe" des Gesetzgebers, mit der sich private Eigentumsrechte nahezu unbegrenzt aufheben oder einschränken ließen, da das Gewicht der ihnen entgegengehaltenen Belange stets überwöge. Dies widerspräche aber auf eklatante Weise dem Schutzgehalt der verfassungsrechtlichen Eigentumsgarantie. Die Institutsgarantie des Eigentums stünde gleichsam unter einem allgemeinen Klimavorbehalt.

(2) Eigentumspositionen beruhen auch auf erheblichen Eigenleistungen der Betreiber

Im Hinblick auf die 2010 gewährten Zusatzstrommengen hat das BVerfG in seiner Entscheidung die geringere Schutzwürdigkeit damit begründet, dass diese nicht auf einer Eigenleistung der betroffenen Unternehmen beruhten und diesen auch nicht als Ausgleich für eine anderweitige Belastung gewährt worden seien.[67] Die im Rahmen des ersten Kernenergieausstiegs 2000 zugeteilten Reststrommengen nähmen dagegen am Eigentumsschutz teil: Denn das Anlageneigentum und die bis zum „ersten" Ausstieg bestehende Nutzungsmöglichkeit beruhten *„im Wesentlichen auf Eigenleistungen der Investitionen und Unterhalt tragenden Kraftwerkseigentümer"*[68] und die seinerzeitigen Reststrommengen seien Ausgleich für die Beendigung der bis dahin unbefristeten Nutzungsmöglichkeit gewesen, so dass ihr Eigentumsschutz wie derjenige der Anlagen selbst zu werten sei. Aus dieser Argumentation des BVerfG zum beschleunigten Kernenergieausstieg folgt zweierlei: (1) Die Anlagen und ihre Nutzung genießen einen starken Eigentumsschutz, da sie auf den Eigenleistungen der Kraftwerkseigentümer beruhen. (2) Die Beendigung einer bis dahin unbefristeten Nutzungsmöglichkeit setzt einen Ausgleich voraus.

(3) Nutzungsmöglichkeit bis jetzt unbegrenzt

Das BVerfG hat mit seinem ausdrücklichen Hinweis, dass die Ausstiegsentscheidung 2000/2002 nicht Gegenstand seiner Beurteilung ist, verdeutlicht, dass die mit der grundsätzlichen Entscheidung über das „Ob" des Ausstiegs aus der Kernenergie verbundenen Eingriffe in die Grundrechte

---

67 BVerfGE 143, 246, 352.
68 BVerfGE 143, 246, 372.

459

der Betreiber nicht geprüft wurden. Darüber hinaus war deren verfassungsrechtliche Position im Zeitpunkt der 13. AtG-Novelle durch diese ursprüngliche und von den Kraftwerksbetreibern einvernehmlich mitgetragene Ausstiegsentscheidung bereits geschwächt. Sie hätten sich nicht mehr auf eine unbegrenzte Nutzbarkeit der Anlagen und ein daran anknüpfendes Vertrauen berufen können. Im Umkehrschluss heißt das: Die Eigentumsrechte der Kohlekraftwerke sind in die vorzunehmende Abwägung auch deshalb mit größerem Gewicht einzustellen, als es die Rechte der Kernkraftwerksbetreiber waren, weil sie noch keinerlei Entscheidung – ob hoheitlich oder im Konsens – über die Abschaltung ihrer Anlagen ausgesetzt waren. Hier ginge es um den „ersten" – und zudem nicht konsentierten – Ausstieg, nicht lediglich um dessen Beschleunigung, was einen gravierenden Unterschied in der verfassungsrechtlichen Bewertung nach sich zieht und auch das BVerfG in seinem Urteil zur 13. AtG-Novelle ausdrücklich anerkennt.

cc) Besonders schwerwiegende Eingriffsfolgen bei der Stilllegung von Braunkohlekraftwerken

Im Bereich der Braunkohleverstromung verstärken die Besonderheiten des Bergrechts das Gewicht, das den Belangen der Betreiber in der Abwägung zukommt, nochmals deutlich. So wird in der öffentlichen Wahrnehmung regelmäßig die Bedeutung des Bergrechts verkannt und die Komplexität der aufeinander abgestimmten Systeme aus Tagebauplanung und Kraftwerksbetrieb unterschätzt. Diese beiden Systeme sind existentiell derart aneinander gekoppelt, dass sie nur zusammen betrieben und betrachtet werden können. Die Abschaltung eines Braunkohlekraftwerks hat zwingend die Aufgabe des zugehörigen Tagebaus zur Folge. In die verfassungsrechtliche Bewertung eines möglichen Kohleausstiegs sind aus diesem Grund auch die Eigentumsrechte an den Tagebauen und das allgemeine Interesse an deren geordnetem Fortbetrieb einzustellen. Insoweit ist vor allem deren besondere öffentlich-rechtliche Überformung durch das Bergrecht zu berücksichtigen. Dem Braunkohleabbau liegen langfristige, öffentlich-rechtliche Planungen in Form von Rahmenbetriebsplänen (§ 52 Abs. 2 Nr. 1 BBergG) und eines Systems von Betriebsplänen zugrunde. Dieses System darf und kann bei der verfassungsrechtlichen Bewertung der Eigentumsrechte an den Tagebauen nicht ausgeblendet werden. Die langfristig angelegten bergrechtlichen Planungen und die im Vertrauen auf ihren Bestand getätigten Investitionen vermitteln dem Eigentum an den Tagebauanlagen dementsprechend einen besonderen, verfassungsrechtlich relevanten Bestandsschutz. Dies gilt umso mehr, als sich in der langfristigen Planung praktische und wirtschaftliche Bedürfnisse des Braunkohletagebaus spiegeln, die Langfristperspektive dem Braunkohlesystem also wesensimmanent ist; ohne sie kann Braunkohlegewinnung und -verstromung nicht betrieben werden. Im Übrigen verbieten sich kurz- und mittelfristige Eingriffe in die

Tagebauplanungen schon deshalb, weil sie ohne komplexe, aufwendige und langwierige Genehmigungsverfahren gar nicht geändert werden dürften.

Hinzu kommt, dass die bislang bestehenden Braunkohleplanungen gerade einen Ausgleich zwischen verschiedenen Belangen (z. B. Rekultivierung zum Ausgleich von Eingriffen, Zukunftsperspektiven für involvierte Gemeinden) und Rechtsträgern (Bergbauunternehmer, betroffene Grundstückseigentümer, betroffene Gemeinden) begründen. Dieser Ausgleich wurde in jahrzehntelangen Planungen und teilweise unter gerichtlichen Auseinandersetzungen gefunden. Ganze Regionen und Generationen haben daran ihre Planungen ausgerichtet. Auch zum Schutz dieses Gesamtgefüges wie der Rechte Einzelner darf der Gesetzgeber nicht an singulärer Stelle eingreifen. Stattdessen müsste im Falle von vorzeitigen Kraftwerks- und Tagebauschließungen ein vollständig neuer Ausgleich der verschiedenen, zurzeit im Wesentlichen befriedeten und planbaren Rechtspositionen geschaffen werden.

b) Gewicht der geschützten Rechtsgüter

Die Belange der Kohlekraftwerksbetreiber sind im Vergleich mit der Rechtsposition, die das BVerfG den Kernenergiebetreibern zugesprochen hat, deutlich gewichtiger. Zwar stehen – auf den ersten Blick – dieselben Gemeinwohlbelange des Art. 2 Abs. 2 GG und des Art. 20a GG in Rede. In der Entscheidung zur 13. AtG-Novelle hat das BVerfG diesen Belangen durchaus einen hohen Wert beigemessen.[69] Das Gericht macht allerdings ebenso deutlich, dass es für die Bedeutung, welche die geschützten Rechtsgüter/Gemeinwohlbelange in der Abwägung einnehmen, auf die Besonderheiten des jeweiligen Sachverhalts ankommt, insbesondere auf den Grad der Rechtsgutgefährdung, der bei einem Unterbleiben der gesetzgeberischen Maßnahme (fort-)bestünde. Im seinerzeitigen Urteil waren in diesem Zusammenhang abermals die Besonderheiten der Kernenergie entscheidend: Die mit dem um 12 Jahre beschleunigten Ausstieg aus der Kernenergie verbundene „Risikominderung" liegt nach Auffassung des Gerichts darin, dass das nach dem Unfall in Fukushima anders wahrgenommene Restrisiko (eines Schadenseintritts katastrophalen Ausmaßes) weniger lange als zunächst geplant hingenommen werden musste.[70]

Die Gründe des öffentlichen Interesses, die einen derart schwerwiegenden Eingriff – wie ihn der Entzug des Nutzungsrechts an den Kraftwerken darstellt – rechtfertigen, müssen mithin so gewich-

---

69 BVerfGE 143, 246, 353 f.
70 BVerfGE 143, 246, 354.

tig sein, dass sie Vorrang haben vor dem Vertrauen des Bürgers auf den Fortbestand seines Rechts, das durch die Bestandsgarantie des Art. 14 Abs. 1 Satz 1 GG gesichert wird.[71] Dies kann für einen Kohleausstieg jedoch nicht angenommen werden: Weder ist das von den Anlagen unmittelbar ausgehende Unfallrisiko mit dem Restrisiko der Kernkraft vergleichbar, noch führen die durch einen Kohleausstieg eingesparten Emissionen zu einer wesentlichen Verbesserung der Situation im Hinblick auf den globalen Klimawandel. Falls dennoch ein Störfall eintreten sollte, wären dessen Folgen lokal begrenzt und weder langfristig noch potentiell verheerend für Mensch und Umwelt. Die mit der Maßnahme einhergehende Verbesserung des Rechtsgüterschutzes aus Art. 2 Abs. 2 GG und des Art. 20a GG bleibt deshalb vollkommen vage. Ihr kommt im Rahmen der Abwägung somit nur ein sehr schwaches Gewicht zu.

Vor allem ist auch im hiesigen Kontext hervorzuheben, dass die Bedeutung des politischen Ziels der Reduktion von Treibhausgasemissionen angesichts des bereits implementierten Systems des europäischen Emissionshandels in der verfassungsrechtlichen Abwägung ohnehin deutlich zu relativieren ist, wenn nicht schon die Erforderlichkeit des Eingriffs bestritten wird. Denn der europäische wie nationale Gesetzgeber hat sich dieses Themas angenommen und eine spezifische Lösung entwickelt. Letzterer hat dabei in § 5 Abs. 2 BImSchG zum Ausdruck gebracht, dass der Emissionshandel abschließend sein soll und zusätzliche Anforderungen zur Begrenzung von Emissionen von Treibhausgasen nur zulässig sind, damit im Einwirkungsbereich der Anlage keine schädlichen Umwelteinwirkungen entstehen. Eine allgemein klimapolitische Zwecksetzung ist danach ausgeschlossen. Dementsprechend würde ein noch darüber hinausgehender Kohleausstieg im Widerspruch zu jener abschließenden Regelung stehen. Das wiederum würde gegen die Grundsätze der Widerspruchsfreiheit der Rechtsordnung und der Systemgerechtigkeit gesetzlicher Regelungen verstoßen. Entsprechend gering ist auch das Gewicht der Erwägung, es gehe um eine Emissionsvermeidung im Interesse des Klimaschutzes.

c) Abwägung

Im Falle eines Kohleausstiegs stehen Eigentumspositionen mit großem verfassungsrechtlichen Gewicht einer allenfalls vage konturierten und unter Berücksichtigung des europäischen Emissionshandels gegen Null gehenden Verbesserung des Schutzes von Gemeinwohlbelangen gegenüber. Die notwendige Gesamtabwägung muss sich dabei an den Leitlinien des BVerfG zur Recht-

---

71 BVerfGE 83, 201, 212; 143, 246, 342.

fertigung einer Inhalts- und Schrankenbestimmung orientieren.[72] Hieraus folgt unmittelbar, dass die Beseitigung einer Rechtsposition nur unter besonderen Voraussetzungen in Betracht kommt und in jedem Fall ein schonender Übergang zu gewährleisten ist. Die zur Ausgestaltung dieser Schonung zur Verfügung stehenden Kompensationsregelungen (Ausnahmen/Befreiungen, Übergangsregelungen und Ausgleichszahlungen) stehen in einem Stufenverhältnis dergestalt, dass zum Mittel der Entschädigungszahlung nur dann gegriffen werden darf, wenn ein inhaltlicher Ausgleich nicht möglich ist.

aa) Vertrauensschutz

Im Rahmen der verfassungsrechtlichen Eigentumsgarantie ist dabei stets der rechtsstaatliche Grundsatz des Vertrauensschutzes zu berücksichtigen, der in Art. 14 Abs. 1 GG für vermögenswerte Güter eine eigene Ausprägung erfahren hat.[73] Die Kraftwerksbetreiber haben jahrzehntelang durch erhebliche Investition in ihre Anlagen ihr Vertrauen in die – politisch gewollte – Kohleverstromung betätigt. Sie haben ihre Geschäftspolitik für einen langen Zeitraum danach ausgerichtet. Die Einführung des ETS durften sie so verstehen, dass das Ziel einer Einsparung von CO_2-Emissionen über dieses europäische Anreizsystem verfolgt werden sollte. Der deutsche Gesetzgeber hat dies mit bestätigenden Rechtsakten – wie etwa der abschließenden Regelung der Emissionsminderung in § 5 Abs. 1 Satz 2 BImSchG – flankiert. Mit einem Ausstieg aus der Kohleverstro-

---

72 „*Entzieht der Staat aus Gründen des Gemeinwohls Eigentum, [...] stellt sich dem Gesetzgeber stets die Frage, ob eine solche Inhalts- und Schrankenbestimmung vor Art. 14 GG nur dann Bestand haben kann, wenn angemessene Ausgleichsregelungen vorgesehen sind. Es ist dem Gesetzgeber grundsätzlich nicht verwehrt, eigentumsbeschränkende Inhalts- und Schrankenbestimmungen, die er im öffentlichen Interesse für geboten hält, auch in Härtefällen durchzusetzen, wenn er durch kompensatorische Vorkehrungen unverhältnismäßige oder gleichheitswidrige Belastungen des Eigentümers vermeidet und schutzwürdigem Vertrauen angemessen Rechnung trägt [...]. Die nach Art. 14 Abs. 1 Satz 2 GG eröffnete Möglichkeit, die Verfassungsmäßigkeit einer sonst unverhältnismäßigen Inhalts- und Schrankenbestimmung mittels eines durch den Gesetzgeber vorzusehenden finanziellen Ausgleichs zu sichern, besteht allerdings nur für die Fälle, in denen der mit der Schrankenbestimmung verfolgte Gemeinwohlgrund den Eingriff grundsätzlich rechtfertigt, aus Verhältnismäßigkeitsgründen allerdings noch zusätzlich einer Ausgleichsregelung bedarf [...]. Die finanziell ausgleichspflichtige Inhalts- und Schrankenbestimmung ist jedoch die Ausnahme. Der in Art. 14 GG verankerte Bestandsschutz des Eigentums verlangt im Rahmen des Möglichen vorrangig, eigentumsbelastende Regelungen ohne kompensatorische Ausgleichszahlungen verhältnismäßig auszugestalten, etwa durch Ausnahmen und Befreiungen oder durch Übergangsregelungen [...].*“ (BVerfGE 143, 246, 338 f.).

73 „*Geschützt ist das Vertrauen in die Verlässlichkeit und Berechenbarkeit der unter der Geltung des Grundgesetzes geschaffenen Rechtsordnung und der auf ihrer Grundlage erworbenen Rechte [...]. Das Eigentumsgrundrecht schützt damit auch berechtigtes Vertrauen in den Bestand der Rechtslage als Grundlage von Investitionen in das Eigentum und seiner Nutzbarkeit; ob und inwieweit ein solches Vertrauen berechtigt ist, hängt von den Umständen des Einzelfalls ab.*“ (BVerfGE 143, 246, 341 f., 383).

mung war vor diesem Hintergrund nicht zu rechnen, so dass sich auch geschütztes Vertrauen darauf, die Anlagen im vorgesehenen Umfang nutzen zu können, gebildet hat.

Für den Bereich der Braunkohle kommt hinzu, dass die besonderen Planungen, die dem Abbau zugrundeliegende, erhebliche zusätzliche Vertrauenstatbestände geschaffen haben. Die mehrfach gestufte staatliche Planung zur Braunkohlegewinnung gewährleistet nicht allein einen Ausgleich zwischen den beteiligten und teils gegenläufigen Interessen und Belangen. Sie ist überdies geradezu exemplarisch auf Langfristigkeit angelegt, da Braunkohlengewinnung in Großtagebauen allein in einem solchen langfristigen Rahmen ökologisch und wirtschaftlich überhaupt erst möglich ist. Dementsprechend vermittelt sie dem Bergbauunternehmer in ausdrücklicher Anerkennung der bei Vorhaben dieser Art und Größe erforderlichen langfristigen Kapitalbindungen und Personal- und Investitionsplanungen einen verstärkten und hervorgehobenen Vertrauensschutz.[74] Gerade die Braunkohlegewinnung ist mithin auf Langfristigkeit und Kontinuität angelegt. Der so konturierte Vertrauensschutz verstärkt das Gewicht der Betreiberbelange in der Abwägung signifikant.

bb) Länge angemessener Übergangsfristen

In der öffentlichen Diskussion wird hinsichtlich der Übergangsfristen i. S. d. Restlaufzeiten (und etwaiger Entschädigungszahlungen) auf die Amortisation der Investitionen in die Kraftwerke abgestellt.[75] Grundlage dieser Argumentation ist jedoch eine unzutreffende Ableitung aus dem BVerfG-Urteil zum beschleunigten Ausstieg aus der Kernenergie. Denn weder der Atomausstieg von 2002, noch das Urteil des BVerfG vom 6.12.2016 zur 13. AtG-Novelle eignen sich zur Bestimmung angemessener Übergangsfristen/Entschädigungszahlungen (auch) für die Kohlekraftwerksbetreiber. Dies hat gleich mehrere Gründe:

Entscheidend ist auch hier, dass die Kohleverstromung keine Hochrisikotechnologie ist und daher keiner besonderen Sozialbindung unterliegt. Dies führt bei ihr zu einer für den Betreiber deutlich

---

74 Der Braunkohlenplan für das Abbauvorhaben Garzweiler II fasst dies wie folgt zusammen: *„Es gehört zu den Besonderheiten der Braunkohlenplanung, dass diese langfristig verlässlich und verbindlich sein muss. Dieses entspricht nicht nur der notwendigen Investitionssicherheit für die betroffenen Unternehmen, sondern auch den Grundsätzen der allgemeinen Energieversorgung, die ebenfalls einem längerfristigen Beurteilungshorizont entsprechen muss. Die Genehmigung eines Braunkohlenplans geht somit davon aus, dass dieser langfristig Bestand hat. Die Genehmigung begründet damit einen umfassenden Vertrauensschutz. Weder unterliegt sie einer regelmäßigen noch einer beliebigen Änderbarkeit."*; Ministerium für Umwelt, Raumordnung, Landwirtschaft des Landes Nordrhein-Westfalen, Genehmigungen des Braunkohlenplans Garzweiler II v. 31.3.1995, S. 7.

75 So z. B. BBH, Kohleausstieg-Gutachten, S. 5 f., 19, insbesondere 21 ff.

günstigeren „Abwägung der Interessen der Allgemeinheit und der Beteiligten" im Sinne des Art. 14 Abs. 3 Satz 3 GG, der für die Entschädigungshöhe auch bei der ausgleichspflichtigen Inhalts- und Schrankenbestimmung sinngemäß anzuwenden ist[76].

Auch unabhängig von diesem generellen Unterschied zwischen Kernkraft und Kohleverstromung lässt sich aus dem BVerfG-Urteil nicht ableiten, dass die bloße Amortisation eines Kraftwerks – ggf. zuzüglich eines bestimmten Gewinns – dazu führen würde, dass dessen zwangsweise Abschaltung ohne weiteren finanziellen Ausgleich zulässig wäre. Der ursprüngliche Atomausstieg beruhte auf einer Vereinbarung zwischen Staat und Betreibern, nicht auf einseitigen gesetzgeberischen Entscheidungen. Dass die Betreiber als Gegenleistung für den Atomausstieg in dieser Vereinbarung eine Amortisation von Investitionen sowie einen bestimmten Gewinn nach Maßgabe eines bestimmten Berechnungsmechanismus zugrunde gelegt haben, sagt rein gar nichts darüber aus, ob der Staat eine solche Regelung auch gesetzlich als ausgleichspflichtige Inhalts- und Schrankenbestimmung zwangsweise hätte durchsetzen können.[77] Das BVerfG hat sich nicht dazu geäußert,

---

76 BVerfGE 143, 246, 257.

77 Das gilt vor allem aus zwei Erwägungen: Zunächst vor dem Hintergrund, dass seinerzeit ein „Gesamtpaket" geschnürt wurde, das keineswegs lediglich in einer Amortisation durch Reststrommengen bestand. Ganz im Gegenteil gab es zahlreiche weitere, anders gelagerte und zentrale Regelungen wie etwa (1) die *Sicherstellung* eines geordneten und *ungestörten Betriebs* der Kernkraftwerke während der Restlaufzeit, also die Absage an den bis dato praktizierten „ausstiegsorientierten Gesetzesvollzug", (2) *keine Änderung* der *Sicherheitsphilosophie*, (3) *keine Diskriminierung* der Kernenergie durch einseitige Maßnahmen, (4) eine anlagengerechte *Neuordnung* der *Entsorgung*, insbesondere des Entsorgungsvorsorgenachweises unter Aufgabe der von einigen Ländern betriebenen „Verstopfungsstrategie", und (5) den Abschluss des Planfeststellungsverfahrens für *Schacht Konrad* (vgl. die seinerzeit geschlossene Vereinbarung sowie *Hennenhöfer*, Einführung, in: Posser/Schmans/Müller-Dehn (Hrsg.), Atomgesetz, S. 11. Hätte es all das [für die Kernkraftwerksbetreiber] nicht gegeben, wäre eine bloße Gewährung von Restlaufzeiten in der Gesamtabwägung mangels hinreichenden Ausgleichs nicht akzeptiert worden. Ohne ein solches „Gesamtpaket" wären vielmehr deutlich längere Laufzeiten geboten gewesen. Auch der Gesetzgeber der Ausstiegsnovelle von 2002 hat jenen übergreifenden Kompensationsgedanken gesehen und ausdrücklich den Begriff eines „Gesamtpakets" benutzt (BT-Drs. 14/6890, S. 15). Gleichermaßen referenziert das BVerfG in seinem Urteil vom 6.12.2016 auf verschiedene weitere Elemente der seinerzeitigen Vereinbarung und des Gesetzes von 2002, insbesondere die Garantie, während der Restlaufzeiten den ungestörten Betrieb der Anlagen zu gewährleisten (BVerfGE 143, 246, 370 – unter Verweis auf BT-Drs. 14/6890, S. 13). Nicht verkannt werden darf zum zweiten, dass sich der Amortisationsgedanke keineswegs in der Annahme von 32 Jahren Regellaufzeit erschöpft. Vielmehr wurde diese Zahl nur als *ein* Element bei der Berechnung der Reststrommengen (nicht: Restlaufzeiten) angesetzt, das dann um weitere Faktoren erhöht wurde. So trat neben diese Regellaufzeit eine *jahresbezogene Referenzmenge*, die für jedes Kraftwerk – anlagenscharf – als Durchschnitt der fünf höchsten Jahresproduktionsmengen zwischen 1990 und 1999 berechnet wurde. Weiterhin ist ein um *5,5 %* *erhöhtes* Produktionsergebnis – u. a. aufgrund der fortschreitenden technischen Optimierung – unterstellt worden. Die maßgebliche Reststrommenge ergab sich damit durch Multiplikation der um 5,5 % erhöhten Referenzmenge mit der Restlaufzeit. In der öffentlichen Debatte wird dagegen regelmäßig die angesetzte Regellaufzeit mit der am Ende maßgeblichen Reststrommenge verwechselt. Keinesfalls darf deshalb schlicht auf die Zahl von 32 Jahren abgestellt werden, wenn man auch insoweit das „Vorbild Atomausstieg" propagiert.

465

ob der Atomausstieg von 2000/2002 und die dort geregelten Produktionsmengen die Eigentumsrechte der Betreiber hinreichend berücksichtigt haben. Denn dieser Ausstieg war nicht Streitgegenstand des Urteils zur 13. AtG-Novelle; über ihn wurde nie verfassungsgerichtlich entschieden. Den Amortisations- und Gewinnmaßstab, den EVU und Regierung im Jahr 2000 ihrer *freiwilligen* Vereinbarung als ein Berechnungselement zugrunde gelegt haben, darf nicht automatisch gleichsam als rechtsverbindliche Größe allen anderen Sachbereichen zugrunde gelegt werden.

Schließlich übersieht die öffentliche Diskussion auch in diesem Punkt die existentielle Verzahnung der Kraftwerke mit den angeschlossenen Tagebauen, obwohl letztere –unabhängig von verfassungsrechtlich gebotenen Ausgleichsregelungen für den Kraftwerksbetrieb – für wesentliche Änderungen, sofern diese überhaupt in Betracht kommen, besonders lange Übergangszeiträume benötigen: Die unvermeidbaren Auswirkungen des Braunkohlentagebaus auf die Umwelt und die Kulturlandschaft lassen sich nur dann minimieren, wenn sie in eine langfristige und bruchfreie Planung eingebunden und die Wiedernutzbarmachung (Rekultivierung) im laufenden Betrieb mit bedacht und mit erledigt wird. Kurzfristige oder nachträgliche Änderungen erheblicher Art sind in aller Regel bergbautechnisch, wirtschaftlich und ökologisch ausgeschlossen und auch im Übrigen ist der Spielraum für Änderungen an einer einmal eingeschlagenen Bergbaukonzeption eng begrenzt. Jede erhebliche Änderung setzt überdies eine Revision der Tagebauplanung voraus. Eine solche Änderung auf allen Planungsstufen (Leitentscheidung, Braunkohlenplan, Rahmenbetriebsplan) benötigt bis zum Abschluss eine Planungsdauer von in der Regel 20 Jahren, wobei Klageverfahren den Abschluss der Planungsverfahren nochmals zusätzlich verzögern können.

Die in diesem Kontext zuweilen vorgeschlagene Mindestlaufzeit von 25 Jahren für Kohlekraftwerke verfehlt deshalb das „Vorbild Atomausstieg" gleich in mehrfacher Hinsicht: Offensichtlich werden (i) nicht einmal die 32 Jahre Regellaufzeit, geschweige denn (ii) das zeitliche Äquivalent zu den Reststrommengen, erreicht; es liegt (iii) auch kein – längere Laufzeiten substituierendes – Gesamtpaket vor und schließlich (iv) bleiben die aufgrund der Tagebaue rechtlich und faktisch gebotenen Übergangszeiträume – denen beim „Vorbild Atomausstieg" ohnehin eine Entsprechung fehlt – völlig unberücksichtigt.

cc) Entschädigung in Höhe des vollen Verkehrswertes der Anlagen

Hielte man das Abwarten angemessener Restlaufzeiten mit Blick auf die Zweckerreichung für unzumutbar, bestünde für den Gesetzgeber schließlich – ausnahmsweise – die Möglichkeit, die Verfassungsmäßigkeit eines Kohleausstiegs durch Entschädigungszahlungen herzustellen und/

oder eine Kombination aus Restlaufzeit und Entschädigung vorzusehen.[78] Da die Restlaufzeiten, die für eine Verhältnismäßigkeit der Ausstiegsregelung einzuhalten wären, derart lang sind, dass das gesetzgeberische Ziel des Kohleausstiegs erst in vielen Jahren erreichbar wäre, wird voraussichtlich eine Entschädigungsregelung gewählt werden. Damit diese die Verhältnismäßigkeit der Inhalts- und Schrankenbestimmung sicherstellt, müsste sie folgende Voraussetzungen erfüllen:

Für die Höhe der Entschädigung gelten bei der ausgleichspflichtigen Inhalts- und Schrankenbestimmung grundsätzlich die gleichen Maßstäbe wie bei der Enteignung. Die Höhe ist daher entsprechend Art. 14 Abs. 3 Satz 3 GG unter gerechter Abwägung der Interessen der Allgemeinheit und der Beteiligten festzulegen. Geboten wäre eine Entschädigung der Kraftwerks- und Tagebaubetreiber in Höhe des Verkehrswerts der Anlagen vor der Ausstiegsentscheidung.[79] Ausdrücklich nimmt der Bundesgerichtshof in Entschädigungsverfahren im Falle der staatlich veranlassten, endgültigen Schließung eines Gewerbes dessen Verkehrswert als Maßstab der Entschädigungshöhe.[80] Ebenso hat das BVerfG verschiedentlich Entschädigungsregelungen bei ausgleichspflichtigen Inhalts- und Schrankenbestimmungen für verfassungswidrig erklärt, weil diese den Verkehrswert nicht erreichen, so etwa in mehreren Entscheidungen zur Verschmelzung im Aktienrecht hinsichtlich des aktuellen Börsenwertes der betreffenden Aktien.[81] Auch in einer der wegweisenden Entscheidungen des BVerfG zur ausgleichspflichtigen Inhalts- und Schrankenbestimmung – dem Denkmalschutz-Beschluss vom 2.3.1999 – hat das Gericht den Verkehrswert ausdrücklich als Maßstab benannt.[82] Hieraus wird in der Literatur abgeleitet, dass bei einer ausgleichspflichtigen Inhalts- und Schrankenbestimmung – *weitergehend* als bei der Enteignung – sogar zwingend stets

---

78 Ständige Rechtsprechung des BVerfG zur ausgleichspflichtigen Inhalts- und Schrankenbestimmung, vgl. BVerfGE 58, 137, 149 f.; 79, 174, 192; 83, 201, 212 f.; 100, 226, 244; 143, 246, 338.

79 Vgl. zur Entschädigung nach dem Verkehrswert: *Rust*, in: FS Büdenbender, S. 243, 249 f.; *Roller*, Enteignung, ausgleichspflichtige Inhaltsbestimmung und salvatorische Klauseln – Eine Bestandsaufnahme im Lichte der neuen Judikatur des BVerfG, NJW 2001, 1003, 1007

80 „*Bewirkt beispielsweise der Eingriff in einen Gewerbebetrieb dessen endgültige Schließung, dann muss der Wert des Betriebes ermittelt und dieser Betrag als Entschädigung geleistet werden, damit der Inhaber diesen Ersatzbetrag entsprechend nutzbringend verwerten kann.*" (BGHZ 57, 359, 369).

81 Grundlegend das Feldmühle-Urteil, BVerfGE 14, 263: „*Die von Art. 14 Abs. 1 GG geforderte ,volle' Entschädigung darf jedenfalls nicht unter dem Verkehrswert liegen*"; bestätigt und erweitert durch BVerfGE 100, 289, 305 ff. In jüngerer Zeit bestätigt durch BVerfGK 9, 453; BVerfGE 100, 289, 305.

82 „*Ist ein solcher Ausgleich* [durch Übergangsregelungen, Ausnahme- und Befreiungsvorschriften, Anm. d. Verf.] *im Einzelfall nicht oder nur mit unverhältnismäßigem Aufwand möglich, kann für diesen Fall ein finanzieller Ausgleich in Betracht kommen, oder es kann geboten sein, dem Eigentümer einen Anspruch auf Übernahme durch die öffentliche Hand zum Verkehrswert einzuräumen.*" (BVerfGE 100, 226, 245 f.).

467

der Verkehrswert zugunsten des Betroffenen als Entschädigung geleistet werden müsse.[83] Allgemein wird davon ausgegangen, dass die Entschädigung bei einer ausgleichspflichtigen Inhalts- und Schrankenbestimmung dann dem vollen Verkehrswert entsprechen muss, wenn das Eigentum nur als „entleerte Rechtshülse" ohne Nutzungsmöglichkeit beim Eigentümer verbleibt (sogenanntes *nudum ius*).[84] Genau eine solche wertlose Rechtshülse verbliebe den Kraftwerks- und Tagebaubetreibern bei einem Kohleausstieg. Sie behielten zwar ihre formale Rechtsposition, könnten diese jedoch nicht mehr nutzen. Stärker kann eine Inhalts- und Schrankenbestimmung in die Eigentumslage nicht eingreifen. Daher hätte sich eine Entschädigung, die eine solch gravierende Beeinträchtigung noch verhältnismäßig erscheinen lassen soll, nach dem Wert der Anlagen zu richten.

Diese Anknüpfung an den Verkehrswert und nicht an die Amortisation sowie einen bestimmten Gewinn ist sachgerecht: Nur weil sich Investitionen in das Eigentum amortisiert haben, ist dieses keineswegs wertlos geworden – es hat vielmehr weiterhin einen erheblichen Verkehrswert, den der Eigentümer in voller Höhe verliert, wenn seine Nutzungsmöglichkeit für die Zukunft vollständig unterbunden wird. Denn durch einen Kohleausstieg würde das Eigentum der Betreiber erstmals, einseitig und erheblich beschränkt, bei den Kraftwerksbetreibern verbliebe mit Eintreten des Abschaltdatums nur noch die beschriebene „entleerte Rechtshülse". Ähnliches gilt für die Betreiber der Tagebaue, denen durch einen Eingriff in die Kraftwerke ebenfalls die wirtschaftliche Grundlage entzogen würde. Wenn man eine solche Regelung überhaupt für verfassungsrechtlich akzeptabel hielte, dann hätte sich eine Entschädigung wegen des vollständigen Nutzungsentzugs jedenfalls nach dem Verkehrswert zu richten. Eine Entschädigung ist damit auch für diejenigen Kraftwerke und angeschlossenen Tagebaue zwingend vorzusehen, deren Investitionen sich bereits amortisiert haben und mit denen Gewinne erzielt wurden.

dd) Statt Eingriffsmilderung additive Belastung

Unter Verhältnismäßigkeitserwägungen ist für die Braunkohle schließlich eine geradezu gegenläufige Entwicklung zu verzeichnen: Zum einen würde eine „Stilllegungsauktion" für sie keine Minderung der Eingriffswirkungen bedeuten, da ihre Kraftwerke, wie ausgeführt, a limine unbe-

83 *Roller*, NJW 2001, 1003, 1007.
84 *Depenheuer*, in: v. Mangoldt/Klein/Starck, Art. 14 Rn. 253 unter Verweis auf BVerfGE 100, 226, 243 ff.; zustimmend *Axer*, in: Epping/Hillgruber (Hrsg.), BeckOK-Grundgesetz, 41. Edition 2019, Art. 14 Rn. 105; eingehend auch *Becker*, in: Stern/Becker (Hrsg.), Grundgesetz, 3. Aufl. 2019, Art. 14 Rn. 209.

rücksichtigt bleiben müssten; im Gegenteil würde dies die Ungleichbehandlung zu anderen Energieträgern noch verschärfen. Vor allem aber bleibt zu bedenken, dass die Braunkohlewirtschaft mit der durch das Strommarktgesetz im Jahre 2016 eingeführten – und nur für sie geltenden – Sicherheitsbereitschaft bereits erheblich zum Klimaschutz beigetragen hat; durch die von ihr erklärte Bereitschaft, acht Kraftwerke mit einer Nettonennleistung von insgesamt 2,7 GW sukzessive aus dem Markt zu nehmen, hat sie ein Einsparvolumen von rund 12,5 Mio. Tonnen Kohlendioxid verpflichtend übernommen. Würde nunmehr trotzdem – womöglich sogar noch während der bis 2023 laufenden Sicherheitsbereitschaft – weitere Braunkohleleistung vom Netz genommen, käme es zu einem kumulativen Grundrechtseingriff, der spätestens dann die Unverhältnismäßigkeit der gesetzlichen Regelungen mit Blick auf die Braunkohle offenbar werden ließe.

IV. Ergebnis

Ein gesetzlich angeordneter entschädigungsloser Kohleausstieg griffe derart schwerwiegend in die Eigentumsfreiheit des Art. 14 GG ein, dass er verfassungsrechtlich nicht zu rechtfertigen wäre. Es sind keine derart schwerwiegenden Gründe des öffentlichen Interesses erkennbar, die Vorrang haben könnten vor dem Vertrauen der Anlagenbetreiber auf den Fortbestand ihrer Rechte, die durch den Art. 14 Abs. 1 Satz 1 GG innewohnenden Bestandsschutz geschützt sind. Ein pauschaler Verweis auf den mit einem Kohleausstieg bezweckten Schutz von Leben und Gesundheit (Art. 2 Abs. 2 GG) und der natürlichen Lebensgrundlagen (Art. 20a GG), ohne konkret zu benennen, inwieweit diese Rechtsgüter gerade durch Kohlekraftwerke beeinträchtigt werden, kann über diesen Befund nicht hinwegtäuschen. Will der Gesetzgeber aus der (Braun-)Kohleverstromung aussteigen, kommt er deshalb um substantielle, sich am Verkehrswert der Anlagen (einschließlich Tagebaue) orientierenden Entschädigungen nicht herum. So einfach und billig, wie es zuweilen in der öffentlichen Debatte vertreten wird, ist es von Verfassungs wegen nicht. Das Urteil des BVerfG vom 6.12.2016 steht diesem Befund nicht entgegen. Ganz im Gegenteil: Es bestätigt ihn nachdrücklich.